To Graeme Wynn
All best wishes
[illegible signature]
April 5, 2000

LE QUÉBEC

GENÈSES ET MUTATIONS DU TERRITOIRE

Synthèse de géographie historique

Collection fondée et dirigée par Serge Courville

La collection « Géographie historique » regroupe des scientifiques reconnus et accueille tous les chercheurs préoccupés de donner une dimension spatiale à leurs analyses historiques, quelle que soit leur discipline. Elle rassemble des textes destinés à donner ses fondements à la géographie historique québécoise et à faire connaître l'expérience et l'espace québécois.

Titres parus

La cartographie au Québec, 1760-1840, par Claude BOUDREAU, 1994.

Introduction à la géographie historique, par Serge COURVILLE, 1995.

Espace et culture/Space and Culture, sous la direction de Serge COURVILLE et Normand SÉGUIN, 1995.

La sidérurgie dans le monde rural : les hauts fourneaux du Québec au XIXe siècle, par René HARDY, 1995.

Peuplement et dynamique migratoire au Saguenay, 1840-1960, par Marc ST-HILAIRE, 1996.

Le coût du sol au Québec, par Serge COURVILLE et Normand SÉGUIN, 1996.

Naviguer le Saint-Laurent à la fin du XIXe siècle. Une étude de la batellerie du port de Québec, par France NORMAND, 1997.

La bourgeoisie marchande en milieu rural (1720-1840), par Claude PRONOVOST, 1998.

Paysage, mythe et territorialité : Charlevoix au XIXe siècle. Pour une nouvelle approche du paysage, par Lynda VILLENEUVE, 1999.

Les idéologies de développement régional : le cas de la Mauricie 1850-1950, par René VERRETTE, 1999.

À la façon du temps présent : trois siècles d'architecture populaire au Québec, par Paul-Louis MARTIN, 1999.

Jacques Rousseau 1905-1970. Bio-bibliographie, par Camille LAVERDIÈRE et Nicole CARETTE, 1999.

Le Québec, genèses et mutations du territoire, par Serge COURVILLE, 2000.

Hors collection

Paroisses et municipalités de la région de Montréal au XIXe siècle (1825-1861), sous la direction de Serge COURVILLE, avec la collaboration de Jacques CROCHETIÈRE, Philippe DESAULNIERS et Johanne NOËL, 1988.

Entre ville et campagne : l'essor du village dans les seigneuries du Bas-Canada, par Serge COURVILLE, 1990.

LE QUÉBEC

Genèses et mutations du territoire

Synthèse de géographie historique

Serge Courville

Les Presses de l'Université Laval

Les Presses de l'Université Laval reçoivent chaque année du Conseil des Arts du Canada et du ministère de la Culture et des Communications du Québec une aide financière pour l'ensemble de leur programme de publication.

Données de catalogage avant publication (Canada)

Courville, Serge, 1943-

Le Québec : genèses et mutations du territoire : synthèse de géographie historique

(Géographie historique)

Comprend des réf. bibliogr. et un index.

ISBN 2-7637-7710-4

1. Québec (Province) – Géographie historique. 2. Territorialité humaine – Québec (Province) – Histoire. 3. Géographie humaine – Québec (Province). 4. Québec (Province) – Conditions sociales. 5. Québec (Province) – Conditions économiques. I. Titre. II. Collection.

FC2911.C68 2000 911'.714 C00-940341-8

F1052.95.C68 2000

Conception de la page couverture
Charaf El Ghernati

Infographie
Charaf El Ghernati

Révision linguistique et correction d'épreuves
Jacqueline Roy

Photographies de la page couverture :
Archives nationales du Canada
Archives nationales du Québec
Centre d'archives Hydro-Québec
Collection privée

Dépôt légal (Québec et Canada), 1er trimestre 2000
ISBN 2-7637-7710-4

Distribution de livres Univers
845, rue Marie-Victorin
Saint-Nicolas (Québec)
Canada G7A 3S8

Tél. : (418) 831-7474
1 800 859-7474
Téléc. : (418) 831-4021

AVANT-PROPOS

Dans nos sociétés, c'est à l'histoire qu'a été confiée traditionnellement l'étude du passé. De leur côté, les géographes se sont plutôt intéressés à l'étude des rapports entre l'homme et le sol. Ce n'est qu'assez récemment qu'ils ont voulu comprendre l'évolution de ces rapports et pourquoi ils ont persisté ou changé dans le temps. C'est le rôle dévolu à la géographie historique, qui ne fut d'abord qu'une démarche de la géographie politique puis de la géographie régionale et culturelle, mais qui, avec le temps, est devenue une science à part entière, vouée à l'étude géographique du passé. Son but premier reste d'enrichir la géographie humaine, mais par une meilleure compréhension des contextes qui, historiquement, ont présidé à la mise en place des réalités géographiques actuelles.

Retracer les expériences géographiques du passé reste une tâche difficile. D'abord, parce que ce qu'on appelle le passé n'est qu'un reflet de notre conception du temps : c'est le présent surtout qui lui donne ses formes, à partir des idées, des valeurs et des systèmes de connaissances de notre époque. Ensuite, parce que même avec les moyens les plus perfectionnés, on ne peut en saisir que des brides, tant les processus qui sous-tendent l'action humaine sont subtils et complexes. En outre, comme la communauté des géographes historiens est petite, c'est dire l'énormité de la tâche, qui ne peut être assurée qu'en partie par les autres disciplines, dont le regard et les préoccupations ne sont pas forcément ceux du géographe.

Mais quel est ce regard géographique ? Il peut prendre plusieurs formes, parfois proches de l'histoire et des autres sciences humaines (archéologie, anthropologie, ethnologie, démographie, sociologie, etc.), tantôt voisines des sciences naturelles (géologie, géomorphologie, biogéographie, pédologie, climatologie, etc.). Mais, comme il recherche une vue unifiée du réel, il a tendance à se déployer à différentes échelles et de manière relationnelle, afin de rendre compte de la complexité des phénomènes, c'est-à-dire de leurs ordres de grandeur et de leur interaction dans le temps et dans l'espace. C'est pourquoi voit-on souvent le géographe s'intéresser d'abord aux grands ensembles, qu'il tente de saisir dans leur évolution longue, puis descendre vers les plus petits, afin de mieux les situer dans leur contexte historique et géographique. De là, il pourra aussi pousser vers des analyses plus locales, comme moyen d'enrichir les problématiques générales.

Dans cette approche, les notions de milieu et de paysage sont importantes, autant que celles d'habitat et de genre de vie. On y trouve aussi celles d'organisation et de structures, de concentration et de dispersion, de densité et de diversité, de durée et de changement, d'échange et de circulation, qui conviennent bien également à l'étude des réalités anciennes et de leurs cycles d'expression. Et, comme les créations humaines sont le produit d'actions et de rapports qui sont tributaires des idées, des connaissances et des représentations d'une époque, elles deviennent aussi des moyens de percevoir et d'expliquer les réalités géographiques du passé.

Science de relations, la géographie historique s'intéresse donc à l'ensemble des rapports qui s'établissent dans un espace-temps donné entre l'homme et ce qu'on appelle le milieu, tant naturel que politique, économique, social ou culturel. Comme la géographie humaine, cependant, son objet est moins l'homme au sens strict que les faits de civilisation qui découlent de l'action humaine et qui façonnent le territoire. Et, comme ces faits sont eux-mêmes en constante évolution, la préoccupation de la géographie historique devient de rendre compte de ces changements à travers le temps, pour mieux saisir l'originalité de l'expérience séculaire des sociétés humaines et partant de leur évolution culturelle.

C'est la perspective donnée à cet ouvrage. Rédigé sous forme de synthèse, il offre une vision en longue durée et par grands cycles du développement québécois, depuis les origines jusqu'à nos jours. Sans refaire l'itinéraire proposé dans d'autres ouvrages, dont l'*Atlas historique du Québec*, mais en s'y appuyant parfois, il donne une vue d'ensemble des étapes qui ont marqué l'histoire du territoire québécois, sans l'appareil de notes propre aux ouvrages savants, mais avec suffisamment de références pour rendre justice aux auteurs qui m'ont inspiré. En outre, comme cette synthèse s'appuie sur mes travaux sur le Québec et qu'elle poursuit également un objectif didactique, elle intègre certaines de mes contributions antérieures, ainsi que des textes ou portions de texte rédigés parfois depuis longtemps, mais non encore publiés au moment de mettre sous presse, afin d'enrichir ma présentation et de lui donner une plus grande cohérence. Ces renvois à mes travaux sont signalés par des notes appropriées dans l'ouvrage.

La préparation d'un tel travail a nécessité l'aide de plusieurs personnes qui ont bien voulu relire les premières versions de mes textes et contribuer à leur illustration. Je tiens d'abord à exprimer mes remerciements à Dominique Malack, historienne et candidate à la maîtrise en géographie à l'Université Laval, pour ses commentaires judicieux, formulés au nom de la jeune génération, moins familière avec ces contenus. Je remercie également le personnel du Laboratoire de géographie historique de l'Université Laval, ainsi que Jacqueline Roy pour leur contribution à l'édition finale de mon texte. Enfin, je tiens à exprimer ma reconnaissance au Fonds FCAR, au Conseil de recherche en sciences humaines du Canada, ainsi qu'à l'Université Laval, pour l'aide financière consentie à mes recherches depuis près de 20 ans. Sans cette aide, cette synthèse n'aurait pas été possible.

Table des matières

Introduction

Cet ouvrage en est un de géographie historique. Il a pour but de montrer comment s'est constitué, depuis les origines, ce qu'on appelle aujourd'hui le Québec. C'est donc d'histoire qu'il sera question ici, mais d'une histoire un peu particulière, qui met en scène le territoire québécois, dans ses genèses et ses représentations successives.

Cette histoire a commencé voilà plusieurs millénaires, avec l'arrivée des premiers groupes humains sur les berges des anciennes mers laurentiennes. Elle s'est poursuivie jusqu'à aujourd'hui, en une série de grands cycles au cours desquels des sociétés originales se sont développées et ont noué des rapports diversifiés avec l'espace. De ces rapports sont nées des formes diverses d'occupation et d'aménagement de l'espace, qui se sont superposées ou emboîtées dans le temps, jusqu'à former cet ensemble complexe qu'on appelle aujourd'hui le Québec. Car, plus qu'un espace juridique délimité par des frontières, le territoire québécois est avant tout une construction culturelle. Comme un sol, il est une succession de couches ou d'horizons de développement, d'épaisseurs temporelles variables et différemment intégrés dans la conscience collective, mais qui ont fini par donner sa profondeur à l'expérience historique québécoise.

La première de ces couches est autochtone. Restée longtemps isolée de l'Europe, elle n'entre dans la connaissance géographique européenne qu'au Moyen Âge, par les récits mythiques des moines irlandais et des Norois. Puis, c'est le contact, le vrai, assez brutal d'ailleurs, puisqu'en moins d'un siècle, des populations entières disparaissent, victimes moins de cette avidité guerrière si caractéristique des conquistadors espagnols que du choc microbien consécutif aux premières explorations. Dès le début du XVIIe siècle, une colonie est fondée, qu'on qualifie de « Nouvelle » - France, mais que les conditions de vie au Canada transforment en une réalité bien différente. Au paysage géométrique du début, qui rappelle le rôle initiateur de l'État dans la création de l'habitat, se superpose rapidement une autre géographie, beaucoup plus mouvante celle-là, mais que n'illustre aucune carte. Elle traduit toute la richesse des rapports qui s'établissent ici entre la famille, l'agriculture et la propriété foncière. Il en résulte une mosaïque d'aires domestiques qui donne ses fondements à la colonie française du Saint-Laurent. Elles en feront une aire culturelle dense, qui survivra à la Conquête britannique de 1759-1760.

Par la suite, l'ancienne colonie française devient le cœur de l'Empire britannique du nord de l'Amérique. La population initiale décuple, pendant que des milliers de nouveaux immigrants, venus cette fois des Îles britanniques et du nord de l'Europe, viennent s'établir dans la vallée du Saint-Laurent et dans son voisinage immédiat. L'ancienne colonie française voit alors ses limites étendues du Labrador aux Grands Lacs, et de la frontière avec les États-Unis jusqu'à la limite sud de la Terre de Rupert. La guerre d'Indépendance américaine et l'arrivée des Loyalistes en modifient cependant rapidement les contours. Dès 1791, la province est partagée en deux entités distinctes, le Bas et le Haut-Canada, et bientôt tout se met en place pour faire de la société québécoise une société particulière, non seulement par ses origines, sa langue, ses lois et sa religion, mais aussi par ses manières d'être, d'agir et de penser. Unie au reste du Canada par l'Acte d'Union de 1841, puis par le pacte confédératif de 1867, cette société poursuivra sur sa lancée, fidèle à ses traditions, mais de plus en plus ouverte aux influences extérieures.

Son développement est à la fois distinct et comparable à celui des sociétés voisines, marqué sans doute par des difficultés de croissance, mais aussi par une extension significative des échanges, qui profitent du développement urbain et villageois et de l'expansion de l'industrie rurale, mais qui ne suffisent pas cependant à absorber tous les surplus démographiques de la campagne. Un contexte s'achève pendant qu'un autre se met en place, au cours duquel s'accentue le long mouvement d'exode rural amorcé au début du siècle, mais qui laisse partir cette fois plusieurs centaines de milliers d'habitants vers l'extérieur de la province, les États-Unis, notamment. En réaction à cette saignée, les élites politicoreligieuses de l'époque préconisent la colonisation agricole des plateaux. Inspirées par le discours de colonisation britannique, qui cherche à attirer les immigrants dans les colonies de peuplement de l'Empire, elles en font un lieu de recommencement pour toute une société, qui pourra ainsi y préserver son identité. Le territoire est agrandi et de nouvelles régions sont ouvertes au peuplement, dans des conditions souvent difficiles qui tranchent avec l'aisance des basses terres.

Le XXe siècle commence avec plus d'optimisme. Les frontières du Québec sont étendues jusqu'à l'Ungava, les villes se développent et l'industrie se diversifie, entraînant une ère de prospérité, assombrie cependant par la Première Guerre mondiale puis par la grande dépression économique des années 1930. Après la Seconde Guerre mondiale, le Québec entre dans une nouvelle phase de croissance, marquée cette fois par une expansion de l'exploitation minière et forestière, la mise en œuvre de grands projets hydroélectriques et l'apparition de villes nouvelles. Après 1960, tout s'accélère. Le rôle de l'État s'accroît, des mesures sont adoptées pour orienter et soutenir le développement économique et social du Québec, les villes s'agrandissent, la campagne se transforme et le Nord devient le site de mégaprojets miniers et hydroélectriques qui font de ce territoire une extension du Québec de base, mais qui suscitent aussi diverses tensions avec les populations autochtones. La commotion des années 1980 et la longue dépression des années 1990 remettront en question ces acquis.

Aujourd'hui, le Québec est à un tournant de son histoire. Les poussées nationalistes du siècle dernier ont resurgi, rajeunies il est vrai, mais sans qu'elles n'obtiennent encore cependant l'assentiment de la majorité de la population. Simple réaction face aux volontés centralisatrices d'Ottawa? Crainte des conséquences politiques et économiques d'une éventuelle « séparation » du Québec, qui en réduirait les frontières et les moyens pour affronter la globalisation des marchés? Attachement relatif mais persistant au reste du Canada? Sentiment que l'avenir passe par de grands ensembles politiques et économiques? Espoir de réussir un jour l'union sociale? Ou, comme le prétendent parfois plus méchamment certains, résultat de plusieurs siècles de colonisation, qui ont fini par insérer une peur prégnante dans l'âme québécoise? Sans doute un peu de tout cela à la fois. Et comme la population québécoise a toujours éprouvé aussi une certaine méfiance à l'égard de ses élites, tant politiques que religieuses, et qu'elle a souvent idéalisé son passé, la solution paraît encore plus lointaine. Car c'est une chose de souhaiter la souveraineté du Québec, c'en est une autre de l'assumer. Pour cela, il faut connaître son passé et ne pas craindre d'être critique face à soi-même. C'est à cette seule condition, croyons-nous, que pourra être posé, sur de nouvelles bases, le problème du devenir québécois.

I. LE TERRITOIRE QUÉBÉCOIS

Chapitre 1

Une épaisseur historique

Plus qu'un espace géographique délimité par des frontières, le territoire québécois est une épaisseur historique, dont l'origine remonte loin dans le passé. Tel qu'il est constitué aujourd'hui, il forme un immense parallélogramme dont seule la partie méridionale est densément habitée. Situé au nord-est du continent nord-américain, il compte près de sept millions d'habitants. Ses traits sont ceux des pays neufs, encore largement dominés par la nature, mais que l'homme a su apprivoiser pour en faire son habitat.

Occupé depuis longtemps quand arrivent les premiers Européens, ce n'est toutefois qu'au début du XVIe siècle que le Québec apparaît comme entité constituée, partie de cette immense Nouvelle-France issue de l'ambition française en Amérique. Limité au début à deux bandes de peuplement parallèles au fleuve, il est ensuite étendu, après la Conquête, à toute la région des Grands Lacs, puis de nouveau réduit à sa portion laurentienne, avant d'être augmenté progressivement de nouveaux territoires, plus nordiques.

1. LES TRAITS D'ENSEMBLE

Nos livres de classe nous ont déjà appris beaucoup de choses sur le territoire québécois. Il nous paraît cependant important de rappeler que celui-ci est nordique, immensément grand et partagé en trois grands ensembles physiographiques aux caractères diversifiés.

Le caractère nordique du territoire a été bien décrit par le géographe Louis-Edmond Hamelin ([1975] 1980). Quiconque connaît l'hiver au Québec sait les contraintes terribles auxquelles est soumise la population.

Elles étaient pires encore pour nos ancêtres, qui n'avaient pas nos moyens d'y résister. Aux basses températures, s'ajoutent des précipitations neigeuses abondantes, entrecoupées parfois de journées de pluie qui transforme les voies de circulation en véritables patinoires. Celles de janvier 1998 dans le sud-ouest du Québec est mémorable à cet égard : pendant plusieurs jours la pluie est tombée, entraînant la chute de 1 000 pylônes électriques et de leurs lignes de transmission. Plus de 1,4 millions d'abonnés se sont trouvés sans électricité, et ce, durant plusieurs semaines. Les secteurs les plus touchés ont été la Montérégie et la rive sud de Montréal, mais d'autres ont été également durement éprouvés, notamment l'archipel montréalais, la rive nord de Montréal, les basses Laurentides et l'Outaouais, où les dégâts se sont étendus jusque du côté ontarien.

Premier mythe, donc, celui de la capacité de s'adapter à l'hiver. On s'y est fait, bien sûr, mais à quel prix ! La dureté des premiers hivernages en témoigne. Et si aujourd'hui cette saison paraît mieux conquise, elle reste encore redoutable, surtout lors des grandes vagues de froid, des temps doux de février, et des terribles tempêtes du mois de mars. L'été suffit à peine à les faire oublier : chaud et humide, il n'est jamais très long, souvent écourté au printemps et à l'été par des gelées tardives ou hâtives qui viennent parfois réduire inopinément la saison végétative.

C'est bien ce que montre la carte des zones agroclimatiques du Québec, qui ne paraissent favorables à l'exploitation agricole et forestière que dans la partie sud du territoire (Figure 1). Tout ici est à la mesure de ces traits tranchés : aux gels de l'hiver, souvent entrecoupés de redoux, succèdent le bourgeonnement massif et rapide du mois de mai, puis l'abondante floraison de l'été, qui n'a d'égal que les couleurs phosphorescentes de l'automne.

FIGURE 1

Les zones agroclimatiques du Québec

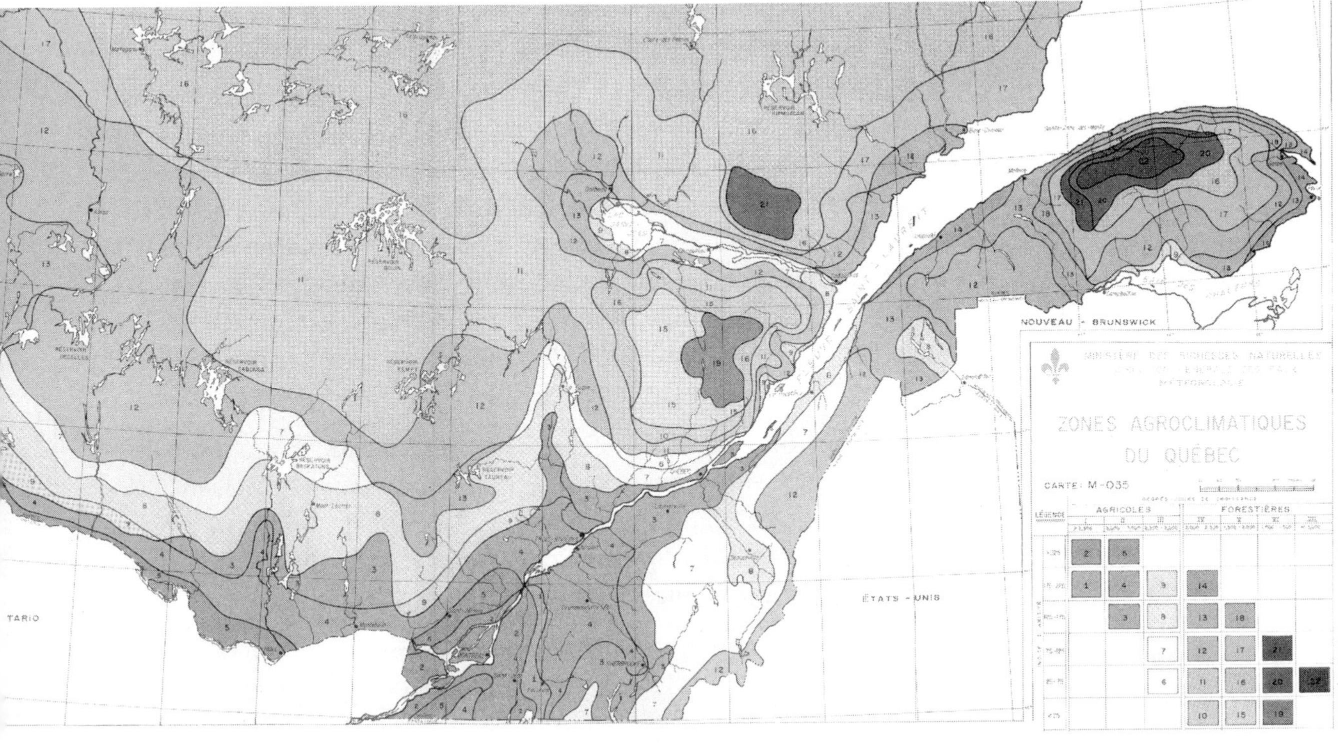

Source: Québec, Ministère des Richesses naturelles (1971).

L'étendue. On dit que le Québec fait trois fois la France et 40 fois la Suisse, et c'est vrai! En superficie, le territoire québécois couvre 1667926 km² (en excluant le Labrador, mais en incluant les terres de juridiction fédérale, les superficies considérées de juridiction provinciale par le Québec, ainsi que son milieu marin, vaste de 171526 km²). Il s'étend, du sud au nord, sur près de 2000 km, et, de l'est vers l'ouest, dans sa partie la plus large, sur près de 1600 km. Ses réserves d'eau douce représentent près de 3% de celles de la planète. Quant à ses frontières, elles sont longues de près de 10000 km. Immense, cet espace est la plus grande des provinces canadiennes (même avec la superficie de 1,5 million km² que lui reconnaît le gouvernement fédéral), et la deuxième plus grande entité politique du pays, après le Nunavut, créé en 1999 à même les Territoires du Nord-Ouest. Il n'est cependant habité qu'en partie. Sauf dans les établissements autochtones du Nord et quelques établissements de la Côte-Nord, l'essentiel de la population se concentre dans les basses terres du Saint-Laurent et de ses principaux affluents et sur les rebords des Laurentides et des Appalaches, qu'elle pénètre plus ou moins profondément par endroits. Ailleurs, le peuplement est plus lâche, plus ou moins étalé comme en Abitibi et au Témiscamingue, ou égrené par points autour des mines ou des plans d'eau, comme à Chibougameau ou à Forestville.

Les grands ensembles physiographiques. On en compte trois principaux, qui résument les grands traits du paysage québécois : au nord, le Bouclier canadien, que les Laurentides personnalisent dans sa partie méridionale par un relief moutonné parsemé de lacs et de rivières ; plus au sud, la vallée du Saint-Laurent, qui apparaît beaucoup plus étendue dans la région de Montréal et au sud du lac Saint-Pierre que dans la région de Québec et en direction du golfe ; plus au sud encore, les Appalaches, qui s'étirent en longs plis parallèles de la frontière avec l'Ontario et les États-Unis jusqu'à la péninsule gaspésienne.

Froidure, immensité, simplicité, tels sont les principaux traits de la géographie québécoise, qui en comporte aussi bien d'autres, plus localisés ceux-là : l'entaille du Saguenay, la cuvette du lac Saint-Jean, la grande plaine abitibienne, l'archipel de Mingan, sans compter tous les microreliefs façonnés au cours des âges et qui fascinent par leur belle diversité.

C'est par la route ou la voie d'eau que ces paysages gagnent à être découverts, plus que par la voie des airs, qui nous en donne certes une vision plus large, mais qui en camoufle aussi bien des aspects. Immortalisés par les peintres et les écrivains, ils définissent les contextes dans lesquels a évolué la société québécoise.

2. L'ÉVOLUTION JURIDIQUE

L'idée de circonscrire les peuples dans des limites territoriales stables constituées de lignes fixes est relativement récente (Brossard *et al.*, 1970 : 7 et s.). Dans l'Antiquité, par exemple, la frontière est une surface. Les limites entre les civilisations sont marquées par de vastes espaces laissés inoccupés. Seules les propriétés privées sont délimitées. Même le *limes* romain échappe à la définition, comme la *Grande Muraille de Chine*, qui ne servait qu'à séparer ce qui est romain ou chinois de ce qui ne l'était pas. Au Moyen Âge encore, la notion de frontière reste floue. Elle ne prendra corps qu'au XVIe siècle, avec le progrès des mathématiques et de la cartographie. Ce n'est qu'avec la montée du concept d'État et des sentiments nationaux qu'elle se précise. Le territoire cesse alors d'être un objet de propriété pour devenir un instrument d'autorité, qui marque les limites à l'intérieur desquelles s'exerce une souveraineté. Ces limites pourront être naturelles ou conventionnelles, mais toujours elles resteront relatives et changeantes. Dans le cas particulier du Québec, il faudra un certain temps avant que ne s'impose la notion de territoire, telle que nous la définissons aujourd'hui. Elle coïncide dans le temps avec l'arrivée des Blancs, qui la superposent à la géographie autochtone.

2.1 Sous le Régime français

Sous le Régime français, la colonie (qui s'appelait alors le Canada), se limite aux basses terres du Saint-Laurent. Son territoire ne comprend ni l'Acadie, ni le Labrador, ni les Postes du roi, qui forment des entités à part, reconnues comme telles. En étendue, elle couvre tout le territoire compris depuis la pointe de Vaudreuil, en amont immédiat de l'île de Montréal jusqu'aux Éboulements sur la rive nord, et de la hauteur de Châteauguay jusqu'à celle de Rimouski sur la rive sud, sur une profondeur d'au plus quelques dizaines de kilomètres.

Au-delà de cet espace bien délimité, s'étendent, vers l'ouest et vers le sud, les Pays d'en haut (le bassin des Grands Lacs) et la Louisiane, soit la Haute-Louisiane (ou pays des Illinois, qui comprend quelques centres importants, tels Vincennes, Cahokias, Nouvelle-Chartres et Kaskaskias), et la Basse-Louisiane, située à quelque 1 000 km plus au sud et dont le seul centre important est La Nouvelle-Orléans. Quant au territoire situé à l'ouest des Grands Lacs (la « Mer de l'Ouest »), c'est une vaste étendue encore largement inexplorée.

Tant que dure la présence française dans la vallée du Saint-Laurent, le peuplement se limite à une mince bande riveraine du fleuve. Ce n'est qu'après la Conquête britannique de 1759-1760 que les frontières de ce territoire sont étendues puis modifiées, à la suite d'une série de décisions qui donnent ses fondements à l'histoire constitutionnelle canadienne[1].

2.2 La Proclamation royale de 1763

Par le traité de Paris (10 février 1763), la France cédait, en effet, à l'Angleterre diverses possessions dont « le Canada avec toutes ses dépendances ainsi que l'Isle du Cap Breton, et toutes les Isles et Côtes, dans le Golphe et Fleuve Saint-Laurent, et généralement, tout ce qui dépend desdits Pays, Terres, Isles et Côtes, avec la Souveraineté, Propriété, Possession, et tous Droits acquis par Traité, ou autrement » (cité dans Brossard *et al.*, 1970 : 52-53).

1. Pour une présentation des textes qui président à cette évolution, notamment au lendemain de la Conquête, voir Short et Doughty, [1907] 1921. Pour une vue d'ensemble de l'histoire politique du Québec, voir Lacoursière (1995).

Le 7 octobre de la même année, une proclamation du roi Georges III établissait ainsi les limites de ce qui allait désormais devenir le Gouvernement de Québec :

> *Borné sur la côte du Labrador par la rivière Saint-Jean et de là par une ligne s'étendant de la source de cette rivière à travers le lac Saint-Jean jusqu'à l'extrémité sud du lac Nipissin, traversant de ce dernier endroit le fleuve Saint-Laurent et le lac Champlain par 45 degrés de latitude nord, pour longer les terres hautes qui séparent les rivières qui se déversent dans ledit fleuve Saint-Laurent de celles qui se jettent dans la mer, s'étendre ensuite le long de la côte nord de la Baie des Chaleurs et de la côte du golfe Saint-Laurent jusqu'au cap Rozière* [cap des Rosiers], *puis traverser de là l'embouchure du fleuve Saint-Laurent en passant par l'extrémité ouest de l'Ile d'Anticosti et se terminer ensuite à la dite rivière Saint-Jean* (cité dans Brossard *et al.*, 1970 : 53).

C'était là reconnaître à peu de choses près, mais en un peu plus profond, le territoire de l'ancienne colonie laurentienne. Deux lois subséquentes allaient toutefois lui donner de nouvelles dimensions.

2.3 L'Acte de Québec de 1774 et l'Acte constitutionnel de 1791

Par la loi du 20 mai 1774, dite aussi « Acte de Québec », la colonie, britannique cette fois, s'appellera la *Province of Quebec* et s'étendra du 45e degré de latitude nord jusqu'au territoire de la Compagnie de la baie d'Hudson (cédé à l'Angleterre par le traité d'Utrech de 1713), que l'histoire a toujours montré comme un vaste ensemble comprenant tout le nord du Québec, mais que certains juristes, tel Henri Brun, suggèrent de restreindre à une position plus riveraine (Brun, 1992 : 932 et s.). À l'est, on rattache à cette colonie la côte du Labrador et les îles du Golfe, et à l'ouest, la région des Grands Lacs et la vallée de l'Ohio. Concrètement, la province sera donc délimitée :

> *Au sud par une ligne partant de la Baie des Chaleurs pour longer les terres hautes qui séparent les rivières qui se déversent dans le fleuve Saint-Laurent de celles qui se déversent dans la mer, jusqu'à un point du 45 degrés de latitude nord, sur la rivière Connecticut ; s'étendre de là en suivant la même latitude, directement à l'ouest à travers le lac Champlain, jusqu'à ce que dans cette direction elle*

atteigne le fleuve Saint-Laurent; de là longer la rive est de ladite rivière jusqu'au lac Ontario; traverser le lac Ontario et la rivière appelée communément Niagara; longer la rive est et sud-est du lac Érié et suivre ladite rive jusqu'à son point d'intersection avec la borne septentrionale concédée par la chartre de la province de Pennsylvanie, si toutefois il existe un tel point d'intersection; longer de là les dites bornes à l'est et à l'ouest de ladite province jusqu'à l'intersection de ladite borne de l'ouest avec l'Ohio, mais s'il n'est pas trouvé un tel point d'intersection sur la dite rive dudit lac, ladite ligne devra suivre ladite rivière jusqu'à son point le plus rapproché de l'angle nord-ouest de ladite province jusqu'à ce qu'elle atteigne la rivière Ohio, puis la rive de ladite rivière dans la direction de l'ouest jusqu'aux rives du Mississipi et s'étendre dans la direction du nord, jusqu'à la borne méridionale du territoire concédé aux marchands-aventuriers d'Angleterre qui font la traite à la Baie d'Hudson [...] et la côte du Labrador, les îles de la Madeleine et l'île d'Anticosti (cité dans Brossard *et al.*, 1970: 53-54).

Rendue nécessaire par l'agitation des colonies américaines, cette loi élargissait le Québec au territoire des anciens Pays d'en Haut, où le conquérant avait pourtant reconnu la juridiction amérindienne, ce que la France n'avait jamais fait. Définie surtout pour affirmer la présence britannique sur ces territoires, cette loi donnait à la *Province of Quebec* des frontières qui allaient demeurer inchangées jusqu'à l'arrivée des Loyalistes, après la guerre d'Indépendance américaine. Venus dans une colonie « britannique », ces derniers refuseront d'être soumis à la tenure seigneuriale et aux lois civiles françaises et réclameront la création d'un district distinct soumis aux lois anglaises. Leurs demandes prépareront l'Acte constitutionnel de 1791 et mèneront à la création du Haut-Canada, la future province d'Ontario.

Les principaux changements apportés alors aux frontières du Québec se limitent à la frontière ouest. Dès 1788, un plan de Londres suggère de la fixer selon un rhumb de vent orienté vers le nord-ouest, à partir de la limite sud-ouest de la seigneurie de Vaudreuil (Vaugeois, 1992). Par l'Acte constitutionnel de 1791, cependant, on convient de l'arrêter selon un tracé plus complexe, allant de la rive nord du lac Saint-François, à l'anse située à l'est de la pointe au Bodet, le long des limites ouest des seigneuries de Vaudreuil et de Rigaud, incluant la portion de terre comprise à l'arrière de celle-ci et qui deviendra un canton (Vaugeois, 1992). De là, elle suivra la rivière des Outaouais jusqu'au lac Témiscamingue, d'où elle se dirigera en direction du nord jusqu'à l'extrémité de la contrée communément connue sous le nom de Canada, soit, comme on le prétendra plus tard, jusqu'à la ligne de partage des eaux.

En réalité, la proclamation ne traite pas de frontières (Tousignant, 1971). C'est par un arrêté en Conseil de la même année que la limite entre le Bas et le Haut-Canada est fixée (appendice C du document, daté du 24 août 1791). Or, selon cet arrêté, c'est beaucoup plus au nord que doit s'étendre la limite septentrionale du Bas-Canada, soit «*from the head of Lake Tomiscanning (Temiscaming or Temiscamingue) to the boundary line of Hudson's Bay*» (cité dans McNeil, 1982: 22; et dans Brun, 1992: 935). Et c'est encore en ces termes que la définit la Commission impériale du 30 mars 1838, en nommant Lord Durham, capitaine général et gouverneur en chef de toutes les provinces britanniques d'Amérique du Nord. Le texte arrête que la ligne séparant le Bas et le Haut-Canada s'étend en direction nord depuis la tête du lac Témiscamingue «*until it reaches the shore of Hudson's Bay*» (cité dans MacNeil, 1982: 23).

C'était poser tout le problème de la limite sud de la Terre de Rupert, concédée par le roi d'Angleterre à la Compagnie de la Baie d'Hudson en 1670.

2.4 La Terre de Rupert

L'opinion la plus répandue au sujet de la Terre de Rupert a été durant longtemps qu'elle s'étendait à tout le bassin hydrographique de la baie d'Hudson et à son prolongement, la baie de James. En fait, les termes mêmes de la Charte de 1670 sont imprécis et donnent plutôt à penser que cette concession ne concernait qu'un territoire côtier, par ailleurs soumis à la réserve des autres juridictions:

> *And by these presentes for us our heires and successors do give grant and confirme unto the said Governor and Company and theire successors the sole Trade and Commerce of all those Seas Sterightes Bayes Rivers Lakes Creeekes and Soundes in whatsoever Latitude they shall bee that lye within the entrance of the Streightes commonly called Hudsons Streightes together with all the Landes and Territoryes upon the Countryes Coastes and confynes of the Seas Bayes Lakes Rivers Creekes and Soundes aforesaid that are not already actually possessed by or granted to any of our Subjectes or possessed by the Subjectes of any other Christian Prince or State* (cité dans MacNeil, 1982: 6).

Quelles étaient ces autres juridictions? Déjà, en 1609, la Compagnie de Londres avait obtenu, par la Charte de Virginie, une grande partie du continent nord-américain. De même, en 1628, William Alexander obtenait toutes les terres comprises à l'intérieur de 50 lieues du bassin de drainage du Saint-Laurent. Mais, comme les possessions britanniques situées en « Nouvelle France, en la Cadie et Canada » sont retrocédées à la France en 1632 par le traité de Saint-Germain-en-Laye, la seule véritable difficulté concerne les possessions françaises elles-mêmes et leur limite nordique.

Que la France connaisse déjà le territoire ne fait aucun doute, la cartographie de l'époque en témoigne (Robitaille, 1989; Warkentin et Ruggles, 1970: 28-35). En outre, des proclamations ont déjà été faites, notamment, par le père Druillette et le sieur de la Vallière en 1662, qui, depuis les rives du lac Mistassini ont réclamé au nom de la France la « Baie du Norde ». Mais, qui dit proclamation ne dit pas nécessairement occupation! Or, le seul poste de traite établi dans cette région ne l'a été qu'en 1668-1669 par Médard Chouart Des Groseilliers et Pierre-Esprit Radisson. Devant le refus des autorités françaises, ils avaient proposé aux Anglais d'ouvrir une route de traite par le nord. Il n'en faudra pas plus, cependant, pour fonder les prétentions françaises. Et, quand la France et l'Angleterre se livrent à nouveau la guerre, la région devient un espace convoité.

Par le traité de Ryswick de 1697, l'Angleterre abandonne à la France la partie de territoire que cette dernière possède. Des commissaires sont nommés qui ont pour mandat d'examiner les prétentions des deux souverains et de fixer leurs possessions respectives. Leurs travaux n'auront pas de suite. Toutefois, en 1700, la Compagnie de la baie d'Hudson, tout en maintenant ses prétentions sur la Terre de Rupert, propose un compromis: la limite sud de leur territoire suivra le cours de la rivière Albany à l'ouest de la baie de James et celui de la rivière Rupert à l'est. L'année suivante, cette limite sera reportée plus au nord, sur la rivière Canuse, probablement la rivière Eastmain.

La question reste sans règlement et, en 1702, une nouvelle guerre éclate. Par le traité d'Utrecht signé en 1713, la France cède à l'Angleterre toutes ses possessions du côté de la baie d'Hudson. Vue à la lumière du traité de Ryswick et des propositions qui l'ont suivi, cette cession n'a pas pour effet d'agrandir le domaine de la Compagnie de la baie d'Hudson. Au contraire, elle fait droit aux réserves de la Charte de 1670, qui limitait l'étendue de ses possessions aux territoires non déjà possédées par d'autres princes chrétiens (MacNeil, 1982 : 24 ; Brun, 1992 : 933). C'est donc l'Angleterre qui en devient la titulaire, et non la Compagnie de la baie d'Hudson.

C'est cette particularité qu'exprime l'arrêté en Conseil de 1791, en prolongeant la limite entre le Haut et le Bas-Canada jusqu'à la baie d'Hudson (en fait, jusqu'à sa partie sud, la baie de James). Elle prendra toute son importance plus tard, quand viendra le temps de délimiter la frontière nord du Québec. Devenu titulaire de la Terre de Rupert en 1870, le Canada voudra la fixer à la ligne de partage des eaux. La question n'étant plus internationale depuis la Conquête, le territoire compris entre la ligne de partage des eaux et la rivière Eastmain appartient bel et bien à l'Angleterre, qui n'a vu aucun intérêt à le rétrocéder à la Compagnie de la baie d'Hudson, d'autant plus qu'entre 1713 et 1763 cette dernière n'a pas su empêcher la France de consolider ses positions à l'intérieur du continent.

Ce n'est qu'à la fin du XIXe siècle que l'affaire est réglée et encore, puisque contrairement au cas ontarien, la délimitation de la Terre de Rupert du côté québécois a fait l'objet d'une entente et non d'une décision judiciaire (MacNeil, 1982). En fait, elle ne sera résolue qu'en 1912, avec la cession par Ottawa du reste du territoire de la Terre de Rupert au Québec.

2.5 Du Bas-Canada au Québec

En 1809, une loi impériale annexe de nouveau le Labrador au gouvernement de Terre-Neuve, y compris l'île d'Anticosti et les autres îles adjacentes, mais sans les Îles-de-la-Madeleine qui restent sous juridiction québécoise. Toutefois, en 1825, une grande partie de ces territoires est remise au Québec, qui voit sa juridiction s'étendre alors sur la partie du Labrador située au sud du 52e parallèle, à l'exception d'une pointe située à l'est de la baie de Blanc-Sablon, des îles adjacentes et aussi de l'île d'Anticosti, qui ne reviendra au Québec que plus tard.

Exception faite de ces transferts et des quelques précisions de tracés apportées par le traité d'Ashburton-Webster de 1842, qui fixe la frontière avec les États-Unis, par la loi impériale de 1851, qui établit celle avec le Nouveau-Brunswick, et par la loi du Canada-Uni de 1860, qui précise la démarcation entre le Haut et le Bas-Canada, les frontières du Québec demeureront inchangées jusqu'à la fin du XIXe siècle. Ainsi, lorsque le

Québec devient membre de la Confédération canadienne en 1867, il y entre avec le territoire qui était sien à cette date, comme ce fut le cas en 1840, lorsqu'on adopta l'Acte d'Union, qui le faisait membre du Canada-Uni sous le nom de Canada-Est.

Ce n'est qu'à la fin du XIXe siècle et au début du XXe que des modifications surviennent, avec la rétrocession des droits territoriaux de la Compagnie de la baie d'Hudson à la couronne britannique, qui les cède à la nouvelle fédération canadienne. En 1898, le Québec obtient la reconnaissance de tout le territoire allant de la rivière Eastmain et des rivages de la baie de James jusqu'au fleuve Hamilton qu'il longe jusqu'à la baie d'Anse-Sablon, mais il perd, du côté nord-est, une grande partie du territoire qui lui avait été reconnu par l'Acte de Québec de 1774. En 1912, il obtient d'Ottawa le reste des anciens territoires de la Compagnie de la baie d'Hudson, jusqu'aux rives de la baie d'Ungava et des baies d'Hudson et de James, mais sans les îles adjacentes qui restent sous juridiction fédérale. Tout n'était pas résolu par cette extension, mais, du point de vue juridique, l'intégrité du territoire québécois était assurée. Seule restait en suspens l'épineuse question du Labrador.

2.6 Le Labrador

Le document le plus ancien concernant cet espace, le traité de Paris de 1763, attribue à Terre-Neuve la côte du Labrador. Par la suite, l'Acte de Québec, en 1774, fait passer le territoire sous la juridiction du Québec. Enfin, par la loi de 1809, il revient à Terre-Neuve, avant de faire l'objet d'un partage avec le Québec en 1825. La difficulté en est une de définition: en quoi consiste le territoire recouvert par l'expression «côte du Labrador». Le texte du traité de Paris donne à penser qu'il s'agit bien d'une côte, c'est-à-dire, au sens géographique, de la seule bande de terre où le continent entre en contact avec la mer. Toutefois, en s'appuyant sur des cartes anciennes, certains auteurs ont considéré que cette «côte» comprenait en fait tout le territoire situé à l'est de la ligne de partage des eaux, mais au nord du 52e degré de latitude nord, annexé de nouveau au Québec par la loi de 1825.

Le différend est finalement porté devant le Comité judiciaire du Conseil privé de Londres en 1927, qui opte pour la ligne de partage des eaux. Le Québec se trouvait ainsi frustré d'un territoire immense, d'environ 290000 km^2. La question n'a pas cessé depuis de soulever des débats: les uns voyant dans la décision du Conseil privé un simple avis; les autres, une décision liant le Québec. Quoi qu'il en soit, lors de l'entrée de Terre-Neuve dans la Confédération canadienne en 1949, c'est à la démarcation arrêtée par le Conseil privé en 1927 qu'on se réfère pour fixer la frontière occidentale de la nouvelle province.

FIGURE 2
Les frontières du Québec

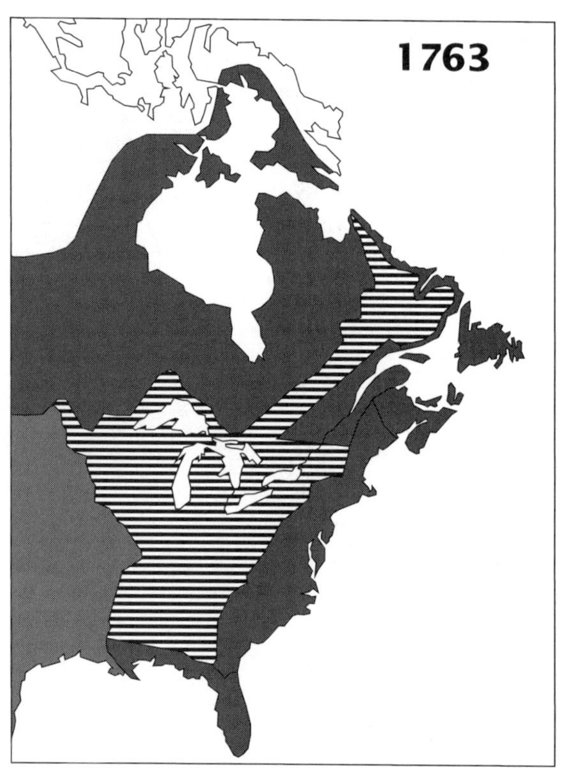

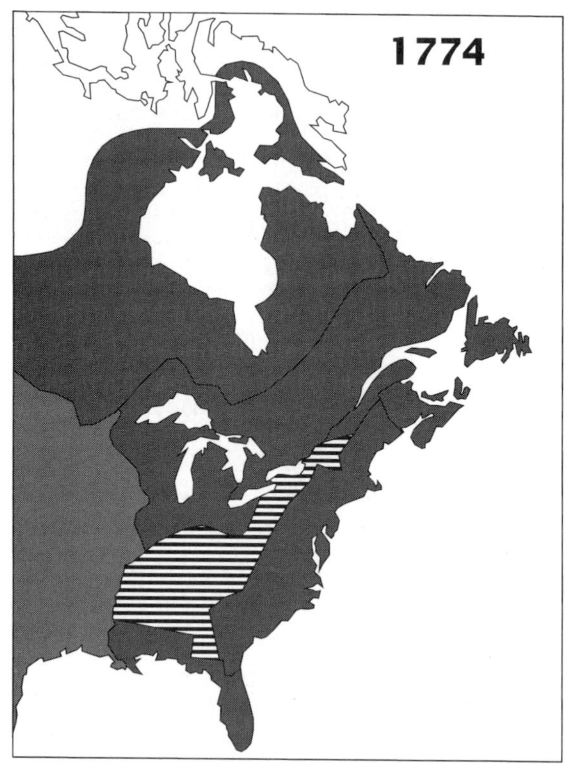

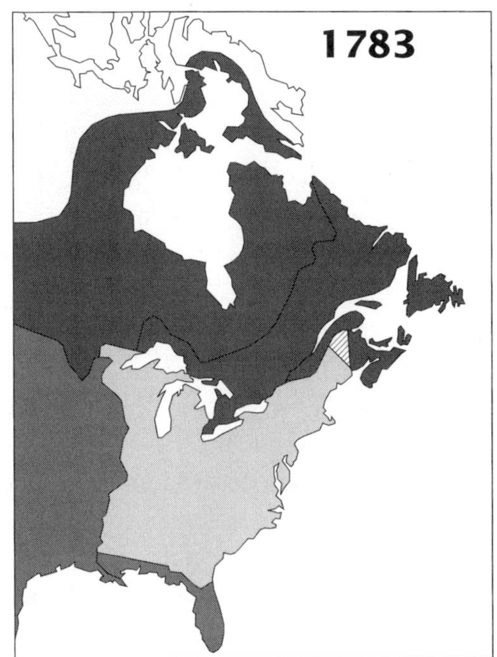

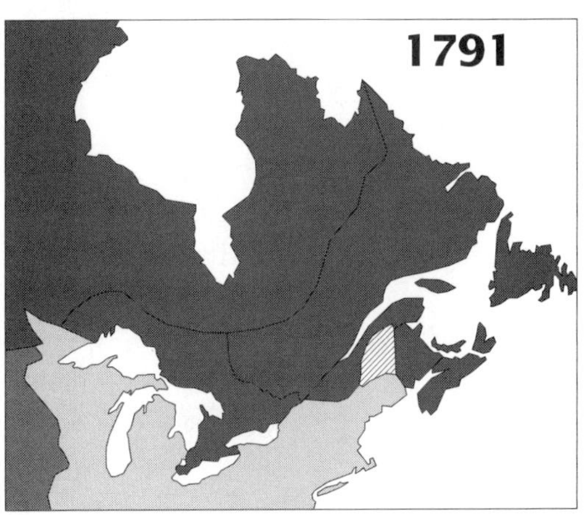

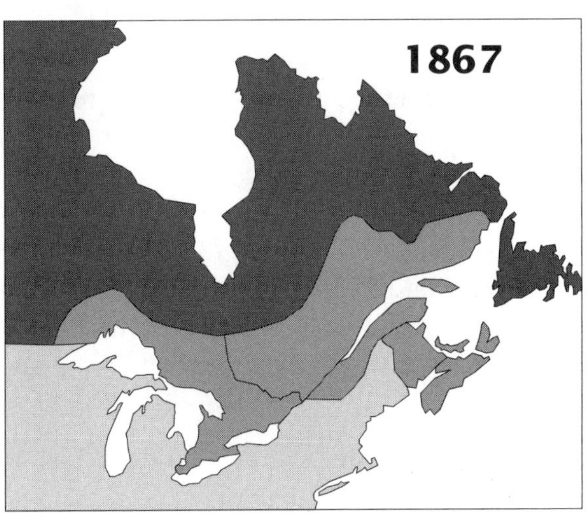

Source : Adapté d'après Vaugeois (1992).

Territoire

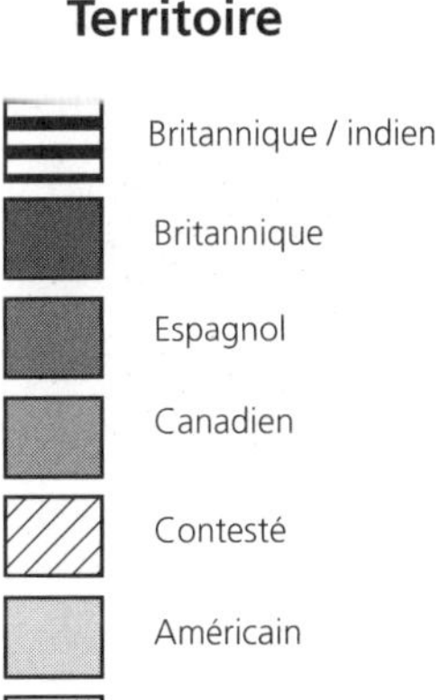

En 1966, le gouvernement québécois crée une Commission d'étude sur l'intégrité du territoire du Québec, présidée par le géographe juriste Henri Dorion, reconnu pour son étude de la frontière Québec–Terre-Neuve (Dorion, 1963). Soumis en 1967, son rapport montre que, parmi les sujets d'intérêt retenus par la Commission, celui du Labrador figure en bonne place (Québec, 1967). D'autres questions y sont également abordées, qui font ressortir toutes les difficultés posées par la situation précises de certaines autres frontières (notamment avec l'Ontario et dans le golfe du Saint-Laurent) et les compétences de l'État fédéral en matière de territoire. Car il faut dire ici que les implantations fédérales en sol québécois sont nombreuses : parcs, ports, aéroports, camps et terrains militaires, édifices publics, etc. Si l'intégrité du territoire québécois paraît assez bien arrêtée par rapport aux États-Unis et aux autres provinces canadiennes, il en va différemment de son intégrité intérieure, qui demeure sujette à plusieurs empiétements fédéraux.

Qu'on ait pu poser ainsi le problème de l'intégrité du territoire québécois montre que celui-ci est devenu avec le temps un lieu d'identité. Pour la population francophone, il ne fait aucun doute que le Québec s'étend jusqu'aux rives de l'Ungava. Et si elle est prête à des compromis concernant le Labrador, elle l'est beaucoup moins en ce qui regarde le territoire de l'ancienne Terre de Rupert, qu'elle considère de juridiction québécoise, même s'il lui faut en partager les ressources avec les populations autochtones. Or, telle n'est pas l'opinion de ces populations, qui prétendent au contraire que ce territoire leur appartient.

Le problème ravive le débat autour de la limite sud de la Terre de Rupert. Si celle-ci s'arrêtait à la ligne de partage des eaux, comme on l'a toujours prétendu, cela confirmerait l'existence, au Québec, d'un corridor indien soumis aux réserves de la Proclamation royale de 1763. Dans ce texte, il est clairement dit que le roi veut conserver « pour l'usage des dits sauvages, toutes les terres et tous les territoires non compris dans les limites de Nos trois gouvernements [ceux de Québec, de la Floride Orientale et de la Floride Occidentale] ni dans les limites du territoire concédé à la Compagnie de la Baie d'Hudson ». Or, comme le document dit aussi faire cette réserve « pour le présent », et que la cartographie subséquente du « territoire indien » situe ce dernier plus à l'ouest, soit à l'extérieur du Québec, le problème est moins de savoir à qui appartient le territoire compris entre la ligne de partage des eaux et la rivière Eastmain que pourquoi, dans l'histoire constitutionnelle canadienne, on a refusé au Québec la pleine reconnaissance de la frontière précisée par l'arrêté en Conseil de 1791?

Certes, le problème est plus apparent que réel, puisque, en 1912, tout le territoire nordique a été annexé au Québec, qui s'étend désormais de la rivière Eastmain jusqu'aux rives de la baie de James, de la baie d'Hudson, du détroit d'Hudson et de la baie d'Ungava, moins le Labrador jusqu'au 52e degré de latitude nord, comme il avait été convenu au début du XIXe siècle. Mais, comme le rappelle Henri Brun, «cette question pourrait cependant devenir d'une importance juridique cruciale si un jour des circonstances devaient amener les tribunaux à conclure que les territoires annexés au Québec après 1867 peuvent lui être repris» (Brun, 1992: 939). Et, de fait, c'est par une entente conjointe Québec–Canada qu'a été reconnue la limite nord du Québec (la rivière Eastmain) en 1898, et non par une décision des tribunaux qui auraient précisé les droits territoriaux des deux parties. On peut se demander, cependant, sur quoi se fonderait une telle décision, qui serait contraire non seulement à l'histoire, mais au droit et aux usages constitutionnels canadiens qui reconnaissent, depuis 1867, la compétence législative des membres de la fédération en matière territoriale?

Quoi qu'il en soit, un fait demeure: plus qu'une entité juridique, le territoire québécois est devenu aujourd'hui un lieu d'enjeu pour une population qui, sans l'avoir nécessairement tout occupé, du moins au sens de la colonisation agricole préconisée par les élites politicoreligieuses du siècle dernier, en a fait néanmoins le cadre de son développement économique et social. Le processus a commencé dès le Régime français, avec la traite des fourrures. Il s'est poursuivi depuis avec l'exploitation des ressources forestières, minières et hydrauliques, pour devenir le prolongement symbolique du Québec de base.

3. LES HORIZONS DE DÉVELOPPEMENT

Quiconque observe le paysage québécois se rend bien compte de cette évolution. Il constate également un autre phénomène, lié à la coexistence, dans le même espace, de formes différentes d'aménagements, dont l'âge paraît parfois très variable et qui renvoient à des époques historiques très différentes. Les villages autochtones des environs de Montréal et de Québec, la structure «en rangs» de nos campagnes, les vieux quartiers industriels des villes, les banlieues dortoirs agglomérées autour d'anciens noyaux villageois, les parcs industriels récents, en offrent des exemples éloquents. Les mêmes contrastes peuvent être observés dans le tissu résidentiel où, à côté de bâtiments parfois très anciens, s'élèvent des constructions plus récentes, d'architecture différente, que côtoient des édifices de verre et de béton, élevés le long de places ou de routes aux noms d'un autre âge.

Élaborée au fil du temps, cette diversité montre tous les changements qu'a connus le Québec depuis ses origines. Elle donne l'impression d'épaisseurs historiques liées à une organisation en strates du territoire québécois, qui tantôt composent, tantôt restent étrangères l'une à l'autre. Et comme la richesse de ces strates varie selon les endroits, elle laisse aussi le sentiment de durées voire de significations historiques différentes.

Deux idées ressortent de ce constat. La première est celle d'une succession de grands *contextes* ou *horizons de développement* (Courville, 1985-1986), au cours desquels des cohérences se dessinent, qui définissent des types particuliers de croissance. La seconde est celle de périodes de *transition* entre chacun de ces contextes, où les cohérences initiales se transforment pour s'adapter aux influences nouvelles qui traversent le Québec.

Ce passage d'un contexte de développement à un autre n'a rien d'ordonné ni même de continu dans le temps. Tantôt lent, tantôt rapide, il est fait de continuités et de ruptures qui prolongent ou transforment les équilibres antérieurs. Et, comme il s'accompagne souvent de difficultés, démographiques notamment, ce passage devient un moment extrêmement important dans la définition des comportements collectifs, lesquels pourront être conséquents ou non avec cette évolution, en fonction des idéologies et des représentations du moment.

Appliquée à l'étude du territoire québécois, cette succession laisse voir quatre grands cycles de développement, entrecoupés chacun d'une période de transition marquée par les soubresauts de l'âge nouveau qui s'annonce. À chacun de ces cycles correspondent un rapport population-ressources particulier et des formes d'habitat également originales (Figure 3).

Le premier de ces contextes est très ancien. Il remonte à plusieurs millénaires avant aujourd'hui et se prolonge jusqu'au début du XVIe siècle de notre ère. Il est caractérisé par une dispersion de la population et des ressources. Dans ce contexte, il n'y a pas une, mais des aires de vie, qui correspondent aux aires d'implantation des groupes humains, lesquels sont

Figure 3

Les grands contextes de civilisation au Québec

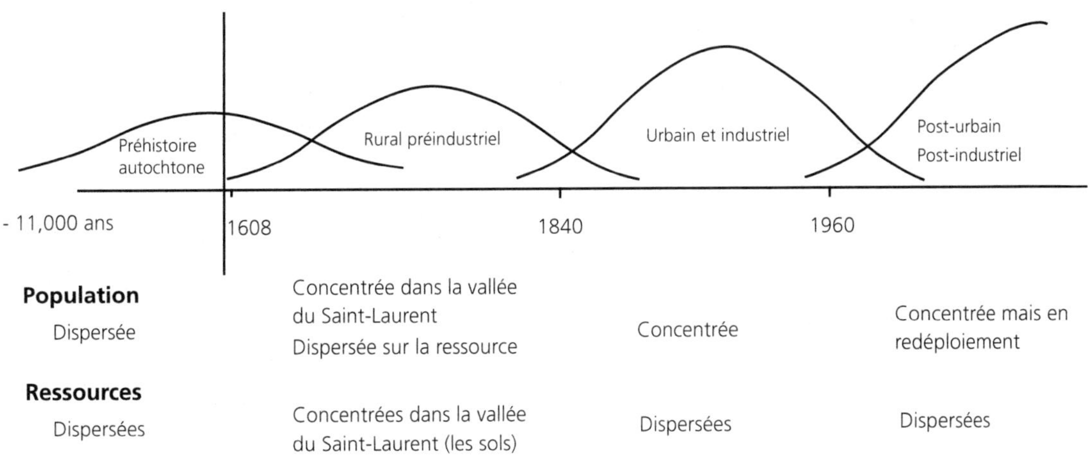

Formes dominantes d'habitat

Village, campement...

ville coloniale, côte, mission...

hameau, village, bourg urbain...

petite ville, ville, métropole..

mégalopole, banlieue

différents à la fois par la culture et le genre de vie. Les activités dominantes sont des activités de prédation, accompagnées parfois d'une maigre agriculture, et les formes d'habitat se limitent au campement et au village, qui peut parfois prendre des proportions impressionnantes.

Le deuxième contexte s'amorce avec le début de l'implantation française dans la vallée du Saint-Laurent et se poursuit jusqu'au milieu XIXe siècle. Il se caractérise par un horizon de développement fondé sur l'implantation de comptoirs, les futures villes coloniales, qui servent de points d'appui au peuplement et sur la conquête des terres neuves à des fins agricoles. La principale ressource étant le sol, la population s'y disperse, tout en se concentrant dans les basses terres. Il en résulte une géographie originale qui tranche avec celle de l'ère précédente.

Le troisième contexte va du milieu du XIXe siècle au milieu du XXe et se signale par une forte croissance de la population, une importante poussée urbaine et villageoise, une expansion de l'industrie et une révolution des transports et de la technologie, qui stimulent la montée des échanges. Le territoire initial s'agrandit, l'aire d'approvisionnement en ressources s'élargit et de nouvelles concentrations humaines apparaissent, qui transforment en profondeur le paysage économique et social du Québec.

FIGURE 4

Les grands mouvements de population au Québec

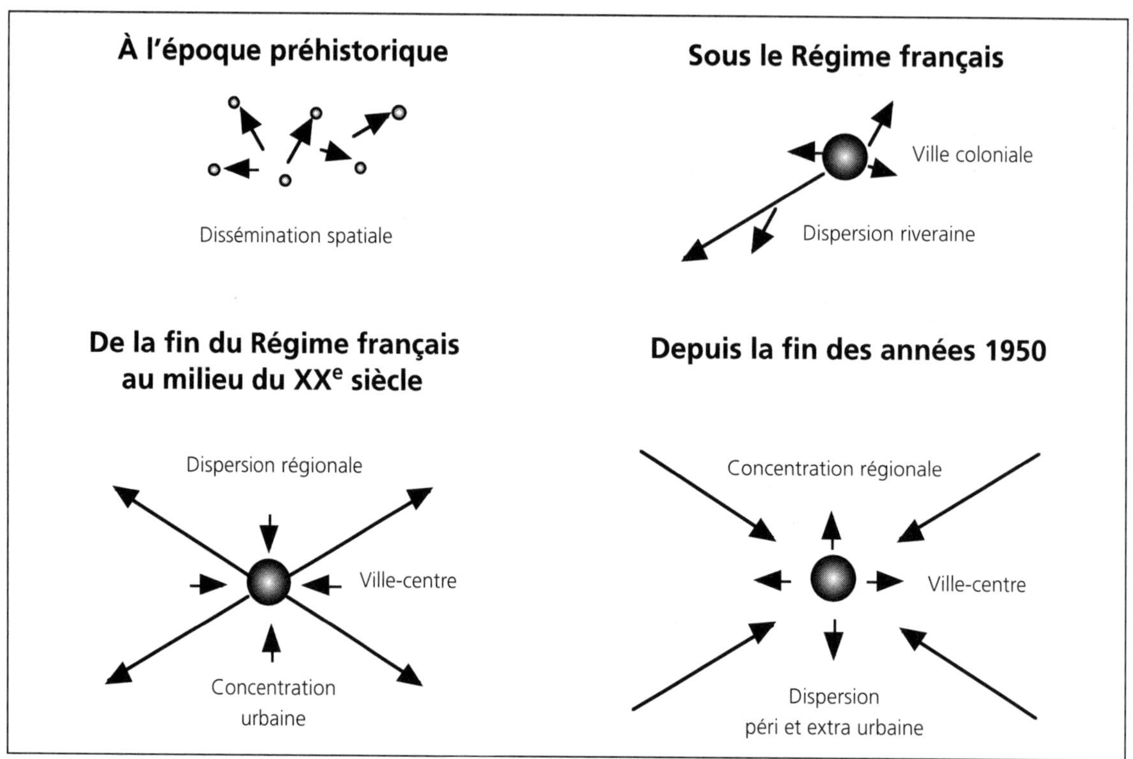

Ce contexte sera suivi, à partir de la fin des années 1950, d'un nouveau contexte de développement caractérisé cette fois par l'expansion spatiale des villes, le renouvellement des infrastructures de transport et de communication, la suburbanisation et la migration extra urbaine de l'industrie. L'aire d'approvisionnement en ressources continue de s'élargir et la population continue de se concentrer dans l'espace. Mais, comme les besoins et les moyens ne sont plus les mêmes, on assiste aussi à un redéploiement de la population urbaine, d'abord en périphérie des villes, ce qui accroît considérablement les pressions sur le sol agricole, puis en direction des anciens fronts pionniers, où se développent de nouvelles aires de loisirs.

La figure 4 résume les mouvements de population qui caractérisent chacun de ces horizons de développent. Ils sont indicatifs des changements qui sont survenus dans le paysage du Québec depuis le début de l'occupation humaine.

Chacun de ces contextes a favorisé l'éclosion de formes particulières d'aménagement de l'espace qui ont eu tendance à se perpétuer dans le temps et à marquer profondément les structures actuelles d'habitat. C'est ainsi, par exemple, que le rang, apparu pourtant au XVIe siècle, forme encore la structure de base de l'habitat, tant rural qu'urbain. D'autre part, on trouve au cœur de bien des petites villes au Québec l'ancienne structure du village, avec son aire sacrée et son aire profane, autour desquelles s'étend la banlieue moderne.

C'est le but de la géographie historique de retracer cette évolution, en faisant de ces formes et des organisations géographiques actuelles un reflet des sociétés qui les ont engendrées. Car la géographie n'est pas qu'une science du spatial, elle est aussi et surtout une science du social, qui s'intéresse moins à l'espace qu'aux devenirs des lieux et des sociétés, à la manière qu'ont eue les communautés humaines de connaître et de pratiquer ce qu'on appelle leur espace. Et, comme l'histoire, elle s'intéresse moins au temps ou à l'événement, qu'à la manière qu'ont eue ces communautés de construire et d'exercer leur conscience collective.

II. LA TRAME INITIALE

CHAPITRE 2

LES ORIGINES[2]

De la trame initiale, il ne reste que des vestiges découverts au hasard des fouilles archéologiques. Ils attestent d'une présence humaine très ancienne dont l'origine remonte à plusieurs millénaires avant aujourd'hui, avec le retrait du glacier et la pénétration, loin vers l'intérieur des terres, des eaux de l'Atlantique nord. Sous l'énorme poids de glace, la masse continentale s'était en effet affaissée, favorisant cette intrusion marine. Il faudra plusieurs millénaires avant qu'elle ne se relève, par un processus appelé isostasie, qui se poursuit encore de nos jours.

Toutes les parties basses sont alors inondées, d'autant plus que, en fondant, le glacier libère lui-même d'importants volumes d'eau. Le paysage qui en résulte s'apparente à celui d'un désert froid, parsemé de matériaux de toutes sortes, lesquels sont à leur tour remaniés par le vent et les eaux. Puis, peu à peu, la végétation apparaît, selon une séquence qui rappelle celle qu'on trouve aujourd'hui du sud au nord du Québec.

C'est dans ce contexte, encore hostile, qu'apparaissent les premiers groupes humains, précédés sans doute de petits groupes de chasseurs venus poursuivre le gros gibier jusque sur le rebord du glacier. Les archéologues n'ont pas encore pu dater avec précision cette arrivée. Toutefois, selon les informations disponibles, elle ne serait pas antérieure à -11 000

2. Ce texte est une version revue et augmentée de la synthèse parue dans le second volume de l'Atlas historique du Québec, *Population et territoire* (Courville (dir.), 1996). Il reprend les travaux de James V. Wright (1980), qu'il complète d'informations diverses provenant du volume 1 de l'*Atlas historique du Canada*; de certains numéros de *Recherches amérindiennes au Québec*, notamment ceux de 1978, 1985, 1987, 1989 et 1990; ainsi que de travaux parus sous forme de thèses (par exemple, Parent, 1978) ou de synthèses (par exemple, Clermont et Chapdelaine, 1987) ou les histoires régionales publiées par l'Institut québécois de recherche sur la culture (aujourd'hui l'INRS-Culture et société).

ans avant l'Actuel (9000 ans avant Jésus-Christ). De cette époque jusqu'à l'arrivée des premiers Européens, diverses populations se sont partagé le territoire, qu'elles ont marqué par des développements culturels et technologiques particuliers.

1. L'ENVIRONNEMENT POSTGLACIAIRE

Les conditions climatiques et végétales actuelles du Québec donnent un assez bon aperçu des processus qui ont suivi le retrait du glacier. Divers auteurs les ont décrits (Richard, 1985; 1987; Parent *et al.*, 1985). Du sud vers le nord, la température annuelle passe de +7° C en moyenne à –8° C; le nombre de degrés-jours au dessus de 5° C (qui représente le seuil de l'activité végétative) varie de 1900 au sud à 200 au nord (en comparaison, Paris en compte 2000 et Stockholm 1400), et la saison de croissance va de 180 à 200 jours au sud, mais à 40 au nord. Les précipitations sont de 1500 millimètres par année en moyenne au sud, mais de 300 à peine au nord. Quant à la végétation, elle traduit les écarts de climat introduits par la latitude, le relief et la continentalité du milieu. Au sud, s'étendent les forêts tempérées et boréales, « caducifoliées » d'abord, puis mixtes et enfin « conifériennes ». Vers le nord, suivent la taïga forestière et herbacée, puis la toundra, qui correspondent l'une, au climat hémiarctique, l'autre au climat arctique. Quant à la flore, elle compte 48 essences différentes au sud, six dans la toundra forestière et quatre plus au nord, au seuil de la toundra. La taïga ne compte que des affleurements rocheux, des marais et des tourbières minces qu'enserrent un tapis discontinu de mousses et de lichens dans les milieux secs. Il a fallu plusieurs millénaires pour en arriver là. Et si le territoire actuel du Québec peut être qualifié de boréal, c'est dire les conditions qui prévalaient au début de l'ère postglaciaire !

Aussitôt amorcée, la déglaciation libère d'abord le golfe du Saint-Laurent, laissant ainsi la mer s'avancer dans l'estuaire, entre les calottes glaciaires gaspésiennes au sud et laurentidiennes au nord. Voilà 11000 ans, les terres au sud des Laurentides sont dégagées et la mer occupe les basses terres du Saint-Laurent jusqu'aux Appalaches. Plus au nord, l'inlandsis vêle des icebergs directement dans cette mer, depuis les vallées du Saguenay, du Saint-Maurice et de l'Outaouais. Vers 9000 ans avant l'Actuel, la marge de l'inlandsis s'est retirée loin sur le plateau laurentidien, et les eaux douces occupent la Laurentie. Montréal n'émerge que 7500 ans avant l'Actuel. À cette époque, les glaces occupaient encore près de la moitié du territoire, concentrées sur la péninsule d'Ungava. Elles ne disparurent que 2000 ans plus tard, soit environ 5500 ans avant l'Actuel, avec des périodes d'avancées et de reculs.

En chargeant la croûte terrestre d'un poids énorme, et en permettant l'inondation de vastes dépressions par leurs eaux de fonte, les glaces, dans leur retrait, ont créé des paléogéographies mouvantes qui ne s'ouvriront qu'assez tard à la colonisation végétale. Les mers et les lacs proglaciaires, ainsi que la persistance même des glaces ont fait obstacle à la conquête végétale et façonné des milieux aux conditions de vie extrêmement variables.

Cette conquête a été centripète, du sud vers le nord, et des côtes vers l'intérieur des terres. Après une phase initiale désertique, une toundra herbeuse est apparue, suivie d'une toundra arbustive à laquelle ont succédé des pessières et des tremblaies quand les conditions l'ont permis. Ce n'est qu'au sud, toutefois, que celles-ci ont favorisé la constitution d'un couvert végétal plus riche. Ce domaine couvre aujourd'hui moins de 7% de la superficie du Québec. Il est composé de trois ensembles: l'érablière à bouleau jaune dans le piémont des Laurentides et des Appalaches, et, de part et d'autre du fleuve, l'érablière à tilleul et l'érablière à caryer, de plus en plus thermophiles.

C'est là, dans cette partie méridionale du Québec, qu'on trouve les plus anciennes traces de peuplement. Amorcé voilà plusieurs milliers d'années, ce dernier s'est d'abord propagé par vagues successives aux espaces limitrophes puis vers le centre du territoire, jusqu'à ce qu'un autre mouvement, plus nordique celui-là, ne vienne occuper la toundra. D'ampleur et d'origine différentes, ces pulsions ont laissé un semis discontinu d'établissements humains, qui dépendaient pour leur survie de l'abondance locale des ressources. Elles ont fait du territoire une vaste aire de parcours, ponctuée de campements plus ou moins temporaires et sillonnée de sentiers de chasse, de pêche et d'échange.

2. L'APPARITION HUMAINE

Nul ne sait encore avec certitude où ni quand sont venus les premiers groupes humains dans le territoire actuel du Québec, pas plus que dans quelles conditions ils y sont parvenus. Il est peu probable cependant que cette venue ait été antérieure à l'apogée de la dernière grande période glaciaire, celle du Wisconsin (environ 50000 ans avant l'Actuel), même si l'on a cru reconnaître ailleurs des indices attestant d'une présence humaine antérieure à cette date, au Yukon notamment. Au Québec, cela reporte à quelque 20000 ans avant l'Actuel le début de la fonte des glaces. Ce n'est que plusieurs milliers d'années plus tard, cependant, que les conditions ne sont devenues plus favorables au peuplement humain, et encore, uniquement dans la partie méridionale du territoire, où les basses terres sont envahies par la mer. Il est possible que des groupes de chasseurs aient alors fréquenté l'extrême sud du Québec. Toutefois, les premières traces connues d'êtres humains dans le territoire québécois furent postérieures à cette date, dans un contexte encore tout marqué par les événements qui ont suivi le retrait du glacier.

De cette préhistoire autochtone, on connaît mieux la fin que les débuts. Il reste cependant que bien avant l'arrivée des premiers Européens en Amérique des sociétés humaines s'étaient constituées, dont on trouve des traces sur le territoire actuel du Québec. Selon les données disponibles, celles-ci remonteraient à quelque 11000 ans avant l'Actuel, soit bien après que les premiers chasseurs asiatiques eurent traversé le détroit de Béring[3]. Le passage vers l'est étant bloqué par d'épaisses couches de glace, il a fallu attendre le retrait du glacier avant de pouvoir accéder aux territoires de l'est et du nord, et encore, puisqu'une grande partie de ces territoires était alors recouverte d'eau. Au Québec, toutes les basses terres, jusqu'à une altitude de 200 mètres, étaient dans cet état. Ce contexte, associé aux difficultés causées par un climat encore rude, a retardé les établissements humains.

Les premières populations se fixent d'abord dans la vallée et l'estuaire du Saint-Laurent, en provenance de la région des Grands Lacs et de l'État de New York. De là, ils ont essaimé vers le Bouclier et les Appalaches, en colonisant autant la forêt de feuillus que la forêt de conifères. Dans la partie nord du territoire, le peuplement fut plus tardif. Partis d'Alaska, les premiers groupes humains longent l'Arctique et arrivent sur la rive est de la

3. Malgré des opinions divergentes, il semble que les premières vagues de peuplement en Amérique ont eu lieu entre -40000 et - 70000 ans. Il y a 35000 ans, le climat se réchauffe; la Béringie est submergée, interdisant les migrations pendant 10 000 ans. Puis, après un nouveau refroidissement, le passage se refait, entraînant de nouvelles vagues migratoires. Enfin, voilà 12000 ans, le climat de nouveau se réchauffe et la Béringie se referme. Les seules migrations sont maritimes et sont celles des Paléo-Esquimaux, qui arrivent en Alaska il y a 5500 ans. Selon ce qu'on en sait, les premiers groupes humains à venir en Amérique sont de race mongolique. Ils occupent graduellement les deux Amérique en descendant vers le sud par un long couloir le long des Rocheuses. Ils s'établissent d'abord au sud de l'Amérique du Nord, avant de remonter graduellement vers le nord et le nord-est, suite au retrait des glaciers.

FIGURE 5

La préhistoire autochtone

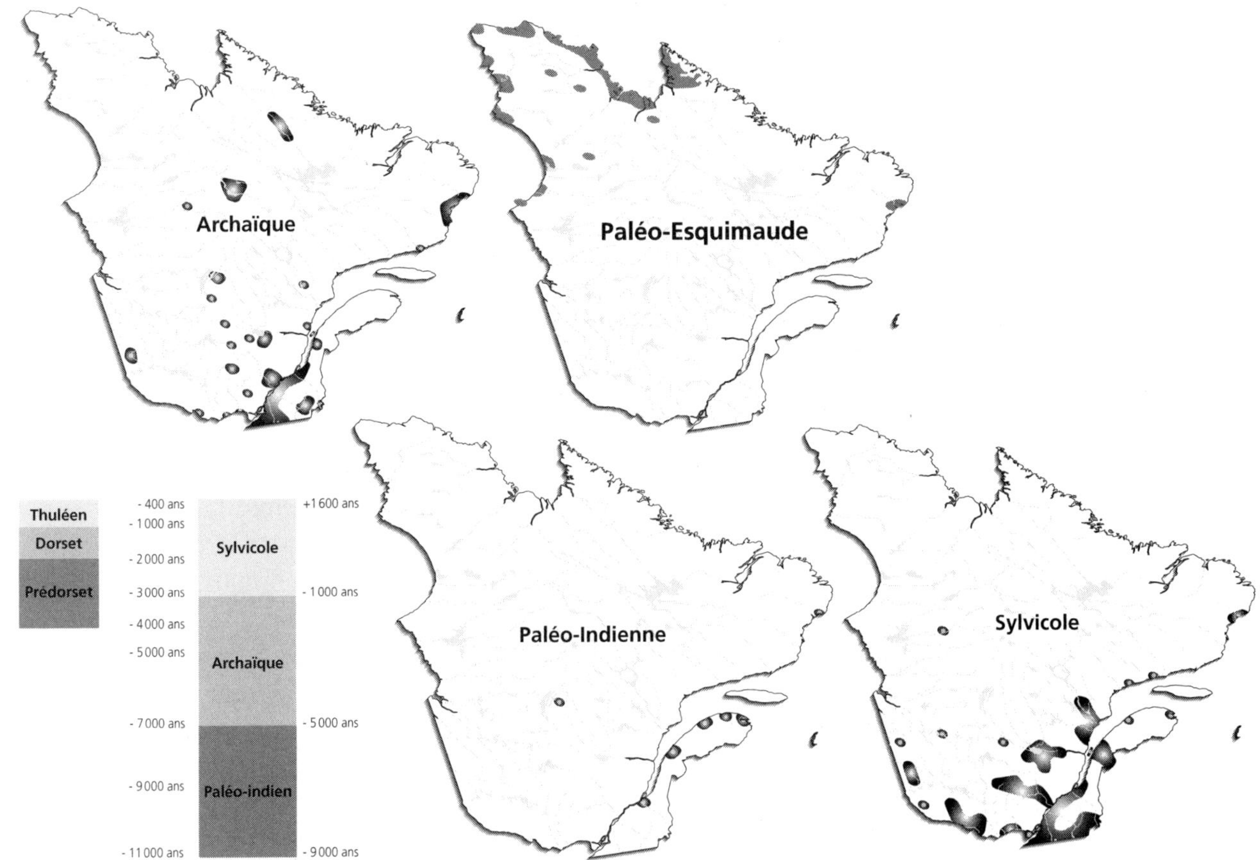

Source : Regroupements effectués à partir de Wright (1980) et des rapports de fouilles du Ministère de la Culture du Québec (1995).

baie d'Hudson. Par la suite, ils s'épanchent dans toute la périphérie du territoire, en suivant la côte arctique, jusque dans la partie sud du Labrador. Jusqu'à l'arrivée des Blancs, ces deux mondes semblent avoir vécu dans un relatif isolement, accentué par des différences importantes de culture.

3. DEUX GRANDS DOMAINES GÉOGRAPHIQUES

Quand on compare les groupes humains du sud et du nord du Québec, on ne peut manquer de constater les différences d'adaptation au milieu. Certes, ces écarts sont moins liées aux techniques qu'au climat, encore que le type d'outillage soit parfois très différent entre les différents groupes autochtones, mais comme l'environnement et les ressources ne sont pas les mêmes et que les communautés ne sont pas toutes au même niveau de développement culturel, des formes distinctes d'exploitation du milieu sont apparues à travers le temps, qui ont entraîné à leur tour des modes de vie différents (Figure 5).

3.1 L'univers amérindien

Les archéologues ont divisé la préhistoire amérindienne du Québec en trois grandes périodes. La première, la *paléo-indienne*, a vu l'établissement des premiers groupes humains dans le sud du territoire. Plus tard, durant l'*archaïque*, d'autres populations sont apparues et se sont diffusées encore plus largement dans le territoire. Enfin, au *sylvicole*, un pas majeur a été franchi, avec l'apparition de la poterie et un mode de vie plus sédentaire.

3.1.1 La période paléo-indienne (-11 000 à -7000 ans avant l'Actuel)

À l'époque paléo-indienne, deux cultures s'épanchent dans le nord-est du continent, la culture clovissienne et la culture planoenne. La plus ancienne, la culture clovissienne, s'est répandue dans toute l'Amérique du Nord à l'est des Rocheuses. Son origine remonte à plus de 30 000 ans, c'est-à-dire depuis les grandes migrations de chasseurs asiates venus en Amérique du Nord par le détroit de Béring. Ils seraient arrivés dans le nord-est du continent voilà environ 11 000 ans. Au Québec, il est possible que cette culture se soit installée dans le sud-ouest du territoire, notamment dans les îles du Saint-Laurent supérieur, mais aucun indice de sa présence n'a encore été trouvé.

La culture planoenne dérive de la précédente. Elle s'est développée dans les plaines de l'ouest, d'où elle a migré vers l'est. Au Québec, elle a laissé des traces sur la côte nord de la Gaspésie et dans les îles du lac Saint-François et du Haut-Saint-Laurent. Les sites qui en attestent la venue sont vieux d'environ 6 000 ans. Les objets qu'on y a trouvés semblent indiquer que la population s'adonnait à des activités de cueillette et de ramassage des œufs, ainsi qu'à la chasse au gros gibier. Peut-être exploitait-elle également les ressources de la mer et sans doute possédait-elle un moyen de transport par eau qui lui permettait de circuler sur le fleuve. Toutefois, compte tenu du contexte bioclimatique qui régnait alors, il ne semble pas que cette population ait été très nombreuse.

3.1.2 L'archaïque (-7000 à -3000 avant l'Actuel)

À la période archaïque, trois cultures se partagent le territoire amérindien : la culture laurentienne au sud, la culture maritimienne à l'est et la culture bouclérienne au nord. Les deux premières semblent s'être développées à partir de la culture clovissienne ; la troisième, à partir de la culture planoenne de l'ouest, qui aurait gagné le territoire québécois par le Bouclier canadien, à moins qu'elle n'ait été une souche encore mal identifiée de la culture laurentienne, comme l'ont suggéré certains archéologues qui travaillent notamment en Abitibi (Côté, 1995).

La culture laurentienne a occupé le sud du Québec pendant plus de 4000 ans, poussant apparemment son influence jusque dans le nord-ouest québécois. Les fouilles archéologiques indiquent que les Laurentiens étaient grands, qu'ils étaient parfois victimes de fractures accidentelles et qu'ils souffraient d'arthrite. Ils vivaient de chasse, de pêche et de cueillette, mais leur alimentation, surtout à base de viande, provoquait des maladies des gencives et la chute des dents. On sait peu de choses de leurs habitations, dont les structures précaires ont disparu avec le temps. Par contre, à en juger par les outils et les ornements trouvés dans leurs tombes, il semble qu'ils croyaient à l'au-delà et qu'ils entretenaient des rapports commerciaux avec des régions aussi éloignées que l'est et le nord du Québec (pour le silex), la côte de l'Atlantique (pour les perles de coquillage), la région des Grands Lacs (pour le cuivre natif), le Mississippi (pour le plomb sulfuré et la galène) et même le golfe du Mexique (pour les conques).

La culture bouclérienne a occupé la plus grande partie du Québec. Elle serait issue de la culture planoenne, mais elle aurait été aussi fortement influencée par la tradition laurentienne (Côté, 1995). Elle se serait installée sur le Bouclier après le retrait des glaces. Les quelques vestiges trouvés de sa présence indiquent un genre de vie proche de celui des Algonquiens à l'époque historique. La répartition de ses campements, aux points d'étranglement des lacs et des rivières qui servaient de traverses au caribou et plus tard à l'orignal (l'élan d'Amérique), indiquent une alimentation à base de cervidés, d'ours, de sauvagine, de petit gibier et de produits de la pêche. Sans doute cette culture disposait-elle aussi d'embarcations, probablement des canots en écorce de bouleau, et savait-elle fabriquer des raquettes pour la chasse l'hiver. Enfin, divers indices laissent croire qu'elle entretenait des contacts avec ses voisins, dont un type particulier de silex qu'on ne trouve qu'au nord de l'État de New York, et le fait que les Hurons échangeaient du maïs et des filets de pêche avec les Algonquins contre du poisson et des fourrures. Elle semble, en outre, avoir été en contact avec les cultures maritimienne et paléo-esquimaude. Mais, dans ce dernier cas, les contacts ne paraissent pas avoir été très amicaux.

La culture maritimienne a occupé la rive nord du fleuve et du golfe, ainsi que le littoral du Labrador et de Terre-Neuve, où elle s'est implantée il y a environ 9 000 ans. Son aire culturelle recoupe celle des Laurentiens dans la région de Trois-Rivières. Outre quelques monuments funéraires découverts près de la frontière du Labrador, on a trouvé peu de traces de cette culture, dont les campements, établis surtout le long des côtes, ont presque tous été submergés, à l'exception de quelques monticules funéraires situés dans les parties hautes du territoire. Ce qu'on en sait provient essentiellement d'un site découvert à Terre-Neuve (Port-aux-Choix). Il indique que les Maritimiens étaient de forte taille, qu'ils souffraient d'arthrite et d'une maladie de gencive entraînant la perte des dents et qu'ils connaissaient un taux de mortalité infantile élevé. Marins habiles, ils étaient aussi religieux et vivaient de pêche et de chasse, tant aux mammifères marins que terrestres. Leurs activités se répartissaient probablement comme suit : chasse au phoque de la fin de l'hiver jusqu'au début de l'été, pêche au saumon et au capelan, collecte d'œufs et chasse aux oiseaux durant l'été, et chasse au caribou à l'intérieur des terres à l'automne et au début de l'hiver. Enfin, comme les précédentes, cette culture a probablement entretenu des rapports avec ses voisins, mais l'état actuel de la recherche ne permet pas de les préciser.

3.1.3 Le sylvicole (de -3 000 ans avant l'Actuel au XVIe siècle de notre ère)

Au cours du premier millénaire avant Jésus-Christ deux changements d'importance surviennent qui transforment progressivement la vie amérindienne : l'apparition de la poterie et de l'horticulture. Cette période marque, pour les archéologues, le début du sylvicole, qui englobe aussi bien les populations de l'archaïque qui s'adonnent à la poterie que les nouvelles populations, incluant celles que les premiers Européens ont rencontrées.

Du début du sylvicole inférieur au début du sylvicole supérieur, il s'écoule quelque 2 000 ans, au cours desquels la poterie se répand et diverses cultures apparaissent[4]. Par la suite, des sociétés originales se développent, qui marquent le début d'une nouvelle ère.

4. L'archéologue Claude Chapdelaine divise ainsi cette période: sylvicole inférieur (de 1000 à 400 avant Jésus-Christ); sylvicole moyen, partagé en sylvicole ancien (de 400 avant Jésus-Christ à 500 après Jésus-Christ) et en sylvicole tardif (de 500 à 1000 après Jésus-Christ); et sylvicole supérieur (1000 à 1500). À ce sujet, voir *Recherches amérindiennes au Québec* (1990).

3.1.3.1 De -3000 ans avant l'Actuel à l'an 1000 de notre ère

Selon ce qu'on en sait, la poterie a gagné le nord-est du continent nord-américain à partir du sud-est des États-Unis où elle existait depuis au moins 4000 ans. Autour du premier millénaire avant Jésus-Christ (- 3000 ans avant l'Actuel), on la trouve dans le sud du Québec, dans les régions voisines des États de New York et du Vermont, et dans l'extrême est du sud ontarien, où elle permet de distinguer diverses cultures. L'une d'entre elles est la culture meadowoodienne, dont on trouve des vestiges à plusieurs endroits au Québec (dont à Batiscan et à Sillery, et peut-être dans le nord-ouest québécois, où l'on aurait même trouvé des traces de la culture Middlesex). Une autre est la culture pointe-péninsulienne, qui a occupé surtout le Haut-Saint-Laurent, l'Outaouais et les Cantons de l'Est. Enfin, la culture laurellienne a surtout fleuri dans l'ouest de la province.

Pratiquant l'incinération, la culture meadowoodienne a laissé peu d'indices quant à l'apparence physique de sa population. On sait seulement que ses mœurs et ses outils étaient semblables à ceux de ses prédécesseurs laurentiens, qu'elle se peignait le corps et qu'elle vivait de chasse et de pêche. Sa poterie était peu élaborée et, si elle connaissait l'arc et la flèche, qui commencent alors à se répandre, on n'en a pas trouvé de trace. Par contre, comme en témoignent les objets de silex et de cuivre trouvés dans les sépultures, son réseau commercial était très étendu.

La culture pointe-péninsulienne se distingue, pour sa part, par des outils et une poterie plus élaborée et mieux décorée. Apparentée à la culture laurentienne, on la trouve dans tout le Haut-Saint-Laurent, l'Outaouais et les Cantons de l'Est. Sa poterie, à base pointue, finira par s'arrondir avec le temps. Comme on a trouvé peu d'outils de pêche dans les sites, on croit qu'elle vivait surtout de chasse et de cueillette. Par contre, même si on a trouvé des pipes, ce qui indique des contacts avec le sud, il ne semble pas qu'elle cultivait le tabac, remplacé ici par d'autres variétés de plantes. Vers 800 après Jésus-Christ, diverses manifestations de cette culture sont en voie de devenir celles du sylvicole supérieur (ou terminal), notamment des Iroquoiens du Saint-Laurent, à qui la culture pointe-péninsulienne donne naissance et que Jacques Cartier rencontre au début du XVIe siècle.

Quant à la culture laurellienne, elle dériverait de la culture bouclérienne et elle est surtout représentée par des bandes de chasseurs et de pêcheurs qui ont aussi adopté la poterie, mais sans son mode décoratif.

Seule la partie supérieure des récipients est décorée et tous ont une ouverture large et une base pointue. On a trouvé également des haches en pierre polie et des silex dans les sites, ce qui indique des échanges avec le sud et même avec les groupes algonquiens de l'ouest, qui étendent alors leur influence. La culture Blackburn en est un exemple. Apparue au nord du lac Supérieur, on en trace les manifestations jusqu'en Abitibi, où l'on a trouvé des restes de poteries nettement mieux décorées.

3.1.3.2 De l'an 1000 de notre ère à l'arrivée de Jacques Cartier

Les auteurs fixent autour de l'an 1000 après Jésus-Christ le début du sylvicole supérieur. Certains le font même commencer quelques siècles auparavant, selon le lieu d'observation. Quoi qu'il en soit, vers la fin du premier millénaire après Jésus-Christ, deux grandes familles linguistiques se partagent le domaine amérindien : les Iroquoiens du Saint-Laurent et le groupe algonquien représenté par les Algonquins, le Cris, les Montagnais et les Micmacs-Malécites.

3.1.3.2.1 Les Iroquoiens du Saint-Laurent

En Ontario, le stade iroquoien commence environ 500 ans après Jésus-Christ, avec la culture Glen Meyer (300 ans pour la culture Princess Point, 700 ans pour la culture Pickering), pour s'étendre jusqu'au XVIe siècle. Au Québec, il débute un peu plus tardivement et se caractérise par l'épanouissement des populations amérindiennes qui fusionnent alors en communautés.

L'iroquoien inférieur (de 500 à 1300 après Jésus-Christ) marque la transition d'une économie de chasse et de cueillette à une économie horticole. La principale denrée, le maïs, semble s'être répandue vers le nord à partir des territoires actuels de l'Ohio et de l'Illinois entre 100 avant Jésus-Christ et 700 après Jésus-Christ[5]. Elle a permis de plus grandes concentrations de population, ce qui a favorisé l'apparition de villages. Ceux-ci pouvaient réunir quelques centaines d'habitants, dont une partie, surtout des femmes, des enfants et des vieillards, y résidait probablement toute l'année. Quant aux hommes, leur présence sur place est plus variable, entrecoupée de départs pour la chasse.

5. Ces dates concernent surtout la région des Grands Lacs. Au Québec, l'arrivée du maïs est plus tardive et daterait des environs de l'an 1000 après Jésus-Christ, en provenance du sud-est de l'Ontario et du nord de l'État de New York.

Au stade de l'iroquoien moyen (de 1300 à 1400 après Jésus-Christ), lequel fut très bref, moins d'un demi-siècle selon certains auteurs, l'horticulture se répand, les groupes humains s'élargissent, les maisons s'allongent et des fortifications plus complexes entourent les villages. En même temps, les objets matériels se transforment (par exemple, les vases pour les soupes deviennent plus grands), mais il ne semble pas qu'on soit plus à l'aise matériellement dans les grandes maisons que dans les petites. Enfin, il est possible que, les communautés s'élargissant, les conseils de village aient été plus élaborés.

Plusieurs facteurs peuvent rendre compte des transformations de l'habitat. L'allongement des habitations, par exemple (certaines, dont on a trouvé les vestiges en Ontario, avaient jusqu'à 90 mètres de long), s'explique peut-être par la nécessité d'être solidaires dans les rivalités entre les lignages pour la direction des villages. De même, le fait que la construction des palissades soit plus soignée s'explique sans doute par une nécessité nouvelle de se défendre.

Mais pourquoi les guerres prennent-elles une importance accrue au moment même où se répand la culture du maïs ? Peut-être le refroidissement du climat en est-il la cause (on entre alors dans ce qu'on a appelé le petit âge glaciaire [Filion, 1987]) ? En devenant plus froid, celui-ci serait devenu aussi plus sec, ce qui aurait entraîné des sécheresses obligeant les populations iroquoiennes des plaines sablonneuses du sud-ouest ontarien à se diriger vers l'intérieur de leur territoire, où les terres étaient plus humides et plus riches. Il se peut aussi que l'épuisement des sols ait été plus rapide, ce qui aurait accru l'obligation de chasser, donc la concurrence pour les territoires de chasse. Les facteurs socioculturels peuvent également l'expliquer. La guerre de capture, par exemple, aurait été un moyen pour les jeunes gens d'acquérir du prestige et peut-être de réagir à l'importance accrue des travaux de la terre (Viau, 1997). Quoi qu'il en soit, il semble que plusieurs facteurs aient été en cause.

À l'iroquoien supérieur (après 1400), qui représente une période d'épanouissement pour les populations iroquoiennes, les groupes fusionnent en communautés. Le plan des villages devient plus complexe et on accorde plus d'espaces ouverts au travail et à l'enfouissement des déchets. Les agglomérations se dispersent et ont tendance à se regrouper sur les hauteurs. Elles sont sensiblement éloignées de la voie d'eau et entourées de plusieurs palissades. Elles peuvent abriter jusqu'à 1000 et même 2000 habitants et comprendre une quarantaine de maisons de longueur variable, pouvant aller de 18 à 41 mètres, la moyenne étant environ de 30 mètres. Les morts étaient enterrés à l'intérieur du village et même sous les maisons; les squelettes portent des traces de carie dentaire et d'arthrite. Les sépultures indiquent également un fort taux de mortalité infantile.

Le genre de vie des Iroquoiens était semi-sédentaire, organisé autour de la culture du maïs, de la courge, du haricot et du tournesol, que les femmes cultivaient dans des champs défrichés par les hommes qui s'occupaient également de la culture du tabac et de la fabrication des pipes. C'est à l'intégration efficace de l'agriculture dans leur mode de subsistance qu'il faut attribuer l'explosion démographique de ces populations, qui pratiquaient aussi la cueillette, la chasse et la pêche. Leur poterie est originale et témoigne d'un haut niveau culturel.

Ce sont ces populations que Jacques Cartier rencontre quand il remonte le Saint-Laurent au début du XVIe siècle. Celles-ci occupent alors un territoire allant de Québec à Montréal et se partagent en deux populations: les Stadaconéens et les Hochelagois, dont le point de rencontre se trouvait à l'amont de Trois-Rivières. Comme leurs homologues des autres régions, elles vivent en villages et elles pratiquent la culture du maïs, de la courge et du haricot, que complètent les fruits de la pêche et de la chasse, deux activités plus répandues cependant au nord-est qu'au sud-ouest, en raison des différences de climat qui séparent la région de Québec de celle de Montréal.

Dans la seule région de Québec, on compte plusieurs villages. Ils semblent assez petits et ne sont pas protégés par des palissades. Cartier en signale également d'autres dans la région de Montréal, dont les habitants parlent le même dialecte que les Stadaconéens. Le plus gros de tous, cependant, reste celui d'Hochelaga[6] que Cartier qualifie de « ville ». En plus d'être fortifié, il comprend une cinquantaine de maisons longues d'environ 50 pas et même plus. Sa description rejoint celles qui seront faites plus tard des villages hurons, pétuns, neutres, agniers, onontagués, onneiouts, goyogouis, tsonnontouans et andastes, ce qui laisse supposer que les habitants d'Hochelaga avaient un genre de vie similaire. On en a donné une

6. Le vrai nom de ce village est Tutonaguy, comme l'apprendra plus tard Cartier. Celui d'Hochelaga désigne le territoire (McGhee, 1991 : 130).

FIGURE 6

Le village d'Hochelaga

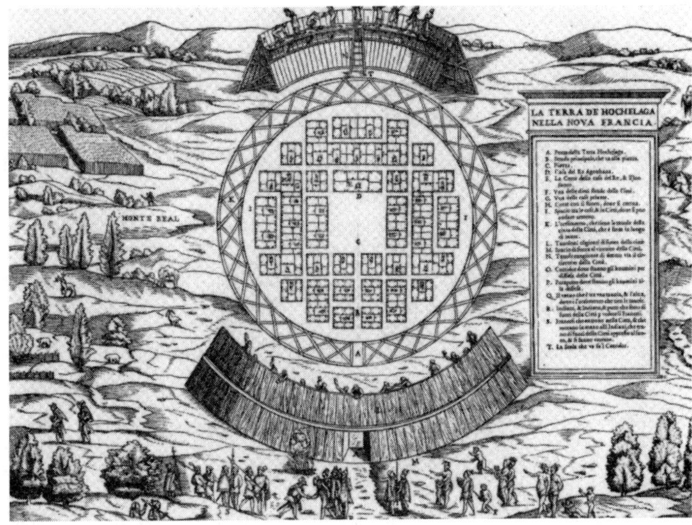

Source : La terra de Hochelaga nella Nova Francia, Archives nationales du Canada, NMC-1908.

image qui correspond plus aux visions italiennes de la ville à la Renaissance qu'à la réalité (Figure 6).

Toutefois, quand Samuel de Champlain visite l'île de Montréal en 1603, le village décrit par Cartier est abandonné et une guerre oppose l'alliance des Montagnais, des Algonquins et des Hurons à la Ligue iroquoise des Cinq-Nations établie dans le nord de l'État de New York (Trigger, 1991 ; Delâge, 1991). Pourquoi cette guerre et surtout cette disparition ? Plusieurs hypothèses ont été formulées, qui font intervenir diverses causes, dont l'assimilation par les Hurons, avec qui les Iroquoiens du Saint-Laurent sont en guerre depuis un certain temps, et aussi la volonté de contrôler le commerce avec les Français. Comme les Stadaconéens, les habitants d'Hochelaga tentent de s'interposer entre les Français et les Hurons, ce qui active les rivalités. Mais, victimes de leur position géographique sur le Saint-Laurent, ils finiront par être dispersés comme les Hurons plus tard. Quant au territoire ainsi laissé vide, il deviendra, selon certains auteurs, un espace symbolique, une sorte de domaine interdit, réservé aux défunts et que les autochtones eux-mêmes auraient choisi de ne plus occuper (Ritchot, 1999: 121 et s.).

3.1.3.2.2 Les Algonquiens

Le groupe algique comprend des populations qui vivent dans différents secteurs du territoire, mais qui appartiennent toutes à la même famille linguistique.

Les Algonquins sont l'une de ces populations. Le terme désigne des bandes apparentées, mais qui vivent isolées les unes des autres, en petits groupes épars et très mobiles. Proches des Cris et des Montagnais par la langue et la culture, elles disposent d'outils de pierre et réalisent des peintures rupestres (en rouge sur la paroi des rochers), qui les distinguent des autres groupes. Elles subissent de nombreuses influences culturelles, notamment celles des Iroquoiens du Saint-Laurent et des Hurons-Pétuns. En bons termes avec les Hurons, ils passent souvent l'hiver dans leurs villages. Leurs rapports sont fondés sur la réciprocité: en échange de leurs fourrures et de leur venaison, ils obtiennent des Hurons du maïs et des filets de pêche. Leur style de poterie est le même que celui des Hurons-Pétuns. Lors des guerres du XVIIe siècle, les Algonquins se retirent dans le nord de leur territoire et dans les missions. Beaucoup se déplacent aussi vers l'ouest, d'où quelques-uns reviendront à la fin du conflit.

Comme les Algonquins, les Cris vivent en bandes éparses. Ils seraient venus de l'ouest assez tard, à l'époque de la traite des fourrures. Mais ils se peut aussi qu'ils dérivent d'une ancienne souche bouclérienne. Leur poterie est relativement développée et originale. Sous le Régime français, on dénombrait quatre groupes de Cris: les Mistassins du lac Mistassini, les Escurieux de la rivière Rupert, les Nisibourouniks de l'embouchure des rivières Nottaway et Rupert sur la baie de James, et les Pitchibareniks près de l'embouchure de la rivière Eastmain. Il semble également y avoir eu d'autres bandes plus au nord. Le caribou, l'orignal et le poisson constituaient leur nourriture de base, à laquelle venaient s'ajouter des oiseaux migrateurs. Leurs outils sont en quartzite non poli. Même isolés, les Cris entretenaient des rapports avec l'extérieur, notamment par les Porcs-Épics (Kakouchakhis), un groupe montagnais du lac Saint-Jean, à qui ils fournissaient du quartzite du lac Mistassini et qui leur servaient d'intermédiaires auprès des commerçants de Tadoussac.

La préhistoire des Montagnais (et des Naskapis) est plus mal connue, mais il y a tout lieu de croire que ces populations dérivent d'une base culturelle bouclérienne et qu'elles menaient une vie analogue à celle de leurs voisins Cris, centrée sur la pêche et la chasse au caribou. Leurs outils (en quartzite du Labrador) et leur poterie montrent qu'elles entretenaient des contacts avec l'extérieur par le Saint-Laurent. Selon les premiers observateurs français, les Montagnais se partageaient en plusieurs groupes: les Attikamègues du Saint-Maurice, les Kakouchakhis du lac Saint-Jean, les

Betsiamites de la rivière Bersimis, les Papinachois sur la rivière aux Outardes et la Manicouagan, les Monts-Pelés sur la côte à Pointe-des-Monts, les Oumaniois sur la rivière Sainte-Marguerite, les Chisedechs sur la rivière Moisie, les Esquimaux (groupe montagnais plutôt qu'inuit) sur la Côte-Nord en face de l'île d'Anticosti, et les Outagoumois sur les hautes terres entre la rivière Eastmain et les rivières qui se jettent dans la vallée du Saint-Laurent.

Les Micmacs et les Malécites sont apparentés par la culture et par la langue (algonquienne, mais différente de celle des groupes précédents). On les trouve surtout sur la côte de la péninsule gaspésienne, qu'ils fréquentaient sur une base saisonnière. Ils ne semblent pas avoir habité en villages. Ils occupèrent sans doute la Gaspésie bien avant l'expansion des Iroquoiens dans la vallée du Saint-Laurent. Leur genre de vie était saisonnier. L'été, ils exploitaient les richesses de la mer, surtout les mollusques; l'hiver, ils se dirigeaient vers l'intérieur des terres à la recherche du gros gibier. Ils circulaient surtout par la Matapédia et la Restigouche, et paraissaient en assez bons termes avec les Montagnais et les Stadaconéens. L'arrivée de ces derniers dans leur territoire donna lieu, cependant, à une guerre qui s'est prolongée jusqu'au début de l'ère historique. Le père Paul Le Jeune y a fait une expédition à l'hiver de 1633.

Quant aux Abénaquis, leur préhistoire est encore plus obscure. Les écrits révèlent qu'ils occupaient à l'origine un territoire situé au sud de la frontière américaine, où ils vivaient dans de gros villages semi-permanents entourés de champs de maïs et d'autres cultures. En conflit avec les Micmacs-Malécites, ils seront victimes des guerres coloniales et de la pénétration blanche. Ils viendront éventuellement s'établir au Canada, dans les missions du sud du lac Saint-Pierre.

3.2 Le monde nordique

Il y a un peu moins de 4000 ans, arrivent des populations dont la culture est complètement différente de celles qui habitaient jusque-là sur le territoire québécois. Issues d'un mouvement de migration en provenance de l'Alaska, elles ont mis au point des techniques de chasse aux mammifères marins qui leur permettaient de survivre bien au-delà de la limite des arbres. Elles furent les premières à exploiter les ressources du Grand Nord. N'étant pas menacées par d'autres groupes humains, elles s'y sont répandues rapidement. Leurs descendants occupèrent une partie du littoral québécois et du

Labrador pendant environ 3500 ans, jusqu'à ce qu'ils soient remplacés par les ancêtres des Inuits actuels.

3.2.1 La culture prédorsetienne

Autour de 3 800 ans avant l'Actuel, les premiers représentants de ces populations s'étendent sur les côtes du Québec et du Labrador, dont ils occupent presque tout le littoral jusqu'à Hamilton Inlet au sud. Un demi-siècle plus tard, ils atteignent les environs de Poste-de-la-Baleine, au nord du point de rencontre de la baie d'Hudson et de la baie de James.

Les traces de ces populations appartiennent à la culture prédorsetienne, laquelle s'est étendue à la majeure partie de l'Arctique canadien, dans les régions côtières riches. Elles indiquent un genre de vie centré sur la chasse aux phoques et autres mammifères marins, qui ne paraît pas s'être beaucoup étendue cependant au caribou. L'habitat des Prédorsetiens semble avoir été assez rudimentaire, constitué de tentes circulaires de 4 ou 5 mètres de diamètre, dotées de foyers centraux et dont les parois, faites de peaux de bêtes, étaient retenues par de gros galets et des mats en bois. Quant à leurs outils, ils sont petits et finement ouvragés. La plupart sont en silex ou en pierre taillée et polie. Les autres, en os et en ivoire, ont été été détruits par l'acidité des sols.

3.2.2 La culture dorsetienne

La culture dorsetienne est née de la précédente et s'est développée dans les mêmes régions. Toutefois, un vide de deux millénaires la sépare de la culture prédorsetienne sur la côte est de la baie d'Hudson. On en ignore les causes. Entre ces deux cultures, il y a peu de changements majeurs, sinon une augmentation sensible de la population. De nouveaux outils apparaissent, d'autres disparaissent, et l'habitation s'agrandit, comme pour accueillir plusieurs familles. Certaines atteignent même 30 mètres de long. Toutefois, sur le fond, les traditions restent les mêmes ou du moins très semblables.

Cette culture connaît le chien et le traîneau. Son alimentation reste à base de mammifères marins, mais elle ne néglige plus la faune terrestre. Surtout, elle pratique l'art, notamment de petites sculptures d'animaux ou de figures humaines en os ou en ivoire, ou des dessins à eaux fortes sur différents objets tels les étuis à aiguilles. Le rôle de ces objets semble magique et sacré. Elle façonne aussi le bois. Elle disparaîtra entre le XIIIe et le XVe siècle, victime d'envahisseurs venus de l'ouest.

3.2.3 La culture thuléenne

Les Thuléens sont les ancêtres des populations inuites actuelles du Canada et du Groenland. Vers 900 après Jésus-Christ, ils quittent leur territoire de l'Alaska pour se répandre vers l'est. En moins de quatre siècles, ils occupent la majeure partie de l'Arctique, d'où ils chassent les Dorsetiens. À l'époque historique, ils descendent jusqu'au golfe du Saint-Laurent, où ils sont arrêtés par les Montagnais et les Micmacs. Ils se retirent alors au Labrador.

D'abord fondée sur la chasse aux grands cétacés, la culture thuléenne devra se transformer à la suite de changements dans les conditions climatiques. Pendant l'ère de la baleine, d'importants villages d'hiver étaient établis aux endroits propices. Les habitations étaient circulaires et avaient une structure d'os de baleine qui retenaient les pierres des murs et du toit. On y accédait par de longs couloirs d'entrée couverts. Le sol était fait d'un dallage dont les pierres étaient jointes avec soin. L'été, l'abri n'était qu'une simple tente recouverte de peaux.

Après l'ère des grands cétacés, les Thuléens s'adonnent à la chasse aux phoques, qu'ils harponnent au bord des glaces (c'est la technique du *mapok*, qui consiste à harponner l'animal au-dessus des trous d'air où il vient respirer), et à la faune terrestre (ours blanc, caribou, oiseaux migrateurs). Leurs embarcations, tout comme leur attirail de chasse, sont impressionnants : grande barque (*umiak*), kayak monoplace, harpon à tête détachable, lance, arc, flèches, foëne (lance à trois fourchons pour le poisson), dards pour les oiseaux et une foule d'autres dispositifs tout aussi ingénieux les uns que les autres, fabriqués pour la plupart en ardoise polie. Ils portent des lunettes protectrices et fabriquent des matelas et des vêtements cousus.

Quant aux contacts entre les Thuléens et les autres groupes autochtones du sud, ils sont limités par de vastes zones tampons laissées inoccupées. Des rencontres ont parfois lieu l'été, lors de la chasse saisonnière au caribou, mais elles sont presque toujours hostiles. Les rapports seront plus fréquents avec les Européens, pour la traite des fourrures.

Comme le monde amérindien, celui des Thuléens paraît bien adapté à son milieu. Il laisse l'impression de cohérences partagées non seulement sur le plan des technologies, qui apparaissent plus comme un savoir que des outils, ou sur celui des modes de subsistances, presque partout semblables (cueillette, chasse, pêche, avec dans le sud une petite horticulture), mais également sur le plan spirituel.

4. UNE GÉOGRAPHIE À L'IMAGE DU GENRE DE VIE ET DE LA CULTURE

En effet, contrairement à la tradition judéo-chrétienne qui place l'homme au centre de l'univers, l'autochtone a le sentiment de n'en être qu'une composante, ce qui lui donne une vision particulière du monde dans lequel il vit. Chez lui, l'individu n'a de sens que dans le grand tout dont il fait partie. L'unité de l'univers et l'équilibre cosmique tiennent dans cette conviction profonde que tous les êtres vivants sont en rapport étroit les uns avec les autres et avec les objets dits inanimés qui peuvent aussi être habités par un esprit, d'où l'importance accordée à l'harmonie entre les êtres et les choses. Loin d'être acquise, cette harmonie doit être maintenue par des rituels, des cérémonies et des tabous, qui permettent de maintenir l'équilibre cosmique et de rester soi-même en relation avec le cosmos.

Certaines tribus, mais pas toutes, reconnaissent l'existence d'un être supérieur et de son contraire, l'esprit malin. Dans l'univers, toute force a sa contre-force. L'univers est peuplé d'esprits contraires, aux pouvoirs différents qu'il faut se concilier. Cependant, il faut composer avec ceux qui interviennent directement dans la satisfaction des besoins domestiques, de la santé, de la fertilité et de la guerre. Le destin d'un individu est prédéterminé par les esprits (ou les pouvoirs de certains animaux) qui acceptent de l'aider. D'où l'attention portée à son bienfaiteur.

Cette vision globale du monde constitue le fondement de la civilisation autochtone. Elle explique les rapports entre le monde du vivant et celui des esprits. Elle rend compte aussi du contrat qui unit l'homme à la nature et à tout ce qui la compose. Tout est à tous ; autant aux vivants qu'à ceux qui les ont précédés ou qui viendront, incluant les plantes, les animaux et même les pierres qui, sous certaines conditions, peuvent être considérées également comme des êtres vivants. Le sol est une propriété commune, qui appartient à toute la nation. Celui qui reçoit du Créateur doit le garder pour ses descendants. Ses dons ne peuvent être cédés, ils peuvent seulement être partagés, ce qui n'empêchera pas de défendre son territoire si celui-ci est menacé.

Bref, on ne donne pas ce qu'on ne détient pas ! La seule réserve à cet égard concerne les routes de commerce, qui appartiennent à celui qui les découvre. Pour les emprunter, il faut d'abord demander son autorisation, obtenue généralement par des présents. Mais encore là, il s'agit moins d'un droit personnel de propriété qu'une expression de l'obligation sociale du don. L'accumulation de biens assure le prestige du détenteur qui, à son tour, pourra se montrer généreux et recevoir de ceux à qui il donne.

« Je te donne pour que tu me donnes ! » Cette obligation sociale du don repose sur l'inégale distribution des ressources, qui oblige à élargir le processus d'échange. Elle explique par exemple pourquoi le quartzite du Labrador, le cuivre natif du lac Supérieur, le jaspe de la Pennsylvanie, ou encore les coquillages du Maine ou de la Gaspésie se trouvent parfois à des milliers de kilomètres de leur lieu d'origine. Elle explique également le jeu d'alliances qui se nouent entre les tribus, la diplomatie et le rôle du cadeau dans ces rapports. Ce dernier scelle les alliances, qui seront confirmées par des *wampums*. Et si l'on veut que celle-ci soit durable, il faut l'entretenir par des cadeaux périodiques réciproques (Trigger, 1991 ; Delâge, 1991).

Appliquée à l'espace et à ses ressources, cette vision du monde n'entraîne pas la production de territoire. Celui-ci, dans ce contexte, n'est que l'aire d'approvisionnement du groupe, fréquenté tant que la ressource abonde, mais abandonné quand celle-ci s'épuise. Cela expliquera plus tard les difficultés de compréhension et d'interprétation des traités signés avec les Blancs. La cession d'un espace par les autochtones ne signifie nullement qu'ils abandonnent leurs droits sur celui-ci, car alors il leur faudrait obtenir l'assentiment des générations passées et à venir. De même, quand ils demandent des terres à l'homme blanc, ils ne demandent pas un droit de propriété directe sur celles-ci, mais le contrôle de leur utilisation. Et, comme pour l'autochtone les traités ne concernent que les endroits précis pour lesquels ils ont été conclus, ils ne comprennent pas les espaces qui, dans leurs prolongements, servent à des fins de chasse, de pêche ou de commerce, lesquels demeurent sous juridiction autochtone. C'est ainsi, par exemple, qu'une nation autochtone, pourtant absente d'un territoire donné à un moment de son histoire, peut prétendre y conserver une juridiction pour les fins précitées. On en a eu un exemple récemment au Québec, dans l'affaire Sioui (1990) : la Cour a reconnu à cet égard la préséance, sur la législation ultérieure, de ce qu'elle a interprété comme un traité, le sauf-conduit de Murray, signé voilà plus de 230 ans (Canada, 1917-1918). On sait depuis que ce sauf-conduit n'autorisait le commerce qu'avec les seules garnisons britanniques (Vaugeois, 1995). Et c'est encore sur cette particularité de leur culture que se fondent les descendants des Mohawks, pourtant originaires d'un territoire aujourd'hui situé au sud de la frontière canado-américaine, pour réclamer leurs droits sur la vallée du Saint-Laurent, en rappelant que la rivière Richelieu a déjà porté le nom évocateur de Rivière-des-Iroquois.

Il ne nous appartient pas de juger ici du bien-fondé de ces réclamations qui ont été longtemps contestées par les juristes (Brun, 1974). À cet égard, il est bon de rappeler les différences qui séparent le droit canadien du droit américain, lesquels dérivent tous deux pourtant du droit britannique. Au Canada, on établit un lien étroit entre les notions d'État, de souveraineté et de droits de propriété. Ainsi, pour qu'un titre aborigène soit valide, il faut que certaines conditions soient réunies : que la bande qui le réclame ainsi que ses ancêtres aient vécu dans le territoire concerné ; qu'ils aient été membres d'une société organisée ; qu'ils aient occupé ce territoire ; qu'une telle occupation ait été exclusive ; et qu'elle ait été effective quand l'Angleterre a réclamé sa souveraineté sur ce territoire. Aux États-Unis, ces trois notions sont distinguées : on reconnaît que des droits de propriété peuvent exister sans porter atteinte à l'intégrité de l'État. Elle a conduit à la notion de « Nation domestique dépendante », dont la souveraineté est reconnue (Dickason, 1996).

Par ailleurs, il peut être utile aussi de faire remarquer que, dans le monde autochtone, le principe d'exploitation de l'espace est linéaire. Plutôt que de former une surface, la géographie qui en résulte est faite d'un ensemble de lignes, plus ou moins sinueuses, qui suivent le tracé des cours d'eau et des sentiers et qui donnent accès aux territoires de chasse et de pêche. Comme tel, cet ensemble définit moins un territoire au sens usuel du terme qu'une aire de parcours, dont les contours et l'intensité d'exploitation varient considérablement dans le temps et dans l'espace, selon les ressources et les voies de déplacement utilisées.

Sillonnée de corridors eux-mêmes parsemés de campements saisonniers, cette géographie est conforme aux exigences d'une économie de prédation[7]. Elle est cependant très différente de celle des Blancs et ne s'en rapproche qu'en certains endroits, là où l'agriculture autorise des établissements plus permanents. Mais, comme cette activité chez les Amérindiens est très épuisante pour les sols, c'est à des déplacements périodiques qu'il leur fallait s'astreindre, pour aller refaire ailleurs des champs appelés à être eux aussi éventuellement abandonnés.

Parce qu'il repose principalement sur la voie d'eau, ce mode d'occupation de l'espace favorise les échanges interculturels, qui profitent des différences de milieux de vie et de développement des groupes autochtones. Qu'il s'agisse de denrées, de fourrures, de techniques, d'idées, de matières premières ou de parures, ces échanges sont nombreux et témoignent d'une importante vie de relation à laquelle participent des populations souvent très éloignées les unes des autres. Parfois, ce sont des groupes entiers qui se rassemblent, à des confluents de rivières ou dans des îles bien situées sur le circuit des échanges. Mais, contrepartie aussi de ces rapports et des facilités relatives de communication offertes par les cours d'eau, des guerres et des épidémies peuvent surgir, qui se propagent à une vitesse fulgurante, en décimant parfois des communautés entières. D'autres viendront éventuellement les remplacer, avec leur bagage culturel et leurs nouvelles influences. Et c'est ainsi que, de générations en générations, on a fini par occuper le territoire, sans les aménagements ni les densités des établissements européens, mais suffisamment pour y laisser sa marque.

Loin d'être statique, la géographie autochtone est donc une géographie mouvante, au contenu sans cesse renouvelé. Certes, dans le temps, les axes et les aires de parcours demeurent les mêmes, mais les paysages humains changent, au point qu'aujourd'hui encore on ne sait pas très bien distinguer les filiations entre les cultures. C'est dans ce contexte que se produira l'intrusion européenne du XVIe siècle. Elle transformera à jamais ce panorama, en y projetant des valeurs très différentes de celles rencontrées dans l'univers autochtone.

7. Au XIXe siècle, par exemple, on estimait qu'un Amérindien devait disposer d'un espace minimal de 27 km^2 pour subvenir à ses besoins (Taché, 1876).

Chapitre 3

Le contact avec l'Europe

En dépit des légendes tenaces qui, de l'Âge de bronze à la fin du Moyen Âge, attribuent aux Carthaginois, aux Phéniciens et aux Celtes la découverte de l'Amérique, ce n'est que beaucoup plus tard que l'Europe semble être entrée en contact avec le continent nord-américain et éventuellement avec le territoire du Québec. La légende la plus connue à cet égard, celle du moine irlandais saint Brendan, s'appuie sur le fait qu'on a cru reconnaître certains traits de la civilisation irlandaise dans la civilisation algonquienne. Parti de Bretagne en 545, il aurait atteint les Antilles quelques mois plus tard. Mais, s'il y a eu des Celtes en Amérique, ils avaient disparus depuis longtemps quand à leur tour les Norois (nom donné aux Vikings venus en Amérique) débarquent sur le continent. Marins aventureux, ils se répandent dans le nord de l'Atlantique dès la fin du Xe siècle, favorisés par un climat doux, qui se refroidira par la suite. Ce n'est que beaucoup plus tard, cependant, que s'établissent les premiers vrais contacts. D'abord timides et réservés aux petites flottes de pêche qui, chaque année, viennent fréquenter les bancs de Terre-Neuve, ils conduiront à des expéditions plus organisées et bientôt à la remontée du Saint-Laurent, où l'on tentera d'établir une base plus permanente d'échange avec les autochtones.

1. LES NOROIS

On ne doute plus aujourd'hui de la venue des Norois en Amérique. Les sagas (celles d'Érik Le Rouge et des Groenlandais notamment) ainsi que de récentes découvertes archéologiques à l'Anse-au-Meadows, au nord de Terre-Neuve, l'attestent. Elles montrent que le continent nord-américain était connu du Moyen Âge nordique (McGhee, 1991 ; Sharp, 1991 ; Litalien,

1993)[8]. L'aventure commence en 981 quand Eirikr Thorvaldsson (Érik Le Rouge), reconnu coupable de meurtre, est banni d'Islande pour une période de trois ans. Il emploie son exil à explorer la côte ouest du Groenland (Terre Verte). Ayant découvert un site où il lui paraît possible d'établir une colonie, il retourne en Islande recruter un groupe de colons qu'il réussit à convaincre de venir s'établir à la Terre Verte. En 985, il quitte l'Islande pour le Groenland avec 25 navires dont 14 atteignent leur but. On fonde alors deux établissements, celui de l'Est et celui de l'Ouest, sur la côte occidentale. Quelque temps plus tard, à la fin de l'été, Bjarni Herjólfsson, de retour d'un voyage de négoce en Norvège, décide d'aller rejoindre son père parti avec Érik. Écarté de sa route par le mauvais temps, il aurait longé les côtes de Terre-Neuve, du Labrador et de la terre de Baffin, avant de parvenir finalement à la Terre Verte.

En 995, Leifr Eiriksson (Leiv L'Heureux), l'un des fils d'Érik Le Rouge, décide de retrouver ces terres nouvelles. Après avoir acheté le knorr (sorte de navire) de Bjarni Herjólfsson, il entreprend de refaire le périple de ce dernier, mais à rebours, c'est-à-dire depuis le Groenland jusqu'à Terre-Neuve, en longeant le Labrador. Parvenu aux abords du continent nord-américain, il découvre d'abord des terres couvertes de glace bordée d'une étendue de roches hautes et plates ; il nomme l'endroit Helluland (Pays des dalles). Poussant plus au sud, il arrive dans une région plate et boisée, bordée de grève de sable blanc ; il lui donne le nom de Markland (Pays des bois). Puis, deux jours plus tard, il débarque sur une île où abondent la vigne et le blé sauvages ; il la nomme Vinland (Pays de la vigne), que d'aucuns situent sur l'île de Terre-Neuve, mais que d'autres localisent au cap Cod. Leifr retourna à la Terre Verte trois ans plus tard avec, semble-t-il, une riche cargaison de bois, de fourrures, de blé sauvage et de raisin sec. Il n'en fallait pas plus pour que germe l'idée de rapports plus suivis avec le Vinland.

Par la suite, il y eut plusieurs autres expéditions, dont celles de Thorvald, frère de Leifr, de Thorfinnr Karlsefni Thordarson, qui rêvait de créer une liaison commerciale durable entre le Vinland, le Groenland, l'Islande et la Norvège, et de Freydis, la sœur de Leifr. On réussit à fonder une colonie où aurait même hiverné un évêque, Eirikr Gnupsson, dont les annales islandaises de 1113 et de 1121 mentionnent le voyage. Mais,

8. Voir aussi les textes que T. J. Oleson a fait paraître dans le *Dictionnaire biographique du Canada*, volume I (Brown (dir.), 1967).

l'hostilité des *Skraelings* (probablement les Thuléens, peut-être les Béothuks), conjuguée aux faibles effectifs des Norois, feront échouer cette première tentative d'établissement en Amérique. Toute cette aventure fut à peu près ignorée du Moyen Âge latin. Il n'y a guère qu'Adam de Brême qui, en 1075, parle du Vinland. Une carte, antérieure à 1440, en fait également mention, mais on doute de son authenticité (McGhee, 1991 ; Boudreau, Courville et Séguin, 1997). Trop éloignée de l'Europe, la colonie du Vinland finit par être oubliée, tout comme l'établissement de la Terre Verte, qui se referma de plus en plus sur lui-même. Des deux anciennes colonies d'Érik Le Rouge, seul l'établissement de l'Est subsista, celui de l'Ouest disparut vers 1340.

2. LES PREMIERS VRAIS CONTACTS

Sans doute les Norois ont-ils fréquenté le golfe et peut-être la Côte-Nord (Martin, 1995), mais rien n'indique qu'ils ont remonté le Saint-Laurent. Il faudra des découvertes certaines avant de l'affirmer. En fait, c'est uniquement à la fin du XVe siècle que de nouveaux contacts s'effectuent, qui préparent de loin cette remontée. L'initiative en revient à Jean Cabot, un Vénitien né Giovani Caboto, qui, en 1497, jette les bases d'une liaison permanente avec l'Europe. Parti de Bristol en Angleterre, pour le compte des marchands locaux, il atteint les côtes de Terre-Neuve à la recherche d'un passage vers les Indes. Son voyage sera suivi de plusieurs autres, dont ceux de João Fernandes et des frères Corte-Real en 1500-1501, de l'armateur Jean Ango en 1508, qui ramène même des Amérindiens en France, et de João Alvares Fagundes, dans les années 1520-1525. Aucun ne réussit à trouver de route vers l'ouest, mais, à défaut d'épices, ces voyages font connaître une autre ressource, la morue, pour laquelle il existe une forte demande en Europe.

Jusque-là, on avait surtout pêché cette espèce dans la mer du Nord et au large de l'Islande. Grâce au voyage de Cabot, on sait maintenant qu'elle abonde sur les bancs de Terre-Neuve et de la Nouvelle-Écosse, ce qui attire quantité de pêcheurs portugais, français, anglais et hollandais. Au milieu du XVIe siècle, on compte déjà plusieurs centaines de navires qui, chaque année, font la navette entre les nouvelles zones de pêche et l'Europe. Parmi eux, les pêcheurs de baleine, Basques d'Espagne et de France surtout, qui se concentrent sur le détroit de Belle-Isle. Ils seront bientôt un millier à y passer régulièrement l'été et parfois l'hiver, poussant même leurs embarcations jusque dans le golfe Saint-Laurent et, de là, dans le fleuve. Les découvertes récentes d'établissements basques sur la côte du Labrador et dans le Bas-Saint-Laurent, à l'Île-aux-Basques notamment, témoignent en tout cas de leur présence assez profonde dans l'estuaire (LeBlanc, 1984; Turgeon, Auger et Fitzgerald, 1992). Mais, comme leur mission n'est ni politique ni militaire, ces expéditions n'ajoutent rien à la connaissance du Nouveau Monde.

Venus pour la morue, les pêcheurs mirent aussi progressivement en place une autre sorte de commerce autour cette fois de la fourrure. Profitant de leurs contacts avec les autochtones, ils en vinrent à troquer des peaux pour lesquelles existait un marché de luxe en Europe. Toutefois, ce n'est qu'au XVIe siècle que leurs découvertes entrent officiellement dans l'histoire, quand la France, privée d'une partie de l'héritage d'Adam par le traité de Tordesillas de 1493, qui ne reconnaît que les sphères d'influence de l'Espagne et du Portugal, se lance à son tour dans la recherche d'une route vers les épices. Comme l'Angleterre, c'est par le nord qu'elle tentera de se frayer un passage, stimulée par les voyages des Corte-Real et de Fagundes. Sa première tentative, effectuée par Giovanni da Verrazzano en 1524, ne révèle rien sur le Saint-Laurent. Son expédition se limite au littoral du continent, de la Caroline du Nord jusqu'à l'île du Cap-Breton. Ce n'est qu'avec Jacques Cartier qu'une étape capitale est franchie (Mathieu, 1984).

Il n'y a rien de plus géographique que cette aventure française en Amérique. Venus comme tant d'autres à la recherche d'un passage vers Cathay (nom donné alors à la Chine), les Français n'auront de cesse d'étendre leur présence jusqu'au cœur du continent, après s'être longtemps confinés au golfe et à l'estuaire du Saint-Laurent. Si quelques-uns d'entre eux, comme Cartier, réussissent à se rendre assez loin vers l'ouest, il leur faudra plus d'un siècle pour parvenir à s'implanter dans la vallée du Saint-Laurent, en raison des difficultés posées par l'hiver canadien et les résistances amérindiennes.

Tout au long du XVIe siècle, les Français multiplient les efforts pour se donner une base stable pour le commerce des fourrures. Mais, face à eux, il y a les Amérindiens, qui comprennent vite les bénéfices de ce commerce. Ils insistent donc pour rester les maîtres d'œuvre de l'échange, en contrôlant le mouvement des marchands et en leur interdisant de nouer des alliances avec les tribus situées plus à l'ouest (Trigger, 1990). Aussi, jusqu'au début du XVIIe siècle, le point extrême de l'avancée française dans la vallée du Saint-Laurent reste-t-il en aval, à la hauteur de Tadoussac, fondée au tournant du siècle et où s'effectue pendant presque trois quart de siècle la collecte des peaux. Ce n'est qu'avec Champlain et la fondation de Québec en 1608 qu'on réussit enfin à prendre pied sur les rives du Saint-Laurent. La remontée vers l'ouest peut s'amorcer. Pourtant, ce n'est qu'en 1642 que Montréal est fondée. Les premiers alliés des Français, les Montagnais, auront alors cédé la place aux Algonquins et ces derniers aux Hurons, avec qui Champlain noue des alliances dès 1609-1610.

3. LA REMONTÉE DU SAINT-LAURENT

Chargé par François Ier d'une mission de découverte, Jacques Cartier quitte Saint-Malo le 20 avril 1534 avec deux navires. Vingt jours plus tard, il arrive en vue de Terre-Neuve et, le 27 mai, il entre dans le détroit de Belle-Isle. Le 25 juin, il est aux Îles-de-la-Madeleine, puis le 29 à l'Île-du-Prince-Édouard. Le 3 juillet, il est dans la baie des Chaleurs et, du 15 au 25 juillet, il s'arrête dans la baie de Gaspé où il plante une croix en signe de prise de possession du territoire au nom du roi de France.

Un premier contact est établi avec les indigènes : il s'agit d'un groupe d'Iroquoiens de Stadaconé venu pêcher le maquereau le long de la péninsule de Gaspé. Les autochtones sont chaleureux, mais les Français, effrayés par le nombre, sont plus inquiets. Néanmoins, des relations amicales s'instaurent, ce qui n'empêche pas Cartier de capturer, par ruse, deux fils du chef Donnacona, qu'il veut ramener en France pour qu'ils puissent apprendre le français et lui servir plus tard de guides et d'interprètes. Poursuivant son exploration du golfe, il se rend à l'île d'Anticosti qu'il contourne par l'est. Mais le brouillard et des vents contraires l'empêchent de progresser. Il décide alors de rentrer en France. Il reviendra en Amérique l'année suivante.

Dès l'automne, Cartier est chargé d'une nouvelle mission. Il devra, avec trois navires cette fois (la *Grande Hermine*, la *Petite Hermine et l'Émérillon*), poursuivre ses recherches d'un passage vers l'ouest. De retour dans le golfe en août 1535, il entreprend de remonter le fleuve et, le 7 septembre suivant, il arrive à la hauteur de l'île d'Orléans, qui marque selon lui le « commencement de la terre et provynce de Canada », dont la capitale est Stadaconé (Figure 7).

FIGURE 7

Du golfe vers l'intérieur du continent: les deux premiers voyages de Cartier

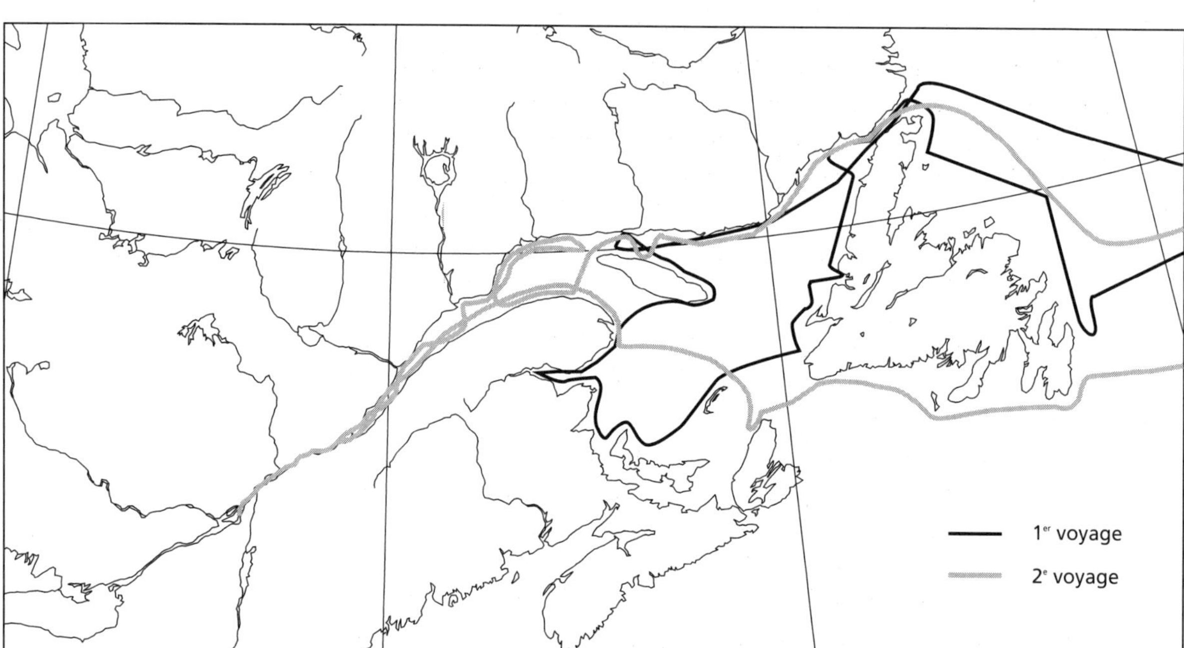

Source: adapté d'après McGHEE (1991).

Impressionnés par la puissance des Français, et heureux de retrouver les fils de Donnacona, les Stadaconéens désirent établir une alliance qui rehausserait leur prestige chez les peuples avoisinants et qui marquerait leur ascendant chez les Iroquoiens d'Hochelaga. Peu sensible à ce projet de Donnacona de garder pour lui les avantages du commerce avec les Français, Cartier décide de se rendre seul à Hochelaga, sans guide ni interprète. Il n'y passera qu'une journée. Arrêté dans sa progression par les rapides de Lachine, il revient à Stadaconé où il décide d'hiverner.

La première expérience de l'hiver canadien est pénible. À la mi-février 1536, huit hommes sont déjà morts du scorbut et, sur les 110 que compte l'expédition, 10 seulement sont encore en santé. L'équipage sera sauvé par une tisane de cèdre blanc apportée par les indigènes. Au printemps, ces derniers informent Cartier de l'existence d'un riche royaume (le Saguenay), où il pourra trouver des métaux précieux. Cartier décide alors de rentrer en France, mais, avant de repartir, il s'empare de Donnacona et d'une dizaine de Stadaconéens, pour qu'ils répètent leur histoire à

François Ier. Ils ne reverront jamais le Saint-Laurent (Mathieu, 1991 : 37). Le retour s'effectue cette fois par le détroit qui sépare Terre-Neuve de l'île du Cap-Breton. Cartier a néanmoins compris l'urgence d'établir une colonie sur le Saint-Laurent, qui puisse servir de base permanente à la conquête de l'intérieur et déjà il a entrepris d'en nommer les lieux (Morissonneau, 1978a). Ce n'est pas avant le XVIIIe siècle, toutefois, qu'on y parviendra, après plusieurs vaines tentatives (Trudel, 1963).

3.1 Les tentatives d'établissement

Retardées par les guerres de François Ier, les expéditions ne reprennent que six ans plus tard, avec la mise sur pied en 1540 d'une nouvelle expédition confiée d'abord à Cartier puis, le roi s'étant ravisé, à un gentilhomme de la cour, Jean-François de La Rocque de Roberval, que Cartier devra accompagner. C'est la première fois (et la seule avant 1663) que le roi investit lui-même dans une expédition. Le but officiel de l'entreprise est d'évangéliser les indigènes, mais la véritable mission de Roberval est de créer un comptoir où il pourra commercer avec eux. On réunit du bétail et des vivres pour deux ans, mais à la date fixée pour le départ, au printemps de 1541, seul Cartier est prêt à partir.

Arrivé le premier, celui-ci parvient à Stadaconé au début de l'été. Devant l'hostilité des Amérindiens, et sans leur demander leur permission, il décide d'établir une base fortifiée plus à l'ouest, à l'embouchure de la rivière Cap-Rouge. Deux forts sont élevés et quelques champs sont ensemencés, pendant qu'à proximité on découvre du quartz et de la pyrite de fer que Cartier confond avec des diamants et de l'or. L'hiver sera très dur et il faudra faire face à la résistance organisée des Stadaconéens et des autres villages avoisinants : 35 hommes sont massacrés. Au printemps de 1542, Cartier lève l'ancre.

À son arrivée, Roberval s'y installe à son tour, avec 150 colons. L'hiver suivant est aussi très difficile et provoque la mort du tiers des hommes. En juin, on se fait envoyer du maïs de Montréal, sans doute volé aux Amérindiens. En 1543, on retourne en France, en laissant un lourd héritage de tensions avec les autochtones.

Aux yeux du roi, c'est l'échec. Les voyages de Cartier auront pourtant des conséquences majeures sur la suite de l'aventure française en Amérique. En plus d'ouvrir à la France la porte de tout un continent, ils lui ouvraient celle du réseau d'échange amérindien, ce qui lui permettra de se tailler une place enviable dans le commerce européen des fourrures, lequel était dominé par la Russie et l'Europe du nord. Toutefois, il faudra attendre plus de 40 ans avant que les Amérindiens de la région de Québec n'autorisent les Français à se rendre à l'ouest de Tadoussac.

3.2 La période 1540-1600

La période suivante en est une de contacts répétés avec les autochtones, les Montagnais et les Micmacs surtout, autour de la pêche et du troc des fourrures. C'est une période mal connue, cependant.

Il semble que dès les années 1530 des pêcheurs basques espagnols aient fréquenté le détroit de Belle-Isle. En 1560, les Basques français chassent déjà le béluga et pêchent la morue à l'ouest du détroit (Turgeon, 1986). Les pêcheurs bretons, installés à l'île du Cap-Breton vont plus loin dans le golfe. Mais rien n'indique qu'ils rejoignent Tadoussac avant la fin du siècle (vers 1580-1590), même s'il y a tout lieu de croire qu'ils remontent assez tôt le fleuve.

Les Basques auront le quasi-monopole de la pêche à la baleine entre 1540 et 1585, avec plus de 1000 hommes engagés dans cette activité (Litalien, 1993 : 79). Sauf pour une escarmouche en 1574, leurs rapports avec les Montagnais sont amicaux : en échange de leur travail pour les pêcheurs, ceux-ci obtiennent de la nourriture et des objets de métal. Un troc s'amorce pour les fourrures qu'on commence à rapporter en Europe.

3.3 Tadoussac et le commerce des fourrures

Dès la fin du XVIe siècle, Tadoussac (ou Thadoyzeau, comme on l'appelait alors) devient une des principales plaques tournantes du commerce des fourrures en Amérique du Nord. Bien situé au carrefour de plusieurs routes commerciales, il reçoit des peaux du Maine, de l'Outaouais et de la baie de James qu'on échange contre des produits européens. Ce commerce n'implique alors que quelques navires chaque été.

En 1610, de vieux pêcheurs affirment que c'est la première fois qu'ils voient des navires arriver aussi tôt à Tadoussac (Biggar, [1922-1936] 1971, t. 2 : 117), ce qui ferait remonter la fréquentation de Tadoussac à 1550-1560. Dès 1565, on rapporte 6000 peaux à Larochelle, qui proviennent peut-être de Tadoussac. Mais les preuves les plus directes du rôle que jouera Tadoussac dans le commerce des fourrures datent d'après 1580.

En 1581, un consortium breton envoie un petit navire pour faire le commerce des fourrures à Tadoussac. L'année suivante, il en envoie un plus gros, dont la cargaison rapporte un bénéfice de 1400%. En 1583, on enverra trois navires. Cette année-là, Richard Hakluyt, le grand documentaliste des explorations au XVIe siècle, voit alors à Paris un entrepôt où il y a des fourrures canadiennes d'une valeur de 15000 livres[9] (McGhee, 1991: 133). En 1584, des commerçants de Saint-Malo envoient cinq navires sur le Saint-Laurent, où les Normands et les Basques continuent à traiter. On ramènera même des Amérindiens à Saint-Malo.

Dès le début des années 1580, des marchands français remontent jusqu'au lac Saint-Pierre et, de là, à Montréal. En 1587, il semble même qu'on pousse jusqu'au lac Ontario, après avoir sauté les rapides de Lachine. Mais Montréal est moins intéressant que Tadoussac, parce que les Algonquins descendent l'Outaouais vers Tadoussac et qu'ils sont en guerre avec les Iroquois dans le Haut-Saint-Laurent.

À la fin du XVIe siècle, les Français qui commercent à Tadoussac ont compris que les meilleures fourrures sont à l'ouest et au nord. Ils ont aussi saisi que, pour concurrencer leurs rivaux européens et s'assurer d'un approvisionnement stable en fourrures, il leur faut ouvrir la vallée du Saint-Laurent et en faire l'artère principale du commerce. Pour cela, il leur faut faire alliance avec les Montagnais et leurs alliés afin d'en chasser les Mohawks.

Au début, on ne fait qu'appuyer les Amérindiens à qui on ne fournit que des armes blanches (couteaux, haches), mais il devient vite évident qu'il faut faire plus. L'artisan de l'alliance est François Gravé Du Pont qui aide Pierre de Chauvin de Tonnetuit à obtenir un monopole de traite d'une durée de 10 ans à l'hiver 1599-1600, contre l'engagement d'introduire 500 colons. Chauvin fait alors construire un comptoir à Tadoussac. Mais, à la fin de l'hiver, 11 des 16 hivernants sont morts; Tadoussac redeviendra un comptoir estival.

À la mort de Chauvin en 1603, le monopole passe à Aymar de Chaste qui décède lui aussi peu après. Pierre Du Gua de Monts, un Saintongeais, obtient alors le contrôle de la traite, en échange duquel il doit établir 60 colons par année. Sa compagnie sera la mieux financée de celles qui viendront avant 1622.

9. Identifiée, dans la suite du texte, par le symbole #.

Avant sa mort, de Chaste avait demandé à Gravé du Pont de reconnaître le territoire jusqu'à Montréal. Ce dernier s'y était rendu avec Champlain, qui dira plus tard avoir convaincu Du Gua de Monts de diriger ses efforts vers les Maritimes, où le sol est fertile et le climat plus doux. On prétend même que la région est riche en mines, qu'elle permettra de mieux contrôler le commerce des fourrures et peut-être de trouver un passage vers l'ouest. Il semble cependant que la vraie raison de cet établissement sur les côtes atlantiques ait été de protéger le commerce des fourrures, en tenant les colons loin de Tadoussac. Quoi qu'il en soit, en 1604, un premier établissement est tenté sur la rivière Sainte-Croix. En 1605, on le déménage à Port-Royal. L'ère du comptoir commençait (Trudel, 1966).

4. LA STRATÉGIE COMMERCIALE FRANÇAISE

La stratégie française en matière de commerce des fourrures est de faire alliance avec les Amérindiens. Le problème qui se pose alors concerne la traite des fourrures : sera-t-elle libre ou fera-t-elle l'objet de monopoles ? Les Français ne sont pas les seuls à vouloir contrôler le commerce des fourrures. Les Amérindiens le souhaitent également, d'où leurs guerres internes. À l'époque de Champlain, il semble qu'il existe déjà une alliance entre les Montagnais, les Etchemins et les Algonquins, pour contrer les visées commerciales des Cinq-Nations iroquoises installées entre les lacs Champlain et Ontario (les Agniers ou Mohawks en anglais, les Onneiouts ou Oneidas, les Onontagués ou Onondagas, les Goyogouis ou Cayugas et les Tsonnontouans ou Senecas). L'implication de Champlain dans cette guerre attisera le conflit. Les Hurons se joignent à l'alliance et en profiteront pour conclure des traités commerciaux avec les Français.

En 1607, le monopole de Du Gua de Monts est révoqué à la suite des pressions exercées par les partisans de la traite libre. Celui-ci réussit pourtant à obtenir une prolongation de un an, au cours duquel il s'efforcera d'accentuer sa présence dans la vallée du Saint-Laurent.

Dès 1608, il charge Champlain de trouver un nouveau site sur le Saint-Laurent. Plus habile que Cartier, Champlain demande aux Amérindiens la permission de s'installer sur le détroit de Québec où il construit trois édifices de deux étages et un entrepôt reliés entre eux par une galerie extérieure pour en favoriser la défense. Entouré d'un fossé et d'une palissade, l'ouvrage vise moins à contrer les Amérindiens que les rivaux européens (Figure 8).

Pour raffermir ses liens avec les Amérindiens et pour venir à bout des traiteurs illégaux, Champlain décide d'appuyer l'action des Montagnais et des Algonquins contre les Mohawks. En 1609-1610, il inflige deux défaites à des bandes mohawks qui menacent la vallée du Saint-Laurent. La même année, en 1610, il construit un comptoir près de l'embouchure du Richelieu. L'année suivante, il en construit un autre à Lachine. Mais, dès 1612, les Amérindiens se plaignent de vols et de querelles avec les traiteurs, si bien que l'année suivante ils sont moins nombreux à venir (Trigger, 1990; Delâge, 1991).

FIGURE 8

L'Abitation de Champlain

Source: Léonce Cuvelier, Archives nationales du Québec, P551.

En 1613, le principe d'un nouveau monopole est accepté. Champlain cherche alors à nouer plus de relations directes avec les Hurons. Dès 1609, on en voit dans la vallée du Saint-Laurent. Mais pendant six ans les Kichesipirinis empêchent Champlain de se rendre en Huronie pour conclure des traités avec les Hurons qui menaceraient le rôle d'intermédiaires des Algonquins. Ce n'est qu'en 1615 que celui-ci peut s'y rendre, en raison d'hostilités accrues entre les Algonquins et leurs alliés hurons contre les Oneidas. Champlain participe à la campagne : l'histoire dira qu'il a subi une défaite, mais du point de vue des Amérindiens ce sera une victoire. Champlain en profite alors pour conclure une alliance avec les chefs hurons pour un commerce plus direct. Désormais, des soldats français accompagneront régulièrement les Amérindiens, ce qui aura pour effet de calmer les Mohawks et les Oneidas de l'Outaouais et du Haut-Saint-Laurent. De 1615 à 1629, la traite rapportera quelque 150 000 # par année aux Français, mais seulement 200 Hurons viendront commercer avec eux.

Quant aux rapports avec les Amérindiens, ils deviennent de plus en plus ambigus : non seulement Champlain essaie-t-il de les sédentariser, mais il se mêle de leurs affaires politiques, en voulant notamment faire nommer les chefs montagnais. En outre, il refuse d'accepter les règles amérindiennes en matière de punition des offenses criminelles (Trigger, 1990 : 277 et s.). Aussi finit-il par avoir beaucoup d'opposition, d'autant plus qu'il n'est pas le seul à fixer les règles de l'échange, les Amérindiens le font également.

4.1 Les règles de l'échange

En échange de leurs peaux, les Français offrent aux Amérindiens des objets de peu de valeur, ce qui a fait croire aux premiers historiens que ce troc était inégal. En fait, les fourrures étaient banales aux yeux des autochtones, par contre, les produits qu'ils en obtenaient présentaient pour eux beaucoup plus d'intérêt. Aussi les voit-on imposer un étalon qui restera stable durant toute la période des missions huronnes (Trigger, 1990 : 262).

Cette pratique commence très tôt. Ainsi, dès leur retour au Canada en 1535, les deux Amérindiens enlevés par Cartier rapportent la valeur des objets échangés en France, ce qui incite les Stadaconéens à exiger davantage (Trigger, 1990 : 263-264). Avec le temps, ils en viennent même à jouer sur la rivalité entre les marchands pour obtenir plus. Les Iroquois feront de même avec les Hollandais, en les menaçant d'aller commercer avec les Français s'ils n'augmentent pas leurs prix.

Même entre autochtones, l'échange est inégal et il n'est pas rare de voir une tribu demander un prix plus élevé que celui qu'elle a payé quand elle sert d'intermédiaire (par exemple, dix peaux pour une hache de fer payée une peau). Par conséquent, si une tribu sert d'intermédiaire, elle peut espérer en tirer de bons bénéfices qui accroîtront son prestige.

4.2 Les missions

Gabriel Sagard (1632) a été parmi les premiers à remarquer à quel point il était plus facile pour un Européen de s'adapter à la vie amérindienne que pour un Amérindien de s'adapter à la vie européenne. Les coureurs de bois et les interprètes (le meilleur emploi à l'époque) donnent d'ailleurs, à cet égard, une image plus sympathique des Européens que les prêtres ou les missionnaires. Très tôt, ils adoptent le vêtement, le mode de transport (canot, raquettes) et les techniques de chasse des autochtones. Ils apprécient également les loges de sudation. Surtout, ils profitent du plus grand degré de liberté sexuelle, ce qui favorise les mariages avec les Amérindiennes et l'insertion dans les réseaux familiaux hurons. Et, quand ils repartent, ils offrent des cadeaux à celle qu'ils quittent et à sa famille. Comme le divorce est accepté chez les Amérindiens, tous y trouvent leur compte et l'affaire se termine généralement assez bien (Trigger, 1990; 1991).

Le motif d'évangélisation apparaît dans les documents officiels aussi tôt qu'en 1538-1540, mais le fait que les voyages d'exploration et les compagnies de commerce soient confiés souvent à des protestants (les Huguenots) montre que ce n'est pas le premier souci du roi. Ce n'est qu'au début du XVIIe siècle que des missionnaires séculiers, récollets et jésuites se mettent à la tâche, d'abord en Acadie (1610-1611), puis au Canada (1615, 1625). Même si leurs efforts ne sont pas couronnés de succès, leurs écrits attirent l'attention. Aussi, quand le cardinal de Richelieu fonde la Compagnie de la Nouvelle-France en 1627, il décrète que seuls les catholiques pourront s'établir dans la colonie (Trudel, 1971; Hamelin (dir.), 1995).

Les trois décennies qui suivent constituent la période la plus intense des missions qui sont ouvertes en plein cœur du continent, depuis l'Acadie jusqu'aux Grands Lacs et du Mississippi à la forêt boréale (Beaulieu, 1990). Dès 1611, les jésuites s'installent en Acadie. En 1621, les récollets fondent un séminaire à Notre-Dame-des-Anges, d'où ils sont chassés cependant par la prise de Québec en 1629. En 1632, seuls les jésuites reviennent. En 1633-1634, le père Le Jeune hiverne avec les Montagnais de Tadoussac. Il en revient convaincu que le seul moyen d'amener ces populations au christianisme est de les sédentariser. Cette nouvelle stratégie entraîne la création de missions près des comptoirs de traite à Sillery, à Trois-Rivières, dans le Haut-Saint-Maurice, à Tadoussac et à Montréal. En 1634, les jésuites s'installent en Huronie, que le père Jean de Brébeuf a déjà fréquenté de 1627 à 1629. Puis, à partir de 1640, on élargit aux Algonquiens et bientôt à toutes les populations iroquoiennes des Grands Lacs, en poussant même jusqu'au Mississippi (après 1673). Des missions sont également établies dans la vallée du Saint-Laurent, dans la forêt boréale et chez les Abénakis de l'Acadie.

Pionniers, les missionnaires furent véritablement les premiers explorateurs et les premiers découvreurs du continent. Leur but est spirituel, mais ils sont aussi souvent mandatés par les autorités pour prendre possession des nouveaux territoire au nom de roi de France et pour nouer des contacts commerciaux avec les Amérindiens. De plus, ils exécutent des missions diplomatiques, ce qui les rend à la fois agents de liaison, informateurs et conseillers pour le compte des autorités coloniales (Trigger, 1990; 1991; Delâge, 1991).

Autrement dit, même s'ils ont des objectifs d'un autre ordre, la position des missionnaires n'est pas neutre. Le gouvernement colonial a besoin d'eux dans ses relations avec les Amérindiens et eux-mêmes ont besoin de l'appui de la France. Ils font donc partie intégrante du système d'expansion coloniale mis en place par le mercantilisme français des XVIIe et XVIIIe siècles, ce qui n'enlève rien par ailleurs à leur zèle apostolique et à leur courage, quand il s'agit par exemple de condamner les pratiques de certains marchands.

5. LES CONSÉQUENCES POUR LES AUTOCHTONES

L'une des principales conséquences de l'arrivée des Blancs dans l'univers autochtone a été de contribuer à sa désintégration. Menacé déjà de l'intérieur, il le sera encore par la volonté des autochtones d'accéder à une position stratégique dans le commerce des fourrures avec les Blancs, ce qui pousse certaines nations amérindiennes à entrer en conflit les unes avec les autres, et bientôt avec les Français, puis par les épidémies qui, périodiquement, déciment la population. Le rapport entre les deux groupes est complexe et tissé de relations à la fois amies et ennemies (Jeanen, 1976).

5.1 Les guerres

L'engagement de Champlain dans les guerres autochtones avait permis à ses alliés d'avoir raison temporairement des Iroquois. Mais le harcèlement avait continué, menaçant de plus en plus le commerce des fourrures. Plusieurs fois compromis, ce dernier subit un dur coup avec le raffermissement de la Confédération des Cinq-Nations et le déclenchement des grandes guerres iroquoises (Trudel, 1979).

Amorcées au début des années 1640, les premières durent près de 30 ans, partagées en trois phases entrecoupées de paix relatives. La «petite guerre», faite surtout d'attaques surprises, coïncide avec la fondation de Montréal. Lancée en 1641, elle se termine par la paix de 1645 conclue avec les seuls Agniers et qui sera de courte durée.

Dès 1647, les hostilités reprennent. Elles durent jusqu'en 1653 et se soldent par la destruction de la Huronie, qui entraîne le ralliement forcé de plusieurs Hurons aux Iroquois. Suit une période noire pour les Algonquins qui disparaissent alors de l'Outaouais inférieur et des Laurentides, remplacés par les Outaouais de la baie Georgienne comme pourvoyeurs de fourrures. Dans la colonie, plusieurs établissements sont abandonnés et même la région de Québec est menacée. La peur est telle que, pendant un instant, on songe même à s'allier avec la Nouvelle-Angleterre pour réprimer l'Iroquoisie. Puis, c'est la trêve. Les Iroquois invitent même des Français à venir s'établir parmi eux. Elle aussi sera de courte durée.

En 1657, les Agniers recommencent leur pillage. Encouragés par leur victoire sur les Ériés, ils forment bientôt le projet d'envahir le Saint-Laurent. De nouveau, la route des Grands Lacs est coupée et la menace devient générale. En 1660, on apprend que plus d'un millier d'Iroquois s'assemblent pour une invasion. Privé de renfort, on craint le pire. Même à Québec, on se barricade. Cependant, l'armée d'invasion ne paraît pas, divertie du côté de l'Outaouais par un petit groupe de Français conduit par Dollard Des Ormeaux parti à la recherche de fourrures. Vainqueurs, les Iroquois rentrent dans leurs villages. Les incursions cependant continuent. Les Français y répondent par des frappes surprises. Mais, déjà, le vent tourne. Affaiblis par leurs défaites contre les Andastes et les Saulteux, les Iroquois cherchent à se rapprocher des Français, à qui ils remettent même quelques prisonniers. La situation est plus difficile avec les Onneiouts et les Agniers. Il faudra l'intervention massive de la France pour les soumettre.

Mais, comme le nombre d'autochtones dans la région des Grands Lacs a considérablement diminué, les Français savent désormais qu'il leur faudra assurer eux-mêmes leur approvisionnement en fourrures (Dickinson et Young, 1992 : 34-35).

Signée en 1667, la paix durera 17 ans. Mais, dès les années 1680, les hostilités reprennent. Elles atteignent leur apogée entre 1689-1693, période au cours de laquelle 1 400 Iroquois saccagent l'île de Montréal et massacrent la population du village de Lachine (1689), pendant que, plus à l'est, Québec est sur le point d'être assiégée par l'amiral Phips (1690).

La riposte française est terrible. Dès l'hiver de 1693, Frontenac, toujours menacé par les Anglais, lance une expédition contre les Agniers. Trois ans plus tard, Louis Hector de Callières, Claude de Ramezay et Philippe de Rigaud de Vaudreuil, marquis de Vaudreuil, gagnent le fort Frontenac, traversent le lac Ontario et ravagent les villages des Onontagués et des Onneiouts. Ces campagnes portent leur fruit et dès la fin du XVIIe siècle s'engagent des négociations qui visent la réalisation d'une paix générale de toutes les tribus amérindiennes. Elles se solderont par la grande paix de Montréal de 1701, qui permet enfin d'étendre la colonisation des basses terres. Quant aux Amérindiens ramenés de l'Iroquoisie ou libérés grâce aux échanges de prisonniers, ils seront regroupés dans des missions tenues par les communautés religieuses.

5.2 Les épidémies

Les épidémies aussi font des ravages, en raison de l'instauration d'échanges commerciaux réguliers avec les Blancs. Aux maladies déjà connues en Amérique[10], mais qui n'avaient pas d'effets dévastateurs, faute de vecteurs semblables à ceux que favorise l'élevage, peu pratiqué chez les Amérindiens, s'ajoutent plusieurs autres types de maladies[11], qui suivent les routes de traite, en décimant les populations locales (Trigger, 1990 ; 1991 ; Delâge, 1991).

10. Entre autres l'hépatite, l' encéphalite, la polyomyélite, la tuberculose non pulmonaire, le rhumatisme, l'arthrite, les parasites intestinaux, les maladies gastro-intestinales, les infections respiratoires, etc., connus par l'étude paléontologique de squelettes précolombiens. À ce sujet, voir Wright, 1980.

11. Notamment la variole, le typhus, le choléra, la fièvre typhoïde, la fièvre jaune, la grippe, la blennorragie, la syphilis, etc., et, chez les enfants, la rougeole, la rubéole, la varicelle, la scarlatine, la diphtérie et la coqueluche. Voir Trigger, 1990; 1991 ; Delâge, 1991 ; Dickason, 1996.

Dès 1535, on rapporte une forte épidémie à Stadaconé, qui est abandonné en 1608, peut-être aussi à cause du refroidissement climatique observé entre les deux dates. En 1611, on enregistre plusieurs morts chez les Algonquins et les Micmacs. En 1623-1624, la fièvre court dans la vallée des Outaouais. En 1634, les Iroquois souffrent de la variole. L'année suivante, elle atteint les Montagnais, les Algonquins et les Hurons. En 1636-1637, une nouvelle pandémie apparaît, plus forte encore : la grippe (influenza). À la mi-août 1636, elle s'étend à la vallée du Saint-Laurent ; en septembre 1636, elle rejoint la Huronie. En 1639, une deuxième épidémie de variole, très violente, sévit chez les Algonquins. Une troisième s'annonce en 1641, qui décime les missions des jésuites. En 1645, nouvelle alerte, qui atteint bientôt les Iroquois (en 1646-1647), au moment même où les récoltes de maïs sont mauvaises. Elle se soldera par le massacre des pères Isaac Jogues et Jean de La Lande. D'autres surviendront en 1656-1657, puis encore en 1660-1663 et de nouveau en 1675.

Ces vagues d'épidémies fauchent près de la moitié de la population amérindienne, dans des proportions qui varient selon les groupes d'âge. De 1634 à 1640, la population huronne est réduite de moitié, comme chez les Iroquois et les Neutres. La maladie frappe surtout les 15-40 ans et les enfants non sevrés. Il en résulte une menace sérieuse pour l'avenir de ces sociétés. Selon les estimations que l'on peut en faire, il semble que dès la fin du XVIIe siècle le processus est consommé. Les autochtones ne représentent plus qu'une infime partie de ce qu'ils étaient au début du XVIe siècle.

Appréciées pour l'ensemble des Amériques, les évaluations de population donnent environ 70 millions d'habitants à la fin du XVe siècle contre seulement 12 ou 15 millions à la fin du XVIe siècle, et entre 11 et 13 millions à la fin du XVIIe siècle. En Amérique du Nord seulement, où l'on a cru pendant longtemps qu'il n'y avait pas plus de un million d'habitants à l'arrivée des Blancs, certains auteurs suggèrent jusqu'à 10 et même 12 millions d'habitants. Une position plus raisonnable semble être 3 millions, dont les deux tiers résidaient sur le territoire actuel des États-Unis et l'autre tiers sur le territoire canadien.

Au Québec, les sources historiques donnent le tableau suivant : en 1535, Cartier rapporte 600 habitants à Stadaconé et 1500 à Hochelaga, qui vivent dans 50 « maisons longues ». Plus loin, en Huronie, on estime à environ 20000 le nombre des autochtones, mais Sagard avance celui de 30000

FIGURE 9

La population autochtone (1500-1996)

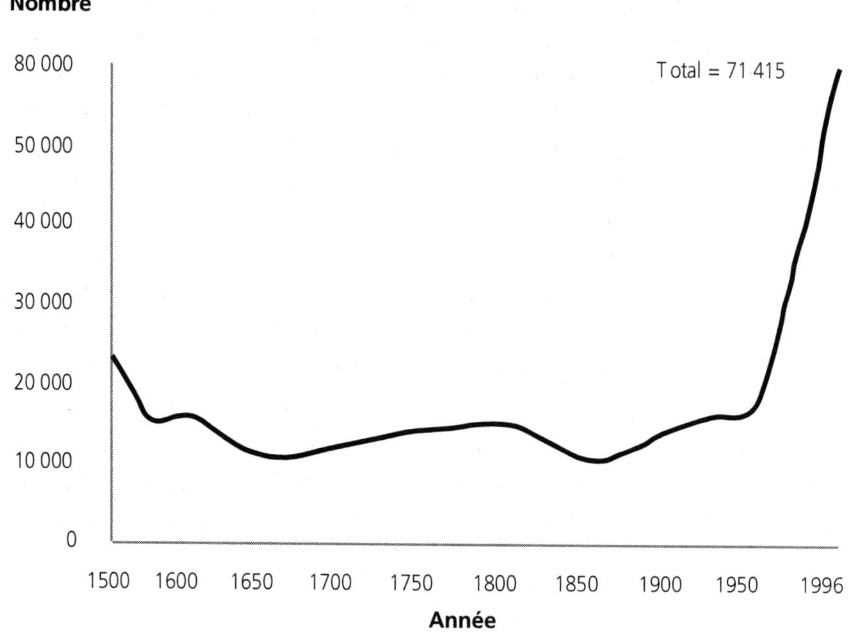

Source : Dickinson (1996) ; dans Courville (dir.) (1996) ; Statistique Canada (1999).

et même de 40 000, répartis en 25 villes et villages. Et il y en aurait eu autant en Iroquoisie, dont 12 000 Neutres (Wright, 1980).

En fait, à l'arrivée des Blancs, l'autochtone est partout, comme le constatent d'ailleurs les premiers missionnaires. Mais, dès l'époque de Champlain, il aura presque complètement disparu de la vallée du Saint-Laurent. Encore moins d'un siècle, et il n'en subsistera presque plus, du moins dans les basses terres, où ils sont d'ailleurs assez vite regroupés en missions. Son véritable habitat se confinera désormais au Bouclier et à la partie nord du Québec, où l'on en trouve encore plusieurs milliers. Quant à la vallée du Saint-laurent, elle sera depuis longtemps devenu un autre univers, entièrement différent du premier.

Ce n'est qu'au XXe siècle, finalement, que la population autochtone réaugmente et encore, pas avant 1950, alors qu'elle entreprend de doubler tous les 25 ans environ. Comme l'ont montré les travaux de l'historien John Dickinson (Boudreau, Courville, Séguin, 1997), il aura fallu près de quatre siècles pour retrouver le seuil de l'an 1500, en raison d'une forte natalité encore favorisée par l'amélioration des services de santé et aussi d'un contexte politique plus favorable, qui encourage plusieurs personnes à renouer avec leurs origines autochtones. La figure 9 illustre cette rupture.

6. LES VAINS ESPOIRS

L'une des grandes difficultés de Champlain dans la décennie qui suit la fondation de Québec est de créer une véritable colonie, capable de survivre et de se développer dans le nouvel environnement. Mais qui dit développement dit aussi investissement. À l'époque, seul le roi ou les compagnies de commerce en ont les moyens. Or, comme la colonisation coûte cher et que la concurrence est vive entre les marchands, l'effort est timide et se limite au strict minimum, d'autant plus que pour organiser la traite il faut aussi investir, en explorations notamment et en alliances.

C'est la difficulté de Québec, où Du Gua de Monts, écrasé par la concurrence, ne peut maintenir que quelques hommes. Ses affaires vont si mal qu'en 1612 il doit se résoudre à céder l'Abitation à des commerçants de La Rochelle, qui l'utilisent alors comme entrepôt. À l'automne, son monopole passe au comte de Soissons, puis au prince de Condé, dont Champlain espère beaucoup au chapitre du peuplement. Mais comme ses prédécesseurs, Condé a d'autres préoccupations. Déçu, Champlain décide de regrouper les marchands qui profitent du monopole de Condé et fonde la Société de Rouen et de Saint-Malo. Cette alliance portera certains fruits. Toutefois, malgré la venue des récollets en 1615 et l'arrivée de Louis Hébert en 1617, la colonie continue d'être un comptoir.

Champlain peut prétendre à juste titre être le premier fonctionnaire à plein temps de la jeune colonie, dont il convoite le titre de gouverneur. Il ne l'obtiendra jamais, en dépit des efforts qu'il mettra à convaincre la France de la développer. Dès 1618, il soumet des mémoires au roi dans lesquels il fait miroiter les revenus qu'on pourrait tirer de la Nouvelle-France. Son potentiel est tel, écrit-il, que son exploitation, si elle était méthodique, pourrait facilement rapporter 6,5 millions # par année, en mines, en fourrures, en culture et en élevage. En outre, comme on peut croire que le Saint-Laurent mène à l'Asie, Québec pourrait devenir l'un des grands ports de douane de la chrétienté, ce qui serait avantageux pour la France, qui pourrait ainsi en obtenir une source extraordinaire de revenus. D'où la demande de Champlain d'y introduire 300 familles et d'y aménager une grande ville, Ludovica, sur les bords de la rivère Saint-Charles (Trudel, 1971 : 44).

Comme bien d'autres, ce plaidoyer produit peu de résultats. Champlain lui-même est abandonné à Rouen par la société qui l'emploie et le monopole de Condé échoit à la Société de Caën, qui s'adjoint bientôt les marchands de Rouen et de Saint-Malo. En retour de leur monopole, les nouveaux titulaires ne s'engagent qu'à construire cinq habitations et à établir six familles en 15 ans. En fait, ils feront plus que leurs prédécesseurs. En plus de remplacer l'Abitation de bois de Champlain par un édifice en pierre, ils en construisent deux nouvelles, à Cap-Tourmente et à Miscou. En outre, ils favorisent l'élevage, en transportant de France une cinquantaine d'animaux. Enfin, ils soutiennent les efforts de Louis Hébert et continuent d'entretenir les récollets. Mais, quand Richelieu intervient, en 1627, pour prendre en main le développement de la colonie, cette dernière est toujours un comptoir. Certes, certains cadres sont en place, seigneuriaux notamment, mais sur le plan institutionnel tout reste à faire. Quant à l'établissement de Québec, il ne compte que 76 personnes en 1628, sur la centaine établies alors dans toute la Nouvelle-France. En comparaison, les autres colonies européennes en comptent 26 fois plus. Elles finiront par avoir raison de la colonie laurentienne, qui, dès 1629, tombe aux mains des frères David et Lewis Kirke.

III. L'HORIZON AGRAIRE

CHAPITRE 4

L'ÉTABLISSEMENT D'UNE COLONIE[12]

En dépit des efforts déployés pour établir une colonie durable dans la vallée du Saint-Laurent, ce n'est qu'en 1633 que la France peut enfin amorcer sa véritable colonisation, après que Québec, capturée par les frères Kirke en 1629, ne lui soit restituée en 1632, et que ne prenne fin le monopole de traite consenti à Guillaume de Caën et à ses associés. La tâche en est confiée à un mandataire, la Compagnie de la Nouvelle-France ou Compagnie des Cent-Associés, formée en 1627 par le cardinal de Richelieu, mais qui n'avait pu jusque-là exercer son monopole (Trudel, 1979). Elle s'y consacre jusqu'en 1663, date à partir de laquelle la colonie passe sous le contrôle plus direct du roi, Louis XIV.

Malgré des débuts hésitants et des résultats médiocres au chapitre du peuplement, l'initiative de la Compagnie reste d'une efficacité étonnante : en moins de quelques décennies l'univers colonial est structuré par l'implantation d'institutions qui doivent régir à la fois le partage des terres et la vie économique et sociale.

L'effort est intense et procède d'une rationalité qui confère à l'action française un caractère de totalité. La seigneurie, la côte (le « rang » comme on l'appelle déjà, mais qui ne se répandra que plus tard [Hamelin, 1989; 1993]), la coutume (celle de Paris, surtout) sont plus qu'une simple juxtaposition de formes ou de règles dont on peut espérer qu'elles contribueront au développement colonial. Elles participent de finalités communes qui expliquent leur transplantation puis leur généralisation dans l'espace colonial.

12. Ce chapitre reprend l'essentiel des présentations faites dans Courville (1981 ; [1982] 1985).

Ce que recherche avant tout la France en Amérique, ce sont les ressources de l'hinterland continental. Pour y accéder et pour protéger ses intérêts dans cette partie du Nouveau Monde, il lui faut maîtriser la vallée du Saint-Laurent, qui en est la principale voie d'accès. Elle le fera par l'établissement d'une colonie qui servira ainsi d'obstacle aux ambitions des autres nations européennes.

Cette géopolitique fait du corridor laurentien un espace prétexte. Il en fera aussi un espace plan. D'où l'importance que revêtent les 30 premières années de colonisation. Non seulement parvient-on à établir une colonie durable, mais à lui donner ses moyens d'expansion.

1. UNE IMPLANTATION PAR TÊTES DE PONT

La prise de possession et l'aménagement d'un espace aussi vaste que celui de la vallée du Saint-Laurent ne pouvait, en effet, que poser d'épineux problèmes à une administration confrontée à une double obligation de défense et de peuplement du territoire, par des colons difficiles à recruter et peu nombreux. Si la première s'accommode relativement bien d'un contrôle extensif du corridor laurentien par l'établissement de postes militaires stratégiques échelonnés le long du Saint-Laurent et de ses principaux affluents; la seconde oblige à une occupation plus systématique du sol à cause des difficultés de communication et d'occupation posées par un pays démesuré, paralysé par six mois d'hiver et doublement menacé par la proximité anglaise et une présence amérindienne spoliée de ses aires de parcours (Courville, [1982] 1985).

Les alternatives ici manquent aux Cent-Associés. Faire du secteur de Québec, occupé depuis le tournant du siècle, l'unique base commerciale et de peuplement aurait conduit la colonie à l'isolement économique et militaire. C'est pourquoi ils optent pour une prise de possession par têtes de pont, c'est-à-dire par foyers éventuels de peuplement à partir desquels pourra s'effectuer une colonisation de proche en proche du sol. Pour cela, il faut disposer de tels foyers. Aussi agit-on dans deux directions à la fois: l'une consiste à créer ou à favoriser la création de lieux fortifiés où pourra se regrouper la population; et l'autre, à concéder des seigneuries, même avant que n'apparaissent ces établissements.

FIGURE 10

La stratégie de concession des seigneuries (1633-1663)

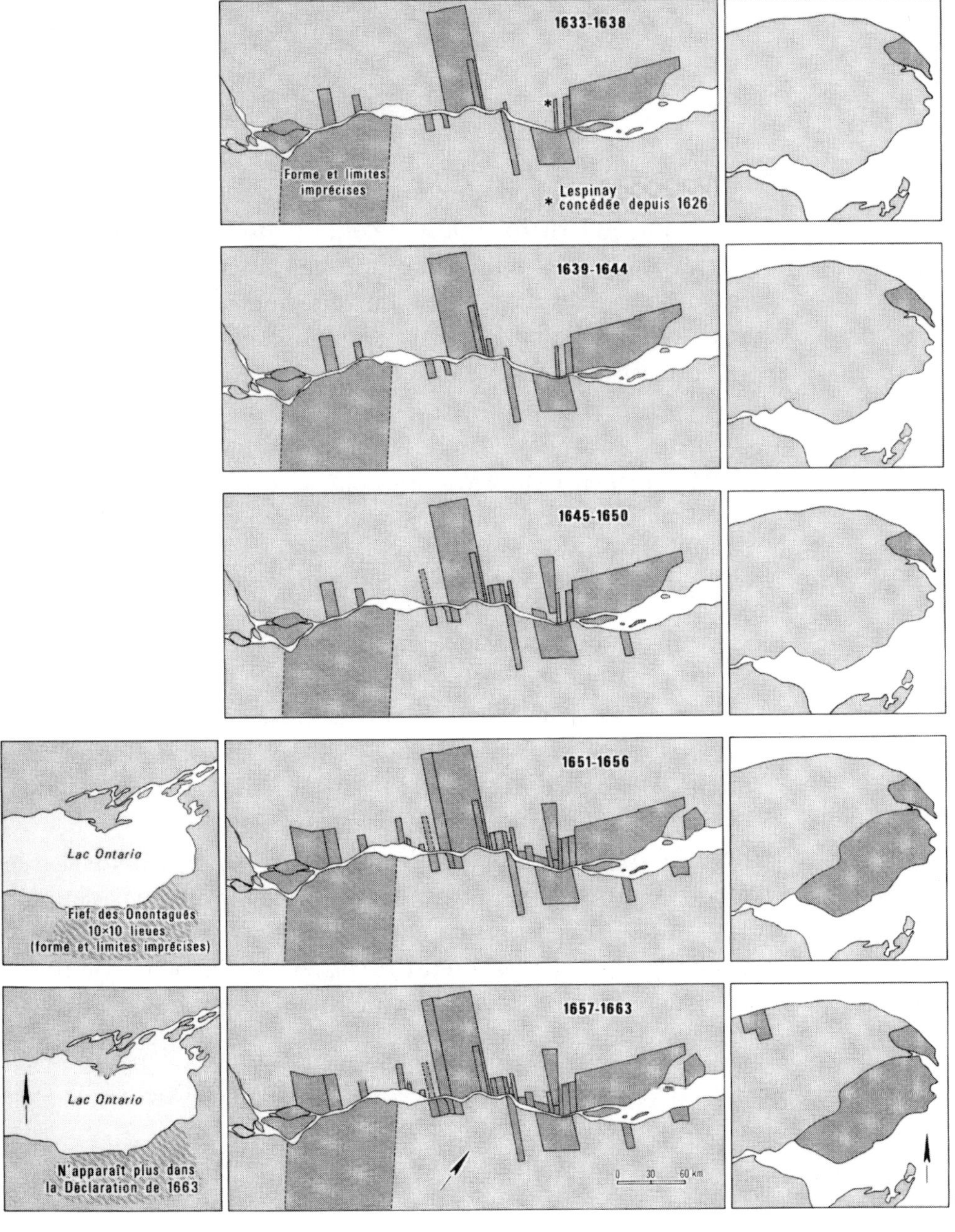

Source: *Cahiers de géographie du Québec* (1981 : 206).

La construction d'un fort (le fort Richelieu) sur un îlot en face de Deschambault en 1634 puis la construction d'une habitation aux Trois-Rivières la même année par l'officier Laviolette marquent des étapes importantes dans la progression vers l'intérieur. Toutefois, ce n'est qu'en mai 1642 que le tableau est complété par la fondation de Ville-Marie (Montréal) sur le site même où Champlain avait projeté établir une habitation en 1611. L'initiative en revient à une société pieuse née de la Contre-Réforme, la Société de Notre-Dame, à qui les Cent-Associés concèdent l'île de Montréal en 1640. Trois mois plus tard, Charles Huault de Montmagny construit un fort à l'embouchure du Richelieu, pour assurer les communications entre Trois-Rivières et Ville-Marie, qui devient alors l'avant-poste le plus avancé et aussi le plus périlleux de la colonie.

Quant aux concessions en fiefs et seigneuries, elles s'amorcent dès l'arrivée de la Compagnie en Nouvelle-France et révèlent une volonté arrêtée d'occuper l'ensemble du territoire. La carte de leurs premières concessions est à cet égard révélarice (Figure 10). Même s'il manque encore Montréal, qui ne sera fondée que plus tard, on y observe en effet très tôt une concentration de l'inféodation en trois secteurs bien précis : Québec d'abord, qui domine par le nombre de concessions, suivi de Trois-Rivières et de Montréal, auxquels s'ajoutent, dès 1636, le finistère gaspésien, dont l'attrait, certain pour la pêche, demeure cependant limité par l'éloignement des points de traite et la pauvreté des sols, et une seigneurie de 10 lieues par 10 lieues concédée le 12 avril de la même année, au sud du lac Ontario[13].

En 30 ans, la Compagnie aura concédé 74 seigneuries et augmentations réparties pour l'essentiel dans la région de Québec, de Trois-Rivières et de Montréal (Tableau 1).

13. Cette concession, dite « fief des Onontagués » consentie aux jésuites n'apparaît plus cependant dans la « Déclaration des Terres » d'octobre 1663 (Trudel, 1973b : 473).

TABLEAU 1

Répartition géographique des seigneuries concédées par les Cent-Associés (1633-1663)

Secteurs	Nombre	%
Québec (et Bas-du-fleuve)	40	54,1
Trois-Rivières	21	28,4
Montréal	9	12,2
Gaspé	2	2,7
Grands-Lacs	1	1,3
Non disponible	1	1,3
TOTAL :	74	100,0

Source : Trudel (1974).

Le modèle qui s'en dégage est net : il correspond à une inféodation par secteurs autour de centres défensifs et commerciaux existants ou projetés, distribués le long d'un axe ressource. Ces secteurs ne sont pas choisis au hasard, mais selon un ordre prédéfini : au centre, une zone dense de concessions, aux extrémités, une inféodation faisant office d'avant-postes frontaliers. Et c'est bien ce que montrent les premières concessions de terres, en indiquant un mouvement d'expansion de proche en proche des établissements (Figure 11).

Dans une colonie à construire où les difficultés de communication, l'insécurité et le manque de moyens sont quasi permanents, il paraît en effet avantageux de concentrer le peu d'effectifs disponibles autour de centres défensifs. De là, ensuite, pourra s'effectuer le peuplement, de proche en proche d'abord, de manière à raccorder les secteurs occupés, puis par épaississement de l'écoumène initial, une fois sa mise en valeur assurée. Ce principe d'occupation du sol aura une incidence directe sur l'aménagement des espaces intersticiels, qui se fera à partir d'un mode de partage des terres dont la généralisation apparaît comme le corollaire d'une colonisation par tête de pont.

FIGURE 11

Le modèle de concession des terres

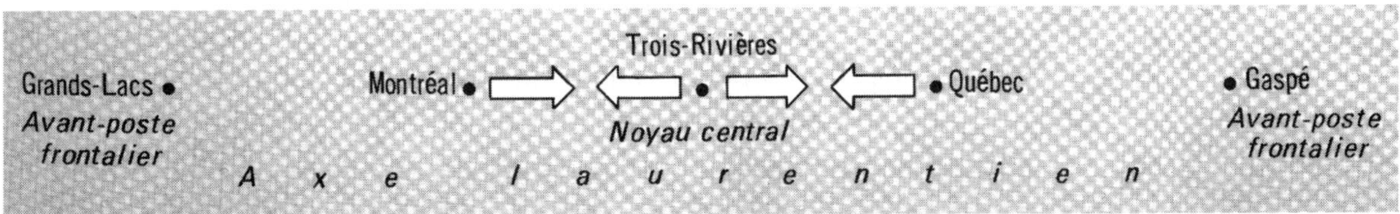

Source : *Cahiers de géographie du Québec* (1981 : 206).

2. UN MODE ORIGINAL DE PARTAGE DES TERRES

Quand les Cent-Associés prennent possession de leur domaine en 1633, ils n'y trouvent qu'un seul seigneur titulaire de 7074 arpents de terre répartis en deux fiefs, Sault-au-Matelot (18 arpents) et Saint-Joseph (7056 arpents), concédés à Louis Hébert en 1626. Le territoire est donc, à toutes fins utiles, inoccupé et inorganisé. C'est à eux qu'il reviendra de l'établir, par une série d'interventions qui visent à donner ses cadres à la jeune colonie, tout en assurant sa sécurité.

2.1 La tenure en fief

Quand la France concède le territoire à la Compagnie des Cent-Associés en 1627, elle le fait en toute propriété, justice et seigneurie. C'était déjà introduire un type particulier de régime foncier au Canada, semblable à celui de la France, où la terre était découpée en fiefs placés sous l'autorité de seigneurs qui l'exploitaient à leur gré. Pour les Cent-Associés, cependant, diverses options restaient possibles. Ils pouvaient partager le sol en seigneuries comme en France et les concéder à des seigneurs chargés de les peupler ; concéder uniformément la terre à des colons moyennant une redevance annuelle payable à la Compagnie, considérée ainsi comme seigneur unique ; ou encore subdiviser leur domaine en parcelles libres de droits seigneuriaux (terres dites en franc-alleu). Mais pourquoi avoir précisément choisi la tenure en fief, contrairement à la Louisiane, par exemple, où la France ne concède que des parcelles, connues plus tard en anglais sous le nom de *longs lots* ? L'expérience acadienne n'a-t-elle pas montré les difficultés de leur fonctionnement, liées à l'absentéisme des seigneurs ?

Plusieurs raisons semblent avoir incité la Compagnie à opter pour cette forme de tenure foncière. D'abord, l'ancienneté et l'efficacité du système en France, qu'on connaît bien et qui peut, dans le contexte de la Nouvelle-France, faciliter l'établissement des colons. Ensuite, le fait qu'il y avait déjà eu concession de fiefs dans les environs de Québec. Mais la raison principale, semble-t-il, découle de l'obligation faite aux Cent-Associés de peupler la colonie de 4000 colons en 15 ans. Comme la traversée de l'Atlantique et l'établissement d'immigrants coûtent cher, mieux vaut avoir recours à des associés de colonisation qui, en retour du fief concédé, seront responsables de son peuplement.

Même le roi paraît favorable à ce choix, en laissant la Compagnie libre de définir les modalités de l'organisation de l'espace et de la distribution du sol. En effet, en retour de leur monopole, les Cent-Associés pourront:

> *Distribuer les terres de la dite Nouvelle-France, à telles clauses et conditions qu'ils verront être les plus avantageuses pour la Compagnie, ainsi qu'il est porté par les dits articles; même commettre tels agents sur les lieux qu'ils trouveront à propos, pour la distribution des terres, et en régler les conditions (Articles et conventions de société et compagnie pour l'exécution des articles accordés, le 29 avril 1627, à la Compagnie du Canada, Me P. Guerreau, notaire, Paris, 7 mai 1627,* Édits et ordonnances*).*

Toutefois, comme il ne saurait être question ici d'ériger de grands fiefs nobles, qui auraient pu menacer son autorité, le roi oblige les Cent-Associés à en référer à lui pour l'érection de ces domaines. À cette fin, il déroge par deux fois à l'article 51 de la Coutume de Paris, qui interdit de démembrer les fiefs, en obligeant la Compagnie (qui aurait pu elle-même devenir un grand vassal menaçant) à distribuer et à faire habiter ses terres et en lui accordant une permission illimitée de les subinféoder ou ascencer.

> *Pourront les dits associés améliorer et aménager les dites terres, ainsi qu'ils verront être à faire, et icelles distribuer à ceux qui habiteront le dit pays et autres, en telle quantité et ainsi qu'ils jugeront être bon, besoin et nécessaire, selon les qualités, conditions et mérites des personnes, et généralement à telles charges, réserves et conditions qu'ils verront bon être. Et néanmoins en cas d'érection de duchés, marquisats, comtés et baronnies; seront prises les lettres de confirmation de sa Majesté sur la présentation de mon dit Seigneur grand-maître, chef et surintendant général de la navigation et commerce de France (Articles et conventions de société et compagnie pour l'exécution des articles accordés, le 29 avril 1627, à la Compagnie du Canada, Me P. Guerreau, notaire, Paris, 7 mai 1627,* Édits et ordonnances*).*

Pour le roi donc, la Compagnie peut agir à son gré, mais à l'intérieur de certaines limites. L'orientation est donnée. À la Compagnie maintenant d'agir. Elle le fera en continuité avec les pratiques de ses prédécesseurs.

Très tôt, en effet, les premiers titulaires du monopole de la Nouvelle-France avaient reçu le pouvoir d'inféoder le sol, c'est-à-dire d'en distribuer des parcelles en fief et seigneurie « aux gentilshommes et autres gens d'excellente vertu ou industrie », les autres « de moindre estat et condicion ne détenant la terre qu'à simples redevances annuelles » (Trudel, 1974 : 1). Accordé dès 1541 à Roberval, ce droit ne sera cependant exercé qu'au début du XVIIe siècle, mais à une échelle réduite comme en témoigne le tableau 2.

TABLEAU 2

Les premières concessions en fief et seigneurie (1604-1626)

Année	Concédé par	Concédé à	Concession
1604	Du Gua de Monts	Jean Biencourt de Poutrincourt	La baie de Port Royal
1611	Idem	Antoinette Pons de Guercheville	La partie restante de l'Acadie
1624	Montmorency et Damville	Guillaume de Caën et associés	Le cap Tourmente (érigé en baronnie)
1626	Idem	Louis Hébert	Deux terres en fiefs nobles, l'une sur le Cap-aux-Diamants, l'autre sur la rive gauche de la rivière Saint-Charles

Source : Trudel (1974).

Quand la Compagnie des Cent-Associés obtient le monopole de la colonie, elle bénéficie des mêmes prérogatives. Le pouvoir qu'elle a de subinféoder son domaine lui assure non seulement un puissant moyen de peuplement, mais surtout la possibilité de s'associer des collaborateurs qu'elle pourra remercier pour services rendus, allant jusqu'à obtenir du roi le droit de rattacher un titre aux terres concédées. Par ailleurs, le droit qu'elle a de concéder le sol aux « droits et charges qu'elle jugera à propos » lui permet d'autoriser ses concessionnaires à retirer un revenu de leur domaine sous forme de redevances annuelles, donc de rentabiliser leur effort de colonisation[14].

14. Rappelons que la Compagnie des îles d'Amérique (1635), qui succède à la Compagnie de Saint-Christophe (1626), bénéficie des mêmes prérogatives pour sa seigneurie des Antilles françaises. Liberté lui est en effet accordée de distribuer les terres aux droits et charges qu'elle juge à propos, même en fiefs avec haute, moyenne et basse justice, avec titres de baronnie, comté ou marquisat sous réserve d'en obtenir l'autorisation du roi (Trudel, 1974).

C'est à elle qu'il revient donc d'implanter le régime seigneurial au Canada. Des seigneuries sont alors octroyées à des seigneurs qui doivent les partager en censives à concéder aux colons qu'ils auront eux-mêmes recrutés, mais qui peuvent aussi les partager en arrière-fiefs ou en arrière-arrière-fiefs, pour avantager un parent, un ami ou une relation d'affaires. Assorties de droits et de privilèges, ces concessions le sont également d'obligations, qui diffèrent selon le type de terre concédée et qui varient dans le temps, mais qui définissent aussi un type de rapport humain bien différent de celui que connaissait la France. Plutôt que d'être homme à homme, comme dans la vieille féodalité européenne, le rapport est lié à la terre, ce qui fait du seigneur et du paysan des types particuliers de propriétaires terriens. Le premier détient la propriété directe du sol ; le second, sa propriété utile.

2.2 La seigneurie canadienne

Contrairement à la seigneurie française, la seigneurie canadienne n'élève pas à la noblesse[15] et ne l'exige pas de son titulaire. Elle permet cependant de s'élever au-dessus du commun. Cela tient, en grande partie, aux privilèges qui lui sont rattachés. Certains sont purement honorifiques, tels le droit de désigner, sous l'autorité épiscopale, le titulaire ecclésiastique de la « Chapelle, Église parrochiale ou autre bénéfice » que le seigneur aura fait construire, ou celui d'y avoir un banc réservé et d'y recevoir, le premier, les sacrements. D'autres ont des incidences plus particulières, tels le droit de haute et basse justice, ou celui de voir sa seigneurie élevée à la même dignité que celle des Cent-Associés (Trudel, 1967 : 1974).

En retour de sa terre, le seigneur doit satisfaire certaines obligations, dont celles d'établir son fief, d'accepter les chemins nécessaires à l'établissement de la colonie et de réserver le bois de chêne et les ressources minérales au roi. En outre, il doit rendre « foy et hommage » au suzerain, à la porte du manoir ou au château du gouverneur, selon que le seigneur est titulaire d'un arrière-fief ou d'une seigneurie. De plus, il lui faut produire un « aveu et dénombrement » à la demande des autorités ou dans les 40 jours de la prise de possession d'un fief si celui-ci est habité. Enfin, si le fief est acquis autrement que par concession, il doit payer un droit de mutation : le « droit de quint », sous la Coutume de Paris ; le revenu d'un an du domaine ou une maille d'or sous la Coutume du Vexin français, qui toutefois disparaîtra assez tôt.

15. Encore qu'elle en constitue une bonne voie, avec la richesse !

Par contre, le seigneur jouit de certains droits qui définissent aussi les obligations des censitaires. Les plus importants sont les « cens et rentes », que les censitaires doivent payer en argent ou en nature, selon les taux convenus dans le contrat de concession. Contrairement au cens, qui n'a souvent qu'une valeur symbolique, la rente est un droit plus onéreux dont le produit représente une importante part des revenus seigneuriaux. S'y ajoutent le droit de « banalité », qui impose au censitaire de faire moudre son blé au moulin seigneurial, et le droit de « lods et vente », que tout acheteur doit payer au seigneur au moment de l'achat de sa terre.

En outre, comme il s'agit de favoriser l'établissement rural, le censitaire est tenu d'habiter la terre concédée (tenir feu et lieu), qu'il peut faire arpenter, mais à ses frais. En outre, il est tenu de l'exploiter, c'est-à-dire de la défricher pour donner du découvert à ses voisins. De plus, il doit la cultiver en bon père de famille, de sorte que « les dits cens et rentes puisent estre perceus par chacun an » (Trudel, 1974 : 198). Enfin, au fur et à mesure que progressent les défrichements, il doit enclore son lot, sans quoi il ne pourra prétendre « aucuns domage ny interest pour les dégats quy pourroient faire les bestiaux de ses voisins » (Trudel, 1974 : 198).

À ces prescriptions, qui tiennent à l'essence même de la concession, s'ajoutent également toute une foule d'autres servitudes, qu'on voit très tôt dans les actes de concession, mais dont l'application reste plus variable. C'est le cas par exemple de l'interdiction faite au censitaire de vendre sa terre sans l'autorisation du seigneur ; du devoir de lui réserver son bois de chauffage, de construction ou de commerce ; de la corvée personnelle ; du droit de chasse ; du droit de pêche ; du droit d'utiliser les prairies ; et du droit que se gardent les seigneurs de détourner les eaux et d'exproprier des terrains pour la construction de ses moulins.

Définies pour répondre aux besoins essentiels d'une colonie naissante, ces obligations seront à la base du rapport social et du rapport à la terre. Elles définissent un système dans lequel les droits et les devoirs de chacun deviennent autant de mécanismes régulateurs, dérivés du rôle que chacun doit jouer dans la colonie. En position dominante, le roi se dégage de l'administration directe des affaires coloniales en les confiant à une compagnie de commerce recrutée par le ministre et dont celui-ci fait partie. Sur place, un gouverneur, représentant direct du roi dans la colonie, mais dont l'autorité est limitée par un Conseil aux attributions cependant mal définies. Enfin, à la base de la pyramide, les seigneurs et les censitaires,

Figure 12

Structure du système implanté sous les Cent-Associés (1633-1663)

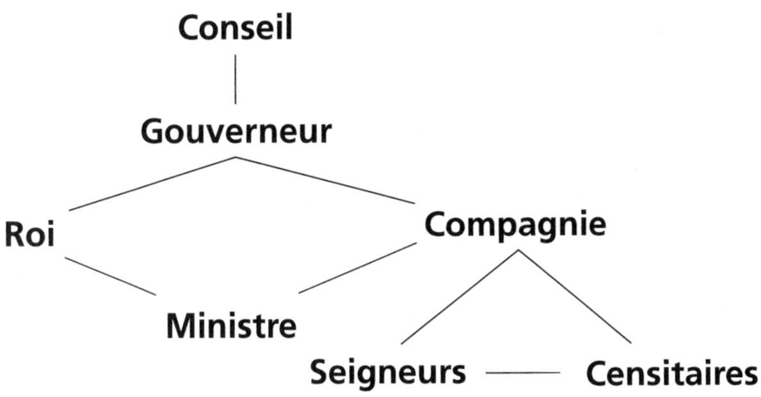

dont les pouvoirs et les obligations sont régis par les directives royales, les obligations faites par la Compagnie, la Coutume et les termes des contrats de concession. Compte tenu du contexte, la structure est simple et régularisée de l'intérieur, ce qui convient, pour le moment du moins, aux besoins de la colonie (Figure 12).

Quant aux concessions de seigneuries, elles seront rapidement effectuées, selon une stratégie originale destinée à résoudre les difficultés posées à une compagnie de commerce contrainte d'assurer non seulement le contrôle, mais l'établissement du territoire.

2.3 Pourquoi le rectangle?

Très tôt, historiens et géographes ont remarqué le caractère géométrique de la première géographie coloniale, faite le plus souvent de rectangles oblongs ou allongés, perpendiculaires au fleuve et dont la longueur s'étend loin vers l'intérieur des terres (Trudel, 1974: 12). Appliqué aux seigneuries, le modèle l'est également aux censives, qui prennent aussi la forme de rectangles allongés, mais de plus petites dimensions (en général de 2 ou 3 arpents de front sur 30 ou 40 de profondeur). Les seules exceptions à la règle sont dues, pour l'essentiel, à des ajustements locaux (Figure 13).

FIGURE 13

Des censives qui se rejoignent

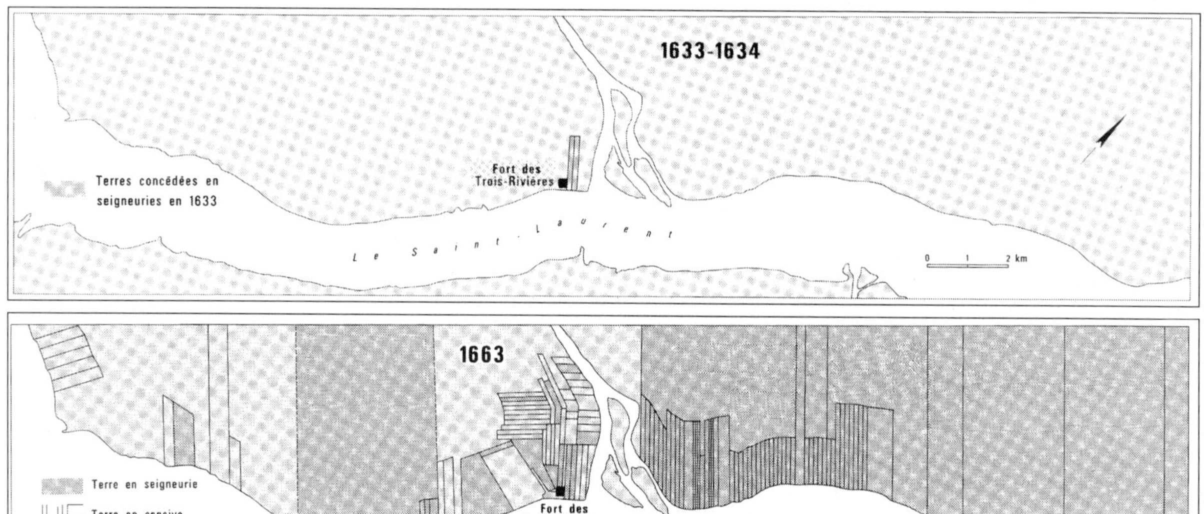

Source : *Cahiers de géographie du Québec* (1981 : 207).

Enfin, et c'est là un caractère dominant de cette géographie, tous ces rectangles sont contigus dans l'espace : seigneuries et censives se succèdent, perpendiculaires au fleuve, à la manière d'une arête de poisson, qui rappelle assez d'ailleurs la structure du Waldhufendorf (Figure 14).

On peut s'interroger sur les motifs qui ont pu conduire la Compagnie de la Nouvelle-France à adopter puis à généraliser une règle déterminant la forme des fiefs et des censives, incitant ainsi le clergé et les seigneurs individuels à s'y conformer. Faut-il y voir le seul effet d'une adaptation aux particularités du milieu ou le résultat tangible d'une planification établie en fonction de considérations précises ?

Il est certain que le milieu a dû exercer une influence sur le tracé de la première matrice cadastrale. L'axe du Saint-Laurent étant orienté « suroît-nordet » (en fait, sud-ouest–nord-est), il incitait à un tracé perpendiculaire des fiefs et des censives vers l'intérieur des terres. Il y a là un fait d'adaptation au milieu, qui veut également profiter des facilités de communication offertes par le fleuve. Mais pourquoi le rectangle allongé plutôt que le carré ou quelque autre principe d'organisation et de distribution spatiales ? Vu à partir de ses avantages, ce choix suggère un effort de planification fondé sur des préoccupations qui semblent avoir été autant d'ordres stratégique qu'économique et social.

Ce que permet, en effet, le rectangle allongé est bien plus qu'un cadre commode d'aménagement de l'espace, c'est un principe d'établissement de la population qui vise à donner à chacun sa base de survie (sa terre), tout en l'assurant d'une relative sécurité (puisqu'ici les terres sont voisines). C'est aussi un principe d'occupation optimale du sol qui, en égrenant le peuplement le long du fleuve, permettra, même avec des effectifs humains réduits, de contrôler la voie d'accès vers l'intérieur du continent. Et, quand la population augmentera, il suffira de la diriger vers l'intérieur des terres, vers une deuxième puis une troisième ligne de peuplement, qui épaissiront l'écoumène.

Vu sous cet angle, le choix des Cent-Associés paraît donc éminemment géographique. Non seulement parce qu'il s'accorde aux données du milieu, mais aussi parce qu'il est défini en fonction d'objectifs qui visent la prise de possession et la mise en valeur totale d'un pays neuf et sauvage. Associé à celui d'une colonisation par tête de pont, ce choix favorise la dispersion de l'habitat qui devra s'établir de proche en proche à partir des centres établis et en vue de leur raccord linéaire (Figure 15). Comme tel, il ne favorise pas le village dont l'établissement, s'il s'effectue en dehors du domaine seigneurial, exigera un emplacement réservé ou, le plus souvent, le réaménagement local de la matrice foncière. La seule unité de développement retenue ici et perçue comme conforme aux objectifs de colonisation, est la seigneurie partagée en censives et la vie économique et sociale doit s'organiser en fonction des équipements qu'elle génère ou encourage, que ce soit le moulin, l'église ou le manoir.

FIGURE 14

Les structures de base de la colonie laurentienne

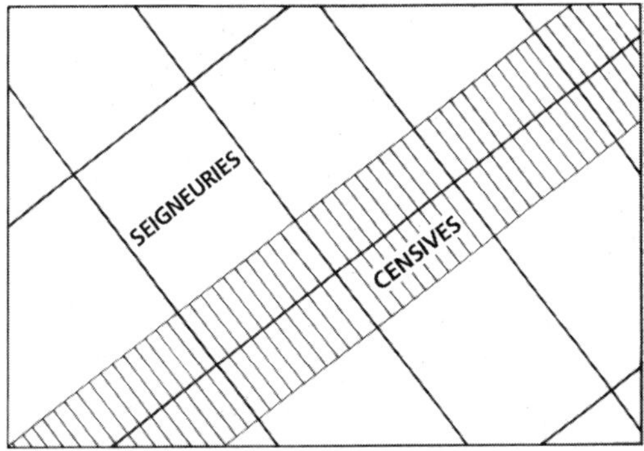

Source : *Cahiers de géographie du Québec* (1981 : 210).

FIGURE 15

Les choix spatiaux des Cent-Associés

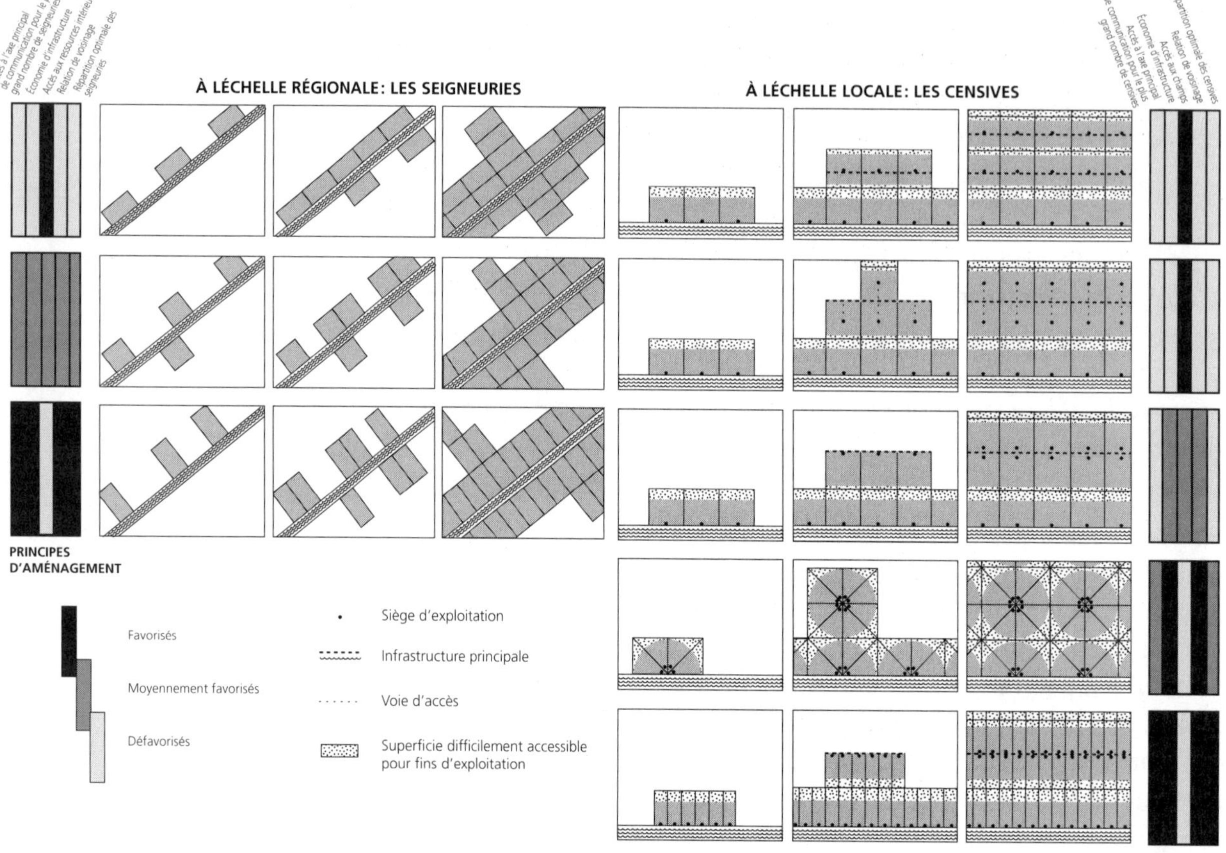

Source: *Cahiers de géographie du Québec* (1981: 210-211).

Observé tout au long du monopole des Cent-Associés, le modèle général est respecté: la Compagnie, tout comme le clergé et les seigneurs individuels, concèdent des terres qui orientent le peuplement le long du fleuve (Harris, 1968: 90-91), jusqu'à ce qu'il soit possible d'ouvrir un deuxième rang de concessions une fois le couloir initial occupé. Quant aux villages, l'historien Marcel Trudel n'en dénombre qu'une dizaine en juin 1663, répartis non loin des centres, dans l'axe du Saint-Laurent[16]. Deux seulement survivront, celui de Château-Richer sur la côte de Beaupré et le bourg du Fargy dans la seigneurie de Beauport qui sont dotés d'une église et d'un moulin. Les autres, n'ayant pas ou peu bénéficié d'équipements seigneuriaux ou paraseigneuriaux ou s'étant développés près de fortins plus tard abandonnés, finiront par disparaître, leur fonction ayant été défensive et temporaire.

16. Ce sont le Château-Richer, sur la côte de Beaupré, le village Beaulieu, dans l'île d'Orléans, le Fargy à Beauport, le village Saint-François dans la seigneurie Saint-François, un petit hameau sur le front de la seigneurie Saint-Michel, un autre, plus important, au fort Saint-François-Xavier dans Sillery, un autre encore au fort Gaudarville près du Cap-Rouge et trois embryons d'agglomérations dans le secteur des Trois-Rivières, au Cap-de-la-Madeleine, l'un au fort Sainte-Marie, l'autre au fort Saint-François et le troisième au fort du Moulin à vent (Trudel, 1974: 106-107).

Restent la discontinuité spatiale des concessions et surtout l'inégale superficie des seigneuries qui, contrairement à la censive, semblent de dimensions beaucoup plus variées. Elles ont laissé l'impression d'un tâtonnement initial quant au mode d'établissement de la colonie. En fait, c'est à de tout autres réalités qu'elles renvoient, qui rappellent le contexte premier de cet établissement.

2.4 Un découpage qui respecte l'ordre social

Si les impératifs socioéconomiques et militaires peuvent assez facilement rendre compte de la discontinuité spatiale des concessions, l'inégale superficie des fiefs trouve son explication dans le souci qu'a eu la Compagnie des Cent-Associés de respecter le vieil ordre social français. Comme l'a rappelé déjà le géographe Richard Colebrook Harris (1968: 25): «*as a general rule the most important the individual, the larger the grant he could expect*». Tout conviait d'ailleurs les Cent-Associés à ce respect, tant les directives royales que le contexte d'époque.

Pour le roi, en effet, la terre ne peut être concédée indifféremment entre toutes gens de tous métiers et de toutes conditions. Une distinction s'impose entre «gentilzohmmes et autres gens d'excellente vertu ou industrie» et les autres «de moindre estat et condicion» ne détenant les terres qu'à titre de «simples redevances annuelles» (cité par Trudel, 1974: 1). Il y a donc lieu de respecter l'ordre social existant, mais en limitant l'accès aux «duchés, marquisats, comtés et baronnies» (Acte pour l'établissement de la Compagnie des Cent-Associés pour le commerce du Canada, Me P. Guerreau, notaire, Paris, les 29e et 30 [e] et 4 mai 1627, *Édits et ordonnances*), qui ne pourront être consentis que sur l'ordre exprès du roi. Associées à l'obligation d'inféoder le sol, ces instructions étaient de nature à déterminer les politiques d'aménagement de l'espace, les grands domaines devant être distribués à l'élite, les petits à des individus de qualité sociale moindre. Transposées dans la vallée du Saint-Laurent, ces prescriptions devront cependant tenir compte des conditions locales.

Pour plusieurs auteurs, ces conditions se résument à l'absence sur place d'une noblesse terrienne et d'épée qui, selon le mot de l'historien Fernand Ouellet, aurait pu donner «une allure authentique à l'institution» (Ouellet, 1966: 161). Faute de nobles, la Compagnie de la Nouvelle-France aurait été contrainte de s'associer l'élite locale, commerçants, magistrats, militaires et fonctionnaires méritants. En fait, le choix des Cent-Associés

TABLEAU 3

Le partage «social» de la terre (1645-1663)

	1645	1663
Seigneurs individuels		
Nobles	9	32
- arpents en seigneurie	7023242	10009312
- en pourcentage	84,86%	75,33%
Bourgeois	13	30
- arpents en seigneurie	426838	1866041,5
- en pourcentage	5,16%	14,04%
incluant les gens de métier	(1)	(3)
- arpents en seigneurie	(7074)	(19308)
- en pourcentage	(0,09%)	(0,15%)
Clergé, communautés religieuses		
- arpents en seigneurie	826319	1412094
- en pourcentage	9,98%	10,63%
Total:	8 276 399	13 287 447,5

Source: Estimé d'après Trudel (1974).

fut tout autre: en dépit du contexte, ils distribuent la plus grande partie du sol à la noblesse et au clergé, ne réservant qu'une faible partie du territoire à la bourgeoisie et à la roture. À cet égard, le tableau 3 est significatif.

En 1645, les nobles détiennent 85% de la terre concédée, le clergé, 10%, et les bourgeois, environ 5%, dont moins de 0,1% vont aux gens de métier. En 1663, les nobles dominent encore le classement, mais tandis qu'on assiste à une montée importante des bourgeois, qui ont eu davantage accès à la terre, le clergé et les gens de métier se maintiennent, ce qui suggère bien l'existence d'un plan convenu de distribution du sol.

Si l'on pousse encore plus loin l'analyse, on constate que la superficie des concessions varie selon le rang social du concessionnaire, les plus vastes étant réservées aux gens de qualité ou du moins porteurs de titres particuliers, les plus petites, aux roturiers (bourgeois et gens de métier) dont beaucoup d'ailleurs seront anoblis sous les Cent-Associés[17]. Reportées sur une carte, ces données illustrent bien le souci de la Compagnie d'inscrire dans l'espace les instructions royales concernant l'ordre social (Figure 16).

17. Le statut social des concessionnaires a été établi ici grâce aux inventaires de Marcel Trudel (1973a ; 1973b; 1974) et de Cyprien Tanguay (1887).

FIGURE 16

Un découpage qui respecte l'ordre social (1663)

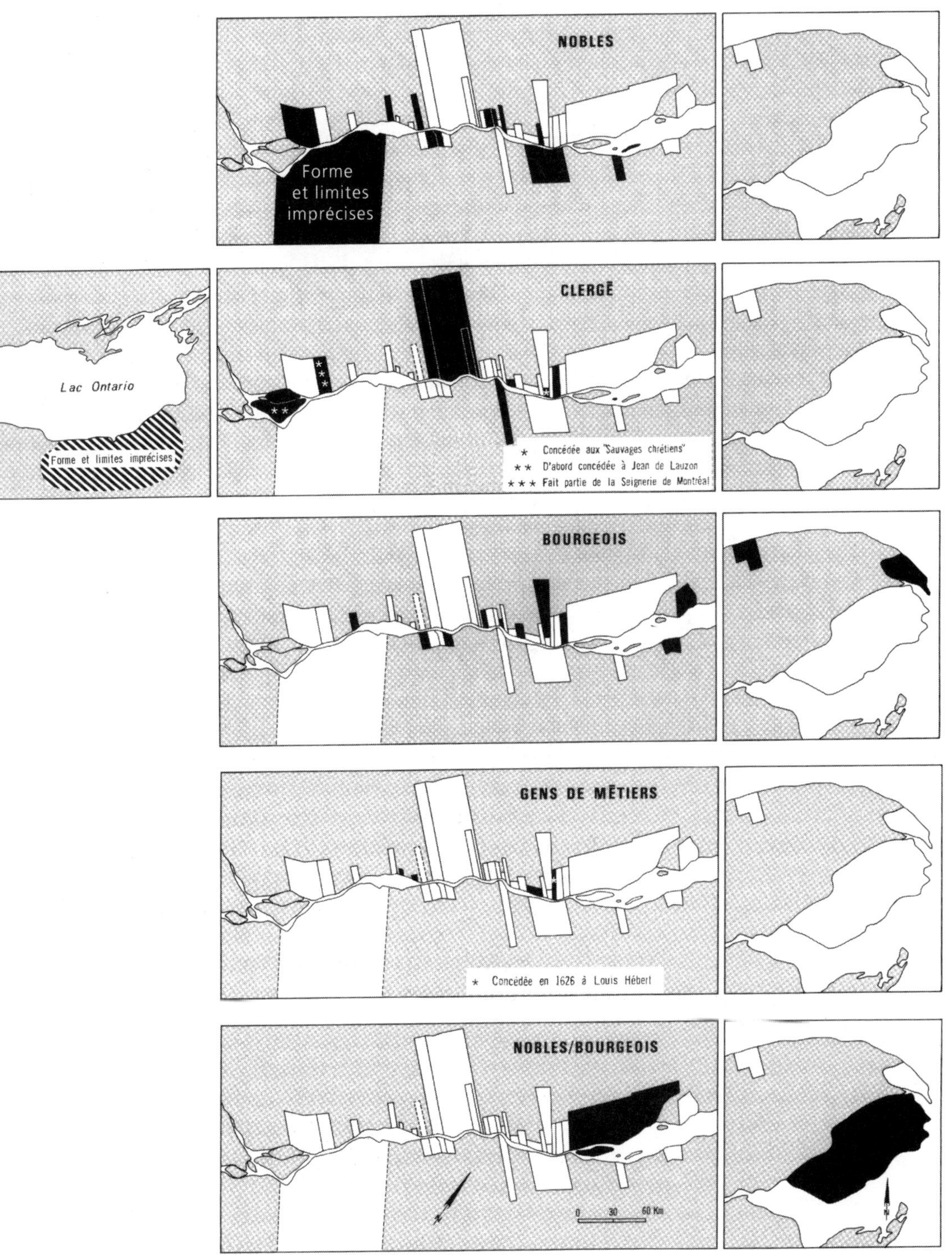

Source: *Cahiers de géographie du Québec* (1981: 214-215).

Si, selon Marcel Trudel (1974), la noblesse domine largement le sol concédé, le clergé s'en approprie une grande part, ce qui laisse peu de place aux gens de métier. Sauf dans la région de Québec, plus anciennement occupée, ces derniers n'occupent que de minces portions de territoire relativement éloignées des centres. Quant aux « bourgeois », on les trouve, pour l'essentiel, dans la région de Trois-Rivières, laquelle est aussi largement dominée par la propriété cléricale, dans la région de Québec, où les marchands et les fonctionnaires sont nombreux, et dans le Bas-Saint-Laurent et la péninsule de Gaspé, qui demeurent cependant des secteurs excentriques.

Par conséquent, ce qui semble à première vue témoigner d'un tâtonnement relatif, trouve son explication dans la matérialisation d'une structure sociale pyramidale, où le privilège s'allie à l'économie pour déterminer un plan de colonisation respectueux de l'ordre social. Bourgeois et gens de métier accèdent à la seigneurie, mais dans des proportions limitées ; le noble conserve la place qu'il occupe dans la société française et domine largement la propriété foncière.

Quant à la pratique de rattacher un titre à la terre concédée, elle fut réduite et pour ainsi dire inexistante : les Cent-Associés n'ont concédé qu'une seule « chatellenie pendant tout leur monopole »[18]. L'intention royale ne favorisant pas ce type de concession, elle ne s'est pas répandue. Toutefois, si la terre ne permet pas d'élever à la dignité de noble, elle permet d'élever à la dignité seigneuriale. Selon Marcel Trudel (1974), on assiste, entre 1633 et 1663, à 36 subinféodations de domaines concédés par les Cent-Associés, ce qui ajoute aux 69 titulaires de fiefs, 13 titulaires d'arrière-fiefs et 3 titulaires d'arrière-arrière-fiefs, portant ainsi à 104 le nombre de fiefs concédés.

À l'exception des seigneuries de Batiscan et de la Prairie-de-la-Madeleine, concédées à la Compagnie de Jésus, et de celle de Charny-Lirec, concédée à Charles de Lauson de Charny, les fiefs octroyés sont tous de petite ou de moyenne tailles, leur superficie variant entre 90 et 7 500 arpents. Mais, tandis que le clergé et la noblesse monopolisent les arrière-fiefs, les arrière-arrière-fiefs se concentrent aux mains des roturiers, ce qui montre bien la volonté des Cent-Associés et de leurs feudataires de respecter le clivage social de l'époque (Tableau 4).

18. Il s'agit du fief de Coulonge attribué à Louis d'Ailleboust (Morin, 1941 : 50).

TABLEAU 4

Le partage social des arrière-fiefs et des arrière-arrière-fiefs sous les Cent-Associés (1633-1663)

	Arrière-fiefs		Arrière-arrière-fiefs	
	Arpents	%	Arpents	%
Nobles	48 616	11,7	512	28,6
Bourgeois	24 941	6,1	539 1/2	30,2
Roturiers	15 346	3,7	736 1/2	41,2
Clergé	325 341 1/2	78,5	0	0,0
Total	414 245 1/2	100,0	1788	100,0

Source: Trudel (1974).

Mieux encore, en 1663, selon les relevés de Marcel Trudel (1974), plus de 96 % de la terre en seigneurie appartient à sept grandes familles nobles[19] et plus des deux tiers à une seule et même parenté, qui y accède surtout par la fonction publique (Trudel, 1974: 72-76). En 1637, par exemple, les détenteurs de charges publiques possèdent déjà 72,6 % de la terre seigneuriale. En 1652-1653, ils en occuperont 96,5 %, ce qui est indicatif des transactions dont pouvaient faire l'objet les concessions seigneuriales à l'époque. Dans ce contexte, on peut se demander quel pouvait être le rôle de la seigneurie?

Si l'on considère la question sous l'angle spatial, on constate qu'on a affaire dans la vallée du Saint-Laurent à une structure cadastrale de géométrie variable, dont le modèle se précise à l'analyse des premières concessions seigneuriales. Celui-ci intègre deux principes d'aménagement: le premier cherche à assurer la maîtrise rapide du territoire par une diffusion linéaire des effectifs; l'autre, à traduire dans l'espace l'importance relative des groupes sociaux.

Dans cette perspective, la fonction spatiale de la seigneurie paraît claire: forme d'aménagement de l'espace, elle doit servir de cadre et de support à un établissement rural qu'il revient au seigneur d'assumer. Dès 1634, la Compagnie précise le rôle (théorique) des titulaires de fiefs: en retour de leur concession, ceux-ci doivent participer au recrutement des

19. Ce sont les d'Ailleboust (702 488 arpents, 7,3 %), Bourdon (590 6871/2, 6,2 %), Giffard (223 776, 2,3 %), Godefroy (373 065 1/2, 3,9 %), Lauzon (6 332 227 1/2, 66,0 %), Legardeur (555 012 1/2, 5,8 %) et Leneuf (817 365, 8,5 %) (Trudel, 1974: 70-71).

colons et assurer une mise en valeur effective du sol[20]. Les premiers seigneurs semblent avoir tenté d'assumer cette tâche, ou plutôt de la concilier avec leurs intérêts mercantiles. Mais, puisqu'ils sont tributaires à la fois du manque d'effectifs, d'une matrice cadastrale qui privilégie l'occupation de proche en proche du sol, et d'un contexte quasi permanent d'insécurité[21], ils en viennent vite à s'y soustraire pour s'activer dans le commerce, ce qui compromet l'intention initiale du plan dont l'accomplissement final se trouve différé dans le temps.

Si la seigneurie n'attire pas, c'est qu'elle n'est pas encore rentable. Son peuplement obéit à des facteurs dont le contrôle échappe en partie aux seigneurs. Mais ce serait se hâter que de conclure à son échec comme institution. Le système mis en place par les Cent-Associés est total. Il n'est pas vraiment menacé d'éclatement. Il réagira au changement, mais en s'y adaptant. Pour l'habitant qui s'établit dans la colonie, le cadre seigneurial demeure et avec lui, son rôle d'encadrement à l'établissement rural. La seigneurie doit assurer le développement, mais au rythme de sa progression.

2.5 La seigneurie type

Bien que la seigneurie puisse prendre diverses formes, tributaires des conditions locales de concession (relief, tracé de la côte, présence d'autres fiefs déjà concédés à proximité), son aspect le plus habituel est celui d'un rectangle plus long que large, partagé en rangées de terres (les côtes, ou les rangs), desservies par des chemins (dits chemins de côtes ou de rangs) et des montées (qui unissent deux rangs entre eux). Ces rangs peuvent être simples, c'est-à-dire ne comprendre qu'une seule rangée de terres, ou doubles. En ce cas, l'endroit où les terres s'aboutent s'appelle le trécarré. Comme les lots à l'époque sont généralement d'égale longueur, il arrive que les terres ne se rejoignent pas en profondeur, laissant des parties de sol non concédés. Ce sont les « abouts », que le seigneur finit habituellement par consentir aux concessionnaires, en prolongement de leur lot initial.

20. Dans leur concession à Robert Giffard de Moncel, par exemple, les Cent-Associés déclarent que leur désir étant « d'avancer la colonie en Nouvelle-France suivant la volonté du roy », ils veulent bien « recevoir ceux qui ont le moyen d'y contribuer [...] distribuer les terres du païs à ceux qui participent avec nous en ce louable dessein et qui seront capables de les faire défricher et cultiver pour y attirer les Français ». Mais ils s'empressent de préciser que les hommes que le dit Giffard ou ses successeurs feront passer en la Nouvelle-France seront à la décharge de la Compagnie « en diminution du nombre qu'elle doit y faire passer ». Cette précision, les Associés la maintiennent jusqu'en 1647, allant jusqu'à exiger de Giffard de leur faire connaître le nombre de colons qu'il embarquera pour la Nouvelle-France (Cahier d'intendance, n° 2, concession en fiefs, folio 555, Archives nationales du Québec).

21. En 1667, par exemple, 30 ans après avoir reçu en concession le fief Sainte-Croix, les ursulines déclarent n'avoir pu y établir de censitaires pour y avoir « esté empeschés jusques a présent par causse des Iroquois » (Trudel, 1973a: 184).

Sur le front de la seigneurie, à l'embouchure souvent d'une rivière, on trouve un domaine, que le seigneur réserve à ses fins personnelles. C'est là, généralement qu'il construit son manoir, ainsi que le moulin où les censitaires devront faire moudre leur grain. À proximité, s'élève l'église, construite souvent sur une terre concédée à cette fin à la fabrique par le seigneur. Ces équipements forment la base de ce qui pourra devenir plus tard un village. Parfois, la seigneurie compte un autre domaine, dit domaine secondaire, situé à l'intérieur des terres. Encore inexploité, ce n'est qu'une réserve de terres pour le seigneur, qui ne l'habitera éventuellement que l'été, lorsqu'il l'aura mis en valeur. Enfin, quand le milieu s'y prête, on trouve une commune, où les habitants peuvent aller faire paître leurs bêtes, moyennant une petite redevance à payer au seigneur.

Comme il est fréquent à l'époque, la seigneurie peut être partagée en fiefs. On dit alors qu'elle comprend un ou plusieurs arrière-fiefs, ou, si ces derniers sont à leur tour subdivisés, un ou plusieurs arrière-arrière-fiefs. Dans ces cas, leurs titulaires sont des vassaux du seigneur principal, et se partagent avec lui le produit des droits seigneuriaux.

La figure 17 donne un aperçu de la seigneurie sous le Régime français. Sa structure de base restera sensiblement la même après la Conquête britannique de 1759-1760, date après laquelle elle deviendra cependant plus peuplée et donc aussi plus développée.

3. LE CADRE JURIDIQUE

Pour la France, l'établissement d'une colonie ne pouvait se limiter au seul partage rationnel du sol entre les différents groupes sociaux, encore fallait-il réglementer les rapports entre individus et plus particulièrement les rapports fonciers. À cette fin, on introduit deux coutumes, celle du Vexin français, qui ne s'applique à toutes fins utiles que sous les Cent-Associés, et qu'aux mutations de fiefs, et la Coutume de Paris (l'ancêtre de notre Code civil actuel), dont on a pu dire déjà qu'elle avait été l'expression du droit seigneurial et le prolongement des intentions de ce droit, même sur le plan commercial (Ouellet, 1971). Introduite dès le début du monopole des Cent-Associés, puis généralisée par Louis XIV en 1664, la Coutume de Paris sera surtout, par ses dispositions relatives aux règles matrimoniales et successorales, un facteur puissant de sédentarisation et de cohésion sociale.

FIGURE 17
Un exemple d'aménagement seigneurial

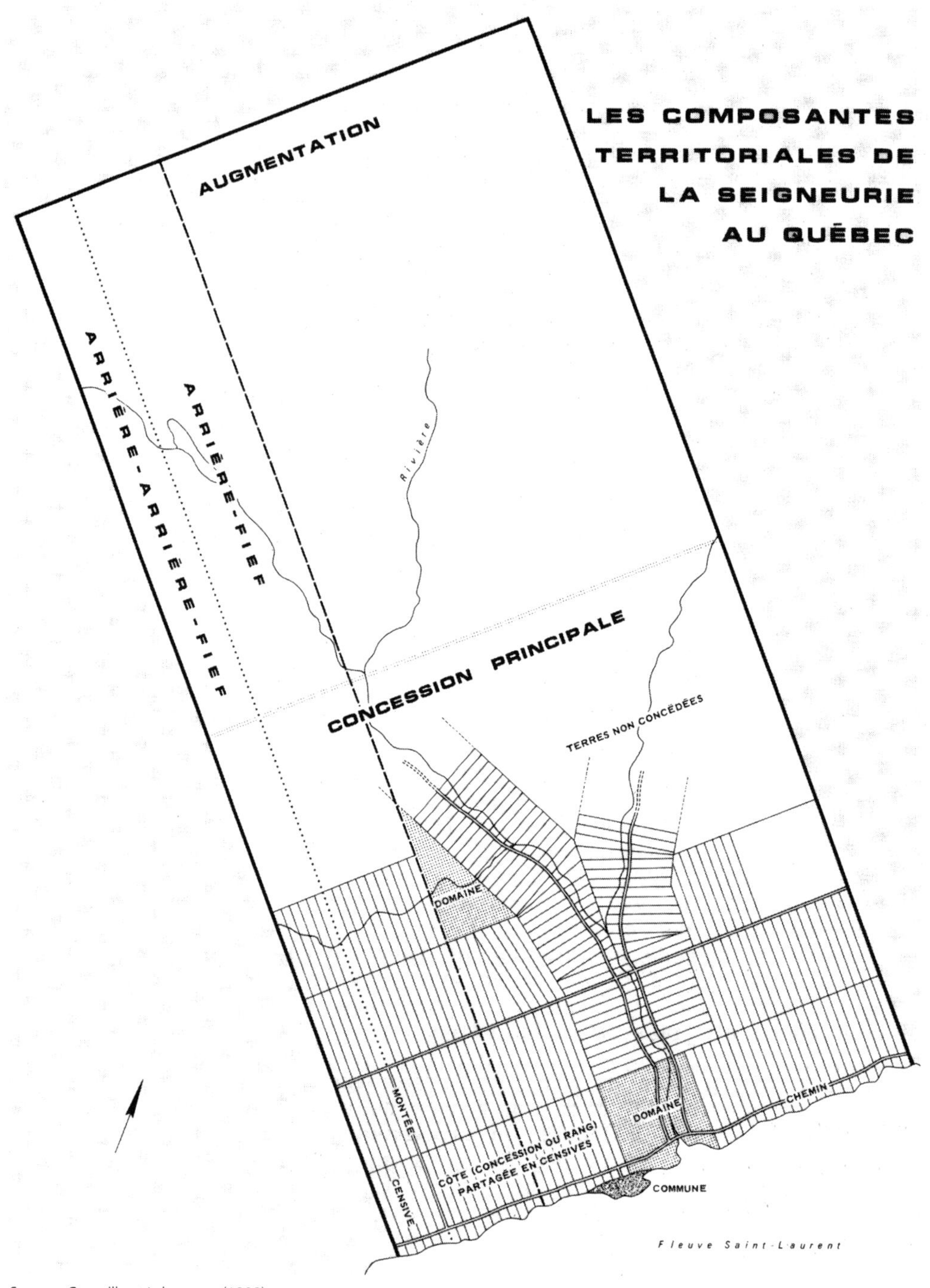

Source : Courville et Labrecque (1988).

3.1 Les règles matrimoniales

Aux termes de la Coutume de Paris, en effet, et à défaut de stipulations contraires enregistrées par contrat de mariage, les conjoints vivent en communauté de biens, ce qui les rend solidaires des dettes contractées avant et après le mariage et également propriétaires des « biens meubles et conquêts immeubles » acquis pendant le mariage. Les immeubles de famille acquis par succession ou donation d'ascendants et que la Coutume identifie comme « biens propres » ne tombent pas dans la communauté. Quant à la gestion de la communauté, elle consacre l'autorité du mari et l'incapacité de la femme. Celui-ci peut, en effet, vendre, donner ou échanger les biens communs pourvu que ces transactions servent la communauté. Mais, s'il peut disposer de l'usufruit d'un bien propre appartenant à l'épouse, il ne peut disposer de ce bien sans son consentement, c'était là la seule voix reconnue à la femme. La Coutume défendait en outre aux époux de s'avantager par donations entre vifs ou par testament. « Il ne serait pas convenable, écrit Claude de Ferrière (1779: 478), que l'affection conjugale, qui doit unir le cœur du mari et de la femme, fut pour ainsi dire vénale, et se put acquérir et se conserver par des présents ». Mais, comme l'a rappelé l'historien Yves Zoltvany (1971: 369), ceux-ci pouvaient cependant se faire un don mutuel, à condition qu'ils n'aient pas d'enfants: « C'était là une convention notariée par laquelle le mari et la femme convenaient entre eux que le survivant jouirait par usufruit, sa vie durant, de la partie des biens communs appartenant au prédécédé, ces biens retournant aux héritiers du prédécédé à la mort du survivant. »

Si la communauté se trouvait dissoute par le décès de l'un des conjoints, elle pouvait également l'être par une séparation de corps accordée par les tribunaux ecclésiastiques ou par une séparation de biens que la femme pouvait exiger contre son mari si celui-ci était déclaré inhabile à gérer les affaires de famille. Mais guère plus qu'une convention entre vifs, du vivant des conjoints, c'était surtout au décès de l'un d'eux que le régime de la communauté de biens prenait tout son sens et réglementait, par voie de conséquence, la vie des vivants. Advenant le décès de l'un des deux conjoints, le survivant, s'il n'y avait pas d'enfants, jouissait des avantages prévus par la Coutume. Il retirait de la communauté son préciput, c'est-à-dire ses effets personnels ou les sommes stipulées au contrat de mariage, et la moitié de l'actif et du passif qui composaient la communauté, le reste allait à la famille du conjoint défunt. Si le survivant était l'épouse, elle pouvait encore se prévaloir de certains privilèges reconnus par la Coutume.

C'est ainsi, par exemple, qu'elle pouvait renoncer à sa part de la communauté si celle-ci paraissait trop grevée de dettes, ou la reprendre franc et quitte en tout ou en partie, à son choix. Elle avait droit en outre à un douaire, c'est-à-dire à un usufruit à vie, dont la valeur était soit établie par contrat de mariage soit équivalente à la moitié des biens propres du mari et dont elle conservait la jouissance jusqu'à sa mort, époque où les biens qui le composaient étaient alors remis aux plus proches parents du mari. L'intérêt du douaire résidait surtout dans son inviolabilité : il était non seulement insaisissable, mais tout acte de disposition par le mari le concernant était sujet à annulation. Quant à la partie des biens propres, qui n'était pas soumise au douaire, la Coutume prévoyait qu'en l'absence de testament, ils revenaient aux plus proches parents du défunt. Pour éviter cependant que ces biens ne soient abandonnés en des mains étrangères à la famille, le plus proche parent du défunt pouvait les retirer des mains d'un acquéreur en lui remboursant le prix d'achat des biens dans un an et un jour de l'acte de vente. Ce droit, dit de retrait lignager, illustre bien l'esprit familial de la Coutume.

3.2 Les règles successorales

Préoccupée de protéger les intérêts familiaux, la Coutume de Paris instituait donc d'elle-même les héritiers, le défunt (*de cujus*) ne pouvant les priver totalement de leur patrimoine. Deux cas, cependant, doivent être distingués : celui de l'individu décédé sans testament et celui de l'individu qui a pris soin, de son vivant, d'établir ses dernières volontés.

Pour l'individu qui décédait sans testament, la Coutume fixait les règles du partage successoral en distinguant, pour fins de règlement, les biens nobles des biens roturiers. Le critère de distinction ici n'était pas la condition sociale du défunt, mais le statut de ses biens : une terre soumise à la foy et hommage par exemple était considérée comme bien noble tandis qu'une roture ou une censive entre dans la catégorie des biens roturiers. À l'intérieur des biens nobles, une nouvelle distinction devait être établie entre les fiefs de dignité (duchés, baronnies, marquisats), qui se transmettaient intégralement à l'aîné, et les seigneuries ordinaires, qui se transmettaient suivant une forme atténuée de droit d'aînesse, l'aîné recevant le manoir, la cour et les deux tiers ou la moitié du fief selon qu'il y avait deux enfants ou plus. S'il n'y avait que des filles, le fief était partagé également entre elles. Quant aux successions roturières, composées de biens meubles et immeubles, elles étaient partagées également entre les héritiers, descendants d'abord, puis ascendants ou, à défaut, collatéraux. Fait intéressant à noter, les dots, les donations ou les avances d'hoiries consenties par les parents de leur vivant devaient faire partie du règlement successoral. Comme chacun avait droit à une partie équivalente d'héritage, tout devait être comptabilisé. Cette disposition, qui avait pour principe l'égalité entre les héritiers, avait aussi pour effet de morceler l'héritage, imposant ainsi à chaque génération la reconstitution, à ses frais, du patrimoine familial. C'est ce mécanisme qui, selon l'historien Jacques Mathieu (1970), expliquerait l'absence de grandes fortunes et de lignées d'hommes d'affaires en Nouvelle-France[22]. Quant à la succession elle-même, les héritiers pouvaient l'accepter sans condition, l'accepter sous bénéfice d'inventaire ou encore la refuser. Dans ce dernier cas, elle était déclarée vacante et les créanciers nommaient un syndic pour se partager l'actif.

Dans le cas de l'individu qui décédait avec un testament, le règlement successoral s'effectuait à la lumière de ses dernières volontés. Mais encore là, celles-ci étaient soumises aux dispositions de la Coutume. L'individu qui choisissait de tester était d'abord limité dans le choix de ses légataires. Une concubine, par exemple, ou un enfant illégitime ne pouvaient être institués légataires. La Coutume limitait ensuite la quantité de biens à transmettre: si tel individu pouvait disposer à sa guise de ses biens meubles et de ses conquêts immeubles, il ne pouvait disposer que du quint (1/5) de ses propres, la «réserve des quatre quints» devant obligatoirement être divisée en parties égales au profit des héritiers. Les enfants bénéficiaient en outre d'une institution appelée «légitime», qui leur garantissait, sous forme de parts égales, incluant les donations entre vifs, la moitié de la valeur de ce qu'ils auraient reçu s'il n'y avait eu ni legs ni donation, déduction faite des dettes et des frais funéraires. «Cette solution, rappelle Zoltvany (1971: 382), reflétait fidèlement cet esprit familial qui animait la Coutume. Elle permettait à un parent de laisser la meilleure partie de ses biens à un enfant préféré mais l'empêchait d'agir contre nature en déshéritant les autres.» Ces dispositions, comme bien d'autres, n'avaient en fait qu'un but: assurer les conditions d'existence et d'autoreproduction d'une société à fondement égalitaire.

---

22. Pour cet auteur, qui donne l'exemple de Jacques Perrault, dit Perrault l'aîné (et de plusieurs autres commerçants de l'époque) cela démontre «que les Canadiens français, et particulièrement les commerçants, n'ont pas nécessairement été ruinés par une domination anglaise fourbe et sournoise» (Mathieu, 1970: 56), que cette ruine provient de «l'application de la Coutume de Paris (qui) entraînait un important déplacement de capitaux à chaque génération et un partage aux effets néfastes» (1970: 57). Le même phénomène s'observe en agriculture, chaque génération devant en quelque sorte racheter le sol sur lequel elle est née.

3.3 L'aliénation des biens

En plus de réglementer le régime matrimonial et successoral, la Coutume régissait l'aliénation des biens, dont la transmission des terres. Cette transmission pouvait s'effectuer par vente, mise à bail, donation et hypothèque qui chacune était soumise à diverses dispositions respectant la lignée féodale-familiale de transmission des biens. La vente, par exemple, était limitée par divers droits de retrait destinés à protéger les intérêts familiaux. En outre, elle exigeait le paiement, par l'acquéreur d'un immeuble hors de succession, d'une taxe dite quint ou lods et ventes payable au suzerain selon que le bien vendu était une seigneurie ou une censive. De la même manière, le bail était régi par tout un corps de dispositions qui visaient à protéger aussi bien les intérêts du bailleur que ceux du preneur. Quant à la donation, pour être valide légalement, elle devait être faite et insinuée au domicile du donataire ou au lieu de l'immeuble donné.

Mais ce sont les dispositions qui régissaient l'hypothèque, surtout, qui traduisaient bien l'esprit de la Coutume. Très répandue, du XVIIe au XIXe siècle, l'hypothèque constituait un moyen commode de tirer parti d'un immeuble tout en en conservant la jouissance. Selon les dispositions du code, elle était indivise et générale, en ce sens qu'elle portait sur l'ensemble des immeubles du débiteur sur lesquels elle subsistait « jusqu'à parfait et entier paiement ». Pour le créancier, elle entraînait un droit de saisie qui lui permettait de récupérer les sommes qui lui étaient dues. L'emprisonnement pour dette civile ayant été aboli en 1667, elle représentait le seul recours légal contre les mauvais payeurs. Enfin, comme en France, les hypothèques étaient secrètes.[23]

À côté des hypothèques, qui concernaient les immeubles, il existait aussi d'autres dispositions qui permettaient de tirer parti des biens meubles pour en obtenir de l'argent : c'est la mise en gage et la créance privilégiée. La mise en gage est une transaction par laquelle un débiteur remettait à son créancier un effet servant de garantie. Ce dernier le conservait jusqu'à ce que la dette lui soit remboursée, faute de quoi il pouvait, sans autres formalités, le mettre en vente. La créance privilégiée, au contraire, constituait « un

23. En 1673, Louis XIV tentera, mais en vain, d'instaurer un réseau régional de greffes où les détenteurs d'hypothèques seraient tenus de déposer leurs titres. Le Parlement de Paris et la noblesse d'épée s'y opposent, l'un s'objectant au tarif de l'enregistrement, l'autre craignant de voir révélées les dettes criantes des familles les plus illustres de France. Le principe de l'enregistrement obligatoire ne triomphera qu'avec la Révolution (Zoltvany, 1971 : 374 et s.). Au Canada, il faudra attendre le milieu du XIXe siècle pour que soit adoptée une mesure similaire.

droit de préférence accordé sur la chose», un immeuble en location ou des effets en nature, que le créancier devait retrouver comme tels, dans le même état qu'au moment du dépôt, si la dette n'était pas remboursée.

Importantes pour saisir les rouages socioéconomiques essentiels de la colonie, ces dispositions le sont tout autant pour comprendre la nature des rapports qui ont pu s'établir entre les individus et, partant, entre eux et le sol. L'un des premiers objectifs de la Coutume de Paris était de protéger les intérêts familiaux. Elle cadrait donc bien avec les objectifs d'un établissement qui visait la stabilité foncière. Retenue comme seule Coutume par Louis XIV, elle sera maintenue même après la Conquête, avec quelques modifications cependant pour s'adapter aux règles nouvelles imposées par l'administration britannique. En 1774, on devient libre alors de tester et de renoncer au douaire, avec obligation cependant, à partir de 1841, d'enregistrer les hypothèques et les autres droits réels qui grèvent les propriétés foncières (Zoltvany, 1971 : 371).

4. LE RÔLE COMPLÉMENTAIRE DE L'ÉGLISE

En France, où l'État est religieux et plus particulièrement catholique, l'Église est une institution nationale soumise à l'autorité du roi, qui la dirige secondé par l'Assemblée du clergé. En plus de nommer les évêques, le roi contrôle la création et le recrutement des communautés religieuses, et supervise celles qui sont dirigées par l'Église (institutions d'enseignement, de santé, de charité, etc.), qu'il peut aussi aider financièrement. Il en va de même au Canada, où les huguenots sont officiellement interdits et où l'Église devient également une institution nationale, soumise à l'autorité royale plus qu'à celle de la Congrégation de la propagande créée par Rome en 1622. Son rôle est de donner ses fondements à la société civile, en plus d'en développer et d'en soutenir la vie spirituelle. Pour l'appuyer dans son action, on lui concède des seigneuries. Mais, comme plusieurs autres seigneurs de l'époque, elle a peine à les peupler.

Au début, nécessité oblige, l'Église est d'abord une église missionnaire, engagée tout autant dans la colonisation, l'éducation et l'administration civile que dans l'exploration, l'évangélisation et la traite des fourrures (Trudel, 1971). Ses premiers représentants sont les récollets. Venus dans la colonie en 1615, à la demande de Champlain, ils avaient ouvert une école à Québec pour l'instruction des jeunes indiens et des missions à Tadoussac, à

Trois-Rivières et près du lac Huron. Vu l'ampleur de leur ministère, cependant, ils feront rapidement appel aux jésuites, dont les premiers représentants arrivent en 1625.

Après la prise de Québec par les Kirke, tous les missionnaires du pays doivent retourner en France. Ils ne reviennent dans la colonie qu'en 1632, mais sans les récollets, à qui le cardinal de Richelieu préfère les jésuites. Ils n'y reviendront qu'en 1670, à l'instigation de Jean Talon.

Laissés seuls, les jésuites se partagent entre le service aux colons, l'enseignement et l'évangélisation des Amérindiens. À Québec, ils exercent leur ministère à l'église Notre-Dame-de-Recouvrance, mais on les trouve aussi dans toute la colonie. En 1635, ils ouvrent des classes pour les fils de Français et l'année suivante, ils offrent un cours de latin. Un collège est fondé, qui comprend bientôt d'autres classes, donnant ainsi ses bases au futur cours classique. En 1660, le collège accueille une cinquantaine d'étudiants, dont une vingtaine de pensionnaires. Quant à l'enseignement élémentaire des garçons, il ne commence qu'en 1651.

Les jésuites tentent aussi de fonder un pensionnat pour l'instruction des jeunes Amérindiens, mais en vain. Les autochones répugnent au régime de l'internat. C'est donc dans leurs missions, plutôt, qu'ils tentent de les instruire. On en compte plusieurs, dans le golfe du Saint-Laurent, à Tadoussac, à Sillery, à Trois-Rivières, et surtout en Huronie, qui leur sert de base de rayonnement jusque chez les Neutres, les Pétuns, les Nipissings et les Algonquins. Ils y resteront jusqu'à la dispersion des Hurons en 1648-1649.

Les femmes aussi contribuent au progrès de la colonie. Depuis longtemps, en effet, on cherchait à établir un hôpital et un couvent pour l'éducation des jeunes filles à Québec. En 1639, deux communautés sont fondées, qui voient à leur implantation. L'hôpital est l'œuvre de Marie-Madeleine Vignerot, duchesse d'Aiguillon, nièce de Richelieu, qui charge les Hospitalières augustines de Dieppe de l'établir sur un terrain acquis à cette fin. Quant au couvent, il est l'œuvre de madame Gruel de La Peltrie (Marie-Madeleine de Chauvigny), qui en confie la responsabilité aux ursulines, une communauté reconnue pour ses œuvres éducatives. La plus célèbre de ses membres, Marie de l'Incarnation (Marie Guyart), en sera plusieurs fois la supérieure (Laporte, 1997). Destiné d'abord à l'éducation des élites, le couvent accueille bientôt toutes les couches de la société et même les jeunes Amérindiennes, à qui Marie de l'Incarnation enseigne pendant 33 ans.

À Montréal également l'effort est notable (D'Allaire, 1997; Simpson, 1997). Dès 1644, grâce aux libéralités d'Angélique de Bullion (Faure de Berlise), Jeanne Mance fonde un hôpital qu'elle dirige jusqu'en 1659. Il sera ensuite confié aux Hospitalières de La Flèche. De son côté, Marguerite Bourgeoys, qui avait été invitée par Paul de Chomedey de Maisonneuve à Ville-Marie pour s'occuper de l'éducation des jeunes filles, établit sa première école. En 1659, au retour de son voyage en France pour trouver des compagnes désireuses de l'aider dans son œuvre, elle fonde la Congrégation Notre-Dame, une communauté séculière vouée à l'enseignement des jeunes filles, mais qui ne sera confirmée par lettres patentes qu'en 1671. Enfin, dès leur arrivée en 1657, les sulpiciens commencent leurs écoles de garçons et peu après créent des classes pour les Algonquins et les Iroquois.

À l'échelle de la colonie, cependant, le tableau est plus sombre. La plupart des communautés locales sont desservies par des missionnaires et, au total, on ne compte que trois églises. Deux sont dans les villes de Québec et de Ville-Marie, et une est à la campagne, sur la côte de Beaupré. Quant aux curés, ils ne sont guère plus nombreux. Il faudra la création du diocèse de Québec pour que les paroisses rurales ne commencent vraiment à se multiplier. Mais, par suite de tensions entre Rome et la royauté, le premier titulaire du diocèse sera un vicaire apostolique et non un évêque, ce qui aurait signifié que l'Église canadienne était subordonnée à l'archevêque de Rouen et non à la Congrégation de la propagande.

L'élu est Mgr de Laval, un ancien élève des jésuites et membre de sociétés dévotes. Arrivé à Québec en 1659, il restera vicaire apostolique de la Nouvelle-France et évêque de Pétrée jusqu'en 1674, date à partir de laquelle il sera nommé évêque titulaire de Québec. Dès son arrivée, il affirme sa volonté d'intervenir dans la vie morale et religieuse de la colonie, en instituant une officialité (tribunal ecclésiastique) et en dénonçant le trafic de l'eau-de-vie avec les Amérindiens. Mais ce n'est qu'à partir de 1663 qu'il entreprend d'organiser plus complètement l'Église canadienne.

Chapitre 5

Un siècle d'expansion

En 1663, la colonie passe sous le contrôle direct du roi, qui s'emploie d'abord à la pacifier puis à en redéfinir les cadres et les conditions de croissance. Les limites de la colonisation acadienne et l'échec relatif des Cent-Associés au chapitre du peuplement ont montré que, sans l'appui massif de l'État, la colonisation piétinerait. L'effort devient donc intense, orienté dans toutes les directions.

Au milieu du XVIIe siècle, la vallée du Saint-Laurent ne compte que quelques milliers d'habitants, répartis surtout dans le voisinage des villes. Cent ans plus tard, elle en accueille plus de 65000, égrenés cette fois tout au long du cours moyen du Saint-Laurent.

De l'habitat initial est né un paysage, marqué par un siècle de défrichements et de mise en valeur agricole qui font encore peu de place au village cependant. Quant aux villes, elles restent de taille modeste, mais s'affirment déjà par leurs volumes bâtis et leurs activités, très différentes de celles de la campagne.

Au-delà, c'est la sauvagerie, l'immense domaine forestier, dont l'exploitation dépend de l'autorité royale. Son accès est réservé au seul commerce des fourrures. Domaine à part, cet espace ne fait pas partie intégrante de la colonie. Il est cependant l'expression d'un monde urbain articulé au commerce nord-atlantique, qui n'entretient avec la campagne que des relations de circonstances et d'utilité.

1. LE GOUVERNEMENT ROYAL

Dissoute par Louis XIV en 1663, la Compagnie des Cent-Associés est remplacée temporairement par la Compagnie des Indes occidentales, qui ne s'occupe plus désormais que de la traite des fourrures (Trudel, 1997). Quant à l'administration coloniale, elle passe sous le contrôle direct du roi, qui l'assure par l'intermédiaire de ses ministres et, dans la colonie, par un gouverneur et un intendant chargés de mandats distincts, mais responsables conjointement de la concession des terres. Le gouverneur général a juridiction sur l'administration militaire et les relations extérieures, et l'intendant, sur la justice, la police et les finances. S'y ajoute un tribunal de justice, le Conseil souverain, appelé plus tard le Conseil supérieur, qui tiendra lieu, au XVIIe siècle, de Conseil exécutif et législatif pour se borner, au XVIIIe siècle, à ses fonctions judiciaires. Il agit comme cour d'appel gratuite. En outre, si les tribunaux seigneuriaux sont maintenus, leur juridiction ne s'applique qu'aux délits susceptibles de sentences inférieures à 60 sols. Enfin, des cours de justice gratuites sont implantées et si les seigneurs peuvent toujours exercer leur autorité sur les censitaires, celle-ci est limitée par la possibilité de recours dont jouissent les habitants auprès de ces cours, du Conseil souverain et de l'intendant lui-même qui, dans les affaires majeures, peut en référer directement au roi (Figure 18).

FIGURE 18

Structure du système implanté sous le Gouvernement royal

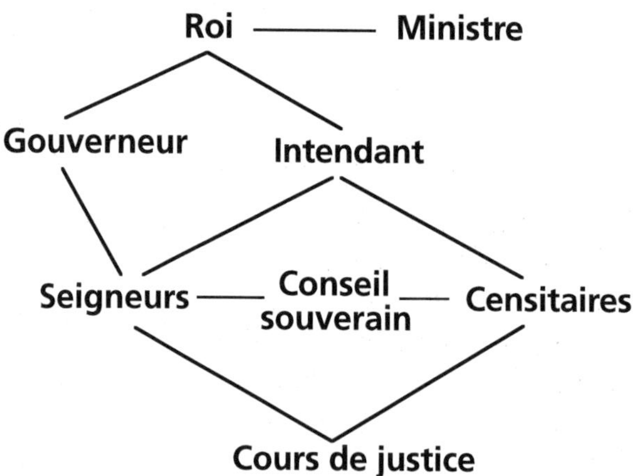

Régularisé de la sorte, le système l'est encore par l'usage et la coutume. La Coutume de Paris devient le seul code de référence de la colonie et ses règles s'appliquent autant sur le plan économique que social. Il en ressort une organisation d'ensemble dont l'équilibre est maintenu à la fois de l'intérieur et de l'extérieur (Frégault, 1968: 162 et s.).

Au-delà de cette réforme administrative, qui consacre la volonté de Louis XIV de faire la puissance de l'État un facteur décisif de stabilité, d'autres tâches attendent encore le monarque: non seulement lui faut-il pacifier la colonie et accroître son peuplement, mais raffermir ses cadres économiques et sociaux, et plus précisément ses cadres d'établissement rural. Il en confie le mandat à Jean-Baptiste Colbert et à Jean Talon, qui s'en acquittent par une série de mesures qui donnent un nouvel élan à la colonie.

1.1 Pacifier la colonie

Sous les Cent-Associés, la colonie était défendue par une petite troupe de soldats entretenue par la Compagnie. Mais elle était trop peu nombreuse pour réprimer l'Iroquoisie. Le plus souvent, les colons devaient se défendre eux-mêmes, en se portant par groupes aux endroits attaqués.

Tout change à partir de 1663. Un système de milice est instauré à Montréal, qui est bientôt étendu à toute la colonie, et l'on fait venir des troupes de la métropole, le régiment de Carignan-Salières, fort de 1 200 hommes. C'est plus que les populations de Québec et de Montréal réunies, et plus du tiers de la population totale de la colonie!

Arrivé en 1665, le régiment impressionne par sa discipline et sa belle tenue. Sa première tâche sera de construire trois forts sur le Richelieu, pour faire obstacle aux Agniers. L'hiver suivant, il marche contre l'Iroquoisie, avec quelque 500 à 600 hommes menés par le gouverneur, Daniel de Rémy de Courcelle. Peu habituée au milieu et aux rigueurs de l'hiver, la troupe s'égare et perd une soixantaine d'hommes. Parvenue au pays des Agniers, elle n'y trouve que des vieillards et des enfants. On ne pousse pas plus loin l'expédition.

Renouvelée l'automne suivant par le vice-roi, le marquis de Tracy, avec 600 réguliers, autant de Canadiens et une centaine d'Amérindiens, l'expédition, qu'accompagne également le gouverneur, n'a pas beaucoup plus de succès, du moins immédiats. Trouvant la région quasi vide d'habitants, Tracy la fait néanmoins incendier, y compris les réserves de maïs. La famine qui en résulte l'hiver suivant décime les autochtones.

En 1667, la paix est conclue à la demande des Agniers et des Onneiouts, qui abandonnent même des otages aux Français et qui consentent à la venue de missionnaires dans leurs villages. Elle durera 17 ans, laissant la colonie dans une relative sécurité. L'année suivante, le régiment de Carigan-Salières retourne en France, en laissant sur place quelque 400 soldats et officiers à qui on offre de s'établir sur des terres ou dans des corps de métiers utiles aux communautés locales. Ce sera le point de départ d'un autre programme, tout aussi imposant, qui vise cette fois à accroître systématiquement le peuplement.

Par la suite, divers autres conflits viennent de nouveau menacer la sécurité des colons: guerres intercoloniales, invasions du Canada par Phips (1690) et Walker (1710-1711), nouvelles guerres iroquoises, etc. Chaque fois, des paix sont conclues qui mettent fin aux hostilités. Aux traités de Ryswick (1697) et d'Utrecht (1713), signés avec l'Angleterre, s'ajoute la Grande Paix de 1701, conclue à Montréal avec les autochtones. Elle met un terme aux menaces amérindiennes, sauf dans la région des Grands Lacs, où les Outagamis attaquent encore Détroit en 1712. Massacrés par les Français, appuyés de leurs alliés Outaouais et Illinois, ils perdent plus de 2000 des leurs, ce qui ne les empêche pas de reprendre leurs incursions contre les tribus des Grands Lacs en 1728 et d'être matés de nouveau. Ce n'est qu'en 1735 qu'une paix, toute précaire d'ailleurs, peut leur être imposée.

Enfin, quand s'amorce la dernière phase des guerres franco-anglaises, la guerre de Sept-Ans (la quatrième guerre intercoloniale), la France ne peut résister. Après quelques succès de Louis-Joseph de Montcalm et de Pierre de Rigaud de Vaudreuil, et plus tard de François de Lévis, elle doit s'incliner, victime de la disproportion de population qui distingue sa colonie laurentienne des autres colonies britanniques. Contre un million et demi d'habitants, celle-ci n'en compte que 65000 environ. Signé en 1763, le traité de Paris, cède définitivement le Canada à l'Angleterre, moins les îles de Saint-Pierre et Miquelon dans le golfe.

1.2 Accroître le peuplement

En offrant des terres aux officiers et aux soldats du régiment de Carignan-Salières, on avait voulu profiter de la présence sur place d'un important contingent d'hommes pour accroître le nombre de ceux qui pourraient faire souche en Nouvelle-France. D'autres mesures furent également prises pour accroître le peuplement. Parmi elles figure l'obligation faite aux capitaines de navires marchands de transporter des colons, âgés de 18 à 40 ans, qu'il reviendra aux seigneurs d'établir dans leurs seigneuries. Ce système, pratiqué déjà par la Compagnie des Cent-Associés, avait permis de faire venir au Canada des « engagés » qui, en retour de leur transport gratuit, devaient rester trois ans dans la colonie, comme auxiliaires des colons. Après trois ans, ils pouvaient retourner en France ou se fixer comme habitant au pays. Mais, pour Louis XIV et Colbert, il était évident qu'il fallait faire plus.

Aux engagés, dont le recrutement et la sélection s'améliorent, s'ajoutent bientôt quelques groupes familiaux, dont l'établissement est facilité par le roi. En même temps, poursuivant l'œuvre commencée par quelques communautés religieuses, celui-ci envoie des contingents de femmes à marier, les « filles du roi », que les célibataires peuvent choisir comme épouses. De 1665 à 1673, près d'un millier d'entre elles débarquent ainsi dans la vallée du Saint-Laurent (Landry, 1992). Enfin, on met en place une série de primes au mariage et à la natalité : dots aux filles pauvres, gratifications aux familles nombreuses et aux jeunes couples ; amendes aux parents d'enfants en âge de se marier, mais qui sont encore célibataires ; primes aux mariages avec les autochtones, etc.

Toutes ces mesures produisent leurs effets. De moins de 4000 habitants seulement en 1667, l'effectif passe à plus de 10500 en 20 ans. Par la suite, la progression s'accélère en paliers : près de 26000 habitants en 1720, plus de 43300 en 1739 et environ 70000 au lendemain de la Conquête (Figure 19). Compte tenu de la faible immigration française (on estime que des quelque 27000 personnes venues en Nouvelle-France sous le Régime français, principalement des villes et de la France de l'ouest, moins de 10000 seulement ont fait souche), c'est là un gain énorme qui montre la capacité de reproduction de la population canadienne (Henripin, 1954 ; Charbonneau, 1987 ; Harris, 1987).

En effet, ce qui frappe surtout dans cette progression, c'est l'accroissement rapide du nombre des ménages. De moins de 700 encore en 1667, celui-ci passe à plus de 1 900 en 1692, soit une progression annuelle moyenne supérieure à 4 %. Par la suite, ce taux s'abaisse à un peu moins de 3 % par année, en dépit d'une progression notable du nombre brut de ménages, qui quadruple presque de 1682 à 1739.

Figure 19

L'évolution de la population (1665-1765)

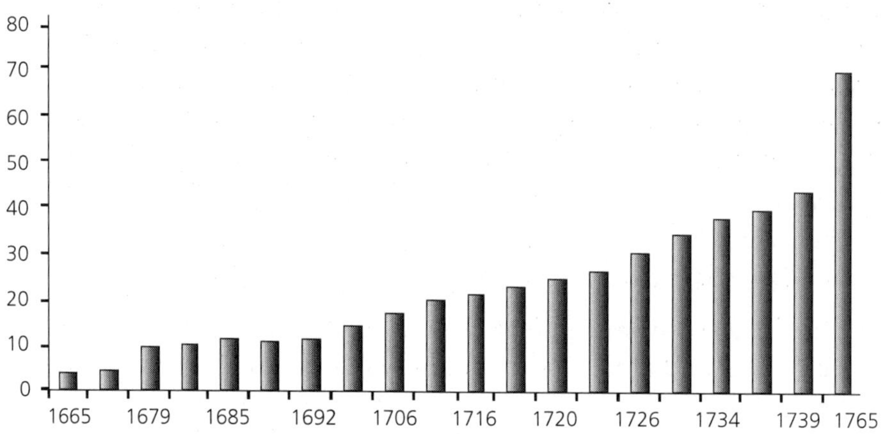

Source: Recensements du Canada.

S'il faut voir dans cette évolution une influence de la politique démographique de la France, il faut constater aussi un effet de l'augmentation de la population, qui comprend de plus en plus de jeunes gens en âge de se marier. Les nouveaux couples devenant plus nombreux, le nombre d'enfants s'accroît en conséquence. En 1667, les moins de 15 ans ne représentent encore que moins de 6% de la population. À la fin du XVIIe siècle, et encore au XVIIIe, leur part dépasse 43% (Figure 20).

Fort taux de nuptialité, fort taux de fécondité, fort taux de natalité, telles sont les grandes caractéristiques du régime démographique de la population canadienne qui, en dépit d'un taux élevé de mortalité, infantile notamment, double à tous les 20 ou 25 ans environ. Bien étudiée par Hubert Charbonneau et son équipe (1975; 1987; 1996), et plus récemment par Yves Landry (1992) dans son étude sur les filles du roi, cette puissance génératrice des pionniers est impressionnante. Dans le contexte particulier de la colonie, cependant, elle s'explique.

Figure 20

Une population jeune

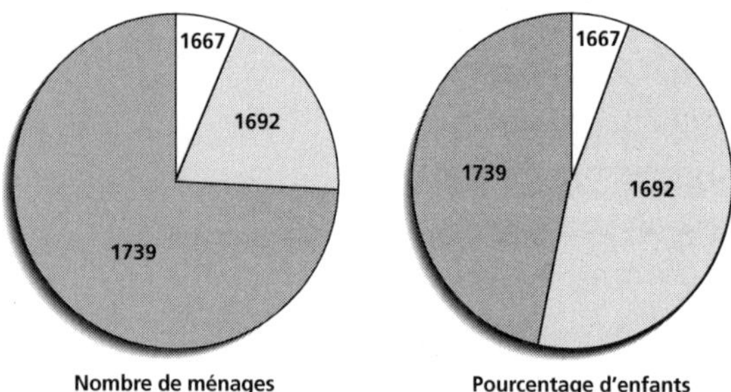

Source: Recensements du Canada.

En effet, comme l'ont rappelé ces démographes, et avec eux plusieurs historiens, les particularités du marché matrimonial (moins de femmes, qui sont sollicités dès leur arrivée au Canada; plus grande nécessité ressentie d'un remariage rapide au décès du conjoint), conjuguée à des facteurs plus personnels (durée d'allaitement moindre; sans doute aussi meilleure alimentation); d'adaptation rapide au climat; et au caractère plus ou moins dispersé de l'établissement, qui freine la propagation des épidémies (quelques milliers d'habitants sur plusieurs centaines de kilomètres de rives), tout ici favorise ce dynamisme. Et c'est ainsi qu'à peine un millier de femmes, mariées en l'espace d'au plus un demi-siècle, ont fini par se trouver à la tête de 50000 descendants. C'est énorme! Toutefois, comparé à la population des colonies britanniques au moment de la Conquête (plus d'un million d'habitants), c'est peu, d'autant que cet accroissement reste bien en deçà des capacités d'accueil du territoire.

Que la France n'ait pas su peupler davantage sa colonie, en dépit des programmes mis en place pour favoriser ce peuplement, tient à plusieurs facteurs, qui ne sont pas tous nécessairement d'ordre démographique (Harris, 1968; Trudel, 1971; Harris et Warkentin, 1974; Greer, 1997a). Aux guerres qu'il faut mener en Europe et qui exigent leurs contingents d'hommes, s'ajoutent les réticences du paysan français à émigrer. Conjuguées aux rigueurs du climat, à l'immensité du territoire, à son éloignement de la métropole, à l'incertitude créée par les menaces anglaises et iroquoises et à la distance des principaux centres de peuplement, ces raisons rendent compte de l'aspect du peuplement qui, même à la fin du Régime français, se restreint à une mince bande riveraine au-delà de laquelle il devenait plus difficile de s'établir. Ce n'est qu'après la Conquête britannique de 1759-1760 et surtout au XIXe siècle qu'on a pu s'affranchir de ces contraintes, avec le contexte de paix relative qui suit les guerres anglo-américaines et l'augmentation cumulée de la population.

Cela dit, la colonie n'accueille pas que des Français ou des catholiques. On y trouve aussi divers autres groupes qui, en dépit de leurs faibles effectifs, n'en contribuent pas moins à la vie coloniale (Frégault, 1954; Hamelin, 1960; Trudel, 1971; Bédard, 1984; Greer, 1997a). L'un est celui des protestants, représentés surtout par les prisonniers ou réfugiés anglo-américains, mais aussi par les huguenots, qui ont joué un grand rôle dans la fondation de la Nouvelle-France, mais qu'on interdit après 1627 et surtout après 1685. Puis, peu à peu, on finit par les tolérer, mais en leur interdisant de pratiquer publiquement leur religion. Ils s'activeront surtout dans le commerce et deviendront, après la Conquête des intermédiaires auprès des Anglais. Un autre groupe est celui des esclaves, composé surtout de femmes et de Noirs, et qu'on trouve principalement dans les villes. Marcel Trudel (1960;

1971) en a dénombré au moins 3600 dans le seul Canada, sur une période de 125 ans, dont 2400 étaient des Amérindiens, surtout des Panis, provenant de la vallée du Mississippi, et 1400 des Noirs acquis dans les colonies anglaises ou aux Antilles. Un troisième groupe est celui des Amérindiens domiciliés, qui résident dans les missions. Enfin, il y a les Métis et les étrangers catholiques, Irlandais, Espagnols, Portugais, Italiens, dont on trouve trace parfois dans les registres, mais pour lesquels on ne dispose pas encore d'inventaire systématique.

Ajoutés aux recrues militaires et aux filles à marier, ces groupes contribuent à diversifier le corps social. Mais il est vrai que comparés au reste de la population, ils paraissent assez marginalisés. Ils ajoutent cependant aux clivages de la colonie, car, même si le rapport social y apparaît plus dégagé de ses formalités européennes (Trudel, 1971; Harris, 1977), il reste que la distance est grande entre le seigneur, le marchand, l'habitant, le domestique et l'engagé. Par contre, plus que les critères de sang ou de rang social, ce sont les qualités personnelles de l'individu qui attirent le respect: un bon seigneur valant mieux qu'un mauvais, un bon domestique pouvant même devenir un confident.

Cette «américanisation» de la société laurentienne se produit rapidement et ne réflète qu'à demi les ordres traditionnels de la métropole (Frégault, 1954; Hamelin, 1960; Trudel, 1971). Par exemple, la noblesse n'a pas au Canada les privilèges des nobles français. Elle n'en a pas non plus les fonctions sociales. Formée d'individus souvent sans fortune, qui entretiennent entre eux diverses alliances (Gadoury, 1991), elle s'active surtout dans le commerce des fourrures et la fonction publique. La bourgeoisie est surtout composée de gens d'affaires, dont plusieurs occupent aussi de hautes fonctions administratives, elle laisse l'impression, par son train de vie et ses mariages, de vouloir accéder à la vie aristocratique. Quant à la masse populaire (petits marchands, traiteurs, fonctionnaires subalternes, gens de métier, cultivateurs, etc.), ses clivages sont moins liés au métiers ou aux fonctions de ses représentants qu'à leur aisance et à leur esprit d'initiative. Seuls les domestiques semblent faire exception, mais comme ils sont mieux payés qu'en France et que leurs conditions de vie sont meilleures, eux aussi parfois «parlent haut» (Trudel, 1971).

Et c'est bien ce qui caractérise la vie dans la colonie. Là, nul n'est condamné à rester dans son horizon social initial. Pourvu qu'on fasse preuve d'initiative, parfois d'audace, l'ascension sociale est possible, même quand on est domestique. L'exemple de Pierre Boucher en témoigne : d'abord serviteur, il finira par devenir juge, seigneur puis gouverneur et même gagner ses lettres de noblesse, comme Charles Le Moyne de Longueil et René-Robert Cavelier de La Salle. Certes, il faut des qualités personnelles indéniables pour se hisser hors du commun, mais nombreux sont ceux qui y parviennent, même parmi les seigneurs, dont plusieurs, à la fin du Régime français, sont issus de la couche populaire (Trudel, 1971).

1.3 Raffermir les cadres d'établissement

Quand Louis XIV accède au trône, son appréciation du dossier colonial est assez sombre. Convaincu que la faiblesse numérique du peuplement est lié au caractère trop vaste des seigneuries, qui ne peuvent ainsi être défrichées rapidement, et au mode de partage des terres, qui laisse les colons trop éloignés les uns des autres et trop exposés aux incursions iroquoises, il entreprend de réglementer l'application de la seigneurie, qu'il soumet, dès 1664, à la seule Coutume de Paris, et de favoriser le regroupement en villages[24]. Enfin, même s'il se montre préoccupé de sauvegarder les intérêts métropolitains, il favorise une certaine forme d'autosuffisance.

1.3.1 La seigneurie

Dès mars 1663, le roi ordonne la réunion au domaine royal de toutes les terres qui n'auront pas été défrichées dans les six mois. En mai de la même année, il délègue un enquêteur, Louis Gaudais-Dupont, de s'enquérir de la politique foncière coloniale. Et, en mars 1665, il réitère à Talon sa conviction que de trop larges concessions ne peuvent que nuire aux défrichements et isoler les colons (Courville, 1981).

D'abord relatives à la censive, les préoccupations royales s'étendent rapidement aux seigneuries, dont Talon souligne la taille démesurée en 1667, en rappelant au roi que, suite à la générosité des concessions antérieures, il allait manquer de terres pour les nouvelles familles que le monarque ne manquerait pas d'envoyer en Nouvelle-France (Roy, 1927). La cause fut entendue et, dès 1672, le roi ordonne à Talon de dresser un inventaire des seigneuries concédées depuis dix ans et d'en réduire de moitié les parties non développées.

24. À ce sujet, voir Courville (1980 ; 1984 ; 1990).

Le 4 juin, Talon émet une ordonnance : les tenanciers de plus de 400 arpents doivent l'informer des superficies défrichées et de la quantité de colons et de bétail dans leur seigneurie (Roy, 1927). Son départ, puis son absence de la colonie jusqu'en 1676, firent cependant qu'aucune des seigneuries existantes ne fut diminuée. La décision royale ne demeura pourtant pas lettre morte puisque les seigneuries concédées par Talon à la veille de son départ seront toutes de petite taille, s'étirant pour la plupart sur une ou deux lieues de front par deux ou trois de profondeur, et ce, indépendamment de la qualité sociale du titulaire (Figure 21). Elles aussi respectent l'ordre social : les nobles reçoivent plus que les autres groupes sociaux (près de 35 % des terres concédées), mais l'armée est désormais plus présente, en raison de son rôle dans la colonie (plus de 28 % des terres).

De taille restreinte, ces petits fiefs peuvent contenir de 150 à 300 terres regroupées en quatre ou huit « villages », qui ne sont souvent que des « côtes » dénommées comme tels. Quant aux revenus présumés de la censive, ils pouvaient s'élever à 2 500 # ou 5 000 # selon le cas. S'ils suffisaient à assurer au seigneur un niveau de vie supérieur à celui de ses censitaires, ils n'étaient pas assez importants pour lui conférer une trop grande place dans la colonie (Harris, 1968 : 27). Cette géographie volontaire reflète bien la volonté royale de contrôler le développement colonial et d'éviter l'apparition d'une classe de seigneurs pouvant s'opposer à son autorité, comme ce fut le cas en France durant la Fronde. En ce domaine comme en d'autres, toutefois, la France devra s'ajuster aux conditions du contexte de la colonie. La normalisation souhaitée par Louis XIV et Talon n'eut pour ainsi dire pas de suites : les gouverneurs et les intendants se refusent à amputer de portions de territoire les seigneuries déjà concédées, et ce, malgré les ordres réitérés de Paris en 1675 et 1679[25].

Au contraire, après 1672, on assiste même à une augmentation des seigneuries concédées par Talon et à une reprise des grandes concessions (Harris, 1968 : 27 et s.). Fait intéressant à noter, parce qu'il oppose une planification théorique à une réalité concrète, le modèle royal n'est pas fonctionnel. Il ignore les conditions du milieu, les dépenses nécessaires à la mise en valeur initiale et surtout les dispositions coutumières relatives aux

25. L'édit de 1675 introduit une nouvelle clause stipulant que toute nouvelle concession non défrichée dans les quatre ans sera réunie au domaine royal. En 1676, cette période sera portée à six ans. Quant à l'édit de 1679, il prévoit que le quart des terres non défrichées seront retournées au domaine royal et que le 1/28 restant y sera réuni annuellement. L'objectif ici est clair : il s'agit de récupérer du sol pour réduire la superficie des seigneuries.

partages successoraux[26], ce que Champigny et Frontenac exposeront au ministre dès la fin du XVIIe siècle :

> *Lorsque nous donnons des concessions,* écrit Champigny, *qui paraissent trop étendues, nous n'en usons ainsy ordinairement qu'acause du peu de terre qui s'y rencontre propre à mettre en valeur, se trouvant remplies de rocher qui les rendent la plus grande partie yncultes et ynutiles, yl se rencontreroit souvent qu'yl leur seroît égal de ne leur en point donner, si on en usoit autrement outre que ceux, a qui on a accordé plus qu'il ne semble qu'on le devoit. C'est pour leur donner moyen d'y faire des seigneuries et y établir des habitants, à quoy nous vous supplions d'avoir egard tant pour celles de l'année dernière que pour celles accordées depuis*[27].

> Quant à Frontenac, il renchérit en écrivant :

> *Nous avons reçu la confirmation des concessions que nous avions accordées l'année dernière au sujet du quoy sa Majesté nous recommande de nous apliquer plutost à réduire celles qui sont trop estendues qu'a les multiplier et estendre dans des lieux eloignez. Sur quoy nous prendrons la liberté de luy marquer que quoy qu'jl ayt esté ey devant donné de vastes habitations nous voyons qu'aussitost qu'elles sont séparées entre plusieurs enfans chacun retrouve trop serré dans ce qu'yl peut avoir*[28].

Pour l'administration coloniale, qui a d'ailleurs souvent partie liée avec les seigneurs, la cause est entendue : le modèle théorique doit s'adapter aux réalités physiques et sociales du milieu. Si les directives royales introduisent un principe rationnel de partage du sol qui aura pour effet de restreindre, pendant un temps tout au moins, la superficie des fiefs, elles seront impuissantes à modifier radicalement le plan initial des Cent-Associés. C'est que les règles sociales de partage foncier introduites par Louis XIV s'accommodent mal des impératifs socioéconomiques imposés par le contexte colonial. Elles ne seront appliquées, et encore partiellement, qu'après 1720.

26. Voir le chapitre suivant.

27. Frontenac et Champigny au ministre, 10 novembre 1695, Archives nationales du Canada, *Archives des Colonies*, série C 11 A, vol. 16, p. 20-21.

28. Frontenac et Champigny au ministre, 15 octobre 1698, Archives nationales du Canada, *Archives des Colonies*, série C 11 A, vol. 13, p. 352.

Dès 1709, l'intendant Jacques Raudot se plaint au ministre de ne pouvoir diminuer la superficie des seigneuries existantes en raison de leurs trop nombreuses mutations antérieures[29]. En 1712, 50 % des fiefs ont changé de mains (Diamond, 1961). Et en 1731, la seule ville de Montréal compte déjà 21 seigneurs résidents; celle de Québec en abritera 17 en 1744 (Nish, 1968 : 113-115). Par ailleurs, les abus se multiplient. Dans son rapport de 1707, Raudot signale que les seigneurs profitent des irrégularités de concession (certains censitaires disposent de titres officiels ; d'autres, de vagues promesses écrites ou verbales) pour imposer une augmentation du taux des rentes, pour gonfler le prix des chapons et du blé, ou pour introduire dans les contrats de concession des charges et des réserves contraires à la Coutume, allant même jusqu'à refuser de concéder leurs terres dans l'espoir de les vendre[30]. Le roi doit intervenir.

Il le fait d'une façon radicale en 1711, en promulguant les Arrêts de Marly, qui stipulent que les seigneuries non défrichées et non mises en valeur dans l'année suivant la proclamation seront réunie au domaine royal. En outre, obligation est faite aux seigneurs de concéder le sol qui leur a été consenti et de le faire « aux cens et rentes et redevances accoutumés », sans quoi les habitants pourront recourir à la sommation ou en appeler à l'administration coloniale. Quant aux habitants, ils ont aussi un an pour « tenir feu et lieu » sur la terre concédée et la mettre en valeur, sinon elle sera réunie au domaine seigneurial et concédée à un tiers (Frégault et Trudel, 1963).

Quelques années plus tard, le roi émet deux nouvelles ordonnances. L'une interdit la concession de nouvelles seigneuries (1715) et l'autre accorde une extension de deux ans à l'obligation de mettre en valeur et d'établir des colons, vu les difficultés de colonisation en pays neuf. Elle fait cependant « très expresses inhibitions et défenses à tous les seigneurs et autres propriétaires, de vendre aucune terre en bois debout, à peine de nullité des contrats de vente, et de restitution du prix des dites terres vendues »[31].

29. Raudot au ministre, 14 novembre 1709, Archives nationales du Canada, *Archives des Colonies*, série C 11 A, vol. XXX, folio 270.

30. Raudot au ministre, 10 novembre 1707, Archives nationales du Canada, *Archives des Colonies*, série C 11 A, vol. XXVI, ff. 7.

31. Insinuation du Conseil supérieur du 4 septembre 1732 (Québec, 1855).

FIGURE 21

Les concessions de seigneuries sous le Régime français

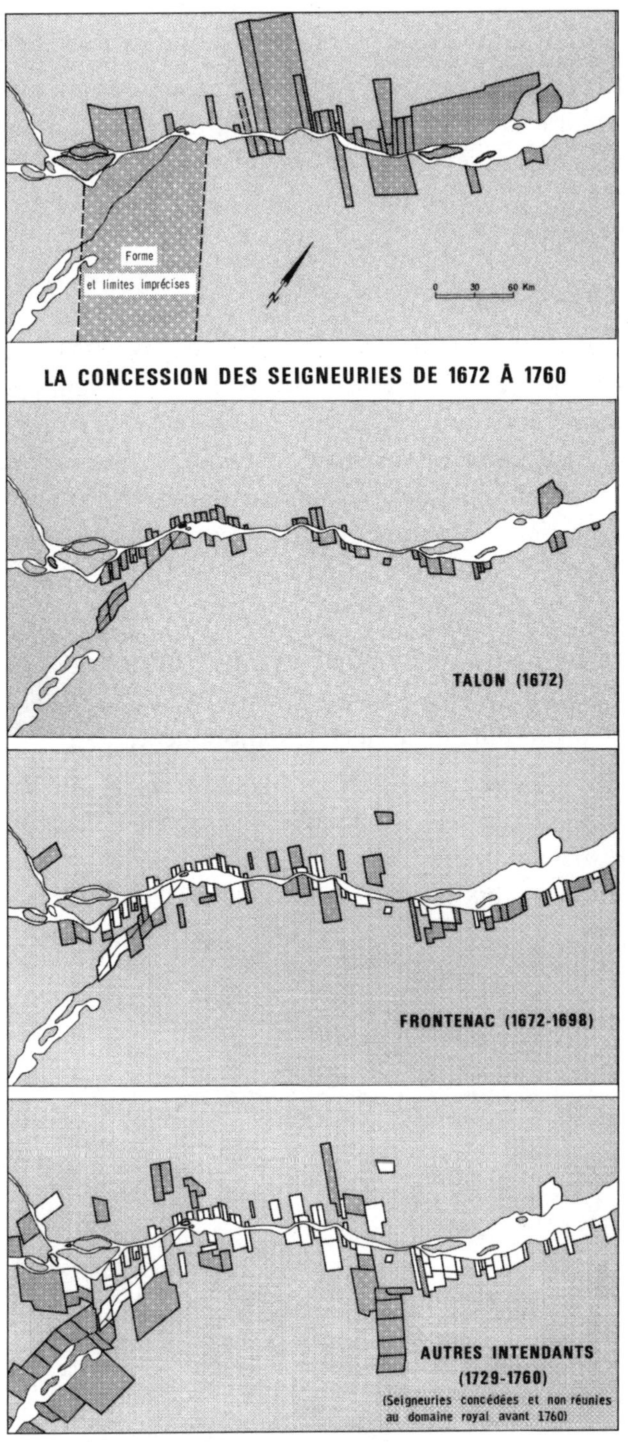

Source : *Cahiers de géographie du Québec* (1981).

Nécessaires, ces prescriptions ne pourront toutefois pas empêcher totalement les abus, comme en témoignent les pétitions de toutes sortes adressées au gouverneur et à l'intendant. Par ailleurs, l'influence des seigneurs sur l'administration coloniale est telle qu'elle en retardera l'application jusqu'à la fin du Régime français[32].

1.3.2 Le village

Contrairement aux Cent-Associés, Louis XIV favorise la création de villages. Dès 1663, il en donne instruction à son enquêteur, en rappelant qu'il « n'y a rien de si grande conséquence que de travailler à réunir les dits habitants en des corps de paroisses ou bourgades, et à les obliger à défricher leurs terres de proche en proche », et allant même jusqu'à suggérer, pour ce faire, une révocation générale et une reconcession de toutes les terres accordées jusqu'à ce jour[33]. La tâche en sera confiée à son intendant dans la colonie, qui s'en acquitte avec célérité.

Dès son arrivée en Nouvelle-France, Talon demande au roi d'émettre une ordonnance enjoignant les titulaires de fiefs, d'arrière-fiefs et de rotures de produire un aveu et dénombrement :

> *Par là yl sera connu ce qu'on pretend avoir été distribué de terres en Canada, ce qui en a été travaillé et mis en Valleur, ce qui en reste à distribuer de celles qui sont commodément situées, si les concessionnaires ont satisfait aux clauses mises dans leurs contrats et surtout s'ils n'ont pas empêché ou retardé par leur négligence l'établissement du Canada*[34].

32. Il faudra d'ailleurs attendre 1741 pour que soient réunies au domaine royal une vingtaine de seigneuries non encore exploitées. La plupart furent reconcédées à leur premier titulaire ou aux membres de leurs familles dans les années qui suivirent. Quant aux censives, elles sont réunies au domaine seigneurial dès 1731-1732 (Nish, 1968, p. 103-107).

33. Instructions de sa Majesté au Sieur Gaudais… (Courville, 1981).

34. Projet de règlement fait par Mre de Tracy, et Talon, pour la justice et la distribution des terres du Canada, du 24 janvier 1667, Archives nationales du Canada, *Archives des Colonies*, série C 11 A, M.G. 1, Vol. 2-2, folio 554.

En même temps, il suggère d'aménager des villages dans la région de Québec, afin de renforcer le centre stratégique de la colonie et d'en assurer le développement[35]. Quant aux dits villages, ils devront être « ronds ou carrés, si le lieu le souffre », et réunir « 20, 30, 40 ou 50 parts » de 40 arpents « selon l'exigence du terrain »[36].

Plus qu'une intervention directe sur la matrice cadastrale, c'est l'implantation d'un nouveau principe d'établissement rural que Talon recherche. En effet, contrairement au modèle implanté par les Cent-Associés, qui incite à une distribution indistincte des effectifs le long d'un axe d'établissement, le plan de Talon préconise leur regroupement à l'intérieur d'une structure d'accueil, où les expériences des anciens « hivernans » serviront de modèle aux nouveaux arrivants, qui ne pourront s'établir ailleurs que dans ces villages. Il est d'ailleurs explicite à ce sujet :

> *Il faut pareillement arrester qu'après avoir réservé dans ces hameaux, Villages ou bourgades les habitations nécessaires aux familles qui seront envoyées dans la présente année, yl semble que la distribution de ce qui en restera devra se faire à de vieux hivernans capables d'informer les chefs de familles nouvellement Venus et établies de la manière de cultiver plus utillement la terre en travaillant dans ces saisons, soit de Vive Voix, soit par l'exemple de leur application en travail, et j'ajoute que s'il se trouve des gens de différence métiers servant ordinairement à fournir quelque chose de leur profession qui soit Utile à l'usage Commun des habitants de ces bourgades, comme Charpentier, maçon savetier et autres, yl sera très a propos de les introduire en ycelles, affin que sans sortir du*

35. Projet de règlement fait par Mre de Tracy, et Talon, pour la justice et la distribution des terres du Canada, du 24 janvier 1667, Archives nationales du Canada, *Archives des Colonies*, série C 11 A, M.G. 1, Vol. 2-2, folio 555-557. À l'appui de sa requête, Talon invoque les motifs suivants : « Pour que les habitants du Canada, s'entre-voyant souvent, s'entreconnoissent, s'entrainent et s'entresecourent plus aisément [...] ; Pour que se rassemblans aisément yls puissent de même s'opposer aux yncursions des Iroquois [...] ; Qu'un curé puisse avec plus de facilité leur administrer les sacremens et leur annoncer la parolle et les Veritez de l'Evangile [...] ; Que par la résidence d'un juge de quartier qui sera désigné au milieu d'un de deux, ou de trois villages après qu'on aura En Egard à l'épargne qu'il convient faire en retranchant la multiplicité des juges de même que des autres officiers nécessaires au public [...] ; Que dans leurs maladies ou blessures ils puissent être plus promptement secourus [...]. Qu'un paistre commun, pour la garde commune des bestiaux puisse sauver les bleds des degats que les dits Bestiaux ont accoutumé de faire dans les champs des habitations qui ne sont pas en Corps de Communauté [...] ; [Qu'il soit résolu] de les [villages] planter autant qu'il se pourra dans le voisinage de Québec [...] pour le mutuel secours que Québec et les habitations s'entre donnerait, Celles-cy fournissant à l'autre les productions de leurs terres [...] en échange desquelles yls recevront des marchandises du dit Québec [... Celles-cy secourant Québec] s'il était attaqué par les Européens ou quelques autres Nations sauvages. »

36. Projet de règlement fait par Mre de Tracy, et Talon, pour la justice et la distribution des terres du Canada, du 24 janvier 1667, Archives nationales du Canada , *Archives des Colonies*, série C 11 A, M.G. 1, Vol. 2-2, folio 559.

Bourg toutes les choses nécessaires tant à la nourriture qu'au logement et Vêtement de l'homme se trouve pour la Commodité Diceluy qui l'habite[37].

Quant à la mouvance des villages, elle sera rattachée au fort (château) Saint-Louis, c'est-à-dire que le roi restera seul propriétaire du sol, concédant seulement aux colons, aux immigrants ou aux soldats, le domaine utile et les droits stipulés aux contrats de concession. « Mon but principal en cecy, souligne Talon, est de peupler le voisinage de Québec de bon nombre de gens capables de contribuer à sa déffense sans que le Roy en ait aucun a sa solde. » Et il poursuit en disant : « Je pratiquerai autant que je pourray cette mesure d'économie dans tous les endroits ou je feray des bourgs, villages et hameaux[38]. »

Conformément à son plan, Talon entreprend de fonder ses villages, sur le modèle de Charlesbourg, fondé quelques années auparavant par les jésuites (Courville, 1990 : 17 ; Trudel, 1991). Le lieu choisi se situe un peu au nord de Québec dans la paroisse de Charlesbourg, partie expropriée de la seigneurie Notre-Dame-des-Anges, qui appartient aux jésuites. Comme Charlesbourg, leur forme doit être en étoile ; ce sont Bourg Royal, qu'identifie la carte de Robert de Villeneuve en 1688 (Figure 22), Bourg-la-Reine, au dessus du précédent, mais dont Villeneuve ne fait pas mention sur sa carte, et Bourg-Talon, qui, selon l'historien Marcel Trudel, n'aurait pas été réalisé, puisqu'il est confondu dans les documents de l'époque avec celui de Bourg-Royal (Trudel, 1991 : 403-404). Toutefois, en dépit des efforts de Talon, quelques familles seulement s'y installent[39]. L'expérience est un échec, lié en partie aux craintes suscités par cette forme d'habitat, qui rend plus faciles les contrôles (royaux, seigneuriaux, cléricaux), et qui se heurte à une structure (celle du rang) qui intègre déjà la relation de voisinage comme principe d'aménagement.

Autrement dit, comparé aux avantages du système en place, le plan de Talon paraît moins avantageux. Il faudra attendre, en fait, la fin du Régime français pour qu'apparaissent enfin les villages tant souhaités par Talon. Mais il s'agira alors de réalités bien différentes, nées des conditions nouvelles

37. Projet de règlement fait par Mre de Tracy, et Talon, pour la justice et la distribution des terres du Canada, du 24 janvier 1667, Archives nationales du Canada, *Archives des Colonies*, série C 11 A, M.G. 1, Vol. 2-2, folio 560.

38. Talon au ministre, 27 octobre 1667, Archives nationales du Canada , *Archives des Colonies*, Série C 11 A, M.G. 1, Vol. 2-2, folio 499.

39. Archives nationales du Canada, Recensement de 1871, vol. IV, 1681.

FIGURE 22

Extrait de la carte de Villeneuve de 1688

Source : Archives nationales du Canada, NMC 2708.

de l'économie et du peuplement, qui nécessitent ce genre de service.

Quant au rang et à la censive, ils resteront l'horizon privilégié de la population. Ce n'est qu'en 1745 qu'on en réglemente l'occupation, par une ordonnance interdisant de construire une maison ou un bâtiment à moins d'un arpent et demi de front sur quarante de profondeur[40].

1.3.3 La paroisse

Comme en France, l'Église canadienne doit contribuer au bien des sujets du roi et de son royaume. Elle deviendra donc rapidement une alliée naturelle de la colonisation, qu'elle soutiendra par divers services offerts aux colons. Les seigneuries qui lui sont concédées le sont d'ailleurs à cette fin, afin qu'elle puisse disposer des revenus nécessaires à sa mission. Dans ce contexte, la paroisse devient un moyen d'encadrement, qui doit tout aussi bien servir des fins temporelles que spirituelles. D'ailleurs, n'est-ce pas l'État qui décide de l'érection canonique des paroisses ? Mais c'est un moyen directement lié à la présence de colons. Toutefois, comme le peuplement de la colonie progresse lentement, il faudra un certain temps avant que cette institution n'apparaisse (Courville *et al.*, 1988 ; 1989).

Ce n'est que sous le Gouvernement royal que le pas est franchi, avec la création de Notre-Dame de Québec (1664), où s'installe Mgr de Laval. Les autres ne sont encore que des missions, que l'évêque pense même confier au début à des curés amovibles, sauf à Québec et à Montréal où le nombre d'habitants paraît plus suffisant pour un prêtre résident. Il en décidera autrement, mais en 1678, on ne compte encore qu'une quinzaine de paroisses dans la vallée du Saint-Laurent, incluant celles de Québec et Montréal.

Sous l'épiscopat de Mgr de Saint-Vallier, on érige 25 autres paroisses, pour satisfaire la population qui se plaint de ne pas recevoir de services religieux appropriés. En 1721, le gouverneur Philippe Rigaud de Vaudreuil

40. Ordonnance royale du 28 avril 1745.

ordonne une enquête générale sur l'état des affaires paroissiales. On fixe alors l'étendue des paroisses existantes et celles des futures paroisses et on décide des critères de leur érection. Outre une population suffisante, celles-ci doivent disposer d'assez de ressources pour construire une église et faire vivre le curé. Aussi faut-il que la population locale soit d'accord sur l'étendue et les limites de la nouvelle paroisse, ce qui ne va pas sans difficultés, qui deviendront d'ailleurs de plus en plus fréquentes avec le temps.

Au total, on créera 126 paroisses sous le Régime français. De ce nombre, 12 disparaissent, confondues dans les territoires de nouvelles paroisses, ce qui en laisse 114, dont le rôle est de servir d'unités administratives et de centres sociaux pour les populations locales (Trudel, 1971 ; Jeanen, 1985). Leur direction se partage entre le curé, qui en est le chef spirituel et le conseiller social chargé de tenir les registres de l'état civil (naissances, mariages, décès), et le capitaine de milice, qui en est le chef civil et militaire, chargé de faire les proclamations civiles et les déclarations publiques.

Pour son administration courante, la paroisse dépend d'un conseil élu de marguilliers qui forme la fabrique. Ces marguilliers ne sont pas rémunérés. Ils ont la responsabilité de s'occuper du chauffage, de l'entretien des édifices et du cimetière, du salaire du bedeau et de l'approvisionnement du vin de messe et des hosties. Les revenus sont assurés par la quête, les honoraires pour services rendus, les allocations de bancs et la dîme. Le taux de la dîme, d'abord fixé au 13e minot en 1663, s'abaissera au 26e minot en 1667, avec exemption spéciale pour les terres neuves. En 1707, on impose l'évaluation par deux personnes du produit de la récolte dix jours avant celle-ci et l'obligation de livrer des grains battus au curé. Mais devant les aléas des récoltes et les réticences des colons à déclarer le produit réel de leurs champs, le Conseil souverain doit consentir un revenu minimum au curé et le supplément nécessaire à sa subsistance. Même à Montréal, où les sulpiciens sont pourtant très présent, les habitants se montrent récalcitrants à cet égard, ce qui place les prêtres dans des situations parfois délicates (Dechêne, 1974). Quant à la construction ou à la réparation de l'église et du presbytère, ou l'organisation d'une école paroissiale, elles nécessitent une assemblée de tous les paroissiens qui décident alors des critères et des montants des cotisations.

1.3.4 L'encadrement moral et social

L'Église aura aussi d'autres responsabilités, dont celle d'assurer l'encadrement moral et social des colons. Pour cela, il faudra d'abord constituer un clergé, c'est-à-dire recruter et former des prêtres, et favoriser la venue ou la constitution de communautés religieuses qui pourront aider l'évêque dans sa mission (Trudel, 1971; Voisine (dir.), 1989; Caulier, 1994; Hamelin (dir.), 1995).

1.3.4.1 Raffermir la vie et le sentiment religieux

Dès 1663, Mgr de Laval fonde le Grand Séminaire, dont la particularité est d'être une sorte de corporation religieuse affiliée au Séminaire des missions étrangères de Paris, d'où son nom, le Séminaire des missions étrangères de Québec. Tous les prêtres séculiers de la colonie qui le désirent, sauf les sulpiciens, peuvent lui être rattachés. En retour, le Séminaire fournit les curés, perçoit la dîme et voit à sa redistribution, en plus d'assurer une résidence aux prêtres retraités. Quant aux futurs prêtres, ils seront formés au Petit Séminaire, fondé en 1668.

En même temps, on tente de développer la piété et d'assurer la moralité. Aux efforts de Mgr de Laval pour stimuler le sentiment religieux, s'ajoutent bientôt ceux du deuxième évêque de Québec, Mgr de Saint-Vallier (1688-1727), qui jouera un grand rôle dans l'implantation du catéchisme et du rituel (Brodeur *et al.*, 1990). Convaincu que l'Église coloniale traverse une grave crise spirituelle et intellectuelle, il multiplie ses mandements et ses lettres pastorales, qui ont pour but d'établir les normes d'austérité et de dévotion de la réforme catholique. Comme l'a rappelé l'historienne Brigitte Caulier, « Travailler à son salut avec crainte et tremblement », tel sera le mot d'ordre de cet évêque, qui incitera aussi les prêtres à ne pas accorder trop vite l'absolution. Il favorisera la prière en famille, le soutien aux pauvres et la création de paroisses (Hamelin (dir.), 1995).

Les autres évêques ont moins de succès. Le successeur de Mgr de Saint-Vallier, Mgr de Mornay (1727-1733), un capucin, administre son diocèse depuis la France. Le suivant, Mgr Dosquet (1733-1739) est belge. Il tente bien d'améliorer les affaires matérielles et spirituelles de l'Église, mais il se heurte aux humiliations du Conseil supérieur. De retour en France, il finira par démissionner. Le suivant, Mgr de Lauberivière (1740) meurt de la peste 12 jours après son arrivée au Canada. Quant au dernier, Mgr de Pontbriand (1740-1760), qui fit beaucoup pour imposer les enseignements sociaux de l'Église, il mourra en juin 1760, peu avant la capitulation de Montréal.

S'il est une constante dans l'histoire de l'Église canadienne, c'est bien ses difficultés à imposer ses idéaux spirituels et sociaux. Cela tient en grande partie aux conditions de vie en Nouvelle-France, qui sont loin de favoriser les interdits de l'évêque. Un autre facteur vient du caractère européen de cette Église, dont le haut clergé est issu des classes privilégiées. Il en résulte une distance avec le clergé local, qu'on dit peu raffiné, ignorant et aussi superstitieux que ses paroissiens (Trudel, 1971).

Néanmoins, le bilan de l'Église reste positif et se fait sentir autant sur le plan temporel que spirituel. En témoigne la place prise par le cycle liturgique dans la vie sociale : non seulement découpe-t-il le temps, mais il impose ses contraintes alimentaires, sexuelles et dévotionnelles, en plus de ses jours fériés. En témoigne également la place que prendront bientôt les manifestations de piété et la participation aux confréries (du Rosaire, du Saint-Sacrement, de la Bonne Mort, etc.), dont chaque paroisse ou presque est dotée. Toutefois, si le vécu des fidèles est imprégné de religion, les croyances populaires sont aussi très nombreuses et encouragent des pratiques qui s'écartent parfois de la stricte orthodoxie. Par exemple, on aime bien les fêtes religieuses et les processions, mais souvent parce qu'elles sont suivies de repas pris en commun et de danses, qui ne font pas l'affaire du clergé. De même, on croit au miracle, à la protection des saintes reliques, qu'on considère efficaces en elles-mêmes, et aux vertus du pélerinage. Ici, cependant, il y a connivence entre le clergé et la population. Loin de récuser ces manifestations populaires de la foi, l'Église cherche à les encadrer et même à les favoriser, en distribuant volontiers chapelets, médailles, scapulaires et images pieuses, et en bénissant l'eau, les cierges, les enfants malades, les navires, les maisons, les bestiaux, les champs et les fruits, pour les protéger des chenilles et des sauterelles. Par contre, il n'y a pas de dérive et les évêques se montrent habituellement très prudents par rapport aux accusations de sorcellerie qui leur sont soumises (Cliche, 1988 ; Caulier, 1989 ; Hamelin (dir.), 1995).

L'Église sera tout aussi présente dans les domaines de l'éducation, des soins hospitaliers et des œuvres de la charité. Comme son rôle est complémentaire à celui de l'État, c'est à elle surtout qu'il incombe de s'en occuper.

1.3.4.2 L'éducation

Comme en France, l'éducation au Canada est assurée par des communautés religieuses ou par des individus qui en ont reçu l'autorisation du Conseil supérieur. Ce sont les villes surtout qui en profitent, car à la campagne seules les paroisses depuis longtemps établies peuvent se vanter d'avoir une école. Et même à la fin du Régime français, le panorama reste encore limité.

Des trois villes coloniales, Québec paraît la mieux nantie. Aux écoles primaires et pensionnats, tenues par les soeurs de la Congrégation Notre-Dame, fondées par Marguerite Bourgeoys à la fin des années 1650, mais qui ne seront reconnues comme communauté religieuse qu'en 1698, par Mgr Saint-Vallier, s'ajoutent le Petit Séminaire, l'Hôpital Général, le couvent des ursulines et l'école d'arts et métiers fondée par Mgr de Laval à Saint-Joachim. Quant à l'enseignement secondaire et supérieur, il est assuré par le Collège des jésuites. Outre l'enseignement des humanités, on y dispense aussi des cours de mathématiques et d'hydrographie. C'est là que sont formés les arpenteurs, si importants dans la colonie (Roy, 1895; Thomson, 1966), les pilotes et les évaluateurs légaux.

À Montréal, l'enseignement primaire est surtout assuré par les sulpiciens et les sœurs de la Congrégation Notre-Dame, mais on y trouve aussi les Hospitaliers de la Croix et de Saint-Joseph (frères Charron), une association charitable d'origine canadienne qui, dès 1694, ouvrent un hospice pour hommes et garçons, l'Hôpital Général de Montréal, qui comprendra aussi une école pour les orphelins, où ils enseignent pendant un temps les métiers. Mal administrée, la communauté sera finalement dissoute, remplacée à la direction de l'hôpital par Marie-Marguerite d'Youville, la fondatrice des Sœurs de la charité de l'Hôpital Général de Montréal (sœurs grises).

À Trois-Rivières, où la population est moins nombreuse, on compte une école de fabrique et un couvent, celui des ursulines, fondé à la fin des années 1690. Il se peut aussi que des récollets y aient enseigné. Quant aux sœurs de la Congrégation Notre-Dame, elles sont surtout actives en milieu rural, où elles s'occupent d'une école.

1.3.4.3 Les soins hospitaliers et les institutions de charité

Comme l'éducation, les soins hospitaliers relèvent des communautés religieuses, qui les assument souvent à travers leurs tâches d'enseignement. Aux ursulines qui œuvrent à l'Hôtel-Dieu et à l'Hôpital Général de Québec, et aussi à Trois-Rivières, s'ajoutent les sœurs grises, qui prennent la relève des frères Charron à l'Hôpital Général de Montréal, et les Hospitalières de Saint-Joseph, qui poursuivent l'œuvre de Jeanne Mance à l'Hôtel-Dieu de Montréal.

Parallèlement, on trouve des médecins, encore peu nombreux cependant, plus fréquemment des chirurgiens et quelques sages-femmes, qui reçoivent un salaire de l'État, mais qui, pour exercer leur profession, doivent être assermentées par le curé. Ces personnes aussi prodiguent des soins aux malades, mais sur une base plus individuelle[41].

Quant aux pauvres, ils font longtemps l'objet de mesures coercitives, qui consistent à combattre le paupérisme en sévissant contre les mendiants. Ce n'est qu'en 1688 qu'on adopte des mesures plus positives à leur égard, par la création, par le Conseil souverain, de bureaux des pauvres dans chacune des trois villes coloniales. Présidés par le curé, ces bureaux devront, après enquête, offrir de l'aide aux plus démunis, ou, s'ils sont aptes au travail, leur trouver de l'emploi. Ils seront aussi très actifs dans le soutien aux orphelins, qu'ils s'occupent de placer en apprentissage.

Dès sa création, le Bureau des pauvres de Québec établit une Maison de la Providence. Cependant, quand on demande aux religieuses de l'Hôtel-Dieu de Québec de fonder un hospice, l'Hôpital Général de Québec, celui-ci disparaît, pour être aussitôt rétabli quelques années plus tard, devant l'ampleur des besoins. Comme l'hospice de Montréal, fondé un an plus tôt par les frères Charron, celui-ci recevra les vieillards délaissés ou impotents, les infirmes et les personnes atteintes de maladie mentale, en plus des « femmes de mauvaise vie ».

Toutes ces institutions contribuent au raffermissement des cadres coloniaux. En outre, elles confirment le rôle de la ville dans l'établissement de la colonie. Cependant, comme l'effort ici n'est pas qu'urbain, elles apparaissent aussi comme des moyens de favoriser l'établissement rural, en

41. En ayant recours aux façons de faire européennes, mais aussi amérindiennes, et en valoraisant la flore locale, qu'on commence tôt à répertorier. À ce sujet, voir, notamment, Lessard, 1989; Séguin (dir.), 1998; Mathieu et Daviault, 1998.

assurant à la population des campagnes les services dont elle aura besoin. Tout d'ailleurs confirme cette orientation de développement, à commencer par les structures d'habitat qui ne laissent aucun doute quant aux intentions de la France dans la vallée du Saint-Laurent.

2. UN DÉVELOPPEMENT SURTOUT RURAL

En effet, en introduisant la tenure en fief et la Coutume de Paris, la France ne pouvait qu'inciter à une forme rurale d'établissement, qui allait en outre être favorisée ici par une structure d'habitat efficace, le rang, dont toute seigneurie est pourvue. Connu depuis longtemps en Europe (Hamelin, 1993), il définit un type mi-groupé, mi-dispersé d'habitat et il est une expression matérialisée du principe de proximité voulu par la France dans l'établissement de sa colonie. Il présente la caractéristique d'être allongé dans l'espace et prolongé lui-même par un rang, puis un autre et un autre encore. Plus qu'une forme d'aménagement de l'espace, il deviendra vite, selon l'expression du géographe français Pierre Deffontaines (1953), un type de peuplement qui consacrera le principe d'une occupation de proche en proche du sol, jugée plus efficace et plus sécuritaire qu'aucune autre forme de partage du sol à l'époque. Car, en plus d'être en continuité avec d'autres rangs, il est constitué de terres elles-mêmes contiguës dans l'espace, qui favorisent l'entraide entre les colons (Derruau, 1956).

C'est donc par l'établissement rural et surtout l'agriculture que la colonie doit croître, plus que par la ville ou les autres formes d'activité économique. L'un des premiers signes de cette croissance par l'agriculture réside dans l'extension des défrichements; un autre, dans l'importance que prennent les champs et les bâtiments de ferme dans le paysage. Ils marquent les rythmes d'un développement dominés par les faits d'implantation humaine plus que par les faits de mobilité géographique, qui apparaissent plutôt ici comme un processus conduisant à l'établissement rural, donc inhérent à la recherche de sédentarité.

2.1 L'extension des terroirs

Même s'il reste limité, l'accroissement de la population se traduit dans le paysage par une extension croissante des défrichements, selon un mouvement nettement centrifuge. D'abord timides et localisés à proximité des principaux centres urbains, ceux-ci s'étendent bientôt à leur région immédiate, puis à l'ensemble du territoire riverain, sauf dans les secteurs moins propices à l'agriculture. Certes, il faut bien composer avec les règles de concession des terres et les facteurs naturels (qualité des sols, particularités du relief et du climat). Mais, comme l'espace disponible est immense, on évite les zones marécageuses, rocheuses ou sablonneuses, pour rechercher surtout les sols argileux ou argilo-limoneux.

Si l'on en juge par les aveux et dénombrements de seigneuries, dépouillés par Jacques Mathieu et son équipe (Mathieu et Brisson, 1984; Mathieu et Laberge, 1991), à la fin des années 1720, 22 seigneuries comptent déjà plus d'une centaine de censitaires et une quarantaine d'autres en comptent de 26 à 99. Trente ans plus tard, elles en comptent toutes plus de 75. C'est dire la rapidité relative du peuplement. Celui-ci n'a pas encore la vigueur du XIXe siècle, mais, compte tenu de la taille de la population, il reste important. Surtout, il affirme la présence française dans la vallée du Saint-Laurent.

Plus qu'un paysage longuement pétri comme en France par des générations de paysans (une réalité qui a donné ses fondements à la relation «pays-paysans-paysage»), c'est un habitat, ici, qu'on crée d'abord et qui donne tout son sens au terme «habitant», dont aiment se prévaloir les premiers occupants. Sans doute voulaient-ils affirmer par là leur statut de Canadiens et de propriétaires-occupants, un privilège durement acquis depuis la fin de l'époque féodale, mais c'était aussi dire la particularité d'un rapport à l'espace tout entier dévolu aux faits d'établissement, c'est-à-dire d'implantation humaine. Le paysage viendra plus tard, avec l'enrichissement de ce rapport.

À la fin du Régime français, le peuplement s'étire depuis l'aval de Québec jusqu'à la hauteur de Montréal, avec ici et là des avancées et des épaisseurs, circonscrites cependant aux tributaires du fleuve et aux environs des villes. Il prend alors la forme d'un long ruban d'habitations, qui laisse l'impression d'un long village. Et c'est bien l'image qu'en ont les observateurs de l'extérieur, quand ils viennent au Canada. Les commentaires de Pehr Kalm, en 1749, en sont un exemple. «Sur les deux bords (du fleuve), écrit-il, le pays présente l'aspect d'un village continu» (cité dans Rousseau et Béthune, 1977: 205).

2.2 La mise en valeur agricole

Pour le colon, comme pour l'État, un des premiers impératifs de l'établissement au Canada est d'ordre alimentaire. C'est donc dire l'importance prise ici par l'agriculture, dont Champlain disait qu'elle pouvait représenter jusqu'à 15,9 % du produit total de la colonie (Trudel, 1968a : 77-78). Aussi, s'en préoccupe-t-on assez tôt. Mais ce n'est vraiment qu'au milieu du XVIIIe siècle qu'elle fait l'objet d'une attention plus soutenue. Dès les premières années de son mandat, Talon intervient pour en stimuler la croissance, en faisant venir du bétail de France et en tentant de l'acclimater aux conditions difficiles du pays. En même temps, il encourage l'expérimentation de semences pour trouver les espèces qui conviennent le mieux aux sols et au climat de la colonie. Enfin, comme il faut aussi des marchés, il s'applique à développer des échanges réguliers entre le Canada et l'Acadie, et souhaite même un commerce régulier avec les Antilles. C'est le fameux commerce triangulaire, dont les succès cependant restent aléatoires.

Comme en France, l'agriculture canadienne est orientée vers la production de céréales panifiables. La plus importante reste le blé froment, qui sert aussi au paiement des redevances seigneuriales et de la dîme, et, s'il en reste, à l'échange. Sa culture peut occuper jusqu'aux trois quarts des récoltes. Après le blé, vient l'avoine, qui sert surtout à l'alimentation des animaux, et diverses variétés de légumineuses, auxquelles on donne alors le nom générique de « pois », mais qui regroupent aussi bien des pois que des haricots. Puis, viennent le maïs, l'orge et le seigle, qui sont toutefois des cultures marginales, et enfin les produits du potager, qui font toujours une large place à l'oignon, au chou et aux racines. Quant aux cultures « industrielles », représentées surtout par le lin et le chanvre utilisés dans la fabrication de la toile et des cordages de navire, elles ne sont pas très répandues.

Parallèlement, on pratique aussi l'élevage. Quelques vaches, un ou deux bœufs de trait, parfois un cheval, plus fréquemment des porcs et des moutons, et bien sûr la volaille, dont aucune ferme ne saurait se passer, du moins quand elle est bien établie. Ce n'est évidemment pas le cas de toutes, même au XVIIIe siècle. Au contraire, il faudra souvent plusieurs dizaines d'années d'efforts, dont profiteront d'ailleurs surtout les futures générations, avant de parvenir à un relatif niveau d'aisance. Et même là, on reste à la merci d'accidents climatiques qui peuvent ruiner bien des projets (Tableau 5).

TABLEAU 5

L'expansion agricole (1692-1739)

Indicateurs	1692	1739
Terre en valeur (arpents)	26 669	188 105
Blé français (minots semés)	89 711	634 605
Avoine (minots semés)	13 810	162 207
Pois, maïs, autres (minots semés)	16 897	106 527
Orge (minots semés)		8 413
Bêtes à cornes (nombre)	7 456	38 821
Moutons (nombre)	903	26 260
Cochons (nombre)	3 045	27 258
Chevaux (nombre)	400	9 718

Source : Recensements du Canada.

En effet, comparée à l'agriculture européenne, l'agriculture canadienne doit composer avec un environnement difficile, qui lui impose de sérieuses adaptations. Contrainte, par le climat, à des « travaux pressants », selon l'expression de l'historien Thomas Wien (1990), qu'il faut effectuer en quelques mois seulement, elle sera souvent aux prises avec des gelées tardives au printemps et des gelées hâtives à l'automne, qui ruinent les semences ou les récoltes. Ajoutées à l'inégale condition des paysans et aux variations de prix entraînées par les réquisitions forcées ou par les guerres, on comprend mieux les difficultés qu'éprouvent périodiquement les campagnes et aussi les résistances de l'habitant face aux cultures industrielles, particulièrement exigeantes pour les sols. Mais, comme ici la relation producteur-consommateur est plus directe et qu'en période de crise la population peut toujours avoir recours aux ressources de la chasse, de la pêche et de la cueillette, elle s'en tire habituellement assez bien. Cela a fait dire à certains observateurs que le paysan canadien vivait mieux que son homologue européen et qu'il n'y avait risque de véritable disette, au Canada, que dans les villes.

Il faudrait sans doute nuancer ces propos et rappeler qu'au Canada les crises sont amplifiées par le faible nombre de producteurs (environ 6000 au début des années 1740), le peu de surfaces cultivées (une ferme « établie » au XVIIIe siècle, ne compte encore que quelques dizaines d'arpents, tout au plus, selon Mathieu et Brisson, 1984), les difficultés de la période de soudure et l'éloignement de la métropole, qui limite les possibilités d'approvisionnement rapide. Mais, comme on connaît mal encore la vie intime des campagnes, on ignore les mécanismes d'adaptation de la population. Tout ce qu'on en sait, par certains observateurs, est qu'elle a recours alors à un régime forcé de légumes et de poisson, et que c'est dans les villes, surtout, que se posent les problèmes de stricte subsistance.

Comme l'a souligné l'historienne Louise Dechêne (1994), l'administration coloniale au Canada n'aura de cesse, durant tout le Gouvernement royal, de multiplier les édits et les ordonnances pour assurer les subsistances. Pour l'État français, il est inconcevable en effet qu'une colonie aussi riche ne puisse subvenir à ses besoins et même à ceux des autres colonies. Et, de fait, mis à part le marché local et le marché urbain, l'agriculture canadienne participe peu au commerce avec les Antilles, bien qu'il faille distinguer ici selon les périodes (Mathieu, 1981). D'où la perception assez sévère qu'on entretient à son endroit : en plus d'être trop facilement vulnérable aux accidents météorologiques, elle paraît fruste et peu productive, un point de vue que partagera plus tard l'administration britannique (Greer, 1985).

Les paysages créés, pourtant, sont variés et font place à des aménagements originaux. Si les uns sont purement agricoles, dominés par les champs, d'autres sont plus ouverts à des activités mixtes, qui associent par exemple les ressources de la mer. Ils définissent des milieux caractérisés par un habitat composite, mi-agraire, mi-marin.

2.3 La pêche

Quand Champlain soumet son programme d'exploitation de la colonie au tournant des années 1620, il évalue à un million de livres par année les revenus potentiels de la pêche, soit 22,7 % du produit total de la colonie, contre à peine plus de 9 % pour les fourrures (Trudel, 1968a : 76-77). C'est là une activité importante que Talon lui-même reconnaît plus tard, en tentant à son tour d'organiser les pêcheries. Pourtant, et bien que la colonie jouisse à cet égard d'avantages indéniables, la pêche ne deviendra jamais une activité lucrative. C'est la fourrure surtout qui attirera et servira les intérêts de la métropole.

Au début, on continue d'exploiter les grands bancs de Terre-Neuve et de chasser la baleine. Très tôt, cependant, on se heurte à la présence anglaise, ce qui restreint d'autant l'aire de pêche de la colonie, laquelle devra se limiter au golfe et à l'estuaire du Saint-Laurent. Il lui faudra plus d'un siècle avant de développer ses pêcheries, et encore à une échelle très modeste, faute de capitaux et de main-d'œuvre qualifiée (Trudel, 1971; Brière, 1990).

Deux secteurs géographiques sont plus particulièrement privilégiés. Le premier et aussi le plus important est celui de la basse Côte-Nord et du Labrador, où les bourgeois de Québec se font concéder des fiefs. Il couvre un assez vaste territoire, qui va depuis Sept-Îles jusqu'à la baie des Esquimaux (golfe du fleuve Hamilton). Le second est le Bas-Saint-Laurent, dans le secteur de Rivière-Ouelle notamment, où des pêcheries sont aussi développées, mais à une échelle moindre que sur la rive opposée. Ailleurs, la pêche est plus localisée et elle s'inscrit dans une gamme variée d'activités. Là, ce sont moins les marchands urbains qui s'y intéressent que les populations locales, chez qui elle devient un complément de l'agriculture.

Les espèces recherchées sont surtout le marsouin et le loup-marin, qu'on chasse pour l'huile, qui sert notamment à l'éclairage, et pour la peau, qui est aussi précieuse que celle du castor. Et si on s'intéresse peu à la morue, du moins dans une perspective commerciale, en revanche on pêche beaucoup l'anguille, dont l'huile est aussi appréciée. Même les riverains la recherchent, pour satisfaire les besoins du ménage.

Ils s'y adonnent par une technique originale, celle du barrage à poissons qu'ils élèvent perpendiculairement à la rive, pour profiter du jeu des marées. Ces « pêcheries », comme on les appelle, sont formées de claies et de fascines et fonctionnent du printemps à l'automne. Elles fournissent non seulement l'anguille, qu'on prend surtout lors de leur grande descente du fleuve à l'automne, mais aussi beaucoup d'autres poissons tels le bar, l'alose et même l'esturgeon. On en trouve partout où s'exerce la marée, mais plus particulièrement à l'aval de Québec, où elles sont à l'origine de paysages originaux que les artistes anglais du XVIIIe siècle prendront plaisir à peindre et qu'on retrouve encore au milieu du XXe siècle (Figure 23).

Pour le colon, le fleuve représente en effet une abondante source de nourriture qui lui permet de résoudre bien des problèmes, dont celui de l'alimentation d'hiver. Mais si l'on met beaucoup d'énergie à faire provision

Figure 23

Les pêcheries

Source : Extrait de *Île-Verte*, 1927, Archives nationales du Québec. E21, Terres et Forêts, CAFC, N.47-37.

de morues, on ne néglige pas pour autant le hareng, le caplan et le poisson des chenaux, qu'on pêche sur la glace et qui sert même à engraisser le cochon. Après la chasse à la sauvagine et au gibier des forêts, la pêche est sans doute l'activité la plus répandue, et plusieurs lui doivent une grande partie sinon l'essentiel de leur alimentation.

2.4 L'industrie

Pour Champlain, il ne faisait aucun doute que les activités de fabrication pouvaient être également de bon rapport : au moins 400 000 # par année (9,1 % du produit de la colonie), sans compter les 900 000 # (20,5 %) représentées par les produits de la forêt (Trudel, 1968a : 77-78). Il faudra toutefois le ralentissement de la traite des fourrures et l'énergie de Colbert et de Talon pour qu'on en reconnaisse enfin l'intérêt. Plusieurs fabriques sont alors créées sur le modèle des manufactures françaises, dont entre autres une goudronnerie, une brasserie et une tannerie. Parallèlement, on recense le bois de chêne et on cherche des gisements de fer, de cuivre et de charbon. Plus tard, on tentera même de créer une industrie articulée au commerce des fourrures, celle des chapeaux de castor notamment. Cependant, comme l'a rappelé l'historien Marcel Trudel, tout cela n'est qu'un beau rêve, compromis à la fois par la brièveté du mandat de Talon, la pénurie de main-d'œuvre qualifiée, la pression de l'économie pelletière et la politique de plus en plus mercantiliste de la métropole.

Dès 1704, le roi interdit les activités qui pourraient faire concurrence à celles du royaume. La Nouvelle-France restera donc une colonie d'exploitation destinée surtout à fournir ses matières premières à la métropole. Tout au plus y tolérera-t-on les industries de première nécessité, les tanneries et les brasseries par exemple, à moins qu'elles ne servent directement les intérêts de la France, ce qui sera le cas notamment de la construction navale.

Avec ses richesses forestières et l'éloignement de la France, cette activité paraissait assurée d'un bel avenir. Dès la fin du XVIIe siècle, on implante des chantiers. Ils produiront éventuellement une dizaine de gros bâtiments, mais sur une période de 50 ans. Il faudra l'intervention massive de l'État avant que la construction navale ne prenne plus d'importance. De 1729 à 1750, plusieurs vaisseaux sont construits; par la suite, l'activité s'essouffle. On manque non seulement de bois de qualité, qu'il faut aller se procurer de plus en plus loin, mais de capitaux et de main-d'œuvre qualifiée. En outre, comme on ne produit pas suffisamment de toile et de cordages sur place, il faut les importer, ce qui accroît le prix de revient des navires, dans des proportions qui dépassent, et de loin, ceux de la France (Mathieu, 1971; Brisson, 1983). Comment espérer, dans ces conditions, établir une entreprise viable?

Le même scénario vaut pour les mines, dont Champlain évaluait le potentiel à un million de livres (Trudel, 1968a: 78) et la sidérurgie. Bien que le pays regorge de ressources indéniables (en argent, en cuivre, en plomb, en fer, etc.), que Talon lui-même tente d'ailleurs d'exploiter, ce n'est pas avant le XVIIIe siècle qu'on réussit à organiser plus concrètement l'extraction, et encore sur une base très modeste et uniquement pour le fer, qui abonde ici sous forme de concrétions ferrugineuses (c'est la fameuse «mine», qu'on exploite en surface). En 1730, un premier privilège est accordé pour le traitement de ce minerai. En 1733, une société est fondée, qui établit des forges sur la rivière Saint-Maurice, un peu au nord de Trois-Rivières. Huit ans plus tard, l'entreprise est en faillite, et il faudra que l'État lui-même intervienne pour la remettre en marche. Mais à quels coûts! Mal administrée, aux prises avec des déficits constants, un problème de main-d'œuvre qualifiée qu'il lui faut importer, sans entreprises secondaires pour la soutenir, elle ne sera jamais qu'une entreprise coûteuse de modeste envergure, dont la production (de poêles, de marmites, d'enclumes, de bombes, de boulets, de petits canons...) sera cependant utile à la colonie.

Au total, les forges n'emploieront tout au plus qu'une centaine d'hommes, mais c'est sans compter tous ces paysans qui les alimenteront à l'amont. Car, pour fabriquer le fer, il faut aussi du charbon. Or, comme ce minerai fait défaut au Québec, c'est de la forêt qu'on l'obtiendra, en transformant sa matière ligneuse en charbon de bois.

Quant à la petite industrie, elle répond surtout aux besoins locaux, car, à moins de bénéficier d'un transport gratuit sur les vaisseaux du roi, peu de leurs exploitants sont assez riches pour armer eux-mêmes des navires qui leur permettraient d'exporter leur production vers la France. C'est le cas, notamment, de l'industrie du sciage, qui apparaît dès la fin du XVIIe siècle, mais qui ne se répand qu'au XVIIIe siècle avec la multiplication des moulins à scie. À la fin des années 1730, on en compte déjà plus d'une cinquantaine dans la vallée du Saint-Laurent, qui produisent surtout de la planche pour le marché local. Rares sont ceux dont les propriétaires ont accès au marché de la métropole. C'est le sort également des tanneries, des goudronneries, des savonneries, des tuileries, des fabriques de toiles ou de cordages et des manufactures de vêtements qui apparaissent au cours des XVIIe et XVIIIe siècles. La plupart ont une durée de vie éphémère et parviennent tout juste à satisfaire les besoins de la colonie. C'est donc de France que proviennent finalement la plupart des marchandises consommées au Canada, plus que l'industrie domestique, qui n'y pourvoit que pour les produits de première nécessité.

2.5 Le commerce des fourrures

On a beaucoup exagéré la mentalité de coureur des bois de l'habitant canadien. Sans doute lui arrive-t-il de se procurer du numéraire en se livrant à des activités de trappe l'hiver, ce qui est une expression de la pluriactivité des campagnes, mais rares sont ceux qui en font un genre de vie ou qui les pratiquent à une grande distance de la ferme. D'abord parce que le commerce des fourrures est une activité réglementée qui exige un permis onéreux, ensuite parce qu'on ne s'improvise pas traiteur. Il faut non seulement du capital, mais une solide connaissance du métier. Au mieux cherchera-t-on à se faire engager comme voyageur ou canotier pour le compte d'un marchand, ce qui est préférable au statut de hors-la-loi des coureurs de bois, surtout quand on veut s'établir sur une ferme. En ce cas, l'activité n'a qu'un but, réunir le capital nécessaire à cet établissement, qui coïncidera souvent avec le mariage du principal intéressé. Cette mobilité en est donc une de la sédentarité, ce qui est très différent de celle qui anime les nomades de la fourrure (Dechêne, 1974; Courville, 1983b; Mathieu, 1987).

De 1674 à 1717, la traite reste un monopole consenti à la Compagnie des Indes occidentales, sans que celle-ci n'intervienne cependant dans l'administration de la colonie comme cela avait été le cas avec la Compagnie des Cent-Associés (Trudel, 1997). En 1717, elle devient une activité libre, ce qui entraîne l'apparition de plusieurs nouvelles sociétés, dont la plus puissante et aussi la plus stable reste cependant la nouvelle Compagnie des Indes occidentales. L'État lui-même la pratique et de nombreux particuliers également. Mais, quel que soit le traiteur, l'exportation reste sous le contrôle de la Compagnie des Indes occidentales, et nulle fourrure ne peut entrer en France sans son sceau.

À elles seules, les fourrures représentent plus de 70% de la valeur des marchandises exportées vers la France, ce qui explique sa faveur auprès des autorités et le fait qu'elles deviendront bientôt le premier grand *staple* de la colonie (Innis, 1962). Toutes les espèces animales sont mises à contribution: martre, loutre, vison, loup, loup-marin, chevreuil, ours, orignal, etc., mais le marché le mieux établi reste celui du castor, dont on a maintes fois craint la disparition tant son exploitation a été intense.

On se livre à la traite dans la colonie même, sur les terres des particuliers et dans le Domaine du roi, que l'État afferme à des individus ou à des sociétés moyennant une rente annuelle. Les secteurs les plus productifs, cependant, sont situés plus à l'ouest, dans la région des Grands Lacs et dans les Prairies. Là, le territoire est affermé, comme dans plusieurs forts du Haut-Saint-Laurent, ou concédé à des marchands. Mais, comme on est ici en pays indigène, il faut détenir une permission de traiter (appelée congé de traite), que l'État n'accorde qu'en nombre limité et moyennant une rétribution de 1000#. En principe, ces permis sont réservés aux gens dans le besoin ou aux communautés religieuses, mais ceux qui l'obtiennent peuvent le céder à un traiteur.

Enfin, comme le commerce des fourrures est organisé par la ville, c'est elle finalement qui en bénéficie, par l'activité de ses officiers et marchands (Allaire, 1980). Et ce n'est pas sans raison que l'on dit que la ville coloniale est d'abord une ville marchande. Tout l'y convie, car, en plus d'être un lieu de pouvoirs importants, elle est aussi un lieu de capital, avantagée par sa position géographique comme porte d'entrée et de sortie de la colonie. Elle sera donc aussi un lieu de commerce, et nombreux sont ceux qui en exercent le métier, depuis le petit boutiquier jusqu'aux gros négociants et aux grands marchands. Pourtant, c'est tout juste si elle réunit quelques milliers d'habitants et moins encore à Trois-Rivières. Mais, dans leur évolution, ce n'est pas tant la taille qui compte que leurs fonctions, et la fonction marchande paraît la plus importante.

3. LA GÉOGRAPHIE COLONIALE

À la fin du Régime français, la colonie présente des traits de pays constitué. Toutefois, comme le montre la cartographie de l'époque, seule sa partie centrale est densément peuplée, depuis la hauteur du Saguenay et de Rivière-du-Loup au nord-est jusqu'à l'ouest immédiat de l'archipel montréalais au sud-ouest (Trudel, 1968b). Au-delà, le peuplement est plus sporadique ou interdit comme dans la Traite de Tadoussac.

3.1 Le Domaine du roi

Dès 1588, un poste de traite saisonnier est créé à Tadoussac. Visité régulièrement par les marchands français et basques, il est ensuite octroyé en monopole à Pierre de Chauvin de Tonnetuit, en 1600, contre la promesse de coloniser le pays. Un établissement plus permanent est alors tenté, qui ne connaîtra cependant qu'un succès relatif. Quelques années plus tard, en 1603, le secteur devient le site d'un grand rassemblement, au cours duquel une alliance solennelle est conclue avec les autochtones pour la traite des fourrures. Elle marquera le début d'un processus qui allait mener la France à s'établir de façon durable sur les rives du Saint-Laurent. Quant à la Traite de Tadoussac, elle aura pour vocation de soutenir, par ses revenus, l'effort de colonisation. Il faudra toutefois un certain temps avant que la Traite ne puisse jouer ce rôle, en raison des pressions faites par les marchands pour obtenir un accès libre au comptoir de Tadoussac.

Déjà, à l'époque des Cent-Associés, on avait établi un tel lien entre fourrures et colonisation. Fidèle à sa pratique de s'en remettre à des subalternes pour développer sa seigneurie, la Compagnie avait cédé son monopole pour la traite des fourrures à la Communauté des habitants. Formée en 1645, cette dernière s'était engagée, en retour, à lui payer une rente annuelle de 1 000 « pesants » de peaux, à défrayer les dépenses de l'administration coloniale et à établir 20 colons par année au Canada. Les premières années avaient d'ailleurs été prospères et avaient assuré la fortune de quelques grandes familles marchandes. Par la suite, cependant, la traite avait été compromise par l'hostilité des Iroquois, les rivalités internes et la guerre civile en France (Hamelin, 1960; Trudel, 1971).

Avec l'implantation du Gouvernement royal en 1663, on va beaucoup plus loin. La Traite de Tadoussac est incorporée au Domaine du roi et ses revenus sont ajoutés aux taxes et aux recettes provenant d'autres sources. Désormais, et jusqu'à la fin du Régime français et même au-delà, le comptoir de Tadoussac sera soustrait de la traite libre, et ses revenus serviront à défrayer les coûts de l'administration coloniale.

La partie la plus fréquentée du Domaine du roi reste l'axe du Saguenay–Lac-Saint-Jean, où aboutissent les pistes en provenance du lac Mistassini et de la baie d'Hudson, et d'où partent les expéditions vers le nord-ouest. Parcouru depuis longtemps, cet axe et son prolongement nordique feront l'objet d'une cartographie détaillée par le père Pierre-Michel Laure dans le premier tiers du XVIIIe siècle.

Jusqu'à la Conquête, la Traite de Tadoussac est administrée par des commis royaux, qui en supervisent directement l'exploitation ou qui les cèdent à ferme (en location) à des particuliers. Plusieurs concessionnaires se partagent alors le territoire, avec plus ou moins de bonheur. Certains n'en tirent que de maigres bénéfices, tandis que d'autres, plus habiles, ou plus avides, en obtiennent de meilleurs rendements, au risque parfois de surexploiter le Domaine.

La période la plus difficile à cet égard reste le début du XVIIIe siècle. Amorcée dès les dernières décennies du XVIIe siècle, la crise prend cette fois des proportions alarmantes, liée aux excès de chasse du gibier, à la concurrence anglaise du nord et à la disparition des Amérindiens les plus productifs, qui ont abandonné le Domaine après avoir été en partie décimés par les épidémies et l'alcool. Il faut non seulement reconstituer la faune, en s'astreignant notamment à ne pas chasser l'été, mais reconstituer la population autochtone, notamment en invitant les jésuites à réintégrer leurs missions du Saguenay. Il faudra cependant plusieurs décennies et toute l'énergie de François-Étienne Cugnet, qui l'acquiert en 1719, pour que la Traite de Tadoussac ne soit de nouveau rentable. Mais il devient vite évident que, pour accroître son rendement, il faudra en réorganiser le commerce et la gestion, et en défendre l'accès. Car, et c'est l'une des causes de la ruine de la Traite, nombreux sont ceux qui pillent les ressources animales du Domaine. Parmi eux, les Hurons de Lorette, les Abénakis et les Micmacs, à qui on voudrait bien interdire le territoire.(Dawson, 1996).

Dès 1725, une mission permanente est fondée à Chicoutimi par le père Laure et, en 1732, Gilles Hocquart ordonne la délimitation du territoire, pour mieux faire appliquer le monopole. Amorcé par Louis Aubert de La Chesnaye, qui se blesse au début des travaux, le bornage est complété par Joseph-Laurent Normandin. L'année suivante, une ordonnance de Hocquart, datée du 23 mai 1733, précise les limites du Domaine:

> *Savoir, par la côte du nord du fleuve Saint-laurent, depuis le bas de la seigneurie des Éboulements, qui est vis-à-vis la pointe du nord-est de l'Isle-aux-Coudres, jusqu'à la pointe ou Cap des Cormorans, faisant environ quatre-vingt-quinze lieues de front avec l'Isle-aux-Oeufs et autres isles, islets et battures y adjacentes; du côté de l'Ouest, par une ligne supposée tirée Est et Ouest, à commencer depuis le bas de la seigneurie des Éboulements jusqu'à la hauteur des terres où est le portage du lac Patitachekao, par la latitude de quarante-sept degrés, quinze minutes, auquel portage ledit sieur Normandin a plaqué quatre fleurs-de-lis sur quatre sapins épinettes, duquel lac Patitachekao la Rivière de Metabetchouanon prend sa source et se décharge dans le Lac Saint-Jean, d'où elle tombe dans le Saguenay; plus, à l'Ouest, par les Lacs Spamoskoutin, Sagaigan et Kaouakounabiscat, à la hauteur des terres par la latitude de quarante-sept degrés, vingt-sept minutes, où ledit sieur Normandin a aussi plaqué quatre fleurs-de-lis sur quatre sapins épinettes: le dit Lac Kaouakounabiscat formant d'autres lacs et la Rivière Ouiatechouanon qui se décharge dans le dit Lac Saint-Jean dans le Saguenay, lesquels deux lacs feront la borne des pays de chasse des profondeurs de Batiscan; et courant encore à l'ouest du côté des Trois-Rivières, et dans la profondeur, par la hauteur des terres à deux lieues environ du petit Lac Patitaouaganiche, par les quarante-huit degrés, dix-huit minutes de latitude, où ledit sieur Normandin a pareillement plaqué quatre fleurs-de-lis sur quatre sapins épinettes, lequel lac passe par le Lac Askatiche d'où il tombe dans la Rivière de Nekoubau, où se rendent aussi les eaux du Lac Nekoubau, tous lesquels lacs et rivières se rendent par le Lac Saint-Jean dans le Saguenay et feront la borne de séparation des terres du domaine avec les pays de chasse des Trois-Rivières et de la Rivière-*

du-Lièvre; les dites bornes ci-dessus désignées suivant les journaux des dits sieurs de la Chenaye et Normandin, et la carte que nous avons fait dresser sur iceux, dont les minutes resteront et demeureront déposées en notre secrétariat, dans l'étendue desquelles bornes se trouvent renfermés les postes de Tadoussac, la Malbaie, Bondésir, Papinachois, Islets-de-Jérémie et Pointe-des-Bersiamites, Chekoutimy, Lac Saint-Jean, Nekoubau, Chomonthouane, Mistassins, et derrière les Mistassins jusqu'à la Baie d'Hudson, et au bas de la rivière le domaine sera borné, en conséquence de notre ordonnance du douze du présent mois, par le Cap des Cormorans jusqu'à la hauteur des terres, dans laquelle étendue seront compris la Rivière Moisy, le Lac des Kichestigaux, le Lac des Naskapis et autres rivières et lacs qui s'y déchargent.

Et, pour bien marquer son intention de faire du Domaine un lieu réservé, Hocquart ajoute :

Faisons défense à toutes personnes de quelque qualité et condition qu'elles soient [...] même aux sauvages étrangers, non habitués dans les terres du domaine, [...] même d'approcher des limites ci-dessus marquées dans les terres, plus près de dix lieues pour y faire la traite avec les sauvages ou autres établissements, sans la commission expresse et par écrit du [fermier][42].

On ne peut trouver plus belle expression du colonialisme européen. En soumettant à son pouvoir l'espace contenu dans la Traite de Tadoussac et même au-delà, sur une distance de dix lieues, la France se comporte comme toutes les autres nations européennes en Amérique. Non seulement soustrait-elle un large espace au domaine amérindien, mais elle en interdit les approches, définissant ainsi les conditions de son exploitation.

À la fin du Régime français, la Traite de Tadoussac sera redevenue rentable. Domaine à part, elle restera cependant une chasse-gardée, un espace fermé au commerce et à la colonisation. Comme tel, elle ne fait donc pas partie de la colonie. C'est un lieu interdit, que le roi utilise pour financer l'entreprise de colonisation. Articulé à la ville, il est l'expression d'un monde tourné vers le commerce nord-atlantique et qui n'entretient avec la campagne que des relations d'intérêts. Après la Conquête, son statut restera inchangé. Il continuera d'être affermé et ses revenus utilisés pour l'administration de la colonie (Dawson, 1996). La figure 24 en donne l'extension dans le territoire.

Figure 24

La Traite de Tadoussac

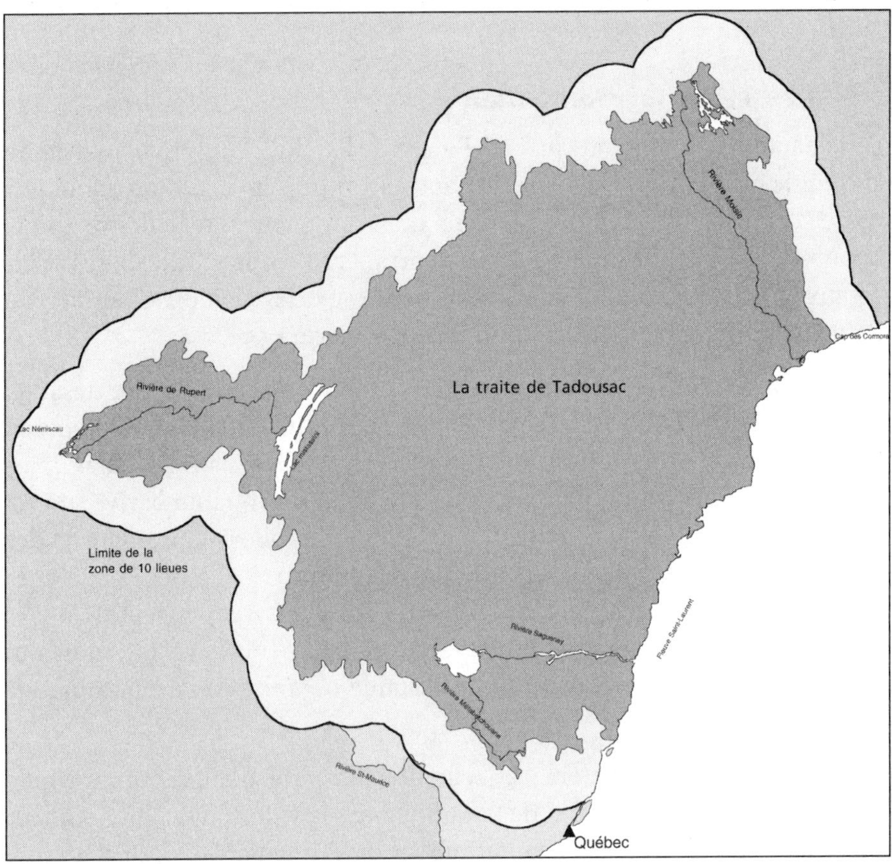

Source : Laboratoire de géographie historique, Université Laval ; Dawson (1996).

3.2 La zone dense d'établissement

Quiconque parcourt la vallée du Saint-Laurent au XVIIIe siècle en saisit d'abord les traits visibles, ceux que tout observateur peut découvrir au fil de son périple. Incorporée à celle-ci, est une autre géographie, plus subtile celle-là, qui transforme en aires domestiques les structures mises en place par la France pour développer sa colonie. Elle dérive des rapports multiples qui se nouent ici entre la population, l'agriculture et la propriété foncière. Deux mondes, deux univers en fait, que traduisent des logiques spatiales bien différentes. L'une correspond à la volonté d'optimisation de l'administration coloniale, qui a voulu dès le départ faire du mode de partage des terres en seigneuries et en censives un moyen d'affirmer la présence française en Amérique. L'autre renvoie aux mécanismes d'adaptation d'une population qui a su composer avec les macrostructures spatiales de la colonie pour se construire un habitat capable d'assurer sa subsistance et sa reproduction sociale.

3.2.1 Le paysage laurentien

De la hauteur du Saguenay jusqu'à l'ouest de l'archipel montréalais s'étend la colonie proprement dite. Vue de haut, elle se présente comme un long et mince corridor traversé dans le sens de sa longueur par le fleuve Saint-Laurent, avec, par endroits, quelques rentrants à l'embouchure de ses principaux affluents. Les plus importants sont ceux des rivières Chaudière et Richelieu, colonisés dès le tournant du XVIIIe siècle.

À l'intérieur de ce corridor, une géométrie particulière se dessine, faites de longues bandes de terres défrichées, perpendiculaires au fleuve et traversées par le Chemin du roi, qui relie entre elles les trois villes coloniales, mais qui apparaît plus continu sur la rive nord que sur la rive sud. Ici et là, s'affirment quelques renflements, autour des villes notamment, et des villages. La plupart ne sont encore que des hameaux, d'à peine quelques habitants. D'autres, tels Boucherville ou Charlesbourg, peuvent déjà être considérés comme de petits bourgs, encore peu peuplés certes, mais qui témoignent par leur présence d'une certaine organisation économique et sociale de la campagne.

À une autre échelle encore, celle de la localité, d'autres traits émergent. De la ferme au village et de la campagne à la ville, tout ici prend un air de vieille France, avec des adaptations locales indéniables. Si la structure du rang, par exemple, reproduit celle de l'*openfield* français, la comparaison s'arrête là, puisque chaque ménage ici vit sur sa terre et non dans des bourgs agraires comme dans les campagnes françaises. Le seul endroit où l'on peut trouver une telle similitude est la région de Québec, dans les environs de Charlesbourg et de Bourg-Royal. Là, les terres sont disposées en étoile autour d'un centre, le carré, où s'élèvent les habitations. D'autres formes similaires de partage des terres existent dans le voisinage, mais aucune encore n'a engendré de village. Partout ailleurs, la structure d'habitat est plus simple, plus monotone aussi. Elle se présente comme un long chapelet d'habitations disposée en ligne le long du chemin ou de la voie d'eau dans ce qui constitue la partie basse des terres, appelée le fronteau. Ces terres étant plus longues que larges, chaque habitation n'est jamais plus qu'à un arpent et demi de la voisine, une distance d'ailleurs prescrite comme maximum par l'intendant, pour éviter le fractionnement foncier. Cette disposition laisse l'impression d'une longue ligne d'habitations piquée par endroits d'églises, seul signe distinctif bien souvent de ce qu'on appelle ici un village, tant il se confond souvent avec l'habitat agricole. Et c'est bien ce qu'en rapporte Pehr Kalm, en écrivant qu'ici « presque chaque église est entourée de son petit village » (cité dans Rousseau et Béthune, 1977 : 203).

À l'autre extrême, la ville, plus française encore, avec ses larges édifices et ses rues étroites. En étendue, elle ne fait que quelques milliers d'arpents[2], suffisamment pourtant pour affirmer sa présence et surtout son rôle dans l'économie coloniale. Elle le doit à cette concentration obligée de fonctions à la fois défensive, administrative, judiciaire, religieuse et commerciale. Car, en plus d'être une place de défense importante, encore que ses ouvrages de défense laissent à désirer, elle est le siège de l'administration civile et religieuse, ainsi qu'un lieu d'échange important, qui commande à un vaste hinterland. C'est particulièrement le cas à Québec où, dès le début de la colonisation française, la ville s'impose par ses fonctions de capitale (Desloges, 1991 ; Chénier, 1991). C'est le cas aussi à Montréal, qui ouvre l'accès aux Grands Lacs.

C'est depuis la ville que la France affirme sa juridiction sur la colonie et l'intérieur du continent. C'est là que résident les représentants du roi et les fonctionnaires de l'État. Et c'est là que sont prises les décisions relatives au développement colonial. Quant au rôle des centres urbains dans le commerce, il n'est plus à démontrer : tous les grands marchands de la colonie y ont leur place d'affaires. Ports d'embarquement et de débarquement des marchandises, ils servent aussi bien d'entrepôts que de centres de distribution, ce qui en fait des lieux de centralité importants, qui teintent la vie de leurs résidants (Lachance, 1987).

La figure 25 donne un aperçu de la taille des villes sous le Régime français. Dénombrées tantôt dans leur entité première, tantôt avec leurs banlieues ou leurs espaces proches, et tantôt avec leur garnison, tantôt sans, elles laissent l'impression de milieux caractérisés par de fortes variations de population. Dans les faits, cependant, ces dernières ne sont pas aussi importantes, à cause de cette différence dans les territoires recensés. En outre, leur population augmente moins vite que la population des campagnes. C'est donc aux tendances longues, plutôt, qu'il faut s'intéresser pour saisir le sens de leur évolution.

Pour peu qu'on puisse en juger par les données de recensements, il semble que, sous le Régime français, la population urbaine reste bien en-deçà des seuils qu'elle atteindra à la fin du XVIIIe siècle, quand s'amorceront

FIGURE 25

Les villes coloniales

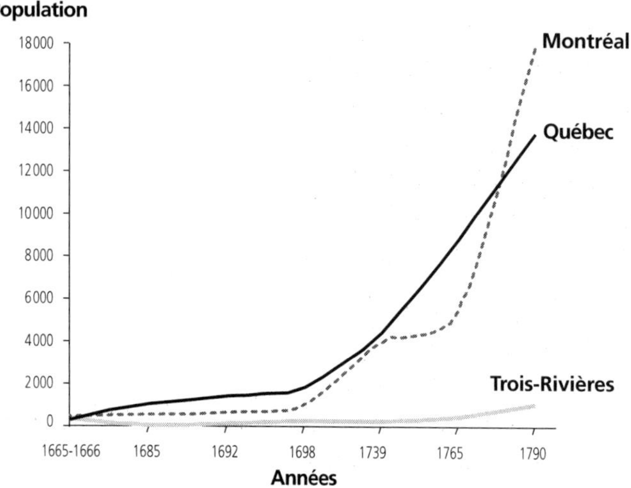

Source : Recensements du Canada.

les premiers vrais grands courants migratoires en provenance des Îles britanniques et surtout des colonies américaines. Toutefois, jusqu'à la Conquête, elle concentre une part importante de la population. Des trois agglomérations principales, toutefois, Québec reste la plus populeuse, à cause à la fois de son ancienneté et de son rôle dans la colonie (Gauvreau, 1991).

De 1665 à 1706, les deux villes principales passent de quelques centaines d'habitants à au plus deux milliers. À la veille de la Conquête, elles en réunissent près de 6000 et 9000, ce qui est une conséquence directe de la guerre que se livrent la France et l'Angleterre. Par la suite, les populations de Montréal et de Trois-Rivières continuent d'augmenter, mais celle de Québec fléchit pour ne remonter ensuite que vers la fin du siècle. En 1784, les deux villes principales comptent plus de 13700 habitants. En 1790, elles en accueillent respectivement 14000 et 18000, incluant leurs faubourgs. Une grande partie de leur population est alors constituée de nouveaux arrivés.

Quant à la part prise par la population urbaine au sein de la colonie, elle est plutôt élevée. Au milieu du XVIIe siècle, elle dépasse les 36%, une proportion qui se stabilise par la suite autour du quart de l'effectif. En 1784, elle ne fera plus que 12% environ, contre 20% en 1790.

3.2.2 Une mosaïque d'aires domestiques[4]

Pour le mercantilisme français, la colonie laurentienne ne sera jamais qu'un espace-plan, une région satellite subordonnée aux intérêts métropolitains. Moulée de manière à assurer une base ferme à l'exploitation du continent, elle apparaît comme un univers fortement structuré, où l'action de l'État est non seulement initiale, mais enveloppante des rapports qui doivent ici s'établir entre l'espace, la population et les institutions.

Dans cette perspective, et malgré la création d'une organisation paroissiale dès la seconde moitié du XVIIe siècle, le cadre local disparaît comme horizon privilégié de préoccupation. C'est la colonie tout entière qu'il s'agit de peupler et d'aménager et non la seule seigneurie, dont le

4. Les présentations qui suivent sont inspirées des thèmes développés dans Courville, 1983b.

développement est laissé à l'initiative des seigneurs. Quant au peuplement, il sera fixé dès le départ dans ses formes et dans ses fonctions. L'habitant ici sera libre et propriétaire de sa terre, mais il ne pourra s'établir ailleurs que dans les seigneuries. En outre, par l'obligation qui lui est faite de tenir feu et lieu sur la terre concédée, il ne pourra cumuler plus d'une terre, ce qui aurait nui à l'établissement des nouveaux arrivants.

Tout rationnel qu'il soit, ce rêve sera pourtant vite épuisé! En effet, aussitôt constituée, la société coloniale éclate, échappant aux volontés de contrôle réglementaire de l'État. Les premiers à s'en écarter sont les seigneurs eux-mêmes, dont plusieurs préfèrent la ville et le commerce des fourrures au développement de leur seigneurie. Quant à l'habitant, il trouve moyen lui aussi de les contourner, en cherchant moins à se soustraire aux structures spatiales introduites par l'administration coloniale pour encadrer l'établissement rural, qu'à les investir en fonction de ses intérêts personnels et familiaux. Pour la terre et par la terre, tel sera le sens de ces intérêts et des stratégies mises en œuvre pour l'accaparer.

Cette mutation s'accomplit rapidement et favorise l'apparition aux côtés du monde du comptoir d'un réseau de fonctionnement parallèle qui évolue au rythme de sa propre temporalité. Deux mondes, deux univers en fait, dominés l'un par l'élite coloniale articulée au commerce et à la culture atlantique, l'autre par l'habitant lui-même, qui vit de relations beaucoup plus intimes avec le territoire. Entre les deux, il n'y a pas de coupures nettes, mais des contrastes suffisants pour qu'on puisse parler d'acteurs distincts, de groupes sociaux différents, de modes de production et d'échange différenciés.

D'abord retardé par les raids iroquois et la faiblesse numérique de la population, l'établissement rural se trouve bientôt précipité par la crise des fourrures, qui freine la course dans les bois, et une croissance rapide de la population rurale. En quelques décennies, les vides entre Québec et Montréal sont en grande partie comblés et de nouveaux territoires sont occupés (Charlevoix, basses vallées de la Chaudière et du Richelieu...), suscitant partout l'apparition d'aires nouvelles de peuplement constituées tantôt par simple débordement de la population hors de ses frontières antérieures, tantôt par de véritables migrations effectuées hors du milieu d'origine.

Si l'initiative de certains seigneurs peut expliquer parfois le choix du lieu d'établissement, la décision demeure en général un fait individuel et familial, vécu indépendamment des frontières seigneuriales. Dans le cas des mouvements effectués à proximité des aires de départ, l'établissement se fera le plus souvent sur des terres déjà acquises et réservées à cette fin par les parents. L'enracinement y sera plus rapide et favorisé par la présence de voisins issus du même milieu et avec lesquels on partage souvent des liens de parenté. Dans le cas des migrations à distance, l'établissement se fera sur des terres nouvellement acquises, partagées entre des groupes différents, issus de milieux différents. L'enracinement, plus difficile, se fera fonction des relations de voisinage qui pourront s'établir entre les nouveaux venus. Il semble, en effet, que pour l'individu qui ne participe d'aucune solidarité de provenance, les deux premières années sont cruciales : ou il réussit à contracter une alliance matrimoniale heureuse qui lui permettra de s'intégrer à la communauté ; ou il demeure étranger à tout contact, auquel cas il devra quitter, ce qui serait surtout le fait des célibataires et des couples isolés. Pour ceux qui, au contraire, font partie de familles déjà constituées, l'installation se fait à demeure sur des lots contigus dans l'espace (Mathieu et Courville, 1987).

D'abord ouverte aux apports extérieurs, l'aire investie aura tendance, une fois organisée, à se fermer sur elle-même et à se nourrir d'un système de relations défini localement (Figure 26). Sans jamais être tout à fait rompus, les rapports avec les côtes de départ s'amenuisent, pour se limiter bientôt aux seuls liens de parenté. Et pendant que se tissent de nouvelles relations, faites d'alliances et de renchaînement d'alliances entre les familles-souches (Lavallée, 1979 ; Mathieu *et al.*, 1981 : 3-32), la venue d'étrangers diminue, compromise tout autant par l'absence de terres disponibles que par un sentiment plus ou moins avoué de méfiance à l'égard de tous ceux qui peuvent représenter une menace pour l'intégrité du patrimoine foncier. Car la terre représente non seulement une richesse, mais un médiateur essentiel de la vie de relation : c'est par elle qu'on assure sa subsistance ; c'est par elle et pour elle qu'on noue des attaches avec les voisins.

Aussi, tant que dure la phase d'enracinement, et en dépit des freins introduits par l'obligation de résider sur la terre concédée et les pratiques déjà spéculatives de certains seigneurs, l'essentiel de l'effort va-t-il à l'accaparement du sol, soit par achat ou échange de lots ou de parcelles, soit par regroupement d'héritages, soit encore par la demande de nouvelles

FIGURE 26

Du rang aux aires domestiques

UN ESPACE D'ABORD STRUCTURÉ

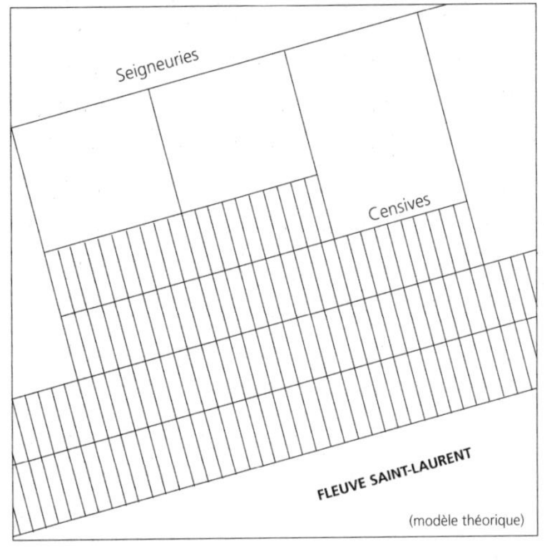

TRANSFORMÉ EN UNE MOSAÏQUE D'AIRES DOMESTIQUES

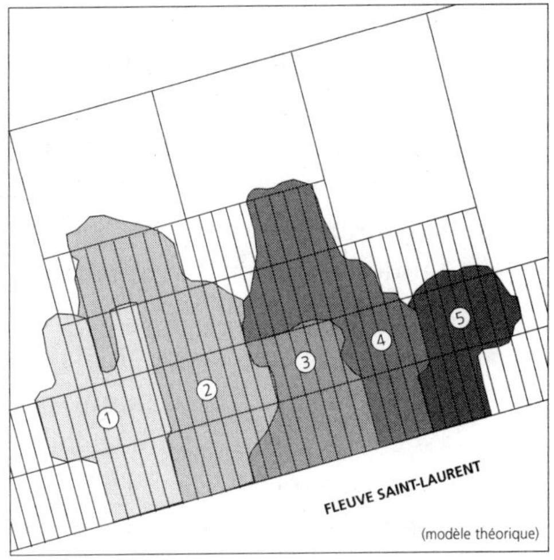

concessions destinées surtout à l'établissement futur des enfants. Les seigneurs, d'ailleurs, se plient volontiers à ces demandes, d'autant plus qu'elles leur offrent une garantie de peuplement à long terme. Pratiqué par la majorité des familles pionnières, moins pour sa valeur d'échange que pour sa valeur d'usage (Dechêne, 1974: 296), ce processus d'appropriation s'étend bientôt à tout le territoire et même au-delà, transformant en habitat permanent ce qui n'avait été jusque-là qu'une structure spatiale imposée.

Apparue plus tard que la seigneurie, mais née comme elle de la volonté politique française, la paroisse ne témoignera qu'à terme de cette évolution. Éprouvée d'abord pour la propriété foncière, ensuite pour les secteurs où la cohésion sociale est la plus forte (Mathieu *et al.*, 1981: 26), l'appartenance au milieu s'exprimera pendant longtemps à l'échelle locale, par une nomination des lieux dont le contenu référentiel sera porteur tout autant d'indications spatiales que sociales (le Rang-du-bord-de-l'eau, le Rang-des-Matte...). Ce n'est qu'une fois le peuplement complété et l'emprise foncière assurée que l'identification paroissiale apparaîtra, porteuse d'axes acceptés et d'autres évités. L'espace investi sera alors entièrement monopolisé par le groupe et prêt à générer à son tour ses propres aires d'expansion. Ne trouvant plus d'endroits où s'établir, sinon à titre d'hommes de métier à la campagne ou à la ville, ou encore de fermiers ou de métayers pour le compte du seigneur ou d'un notable, les fils d'habitants descendants des familles pionnières sont à leur tour exclus du territoire d'origine et contraints comme d'autres à migrer vers l'arrière-pays seigneurial ou un autre fief afin de pouvoir s'établir sur une terre.

Cette migration se fera généralement au moment du mariage, vers un secteur souvent connu, où le nouvel épousé aura déjà défriché et construit un lot acquis de ses parents. Parfois, elle suivra une période de cohabitation temporaire avec la famille de l'un ou l'autre des conjoints, en attendant que des moyens suffisants soient réunis pour l'établissement définitif du couple ou pour l'acquisition d'une terre neuve qu'il s'agira ensuite de mettre en valeur. Parfois, enfin, elle se fera en groupe, réunissant non seulement des jeunes gens, mais des familles entières comprenant trois, quatre et même cinq enfants qui, pour diverses raisons, tant économiques que sociales, choisiront de se joindre au mouvement dans l'espoir de se bâtir une vie nouvelle. Seul l'héritier présomptif demeurera, ou alors reviendra, pour s'établir sur le lot paternel, en échange de quoi il devra contribuer à l'entretien de ses parents et à l'établissement de ses frères et soeurs. Et c'est ainsi que, les effectifs en surnombre diminuant, la paroisse d'origine connaîtra un nouvel équilibre, pendant qu'à proximité ou plus loin un nouveau territoire sera formé, calqué sur l'ancien, et qui étendra d'autant les limites de l'espace organisé (Mathieu *et al.*, 1981 : 34-35).

Ce processus, qui entraîne la constitution d'aires nouvelles de peuplement à chaque génération, s'explique non seulement par les liens qui se tissent ici entre la famille et la propriété foncière, mais aussi avec le type d'agriculture pratiqué par l'habitant canadien, et qui se distingue déjà de l'agriculture française d'origine. Bénéficiant de sols abondants, le colon canadien aura tendance à adopter en effet des méthodes extensives de culture, où le défrichement supplée à la qualité des techniques qu'il aurait fallu consentir pour une agriculture intensive, réservée ici au seul potager. Aussi le verra-t-on chercher spontanément la terre, moins pour accroître ses surplus, encore qu'une partie de ses récoltes soient réservées à l'échange, que pour éviter des partages préjudiciables à l'intégrité de l'exploitation.

Au tournant du XVIIIe siècle, l'agriculture est devenue une activité viable, capable par sa logique propre de commander l'économie et de fixer le statut social. Peu d'administrateurs coloniaux pourtant reconnaissent cette évolution, si ce n'est Antoine-Denis Raudot, fils de Jacques, qui écrit qu'en regard des possibilités d'exportation, « il ne faut plus regarder dorénavant le commerce des fourrures que comme secondaire » (Hamelin, [1976] 1977 : 198). Mais l'indifférence éprouvée face au monde rural, associée aux pratiques de l'administration de se manifester presque uniquement en période de disette et encore, par des recours surtout institutionnels, feront que l'agriculture canadienne s'inscrira dans un espace-temps plus individuel et familial. Celle-ci pourra demeurer sensible aux échanges, mais se méfiera de toute ingérence extérieure, même quand elle aura pour but d'en améliorer les rendements. Aussi cette activité restera-t-elle pendant longtemps le produit d'une interaction quasi exclusive entre la famille et le sol, contribuant de la sorte au développement d'un type de civilisation dont la réalité continuera de s'imposer même après la Conquête britannique de 1759-1760.

4. UNE AIRE CULTURELLE DENSE

En 1756, une nouvelle guerre éclate entre la France et l'Angleterre, la Guerre de Sept-Ans. En Amérique, elle dure déjà depuis deux ans. Après des succès initiaux (victoire d'Oswégo-Chouagen; prise de fort George [fort Willam Henry], victoire de Carillon), la France est rapidement débordée[44]. Dès 1758, Louisbourg et plusieurs forts des Grands Lacs tombent. L'année suivante, d'autres doivent être livrés aux Anglais, pendant que plus à l'est, Québec est assiégée. Elle tombera en septembre de la même année, au terme d'une brève bataille qui opposa les troupes de James Wolfe à celles du marquis de Montcalm sur des plaines d'Abraham. Au printemps suivant, Lévis remporte une brillante victoire à Sainte-Foy, mais il ne peut reprendre la capitale. À l'été, trois armées marchent sur Montréal. Incapable d'en assurer la défense, Rigaud de Vaudreuil capitule. De cette date jusqu'au traité de Paris de 1763 qui cède définitivement le Canada à l'Angleterre, faisant des Canadiens des sujets britanniques, la colonie sera placée sous le contrôle d'un gouvernement militaire, qui entreprend de la reconstruire et de la mieux connaître, notamment en la cartographiant (Boudreau, 1994).

Cette conquête, pour l'instant, affecte peu le paysage. Certes, Québec est en ruine, et des campagnes entières ont été ravagées, mais les structures de base du territoire restent en place. Par contre, si l'on voit bien le découpage rationnel du sol en seigneuries et en censives, on saisit moins son organisation intime, laquelle se définit essentiellement par la géographie de ses aires domestiques. Conquis par une population relativement homogène, du moins d'origine, de langue et de religion, et fait d'emprises familiales multiples, ce territoire est devenu le creuset d'une culture, un lieu de définition des comportements collectifs que viendront plus tard diffuser les expansions rurales des XVIIIe et XIXe siècles (Bélanger, 1972).

Aux yeux de l'observateur extérieur, ce monde paraît bien différent des autres colonies américaines, et nombreux sont ceux qui le perçoivent comme un univers rétrograde, issu de la vieille féodalité européenne. L'habitat y est dispersé, les densités humaines y sont faibles et, les villes coloniales mises à part, seuls quelques petits centres se dessinent, qui ne sont souvent que de petits bourgs riverains, peuplés de quelques dizaines d'habitants, soumis à l'autorité de seigneurs dont on saisit mal les fonctions.

À l'analyse, toutefois, ce monde se révèle étonnamment dynamique. Habité par une population déjà bien différente de la métropole, parce que nourrie depuis longtemps de références différentes issues du territoire investi, celle-ci refuse de se soumettre aux normes du métropolitain, pour vivre d'un style nord-américain, dont on trouve en partie l'exemple dans les colonies anglaises du sud. Jouissant de sols abondants et fertiles, elle a développé une économie à base d'agriculture extensive capable d'autoriser des rendements suffisants pour autoriser une aisance relative, mais dont la croissance repose sur un principe d'exclusion des enfants au moment du mariage. Pratiquée dans le but d'assurer un équilibre entre la famille et ses ressources, cette exclusion a entraîné des migrations qui ont déterminé un type de développement agraire fondé sur la reproduction des techniques acquises dans les localités d'origine et qui font toujours une large place à la débrouillardise.

Vue sous l'angle de cette territorialité vécue, l'histoire de la colonie laurentienne apparaît donc avant tout comme celle de l'adhésion humaine au territoire, processus au cours duquel le noyau pionnier se transforme progressivement en communauté rurale. Les rapports humains, les rapports avec la nature, leur intensité dans le cadre local, en constituent les éléments essentiels. Cela n'exclut pas que des freins puissent intervenir (institutionnels notamment, quand l'État tente, par exemple de faire occuper les terres concédées), ni même que des déguerpissements se produisent, mais cela signifie que tout ici est comme subordonné aux finalités domestiques. Elles auront pour effet de renforcer les stratégies familiales au détriment des impératifs institutionnels et de subordonner les stimuli extérieurs aux objectifs internes de croissance.

Dans cet univers construit au rythme des défrichements et encadré par un système de propriété qui appelle à terme la monétarisation des rapports sociaux, les phénomènes d'organisation humaine et économique ont tendance à coïncider. L'exploitation agricole, la maison, le rang, ne sont qu'autant d'aspects d'une seule et même réalité: ils constituent un milieu de vie, un habitat où le rassemblement de la population et des habitations a d'abord une signification biologique, ensuite seulement des fonctions économiques. Exercées surtout à l'échelle locale, ces fonctions peuvent l'être également au sein d'autres espaces, plus vastes ou plus lointains, mais comme des moyens de satisfaire les besoins domestiques, même quand cela contrevient aux ordres de l'autorité. Aux XVIIe et XVIIIe siècles, un de ces moyens est la course dans les Pays d'en haut; au XIXe siècle, ce sera une association étroite de l'agriculture avec l'exploitation forestière, qui pourra même conduire à des migrations temporaires dans les forêts du Maine ou de l'Ontario, en attendant les migrations plus définitives vers le village, la ville ou la Nouvelle-Angleterre.

Cette mouvance n'identifie pas comme telle une recherche spontanée de l'Ailleurs, toujours plus ou moins menaçant dans le contexte particulier des XVIIe et XVIIIe siècles, mais un aspect et un aspect seulement de la territorialité qui se développe dans la vallée du Saint-Laurent. Née d'un mode de colonisation fonctionnant par exclusion et propulsion continue d'une partie de la population dans l'espace, cette territorialité favorise l'apprentissage d'une mobilité que d'aucuns choisissent de transformer en aventure permanente, mais que d'autres vivent au contraire sur une base temporaire afin de permettre l'établissement permanent sur une terre. Aussi y a-t-il lieu de distinguer les voyageurs de carrière de ceux qui, plus nombreux, tentent de chercher dans la traite un revenu d'appoint ou un pécule pour fonder une habitation. Après 1700, toutefois, rares sont les fils d'habitants qui réussissent à prendre place dans cette activité, dont l'organisation reste essentiellement urbaine (Dechêne, 1974: 486-487). La majeure partie du territoire étant alors excentrique par rapport à l'orbite des fourrures, le peuplement a de plus en plus tendance à s'en dégager, pour ne plus être soutenu, matériellement et moralement, que par de fortes solidarités familiales qui favorisent la reproduction, sur les fronts pionniers, d'un univers semblable à celui qu'on vient de quitter. Même les rapports avec le seigneur restent distants et imprégnés de méfiance, si bien que, autonome économiquement, le peuplement devient aussi autonome socialement, indifférent à ceux qui ne participent pas directement aux préoccupations du groupe, mais capable de composer avec eux quand le contexte ou les besoins du ménage le commandent.

En 1760, l'étape coloniale française aura duré assez longtemps pour déterminer des attitudes et des comportements capables de se perpétuer (Bélanger, 1972: 33). Tout en restant un monde structuré de l'extérieur et soumis aux ambitions métropolitaines, la colonie laurentienne sera alors devenue un lieu de médiation entre une tradition humaine et un espace physique, un territoire où s'exprime un type particulier de civilisation dont l'explication renvoie bien davantage aux espaces-temps individuels et familiaux qu'à ceux de la mère patrie.

CHAPITRE 6

APRÈS LA CONQUÊTE

Dès octobre 1763, une proclamation du roi Georges III fait de l'ancienne colonie laurentienne l'un des quatre gouvernements britanniques d'Amérique, identifié sous le nom de « Gouvernement de Québec ». Séparée des colonies américaines par les Appalaches, et limité à l'ouest par la présence autochtone, elle allait devenir avec les années le principal pied à terre de l'Angleterre sur le continent nord-américain, conforté dans cette vocation par l'évolution des événements. Ces derniers feront vite comprendre la signification de ce nouveau statut, qui insère rapidement la colonie dans les conflits britanniques et qui ne modifie en rien le rapport avec la métropole.

Dans la vie quotidienne, la cession a peu d'effets. À long terme, cependant, elle introduit des changements qui auront beaucoup plus de conséquences. Certains sont d'ordres politique et administratif; d'autres, d'ordres géographique, économique et social. Ils transformeront en profondeur l'ancienne colonie française. Tout en conservant ses traits d'origine, celle-ci deviendra de plus en plus ouverte aux influences extérieures. Cependant, si l'accès au marché impérial favorise l'agriculture, entre la population et la nouvelle classe dirigeante les mêmes écarts perdurent, accrus par l'arrivée d'une nouvelle génération de marchands et de fonctionnaires qui contribuent à maintenir le rôle des villes coloniales. Québec, Trois-Rivières et Montréal restent donc des centres administratifs et militaires à fonction commerciale, plus tournés vers l'extérieur que vers les campagnes. Enfin, pendant que la population augmente, plusieurs seigneuries passent à des mains britanniques et des cantons sont créés, qui menacent d'enserrer bientôt tout le territoire seigneurial.

1. UNE PAIX RELATIVE

Le conflit terminé, la population peut enfin espérer retrouver la paix, garantie par une présence anglaise elle-même étendue à presque tout le continent. Des troupes sont en garnison aux principaux points névralgiques du territoire et, déjà, on s'apprête à reconstruire le pays, mis à mal par les combats, notamment dans la région de Québec et de Sorel.

Pourtant, dès le printemps de 1763, une première alerte est sonnée, liée à la reprise du commerce des fourrures. Débarrassés de leurs concurrents français, les marchands anglais se ruent vers l'ouest, au mépris des autochtones qui craignent de se voir dépossédés de leurs terres. Devant la pression, ceux-ci protestent et bientôt s'insurgent, après avoir formé une fédération de plusieurs tribus confiées à la direction du chef Pondiac. Les hostilités se limitent à la région des Grands Lacs et aux territoires limitrophes et ne menacent pas vraiment la vallée du Saint-Laurent. Néanmoins, 300 Canadiens participent aux combats. Les Amérindiens sont finalement vaincus, mais la paix n'est signée qu'en 1766.

Une autre menace survient quelques années plus tard, avec l'insurrection des colonies américaines. Préparée par la volonté de l'Angleterre de faire contribuer les colonies à son effort de guerre et aux dépenses faites à leur bénéfice, elle deviendra bientôt inévitable, précipitée par le rétablissement des anciennes lois de commerce et de navigation, et l'obligation faite aux marchands de la Nouvelle-Angleterre de ne commercer qu'avec la Grande-Bretagne, sans même que leurs navires ne puissent accoster dans des ports autres qu'anglais. Et quand, finalement, on décide d'imposer des taxes sur les marchandises américaines, la crise éclate. L'agitation se limite d'abord à des protestations, notamment contre l'*Acte du timbre* (1765), qui sera retiré en 1767 devant l'opposition des colonies, et à des incidents tel que le *Boston Tea Party* (1773), au cours duquel une vingtaine de colons, déguisés en Amérindiens, jettent à la mer une cargaison de thé venue d'Angleterre, pour protester contre l'impôt sur le thé voté en 1770. Très vite, cependant, la situation s'envenime, stimulée par l'esprit de liberté qui souffle dans cette partie de l'Amérique.

Dès septembre 1774, les représentants des colonies (sauf la Georgie) tiennent un premier Congrès à Philadelphie, pour saisir le roi de leurs griefs et appeler la population canadienne à s'unir à eux contre l'Angleterre. L'année suivante, ils en réunissent un second, qui organise cette fois la guerre, sous le commandement de Georges Washington.

Hésitante, la population canadienne reste en marge du conflit. Quand la guerre éclate, en 1775, seuls quelques Canadiens gagnent les rangs de la milice américaine, dénoncés par le clergé et les seigneurs, dont plusieurs s'enrôlent plutôt dans l'armée britannique. Cette fois, les villes de Montréal et de Québec sont directement menacées. La première tombe rapidement aux mains de l'armée d'invasion, qui est cependant arrêtée à Québec (Stanley, 1975; Harris, 1987). À la fin de décembre, la ville subit l'assaut concerté de Benedict Arnold et de Richard Montgomery et elle reste assiégée tout l'hiver. Le printemps suivant, les troupes américaines se retirent, menacées par l'arrivée d'une flotte anglaise et de plus en plus en butte à l'hostilité des habitants, qui se plaignent de l'arrogance et de la conduite licencieuse des soldats américains.

Par la suite, le Congrès tente une nouvelle fois, mais en vain, de gagner les Canadiens à sa cause, en déléguant Benjamin Franklin à Montréal. Accompagné du père John Carroll, celui-ci multiplie les contacts, mais son appel reste ignoré, tout comme celui du marquis de La Fayette quelques années plus tard, quand il viendra appuyer la Révolution américaine. Convaincu de pouvoir reprendre le Canada aux Anglais, La Fayette propose même à Washington d'envahir le pays sous les auspices de la France. Cependant, compromis par la tiédeur de la population, le projet tourne court, d'autant que Washington le refuse, pour éviter la réapparition d'un voisin gênant.

Le traité de Versailles (1783) met fin aux hostilités et consacre l'indépendance des États-Unis. La guerre est terminée, mais elle a montré la situation précaire du Canada, qui perd en outre d'immenses espaces, notamment au sud des Grands Lacs. En effet, pour faire échec aux prétentions américaines dans cette région, l'Angleterre avait voté l'Acte de Québec (1774), qui avait étendue les frontières de la colonie, appelée maintenant la province de Québec, à tout le bassin hydrographique du Saint-Laurent et même au-delà, jusqu'à la rivière Ohio et au Mississippi. Par le traité de Versailles, la frontière suivait le sud des lacs Ontario, Érié, Huron et Supérieur, abandonnant la vallée de l'Ohio aux Américains. Outre ses meilleurs postes de traite, le Canada perdait aussi une partie de sa population établie aux Illinois (Figure 27).

L'une des principales conséquences de la guerre d'Indépendance américaine est d'amener au Canada quantité de colons américains restés fidèles à la couronne britannique. De 1782 à 1785, des milliers d'entre eux

FIGURE 27

Le pays des Illinois

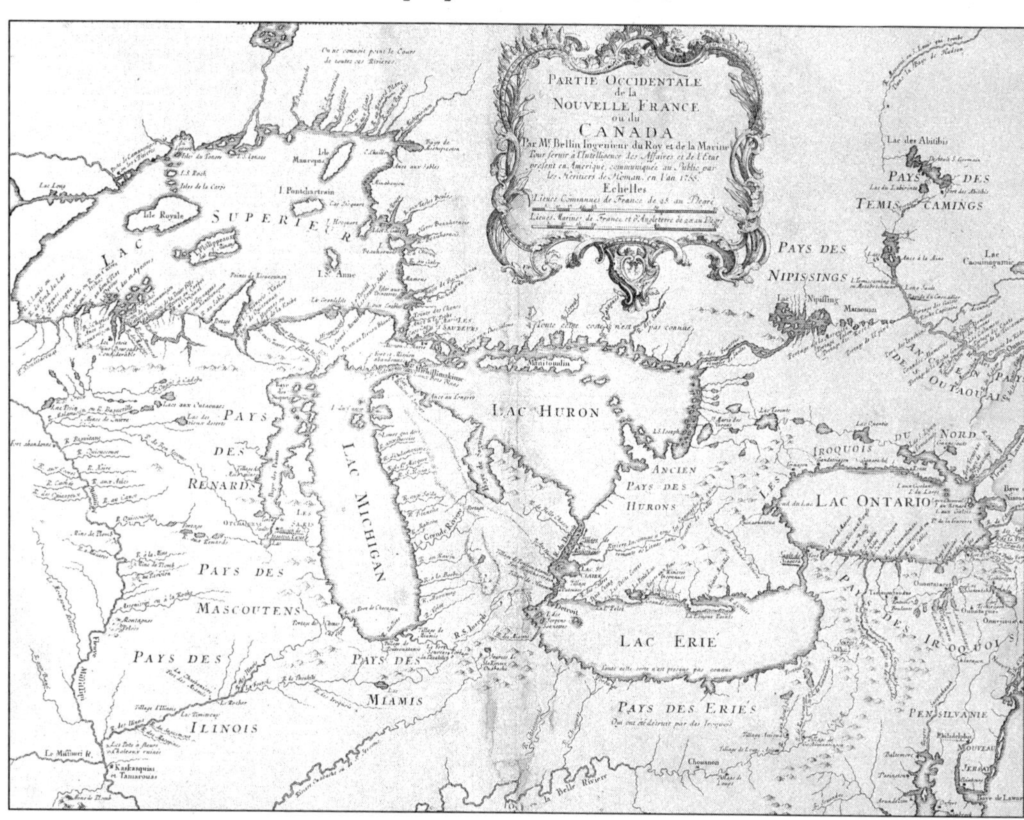

Source : Archives nationales du Québec, P1000, S5 B-903, Nouvelle-France, 1755.

viennent chercher refuge dans la colonie. Plusieurs s'établissent dans la province, mais le plus grand nombre se dirige vers les Maritimes, à l'embouchure de la rivière Saint-Jean notamment, et sur les rives du lac Ontario, où John Graves Simcoe rêve d'établir une colonie militaire dirigée par une aristocratie foncière qui l'administrerait par un gouvernement calqué sur celui de l'Angleterre. Son rêve tourne court, mais en 1791, devant les demandes répétées des Loyalistes d'être jugés et administrés selon les lois anglaises, on détache cette partie de territoire de la province de Québec pour former le Haut-Canada. Quant à la province de Québec, elle sera connue désormais sous le nom de Bas-Canada.

Il faudra attendre un demi-siècle avant que les deux provinces ne soient de nouveau réunies, par l'Acte d'Union de 1840. Toutefois, on aura affaire alors à deux entités totalement différentes, réunies et administrées par un seul gouvernement, celui du Canada-Uni. Votée à la suite des Troubles de 1837-1838, qui, dans les deux Canadas, avaient opposé des segments de la population aux troupes britanniques et à la milice, cette loi est durement ressentie au Bas-Canada. Non seulement fait-elle de l'anglais la seule langue officielle, mais elle décrète une égalité de représentation pour les deux provinces, alors que la population du Bas-Canada est nettement plus nombreuse. Surtout, elle lui impose d'assumer une partie de la dette du Haut-Canada, alors que celle-ci provient surtout de travaux publics effectués au bénéfice de cette province. Ce n'est qu'à la fin des années 1840 qu'on en vient à un compromis, mais dans un contexte tourmenté qui allait conduire à terme à la Confédération canadienne.

Avec la fin de la guerre d'Indépendance américaine, les difficultés entre les deux pays ne cessent pas. Moins d'une génération plus tard, les hostilités reprennent, provoquées cette fois par les dommages causés au commerce américain avec la France par l'attitude hostile de l'Angleterre dans sa guerre contre Napoléon 1er et, surtout, par le rôle joué par celle-ci auprès des Amérindiens pour préserver son commerce des fourrures et freiner l'avance américaine vers l'ouest. De nouveau, le Congrès décide d'envahir le Canada. La stratégie valorise une attaque par trois endroits à la fois, la région de Détroit, celle du Niagara et le lac Champlain.

La première campagne, celle de 1812, est un échec. Battus sur terre, les Américains se replient, en abandonnant même tout le Michigan aux troupes britanniques. Leurs seules victoires sont sur mer, où ils ont raison de quelques navires ennemis. En 1813, ils reprennent le Michigan et remontent jusqu'à York (Toronto) qu'ils incendient. De là, ils poussent vers Montréal, qu'ils espèrent capturer après avoir effectué leur jonction avec l'armée de l'est à la hauteur du lac Saint-Louis. Arrêtées à Crysler's Farm et à Châteauguay, les deux armées battent en retraite. Enfin, en mars 1814, on tente de nouveau de prendre Montréal. Mais, défaites à Lacolle, puis de nouveau près de Niagara, les troupes américaines se retirent. Elles ne tenteront plus l'aventure, d'autant moins que l'Angleterre, qui achève sa guerre avec Napoléon 1er, peut maintenant venir au secours de sa colonie et attaquer directement le territoire américain. Elle le fera grâce à une expédition concertée des troupes et de la marine, par la route du lac Champlain et la côte atlantique. La campagne terrestre échoue, mais la marine britannique ravage les côtes américaines. Même la capitale, Washington, est prise et incendiée, pour venger l'incendie de York en 1813.

Cette fois, le coup porte. En décembre 1814, la paix est signée (traité de Gand), sans qu'il en résulte toutefois de changements politiques importants, sauf pour la frontière du Maine et du Nouveau-Brunswick qui, selon les prétentions américaines, devait s'étendre jusqu'aux abords du fleuve. Le traité de Versailles (1783) avait fixé cette frontière à la rivière Saint-Jean et, vers l'intérieur, aux *highlands* (la ligne de partage des eaux). Mais, comme cette rivière avait deux branches, il fallait savoir laquelle la délimitait. En outre, il fallait aussi préciser où étaient ces *highlands*. La question ne sera réglée qu'en 1842, par le traité d'Ashburton-Webster, qui fit droit finalement aux prétentions américaines, mais après bien des débats.

L'une des conséquences les plus directes de ce conflit fut l'amélioration et le renforcement du système de défense de la colonie, par l'aménagement, à partir du milieu des années 1820, d'ouvrages fortifiés et de canaux destinés à permettre un meilleur contrôle des voies naturelles de passage et une circulation plus rapide des troupes et de leur approvisionnement. La Citadelle de Québec, les forts de l'île Sainte-Hélène et du Richelieu, le canal de Lachine et, plus à l'ouest, le canal Rideau en sont des exemples. Ces ouvrages coûtèrent très cher au gouvernement britannique, qui n'en fit cependant qu'un usage limité, puisque, en 1862, il décidait de rappeler ses troupes.

Deux autres menaces allaient encore peser sur la province. La première fut la guerre de Sécession américaine (1860-1865), qui fit craindre un instant une nouvelle invasion du Canada[45]. La seconde fut la guerre des Féniens, lancée par des révoltés irlandais des États-Unis qui tentèrent d'envahir le Canada pour forcer l'Angleterre à reconnaître l'indépendance irlandaise. Ils furent rapidement repoussés, mais leur incursion fit mieux saisir la nécessité de s'unir pour pallier le retrait des troupes britanniques. En un sens, cette guerre hâta la Confédération canadienne, qui apparut à plusieurs comme un moyen de mieux organiser la défense.

Sur un autre plan, cette suite de conflits fit mieux ressentir à la population laurentienne les difficultés rattachées au statut de colonie britannique. En même temps, elle lui fit davantage comprendre ses différences avec les Américains, avec lesquels, cependant, elle entretenait des liens plus faciles qu'avec les marchands et les colons d'origine britannique. Surtout,

45. Contrairement aux Canadiens, qui étaient sympathiques aux nordistes, l'Angleterre, qui achetait son coton du Sud, favorisait les sudistes.

elle lui permit paradoxalement de survivre, à une époque où plusieurs anglophones lui contestaient les privilèges offerts par le gouvernement britannique. En effet, parce qu'elle occupait une position stratégique dans la vallée du Saint-Laurent et qu'elle pouvait faire obstacle aux ennemis de l'Empire, l'Angleterre a voulu s'en faire une alliée, en se montrant généreuse à son endroit et à l'égard de ses élites civiles et religieuses, de qui elle espérait en retour une certaine reconnaissance. Elle l'obtiendra, en contribuant ainsi à la formation, à plus long terme, d'une société originale, ni française, ni anglaise, ni américaine, mais qui saura s'accommoder des trois à la fois pour se donner une langue, des institutions et une culture originales.

2. LES CHANGEMENTS INSTITUTIONNELS

Après 1763, les institutions implantées par la France demeurent, confirmées bientôt par l'Acte de Québec de 1774. Le régime seigneurial et la Coutume de Paris continuent de régir les rapports à la terre et les rapports économiques et sociaux. Plusieurs anglophones obtiennent même ou acquièrent des seigneuries, mais déjà on s'apprête à diviser les terres de la couronne en cantons. Quant à l'Église catholique, elle perd pour un temps son droit de nommer des prêtres et d'ériger de nouvelles paroisses. Dans les faits, cependant, elle continue de percevoir les dîmes et demeure une institution présente à qui l'on reconnaît un rôle important de médiation entre l'État et la population.

2.1 L'administration coloniale

Après les capitulations de Québec et de Montréal, l'administration de la colonie est assurée par le général Jeffery Amherst, qui conserve de l'ancien régime tout ce que les circonstances permettent. Dès septembre 1760, la colonie est partagée en trois districts administratifs sur le modèle des anciens gouvernements de Montréal, de Trois-Rivières et de Québec, et ceux-ci sont confiés à la responsabilité de trois gouverneurs, James Murray à Québec, Ralph Burton à Trois-Rivières et Thomas Gage à Montréal. Un conseil militaire est formé, qui agit comme cour d'appel, tandis que la vie civile continue d'être régie par la Coutume de Paris. Toutefois, les habitants doivent rendre leurs armes et prêter un serment d'allégeance. En outre, les lois criminelles sont anglaises. Compte tenu du contexte, la transition se fait sans trop de heurts.

Le traité de Paris confirme le nouveau statut de la colonie, mais si les habitants restent propriétaires de leurs biens, rien, dans les termes du traité ne leur donne de garanties quant aux lois, à la langue et à la religion. La Proclamation royale d'octobre 1763 maintient cette omission et met fin au gouvernement militaire, qu'elle remplace par un gouvernement civil. L'administration de la colonie relève désormais du Parlement anglais, par l'intermédiaire des ministres ou des secrétaires d'État et du Bureau du commerce (*Board of Trade*), tandis que, localement, elle est confiée à un gouverneur assisté d'un conseil à la fois législatif et exécutif, et qui remplit les mêmes fonctions que le gouverneur et l'intendant sous le Régime français. Quant à la justice, elle est assurée par la Cour supérieure, ou Cour du banc du roi, qui peut juger au civil comme au criminel, par la Cour de plaids commun et par des juges de paix, le gouverneur et son conseil servant de cour d'appel (Lamontagne, 1965; Fecteau, 1983). La population doit toujours prêter un serment d'allégeance, mais les fonctionnaires supérieurs doivent prêter le Serment du test, qui nie l'autorité du pape et la transsubstantiation dans le sacrement de l'Eucharistie, ce qui a pour effet d'exclure les catholiques de l'administration publique.

Comparée à l'administration coloniale française, celle-ci paraît tout aussi éloignée et même plus de la population, qu'elle se contente d'administrer selon les désirs et les intérêts de la métropole. Il faudra la fermeté de Murray et la sympathie de Guy Carleton pour en assouplir le fonctionnement. Cependant, plus que le peuple lui-même, ce sont ses élites surtout qui eurent à en souffrir, faute de pouvoir accéder aux charges administratives.

L'Acte de Québec de 1774 allait adoucir cette situation, en abrogeant le Serment du test et le serment d'allégeance, et en rétablissant les lois civiles françaises. Le mot culte, retenu dans le traité de Paris, est remplacé par celui de religion et bien que le texte de loi ne parle pas de l'évêque catholique, les curés peuvent recevoir la dîme, ce qui est une reconnaissance implicite de la religion catholique. Consenti pour s'allier la population canadienne et ses élites à une époque où le mécontentement augmente dans les colonies américaines, l'Acte de Québec ne modifie pas vraiment les rouages administratifs de la colonie, qui reste assujettie aux pouvoirs discrétionnaires du gouverneur et de son conseil.

Ce n'est qu'en 1791, avec l'introduction du parlementarisme britannique, que cette forme de gouvernement est modifiée. La colonie est alors partagée en deux provinces distinctes, le Bas et le Haut-Canada, et elles-mêmes sont subdivisées en comtés qui élisent bientôt leurs représentants.

L'une est soumise aux lois civiles françaises et l'autre à la *Common Law*. L'administration en est confiée à un gouverneur général, assisté dans chaque province d'un lieutenant-gouverneur, lui-même aidé d'un Conseil législatif nommé par le roi et d'une Chambre d'assemblée élue par le peuple. L'année suivante, en septembre 1792, une instruction royale ajoute un Conseil exécutif chargé d'assister le gouverneur. Quant au roi, il se réserve un droit de *veto*, qu'il peut exercer lui-même ou par l'intermédiaire du gouverneur.

Au Bas-Canada, diverses lois sont alors adoptées, qui réglementent la voirie, les finances, la milice et la justice, qui pourra être rendue désormais dans trois districts judiciaires, celui de Québec, celui de Trois-Rivières et celui de Montréal, dotés de nouvelles cours. Mais, comme le Conseil législatif est composé en majorité d'anglophones, les Canadiens français dénoncent l'oligarchie britannique, pendant que, de leur côté, les Britanniques acceptent mal d'être gouvernés par des députés francophones préoccupés plus d'agriculture que de commerce.

L'Acte constitutionnel de 1791 ne modifie pas vraiment celui de 1774, il l'amende. En outre, en ne prévoyant pas de mécanisme de régulation entre les différents paliers du gouvernement, il laisse au gouverneur la possibilité de s'allier aux deux Conseils, dont les membres sont nommés à vie, pour faire échec à la Chambre d'assemblée. Surtout, il permet des coalitions entre individus, qui seront préjudiciables aux intérêts non seulement de la colonie, mais de l'Angleterre elle-même. La tentative du procureur général Jonathan Sewell pour asservir le clergé catholique au tournant du XIXe siècle, en est un exemple (Wallot, 1963).

Le problème n'est résolu qu'en 1840, avec l'Union et l'octroi du gouvernement responsable, qui fait droit aux réclamations de plusieurs députés, tant canadiens-français que canadiens-anglais, de faire rendre compte aux ministres de leur administration et de choisir le ministère dans le parti qui domine, avec obligation de quitter dès qu'il ne commande plus la majorité. Toutefois, s'il est consenti, le principe du gouvernement responsable est loin d'être acquis. En butte aux oppositions de Lord Russell, qui juge la responsabilité ministérielle incompatible avec l'état de la colonie, et de son successeur, le baron Sydenham, qui s'octroie lui-même le rôle de premier ministre, ce n'est qu'avec sir Charles Bagot, qu'un gouverneur ose, pour la première fois, demander à un ministère qui ne commande pas la faveur de la Chambre de se retirer. Son successeur, sir Charles Metcalfe, ne voudra pour sa part rien concéder, accusant le gouvernement responsable d'être une « hérésie damnable ». Ce n'est finalement qu'en 1847, avec la nomination de Lord Elgin au poste de gouverneur, que le virage est consenti. Ayant reçu de Londres des instructions plus libérales et convaincu que le gouvernement responsable ne menaçait en rien l'unité de l'Empire, il en reconnaît aisément le principe. Aussi, quand, aux élections de décembre, les Réformistes, avec à leur tête Robert Baldwin et Louis-Hippolyte Lafontaine, remportent la majorité, Lord Elgin leur confie l'administration du gouvernement. Et à l'ouverture du Parlement, en 1848, celui-ci prononce le discours du trône dans les deux langues, le français venant d'être reconnue comme langue officielle.

D'autres difficultés allaient encore survenir, qui finiront par conduire à l'idée d'une Confédération, pouvant mettre fin à l'instabilité politique suscitée par le régime de l'Union. Approuvée par le Parlement du Canada-Uni (1865), le projet reçoit bientôt l'assentiement du Parlement de Londres, qui le vote sans y faire de retouches. Une proclamation royale, datée du 24 mai 1867, mais qui ne sera en vigueur que le 1er juillet suivant, consacre l'existence du nouveau *Dominion* canadien, dont le Québec fera partie, aux côtés de trois autres provinces : l'Ontario, la Nouvelle-Écosse et le Nouveau-Brunswick.

Texte fondateur du Canada moderne, l'Acte de l'Amérique britannique du Nord, prévoyait un partage des pouvoirs entre le gouvernement central et les gouvernements provinciaux, laissant enfin aux provinces le pouvoir de légiférer dans les domaines de leur compétence. Toutefois, comme la loi avait été votée par le Parlement britannique, elle laissait le Canada dans la dépendance de la Grande-Bretagne, en lui interdisant d'amender par lui-même sa constitution, un pouvoir qu'il n'obtiendra qu'en 1982. En outre, comme elle prévoyait un partage des pouvoirs fondé sur les réalités de l'époque, elle ne pouvait prévoir les difficultés suscitées par les changements de société, notamment dans des domaines encore inexistants au moment de son adoption.

2.2. La seigneurie

En 1760, rien dans les capitulations de Québec et de Montréal n'abolit le système seigneurial. Au contraire, même si rien n'est explicite quant aux lois canadiennes, quelques articles semblent même en assurer le maintien. C'est le cas par exemple, de l'article 2 de la Capitulation de Québec, qui demande : « Que les Habitants soient conservés dans la possession de leurs Maisons, biens & effets & privilèges. » Il sera accepté, tout comme l'article

37 de la Capitulation de Montréal qui, plus précis, sollicite que: « Les Seigneurs de terres, les Officiers Militaires et de Justice, les Canadiens tant des Villes que des Campagnes, les Français Établis ou Commerçant dans toute l'Étendue de la Colonie de Canada E toutes Autres personnes que ce puisse Estre, Conserveront l'Entière paisible propriété et possession de leurs biens Seigneuriaux et Roturiers Meubles et Immeubles » (cités dans Frégault et Trudel, 1963: 104 et 111).

Pour Murray toutefois, le problème ne se pose pas. En 1762, il concède deux seigneuries[46] à des officiers britanniques qui lui en avaient fait la demande: la seigneurie de La Mabaie (Murray Bay), au capitaine John Nairne, et celle de Mount Murray, au capitaine Malcolm Fraser. Mais la Proclamation royale de 1763 et les instructions qu'il reçoit de Londres lui ordonnent de concéder à l'avenir en « franc et commun soccage », et d'imposer les lois britanniques sur la propriété. « C'était, pour Maurice Séguin ([1947] 1970: 382), prohiber l'extension du régime seigneurial et donner aux seigneuries déjà existantes un caractère britannique. »

Murray comprit vite pourtant les difficultés d'appliquer les lois anglaises au Canada et finit par consentir aux Canadiens le droit de plaider. Mais l'obligation de concéder les terres de la couronne en soccage demeurait. Il faudra attendre, en fait, l'intervention directe de Carleton, favorable au maintien de l'ordre social, pour que Londres accepte que les terres puissent être concédées sous la tenure seigneuriale. Le principe, acquis dès 1771, est confirmé par l'Acte de Québec de 1774. Aussitôt, une quarantaine de Britanniques et de Canadiens adressent des pétitions aux autorités pour obtenir une seigneurie (Séguin, [1947] 1970: 146). Soumises pendant la guerre d'Indépendance américaine, elles n'auront pas de suite. Après le conflit, une seule seigneurie est accordée, celle de Shoolbred, le 4 juillet 1788, à un Britannique, John Shoolbred, sur la baie des Chaleurs (Courchesne, 1928). En 1791, la constitution décrète la possibilité de concéder des terres selon la tenure seigneuriale, mais en 1792, des instructions secrètes obligent à la division en *townships* des terres de la couronne qui ne pourront être détenues, désormais, qu'en « soccage ». La concession en seigneurie était donc, à toutes fins utiles, écartée. Certains lots du canton de Sherrington, au sud-ouest de Montréal, et de Hamilton, au sud de la péninsule gaspésienne, seront pourtant encore concédés (à des Britanniques) en

46. Bien que le terme « seigneurie » n'apparaisse pas dans les titres, les règles de concession en vigueur sous le Régime français y sont respectées (Heneker, 1927: 261-262).

franc-alleu noble avec tous les privilèges seigneuriaux (Courchesne, 1928). Obtenant pour la plupart leurs lettres patentes en 1809, ils formeront successivement les seigneuries de Saint-George (1823), de Saint-James (1824), de Saint-Normand (1824), d'Argyle (1824) et de Twaite (1824). Mais ce seront les dernières concessions des autorités. Quand, en 1831, Jean-Baptiste-Melchior Hertel de Rouville demande une seigneurie de huit lieues dans le district de Québec pour les nombreux fils de cultivateurs qui sont sans terre, mais qui refusent le soccage et le *township*, elle ne lui sera pas accordée (Séguin, [1947] 1970: 159).

Faute de pouvoir être acquises par concession, les seigneuries le seront par achat. En 1790, les anglophones contrôlent déjà près de 14% des fiefs du Bas-Canada. La plupart de ces nouveaux propriétaires sont des militaires, des marchands ou des fonctionnaires, qui voient dans la propriété seigneuriale un moyen de s'assurer de bons revenus en même temps qu'une retraite paisible, conforme à leur statut et aux idéaux de la *gentry* britannique. C'est le cas, notamment, dans la région de Montréal, où il revient à l'aristocratie militaire d'avoir pénétré la première le territoire seigneurial. Ainsi, dès 1763-1766, Gabriel Christie acquiert des intérêts dans une demi-douzaine de fiefs, Bleury, Deléry, Lacolle, Noyan, Sabrevois et Saint-Armand, qui le font figurer tôt parmi les grandes familles de l'époque, les D'Ailleboust, Boucherville, Lemoyne, Neveu, Legardeur, Lotbinière et Saint-Ours (Courville, 1981; Noël, 1992). Une dizaine d'années plus tard, il en acquiert de nouveaux dans Repentigny (1777), pendant que James Cuthbert, déjà seigneur de Berthier, en obtient dans Dusablé et Lanoraie (1770-1772). De son côté, Thomas Barrow, qui ne possède apparemment aucun fief en 1770, en acquiert quatre la même année (Bourgchemin, Bourgmarie, Bonsecours et Saint-Charles), en saisie des biens du marchand George Jackson. C'est l'époque des grands empires fonciers, que contribue désormais à grossir la grande bourgeoisie d'affaire britannique, en tentant de les consolider par des alliances matrimoniales (Courville, 1980).

Il faudra toutefois un certain temps avant que cette présence anglophone dans les seigneuries ne se fasse sentir. Comme l'immigration britannique est encore limitée, les nouveaux établissements sont surtout composés de francophones. De plus, sur le plan des structures spatiales, rien de significatif n'est changé: comme sous le Régime français, la seigneurie reste divisée en côtes (ou «rangs»), elles-mêmes partagées en lots plus

FIGURE 28

Structure du système implanté sous le Régime britannique

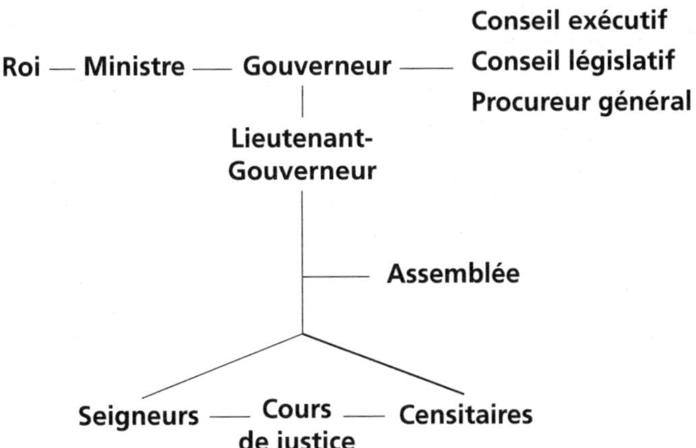

longs que larges. Quant aux rapports avec le seigneur, ils demeurent, comme auparavant, prudents et réservés. Toutefois, comme la structure d'ensemble du système a changé, les mécanismes de régulation ne sont plus les mêmes et ne sont plus aussi facilement accessibles, même après l'introduction du système parlementaire en 1791.

L'administration s'est anglicisée et l'élément dominant du système, le gouverneur reçoit ses instructions directement de Londres. Localement, il est assisté d'un conseil exécutif et d'un conseil législatif chargés de contrebalancer le poids de l'assemblée. Conseillé également par le procureur général, le gouverneur est secondé par un lieutenant-gouverneur qui, en son absence, voit à l'administration générale du pays. On peut y accéder, mais seulement par voie de plaintes ou de pétitions. Les cours de justice sont maintenues, mais elles fonctionnent sur le modèle britannique. Quant aux seigneurs et aux censitaires, ils jouissent de la même liberté juridique, mais comme les recours en justice sont onéreux et que les juges sont souvent britanniques et imbus d'aristocratie, elles avantagent plus les premiers que les seconds (Figure 28).

2.3. La paroisse

Après la Conquête, l'Église se voit refuser le pouvoir d'ériger de nouvelles paroisses, lequel est réservé au roi et à ses délégués. Seules continuent d'exister celles qui ont été créées sous le Régime français. Mais, comme elles ne sont pas reconnues civilement, elles n'ont pas le statut de corporation, qui ne sera reconnu que vers la fin du XVIIIe siècle et accordé finalement dans le premier tiers du XIXe siècle. Entre-temps, l'évêque continue d'ordonner des prêtres et de les nommer dans des cures. Quant aux paroisses, elles resteront des associations libres, dont l'administration est confiée à des laïcs pieux (Wallot, 1973; Courville *et al.*, 1988;1989).

Avec l'évolution du peuplement, cependant, il devient vite évident qu'il faudra pourvoir aux besoins les plus essentiels. La situation politique évoluant, le contexte paraît cette fois plus favorable. En 1791, une ordonnance réglemente la construction et la réparation des églises, presbytères et cimetières, en précisant que «toute et chaque fois qu'il sera expédient de former des paroisses [...], la même forme et procédure sera suivie telle qu'elle était avant la conquête» (*Statuts du Bas-Canada*, 30, Geo. III, c. 6). Toutefois, rien de précis n'est dit au sujet du statut juridique de ces paroisses.

Mgr Hubert sonde aussitôt le terrain, en procédant à deux érections canoniques. Mais la situation est à ce point confuse qu'au début du XIXe siècle, ces paroisses n'ont pas encore d'existence juridique reconnue. L'Église n'insiste donc pas, d'autant moins qu'elle a d'autres difficultés à résoudre, dont celle de l'enseignement primaire, qu'elle voudrait bien voir placé, du moins pour les catholiques, sous son contrôle exclusif (voir le chapitre suivant).

2.4 Les cantons

La Révolution américaine allait introduire des changements plus importants encore liés à l'arrivée massive d'immigrants restés fidèles au roi d'Angleterre. Jusque-là, l'immigration britannique était restée modeste et comme elle était surtout composée de marchands, de militaires, de hauts fonctionnaires et, secondairement, d'artisans, elle s'était dirigée naturellement vers les villes. Ce n'est qu'à la fin du XVIIIe siècle que l'importance numérique de la population anglophone s'accroît, avec l'arrivée des Loyalistes. Le mouvement prend rapidement de l'ampleur et porte la part des anglophones de 4% à 9% de la population totale. Il s'agit cette fois de cultivateurs, de marchands et d'artisans ruraux que les autorités dirigent d'abord vers les localités francophones de l'intérieur, puis vers le Haut-Saint-Laurent où la plupart d'entre eux se fixent (Ouellet, 1971).

Ajoutée aux craintes que suscitent la Révolution française et l'invasion américaine de 1775, cette immigration aura des conséquences majeures dans le territoire. Devant l'hostilité des immigrants britanniques et américains à l'égard du régime seigneurial, les autorités entreprennent de diviser les terres de la couronne en cantons. Ces terres seront soumises à la tenure anglaise du franc et commun soccage et concédées selon le système des *Leaders and Associates* hérité des colonies américaines[47].

De 1796 à 1804, des concessions massives de terres sont consenties dans les cantons. Parmi ceux qui en bénéficient, plusieurs sont des marchands anglophones qui voient dans cette vaste opération une occasion de spéculer. Certains font preuve de leadership, mais l'incapacité de plusieurs autres, associée à la faiblesse relative de l'immigration et l'absence de politique routière du gouvernement, fait de cette aventure une occasion de faillite plus que de réussite. De plus, comme la concession des terres dans les cantons est entourée de pratiques discriminatoires, elle fait vite apparaître les nouveaux territoires comme un obstacle à l'expansion des Canadiens français, ce qui pousse plusieurs parlementaires à réclamer la conversion des cantons en seigneuries. Pourtant, dans le territoire seigneurial, la terre ne manque pas, du moins pas encore. Toutefois, comme elle est déjà souvent monopolisée par les seigneurs et qu'elle joue un rôle clé dans le processus de reproduction sociale, la question est vite politisée, d'autant plus que, dans les cantons, bien des grands propriétaires sont passifs ou se contentent d'exploiter le bois (Little, 1989; 1991).

Dans le paysage, ces cantons prennent une forme différente de la seigneurie, encore que leur structure en reproduise l'essentiel. L'une des meilleures descriptions qu'on en a donné reste celle de Joseph Bouchette. Nommé arpenteur général du Bas-Canada en 1804, après en avoir assumé les fonctions depuis le décès de Samuel Holland en 1801, il lui revient d'en coordonner l'arpentage. Sa présentation est parue dans *Description topographique de la province du Bas-Canada* en 1815. Elle distingue deux types de *townships: le township* intérieur et le *township* de rivière, dont la forme et la superficie ont pu varier dans le temps, mais qui demeurent, pour l'essentiel, proches de leurs modèles de départ:

> *Le contenu le plus exact de dix milles carrés, dimension ordinaire d'un* township *intérieur, telles qu'elles sont prescrites par les ordres d'arpentage, est de 61 000 acres, non compris l'octroi ordinaire de cinq acres par chaque cent pour les grands chemins. Cette quantité*

47. Selon ce système, un canton ou une portion de canton est concédé à un groupe de colons placés sous la direction d'un chef qui assume tous les frais de concession et investit dans l'établissement. Une partie est réservée au clergé protestant et à la couronne, puis chaque individu reçoit 1 200 acres de terre, dont il ne conserve que 200 acres une fois la concession accordée. Le reste revient au chef de canton pour le dédommager de ses frais (McGuigan, 1962; 1963; 1967; Séguin, [1947] 1970).

est renfermée dans une étendue de dix milles et cinq chaînes de longueur, sur dix milles, trois chaînes, et cinquante chaînons de largeur perpendiculaire; ou de telles autres longueur et largeur qui peuvent y être équivalentes. Un township *rectangulaire de cette dimension contient onze concessions ou rangées de lots, chaque lot ayant 73 chaînes et cinq chaînons de longueur, et 28 chaînes, 75 chaînons de largeur. Chaque rangée est divisée en 28 lots, ensorte que chaque* township *contient 308 lots de 200 acres, avec l'octroi pour les grands chemins. De ces lots 220 sont accordés aux habitans, et les 88 autres sont réservés pour la couronne et le clergé protestant.*

On peut de même observer que la quantité qui approche le plus du contenu de neuf milles de largeur, sur douze milles de profondeur, dimension ordinaire d'un township *de rivière, est de 67200 acres, non compris l'octroi pour les grands chemins. Ceux-ci renferment une étendue de 728 chaînes de largeur, sur 969 chaînes et 60 chaînons de longueur, ou toute autre longueur et largeur équivalente. Un* township *rectangulaire de cette dimension, contient douze concessions ou rangées de lots, chaque lot ayant 80 chaînes et 80 chaînons de longueur, et 26 chaînes de largeur, et dans chaque rangée 28 lots, faisant en tout 336 lots de 200 acres, avec les grands chemins. Dans ce nombre 240 sont accordables aux habitans, et les 96 autres sont réservés comme nous l'avons dit précédemment* (Bouchette, 1815: 252).

Au début des années 1830, les cantons sont bien implantés. Arrimés aux seigneuries, ils leur sont intégrés par les comtés qui recouvrent souvent indistinctement les deux entités (Figure 29).

Avec le temps, le nombre de concessions de terres augmente, mais dès les premières décennies du XIXe siècle les autorités constatent l'erreur d'avoir laissé se constituer de grands domaines fonciers qui restent pour la plupart inoccupés (Séguin, [1947] 1970: 191 et s.). En 1826, elles décident de vendre la terre aux enchères, en permettant même aux colons pauvres de rembourser le prix de leurs 200 acres par une rente annuelle rachetable équivalent à 5 % de la valeur du lot. En 1837, il faudra payer 10 % du prix d'achat lors de la vente aux enchères et le solde dans un délai de 14 jours, sous peine de confiscation. Quant au prix de la terre, il varie de 40 cents à 4,00 piastres l'acre, de 1826 à 1837, mais il est établi à un montant fixe de 20 cents, de 40 cents ou de 1,00 piastre l'acre selon les endroits

FIGURE 29

La division en cantons

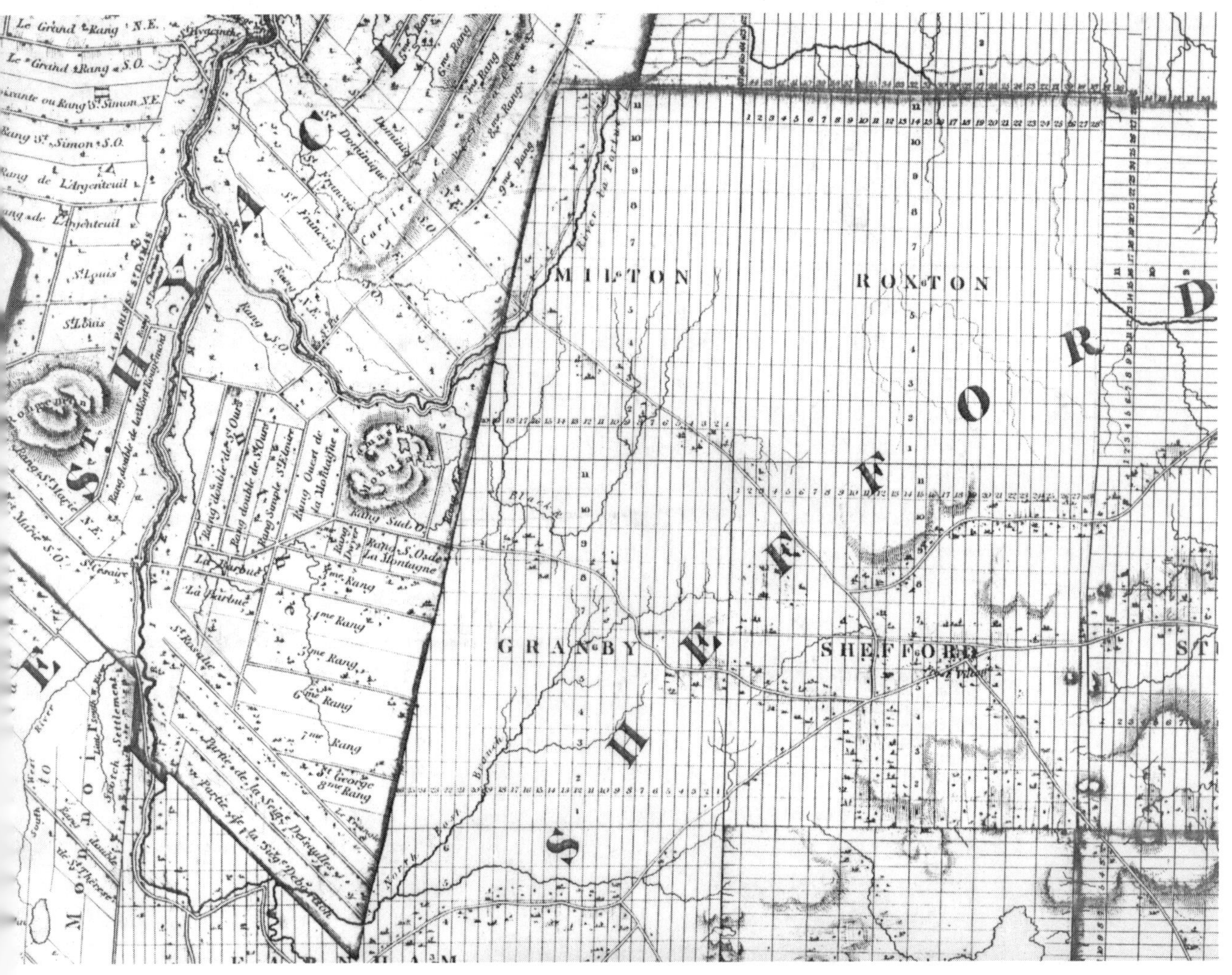

Source : Extrait de la carte de Joseph Bouchette (1831).

après la Rébellion de 1837-1838. Au milieu du siècle, il sera abaissé à 80 cents et 40 cents l'acre, avec possibilité, pour le Saguenay, de ne payer que 20 cents l'acre.

Quant aux réserves du clergé, elles posent d'autres problèmes : en plus de nuire à la construction et à l'entretien des chemins, elles imposent aux colons de subir le voisinage d'une terre en bois debout, ce qui nuit au drainage du sol. Ces difficultés ne sont résolues qu'au milieu du XIXe siècle, quand le gouvernement décide de vendre puis d'abolir les réserves du clergé. Plusieurs auront alors été acquises par les compagnies de colonisation, telle la British American Land Company, qui, de 1832 à 1836, se constitue un domaine de près de 1 250 000 acres dans les *townships* du district de Saint-François, ou la North America Colonial Association of

Ireland, qui achète des terres dans la partie commuée de la seigneurie de Beauharnois et les *townships* avoisinants (Séguin, [1947] 1970 : 201 et s.).

2.5 Le Domaine du roi

Au lendemain de la Conquête, la Traite de Tadoussac est sous la juridiction du Board of Treasury, qui l'administre, comme le suggère Murray, dans la continuité de la politique française. Pour lui, en effet, si l'Angleterre veut profiter du Domaine et assurer la survie du commerce des fourrures, il lui faut adopter le mode de fonctionnement des vaincus, c'est-à-dire le système du fermage, et en verser les profits dans les coffres de l'État, qui pourra ainsi les utiliser pour le soutien de sa colonie. La transition s'effectue rapidement et dès 1762 la Traite est louée (Dawson, 1996 : 79). Il n'en faudra pas plus pour activer le débat, tant dans la colonie qu'en Angleterre, où les marchands réclament la liberté de commerce, notamment auprès des lords du commerce dont dépendra bientôt le Domaine du roi.

La Proclamation royale de 1763 fait droit à ces réclamations, en accordant à tous les sujets britanniques la liberté de traiter avec les Amérindiens, pourvu que ceux-ci obtiennent une licence à cette fin et respectent les règlements qui ne manqueront pas d'être émis pour protéger le commerce. En outre, elle introduit la notion de « territoire indien », en réservant « pour l'usage desdits Sauvages, toutes les terres et tous les territoires non compris dans les limites de Nos trois nouveaux gouvernements ni dans les limites du territoire concédé à la Compagnie de la baie d'Hudson, ainsi que toutes les terres et tous les territoires situés à l'ouest des sources des rivières qui de l'ouest et du nord-ouest vont se jeter dans la mer ».

La question restait de savoir si la Traite de Tadoussac était comprise ou non dans ce territoire, ce qui invaliderait, le cas échéant, les mesures d'exception de Murray. La réponse à cette question se trouve dans les documents qui ont servi d'ébauche au texte de la Proclamation royale. Selon les termes de ces documents, il est manifeste que l'espace visé se situe plus à l'ouest, depuis la ligne de partage des eaux des Appalaches jusqu'au Mississippi et au golfe du Mexique, et autour des Grands Lacs. De plus, comme la région du Saguenay n'est pas militarisée (seul un petit détachement y avait été envoyé par Murray en 1760 pour protéger les postes de traite des méfaits des marins britanniques ; il avait déjà quitté en 1762), on n'aura pas à l'ouvrir à la traite libre ni à y construire de fort pour contrôler les échanges entre les marchands et les Amérindiens (Dawson, 1996 : 14-15).

Au cours des quelques années suivant la Proclamation royale, le statut de la Traite reste incertain. Même Murray semble se raviser, en publiant en janvier 1765 une proclamation sanctionnant la liberté de traite, mais en la reportant au mois d'août suivant. Aussitôt connue à Londres, la nouvelle entraîne une décision contraire: le territoire restera soumis au système de l'affermage! Deux ans plus tard, le 26 juin 1767, par un arrêt du Conseil privé, le roi décrète que, par sa Proclamation de 1763, il ne s'est nullement départi de ses droits sur les postes de la Traite de Tadoussac. Cette fois, la réponse est claire: le Domaine restera sous la juridiction du roi, qui l'exploitera au profit de sa nouvelle colonie.

3. LES CHANGEMENTS ÉCONOMIQUES ET SOCIAUX

Comme l'État français, l'État britannique se préoccupe rapidement des subsistances, mais, comme il est aussi intéressé au commerce et à la défense du pays, il se montre curieux également de l'état de développement de la colonie. Aussi entreprend-il rapidement de le cartographier. Amorcés par l'armée, les travaux sont assurés, après 1764, par le Bureau de l'arpenteur général, sous la direction de Samuel Holland, son premier titulaire. En même temps, le roi ordonne des recensements généraux et de seigneuries, afin de disposer de l'information nécessaire à ses prises de décision. Ajoutées à la *Description topographique de la province du Bas-Canada* de Joseph Bouchette (1815), ces réalisations donnent un aperçu des changements qui surviennent alors dans la vallée du Saint-Laurent.

3.1 La poussée démographique et l'extension de l'écoumène

Tout au long de la seconde moitié du XVIIIe siècle et jusqu'en 1815, on assiste à une expansion constante de l'écoumène, conséquence de l'augmentation continue de la population. En 1765, la colonie laurentienne compte environ 70 000 habitants (65 000 au lendemain de la Conquête), répartis pour un peu plus de la moitié dans la région de Québec. Seules les rives du Saint-Laurent sont alors occupées, avec quelques renflements autour des villes et de larges espaces vides dans les secteurs sablonneux et marécageux, à l'est de Québec et au sud du lac Saint-Pierre notamment. Vingt ans plus tard, la population atteint presque 113 000 habitants, dont 49 % sont établis dans la région de Montréal. En 1790, elle se chiffrera autour de 161 300 habitants et, en 1815, de 335 000. Le peuplement alors s'étend vers l'intérieur des terres, qu'il pénètre plus ou moins largement par endroits.

Cette poussée est due, pour l'essentiel, à l'augmentation de la population rurale. D'un peu moins de 53 000 habitants au lendemain de la Conquête, celle-ci passe à près de 100 000 habitants au milieu des années 1780. De ce nombre, une partie seulement vit dans les bourgs, le reste vit dans les rangs où elle s'occupe principalement d'agriculture. Quant aux conditions de cette croissance, elles restent celles du début du siècle, caractérisée par un fort taux de natalité (supérieur à 50 pour 1000) et un taux de mortalité particulièrement bas (de 25 à 28 pour 1000 selon les années), ce qui entraîne un doublement des effectifs aux 25 ou 27 ans.

Importante, cette poussée n'entraîne pourtant pas de pressions inconsidérées sur les ressources. Comme sous le Régime français, les mêmes mécanisme de régulation ont cours, qui allègent localement les densités humaines. Pour préserver l'intégrité de la terre et éviter sa trop grande fragmentation entre les héritiers, les enfants en surnombre quittent le toit familial au moment de leur mariage et vont s'établir ailleurs dans le territoire, où ils vont reproduire l'ancien mode de vie. Cet établissement se fait sur une terre souvent obtenue des parents ou concédée par le seigneur et il s'inscrit dans le cadre d'un mouvement qui associe généralement des personnes liées entre elles par des solidarités de provenance ou de parenté (Dechêne, 1974; Bouchard, 1983, 1987; Courville, 1983b; Mathieu *et al.*, 1984; Mathieu, 1987; Mathieu et Courville (dir.), 1987).

Observé dans le temps, le mouvement s'avère lent mais constant et il révèle les mêmes cycles d'ouverture, de fermeture et de réouverture du front pionnier que sous le Régime français. Observé dans l'espace, il signale des types variés de migrations qui peuvent être effectués à courte, moyenne ou longue distance. Certains ne migrent que localement, d'un rang à l'autre ou d'une localité à l'autre. D'autres migrent d'une rive du fleuve à l'autre ou d'une région à l'autre, ce qui modifie à la longue les équilibres démographiques régionaux. Ainsi, en 1765, près de la moitié de la population laurentienne vit dans la région de Québec; en 1784, elle n'en réunit que moins de 40 %. Les gains se font surtout au profit de la région de Montréal, dont les effectifs progressent alors de 43 % à 49 %. Cette expansion entraîne une accélération des défrichements, notamment dans les seigneuries de l'ouest et du sud de Montréal. Et, pendant qu'on procède aux premiers arpentages, on concède des terres où s'amorce bientôt un début de mise en valeur agricole.

3.2 L'EXPANSION DE L'AGRICULTURE [48]

Comme sous le Régime français, on cherche les bons sols composés de terres argileuses ou argilo-limoneuses qu'on ensemence aussitôt nettoyées. En 1765, par exemple, on sème environ 180000 minots de grain dans la vallée du Saint-Laurent, dont 53% déjà dans la région de Montréal. En 1784, on en sèmera deux fois plus, soit 383000 minots, dont près de 57% dans la plaine de Montréal. Dans l'est du Québec, les proportions passent d'un peu plus de 41% à 33% pendant la période, alors que dans la région de Trois-Rivières, elles progressent de 5,3% à 10,3% (Recensements du Canada, 1765 et 1784).

À moins d'y être contrainte par des facteurs de distance, de déficience des sols ou d'évolution du marché, cette agriculture reste vouée à la culture du blé, dans des proportions toutefois mal connues. En effet, ce n'est pas avant le XIXe siècle que cette denrée fait l'objet d'un relevé plus systématique dans les recensements. Les seules informations sur le sujet proviennent de sources fragmentaires et ponctuelles qui laissent l'impression d'une culture assez largement répandue. La littérature scientifique en a laissé l'image suivante : base de l'alimentation paysanne et des redevances en nature, le blé aurait représenté de 60% à 75% de la récolte, le reste se partageant entre l'avoine et les pois (de 15% à 30%), le maïs, l'orge, le seigle et la pomme de terre, parfois un peu de lin, plus répandu que le chanvre (Ouellet, 1991 : 3). Quant à l'élevage, il reste faible : produisant peu de fourrages, l'habitant fait boucherie à l'automne, ce qui le prive de fumier pour amender les sols, sauf le potager. Aux yeux des observateurs extérieurs, impressionnés par les succès de l'agriculture anglaise et hollandaise, cette carence fera bien mal paraître l'agriculture canadienne. En fait, cette dernière compensera par des techniques rudimentaires mais efficaces d'assolement, qui tiennent compte des conditions climatiques et technologiques de l'époque.

En effet, dans la vallée du Saint-Laurent, la saison végétative est courte (moins de 130 à 150 jours sans gel), ce qui interdit d'étendre les cultures au-delà des superficies permises par les techniques de labours (Wien, 1990). De plus, les précipitations sont élevées, ce qui pose d'autres problèmes, de drainage, notamment, particulièrement ressentis sur les sols

48. Ce texte et celui qui suit sur la montée des échanges proviennent en partie de présentations faites dans Courville, 1991b.

lourds. Pour pallier ces inconvénients, l'habitant soumet la terre à un assolement biennal et la laboure en planches pour favoriser l'égouttement. Ce système, largement répandu, reflète les conditions dans lesquelles doit évoluer l'agriculture canadienne. Présent partout où l'on privilégie le blé froment, il s'estompe dans le voisinage des villes et dans quelques fermes domaniales, où l'agriculture est plus diversifiée et où l'on observe souvent un régime à trois soles qui exige plus de travail et de terre (Dechêne, 1974).

Cette variation locale du système de culture nuance l'impression d'uniformité des campagnes laissée par les sources. Si l'hégémonie du blé est incontestable, il reste que sur le plan géographique bien des nuances s'imposent. En effet, ce qu'on en sait par l'évolution des dîmes payées à l'Église (Wien, 1987), montre que c'est surtout autour des villes et au sud de Montréal que le blé est récolté. Ailleurs, le système de culture est plus diversifié, bien que différent selon les régions. Avant 1815, par exemple, la pomme de terre n'est à peu près pas cultivée dans la région de Québec alors qu'elle se répand dans celle de Montréal. De même, l'adoption du maïs comme plante fourragère est surtout le fait de la plaine de Montréal (Dechêne, 1986: 189-202).

Ces différences sont notables également dans l'outillage agricole, qui se multiplie pendant la période (Beutler, 1987; 1990), mais qui varie aussi selon les régions. La charrue canadienne en fournit un exemple. Tirée par des bœufs, elle est raillée par les étrangers qui lui reprochent de faire des sillons trop larges et d'être mal adaptée aux parcelles trop petites. Pourtant, elle convient bien aux terres fortes. On la trouve surtout dans la région de Montréal où les sols lourds dominent. Dans la région de Québec, où les sols sont plus légers, la charrue anglaise tirée par des chevaux est plus répandue (Dechêne, 1986: 196).

Enfin, même entre les régions, les rendements agricoles sont différents. Et, de fait, ils paraissent toujours plus élevés sur les terres neuves que dans les vieux terroirs, mais dans des proportions qui nous échappent vu le manque d'informations pertinentes dans les sources de la période. À en juger par les effets des accidents climatiques et épidémiologiques du début du siècle, il semble que cette impression soit fondée. Provoquée par le refroidissement relatif du climat et surtout l'apparition, en 1809, de la mouche de Hesse qui, pendant cinq ans, ravage les blés du district de Montréal, la crise sera particulièrement difficile.

Louise Dechêne (1986) en a résumé les aspects. À partir de 1811, on assiste à un renversement des saisons : les hivers deviennent moins rudes mais plus longs, et les étés, plus froids et plus courts. Par la suite, le phénomène prend encore plus d'ampleur, accentué par l'éruption du Tambora (Indonésie) en 1815. Inquiètes, les autorités font enquête. Dès janvier 1816, le gouverneur demande à l'évêque de recueillir les témoignages de ses curés sur la détresse des campagnes. Toutefois, le pire reste à venir. Le printemps suivant est marqué par un froid continu et de nombreuses chutes de neige qui se poursuivent jusqu'en juin, après un bref répit à la fin du mois de mai. Juillet et août ne sont guère meilleurs : au froid et à la sécheresse succèdent des gels répétés qui compromettent les récoltes (Dechêne, 1986 : 192 et s.).

Ressenties partout, même en Nouvelle-Angleterre, les difficultés sont pourtant plus grandes dans la région de Québec que dans celle de Montréal. Elles le sont aussi dans les terroirs moins favorisés par les sols, notamment au nord et à l'ouest de Montréal, au sud de Sorel et du lac Saint-Pierre, et dans Charlevoix. Enfin, elles atteignent également la rive nord du fleuve entre Trois-Rivières et Québec, ainsi que certaines paroisses de la rive sud. Mais que de contrastes entre la situation de 1815 et celle de 1816. Dans la région de Montréal, en 1815, le blé, l'orge et l'avoine sortent indemnes des mauvaises conditions climatiques. En 1816, le maïs, l'avoine et les pois périssent, mais les récoltes de blé restent abondantes et même excédentaires, suffisamment pour combler les déficits des autres régions. Dans la région de Québec, au contraire, les récoltes céréalières sont désastreuses. Mais la disette ne survient qu'en 1816, avec le manque de fourrage, comme si les cultivateurs avaient choisi de réagir aux difficultés en mettant l'accent sur l'élevage (Dechêne, 1986 : 194-195).

Tout ceci suggère des types différents d'agriculture qui, tout en demeurant une activité de subsistance, semble s'orienter vers des productions plus appropriées aux conditions du terroir et sans doute aussi du marché. Toutefois, c'est dans la région de Montréal surtout que ces deux facteurs sont les plus favorables. L'habitat lui-même en témoigne, en laissant apparaître, aux côtés des premières maisons de bois et des vieilles demeures d'influence française, un tout nouveau type d'habitation plus confortable et aux lignes plus harmonieuses. Remarquable par son haut solage, ses larges fenêtres, son perron-galerie et son toit en larmier souvent percé de lucarnes, cette maison s'étend bientôt à tout le territoire, avec cependant des variantes selon les régions et l'aisance de leur propriétaire.

Une évolution semblable caractérise les bâtiments de ferme, qui deviennent non seulement plus spacieux, mais également plus nombreux. Quant aux champs et aux clôtures, ils portent aussi la trace de ces transformations, en faisant plus de place aux prés et aux emblavures, ainsi qu'aux clôtures de perches, surtout dans la région de Montréal, où la topographie et les sols favorisent davantage les grands champs.

3.3 Les échanges

Après la Conquête, les Lois de navigation britanniques remplacent les anciennes règles françaises relatives au commerce extérieur. Destinées à protéger le marché métropolitain, elles interdisent la production de certains biens, tels les textiles à base de laine et les chapeaux de fourrures, et elles imposent à l'économie coloniale de s'orienter vers l'exportation de matières premières et de quelques produits choisis qui devront toutefois transiter par des ports britanniques. Aussi, durant la seconde moitié du XVIIIe siècle, la structure du commerce colonial demeure-t-elle inchangée, orientée vers l'exportation de fourrures et de blé vers la Grande-Bretagne et sur l'importation de produits ouvrées et manufacturés en provenance des Îles britanniques. Ce n'est qu'au début du XIXe siècle que des modifications surviennent, reliés au déclin du commerce des fourrures et à la montée du commerce du bois qui, dès 1810, représente plus de 75 % de la valeur des exportations au port de Québec (Armstrong, 1984 : 116).

Sur le plan des produits agricoles, les échanges augmentent considérablement pendant la période. En plus d'alimenter un important commerce de blé et de farine sur le marché britannique, l'agriculture bas-canadienne exporte des chevaux et de petites quantités de pois vers les États-Unis. De plus, elle subvient en partie aux besoins alimentaires des villes et des villages. Enfin, elle approvisionne quelques fabriques, dont les brasseries de Montréal et de Québec. Mais dans ce panorama, c'est le blé surtout qui l'emporte, avec des variations parfois considérables dans le temps.

On a pu reconstituer l'importance de ce marché sur le plan international (Armstrong, 1984 : 72-74). Limitées à moins de 60 000 minots au début de la période (1763-1770), les expéditions de blé et de farine au port de Québec passent à environ 200 000 minots entre 1771 et 1775, avec un sommet de 468 000 minots en 1774. Puis, de 1776 à 1785, elles chutent de façon notable, en raison de mauvaises récoltes et d'une augmentation de la demande intérieure reliée à la présence de troupes dépêchées pour combattre le mouvement d'Indépendance américaine : de 60 000 à 83 000 minots entre 1776 et 1778, les exportations tombent à moins de 20 000 minots et même à 5 000 en 1785. La guerre terminée, les expéditions reprennent : de 1786 à 1790, le volume des exportations oscille entre 150 000 et 280 000 minots. Par la suite, les exportations de blé et de farine en provenance du Bas-Canada connaîtront des seuils inégalés, stimulées par les tarifs préférentiels et les prix sur le marché britannique : de 225 000 à 485 000 et même à 542 000 minots entre 1791 et 1795, ils passent, après la dépression des années 1796-1800, à plus de 663 000 minots et même 1 150 000 en 1801-1802, les plus élevés de la période. Puis, de cette date à 1812, elles connaissent une tendance à la baisse : de 448 000 en 1803, elles passent à 115 000 minots en 1805, pour remonter à 399 000 minots en 1808 et chuter de nouveau à 98 000 minots en 1811. En 1812, elles atteindront 452 000 minots.

Diverses hypothèses ont été proposées pour rendre compte de ces variations. Selon l'historien Fernand Ouellet (1971), par exemple, qui considère la période 1803-1812 comme l'une des plus importantes dans l'histoire économique du Québec, elles sont dues surtout à de mauvaises pratiques agricoles qui, ajoutées à l'augmentation de population enregistrée entre 1790 et 1815, auraient conduit à l'épuisement rapide des sols dans les vieilles paroisses seigneuriales et à la chute de rendements. Il en serait résulté une importante crise agricole, qui aurait mis un terme au mode de croissance économique entraîné par le commerce des fourrures et du blé, et encouragé, chez les représentants des professions libérales, la montée d'un nationalisme qui conduira aux Troubles de 1837-1838. Quant aux surplus observés durant certaines années, Ouellet (1971) les attribue au blé en provenance du Haut-Canada et des États-Unis. Pour Gilles Paquet et Jean-Pierre Wallot (1971 ; 1972) qui, au contraire, analysent la situation également à partir du volume des exportations et des inventaires après décès, cette chute des exportations renvoie plutôt à un début de restructuration globale de l'économie, en plus de favoriser une réorientation de l'agriculture et même une augmentation relative des revenus, et donc de l'aisance matérielle (Wallot *et al.*, 1983). Autrement dit, le producteur aurait réagi plutôt positivement aux variations des prix du blé sur le marché impérial en substituant au blé de l'orge, de l'avoine et des pois. Pour T.J.A. Le Goff (1974), enfin, le déclin des exportations serait surtout dû à la croissance démographique, qui aurait réduit sensiblement la disponibilité de blé pour l'exportation.

Tout intéressantes qu'elles soient, ces hypothèses posent diverses difficultés, résumées par Robert Armstrong (1984) : d'une part, les séries de prix dont on dispose sont encore trop fragmentaires pour soutenir des analyses fines de comportement ; d'autre part, l'évolution de la demande intérieure pendant la période reste encore mal connue. Par ailleurs, s'il semble raisonnable de penser que l'augmentation de population a eu des incidences directes sur l'agriculture, il reste difficile de les saisir, d'autant plus que les fluctuations observées dans les volumes d'exportations après 1802 ne sont guère différentes, somme toute, de celles qui ont été observées à la fin du XVIIIe siècle[49]. Enfin, même en admettant une relation entre les exportations et les revenus, il faudrait encore tenir compte des différences de niveaux de vie qui séparent la colonie de la métropole et, à l'intérieur de celle-ci, des habitants entre eux (Dessureault, 1985 ; 1989). Aussi, le problème reste-t-il entier, du moins posé sur cette base. Car il n'y a pas que les exportations qui importent ici, il y a aussi tout le contexte intérieur de la colonie, où d'importants changements se préparent. Ils auront des conséquences majeures dans l'évolution des campagnes.

3.4 La croissance urbaine

Au lendemain de la Conquête, les seules agglomérations de quelque importance sont Québec et Montréal, avec lesquelles la campagne entretient peu de rapports. Ce sont pour l'essentiel des places administratives et commerciales, dotées de fonctions religieuses et militaires importantes, et où s'élèvent d'importants ouvrages de défense. Tournées, l'une vers l'Europe, l'autre vers l'intérieur du continent, elles définissent un réseau urbain fusiforme qui marque la porte d'entrée et de sortie de la colonie laurentienne. Entre les deux, Trois-Rivières, dont l'importance est tout juste celle d'un village.

---

49. Rappelons que la thèse de Fernand Ouellet se base sur le déclin apparent des exportations de blé entre les années 1797-1802 et les années 1803-1808 (-32 %) et sur les dîmes payées à l'Église. Selon Robert Armstrong, si on exclut les années 1801 et 1802 dans le calcul de la variation du volume des exportations entre 1797-1802 et 1803-1808, les données indiquent non pas une diminution, mais une augmentation des expéditions entre les deux dates (+41 %). De plus, sauf pour quelques années précises (1801-1802 et 1806-1807 notamment), il n'existe aucune série statistique complète permettant de connaître l'origine du blé expédié au port de Québec. Enfin, les données sur lesquelles Fernand Ouellet s'appuie pour observer l'agriculture bas-canadienne, les dîmes, ne permettent pas l'observation annuelle de cette activité, parce qu'elles étaient recueillies au hasard de visites pastorales, toujours très variables dans le temps et dans l'espace. Quant à la montée du nationalisme, elle pourrait tout aussi bien être expliquée par l'évolution du contexte politique : il n'y a qu'à penser aux impacts de l'Acte constitutionnel de 1791 sur le partage des pouvoirs entre francophones et anglophones ou aux divergences que font naître chez les élites francophones la politique de distribution des terres dans les cantons. À ce sujet, voir Armstrong (1984 : 75-86). Voir aussi la mise au point de Fernand Ouellet (1991 : 138) à propos de la part accrue du blé du Haut-Canada dans les exportations au port de Québec, qui aurait représenté autour de 3 % à 7 % au tournant du siècle, contre 24 % en 1806-1807 et 76 % vers 1820. Sur la tendance des prix, voir Paquet et Wallot (1998).

Un instant ralentie par la Conquête, qui entraîne une diminution relative de la population urbaine, qui devient de plus en plus britannique, la croissance des villes reprend dès la seconde moitié du siècle. Cependant, en 1784, Montréal et Québec ne comptent encore que quelque 6500 habitants. Quarante ans plus tard, vers 1815-1820, elles en compteront chacune autour de 15000. Quant à Trois-Rivières, qui ne compte encore que 650 habitants au moment de la Conquête et à peine plus de 800 en 1784, elle n'est toujours, en 1815, qu'un gros bourg (Gamelin *et al.*, 1984).

Cette augmentation de la population dans les deux villes principales reflète leur position privilégiée au sein de l'espace laurentien. Porte d'entrée et de sortie de la vallée du Saint-Laurent, Québec s'affiche comme la principale ville du Canada, tournée vers le commerce nord-atlantique. Pour sa part, Montréal est une tête de pont vers l'ouest, avantagée de plus par sa position au cœur d'une vaste région agricole qui lui fournit d'importants contingents de ruraux. Pourtant, ce n'est pas avant le début du XIXe siècle que cette transition s'effectue. Tributaire, comme sous le Régime français, d'une économie basée sur un *staple* - la fourrure - que rien n'était venu relayer jusque-là (Dechêne, 1973), Montréal reste une ville comptoir, dont l'hinterland est toutefois amputé de la région sud des Grands Lacs par le traité de Jay en 1794, avant de s'étendre jusqu'aux Rocheuses, grâce aux explorations d'Alexander Mackenzie. Ce sera à la fois sa force et sa faiblesse, car, avec l'extension de ses lignes de communication et la concurrence féroce qui s'engage entre la Compagnie du Nord-Ouest et la Compagnie de la baie d'Hudson, Montréal finira par perdre ses avantages dans le commerce des fourrures (Blanchard, 1953 : 232-233 ; Marsan, 1974 : 148 ; Robert, 1992 ; 1994). Mais, comme elle compte une importante bourgeoisie d'affaires, anglophone surtout, qui cherche à diversifier ses activités, elle deviendra vite la plaque tournante des échanges entre les Grands Lacs et l'Europe, grâce à des investissements massifs dans les infrastructures de transport, les banques, le commerce et bientôt l'industrie.

Quant à la ville de Québec, elle connaîtra une autre évolution, liée à son rôle de capitale de l'Empire britannique du nord de l'Amérique, qui en fait le siège de l'autorité impériale et de sa garnison. Toutefois, ce sont les échanges commerciaux, protégés par les Lois de navigation, qui forment ses vrais liens avec l'Angleterre. Favorisés par la situation géographique de la ville comme porte d'entrée du Saint-Laurent, ils donneront à Québec un avantage indéniable, qui se maintient jusque dans le premier tiers du XIXe siècle. Par la suite, et même si Québec continue pendant un temps de jouer un rôle actif, notamment dans les expéditions de bois, la centralité de Montréal s'affirme[50], entraînant dans son sillage la région de Trois-Rivières qui finira bientôt par participer de plus en plus de la socioéconomie de la grande région montréalaise.

Cette évolution se traduit par des modifications importantes du paysage urbanisé, qui prend alors des traits caractéristiques. D'abord plus spatiale que démographique, cette transformation s'exprime par un étalement accru du tissu construit, qui déborde de plus en plus largement les remparts. Au même moment, on assiste, à l'intérieur des murs, à une amélioration générale de la qualité de l'habitat, qui fait plus de place à la pierre et aux ensembles monumentaux. C'est le cas notamment à Montréal où, à la fin du Régime français, la majorité des maisons étaient encore en bois et situées dans l'enceinte de la ville. En 1781, elles sont plus nombreuses dans les faubourgs que dans la ville[51], où les grandes demeures de pierre à un ou deux étages et les dépendances en maçonnerie ont remplacé les petites maisons de bois basses d'architecture rurale. Comme le rappelle Louise Dechêne (1973), cette déconcentration s'est produite en l'absence de toute pression démographique. Précipitée par l'incendie de 1765 qui a détruit une partie de la ville, elle s'est traduite par une ségrégation prématurée, qui a repoussé dans les faubourgs les maisons des petits artisans et des manœuvres, pour ne plus retenir à l'intérieur des remparts que les maisons cossues, les édifices publics et les bâtiments privés à fonction commerciale ou industrielle. En moins de 20 ans, la ville a perdu son caractère de gros village, où riches et pauvres s'entassaient pêle-mêle. Elle a été réaménagée pour servir de centre résidentiel et commercial à la bourgeoisie.

À Québec où l'urbanisme militaire s'affirme avec plus d'éclat, la ville vit des bouleversements physiques et démographiques encore plus considérables (Hare, 1974; Charbonneau, Desloges et Lafrance, 1982; Ruddell, 1981; Richardson *et al.*, 1984). Dès la fin du conflit de 1760, on entreprend

50. Pour Jean-Paul Martin (1975 : 187), par exemple, Montréal devient le centre de la colonie entre 1800 et 1820. Pour Alan F. Artibise et Gilbert A. Setler (1979 : 9), ce transfert de centralité s'effectue au cours des années 1830 : en 1840, Montréal est clairement établie comme centre économique des Canadas. Thierry Ruddell (1981 : 3) va dans le même sens, en rappelant qu'en 1820 Québec est encore le centre colonial le plus important en Amérique du Nord, en raison de son importance dans le commerce du bois. Enfin, distinguant entre différents types de centralité (militaire, commerciale, administrative, etc.), François Drouin (1983) montre que le processus lui-même de transfert s'échelonne de 1791 à 1821 et qu'il est lié à la transformation des échanges régionaux et à l'amélioration des moyens de communication et de transport dans la vallée du Saint-Laurent. À ce sujet, voir aussi Ouellet (1971) et Glazebrook (1938).

51. Selon Louis Dechêne (1973 : 169-170), la ville compte 307 maisons en 1781 contre 387 en 1741 ; quant aux faubourgs, ils en accueillent 352 en 1781, contre 70 en 1741.

de reconstruire la basse-ville, pendant que dans la haute-ville les interventions des militaires confirment la fonctions de place-forte de Québec (Hare, Lafrance et Ruddell, 1987: 121 et 149; Dechêne, 1984). Une citadelle temporaire est construite, des casernes sont aménagées et des terrains sont expropriés pour fins défensives. De plus, on isole le secteur par de nouvelles portes. Enfin, en vue de dégager les ouvrages défensifs, on freine l'expansion domiciliaire à l'intérieur des remparts. Reportée vers l'extérieur, la population, des artisans surtout, entreprend de s'installer dans les faubourgs. Le faubourg Saint-Jean est alors ouvert au lotissement. Rasé en 1775 par mesure de sécurité devant l'avance des troupes américaines, il connaîtra par la suite une croissance remarquablement rapide, plus que le faubourg Saint-Roch, plus bas et fangeux, anéanti par les bombardements. Enfin, une poussée se fait également sentir le long du chemin qui mène à Sainte-Foy. À la fin du XVIIIe siècle, ces faubourgs compteront un peu plus de 1500 habitants, soit le quart de la population civile de Québec. Une vingtaine d'années plus tard, ils en abriteront près de la moitié. L'expansion se dirigera alors vers le faubourg Saint-Roch, moins densément peuplé que le faubourg Saint-Jean.

Cette expansion vers les faubourgs est également visible à Trois-Rivières, où la population a débordé depuis longtemps les limites originelles de l'agglomération. Elle s'est installée en bas du Platon, du côté ouest, à un rythme qui n'a toutefois rien de commun avec celui des grands centres (Gamelin *et al.*, 1984: 11 et s.). Au moment de la Conquête, le bourg ne compte que 110 maisons réparties à peu près également entre la haute et la basse-ville. Au recensement de 1784, il n'en comptera que 128. Ce n'est qu'au XIXe siècle, en fait, que sa croissance deviendra plus rapide, sans jamais que sa taille ne rejoigne cependant celle des deux villes principales.

Au tournant du XIXe siècle, la colonie laurentienne paraît donc s'être assez bien adaptée à la présence britannique, à cette différence près qu'elle fait partie désormais de l'un des plus puissants empires de l'époque. Ce sera à la fois sa force et sa faiblesse, car si elle bénéficie, par sa position géographique au sein de la composante nord-américaine de cet empire, d'avantages politiques et économiques indéniables, sans compter tous les bénéfices qu'elle peut espérer obtenir de la technologie et du savoir-faire anglais, elle en ressent aussi les effets, car elle a partie liée avec le destin de la Grande-Bretagne. La guerre anglo-américaine de 1812 viendra de nouveau le lui rappeler, en marquant aussi le début d'une nouvelle ère de développement caractérisée par les soubresauts de l'Âge urbain et industriel qui s'annonce.

IV. LA COUCHE URBAINE ET INDUSTRIELLE

CHAPITRE 7

LA PÉRIODE DE TRANSITION

Après la guerre anglo-américaine de 1812-1814, le Québec connaît des transformations importantes, précipitées par la croissance de la population et une extension générale des échanges. Le paysage en est profondément transformé. Jadis caractérisé par une dispersion linéaire du peuplement, il prend de plus en plus l'aspect d'un terroir plein, marqué par une extension notable du réseau routier, du réseau villageois et de la population urbaine. L'agriculture se transforme, l'exploitation forestière s'accroît et l'industrie rurale se répand, pendant que de nouvelles institutions sont mises en place, qui jettent les bases d'un encadrement social différent et qui stimule la montée des professions libérales. Un contexte s'achève pendant qu'un autre se met en place, en une série de mouvements marqués par des soubresauts politiques, économiques et sociaux.

1. LA POUSSÉE DÉMOGRAPHIQUE DES ANNÉES 1815-1840

En 1815, la population totale du Bas-Canada se chiffre à environ 335000 habitants. En 1831, elle atteint près de 511000 habitants. En 1851, elle aura dépassé les 892000 habitants, dont près de 80% vivent encore à la campagne. Cette poussée est due à la fois aux forts taux d'accroissement de la population, qui restent supérieurs à 26 pour 1000 au cours de la période, et à l'immigration, qui augmente après la guerre anglo-américaine de 1812-1814. Relativement limité jusque-là, le mouvement prend cette fois plus d'ampleur, stimulé par le chômage qui sévit en Grande-Bretagne, l'exode rural provoqué par la révolution agricole, les malaises de l'agriculture irlandaise et les tensions sociales en Écosse.

De 1815 à 1823, plus de 50 000 immigrants arrivent au port de Québec, dont près des deux tiers se fixent dans la vallée du Saint-Laurent. De 1823 à 1842, on en dénombre près de 86 000 dont le tiers encore s'établit au Bas-Canada (Ouellet, 1971, 1 : 284 et s.). Une partie s'installe dans les villes et les gros bourgs urbains ; une autre dans les cantons, dont la population augmente, mais moins rapidement que prévu en raison du contexte juridique de la colonie et des contraintes issues du système des *Leaders and Associates*. Le reste s'établit dans les paroisses seigneuriales, autour des villes notamment, et sur la frange du Bouclier, où ils sont dirigés par les autorités civiles ou les communautés religieuses.

Une telle progression de la population aura des conséquences importantes sur les paysages démographiques régionaux. En effet, aux longs courants migratoires observés jadis de l'est vers l'ouest, succèdent des accroissements sur place de plus en plus importants, qui se traduisent par des concentrations nouvelles de population dans la partie méridionale du territoire. Dès 1830, un équilibre est atteint : à partir de cette date, la région de Montréal concentre plus de la moitié de la population bas-canadienne, contre le tiers environ dans la région de Québec et autour de 10 % dans celle de Trois-Rivières.

Cette prééminence de la région de Montréal peut laisser l'impression de densités plus élevées dans cette partie du territoire, où la population francophone est particulièrement nombreuse. En fait, sa situation est beaucoup plus nuancée (Courville, 1980 ; 1986 ; 1988 ; 1990 ; Courville, Robert et Séguin, 1990a, 1995). Ainsi, en reportant le nombre d'habitants à la superficie des localités, on constate que si, à certains endroits, l'augmentation de population se répercute sur les densités qui augmentent, dans d'autres, celles-ci restent faibles, en dépit d'une augmentation parfois substantielle de la population. Cela suggère, dans le premier cas, un accroissement sur place des effectifs qui entraîne une augmentation des densités locales et, dans le second, une disponibilité de terres qui, encore en 1831, permet d'absorber les surplus démographiques de la campagne.

En outre, quand on défalque les populations villageoises, en augmentation rapide à l'époque, le calcul indique une faiblesse relative des densités rurales, dont on a souvent dit qu'elles étaient trop élevées à l'époque pour permettre une agriculture de qualité. Évaluées pour 1831, les données indiquent de fortes variations entre les diverses localités, qui nuancent les densités brutes de population. À l'époque, seules certaines paroisses de l'île de Montréal, de l'île Jésus et de la rive sud de Montréal affichent des taux supérieurs à 33 habitants au km^2. Autour, s'étend une zone intermédiaire où ils varient de 22 à 32 habitants au km^2 et, au-delà, sur le front pionnier, une zone où les données chutent dans des proportions parfois impressionnantes.

Enfin, quand on calcule les densités agraires, on constate des chutes plus importantes encore, sauf dans certaines localités mieux insérées dans les circuits du blé ou favorisées par les facilités de transport. Là, elles peuvent être supérieures à 25 habitants au km^2. Ailleurs, elles chutent à moins de 8,5 au km^2 sur les fronts pionniers, avec des variations de 8,6 à 25,2 au km^2 dans les autres localités. Il devient donc difficile, uniquement sur cette base, de conclure à des pressions humaines qui nuisent à l'agriculture. Au contraire, compte tenu des changements de toutes sortes que connaît la campagne à l'époque, il semble que d'autres facteurs interviennent pour introduire une plus grande harmonie entre les différentes composantes de la socioéconomie.

L'un de ces facteurs est la mobilité même de la population qui, par ses mouvements dans l'espace, résout ses tensions démographiques. On en distingue de deux ordres, qui modifient périodiquement et de façon continue la configuration de l'écoumène. L'un est centrifuge et s'exprime par des pulsions régulières de l'effectif rural depuis les zones centrales jusqu'aux marges du territoire; l'autre est centripète et se traduit par des concentrations nouvelles de population dans l'espace. Loin d'être opposés ou contradictoires, ces mouvements se conjuguent pour définir une variété de contextes qui apparaissent comme autant de lieux de résolution des problèmes posés par le taux élevé de reproduction de la population. Ils définissent la logique du peuplement en même temps que ses paramètres de croissance.

2. LES TRANSFORMATIONS DE L'ÉCOUMÈNE

Au début du XIXe siècle, la structure du territoire habité se présente encore sous la forme qu'il avait sous le Régime français, sauf dans les secteurs proches des villes où il s'épaissit. Ailleurs, il se limite aux rives du fleuve et de ses deux principaux affluents (rivière Chaudière et rivière Richelieu), sur une profondeur d'au plus quelques kilomètres. Puis, à partir des années 1800-1815, on observe une recrudescence de concessions: de riverain qu'il était, le peuplement pénètre cette fois plus franchement vers l'intérieur des terres, entraînant partout l'apparition de nouvelles côtes et l'arpentage des fonds de seigneuries (Courville et Labrecque, 1988). À la fin des années 1830, il aura débordé dans toutes les directions, pour atteindre les contreforts des Laurentides au nord, les Appalaches au sud et, en certains cas, les cantons, dont la cartographie progresse (Boudreau, 1986; 1994) et où s'active l'exploitation forestière. Encore une ou deux décennies et les basses terres seigneuriales seront à peu près toutes occupées; le peuplement s'étirera alors loin dans les cantons, à l'assaut du plateau laurentidien et des vallées appalachiennes, où apparaît bientôt un nouvel habitat très différent de celui des basses terres. À la maison québécoise traditionnelle succède un autre type de maison caractérisé par des formes plus simples et une ornementation moins recherchée, sauf dans les Cantons de l'Est où domine l'influence architecturale américaine.

2.1 Les activités de production et d'échange

Cette poussée favorise aussi bien les activités de production que les activités d'échange. En témoigne la diffusion, partout dans le territoire, des moulins et des fabriques, dont le nombre augmente considérablement avec le temps. Ainsi, en 1815, par exemple, Joseph Bouchette ne rapporte que quelque 600 équipements industriels dans la vallée du Saint-Laurent. En 1831, le recensement en indique plus de 2000, dont la plupart sont des moulins à scie ou à farine (Courville, 1988: 202). En 1851, selon les listes nominatives du recensement, on en dénombre près de 3500, dont plus de 2900 sont situées à la campagne (partie seigneuriale seulement). Et encore, il ne s'agit que d'un minimum puisque bien des listes ont été perdues, notamment pour l'île de Montréal et certaines paroisses de la rive sud de Montréal.

Cette progression des industries rurales est d'autant plus vive qu'elle s'appuie sur le pouvoir d'eau (Courville, 1987; 1988; Courville, Robert et Séguin, 1992). Comme celui-ci est à la campagne, c'est là d'abord que se développe l'industrie. En outre, elle coïncide dans le temps avec une disponibilité accrue de la main-d'œuvre, qui est non seulement abondante, mais bon marché, nourrie de tous les surplus démographiques en provenance de l'agriculture. C'est l'un des effets du mode de transmission des terres dans la vallée du Saint-Laurent qui, pour protéger l'intégrité du patrimoine, impose à chaque génération de quitter le lot paternel pour s'établir ailleurs dans le territoire ou dans une autre activité.

Parallèlement, on assiste à une extension du commerce interne, dont témoigne la navigation sur le fleuve et sur certains de ses affluents, la rivière Richelieu notamment (Sévigny, 1983; 1984). En témoignent également la croissance du nombre de marchands dans les basses terres seigneuriales, qui compte environ 2000 personnes en 1830 et plus du double en 1851, et la multiplication du nombre de foires régionales et de places de marché qu'accueillent les villes et tout village de taille suffisante. En 1815, par exemple, Bouchette ne rapporte encore aucune foire dans les seigneuries rurales; entre 1823 et 1825, on en autorise une quinzaine dans l'ensemble du Bas-Canada, qui pourront se tenir deux fois l'an, au printemps et à l'automne. De ce nombre, neuf auront pour site des agglomérations situées dans l'aire seigneuriale: deux dans des villes et sept dans des bourgs[52]. Quant aux marchés villageois, ils sont presque aussi nombreux que les villages eux-mêmes, et se tiennent en plusieurs cas jusqu'à deux fois la semaine (Courville, 1990).

2.2 La croissance villageoise

Partout notable, la croissance villageoise est particulièrement vigoureuse dans les seigneuries, où le nombre de hameaux et de villages se multiplie par six durant la période (Courville, 1984; 1990). En 1815, on n'en compte encore qu'une cinquantaine, disséminés pour la plupart le long du fleuve et de ses principaux affluents. En 1830, on en dénombre plus de 200, que consolident divers équipements de commerce, de service et de production (places de marché, boutiques, moulins, ateliers, fabriques, etc.). Vingt ans plus tard, on en compte plus de 300, dont certains atteignent déjà la taille de petites villes (Tableau 6).

52. Archives nationales du Canada, Proclamations, Lower Canada and Canada East, 1766-1860, série RG4, B3.

53. Signalons à ce propos que le village au Bas-Canada est un important lieu de localisation des industries rurales, regroupant parfois jusqu'au quart ou au tiers des industries de la localité. Si on élargissait l'aire d'observation à un demi ou à un kilomètre du bourg, le phénomène serait plus évident encore (Hardy, Lanthier et Séguin, 1987; Courville, 1990).

TABLEAU 6

La poussée villageoise (1815-1851)

	Nombre total de noyaux			Population moyenne des noyaux	
District/secteur	1815	1831	1851	1831	1851
Montréal					
Archipel de Montréal	3	15	22	203,71	376,84
Autres îles			1		28,00
Vaudreuil-Soulanges	3	8	12	178,88	247,82
Rive nord	7	39	51	276,29	343,40
Rive sud	14	49	73	339,42	533,02
Total :	27	111	159	293,54	423,83
Trois-Rivières					
Rive nord	5	10	13	203,00	274,31
Rive sud	5	11	15	163,27	199,20
Total :	10	21	28	182,19	241,65
Québec					
Îles	0	8	8	78,13	147,67
Rive nord	8	24	42	151,21	182,91
Rive sud	8	46	69	188,70	352,29
Total :	16	78	119	165,82	280,01
TOTAL	53	210	306	232,04	350,70

Sources : Bouchette (1815); Recensements du Bas-Canada (1831, 1851-1852).

Plusieurs facteurs expliquent cette poussée rapide des bourgs : l'augmentation de la population, dont les effectifs font plus que tripler pendant la période, l'extension générale de l'économie de marché, les nouveaux courants d'échanges et les initiatives personnelles de certains seigneurs, marchands, entrepreneurs ou paysans aisés, qui voient dans la création ou le développement de villages un moyen de rentabiliser leurs avoirs fonciers ou forestiers. Dans l'espace social, cela se traduit par des cristallisations nouvelles de population qui entraînent une parcellisation accrue des terres

FIGURE 30

La population villageoise

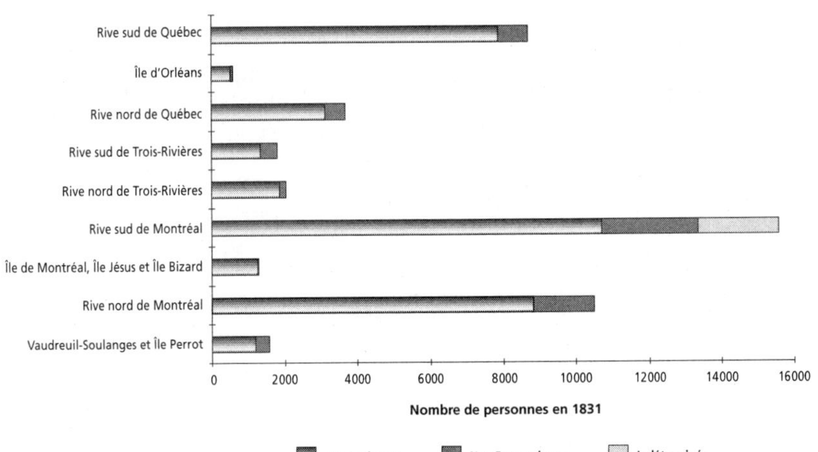

Source : Courville et Osborne (1997).

agricoles situées dans le voisinage des bourgs[54]. Les anciens villages s'épaississent pendant que de distance en distance de nouveaux apparaissent, accrochés aux rives d'un cours d'eau ou à un carrefour de routes. Dès 1830, on compte plus de 46000 habitants dans les noyaux villageois des vieilles seigneuries. Vingt ans plus tard, on en compte plus de 88000 répartis dans quelques 300 agglomérations. La plupart sont d'origine francophone, les anglophones dominant plutôt en périphérie du territoire (Figure 30).

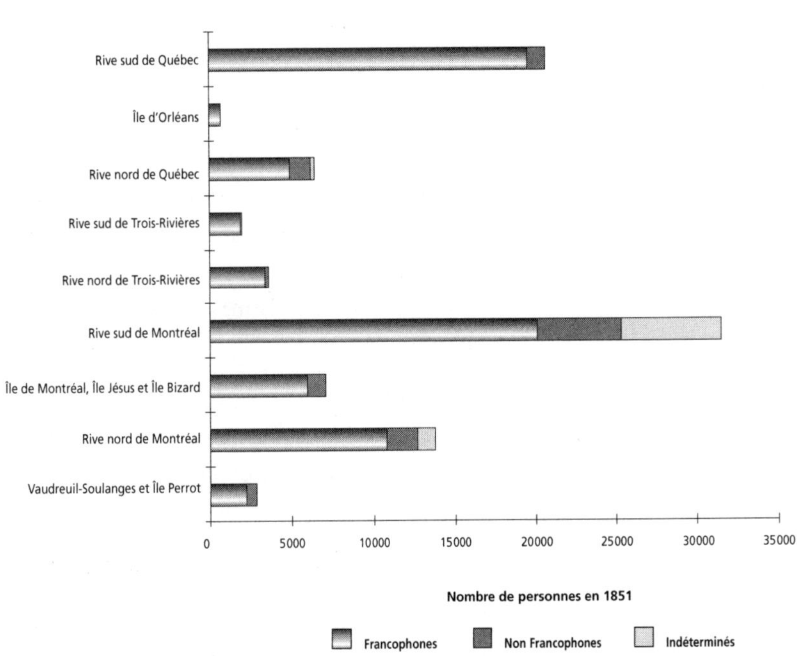

En moyenne, la population villageoise représente entre le cinquième et le quart de la population qui vit à la campagne. Composée d'abord en majorité d'hommes, puis, avec le temps, de femmes, elle se situe démographiquement à mi-chemin entre la population urbaine et la population agricole et comprend un nombre impressionnant d'enfants et de jeunes adultes dont une bonne part vivent en couple ; c'est le cas notamment dans l'île de

54. C'est d'ailleurs cette particularité qui fausse les études sur l'agriculture. Comme on ne distingue pas dans le recensement les terres agricoles des emplacements de villages, les calculs sur la superficie des terres sont faussés par la présence de ces emplacements (Courville, 1986).

Montréal, où la proportion de jeunes couples est toujours plus élevée dans les bourgs que dans les campagnes environnantes (Gen-Histo Inc., 1977 : 162-163). Elle comprend aussi un certain nombre de rentiers et de personnes âgées dont la part, d'abord restreinte, finira par s'accroître.

De tous les chefs de ménage recensés comme résidents des bourgs, une partie seulement s'occupe d'agriculture. Comme le village alors est surtout un lieu d'activités para-agricoles, la plupart d'entre eux s'orientent vers de nouvelles activités. Selon la date de recensement, la région et le village observés, on peut compter jusqu'à la moitié, parfois plus, des chefs de ménage engagés dans la fabrication, la construction, le transport et les services, et jusqu'au quart ou au tiers qui se déclarent journaliers. Le reste se partage entre le clergé et les notables, toujours plus nombreux en pays agraire qu'en pays d'industries rurales (Courville, 1990 : 121 et s.).

Villages-rue, villages-tas, petits bourgs agraires, gros bourgs urbains, petits bourgs industriels, places de commerce, bourgs de services, le paysage est extrêmement varié. Et, comme ces bourgs ne sont pas tous de même taille, il en résulte un réseau hiérarchisé d'agglomérations qui traduit une organisation nouvelle des espaces régionaux, autour de la ville d'abord, puis des bourgs urbains et des gros bourgs qui en sont les relais principaux.

Fait géographique, le village est donc aussi un fait de civilisation, qui révèle les rapports nouveaux qui s'établissent entre la ville et la campagne et qui marquent en profondeur la socioéconomie du monde rural. Lieu de rassemblement de la population rurale, il est aussi un lieu de sociabilité, de circulation et d'échanges qui en fait un pôle privilégié de la vie de relation. Lieu d'inclusion et d'exclusion, il est aussi un lieu de contrôle social, soumis à des réglementations diverses, qui visent autant la qualité de son aménagement que l'ordre public (Courville, 1990). Les charivaris en offrent un exemple. À côté de ceux qui, inoffensifs, ne visent qu'à souligner un heureux événement, un mariage par exemple, d'autres sont plus violents et se donnent comme des mécanismes de régulation des rapports sociaux, par lesquels sont divulgués des comportements jugés indignes de la vie en communauté (Massicotte, 1926 ; Palmer, 1978 ; Hardy, 1990).

Comme la ville, mais à un degré moindre, le village fabrique la modernité ; en même temps, il est fabriqué par elle. Il est à la fois un moteur et un indicateur. Il provoque et signale le changement, il en est

FIGURE 31

L'extension du réseau routier (1815-1831)

Vers 1815

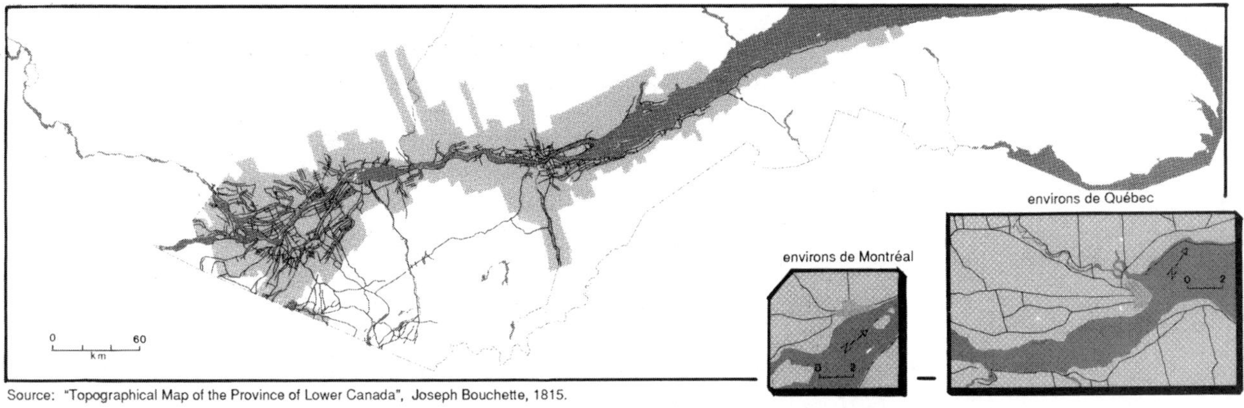

Source: "Topographical Map of the Province of Lower Canada", Joseph Bouchette, 1815.

Vers 1831

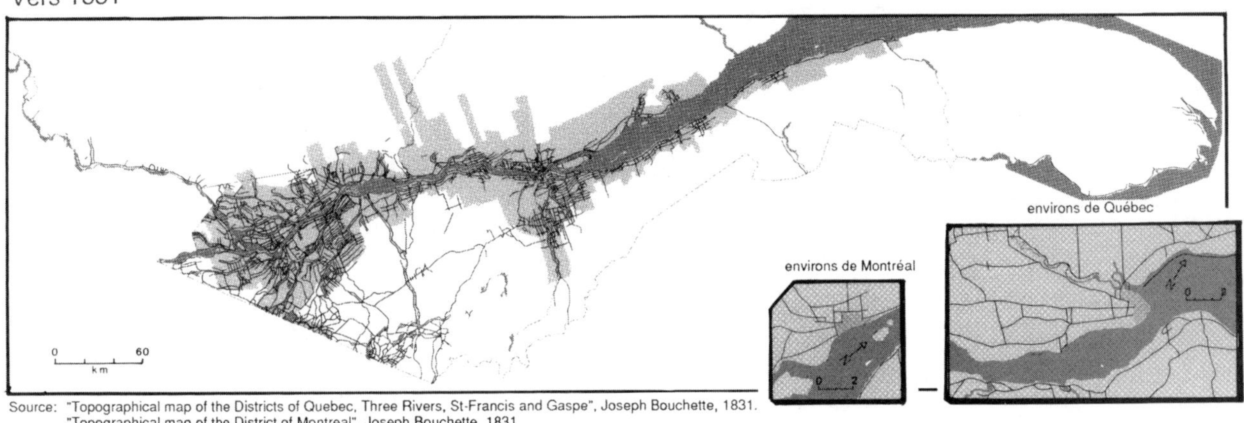

Source: "Topographical map of the Districts of Quebec, Three Rivers, St-Francis and Gaspe", Joseph Bouchette, 1831. "Topographical map of the District of Montreal", Joseph Bouchette, 1831.

Source : Selon Joseph Bouchette.

aussi la conséquence. Surtout, il est un lieu d'apprentissage du travail et de la vie urbaine, ce qui en fait un lieu de passage naturel vers la ville, une sorte d'étape dans la structuration du phénomène urbain.

2.3 Les infrastructures de transport et de communication

Loin d'être isolées dans l'espace, les agglomérations villageoises sont reliées entre elles par tout un réseau de routes et de chemins, qui agissent comme un complément indispensable du transport par eau (Courville, Robert et Séguin, 1990c: 181-196). Constitué initialement de simples bretelles parallèles au fleuve, le réseau routier s'est progressivement étendu à tout le territoire habité pour finalement intégrer toutes les nouvelles aires de peuplement qu'il a même précédées en certains cas. Cette pénétration s'est faite en plusieurs étapes, stimulée à la fois par la colonisation agricole et l'exploitation forestière qui, à partir des années 1800, repoussent de plus en plus loin les marges de l'écoumène. Dès 1820-1830, l'essentiel du réseau est en place, calqué sur les lignes de force dessinées par la France au début de son aventure coloniale. Par la suite et jusqu'à la fin du XIXe siècle, chaque nouvelle avancée, chaque nouvel établissement, entraîne presque immédiatement l'apparition d'un nouveau rameau de chemins dont les branches, souvent fort nombreuses, comblent les surfaces interstitielles. Il en découle une densité qui stimule la vie de relation (Figure 31).

Certes, les chemins souffrent à l'époque de mauvais entretien et sont parfois mal reliés entre eux faute de ponts ou de traverses. De plus, leur densité n'est pas égale partout, plus lâche à l'est de Québec où la topographie impose ses limites, beaucoup plus dense au fur et à mesure qu'on se rapproche du lac Saint-Pierre et de la plaine de Montréal où il prend l'aspect d'une véritable toile d'araignée. Toutefois, en dépit de ces lacunes, il reste que ce réseau est là, disponible, en solution de prolongement à la voie d'eau, avec laquelle il forme un ensemble intégré qui lie les activités fluviales aux socioéconomies locales.

Cette particularité du réseau routier tient à la place qu'occupent les villes de Québec et de Montréal dans la vallée du Saint-Laurent. Apparues tôt au XVIIe siècle, ces villes ont été à la fois des comptoirs et des têtes de pont vers l'intérieur, commandant aussi bien l'économie que le peuplement, ainsi que des marchés pour les campagnes avoisinantes. On ne trouve aucun autre exemple d'un tel pouvoir structurant dans l'espace laurentien, ce qui ne veut pas dire que ces agglomérations soient les seules à pouvoir orienter le réseau routier. Car, en changeant d'échelle et en observant les choses localement, on constate que bien d'autres ont cette capacité. C'est le cas, notamment, des gros bourgs urbains, desquels partent souvent des chemins de pénétration vers l'intérieur. Cependant, comme il s'agit ici d'agglomérations situées le long de chemins riverains, leur fonction réelle est globalement d'un autre ordre, celui de servir de relais dans le territoire de l'économie urbaine. Et, comme la plupart sont situées le long de voies d'eau navigables, c'est autant d'acquis pour la compréhension du système de voies de communication mis en place dans la vallée du Saint-Laurent.

Complémentaire du fleuve et de ses principaux affluents, la route apparaît de plus en plus comme un facteur de cohésion économique et sociale qui met en lumière les rapports qui existent entre la ville et la campagne. Par son orientation, son étendue, sa densité, sa profondeur, elle est un signe de la place qu'occupe désormais l'échange dans la vie du monde rural. En liaison étroite avec la voie d'eau, elle est une fenêtre sur l'extérieur, par laquelle s'exercent les influences extérieures et par laquelle on accède aux marchés.

2.4 L'expansion urbaine

Les années 1815 inaugurent une période de grandes transformations pour les anciennes villes coloniales. La croissance démographique, l'immigration, la montée du commerce du bois et l'expansion générale des échanges en sont autant de facteurs. Alors qu'au XVIIIe siècle la croissance urbaine se situait généralement à un niveau inférieur à celui de la colonie, à partir du XIXe siècle, la tendance s'inverse. En dépit des difficultés auxquelles elle doit périodiquement faire face[55], la population urbaine augmente à un rythme plus rapide que celle du Bas-Canada, ce qui entraîne une expansion sans précédent de leur tissu construit.

En 1815, selon Joseph Bouchette, la ville de Montréal compte déjà 15000 habitants, celle de Québec environ 18000, incluant la population des faubourgs, et celle de Trois-Rivières, autour de 2500. En 1831, le recensement indique 27000 habitants à Montréal, 26000 à Québec et autour de 3000 à Trois-Rivières. Au milieu du siècle, l'effectif aura progressé à un peu moins de 58000 habitants à Montréal, 42000 à Québec (plus de 50000 si l'on tient compte des faubourgs) et 7500 à Trois-Rivières

À Québec, qui demeure le cœur administratif de la colonie, cette période d'effervescence est surtout liée aux activités portuaires et à la construction navale, qui occupe des milliers d'ouvriers. Elle est liée aussi aux travaux de la citadelle, qui nécessitent un nombre imposant d'employés de toutes sortes, et au rôle que joue la ville comme port de débarquement des immigrants en provenance des Îles britanniques. Même si une partie seulement de ces nouveaux venus élisent domicile dans la vieille capitale, leur passage gonfle considérablement la population flottante, en plus de créer des tensions nouvelles entre Canadiens français et étrangers pour l'emploi (Hare, Lafrance et Ruddell, 1987: 178) et d'accentuer les contrastes à l'intérieur de la ville, qui connaît alors une activité de construction intense.

55. Par exemple, les épidémies de choléra qui alternent avec le typhus, la variole, etc. (Dechêne et Robert, 1979 : 220-256).

Dès les premières décennies du siècle, le nombre de Britanniques et d'étrangers s'accroît. En 1831, ils représentent déjà 44 % des chefs de ménage et sont surreprésentés dans les occupations commerciales et professionnelles, la fonction publique et l'armée (Ouellet, 1972; 1980). En comparaison, seules certaines catégories sont dominées par les Canadiens français : le clergé, les journaliers et, dans une moindre mesure, les artisans. En 1844, Montréal compte près de 58% d'anglophones contre 55 % en 1851, mais Québec et sa banlieue en accueillent près de 41 %, une proportion qui se chiffre encore à environ 42 % en 1851. Quant à Trois-Rivières, elle n'en compte que 14 % aux deux dates (Tableau 7).

TABLEAU 7

La composition ethnique de la population urbaine (1844-1851)

	Montréal		Trois-Rivières		Québec*	
Origine (en %)	1844	1851	1844	1851	1844	1851
Canadienne-française	42,78	45,08	86,03	86,66	59,23	58,19
Canadienne-anglaise	19,91	21,65	7,89	8,65	16,90	18,52
D'Angleterre	7,10	4,95	1,18	0,56	4,09	3,23
D'Irlande	21,56	20,33	3,38	2,17	16,51	17,22
D'Écosse	6,09	5,46	0,91	0,91	2,13	1,71
D'ailleurs en Europe	0,49	0,23	0,25	0,10	0,73	0,33
Des États-Unis	1,58	1,59	0,35	0,35	0,34	0,29
Non naturalisés	0,48		0,00		0,07	
D'ailleurs en Amérique		0,70		0,60		0,51
Total	100,00	100,00	100,00	100,00	100,00	100,00

* Incluant la banlieue.

Source : Recensements du Bas-Canada.

À Québec, cette différenciation ethnique s'accompagne d'une ségrégation spatiale accrue, qui accentue le caractère britannique et marchand de la haute-ville, pendant que certains quartiers, celui de Saint-Roch notamment, prennent de plus en plus un visage ouvrier et francophone (Hare, Lafrance et Ruddell,1987 : 214 et s.). La vieille ville prend alors un aspect plus entassé et vertical. Quant aux faubourgs, qui accueillent cette fois près de 60 % de la population, ils connaissent un développement effréné, qu'accompagne, sur les hauteurs d'Abraham, une floraison de villas (Richard, 1990). Érigées à grand frais, ce sont d'abord des résidences d'été, qui deviendront toutefois rapidement des habitations permanentes, propriétés de Britanniques enrichis. Enfin, le secteur du port voit son nombre de constructions et de hangars en bois augmenter; il deviendra de moins en moins domiciliaire avec le temps.

À Montréal, où Britanniques et étrangers représentent déjà plus de 51 % des chefs de ménage en 1831 (Ouellet, 1972: 180; Robert, 1977, 318 et s.) et encore 57% de la population en 1844, contre 54% en 1851, incluant les autres groupes ethniques, la ville connaît des transformations tout aussi notables. Stimulée par sa bourgeoisie d'affaires et les forces nouvelles de l'économie (Tulchinsky, 1977; Marsan, 1974: 185 et s.; Robert, 1977: 241 et s., 325 et s.; Willis, 1987) et avantageusement située pour le commerce avec le Haut-Canada et avec les États-Unis, elle tend à devenir la capitale d'un pays en plein développement, en liaison directe avec la Grande-Bretagne.

Le lancement, en 1809, du premier navire à vapeur sur le Saint-Laurent inaugure toute une série de travaux qui ont pour but de permettre la navigation de l'Atlantique aux Grands Lacs. Dès 1825, le canal Lachine est ouvert à la navigation. Une quinzaine d'années plus tard, dans les années 1840, on entreprend le dragage du fleuve et la construction de toute une série d'autres canaux. Enfin, ces travaux ne sont pas encore terminés que déjà on jette les bases des premières liaisons ferroviaires. En 1836, soit six ans à peine après que le premier chemin de fer de l'histoire ait relié Manchester et Liverpool, un premier tronçon est construit, qui relie, sur rail de bois, Laprairie à Saint-Jean, en vue de faciliter les communications entre Montréal et New York. En 1847, une deuxième ligne raccorde Montréal à Lachine et, en 1853, on établit une communication directe avec la ville de Portland sur la côte du Maine, pour bénéficier d'un port libre de glace. Bientôt, on reliera Toronto.

En quelques décennies, Montréal devient la plaque tournante des échanges. Au premier rang pour le commerce et la finance, elle comporte également un secteur de fabrication qui occupe déjà le cinquième de la population active recensée par Jacques Viger en 1825 et qui profite du réseau de commerce mis en place par les marchands (Linteau et Robert, 1985: 207-223, 209-210; Bernard, Linteau et Robert, 1976; Burgess, 1977). Ce n'est toutefois qu'après 1840 que ce secteur devient un moteur de croissance, grâce aux avantages offerts par le canal Lachine.

Tous ces changements entraînent une extension considérable du périmètre construit. Favorisé par le démantèlement des fortifications entre 1801 et 1817, qui favorise le désenclavement de la vieille ville, et par l'afflux massif de population à partir de 1815, le mouvement accentue les contrastes entre la vieille ville et les faubourgs[56]. Dès 1825, les quartiers de l'extérieur accueillent plus de 68 % de la population, contre plus de 86 % au milieu du siècle, ce qui représente un taux de croissance annuel moyen de 3,54 % contre 0,92 % dans la vieille ville (Robert, 1977 : 383 ; 1984 : 132 et s.). Parallèlement, la distance sociale s'accroît, visible dans l'inégale qualité de l'habitat : dans la vieille ville, où résident les bourgeois et les classes dominantes, la maison de pierre et les édifices publics dominent ; dans les faubourgs, peuplés d'artisans, de journaliers et d'immigrants, la maison est de bois et de plus petite dimension. La vieille ville concentre les grandes fonctions : administratives, religieuses, économiques, militaires ; les faubourgs, les ateliers et les boutiques. Pourtant, des changements se préparent qui transformeront encore plus le paysage urbanisé. Ils sont liés à la construction, dans les années 1830-1840, d'un premier ensemble de quais qui, en favorisant l'augmentation du trafic fluvial, fait pression sur la valeur des terrains et sur la quiétude des lieux. Ils entraîneront le déplacement de la résidence bourgeoise vers l'ouest, dans le quartier Saint-Antoine notamment, et une plus grande concentration des activités commerciales et financières le long des anciennes rues résidentielles (Robert, 1977 : 368 et s.).

Quant à la ville de Trois-Rivières, elle connaît aussi d'importantes transformations. En 1844, on y dénombre quelque 636 maisons (environ 550 en 1831 [Parker, 1968 : 416]), dont 533 dans la ville et 103 dans les faubourgs. En 1851, elle en comptera 864, soit 228 de plus réparties pour la plupart à l'extérieur du vieux centre. Trait frappant, cependant, c'est dans cette ville que la présence anglophone et étrangère se fait le moins sentir : évaluée autour de 400 personnes en 1831, ce qui représente environ 15 % de la population totale, elle ne compte encore que 611 individus au milieu du siècle, qui occupent toutefois des places en vue dans la société locale. Mais, relais sur la route de Québec à Montréal, la ville garde encore son apparence de gros bourg, en dépit des atouts que lui confèrent sa position géographique (Blanchard, 1950 ; Gamelin *et al.*, 1984).

56. Rappelons que Montréal bénéficie à l'époque d'un double mouvement migratoire, un premier, d'origine britannique, qui débute après la guerre anglo-américaine de 1812, et un second, d'origine régionale et surtout composé de ruraux, qui s'amorce dans les années 1840 pour atteindre un premier sommet au cours de la décennie 1852-1861 et se poursuivre tout au long du XIXe siècle (Robert, 1982 ; Gagnon, 1988).

Avantageusement située à la confluence de deux cours d'eau d'importance, le fleuve et la rivière Saint-Maurice, et à courte distance des Forges du Saint-Maurice, Trois-Rivières est en effet bien placée pour capter une partie du trafic fluvial qui se dirige vers les grands centres, en raison des contraintes que le lac Saint-Pierre fait peser sur la navigation. Et, de fait, c'est à la hauteur de cette ville qu'on transborde les marchandises à destination de Sorel et de Montréal (Courville, Robert et Séguin, 1988; 1990c). De plus, comme elle est au cœur d'un domaine agricole non négligeable, elle est dotée d'un éventail de services qui en font le chef-lieu régional: place de commerce, centre hospitalier, centre d'éducation. Enfin, elle bénéficie, depuis 1820-1830, du démarrage de l'exploitation forestière à des fins commerciales, ce qui a enrichi son secteur de fabrication. Toutefois, ce n'est pas avant le mitan du siècle que les conditions sont réunies pour qu'on assiste à une expansion plus soutenue, grâce au harnachement du Saint-Maurice en 1852 qui ouvre l'arrière-pays de Trois-Rivières à la grande exploitation forestière. La même année, on y créera un évêché.

Bien lancées, les anciennes villes coloniales deviendront avec le temps d'importantes places de marché qui entretiendront de plus en plus de rapports avec les campagnes environnantes. Plus net dans le cas de Montréal et de Québec, où la taille de la population stimule davantage les échanges, cette évolution se reflète autant dans la multiplication des marchés urbains[57] que dans l'orientation « fusiforme » du réseau routier régional, lequel traduit bien le caractère bicéphale du réseau urbain. Elle révèle une « territorialisation » des anciens comptoirs qui, tout en restant largement dominés par l'élément anglophone et le commerce avec l'extérieur, trouvent de plus en plus leurs assises dans leurs rapports avec leur région. C'est le cas, notamment de Québec, qui commence à pallier sa perte de centralité par un repli de plus en plus manifeste sur ses fonctions régionales. Quant à l'autre strate d'urbanité, elle est surtout constituée de gros bourgs, dont la taille est plus restreinte, mais dont les fonctions sont déjà celles des petites villes. Bien insérés dans les réseaux locaux d'échange, ces bourgs dominent tout un réseau de petites agglomérations qui, par eux, entretiennent des liens plus ou moins suivis avec la ville (Courville, 1990).

57. À Montréal, par exemple, on en compte plusieurs, dont huit sont créés entre 1800 et 1850 (Brouillette, 1991).

3. LES MUTATIONS ÉCONOMIQUES ET SOCIALES

Parallèlement, d'autres changements se poursuivent qui ont pour effet de modifier les conditions de vie de la campagne. Ils sont d'ordre institutionnel, économique et social.

3.1 Les changements institutionnels

L'un des grands changements de la période concerne la paroisse, dont le statut évolue considérablement à l'époque; d'autres, l'éducation et la seigneurie, dont les changements sont aussi importants.

3.1.1 La paroisse

Dès les débuts de la colonie, l'Église catholique avait érigé des paroisses et elle avait établi des missions. Leur fonction étant avant tout spirituelle, ces paroisses ne servaient qu'indirectement les fins administratives. De plus, elles n'étaient que grossièrement délimitées et parfois même pas du tout. Cependant, avec l'évolution du peuplement et des besoins administratifs, il devint bientôt nécessaire de leur reconnaître un statut juridique et d'en connaître les limites. En dépit d'opinions qui semblent reconnaître le statut de corporation des paroisses dès la fin du XVIIIe siècle, ce n'est qu'à partir de 1824-1825 que le principe de cette reconnaissance est officiellement acquis, après que le gouverneur eut émis des lettres patentes pour les deux paroisses érigées canoniquement en 1791-1792 et que le titre d'évêque de Québec fut reconnu à Mgr Plessis (1818). L'Église en profite alors pour créer une vingtaine de nouvelles paroisses, toutes dans le district de Montréal où la colonisation s'active. Une loi est finalement adoptée en 1831, pour constater l'étendue et les limites des paroisses érigées depuis le 3 mars 1722[58]. Par cette loi, l'Église catholique du Québec devenait seule responsable de l'érection canonique des paroisses, pendant que l'État se réservait le pouvoir de les reconnaître civilement. Ce sera chose faite en 1835, avec les premières proclamations civiles de paroisses. L'année suivante, un nouveau diocèse est formé, celui de Montréal, détaché de celui de Québec, qui venait aussi d'être amputé du vicariat apostolique d'Halifax (1817) et des diocèses de Kingston (1826) et de Charlottetown (1829). Il consacre la place qu'occupe désormais l'Église catholique du Québec dans le processus d'organisation de l'espace.

58. *Acte pour constater, établir et confirmer d'une manière légale et régulière, et pour les effets civils, les subdivisions paroissiales de différentes parties de cette province*, 1831 : 1 Guill. IV, C.51 Cette loi sera reconfirmée huit ans plus tard par l'*Ordonnance concernant l'érection des paroisses, et la construction et réparation des Églises, Presbytères et Cimetières*, 1839 : 2 Vict., C.29.

De 1831 à 1840, plusieurs nouvelles paroisses sont créées, qui modifient complètement la géographie administrative des campagnes[59]. Elles servent de cadre à l'établissement rural. En effet, plus que la seigneurie, la paroisse agit comme référence pour la population, qui voit en elle un véritable milieu de vie. Elle le sera d'autant plus qu'un curé y réside et qu'une organisation la soutient. Lieu de spiritualité, elle est aussi, par ses diverses associations et assemblées (de fabrique, de notables, de marguilliers), un lieu d'identité et d'expression de la culture. Également, elle est un lieu de contrôle social, qui deviendra de plus en plus réel avec le temps et la place grandissante de l'Église dans tous les secteurs de la vie communautaire. L'un de ces secteurs est l'éducation, dont le clergé s'occupe depuis longtemps, mais qui connaît à l'époque d'importants changements (Audet, 1971 ; Dufour, 1996).

3.1.2 L'école

Dès la fin des années 1780, en effet, un comité avait recommandé, mais en vain, la création d'un régime selon lequel tout l'enseignement, tant primaire que supérieur, devait relever d'un organisme central unique, à la fois biconfessionnel, bilingue, biethnique et composé de laïcs, de l'évêque catholique et de l'évêque anglican. Avec l'introduction du parlementarisme en 1791, l'idée resurgit d'instruire la population, afin de la former à l'esprit démocratique et d'assurer le progrès économique. Né de l'initiative de la bourgeoisie britannique, le projet se concrétise au tournant du siècle, avec la création de l'Institution royale (1801), qui prévoit établir un système d'écoles primaires gratuites dans chaque paroisse et *township* du Bas-Canada, régi par une corporation placée sous l'autorité du gouverneur. Contesté par l'Église catholique du Québec, qui craint la protestantisation de ses fidèles et la perte de son influence dans l'éducation des enfants, ce premier système scolaire ne connaît qu'un succès mitigé : de 1801 à 1828, à peine 80 écoles sont fondées dans tout le Bas-Canada.

59. Peu de paroisses, en effet, conservent leurs limites d'origine. Aussitôt que la population devient assez nombreuse, on procède à leur démembrement partiel pour en créer de nouvelles dont les territoires pourront être à leur tour démembrés plus tard. C'est ce qui rend difficile l'étude du Bas-Canada, puisque, entre les différents recensements, on assiste à d'importants changements dans les périmètres paroissiaux, qui rendent difficile l'exploitation des données et qui obligent à de patientes reconstitutions géographiques. À ce sujet, voir Courville (dir.) *et al.* (1988 ; 1989).

À partir de 1814, de nouveaux projets de loi sont présentés, formulés ceux-là par la Chambre d'assemblée, qui clame la nécessité de former des hommes d'affaires entreprenants, des ouvriers spécialisés, des agriculteurs éclairés, et même des citoyens capables de défendre les intérêts de leur nationalité. Tous sont rejetés par le Conseil législatif, qui est alors en lutte ouverte avec la Chambre sur la question de la liste civile (Paquet et Wallot, 1969; 1970). Tenace, celle-ci revient à la charge avec l'institution d'un Comité d'enquête sur les raisons qui ont retardé les progrès de l'éducation au Bas-Canada. L'année suivante, elle parvient à faire accepter le principe d'écoles de campagne soutenues financièrement par les paroisses. Ce sont les écoles de fabrique, qui ne connaissent pas cependant le succès escompté, vu les coûts qu'elles entraînent pour les populations locales. En quatre ans, de 1824 à 1828, une cinquantaine seulement sont fondées. Il faudra attendre la loi du 14 mars 1829, qui crée les écoles de syndics, pour que la situation change. Cette fois, l'élan est donné. En plus d'une allocation pour le maître et un subside par élève, l'État assume le paiement de la moitié du coût de construction ou d'achat des écoles, le reste devant être assumé par les communautés locales. Renouvelée en 1830, après quelques ajustements, la loi favorise une croissance spectaculaire du nombre d'écoles, qui passe de quelque 465 unités en 1829 à 1 216 en 1831. Par la suite, on tergiverse. Aux tentatives de l'État de resserrer son soutien financier, correspond une désertion inquiétante des écoles, notamment celles où les enfants sont instruits gratuitement. Le non-renouvellement de la loi des écoles de syndics en 1836 et le retrait des subventions gouvernementales entraînent la fermeture de plusieurs écoles, dont on n'arrive plus à assumer les coûts de fonctionnement. Il s'ensuit une grave crise de croissance, qui ne sera résorbée finalement que dans les décennies suivantes, par la mise en place d'un tout nouveau système scolaire calqué sur le système municipal.

Parallèlement, les premiers collèges classiques apparaissent. Jusqu'au début du XIXe siècle, le réseau reste assez limité. Au Petit Séminaire de Québec, qui avait pris la relève du Collège des jésuites après la Conquête, et au collège Saint-Raphaël de Montréal, créé à la fin du XVIIIe siècle, s'ajoutent également quelques écoles latines, tenue par le clergé ou des laïcs, et qui préparent l'entrée au collège. La plupart sont localisées dans les villes, mais on en dénombre aussi quelques-uns à la campagne, dans les environs de Québec et de Montréal (Galarneau, 1978).

Tout change au cours du premier tiers du XIXe siècle, avec la fondation d'une demi-douzaine de collèges conçus sur le modèle français. Le premier, celui de Nicolet, ouvre ses portes en 1803, favorisé par sa position géographique située à mi-chemin entre Montréal et Québec. En 1805, un deuxième apparaît à Saint-Denis, dans la vallée du Richelieu, qui ne survivra pas cependant à la création du séminaire de Saint-Hyacinthe en 1811. Cinq ans plus tard, une école latine pour garçons est ouverte à Sainte-Thérèse-de-Blainville, qui devient bientôt le collège Saint-Charles-Boromée (1830-1837). C'est aussi à la même époque que sont créés le collège de Chambly (1829), qui ne connaîtra cependant qu'une existence éphémère, le collège de Sainte-Anne-de-la-Pocatière (1829) et le collège de L'Assomption (1832).

En même temps, les écoles latines se multiplient, favorisant d'autant le recrutement des élèves. Ainsi, dans la région de Montréal, on en compte plusieurs, tant sur la rive sud de Montréal à Laprairie par exemple, que sur la rive nord, à Sainte-Rose, à Saint-Eustache et à Terrebonne.

L'élan est donné. Toutefois, à l'exception des collèges de Nicolet et de Sainte-Anne-de-la-Pocatière, tous les nouveaux établissements sont situés dans un rayon de 80 km autour de Montréal. En outre, ce n'est qu'après les insurrections de 1837-1838 et la reprise de 1840 que leur nombre se multiplie, avec la création de tout un réseau de maisons d'éducation vouées à l'éducation de la future classe moyenne.

3.1.3 La seigneurie

Pour sa part, la seigneurie connaît des changements tout aussi importants. S'il en est pour la condamner et réclamer un régime foncier plus proche des lois civiles anglaises, plusieurs la recherchent, pour affirmer leur statut ou s'assurer d'une source de revenu qui permettra d'élargir la gamme des activités économiques.

De 1815 à 1830, la seigneurie continue de passer aux mains des anglophones. Par la suite, toutefois, la part des francophones augmente, pour atteindre bientôt près de la moitié du territoire seigneurial. Dans la région de Montréal, où la propriété anglophone ne cesse de croître tout au long de la période, l'année 1831 fait charnière : de cette date jusqu'à 1854, la propriété francophone passe de 36 % à 46 %, tandis que la propriété mixte (anglophone-francophone), limitée à quelques enclaves en 1781, atteint

15 % en 1831, avant de diminuer de moitié par la suite. Précipitée par le commerce du bois, dont les lieux d'approvisionnement débordent désormais le territoire seigneurial, cette évolution se fait au profit des petits propriétaires, dont l'ambition s'accommode même de parcelles éparses. En certains cas, le morcellement est intense, en d'autres, il donne lieu à des concentrations semblables à celles des propriétaires britanniques. Dans la plupart des cas, cependant, la seigneurie est acquise à l'unité, soit par mariage, héritage ou achat, qui demeure de loin le moyen le plus courant d'acquérir un fief. Cependant, tandis que pour les uns la propriété seigneuriale doit servir les fins d'une prospérité nouvelle qui pourra éventuellement conduire ou couronner une carrière politique, pour d'autres, elle apparaît comme l'aboutissement normal d'une longue vie publique qui devra permettre une retraite paisible ou l'amorce de nouvelles affaires (Courville, 1980; 1993a).

Cette collusion entre des intérêts à la fois politiques, économiques et sociaux fera de la seigneurie une entreprise entièrement différente de celle qu'elle était aux XVIIe et XVIIIe siècles. Mieux gérée, elle est confiée souvent à un régisseur qui n'hésite pas à réclamer des dus pour lesquels les anciens propriétaires avaient affiché jusque-là une relative tolérance. L'affaire est rentable, pour peu qu'on s'en occupe. Elle le sera d'autant plus qu'elle bénéficie désormais d'un contexte démographique favorable qui accélère le développement des terres neuves. Pour le seigneur, c'est là une promesse de gains supplémentaires qui laissera cependant l'habitant confronté à des difficultés accrues de profiter du sol qu'il exploite. En effet, et même si au Bas-Canada les rentes dues au seigneur sont en principe celles qui sont fixées dans le contrat de concession, on constate une augmentation relative du taux de redevances dans l'espace et dans le temps, les plus forts taux étant exigés sur les terres neuves et dans les villages, notamment de la région de Montréal où la colonisation est plus récente. Il en résulte des prélèvements accrus qui s'ajoutent aux difficultés posées, en certains endroits, par le refus de concéder des seigneurs (Courville et Séguin, 1996).

Toutefois, si, sous certains aspects, la seigneurie impose ses contraintes, sur d'autres, elle favorise le changement : nombre de seigneurs jouent un rôle actif dans la mise en place d'équipements ou d'infrastructures qui favorisent les échanges. En effet, pour le seigneur désireux de rentabiliser ses avoirs, plusieurs voies sont possibles. Les plus communes, les plus rentables aussi, passent par l'exploitation forestière et l'implantation de moulins à farine et à scie, auxquels se greffent toute une gamme d'entreprises secondaires (filatures, brasseries, distilleries, vitreries, fabriques de savon ou de clous, etc.) implantées par le seigneur lui-même, un associé, un entrepreneur, un marchand ou un censitaire à qui le seigneur a consenti certains droits, dont celui d'utiliser les ressources hydrauliques. Elles passent aussi par la création de villages où il sera plus facile d'exiger des taux de rente élevés qui rentabiliseront le domaine ou les terres réservées à cette fin. Enfin, mais plus rarement, elles passent par l'implantation de fermes ou de jardins modèles, qui permettront d'accroître les rendements, donc le produit des rentes en nature (Courville, 1993a).

Décelables surtout dans les fiefs laïques, ces initiatives caractérisent aussi les fiefs religieux où l'on observe également une volonté de créer des infrastructures qui accroîtront la rentabilité de la seigneurie (Dépatie, Lalancette, Dessureault, 1987 ; Young, 1986). Comme le rappelle Sylvie Dépatie (1987 : 83-84), à propos de la seigneurie de l'Île-Jésus, la seigneurie à l'époque n'est pas une structure figée, c'est un organisme vivant qui s'adapte aux conditions économiques générales. L'augmentation de la population et le développement économique rendent l'application des droits seigneuriaux plus rentable ; les revenus qu'on peut en escompter incitent donc les seigneurs ecclésiastiques à une gestion plus suivie. Toutefois, comme ces fiefs ne sont pas des entreprises commerciales ni industrielles, l'accumulation de capital par les seigneurs ecclésiastiques sert moins le développement de moyens de production que la création d'institutions qui permettront à leurs titulaires de poursuivre leurs objectifs spirituels (Lanthier, 1987).

Ailleurs, le cadre seigneurial s'accommode mieux de la montée du capitalisme. Et, de fait, nombreux sont les seigneurs laïques qui profitent de leur propriété seigneuriale pour se lancer dans l'aventure capitaliste. Les Ellice, Papineau, Joliette, Bruneau, Massue, Debartzch, Hart, Dumont, De Bellefeuille, Lacroix, Caldwell, Dionne, Fraser, Joly de Lotbinière, en sont des exemples éloquents. Bien insérés dans le monde du commerce, de l'industrie et des transports, ils profitent des ressources de leurs fiefs pour construire des moulins et même des lignes de chemin de fer afin de leur faciliter l'accès au marché. Certains, tels Caldwell, Joly de Lotbinière et d'autres, vont même jusqu'à détourner des rivières et à augmenter les rentes en blé ou en bois pour accroître le produit de leurs moulins, intervenant par là même dans le procès de production de leurs censitaires (Robert, 1972 ; Baribeau, 1983 ; Courville, 1985 ; 1993a ; Héroux, 1988).

L'une des raisons qui expliquent cet intérêt des seigneurs dans le développement des moulins réside dans les conditions technologiques de l'époque. Les villes étant en général construites dans des sites peu favorables à la construction de moulins à eau, c'est vers les seigneuries rurales que doivent se tourner les entrepreneurs urbains pour élargir la base de leurs activités économiques[60]. L'affaire est d'autant plus intéressante qu'en plus des ressources hydrauliques on y trouve une main-d'œuvre bon marché qu'il sera possible d'utiliser dans l'exploitation des ressources. Enfin, les fiefs produisent des rentes qui représentent parfois des sommes substantielles (Dechêne, 1981 ; Courville et Séguin, 1996). Aussi assiste-t-on à l'époque à un important brassage foncier, qu'accompagne la mise en place et le renchaînement de tout un réseau d'alliances entre les seigneurs, les marchands et les entrepreneurs, qui voient dans la propriété seigneuriale un moyen d'accroître leurs bénéfices.

Autrement dit, c'est par la seigneurie, alors, que passe le développement de l'industrie. Sans être elle-même une entreprise de type « capitaliste », elle sert de cadre à des initiatives qui, elles, en présentent les traits. Certes, ces initiatives ne sont pas toujours de grande ampleur, ni même couronnées de succès ; en outre, considérées isolément, elles ne génèrent pas toujours des revenus élevés ; enfin, en certains cas, leurs profits ne servent qu'à grossir les fortunes étrangères (Larose, 1987). Toutefois, comme ces initiatives sont souvent polyvalentes et qu'elles s'inscrivent dans un contexte communautaire, elles deviennent vite des éléments structurants qui consolident et favorisent le peuplement local, en plus de stimuler l'afflux de main-d'œuvre et la diversification de la structure socioprofessionnelle (Courville, 1993a).

Ces conditions se traduisent, à la campagne, par une pénétration plus marquée de l'économie marchande et par de nouveaux rapports entre les champs d'activités économiques, qui deviennent aussi plus sensibles aux mouvements du marché (Wallot, 1981 ; Courville, 1987 ; 1988). Il en résulte un contexte renouvelé, qui marque la fin d'un long cycle d'expansion fondé sur l'exportation du blé comme source principale de revenu et le début d'une phase nouvelle de croissance, caractérisée par l'expansion du commerce du bois et des changements significatifs sur le plan de l'habitat et de

60. C'est le cas, notamment, de Joseph Masson qui, dans une lettre adressée à son associé Hugh Robertson le 1er octobre 1830 pour le convaincre d'acheter avec lui la seigneurie de Terrebonne, écrit que le fief actuellement rapporte de 1 100 à 1 300 livres annuellement, mais que ce profit serait encore plus élevé si son potentiel hydraulique était exploité. Cité dans Henri Masson (1972 : 109).

l'économie. Sans faire de ce passage le signe d'une rupture totale avec le passé, il faut convenir de conditions économiques suffisamment renouvelées pour qu'on puisse parler d'une autre socioéconomie, qui n'est déjà plus celle du XVIIIe siècle sans être encore celle de la seconde moitié du XIXe siècle alors que la ville impose de plus en plus sa présence (Wallot, 1981 ; Courville, 1987). On en a un exemple dans l'évolution du coût du sol, qui augmente considérablement au XIXe siècle.

3.1.4 Les exigences seigneuriales

Sous le Régime français, le mode le plus courant d'obtenir une terre est d'en demander la concession à un seigneur, ce qui réduit considérablement son coût d'acquisition. Outre les coûts de sa mise en valeur, il faudra néanmoins payer les redevances seigneuriales. Loin d'être uniformes partout, comme le voudrait bien le roi, ces dernières varient dans le temps et dans l'espace, à des seuils cependant qui restent bien en deçà de ceux qu'ils seront plus tard au XIXe siècle. Les plus connues restent les cens et rentes, que les historiens Jacques Mathieu et Alain Laberge (1991) ont relevés pour l'ensemble des seigneuries laurentiennes, à partir des aveux et dénombrements de seigneuries. Leurs données indiquent qu'ils varient de quelques deniers à quelques livres par arpent, selon l'endroit et le moment du dénombrement. Dans l'ensemble, cependant, les taux restent relativement bas, compte tenu du contexte.

Au XIXe siècle, la situation change radicalement, liée à la transformation de la propriété seigneuriale et à la demande de terre entraînée par la croissance démographique, qui stimule le processus d'accaparement du sol au profit des enfants. Non seulement la vente remplace-t-elle souvent la concession, mais des exigences nouvelles apparaissent, qui augmentent le niveau de prélèvements seigneuriaux. L'historien Fernand Ouellet (1972) a bien décrit cette évolution, en rappelant la rapidité avec laquelle les seigneurs réclament leurs arrérages (Ouellet, 1980; Poudrier, 1990). Il a montré aussi comment ils tentent de pallier les effets de l'inflation, par des hausses de taux sur les nouvelles terres et l'augmentation des anciens, quand le censitaire ne peut produire son titre initial lors de la réfection du papier terrier[61]. Ajoutés aux pratiques de certains seigneurs d'exiger des

61. Rappelons qu'une fois établi par contrat, le taux de cens et rentes reste fixe. Ainsi, une terre concédée au XVIIIe siècle, porte les mêmes taux au XIXe siècle, ce qui, compte tenu de l'inflation, amoindrit d'autant les revenus seigneuriaux.

droits tombés en désuétude ou qui sont franchement illégaux et à la propension de plusieurs régisseurs de réclamer des pots de vin pour l'octroi d'une nouvelle concession, ces procédés alourdissent le coût du sol seigneurial, qui prend de plus en plus une valeur marchande plutôt qu'une valeur d'usage.

Le changement le plus important à cet égard reste la hausse de taux entraînée par la croissance villageoise. Comme les emplacements de village commandent de meilleurs taux que les terres agricoles, on a intérêt à favoriser le développement des bourgs. De plus, comme le village est souvent doté de fonctions commerciales et industrielles qui mobilisent des espaces parfois considérables, elles aussi commandent des hausses de redevances qui, par effet de voisinage, rejaillissent sur la tarification des lots voisins.

Le recensement de 1831 permet d'apprécier le niveau de ces prélèvements, en fournissant une information originale sur les taux de cens et rentes payé dans chaque localité pour la terre seigneuriale. Comme d'autres sources, celle-ci n'est qu'indicative des exigences seigneuriales, d'abord parce qu'elle est incomplète et fait état de différents modes de paiement (argent, corvées, produits agricoles tels pots ou minots de blé, chapon, etc.), ensuite parce qu'elle renvoie à différents types de monnaie qu'il faut non seulement uniformiser mais interpréter. Car il ne suffit pas ici de transformer les livres françaises ou livres tournois en livres anglaises ou livres courantes (ramenées en deniers pour faciliter la cartographie), encore faut-il tenir compte des contextes particuliers des déclarations, qui feront parfois confondre les différents types de monnaie, comme dans les unités de mesure retenues pour l'agriculture, mais sans qu'on n'en fasse mention dans les listes. Cette confusion peut venir du commissaire lui-même, quand il est anglophone et qu'il a recensé des francophones, ou des déclarants, notamment s'ils sont francophones, mais résident dans des localités anglophones.

Ainsi, à la question « Combien d'acres de terre possédez-vous ? » ou « Combien de minots de blé avez-vous produits ? », on répondra souvent en arpents et en minots, comme s'il s'agissait d'acres et de boisseaux. De même, à la question « Que payez-vous en cens et rentes ? », on pourra répondre en sols ou en livres françaises, mais sans faire l'ajustement requis en sols ou en livres courantes, ou sans que le commissaire chargé du recensement ne l'effectue lui-même. Dans les deux cas, le montant déclaré sera inscrit en sols ou en livres anglaises, comme si les deux monnaies étaient équivalentes, alors que dans les faits la livre française (#) vaut 24 fois moins que la livre anglaise (£).

Cette confusion dans le vocabulaire renvoie aux traits culturels acquis de la population. Habituée aux mesures françaises, celle-ci répond dans sa langue, tout comme les commissaires anglophones qui, plus tard, rejetteront la « botte » de foin (une unité de référence commune chez les francophones), pour ne retenir que les « tonnes » de fourrage, plus en usage chez les anglophones (Courville, Robert, Séguin, 1995). Aussi faut-il chaque fois interroger le contexte pour s'assurer non seulement de la signification des déclarations, mais de leur cohérence. C'est ce que nous avons fait, en uniformisant les valeurs et en les ramenant en deniers (valeur courante), de façon à pouvoir les cartographier plus aisément et en obtenir des renseignements sur les pratiques seigneuriales[62].

Premier constat, les taux payés par la terre seigneuriale au Bas-Canada est relativement bas : 1,3 deniers par arpent occupé en moyenne (contre 3,30 par arpent cultivé). Cependant, ce ne sont là que des moyennes, qui gomment les variations locales et régionales. Ainsi, contrairement à la région de Québec, où le taux à l'arpent occupé est plus élevé dans les localités d'arrière-fleuve, dans les deux autres régions, c'est l'inverse : les plus forts taux peuvent être observés dans les localités riveraines et du front pionnier, selon une gradation qui reproduit celle qui est observée à l'échelle régionale et même à l'échelle locale, d'un rang à l'autre (Courville, 1983a ; 1996 ; Plamondon, 1995).

Par contre, lorsque le calcul porte sur le nombre d'arpents exploités, la situation devient plus complexe, chaque région affichant des profils particuliers : aux gradients observés dans les localités riveraines et celles du front pionnier, et qui, encore là, reproduisent ceux qui sont observés à l'échelle régionale, s'oppose une distribution différente dans les localités d'arrière-fleuve, qui fait de la région de Trois-Rivières l'une des plus dispendieuse qui soit, avec quelque 4,5 deniers, contre environ 3,3 dans les régions de Québec et de Montréal (Tableau 8 et Figure 32).

62. Dans notre ouvrage sur le coût du sol au Québec (Courville et Séguin, 1996), la note 3 (1996 : 13) laissait entendre que la livre anglaise équivalait à une livre française et 4 sols. L'erreur est due à une malencontreuse correction informatique à l'étape de l'édition finale, qui a fait disparaître le début de la phrase. En fait, il aurait fallu lire : « Une livre anglaise vaut 20 chelins de douze pences chacun. La valeur du sol courant est de 24 sols français ; elle équivaut à une livre française et 4 sols », ce qui a été la base de nos calculs, comme l'indique d'ailleurs la première phrase de la note. Il n'y a donc pas eu d'erreur dans l'uniformisation des données.

TABLEAU 8

Taux des cens et rentes payés dans les seigneuries du Bas-Canada (1831)

Régions, localités	Par arpent occupé	Par arpent cultivé
	(en deniers, valeur courante)	
Montréal		
Riveraines	2,47	4,11
Arrière-fleuve	1,81	3,39
Bas-Richelieu	1,99	4,07
Front pionnier	3,61	12,85
Moyenne	2,39	4,80
Trois-Rivières		
Riveraines	1,25	3,12
Arrière-fleuve	0,94	4,53
Front pionnier	1,37	4,32
Moyenne	1,24	3,25
Québec		
Riveraines	0,78	1,90
Arrière-fleuve	1,33	3,32
Front pionnier	0,95	3,43
Moyenne	0,92	2,58
MOYENNE	1,30	3,32

Source : Recensement du Bas-Canada.

Dans ce panorama, des situations particulières émergent : celle du Bas-Richelieu, où le taux de cens et rentes payé par arpent occupé est supérieur à ceux des localités d'arrière-fleuve, quelle que soit la région, et où le taux payé par arpent exploité est à peine différent de celui qui est payé dans les localités riveraines ; et les localités du front pionnier de la région de Montréal, où le sol commande des taux de trois à quatre fois supérieurs à ceux des autres régions.

Les cas les plus extrêmes, toutefois, restent localisés dans la partie nord-est du territoire. Ainsi, John McPherson, un gros éleveur et producteur de beurre salé destiné au marché de Québec, qui se dit seigneur de l'île aux Grues au recensement (une particularité dont Joseph Bouchette ne fait toutefois pas mention dans son dictionnaire de 1832, même s'il l'identifie comme propriétaire des lieux), déclare 76 livres anglaises en cens et rentes

FIGURE 32

Taux moyen de cens et rentes payé par localité (1831)

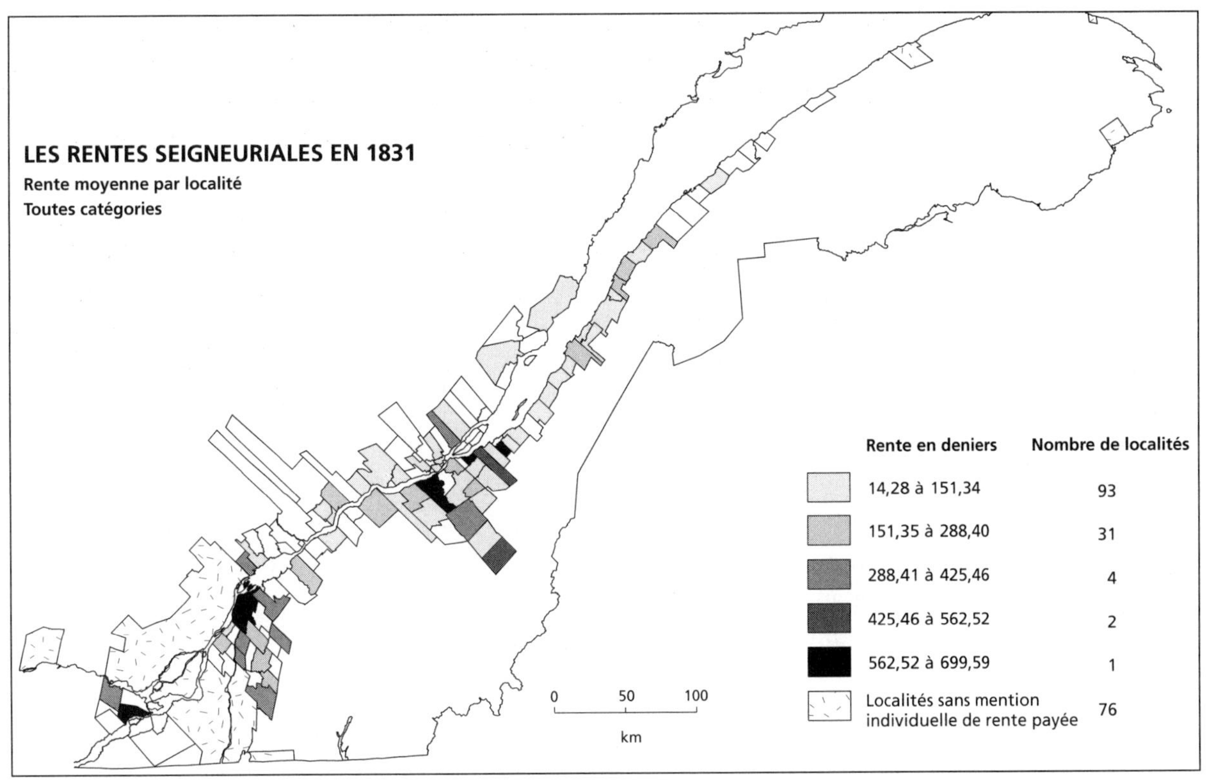

Source : Recensement du Bas-Canada.

(inscrit comme tel - £ 76 - dans le recensement), ce qui représente 18 240 deniers, valeur courante (ou 1 824 livres françaises), soit neuf fois le montant déclaré par tous les censitaires de l'île[63]. De même, W. Davies, qui se dit négociant à Baie-Saint-Paul (continuation du Cap-à-l'Aigle), déclare 45 livres anglaises, 6 chelins, 4 pences, soit 10 876 deniers, valeur courante[64].

Aussi est-ce également par métier, par ethnies et même par sexe, qu'il vaut d'analyser ces données, malgré les différences de dates qui séparent le recensement du moment initial de la concession. Vues sous ces angles, les variations sont aussi très grandes. Par exemple, comparé à ses homologues des autres régions, l'agriculteur riverain de la région de Montréal semble payer beaucoup plus cher ses cens et rentes, des prélèvements qui s'élèvent encore plus s'il pratique un autre métier et qu'il réside dans le Bas-Richelieu. De même, si les taux sont élevés chez les marchands, ils le sont également chez les artisans et les journaliers, moins cependant que chez les représentants des professions libérales de la région de Montréal, qui paient très cher leur localisation riveraine, et chez les représentants des services publics du Bas-Richelieu, où les taux, de toute façon, sont plus élevés pour tous.

63. Retours statistiques du Bas-Canada, *Archives nationales du Canada*, bobine 719, folio 247, ligne 4.

64. Retours statistiques du Bas-Canada, *Archives nationales du Canada*, bobine 721, folio 680, ligne 11.

Chez les femmes, l'écart n'atteint vraiment que les agricultrices et celles qui déclarent un métier relié à la fabrication ou au travail journalier ou, comme c'est le cas à certains endroits, au commerce et aux services. Quant aux anglophones, ils paient en général de plus forts taux que les francophones, dans des proportions qui varient souvent de un à trois. Mais, encore là, les cas de figure sont nombreux, liés autant à la localisation des déclarants qu'à leur secteur d'activité, les cultivateurs et les marchands d'origine britannique payent généralement plus que les francophones, comme les représentants des services et du clergé (Courville et Séguin, 1996: 40 et s.).

Plusieurs facteurs peuvent rendre compte de ces variations. L'un réside dans la croissance démographique de la période, qui stimule la demande en terres neuves. Même s'il reste des lots à concéder, cette demande est telle qu'elle crée un contexte favorable aux seigneurs, qui peuvent plus facilement hausser leurs exigences, pour répondre aux pressions inflationnistes de la période.

Un autre facteur réside dans la poussée de bourgs et de hameaux qui se multiplient de 1815 à 1850. Comme ils sont souvent construits en tout ou en partie sur les terres du seigneur, ce dernier peut plus facilement augmenter ses taux de cens et rentes. Cette poussée est particulièrement vive dans la région de Montréal, où elle entraîne un brassage foncier dont profitent même les cultivateurs voisins, qui n'hésitent pas eux non plus à morceler leurs lots pour spéculer.

Conjugués à la demande nouvelle d'espace qu'entraînent le développement de l'industrie rurale et des infrastructures de commerce et de transport (entrepôts, quais, débarcadères, etc.), ces facteurs contribuent à créer un contexte favorable aux prélèvements seigneuriaux, qui deviennent non seulement plus élevés, mais plus diversifiés, puisqu'ils sont appliqués à différents types de propriétés.

Enfin, comme on assiste à l'époque à une progression notable de la propriété bourgeoise, notamment dans le Bas-Richelieu, c'est autant d'acquis pour le seigneur qui peut même multiplier ses baux à ferme ou à moitié.

Il en résulte une monétarisation accrue des rapports humains, que les redevances seigneuriales ne sont pas les seules à expliquer, loin s'en faut, mais qui contribuent, elles aussi, à leur expansion. Quant à la terre agricole, elle garde bien sûr sa valeur d'usage, mais représente de plus en plus un capital qu'on pourra mettre à profit en cas de coup dur, soit par la vente de parcelles, soit par des locations de champs au cultivateur voisin, pour lui permettre d'accroître ses volumes de production. Comme les prélèvements seigneuriaux, ces pratiques contribuent aussi à l'augmentation du coût du sol.

3.2 La diversification sociale

L'un des traits marquants de la première moitié du XIXe siècle reste la diversification du corps social. À la masse des cultivateurs, qui forme encore le groupe social le plus important, s'ajoutent les représentants du monde du commerce, des services, de la fabrication et des transports, des professions libérales, des artisans, des journaliers et du clergé, dont le nombre augmente considérablement durant la période.

3.2.1 Le monde marchand

L'insertion de l'ancienne colonie française dans l'univers économique britannique, conjuguée aux changements qu'entraînent l'augmentation de la population et la montée des échanges, favorise l'apparition de toute une nouvelle bourgeoisie d'affaires, qui sera largement responsable de l'accroissement de la domesticité, mais dont le profil reste extrêmement varié (Ouellet 1980: 61 et s.).

Au sommet s'affiche la grande bourgeoisie marchande. Essentiellement anglophone et urbaine, elle est favorisée par ses liens privilégiés avec la Grande-Bretagne et domine le commerce des principaux produits d'exportation, la fourrure, puis le blé et le bois (Bervin, 1991). Plusieurs de ses représentants ont même des seigneuries, qu'ils exploitent à la manière des nobles anglais.

À l'ombre de cette grande bourgeoisie évolue une seconde couche de marchands, où figurent quelques francophones, qui ne disposent pas des revenus du groupe précédent, mais qui en partagent les valeurs et les aspirations. Eux aussi désirent à joindre les rangs de l'aristocratie foncière, qu'ils voient comme un moyen d'ascension sociale. Pour plusieurs d'entre eux, cependant, l'expérience se résume à une association d'affaires avec les seigneurs déjà en place. Pour d'autres, francophones surtout, elle pourra se traduire par l'acquisition de fiefs ou de portions de fief qui permettront le développement d'entreprises diverses: commerce des grains, commerce du bois, construction de moulins, de manufactures, etc.

Enfin, au bas de l'échelle, se profile tout un groupe de petits marchands, boutiquiers, artisans spécialisés qui n'ont ni les moyens ni les intérêts des groupes précédents, mais dont le nombre augmente considérablement à l'époque. On les trouve autant dans les villes que dans les villages, où ils forment une partie importante de la notabilité locale, avec les représentants des professions libérales et du clergé.

En 1831, on dénombre quelque 2500 familles occupées au commerce et au négoce au Bas-Canada. Grâce aux listes nominatives de recensement, on sait qu'au moins 1675 personnes sont engagées dans ce domaine d'activité dans la vallée du Saint-Laurent. De ce nombre, 47,3 % sont dans la région de Montréal, 7,9 %, dans celle de Trois-Rivières et 44,8 %, dans celle de Québec. À elles seules, les deux villes principales en réunissent plus de 57 %, ce qui en laisse 43% à la campagne, où, en dépit de certains vides documentaires, la distribution de l'effectif montre bien le rôle du fleuve et des villages dans la montée des échanges (Figure 33). En 1851, le panorama est plus difficile à cerner, en raison des lacunes liées à la perte de plusieurs listes de recensement. Toutefois, sachant qu'en 1871 plus de 8000 personnes seront recensées dans le commerce, et encore, uniquement pour la vallée du Saint-Laurent, on peut croire qu'au milieu du siècle le nombre de marchands fut autour de 4000, ce qu'indiquent d'ailleurs les agrégés de recensement, en dénombrant 4357 marchands et commerçants au Bas-Canada.

3.2.2 Les professions libérales

Un autre aspect des changements qui traversent le corps social réside dans la montée des professions libérales, dont les revenus favorisent aussi la domesticité. Encouragée par les besoins nouveaux que suscite la croissance de la population, leur augmentation est aussi stimulée par l'expansion de la colonisation et des échanges, ainsi que par la multiplication des collèges classiques, dont plus de la moitié des élèves se dirigent vers des carrières professionnelles.

L'un des secteurs les plus favorisés à cet égard reste celui du notariat, déjà avantagé depuis longtemps par les lois civiles françaises. L'extension de la colonisation, conjuguée à la maturation des campagnes et à l'augmentation du crédit et des échanges, fera du notaire une figure dominante des campagnes, aux côtés de l'arpenteur, de l'avocat et du médecin, dont chaque paroisse et village de moindre importance sont aussi pourvus.

FIGURE 33

L'effectif marchand au recensement de 1831

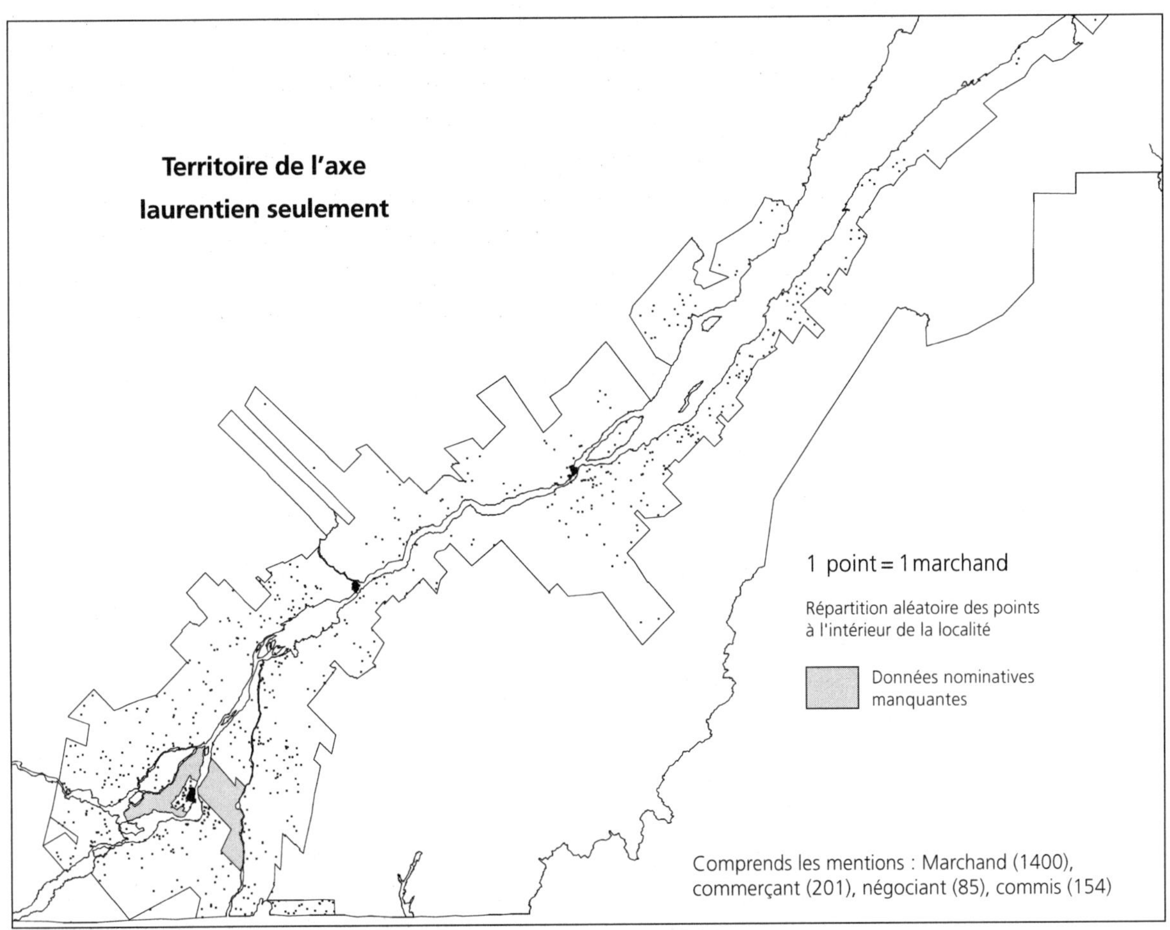

Source : Recensement du Bas-Canada.

Au tournant du XIXe siècle, a rappelé Fernand Ouellet (1980), les professions libérales sont encore mal définies. On peut être à la fois seigneur et notaire, ou médecin et chirurgien. Avec le temps cependant et l'accroissement des besoins en services, les rôles deviennent mieux définis et la formation s'améliore. Mais si des gains notables sont effectués, ce n'est que dans la seconde moitié du XIXe siècle qu'on en sent vraiment les effets, avec l'expansion du réseau de collèges classiques et la meilleure organisation des professions.

3.2.3 Le monde de la fabrication et du transport

Fait notable, également, on assiste, au cours de la première moitié du XIXe siècle, à une multiplication du nombre d'artisans et d'employés des transports, qui tentent aussi à se concentrer dans les agglomérations villageoises, de préférence aux rangs où on les trouve encore en grand nombre au début du siècle. Aux artisans spécialisés, qui tiennent souvent commerce, s'ajoute une floraison de petits fabricants dont c'est le métier de transformer en produits finis les matières premières obtenues de la forêt ou du moulin. Fabricants de chaise, ferblantiers, tonneliers, charrons, bouchers, boulangers, forgerons, menuisiers, charpentiers, la liste est longue et témoigne de l'orientation nouvelle de l'économie, non seulement à la campagne mais à la ville, où les artisans sont aussi très nombreux à offrir leurs services.

Dans les villages riverains et aux abords des villes, près des quartiers portuaires notamment, on trouve aussi les employés du transport et de déchargement des navires, que les commissaires chargés des recensements identifient souvent comme journaliers dans leurs listes, mais qui sont l'équivalent de nos débardeurs actuels. Le fleuve étant central dans la vie d'échange, on les trouve dans toutes les villes coloniales et dans les villages riverains qui font commerce du bois ou de produits agricoles. Ajoutés aux charretiers, palefreniers, cochers, employés de toutes sortes qui effectuent du transport pour le compte des commerces et des fabriques, ils représentent un monde à part, en liaison constante avec les lieux de production et de consommation, assurant à la fois des tâches d'approvisionnement et de distribution.

3.2.4 Les cultivateurs et les journaliers

De tous les groupes sociaux, les cultivateurs sont les plus nombreux, suivis des journaliers, qui forment également un groupe social très important. Toutefois, contrairement aux cultivateurs, dont la part se rétrécit au cours de la période, celle des journaliers fait plus que tripler. En 1831, par exemple, et bien que l'agriculture reste une activité largement répandue, que pratiquent autant les culivateurs de métier que les autres professions, les recenseurs estiment à près de 55 600 le nombre de familles agricoles, ce qui représenterait plus des 2/3 des ménages du Bas-Canada. En 1851, les cultivateurs ne comptent plus que pour 8,8% de la main-d'œuvre. Il est vrai cependant que les données entre les deux recensements ne sont pas parfaitement comparables ni forcément fiables. S'agissant de l'agriculture, par exemple, celui de 1831 ne s'intéresse qu'aux chefs de ménage et aux familles « qui tirent leur subsistance de l'agriculture », une caractéristique souvent mal comprise des recenseurs; celui de 1851, à tous ceux qui se déclarent cultivateurs ; ce qui peut comprendre plusieurs membres du ménage. Calculées cas à cas, les données seraient sans doute différentes. Toutefois, même plus élevées, elles indiqueraient probablement un nombre de familles agricoles plus faible en 1851 qu'en 1831, suggérant une diminution relative de cette occupation dans la population totale.

Quant aux journaliers, on en dénombre un peu plus de 11500 dans les listes nominatives de 1831 et près de 63400 dans l'agrégé de 1851, un écart que peuvent encore là expliquer les différences de relevés entre les deux dates (uniquement les chefs de ménage en 1831 contre tous les membres du ménage en 1851). Toutefois, compte tenu des différences de la population entre les deux dates, et vu que la colonisation est encore très active en 1831, même dans les basses terres, il paraît raisonnable de croire qu'en 1851 les journaliers sont proportionnellement plus nombreux qu'en 1831, pour devenir presque aussi représentés que les cultivateurs.

Plusieurs facteurs peuvent rendre compte de cette progression: le mode de reproduction de la population rurale qui exclut de l'entreprise agricole les enfants en âge de se marier; le manque relatif de terres dans les terroirs occupés et qui force les jeunes gens à se trouver une autre occupation ou à émigrer ailleurs dans le territoire; et le choix même des jeunes gens de quitter une activité jugée trop dure ou trop peu rentable comparée aux facilités apparentes du travail salarié.

Nombreux, d'ailleurs, sont les journaliers qui choisissent d'élire domicile au village ou à la ville, ce qui leur permettra souvent de fonder un foyer plus rapidement qu'ils n'auraient pu le faire en restant sur la ferme. Comme ils ne sont pas les seuls à se déclarer journaliers – bien d'autres plus âgés le font et avec eux plusieurs femmes – force est d'admettre que pour plusieurs d'entre eux le travail à la journée est devenu un genre de vie, choisi ou imposé par les circonstances ou l'évolution de l'économie (Courville, 1990; Poulin, 1995). On les trouve autant dans la fabrication, que dans les services ou les transports, sans compter tous ceux qui trouvent encore à s'employer dans l'agriculture ou le bâtiment.

C'est du moins ce que suggère la cartographie des données. Effectuée pour 1831, elle indique une distribution très large des journaliers. Étendue à tout le territoire, cette distribution laisse voir cependant des densités accrues autour des villes et dans la plaine de Montréal, où les activités rurales sont plus diversifiées et où l'agriculture nécessite souvent l'emploi, outre de domestiques, d'une main-d'œuvre saisonnière (Figure 34).

FIGURE 34

Les journaliers (1831)

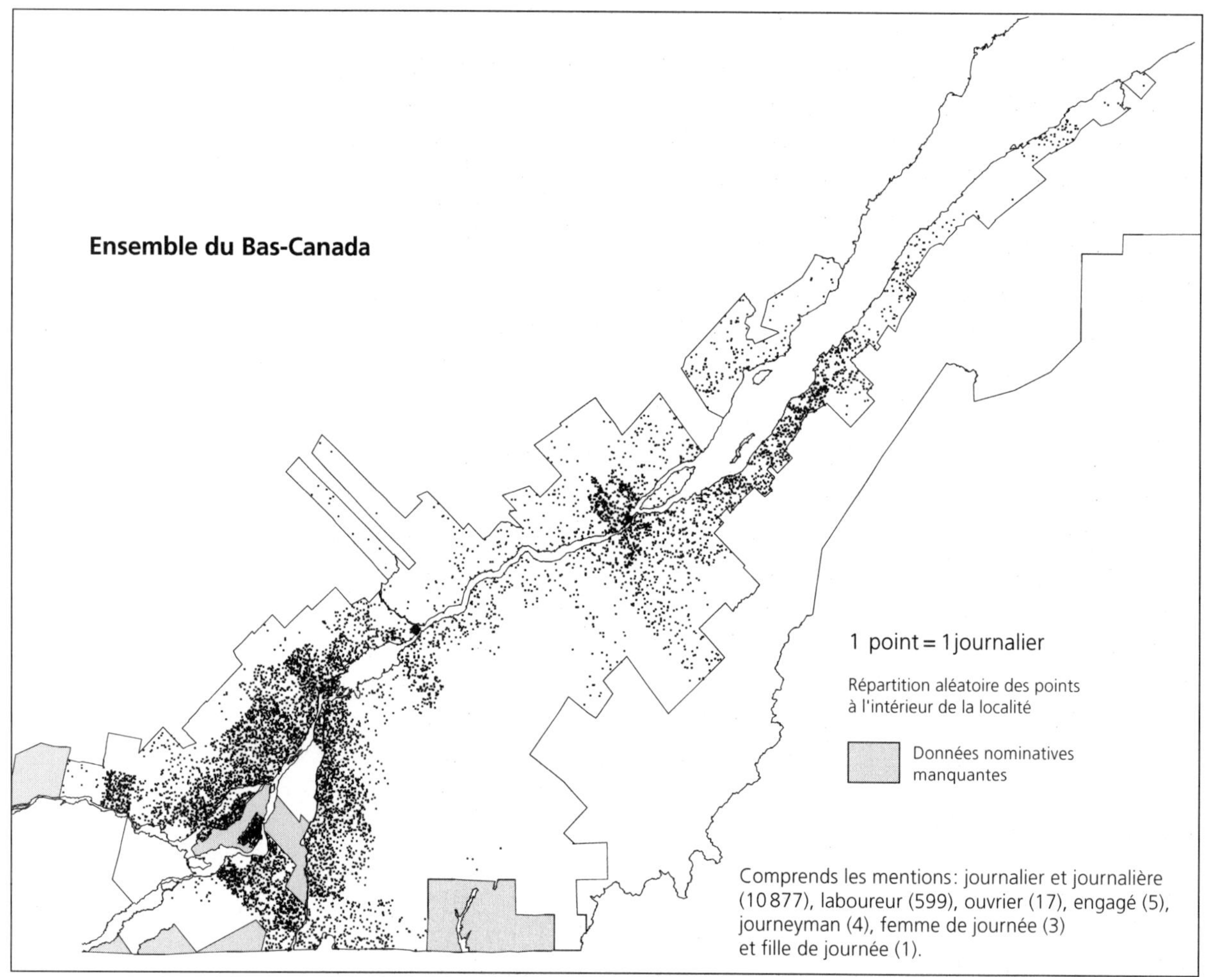

Source: Recensement du Bas-Canada.

Ailleurs, le semis est plus lâche, mais comme il reste néanmoins important, il suggère un rapport aussi très étroit entre ce corps d'emploi et les possibilités de travail offertes par le village, l'agriculture et les autres activités de la campagne. Quant aux concentrations urbaines et périurbaines, elles s'expliquent surtout par l'importance des activités fluviales et la croissance urbaine.

3.2.5 Le clergé

Enfin, comme le nombre d'âmes est croissant au Bas-Canada, l'Église catholique n'aura de cesse, durant toute la première moitié du XIXe siècle, de recruter des prêtres et d'ériger de nouvelles paroisses, surtout après 1831, date à partir de laquelle les paroisses religieuses pourront être enfin reconnues civilement.

La création du diocèse de Montréal, en 1836, stimule cette transition et confirme l'emprise croissante de l'Église dans le territoire. Si le recrutement des prêtres pose encore des difficultés, très rapidement on prend les moyens de les résoudre, en stimulant la création de tout un réseau de collèges destinés à préparer les futures vocations et en favorisant la venue ou la création sur place de communautés religieuses qui contribueront à l'enseignement primaire et secondaire. Certes, il faudra un certain temps avant que l'Église catholique du Québec ne réussisse à s'implanter plus complètement dans le territoire. En 1830, bien des localités ne sont encore que des missions ou des dessertes. Toutefois, au milieu du siècle, la plupart d'entre elles ont leur curé résidant, avec en plus un ou deux vicaires selon les besoins et les possibilités de la localité, et autant de domestiques. Tout les y convie, autant les impératifs spirituels que temporels, incluant l'enregistrement civil, sans oublier la fierté que procure au seigneur comme aux habitants le fait d'avoir « son » église, « son » presbytère et « son » couvent.

Certes, bien des débats entourent la construction de ces édifices, qui coûtent non seulement cher à construire, mais à entretenir. Toutefois, l'élan est donné, et très rapidement les chapelles de bois du début sont remplacées par des édifices plus spacieux, dont l'ornementation témoigne de la qualité du village, du seigneur et de ses habitants. Les plus spacieux sont situés dans les paroisses riveraines, là où le peuplement est le plus ancien et l'économie la mieux articulée aux échanges, ils sont flanqués d'un presbytère d'aussi bonne qualité, qui deviendra souvent le lieu de rendez-vous culturel de la paroisse. Ailleurs, le style et l'ornementation se font moins ostentatoires, un dépouillement qui s'accroît avec la distance. Il faudra attendre la fin du XIXe siècle avant que les anciens fronts pionniers ne soient dotés de temples plus importants, sous la gouverne d'un clergé alors au faîte de sa puissance.

3.3 Un nouveau staple, le bois

Jusqu'au tournant du XIXe siècle, le commerce du bois reste une activité économique secondaire, qu'on tente certes de favoriser, notamment par des mesures protectionnistes, mais qui résiste mal à la hausse des prix et des coûts de transport (Ouellet 1980: 90). Tout change au début du XIXe siècle avec le blocus napoléonien et l'épuisement des forêts anglaises, qui rendent l'importation de bois pour l'entretien de la flotte anglaise vulnérable. Aussi l'Angleterre révise-t-elle rapidement sa politique à l'égard de ses colonies, où existent de vastes ressources forestières encore inexploitées. L'augmentation importante des droits sur les bois de l'Europe du Nord favorise les investissements britanniques dans les colonies canadiennes. En quelques années, et en dépit de difficultés périodiques, le commerce du bois prend une importance considérable.

S'il sert les intérêts des investisseurs britanniques, ce commerce profite aussi à une importante part de la population qui trouve là une source d'emploi et de revenus non négligeable. Non seulement faut-il couper le bois, mais le transporter aux ports d'embarquement et le charger sur les navires, ce qui mobilise un nombre impressionnant de salariés de toutes sortes : bûcherons, draveurs, débardeurs dont le recrutement est aussi bien rural qu'urbain et autant local que régional. De même, comme il faut ravitailler les chantiers, non seulement en denrées agricoles, mais en d'autres produits dérivés, en laine et en cuir notamment, pour les harnais, c'est autant d'acquis pour les cultivateurs voisins.

Tant que la demande se limite au bois équarri, le produit est exporté presque à l'état brut. Mais on fabrique aussi des planches, des madriers et des douves pour la fabrication de barils, ce qui procure de l'emploi à un contingent de plus en plus important d'ouvriers et d'artisans dont plusieurs en font un véritable métier. La construction de moulins à scie s'accélère et déjà quelques grosses scieries font leur apparition (Martin, 1995). Selon les agrégés de recensement, on en dénombre 765 en 1831 et 911 en 1844 (Figure 35). Chaque paroisse rurale ou presque a le sien et nombreuses sont celles qui en comptent plusieurs. On en trouve aussi aux abords des villes, à Québec notamment, où ils emploient une importante main-d'œuvre.

L'un des effets les plus immédiats de cette croissance de l'exploitation forestière se fait sentir dans le trafic portuaire, qui augmente considérablement durant les quatre premières décennies du siècle : d'un peu plus de 100 000 tonneaux en 1808-1812, selon Fernand Ouellet (1980 : 197), à plus de 403 000. Parmi les principaux produits d'exportation figurent du pin et du chêne équarris, des douves et de la potasse, très en demande par l'agriculture britannique et qu'on obtient par des techniques simples de lessivage des cendres de bois durs. En même temps, la construction navale connaît un bond important, variable cependant selon les années, mais qui favorise l'économie de certaines régions, celle de Québec notamment. De

FIGURE 35

Les moulins à scie au Bas-Canada (1831, 1844)

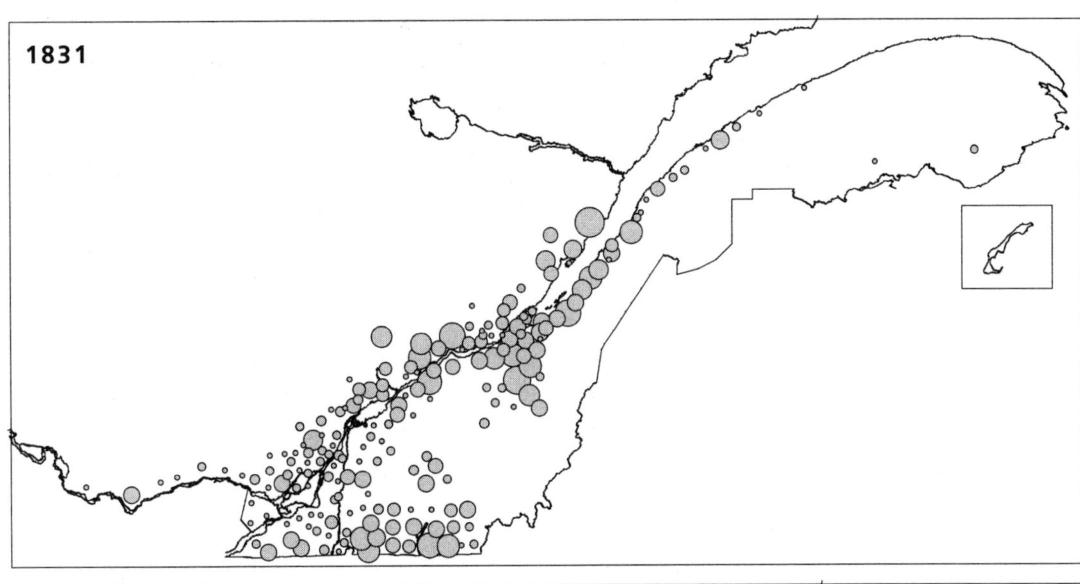

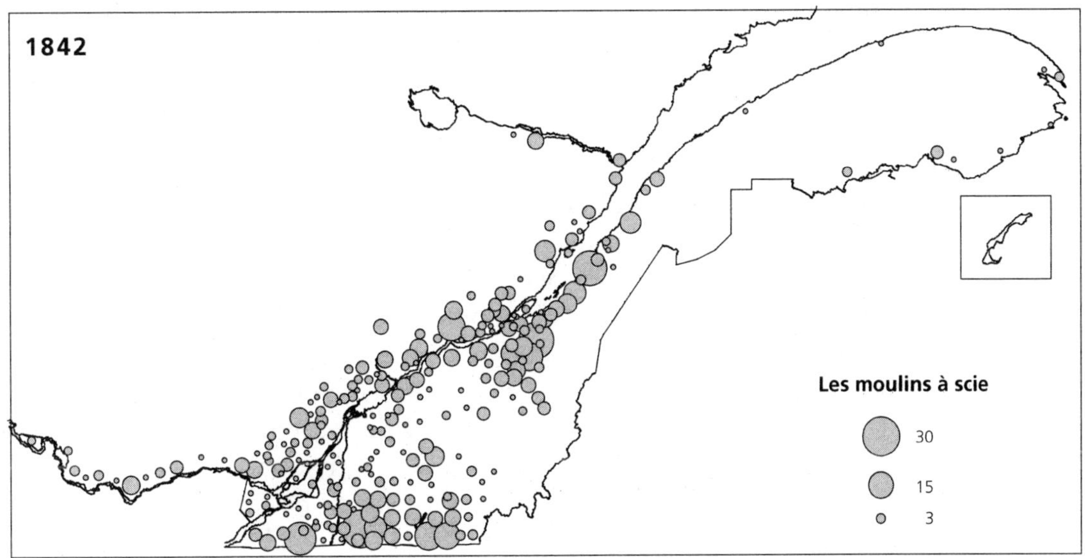

Source : Recensements du Bas-Canada.

1808 à 1842, selon Ouellet (1980), on construit près de 60 000 navires dans les chantiers navals de la région, dont plusieurs, sinon la majorité, sont vendus en Grande-Bretagne. Et, comme le bois est une matière pondéreuse, qui exige une flotte marchande considérable, c'est dire l'achalandage que connaissent certains ports. Le plus important reste celui de Québec. En 1812, 362 navires y jettent l'ancre. En 1834, on en compte 1 213, avec à leur bord 13 941 marins, ceci sans compter la flottille de goélettes affectée au cabotage et les navires à vapeur reliant Québec et Montréal, ni les autres navires à destination des Grands Lacs et des États-Unis (Ouellet 1980 : 199).

Par son rôle dans l'emploi, l'exploitation forestière a contribué au développement des socioéconomies locales, qui l'ont soutenue à l'amont et à l'aval, en lui fournissant sa main-d'œuvre et ses moyens de subsistance. Seigneurs, marchands, cultivateurs, artisans, professionnels, journaliers, nombreux sont ceux qui en ont bénéficié, non seulement comme source d'activité principale, ce qui fut le cas surtout des marchands et des manœuvres, mais comme activité d'appoint ou marché où écouler ses produits. Et, comme la coupe de bois a aussi préparé et souvent accompagné la colonisation agricole, elle a été un facteur déterminant dans l'expansion des fronts pionniers

3.4 L'agriculture

Nul ne nie plus aujourd'hui que durant la première moitié du XIXe siècle l'agriculture du Bas-Canada est rejointe de manière croissante par des courants nouveaux qui l'informent et qui l'entraînent[65]. Il ne s'agit pas ici de nier les malaises auxquels le monde rural québécois doit faire face à l'époque, ceux-ci sont connus : forte croissance démographique qui accélère le mouvement dans l'espace, accidents climatiques qui compromettent les récoltes et les rendements de l'agriculture, épidémies, troubles politiques importants, etc. Toutefois, il serait exagéré de croire que ces difficultés ont été la cause d'une détérioration générale de l'économie, elle-même enracinée dans une profonde crise agricole. « Malaise » ne signifie pas

65. Les seuls paramètre retenus pendant longtemps pour juger de l'évolution de l'agriculture au Bas-Canada ont été des paramètres externes, à savoir l'opinion des administrateurs coloniaux sur l'agriculture canadienne et l'évolution des exportations de denrées agricoles sur le marché international. Utiles pour comprendre la perception qu'on avait alors de la société rurale bas-canadienne et les liens qui l'unissent au monde extérieur, ces critères le sont beaucoup moins pour saisir les dynamismes internes de l'agriculture et ses rapports avec les marchés locaux et régionaux (Greer, 1985 ; Courville et Séguin, 1989).

nécessairement « crise », au sens d'un bouleversement profond des structures économiques et sociales. Par ailleurs, il existe des signes qui montrent que la société se transforme et que cette transformation est liée à l'extension générale des échanges, en raison d'abord d'une croissance urbaine qui s'accélère, puis d'une croissance similaire des bourgs et des industries rurales qui représentent également un débouché pour les produits agricoles (Paquet et Wallot, 1971 ; 1972 ; 1982 ; 1988 ; Courville, 1980 ; 1987 ; 1988 ; 1990 ; Courville, Robert et Séguin, 1995 ; Hatvany, 1997).

Toutefois, les transformations qu'introduisent ces changements n'ont pas partout la même intensité. En outre, elles ne doivent pas être confondues avec le processus de modernisation qui, lui, renvoie à l'adoption de pratiques et de techniques nouvelles, différentes de celles qui avaient été adoptées jusque-là (Courville, 1993b). D'abord parce que la montée de l'économie de marché peut prendre plusieurs formes ; ensuite, parce qu'à la campagne les idées nouvelles prennent toujours un certain temps à se diffuser (Hägerstrand, 1952). De plus, vue sous l'angle géographique, l'idée de modernisation renvoie à celle d'une plus grande intégration des activités et des espaces économiques. À l'époque, seules les aires riches en villages et en industries rurales semblent connaître une telle évolution ; ailleurs, les transformations sont plus lentes ou plus ponctuelles, parce qu'inscrites dans un autre contexte moins favorable au changement (Courville, 1990 ; Villeneuve, 1992).

3.4.1 L'exploitation agricole

Jusqu'au début des années 1830, la terre reste abondante et l'agriculture, une activité largement répandue. Toutefois, comme le marché foncier est actif et que la plupart des bonnes terres sont déjà concédées ou monopolisées par le seigneur ou la population elle-même qui les réserve aux enfants, il se produit une pénurie relative de bons sols qui entraîne une libération importante de main-d'œuvre, d'ailleurs encouragée par toutes les transformations que connaît alors cette agriculture et qui l'amènent à une rationalité nouvelle dans l'espace (Courville, 1988). Une partie de ces surplus se dirige vers les cantons, où la croissance des bourgs s'accélère[66], mais une partie aussi vers les villages et les villes de l'aire seigneuriale, où

66. En 1831, par exemple, celui de Sherbrooke ne compte que 350 habitants. En 1851, il en compte près de 3 000, dont 16 % sont d'origine francophone.

les possibilités d'emploi sont nombreuses[67]. Ceci favorise l'agriculture qui, délestée de ses surplus démographiques, peut plus facilement bénéficier des conditions nouvelles de croissance.

En moyenne, la terre compte quelque 90 arpents dans les seigneuries et une centaine d'acres dans les cantons[68]. Toutefois, certaines exploitations sont de dimensions supérieures, pouvant aller jusqu'à 200 et même 300 arpents et autant d'acres sinon plus, dont le quart, parfois le tiers, est mis en valeur. La plupart des terres sont d'un seul tenant, d'autres sont constituées de plusieurs parcelles contiguës ou non au lot principal et dont les vocations peuvent être très diverses.

Toutefois, de spécialisée qu'elle était encore à la fin du XVIIIe siècle, alors que le blé représentait par endroits plus des trois quarts de la récolte, l'agriculture devient de plus en plus diversifiée. Au blé froment, toujours cultivé, s'ajoutent diverses céréales et légumineuses tels l'orge, l'avoine, les pois, le maïs, le seigle et le sarrasin. De plus, on cultive la pomme de terre, déjà connue, mais qui occupe une place de plus en plus importante dans les récoltes. En certains cas, s'y ajoutent aussi du tabac, du lin, du chanvre et du foin, dont les récoltes à l'époque nous restent inconnues n'étant pas relevées dans les recensements. Près de la maison, on exploite un potager consacré aux petits fruits et aux légumes. Puis, en bout de terre, un boisé dont on extrait le bois de chauffage et le sucre d'érable, et, en certains cas, un rucher pour le miel. Quant au cheptel, variable selon les régions, il comprend presque toujours quelques têtes de bétail, des bœufs surtout utilisés pour les labours, des chevaux, des moutons, des porcs et de la volaille qui n'est pas relevée non plus dans les recensements.

---

67. Ce qui explique l'extrême jeunesse de sa population et la part prise par la population active. Il faut dire que le village, à l'époque, n'est pas encore ce lieu de résidence des rentiers que décrira plus tard le géographe Pierre Deffontaines (1953) dans son étude du rang. Toutefois, on y trouve un certain nombre de « bourgeois » et de chefs de ménage qui s'y déclarent « à leur rente » dans les recensements, ainsi que plusieurs veufs et veuves, qui nuancent ses fonctions (Courville, 1990).

68. La copie publiée du recensement de 1831 ne permet pas de connaître la superficie moyenne des terres à l'époque, en raison de l'imprécision qui entoure le calcul des occupants de terres. Comme plusieurs chefs de ménage ne sont pas des cultivateurs, il faut les exclure du calcul, ce qui ne peut être fait qu'à partir d'une analyse cas par cas des déclarations individuelles dans les listes nominatives de ce recensement. Une démarche en ce sens a été faite pour les seigneuries de la région de Montréal. Elle indique que la ferme à l'époque comprend 93 arpents de terre, ce qui est loin de la moyenne habituellement admise pour la période. Le recensement de 1851 présente des difficultés similaires : mieux conçu que les précédents, il confond souvent les occupants de terre dont plusieurs ne déclarent pas d'agriculture. En ne tenant compte que des ménages qui déclarent une récolte, la terre à l'époque comprend encore quelque 90 arpents. À propos des difficultés que posent les recensements canadiens du XIXe siècle, voir entre autres études, Séguin, 1982 ; Fortier, 1984 ; Courville, 1986 : 121 et s. ; McInnis, 1987 ; Little, 1985.

Dans ce système de production, qui laisse encore une large place aux grandes cultures, la jachère occupe une place importante. L'assolement dominant reste biennal, d'autant plus que, là où le cheptel est limité, le fumier est réservé au potager, aux champs consacrés à la culture du lin, du tabac et des pommes de terre et, s'il en reste, aux prairies et aux terres en jachère. Dans les secteurs où l'élevage est plus important, les cantons notamment, où apparaît très tôt une agriculture commerciale (Kesteman, 1985), les champs bénéficient d'une meilleure fumure. Tous les comités chargés d'enquêter sur l'agriculture ont noté cette différence, en l'attribuant aux meilleures pratiques agricoles des agriculteurs anglophones. Il est vrai que dans les seigneuries, où les cultures l'emportent sur l'élevage, le fumier fait défaut. Toutefois, on aurait tort de faire de cet écart l'indice d'une plus mauvaise agriculture chez les cultivateurs francophones : les niveaux de fortune, la nature de la demande, sa structure, de même que la distance au marché commandent des systèmes de production qui n'ont rien à voir avec le facteur ethnique.

Les différences entre les deux groupes se situent surtout sur le plan des petits producteurs, plus nombreux en milieu francophone qu'anglophone. Elles s'atténuent chez les gros producteurs, qui affichent souvent un profil similaire ou en tout cas très voisin de performance. C'est le cas, notamment, dans certaines localités de la plaine de Montréal, à Saint-Eustache, par exemple, où la situation des producteurs francophones est loin d'être aussi dégradée que l'a laissé entendre la littérature scientifique. Ainsi, calculées pour les titulaires de plus de 300 arpents de terre en 1831, les données indiquent des écarts qui ne sont pas nécessairement au désavantage des francophones (Tableau 9). Au milieu du XIXe siècle, alors que l'élevage prend plus d'ampleur, elles indiqueront des stratégies différentes de commercialisation, plus orientées vers le lait et les produits laitiers chez les anglophones, et plus tournées vers la vente de bœuf et de porc salé chez les francophones. Aussi est-ce au pluriel qu'il faut lire l'agriculture bas-canadienne, selon ses contextes propres et aussi l'âge et le dynamisme de la famille paysanne.

TABLEAU 9

Profil des producteurs déclarant plus de 300 arpents. Saint-Eustache (1831)

	Village		Côtes	
(en moyenne)	Anglophones	Francophones	Anglophones	Francophones
Arpents occupés	415,00	500,00	756,00	431,36
Arpents cultivés	290,00	200,00	350,00	199,07
Minots de blé	150,00			251,50
Minots d'avoine	350,00	584,00	250,00	282,71
Minots de patates	512,50	300,00	300,00	279,29
Bêtes à cornes	11,00	20,00	10,00	21,43
Chevaux	6,50	4,00	4,00	5,43
Moutons	6,00	30,00	2,00	29,14
Cochons	17,50		7,00	9,86

Source : Recensement du Bas-Canada.

3.4.2 La famille paysanne

Compte tenu de la fécondité élevée des couples, les ménages sont en général assez nombreux et comptent de 6 à 10 membres, parfois plus, selon les périodes. Toutefois, dans la région de Montréal et les localités riveraines, les ménages comptent moins de membres que dans les régions de Trois-Rivières et de Québec et dans les localités de l'intérieur, les jeunes couples étant généralement plus nombreux sur les fronts pionniers que dans les paroisses voisines du fleuve. De même, on observe en moyenne moins de membres chez les anglophones que chez les francophones (Courville, 1986; Courville et Séguin, 1989).

Si l'ancienneté du peuplement, le nombre de domestiques et l'intensité de la mise en valeur agricole peuvent rendre compte de ces différences dans l'espace et entre les groupes ethniques, celles-ci sont dues pour l'essentiel au mode de reproduction sociale qui continue de prévaloir chez les francophones. La terre étant transmise en général à un seul des enfants, les autres iront s'établir ailleurs dans le territoire, sur un lot souvent offert par les parents. D'où l'essaimage constant des effectifs en direction des fronts pionniers, d'où l'écart entre les paroisses et d'où aussi l'endettement chronique des ménages, car s'établir sur une terre coûte cher, beaucoup plus qu'autrefois, ce qui conduit plusieurs jeunes gens à des métiers connexes, associés à la forêt notamment. Cette dynamique d'établissement rural favorise les solidarités familiales qui restent la forme dominante des rapports sociaux (Bouchard, 1986 ; 1987 ; Saint-Hilaire, 1992 ; 1996). Cependant, comme la terre à l'époque commande de bons prix, le succès de ces établissements reste tributaire de la conjoncture, des événements familiaux et surtout des disponibilités du ménage.

En effet, loin d'être uniformes, les fortunes paysannes varient selon l'âge du ménage, la richesse de la famille au départ et le cycle de la vie familiale. Comme l'ont montré les travaux de l'historien Christian Dessureault (1985 ; 1989), plus le ménage est jeune, plus son niveau de fortune est modeste, surtout quand il compte des enfants en bas âge, ce qui accroît ses besoins de consommation et généralement son endettement. Inversement, plus il vieillit, plus sa force de travail augmente et plus ses actifs s'accroissent, jusqu'au jour où il lui faut à son tour établir les enfants, ce qui entraîne une chute des avoirs. Par la suite, le ménage pourra atteindre de nouveaux seuils, jusqu'à ce qu'il abandonne définitivement les travaux de la ferme. On donnera alors la terre à l'un des enfants, à charge pour lui de veiller au bien-être des parents et à l'établissement de ses frères et sœurs. Les mieux nantis deviendront alors des rentiers, parfois même des prêteurs, alors que les autres auront un niveau de vie plus modeste, en fonction de ce que leur allouent les enfants. Quelques-uns enfin iront s'établir au village, où ils pourront devenir des personnes en vue.

Important, le cycle de la vie familiale n'est pourtant que l'un des facteurs qui influent sur les niveaux de vie des paysans : la conjoncture politique, l'évolution des prix, les accidents climatiques, les épidémies, l'arrivée d'un seigneur plus exigeant, sont autant de facteurs qui peuvent également perturber l'économie familiale. Si les cultivateurs aisés peuvent assez bien résister à ces difficultés, les autres en éprouvent beaucoup plus de malaises. Les uns pourront mettre plusieurs années à se relever ; les autres vivront dans la dépendance d'un prêteur (Courville et Séguin, 1989). Les années les plus difficiles à cet égard sont celles de 1834-1837, marquées par les épidémies, les accidents climatiques, les maladies du blé et les troubles politiques. Il en résulte des tensions qui détériorent les conditions de l'agriculture. Mais, comme à la campagne les activités sont nombreuses, plusieurs y trouveront une solution temporaire, avant de migrer au village ou à la ville, en quête d'emploi.

3.4.3 La montée du crédit

De la fin du XVIIIe siècle et tout au long de la première moitié du XIXe siècle, on observe une montée notable du crédit rural. Consenti par des prêteurs aussi nombreux que diversifiés (marchand, notaire, curé, seigneur, cultivateur aisé, etc.), il est un reflet de la vie des campagnes et connaît, comme elles, des fluctuations substantielles à la fois dans le temps long (décennies) et le temps court (cycles saisonniers). Pratiqué par la plupart des ruraux, à une époque où le numéraire fait encore souvent défaut, il fait partie intégrante de la vie des campagnes. On y a recours pour acquérir des biens fonciers, des équipements de ferme, des animaux ou des biens de consommation courante tels les textiles, les outils, les aliments ou la boisson. Et s'il paraît toujours plus élevé en période active de colonisation, alors que les besoins sont élevés – sauf quand on peut vendre sa potasse (Pronovost, 1997) –, il augmente dès que la conjoncture se détériore, notamment quand les récoltes sont mauvaises ou que survient un accident climatique ou épidémiologique, comme ce fut le cas en 1784-1785, 1795-1796, 1803-1804, 1816-1818 et 1826-1827 (Ouellet 1971 ; Dechêne 1986 ; Dessureault 1985).

Les auteurs ont proposé diverses interprétations à cette montée générale du crédit au cours de la première moitié du XIXe siècle. Pour l'historien Fernand Ouellet (1971), par exemple, il serait responsable de l'endettement endémique des campagnes et un facteur important de la crise agricole qui sévit dans les années 1830, laquelle, selon cet auteur, serait responsable des insurrections de 1837-1838 dans le Bas-Canada. Pour d'autres, qui ne voient aucun endettement structurel à l'époque, il serait au contraire un signe de l'accroissement des échanges consécutifs à la maturation des campagnes (Pronovost, 1997). Quel que soit l'à-propos de ces hypothèses, un fait demeure, il ne semble pas y avoir de corrélation entre la montée du crédit et l'accroissement du nombre de saisies ou d'emprisonnement pour dettes, comme l'ont montré, entre autres travaux, ceux d'Evelyn Kolish (1987). Certes, la source utilisée – une liste de la Chambre d'assemblée de 1828 relative aux mandats émis pour fins de saisie consécutive à une faillite –, n'est pas sans failles, mais il semble que les hausses observées pour 1810-1812 et 1816-1821 soient dues plus à l'augmentation de la population qu'à l'augmentation du nombre de faillites. De même, il faudrait tenir compte des variations régionales, car, comme l'ont remarqué certains auteurs (Greer et Robichaud, 1989 ; Greer, 1997b), les centres où se sont déroulées les rébellions ont été moins touchés par la crises des années 1830 que les autres régions.

3.4.4 La pluriactivité rurale

À la campagne, l'agriculture reste une activité dominante, pratiquée sur une base familiale. Dans le cas des vastes exploitations, on pourra avoir recours à des engagés ou à une main-d'œuvre saisonnière si le volume de la production le requiert et si les revenus l'autorisent. Cependant, en règle générale, cette situation ne s'observe que dans les terroirs voués à des cultures commerciales et à forte propriété bourgeoise, proche des villes notamment ou dans les régions grosses productrices de blé, telle la vallée du Richelieu.

De tous les travaux de la ferme, les plus pénibles restent les labours et les moissons. Les premiers sont réservés aux hommes, assistés des fils les plus robustes. Les semailles et les récoltes mettent à contribution les femmes qui doivent également voir à l'entretien du potager, aidées souvent des enfants en bas âge. Puis, il faut nourrir les bêtes, nettoyer l'étable, engranger le grain et les fourrages, aller au moulin, couper le bois de chauffage, réparer l'outillage, etc. Plus l'exploitation est vaste, plus les travaux sont nombreux, d'autant plus que s'y ajoutent souvent la cueillette des baies et une petite production de miel ou de sirop et de sucre d'érable, qui exige un temps bref mais continu de travail.

Nombreux sont les ménages qui pratiquent également un petit artisanat auquel participent surtout les femmes et les jeunes filles en âge de filer ou de tisser la laine ou l'étoffe. Destinée aux besoins domestiques, leurs produits pourront même être vendus à un marchand itinérant ou au marché où l'on se rend une fois la semaine dès qu'arrive le beau temps.

Enfin, selon l'âge du ménage, ses besoins en numéraire et les occasions du moment, on peut également s'adonner à des activités extérieures, qui prennent diverses formes. La plus courante reste le travail en forêt, auquel on participe surtout l'hiver. Une autre est la pêche, qu'on pratique aussi bien sur les lacs du centre et du sud-ouest du Québec que dans l'estuaire du Saint-Laurent, où s'est développé depuis longtemps un type mixte d'activité associant l'agriculture et les ressources de la mer. On peut également louer ses services à la journée, pour du travail temporaire au moulin, dans le transport ou dans les secteurs des services ou de la fabrication. Pour ceux qui s'adonnent à ce genre de travail, l'agriculture n'est souvent plus une activité dominante. Comme tous ceux qui en seront bientôt exclus, ils évolueront alors vers un travail rémunéré qui préparera de loin le passage au village puis, de là, à la ville.

Cette pluriactivité est caractéristique des campagne et rares sont les familles paysannes qui ne la pratiquent pas. Plus intense dans les zones villageoises et d'industries rurales, elle conduira en certains cas à une proto-industrialisation qui favorisera plus tard les petites villes industrielles satellites des grands centres. Ailleurs, elle mènera plutôt à une co-intégration qui pourra prendre diverses formes, dont, par exemple, la coupe du bois de chauffage pour la ville (Sweeny, Hoog et Rice 1988), mais qui maintiendra pendant longtemps les traits de la société rurale traditionnelle[69]. Car, si à la campagne bien des expériences coexistent, il reste qu'elles s'expriment dans des aires différenciées qui se distinguent à la fois par l'âge de leur peuplement, la distance au marché, la présence sur place ou à proximité d'un village, de moulins ou de fabriques, et leurs facilités d'accès par la route ou la voie d'eau. Dans ces aires, la nature des activités peut être semblable, elles n'ont pas toujours la même signification, ni la même intensité, ce qui nuance d'autant le visage de la campagne et, partant, de l'agriculture, dont les organisations varient considérablement dans l'espace.

3.4.5 Le paysage agraire

À l'image classique d'une campagne presque entièrement vouée à une petite agriculture de subsistance se superpose ici celle d'un territoire caractérisé par une succession de paysages qui s'avèrent en fait très diversifiés. À l'échelle du Bas-Canada, une première distinction s'impose. Dans les seigneuries, l'agriculture prend une orientation céréalière et bien que le blé n'occupe plus qu'une part de la récolte, on le trouve partout où les sols le permettent, dans la région de Montréal et la vallée du Richelieu notamment, et dans la région de Québec, où les emblavures se prolongent jusque loin sur la Côte-du-Sud (Figure 36). Dans les cantons, l'élevage domine, pour des raisons de distance surtout, mais aussi de proximité du marché américain. Tel est le cas, notamment, dans les Cantons de l'Est, où les troupeaux sont nettement plus nombreux qu'en territoire seigneurial.

À l'échelle régionale, cette structure plus ou moins linéaire se transforme en organisation concentrique. Au centre, près des villes, s'étale d'abord un anneau d'agriculture intensive, où la culture des fruits et des légumes se conjugue à l'élevage, laitier notamment, pour satisfaire la demande citadine (Robert, 1987). Au-delà s'étend une zone d'agriculture

69. Sur la notion de pluriactivité, voir Yves Rinaudo (1987). Sur la notion de proto-industrialisation, voir Franklin F. Mendels (1972; 1981); Kriedtke, Medick et Schlumbohm (1981). Sur la notion de co-intégration, voir Gérard Bouchard (1988).

FIGURE 36

Les orientations de l'agriculture au Bas-Canada (1831)

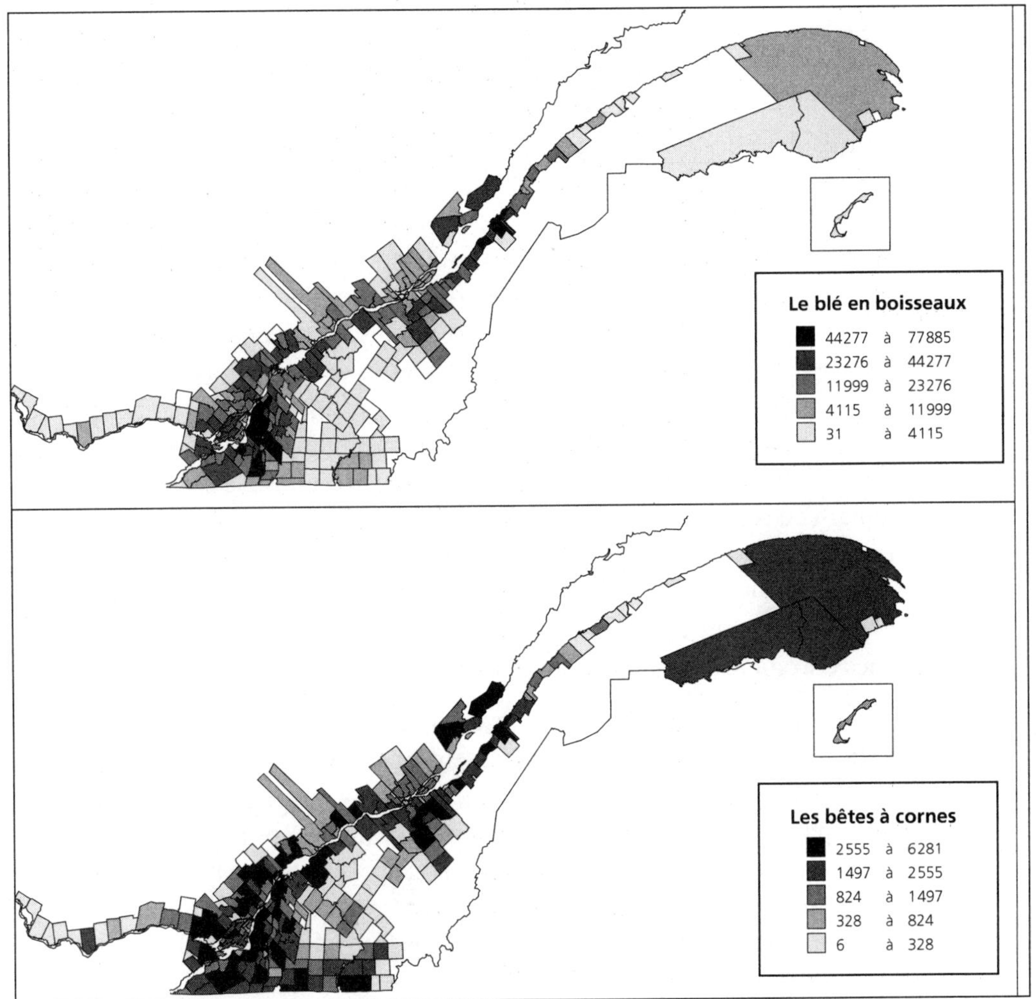

Source : Recensement du Bas-Canada (1831).

plus extensive, presque entièrement consacrée aux céréales et aux fourrages et, dans son prolongement plus ou moins immédiat, une zone consacrée à l'élevage, bovin surtout, et à la pomme de terre. À l'échelle locale, les nuances deviennent plus riches encore, en raison de la présence des bourgs et des industries rurales. À une ceinture d'activités mixtes favorisées par la présence toute proche du marché, succède une zone d'agriculture plus extensive où les champs l'emportent sur les pâturages et où la ferme peut atteindre des proportions respectables. Au-delà, l'agriculture redevient une activité mixte, pratiquée souvent en complémentarité avec les activités forestières toujours plus fréquentes en périphérie qu'au centre de la localité (Hardy et Séguin, 1984).

Bien sûr, il faudrait distinguer ici les paroisses établies des paroisses plus récemment mises en valeur, et les localités où s'élève un très gros bourgs de celles qui n'accueillent qu'un hameau. Cependant, même là où n'existe apparemment aucun marché local ou qu'un petit marché, des organisations se dessinent qui renvoient cependant à d'autres logiques : celle de la ville, notamment, qui commande souvent à de larges espaces ; celle des marchés internationaux, qui commandent à des espaces encore plus vastes ; et celles, moins connues mais non négligeables, des industries rurales, dont le bassin d'approvisionnement s'étend parfois à toute la localité et même au-delà. On en a un exemple avec les brasseries et les distilleries, dont la présence locale détermine souvent la production d'orge et de seigle. Les mêmes associations peuvent être observées avec les moulins à fouler et à carder, qui favorisent l'élevage du mouton, toujours plus important dans le voisinage des côtes où se trouvent ces moulins (Figure 37). Aussi voit-on se dessiner, autour des grappes de bourgs et d'industries rurales, des aires d'échanges, où population, agriculture, marché et industries entretiennent des liens très divers.

Ces aires sont les lignes de force du monde rural, les axes par lesquels s'effectue le changement où entrent en contact la culture des villes et celle des campagnes. Lieux de densité, ce sont aussi des lieux d'intensité, marqués par une plus grande monétarisation des rapports humains. Là, la population est toujours plus nombreuse, la propriété, plus « bourgeoise » et l'agriculture, plus intensive. Au-delà, dans les secteurs moins nantis en villages et en industries rurales, la campagne est moins pleine et les terroirs, moins fragmentés. Mais, comme l'agriculture alors se pratique sur des terres dont l'intégrité est maintenue par des pratiques d'exclusion des enfants au moment du mariage, ces secteurs deviennent vite des bassins de main-d'œuvre pour les zones les plus peuplées. En même temps, ils sont vivifiés par elles, en trouvant là un marché qui supplée au marché citadin. Et, pendant que se nouent ainsi des rapports alternatifs entre ces deux mondes, de nouveaux établissements sont créés, qui sont bientôt insérés dans le faisceau de relations des premiers (Courville, 1988).

Tout cela suggère une importante vie de relation, d'autant plus animée que certaines côtes, pourtant privées d'industries rurales, produisent plus que la moyenne locale et, pour certaines, régionale. C'est le cas, notamment, de la production de blé, de laine, de cuir, de cendres pour la

FIGURE 37

Moulins et élevage ovin au Bas-Canada (1831)

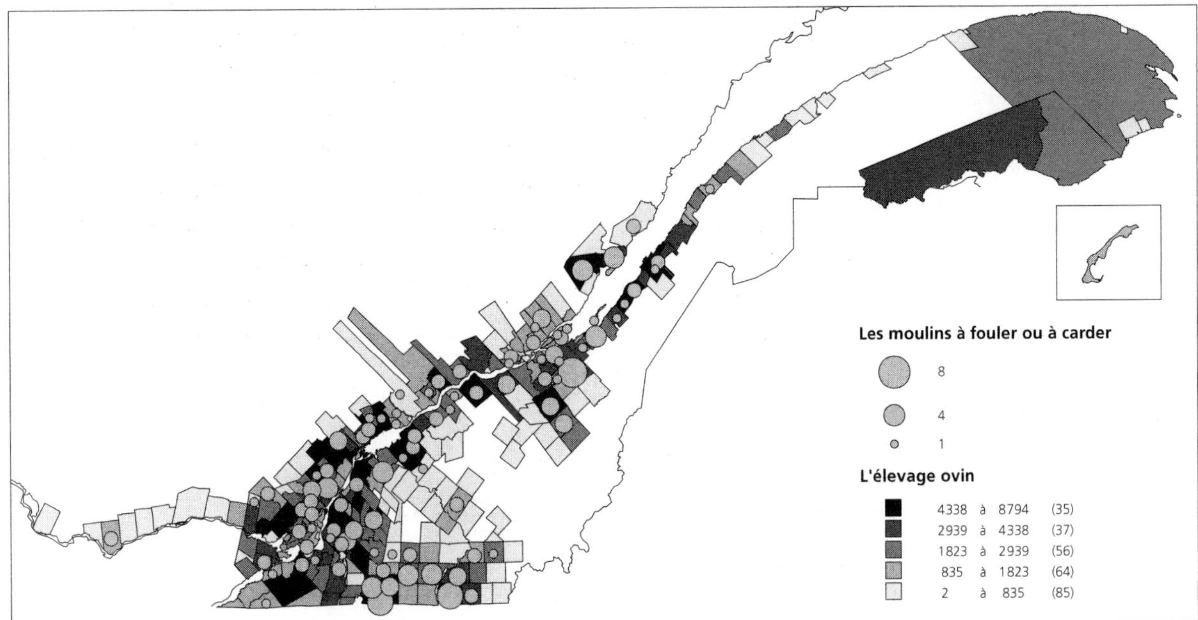

Source : Recensement du Bas-Canada.

potasse, dont l'aire d'extension déborde largement les secteurs immédiats de localisation des moulins et des fabriques correspondants et touche une masse imposante de producteurs, tant francophones qu'anglophones. Aussi n'est-ce pas tant le facteur ethnique qui importe ici (Lewis et McInnis, 1980 ; McInnis, 1982) que la présence d'industries, qui, par les débouchés offerts, attirent un nombre de plus en plus important de producteurs, quelle qu'en soit l'origine. Que ces industries soient de petite taille ou appartiennent à des intérêts étrangers[70] ne change rien au fait qu'elles représentent un marché à satisfaire. Par leur nombre et leur densité dans l'espace, elles contribuent, avec le village, à définir le contour des aires où s'activent les échanges.

Cette géographie nouvelle de la campagne explique mieux que l'hypothèse malthusienne des pressions démographiques sur les ressources les réorientations générales de l'agriculture à l'époque. Elle explique mieux aussi le sens des transformations que connaît le Bas-Canada et qui semblent le relier à des ensembles plus vastes, les États-Unis notamment et plus particulièrement la Nouvelle-Angleterre, où d'importants changements ont cours (Wood, 1984). Pourtant, cette évolution n'est pas étendue à tout le territoire. Au contraire, limitée localement aux fronts de seigneuries

70. Nous ne disposons pas encore de relevé exhaustif de propriétaires d'entreprises en 1831. Toutefois, si les brasseries et les distilleries semblent surtout appartenir à des intérêts anglophones, les moulins à farine, les moulins à fouler et les moulins à carder, ainsi que les moulins à scier semblent plutôt appartenir à des intérêts francophones, sauf dans les secteurs anglophones et dans les cas de très grandes exploitations.

et aux vallées-plaines de l'intérieur, elle l'est aussi à l'échelle régionale, puisqu'elle avantage surtout la plaine de Montréal et son prolongement immédiat, le pourtour du lac Saint-Pierre, ainsi que les environs immédiats des villes et les axes de pénétration vers l'intérieur. Cependant, si, dans ces secteurs, on note des signes indéniables de changement, ailleurs ces signes sont moins nets, nombre de terroirs restent aux prises avec les hésitations d'une paysannerie encore freinée par sa mentalité et ses institutions (Harris, 1971 ; 1976). Aussi les panoramas sont-ils très divers, caractérisé ici par des cultures commerciales, là par une agriculture plus traditionnelle.

4. LES TENSIONS DE FIN DE PÉRIODE

Cette situation se maintient jusqu'au début des années 1830, période au cours de laquelle l'agriculture se transforme, stimulée par la croissance urbaine et villageoise, la montée des industries rurales et l'accroissement de la demande sur le marché intérieur. La décennie suivante sera plus difficile, compromise par une série de facteurs qui modifient les équilibres antérieurs.

Aux concurrences entre les bourgs, qui deviennent de plus en plus manifestes avec le temps, s'ajoutent celles avec la ville et les régions voisines du Bas-Canada, pendant que localement l'extension des fronts pionniers entraîne le déplacement des pôles initiaux de croissance vers d'autres secteurs plus avantagés sur le plan des ressources ou de l'accès au marché. Il en résulte une évolution des fonctions villageoises qui se traduisent par une redéfinition de la vocation de certains bourgs et de leur rôle dans la socioéconomie locale. C'est le cas notamment des villages de Saint-Denis et de Saint-Eustache dans la région de Montréal, qui subissent de plus en plus la concurrence des bourgs voisins : de Saint-Hyacinthe et de Saint-Jean dans le premier cas ; de Saint-Jérôme dans l'autre, autour duquel les seigneurs des Mille-Isles ont entrepris d'établir un village et tout un réseau de moulins sur la rivière du Nord, dont quelques-uns apparaissent déjà au recensement de 1831 (Figure 38).

À ces concurrences s'ajoutent encore d'autres difficultés qui deviendront bientôt déterminantes dans la montée des malaises ruraux. Les unes découlent des tensions politiques de la période ; d'autres, des mauvaises récoltes dues aux accidents climatiques et épidémiologiques ; d'autres

Figure 38

Les moulins de la rivière du Nord (1831)

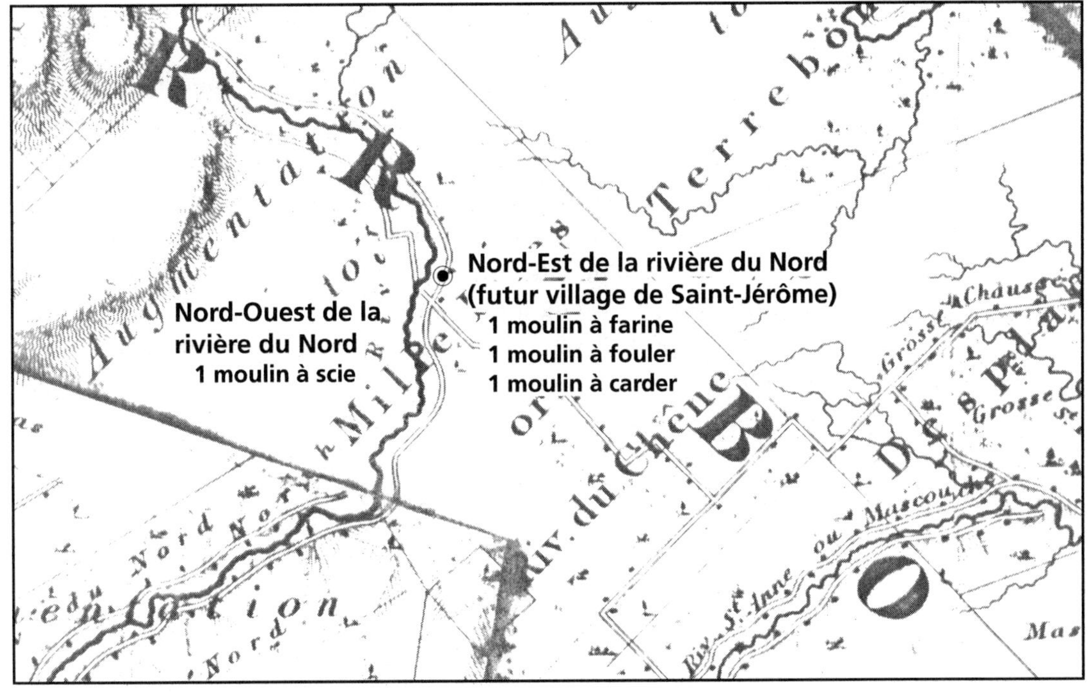

Source : Recensement du Bas-Canada.

encore, du manque réel ou spéculatif de terres encouragé par les seigneurs, leurs agents et bien souvent par les habitants eux-mêmes ; et d'autres, des tensions créées par les changements de la socioéconomie locale, alors que la ville et le travail salarié exerce de plus en plus d'attrait sur les masses paysannes. Ressenties par les cultivateurs de métier, ces difficultés le seront également par les artisans et les journaliers, dont plusieurs épousent la cause patriote (Blanchette-Lessard et Daigneault-Saint-Denis, 1983).

L'un des traits marquants des rébellions (1837-1838) est qu'elles éclatent dans la région de Montréal, où le mouvement révolutionnaire possède une organisation et des cadres, et plus particulièrement dans des localités où s'élèvent des bourgs à fortes fonctions commerciale ou industrielle, tels Saint-Denis, Saint-Charles et Saint-Eustache (Bernard, 1971, 1983 ; Greer et Robichaud, 1989). Ailleurs, l'appui est moins net : partagée entre la crainte et l'espoir, la population adopte plutôt une attitude attentiste (Ouellet, 1980 : 512). L'issue est connue : après des succès éphémères, l'insurrection tourne court, condamnée à la fois par l'Église et par la plupart des notables. Attribué au manque d'organisation des rebelles, son échec apparaît moins cependant comme une défaite politique ou militaire que comme la fin d'une époque. Liée aux soubresauts de l'âge urbain et industriel qui s'amorce, elle aura été une tentative désespérée de préserver les acquis, à un moment où tout semble les condamner.

Et c'est bien un vent de réformes qu'inaugure le Rapport Durham, en proposant des changements destinés à « moderniser » le pays, mais en saisissant mal aussi les ressorts de la socioéconomie laurentienne, qui n'est lue qu'à travers le prisme du commerce impérial (Courville, Robert, Séguin, 1990b). Il ne sera pas le seul à les mal saisir, même l'élite francophone les ignore, en valorisant surtout le versant politique de l'histoire du Québec et une vision nostalgique de son développement. De là à faire du passé un modèle pour l'avenir, il n'y aura qu'un pas que franchiront bien des représentants des classes dirigeantes, qui feront de l'établissement agricole et de la petite agriculture familiale un véritable projet de société. Leur vision dominera pendant plus d'un siècle le discours de développement au Québec.

CHAPITRE 8

« EMPARONS-NOUS DU SOL ! »

Les années 1840 inaugurent une période de grands changements pour la société québécoise. Pourtant, il faudra un certain temps avant qu'on en prenne vraiment conscience, tant s'affirme avec force le discours qui, pendant près d'un siècle, allait dominer le développement collectif. Inspiré des idéologies de l'époque, notamment celles qui ont cours dans l'Empire britannique, ce discours fait des plateaux laurentidiens et appalachiens des colonies du Québec de base, à peupler et à développer par l'agriculture et la colonisation agricole. Ils seraient, pour les Canadiens français, les seuls moyens dont ils disposent pour s'épanouir et même survivre comme société.

Certes, des voix se font entendre pour que le développement québécois passe par l'industrie et le commerce - celles d'Étienne Parent et de Robert-Errol Bouchette notamment -, mais, des deux propositions, la première surtout retient l'attention, nourrie par tout un ensemble de perceptions, d'aspirations et d'événements qui conduiront à la mise en œuvre d'un vaste projet de colonisation intérieure destiné à favoriser la création d'un véritable espace national, où pourra se développer une société originale, fidèle à son Église et à ses traditions.

Porté par tout un courant de pensée qui trouvera plus tard sa légitimité scientifique, le projet passe par diverses phases de définition et de soutien des autorités civiles et religieuses, qui s'affermissent avec le temps. En moins d'un siècle, des terres, même impropres à l'agriculture, sont défrichées et mises en culture, repoussant d'autant les marges du territoire agricole. En contrepartie de cette expansion, les échecs sont nombreux et signalent déjà les difficultés futures des espaces ainsi créés. Car, au moment même où s'effectue cette conquête, l'exode rural s'accentue, et c'est bientôt par milliers, voire par dizaines et même centaines de milliers, que des gens quittent la province, sans compter tous les mouvements de migration interne en direction de la ville.

Ce n'est qu'au milieu du XXe siècle finalement qu'on prend conscience des difficultés posées par la colonisation des plateaux. Cependant, en dépit des efforts déployés depuis et d'une volonté politique maintes fois affirmée d'en relancer l'économie par diverses mesures allant jusqu'à la décentralisation des pouvoirs politiques et économiques, des difficultés demeurent, qui rappellent le rôle joué par les idéologies du passé dans le devenir de la société québécoise.

1. LE DISCOURS DE COLONISATION

C'est par un appel au sentiment national que s'amorce l'Âge de la colonisation au Québec. « Emparons-nous du sol ! » Dès le milieu des années 1830, le mot est lancé, repris bientôt par toute une partie de l'élite politicoreligieuse, qui voit dans les plateaux un véritable Nouveau Monde, où la société canadienne-française pourra assumer sa destinée historique et conserver son identité. Quelques décennies encore et cette vision deviendra un véritable leitmotiv : en dirigeant le peuplement aux marges du territoire habité, on espère créer des établissements qui, de proche en proche, rang par rang, paroisse par paroisse, finiront par former un véritable espace national où pourra s'épanouir une société affranchie de ses contraintes historiques et économiques. Cet espace ne sera pas limité au Québec. Il s'étendra, par le nord, jusqu'aux Rocheuses et même au Pacifique, où pourront se déverser les surplus de populations et les productions de la province. Ce rêve sera vite épuisé, en raison même du climat qui prévaut dans les contrées nordiques. Il confirmera cependant l'idée d'une colonisation intérieure par laquelle les Canadiens français pourront survivre et se reproduire comme collectivité (Morissonneau, 1978b).

Derrière ce rêve se profilent toute la nostalgie et les enjeux d'une époque. Pendant un moment, les Rébellions de 1837-1838 avaient fait craindre en effet qu'il ne se produise ici une perte de valeurs morales semblable à celles qui s'était produite en France et aux États-Unis, à la suite de leurs révolutions respectives. Ressentie surtout par l'Église (le haut clergé en fait) et par la bourgeoisie d'affaires francophone, cette crainte avait entraîné la condamnation du mouvement insurrectionnel et de ses principaux propagandistes. L'échec des Patriotes avait mis fin à la menace, mais le Rapport Durham, avec ses nombreuses propositions de réformes et d'assimilation des Canadiens français, en avait suscité une autre, plus sérieuse encore.

Ajoutées au sentiment que depuis la Conquête les élites francophones sont exclues de la grande bourgeoisie, presque entièrement britannique, à l'impression d'encerclement suscité par l'arpentage des terres de la couronne en cantons et, plus largement, par la présence d'éléments anglophones dans les régions limitrophes de la province, qui prive le Québec de ses espaces naturels d'expansion et aux dangers que représente la ville pour le maintien des valeurs traditionnelles, ces menaces conduiront bientôt à une idéalisation du passé français et de l'agriculture, deux thèmes qui viendront définir l'identité québécoise. Ils esquissent les prémisses du mythe qui, pendant près de 100 ans, dominera le discours des élites et conduira la population des basses terres à s'épandre jusqu'à la lointaine Abitibi, pourtant lourdement hypothéquée par les contraintes naturelles.

Ce mythe, c'est celui du Nord québécois[71], qui associe l'idée de survivance à celle d'enracinement au sol nordique, le seul espace, en fait, qui ne soit pas encore menacé par la présence anglaise. Survivre, dans ce contexte, ce n'est pas seulement conserver sa langue et sa religion, c'est aussi savoir s'adapter et savoir reculer pour mieux refaire. L'économie étant dominée par les Anglais, et l'émigration étant perçue comme un facteur de désintégration nationale, il reste la terre et l'agriculture. C'est donc par la colonisation agricole et la création de nouvelles paroisses qu'on pourra le mieux préserver la nationalité et retrouver une partie de cet ancien empire français où pourra être reconstituée une société semblable à celle que la France autrefois avait mise en place, fidèle à ses valeurs ancestrales (Morissonneau, 1978b ; Dussault, 1983 ; Bouchard et Courville, 1993).

71. Sur les définitions du Nord au Québec, voir Louis-Edmond Hamelin ([1975] 1980). Au Québec, seul le prénord sera plus densément occupé. Il recouvre tout le territoire situé au nord du Québec de base, depuis les basses Laurentides jusqu'à la partie septentrionale de l'Abitibi et de là jusqu'au golfe du Saint-Laurent (centre sud) en passant par Chibougamau.

Fragment d'empire, espaces perdus, valeurs menacées, c'est par la négative que ce mythe est élaboré, fondé sur un double sentiment d'isolement au sein du continent nord-américain et de nécessité quant à la protection de la langue et de la religion. Comme tout mythe, cependant, celui-ci a ses ambiguïtés.

Ainsi, s'il est vrai que la France a eu des ambitions continentales en Amérique, consacrées par ses explorateurs, ses missionnaires, ses commerçants et ses cartographes, il ne faut pas perdre de vue qu'en dehors de ses colonies, de ses missions et de ses postes frontières, sa vaste Nouvelle-France n'a jamais été qu'un espace de parcours, de juridiction contestée (Eccles, 1973). Sa principale colonie se limitait aux rives du Saint-Laurent et la quitter n'était pas si facile. Outre les difficultés posées par l'immense sauvagerie qui la séparait des autres établissements, où le contexte était de toute manière bien différent, il fallait encore se soustraire aux interdits de l'administration coloniale, sans compter tous les dangers représentés par la présence autochtone et britannique. Même le Domaine du roi était interdit, tout comme la colonisation à l'ouest de Montréal, pour ne pas nuire au commerce des fourrures.

De même, s'il est vrai d'affirmer que la Conquête a étendu l'influence anglaise à une grande partie du continent nord-américain, posant ainsi des freins à l'expansion territoriale future des Canadiens français, il reste que cette affirmation est une projection dans un contexte antérieur des difficultés qui n'ont existé que dans la seconde moitié du XIXe siècle, et cela, sans prendre en compte les réalités du XVIIIe siècle, lesquelles n'auraient pas été nécessairement sous le contrôle de la population laurentienne. En effet, la présence britannique au nord (la Compagnie de la baie d'Hudson), la présence amérindienne à l'ouest, les intérêts des colons et des marchands britanniques installés sur le futur territoire américain, voire ceux de la France elle-même, auraient sans doute posé autant de freins à cette expansion.

Surtout, on ignore les ressorts de la population établie dans la vallée du Saint-Laurent et la manière avec laquelle celle-ci a toujours résolu historiquement les difficultés posées par son fort taux de reproduction biologique. L'un de ces ressorts est l'extraordinaire mobilité géographique des ruraux, qui limite les pressions sur les ressources. De la région de Québec vers celle de Montréal, et des rives du fleuve vers l'intérieur des terres et l'est de la province, c'est par la création d'espaces neufs qu'on libère les vieux terroirs de leurs surplus démographiques. De même, c'est par des migrations internes, du rang vers le village et de la campagne vers la ville, qu'on allège les densités du territoire agricole. Ces mouvements prennent appui sur les pratiques de protection du patrimoine foncier. Elles reposent sur un principe de transmission des biens qui exclut de l'héritage foncier les enfants en surnombre au moment de leur mariage. Plutôt que de subdiviser la terre en autant de parts qu'il y a d'héritiers, celle-ci n'est cédée finalement qu'à l'un des enfants qui devra rembourser, en contrepartie, ses frères et sœurs de leur part respective (voir les chapitres 5 et 6).

Autrement dit, pour la population, point n'est besoin de vaste projet collectif: c'est spontanément que, de toute façon, elle aurait amorcé sa conquête des cantons, d'autant que l'émigration britannique était insuffisante pour assurer leur peuplement, une situation que déplorent d'ailleurs les anglophones eux-mêmes (Rawson & de Chair, 1864). Cependant, comme les francophones se dirigent aussi vers la ville et l'extérieur de la province, aux États-Unis notamment (Louder, Morissonneau et Waddell, 1979), ce sont surtout ces mouvements qu'on tente d'enrayer, sans beaucoup de succès cependant. Et c'est bien ce qui se produit en Nouvelle-Angleterre, où des populations entières ont entrepris d'émigrer bien avant que l'Église catholique accepte de l'y rejoindre afin d'encadrer les nouveaux établissements (Vicero, 1968; Weil, 1989; Roby, 1990; Rodrigue, 1996).

Cela ne veut pas dire qu'il n'existe pas de freins au peuplement (par exemple, le coût et surtout le système différent d'obtention des terres, dans les Cantons de l'Est notamment; l'ancienneté d'occupation de certains d'entre eux par les anglophones; l'inaccessibilité d'autres qui, tel le Saguenay, ne seront ouverts qu'assez tard à la colonisation...), mais cela signifie qu'on leur donne un rôle exagéré dans les malaises de la province. Les vraies difficultés sont d'un autre ordre: en dépit de la forte croissance de la ville et de l'industrie, celle-ci ne procure tout simplement pas assez d'emplois pour absorber les surplus démographiques des campagnes. Et, comme l'économie américaine est alors en pleine expansion et que le rêve américain est puissant, les États-Unis ont une énorme puissance d'attraction, non seulement auprès des Québécois ou des Canadiens, mais aussi des populations européennes et même asiatiques. Il était donc dans la logique des choses de s'y diriger. Et c'est par milliers qu'on le fera, depuis des aires très diverses de migration, en direction de villes souvent choisies d'avance, sur le conseil de ceux qui s'y sont déjà établis (Vicero, 1968).

Aux yeux de l'élite nationaliste, la saignée prend vite l'allure de catastrophe nationale. Très tôt, l'Église intervient, mais l'État ne se laisse pas facilement convaincre de la valeur de la colonisation agricole comme solution aux problèmes de l'économie québécoise. Sauf en temps de crise, et en dépit de discours souvent favorables au projet, il préfère consacrer ses efforts à développer les bases de l'industrialisation. En matière de colonisation agricole, rappelle Esdras Minville (1943: 326): « On ne saurait dire que l'État ait jamais suscité, stimulé, précédé: il a suivi, et longtemps de très loin. » Son rôle en est un de soutien, aux infrastructures d'abord (arpentage des cantons, construction de routes, etc.), puis, plus timidement, aux efforts de l'Église et des sociétés de colonisation. Il n'interviendra plus directement qu'au XXe siècle, quand s'affirmeront enfin avec force les représentations formulées par les propagandistes du XIXe siècle.

2. UN EXEMPLE QUI VIENT DE LOIN[72]

Une des interprétations les plus courantes à propos du discours de colonisation du XIXe siècle au Québec a été d'en faire l'expression d'un repli passéiste, nourri de références françaises. On sait depuis qu'il s'est alimenté aussi d'autres influences, américaines notamment, comme l'ont montré les travaux de Robert Major (1991), d'Yvan Lamonde (1996; 1997) et de Gérard Bouchard (1990, 1996, 1997, 1999; Bouchard et Courville, 1993). Toutefois, à en juger par le parallélisme qui s'établit entre le matériel de propagande diffusé au Québec et dans l'Empire britannique pour attirer l'immigrant dans les colonies de peuplement britanniques, il semble que celui-ci fut d'abord une variante du discours colonial, portée par les thèmes en vogue dans l'Empire, mais médiatisé par les thèmes du rêve américain, auquel on greffe des références françaises[73].

72. Ce texte reprend en partie les thèmes développés dans Courville, 1998; 1999.

73. Cette médiation était d'autant plus facile que les thèmes du rêve colonial britannique étaient proches de ceux du rêve américain, ce qui n'a pas empêché les élites politicoreligieuses du Québec de condamner l'exode des Canadiens français vers les États-Unis, reproduisant par là une des thématiques fortes des brochures de propagande réalisées ailleurs dans l'Empire pour condamner la destination américaine. C'est ce qui se dégage de l'analyse de ces brochures, dont plusieurs sont conservées à la Bibliothèque du Commonwealth à Cambridge. Comparées au même genre de documents au Québec, l'analyse montre que si les élites politicoreligieuses du Québec ont recours aux thèmes du rêve américain, les formules retenues sont plutôt celles du discours en vogue dans l'Empire britannique pour détourner l'immigrant des États-Unis et l'attirer dans les colonies de peuplement britanniques (notamment celles du Canada, de l'Australie, de la Nouvelle-Zélande et de l'Afrique du Sud). Quant aux références françaises, elles visent surtout à « québéciser » ces influences, en attribuant à la population de souche des qualités associées aux anglophones, par exemple, leur esprit aventureux, qui a permis la conquête d'un immense continent, auxquelles on ajoute des capacités de développement semblables à celles que propose le libéralisme triomphant du XIXe siècle.

En Grande-Bretagne, où elle est qualifiée très tôt de question de l'heure par les contemporains, l'immigration alimente, en effet, tous les débats, non seulement autour de la pauvreté et des *Poor Laws*, mais autour des revendications politiques ouvrières, qui contestent de plus en plus ouvertement les privilèges politiques de l'aristocratie. Même la science victorienne y participe, en se montrant acquise aux valeurs utilitaires de la société britannique et en préconisant des inventaires scientifiques du potentiel commercial, minéral et agricole des colonies. N'est-elle pas, depuis les guerres napoléoniennes, une alliée de l'État et de l'économie britanniques dans leur quête des nouvelles sources de matières premières? Avec le mouvement missionnaire évangéliste, elle prendra une part importante dans les débats autour de l'esclavage. Elle sera aussi très active dans la discussion des problèmes d'acclimatation posés par les tropiques et, plus largement, les climats étrangers (Cronon, S.F., 1978; Berman, 1978; Cronon, W., 1983, 1991; Heyck, 1982). La géographie jouera d'ailleurs un grand rôle à cet égard, en montrant comment colonisation et climatologie sont intimement liées. Adoptant un langage à la fois moral et diagnostique, elle contribuera à la diffusion des stéréotypes ethniques et fournira ses outils cartographiques au mouvement expansionniste (Livingstone, 1992: 232-240), comme ce fut le cas, notamment, au Canada (Owram, 1986; Berger, 1983; Zeller, 1987; Gaffield et Gaffield, 1995). Enfin, comme les autres sciences naturelles, elle nourrira l'espoir des colonies de connaître un progrès matériel et industriel aussi rapide que celui la Grande-Bretagne et des États-Unis.

Outre cette fonction de soupape démographique et de solution au problème chronique de la pauvreté, l'immigration doit aussi contribuer à la défense des colonies et des intérêts britanniques. Les exemples abondent de telles intentions, qui se traduisent souvent par la mise en œuvre de vastes programmes d'établissement destinés à stabiliser et protéger la frontière, et à doter les colonies des effectifs qui leur permettront de se défendre elles-mêmes, tant contre les ennemis de l'extérieur que contre les autochtones. Pourtant, c'est peut-être sur le plan des échanges que l'immigration doit jouer le plus grand rôle, en contribuant à la construction du *Greater Britain*. En effet, en peuplant les colonies et en leur offrant le moyen de devenir de véritables partenaires commerciaux, on espère assurer le maintien de l'Empire britannique, tout en élargissant ses bases commerciales[74].

74. Encore sous le choc de la guerre d'Indépendance américaine et devant les volontés d'émancipation de ses colonies de peuplement, l'Angleterre cède en effet aux pressions de ce qui ne fut au début qu'un mouvement d'in-

Au début, pourtant, rien de substantiel n'est changé. Les intérêts des armateurs, des planteurs et des producteurs coloniaux sont suffisamment bien représentés et puissants pour résister à la libéralisation trop rapide du commerce colonial. Toutefois, avec le temps et le courant d'opinion suscité par les essais de Ricardo et de Parnell, en 1815 et en 1830, sur les profits du capital et la nécessité d'une réforme financière, l'idée finit par s'imposer, ce qui entraîne le rappel de plusieurs mesures jugées trop protectionnistes et parfois même contradictoires : abolition, dès 1815, puis 1824 et 1834, de certaines compagnies à privilège ; réduction ou abolition des mesures tarifaires; libéralisation, dès 1822, des Lois de navigation, finalement abolies en 1849, levée des interdits quant à l'embauche à l'étranger des ouvriers anglais (1825) et à l'exportation de machines industrielles (1843) ; retrait des *Corn Laws* (1846), à la suite de la mobilisation de l'opinion organisée par l'*Anti-Corn Law League* après 1836 et la crise économique de 1842 ; conclusion de nombreux traités commerciaux, etc.

À vrai dire, le gouvernement anglais n'a pas beaucoup le choix : aux prises avec une émigration et des conditions économiques sans précédents, la montée d'une nouvelle conscience sociale et le nationalisme colonial, il devra consentir au virage (Bell et Morrell, 1928 : xvii), d'autant plus que gouverner à distance est non seulement difficile mais coûteux (Meinig, 1986 : 374). Au milieu du XIXe siècle, la transition est complétée, assortie de mesures plus politiques celles-là, qui octroient aux colonies le gouvernement responsable (*Self Government*). De lieux d'exploitation qu'elles étaient, destinées surtout à fournir ses matières premières et ses marchés à la métropole, les anciennes colonies sont donc appelées à devenir des partenaires capables de contribuer au maintien et à la prospérité de l'Empire, d'autant plus qu'elles pourront aussi s'ouvrir au capital britannique, qui y trouvera la force de travail dont il a besoin pour prospérer (Johnson, Gregory, Smith, 1994 : 75-77). Or, pour que les colonies puissent jouer ce rôle, il faut qu'elles se développent, donc que les immigrants s'y dirigent. Rien n'est moins sûr !

---

tellectuels, situé à l'un des points de convergence du libéralisme économique et de l'utilitarisme. Prônant le « laissez-faire » comme moyen de régulation de l'économie, ce mouvement, qui accorde aussi une grande place à l'individu et au travail, souhaite voir l'ancien régime protectionniste anglais remplacé par le libre-échange. L'argument est à la fois économique et social : les charges qui pèsent sur les importations britanniques nuisent au développement des exportations, en privant les étrangers des moyens de paiement nécessaires à l'achat des produits anglais, ce qui limite d'autant les moyens d'assurer l'emploi et la subsistance de la population anglaise (Léon, 1978 : 423).

Dès le début du XIXe siècle, des voix s'étaient fait entendre pour vanter les mérites des colonies britanniques et formuler les bases du rêve colonial. Comme il s'agit de répondre aux initiatives américaines, qui tentent aussi d'attirer l'immigrant, on multiplie les pamphlets et les brochures de propagande, en faisant même de l'immigration dans les colonies britanniques une question de loyauté envers la mère-patrie. La période la plus féconde à cet égard reste la première moitié du XIXe siècle, alors que s'amorcent les premières grandes migrations et que se redéfinit la politique commerciale anglaise. Toutefois, comme la concurrence est vive entre les colonies britanniques et qu'on se heurte déjà à l'attrait américain, celles-ci perdront vite leur avantage initial.

En effet, en dépit des mesures mises en place par le gouvernement britannique et les organismes privés ou parapublics pour encourager et soutenir « scientifiquement » l'immigration, mais qui s'affadissent dans le siècle[75], c'est vers les États-Unis surtout que se dirigent les migrants, beaucoup plus que vers les colonies de peuplement britanniques[76]. La Figure 39 en montre l'attrait comparé aux autres destinations.

---

75. L'une des difficultés de la Grande-Bretagne, au XIXe siècle, sera en effet de maintenir des programmes d'aide efficaces, capables de soutenir une immigration systématique vers les colonies. On en a un exemple avec les Colonial Land and Emigration Commissionners. Institués en 1840 par Lord Russell, leur rôle est de recueillir et de diffuser de l'information sur l'immigration, de vendre les terres de la couronne dans les colonies et d'utiliser les bénéfices de ces ventes pour aider au transport des immigrants. Leur pouvoir sera limité par le fait que la plupart de ces terres, sinon toutes, deviendront vite de juridiction coloniale. Même leurs fonctions d'inspection et de supervision des navires leur échappent. Octroyées par les *Passengers Acts* de 1855 et de 1863, elles deviennent la responsabilité du Board of Trade en 1872. Quant aux organismes privés ou parapublics, tels les Boards of Guardians, organismes locaux chargés des pauvres et qui peuvent, en vertu de la loi, réserver une partie des revenus de la paroisse pour l'aide à l'immigration, ils hésitent à étendre leur action aux autres groupes sociaux. Or, les colonies refusent de plus en plus d'accueillir des pauvres. Restent les compagnies ou les sociétés d'immigration, et les agents généraux des colonies, auxquels l'immigrant peut toujours s'adresser pour obtenir de l'aide, et qui ne ménagent pas leurs suggestions au gouvernement, par exemple pour améliorer l'encadrement des émigrants. C'est le cas, notamment, du Group System, imaginé par certains pamphlétaires pour le transport des familles. Cependant, comme les préoccupations de ces organismes ne sont pas forcément celles de l'immigrant ou, dans le cas des agents généraux, de Grande-Bretagne elle-même, on se méfie de la qualité de leurs informations. Aussi l'immigration reste-t-elle largement une décision et un acte individuels, dont le soutien varie considérablement dans le siècle. À ce sujet, voir Walter B. Paton, 1885.

76. Rappelons que, jusqu'aux Rébellions de 1837-1838, le Canada recueille le gros de l'effectif. Par la suite, le mouvement général s'affaisse, en dépit d'une reprise sporadique entrecoupée de pointes liées aux arrivées en provenance d'Irlande puis d'Europe continentale. Il ne réaugmentera qu'après la Confédération et encore plus massivement au début du XXe siècle. Même l'Australie et la Nouvelle-Zélande paraissent un moment plus avantagées. Cependant, à partir des années 1890, ces pays voient leur nombre d'immigrants britanniques chuter en deçà du seuil canadien. Il ne se relèvera qu'au tournant du XXe siècle. Quant aux États-Unis, ils dominent massivement la période. Leur attrait est trop puissant et l'Empire britannique trop aux prises avec ses propres difficultés pour que le courant s'inverse. Aussi restent-ils une destination privilégiée. On estime que de 1830 à 1880, plus de 66 % des immigrants provenant des îles britanniques s'y dirigent, stimulés par les promesses des propagandistes américains (Harper, 1988 : 242).

FIGURE 39

L'immigration en provenance des Îles britanniques (1815-1911)

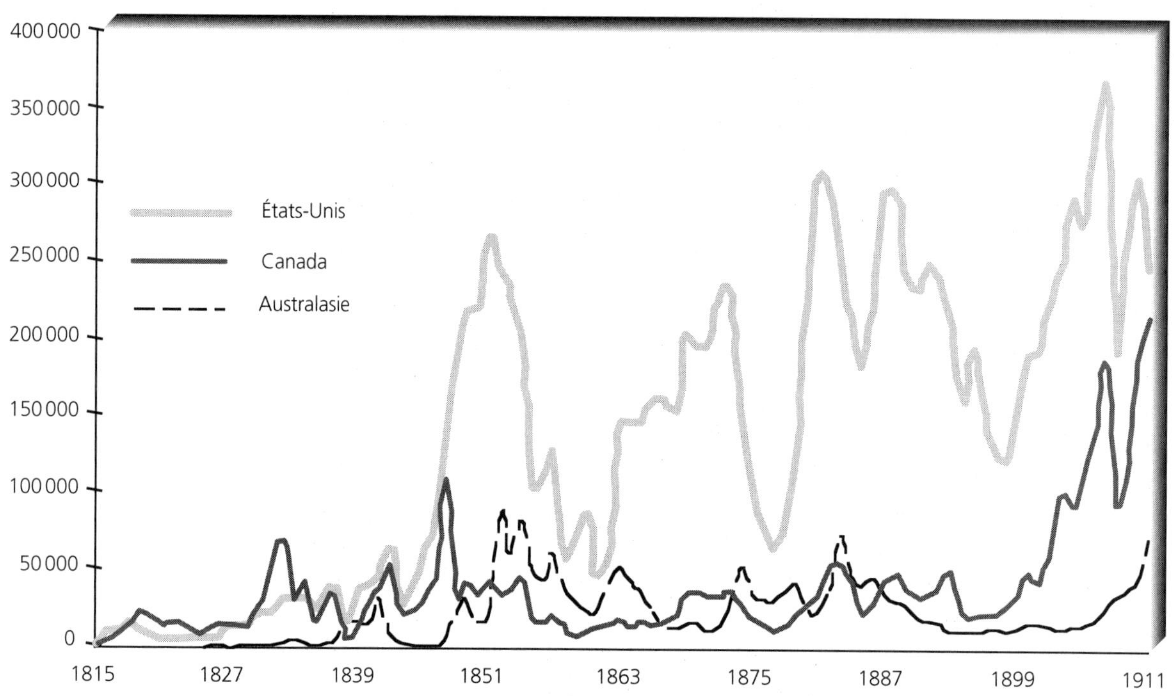

Source : Johnson (1913) et Cowan (1961).

Sur le plan du peuplement, le rêve colonial s'avère donc un échec relatif. Sur le plan culturel, toutefois, il influencera grandement le discours de colonisation intérieure des colonies, qui y puiseront à la fois leur contenu et leur rhétorique. C'est le cas au Québec, où le discours de colonisation prend les mêmes teintes. Adopté par l'Église et par l'État, il fera de la colonisation des plateaux une réponse aux difficultés économiques et démographiques de la période et présentera les hautes terres comme de véritables colonies intérieures, destinées à servir d'exutoire aux surplus démographiques des basses terres et à fournir leurs matières premières aux villes laurentiennes. Contrairement aux colonies britanniques, cependant, qui obtiendront bientôt leur gouvernement responsable, les nouvelles régions n'obtiendront jamais leur pleine autonomie.

3. LE MATÉRIEL DE PROMOTION

L'un des principaux documents à véhiculer cette idéologie a été la brochure de propagande rédigée à l'intention du colon afin de le convaincre de venir s'établir dans les plateaux. Ajoutée aux monographies de colonisation et aux monographies locales, elle a laissé une vision rurale du Québec qu'est encore venu biaiser le prisme régional. Certes, le colon n'a pas eu nécessairement accès à cette documentation ni aux écrits qui ont servi à la préparer ou l'ont accompagnée (rapports de l'administration publique, correspondance, etc.). Toutefois, comme elle était destinée surtout aux intermédiaires de la colonisation ou à la tranche instruite de la population, dont elle venait souvent conforter les vues, elle a eu une influence importante dans la définition des représentations collectives.

3.1 Les brochures de propagande[77]

Rédigées par le gouvernement provincial et par l'Église catholique du Québec pour attirer les colons des basses terres dans les plateaux, les brochures de propagande ressemblent à s'y méprendre aux brochures réalisées plus tôt dans le siècle par les propagandistes anglophones pour attirer l'immigrant dans les colonies de peuplement britanniques (Canada, Australie, Nouvelle-Zélande, Afrique du Sud). Certaines sont même diffusées en Grande-Bretagne, où l'on cherche aussi à recruter des colons (Québec, 1870).

Assez curieusement, c'est dans les fascicules des sociétés de colonisation qu'on trouve le plus clairement exprimés les thèmes développés dans l'Empire britannique pour promouvoir cette immigration[78], à cette exception près que leurs auteurs sentent moins le besoin d'établir leur crédibilité, vu l'autorité morale de l'Église catholique au Québec, qui est aussi l'âme dirigeante de ces sociétés. Comme chez les anglophones, l'argument repose d'abord sur la reconnaissance du problème démographique de la zone de départ, qu'on dit aussi menacée de pauvreté. Il y a d'ailleurs un

77. Voir Courville, 1998; 1999.

78. On en compte quatre principaux. Le premier cherche à convaincre de la crédibilité de l'auteur. Le deuxième dresse les avantages de la terre d'accueil, qu'il présente à partir d'exemples et de témoignages concrets, en comparant souvent avec d'autres destinations. Le troisième thème s'adresse plus directement à l'immigrant et discute de ses possibilités d'emploi et d'établissement; il précise ses conditions de succès et de bonheur et offre quantité d'informations sur les prix et les salaires. Le quatrième thème met l'accent sur la grandeur du projet, non seulement pour la colonie, mais pour l'Empire britannique, avec diverses exclusions quant au type d'immigrants qui peuvent y participer.

parallélisme frappant à cet égard entre le discours développé en Grande-Bretagne et celui-ci. Tous deux réagissent à l'entassement démographique et aux difficultés économiques et sociales qui en résultent ou risquent d'en résulter, et tous deux voient dans l'émigration une solution au problème. Au Québec, cette zone de départ est la vallée du Saint-Laurent, « devenue trop étroite pour la population toujours croissante de nos campagnes. Tout le sol est occupé et (on ne saurait diviser les fermes) sans qu'il en résulte un appauvrissement général. Où donc les pères de famille placeront-ils leurs enfants ? où les fils trouveront-ils un établissement ? ». Comme en Grande-Bretagne, la solution réside dans l'émigration vers de nouveaux espaces, assez vastes pour accueillir les immigrants. Ce pays, c'est le Nord, grand comme une province entière et assez riche pour y faire vivre « un million d'habitants », un thème repris plus tard par les propagandistes australiens dans leur campagne d'établissement rural : « *A Million Farmers on a Million Farms* » (Anonyme, 1883 : 3 ; Million Farms Campaign Association, 1922). Pourquoi, donc, « se presser les uns sur les autres, comme les poussins sous la poule, lorsque des espaces immenses se déroulent devant nous ? » (Labelle, 1880 : 21). « Pensez à vos enfants », venez voir par vous-mêmes (Anonyme, 1883 : 12).

L'un des premiers avantages reconnus à cette contrée est d'abord la distance : parce qu'elle est voisine du district de Montréal, où se concentre le gros de la population du Québec, c'est la plus accessible. Et quelle beauté ! Ainsi, à Saint-Jérôme, « toutes les beautés de la nature s'y sont données rendez-vous pour lui donner une apparence gaie et charmante [...] ; on aime à jouir de la vue des montagnes, des cascades, des bosquets d'arbres qui l'environnent comme d'une couronne de verdure » (Labelle, 1880 : 2). Comme il s'agit aussi d'un pays montagneux, partout marqué par la glaciation, on en banalise les contraintes, qu'on transforme même en avantages. Les montagnes deviennent des hauteurs de 50 à 300 pieds, qui donnent son aspect certes « ondulé » au paysage, mais qui favorisent aussi l'égouttement des terres. Les terrains rocheux, sablonneux, marécageux forment l'exception ! Partout dominent les bons sols. Ils sont faits de bonne « terre jaune » (mélange de sable et d'argile ferrugineuse), où tout pousse « à merveille », même les meilleures essences d'arbres. On ne va pas jusqu'à dire que la région est un « jardin », mais « évidemment, un sol qui porte de tels arbres ne peut être qu'une excellente terre ». Et, comme renforcement, on a recours au témoignage des experts, ici celui des explorateurs et des arpenteurs, notamment celui de Joseph Bouchette, fils, qui avait écrit en 1859 que les terres des vallées de la rivière Rouge et de La lièvre « ne sont surpassées par aucune autre du Haut ou du Bas-Canada » (Anonyme, 1883 : 5).

Et c'est avec la même logique et les mêmes recours qu'on présente le climat : « On sait que le climat s'adoucit à mesure que l'on avance vers l'ouest [...]; le climat [y est donc] plus doux qu'aux Trois-Rivières [...]; parlant de la région nord de la Province [le professeur Macoun l'a dit devant un comité à Ottawa], le climat n'y est pas plus rigoureux que celui de Québec. S'il en est ainsi de cette partie extrême du Nord, que ne doit-on pas attendre des cantons que nous colonisons actuellement » (Anonyme, 1883 : 6). De plus, mais est-ce l'effet du voisinage des montagnes, « aucune épidémie n'y a sévi ou pris naissance » (Labelle, 1880 : 1).

Quant au potentiel utilitaire de la région, il est énorme et riche de promesses : on y trouve une multitude de lacs et de rivières, où la truite abonde, et qui dote le pays de pouvoirs d'eau « innombrables », dont la profusion est « peut-être sans égale dans toute la Province » et grâce auxquels, on a pu (ou on pourra) aménager de nombreux moulins, tanneries, manufactures de toutes sortes ; les forêts de bois de service et de chauffage elles aussi sont « considérables » et les lots boisés prendront vite de la valeur; mais ce n'est rien comparé aux richesses minières, qu'on commence à peine à découvrir. Si l'on en juge par les observations faites dans les Cornouailles : « *a good silver vein always wears an iron cap* ». Or, ce qu'on vient de découvrir dans la région présente une parfaite ressemblance avec ce dicton, ce qui autorise les plus belles espérances. Et « les géologues, en voyant tous les indices qui se présentent à leurs yeux ne peuvent s'empêcher de proclamer la richesse métallique des Laurentides » (Labelle, 1880 : 3-4, 9, 20).

Certes, les commencements ont été difficiles, mais c'est dans un pays maintenant organisé que les premiers colons pourront s'établir, grâce à l'alliance qui, tel qu'à Saint-Jérôme, a réuni « comme dans un seul faisceau, les intérêts religieux, civils, commerciaux et industriels ». Aux villes prospères qui servent de tête de pont vers l'intérieur, s'ajoutent bien d'autres commodités. D'ailleurs, « voyez l'attention que nos gouvernants portent [maintenant] à cette région ; les chemins qu'ils ouvrent, les arpentages qu'ils pratiquent ». Aux routes qu'ils tracent s'ajoute l'octroi de sommes considérables pour la construction d'un chemin de fer. Il y a de bonnes sociétés de colonisation, qui travaillent efficacement à la construction des chapelles et des écoles, et il y a de l'emploi pour tous, notamment auprès des commerçants de bois (Labelle, 1880: 1, 20). Le colon y trouvera des terres à bon compte («30cts de l'âcre, payable en cinq ans»), que l'État, grâce à ses nouvelles lois, protège des saisies, et tout ce dont il a besoin pour subsister. Bref, là, les possibilités d'avenir sont nombreuses et le succès est possible, pourvu que le colon persévère et qu'il soit sobre et travailleur. C'est le pays rêvé pour les petits cultivateurs, les fils de cultivateurs, les travailleurs et les chômeurs des villes, qui trouveront là «un autre avenir, une autre récompense au travail». Et, comme dans les cantons nouveaux il y a moins de luxe (que dans les vieux), les filles se contenteront de robes plus modestes et de chapeaux moins fleuris, «l'aisance arrivera vite au foyer» (Anonyme, 1883: 7-8).

Quant à la valeur du projet, qu'on fait d'ailleurs confirmer par les lettres et les extraits de lois placés en annexe de l'ouvrage, elle ne fait aucun doute: «Ce sera un moyen puissant de porter remède à ce chancre de l'émigration qui nous dévore en éparpillant, dans les pays étrangers, les forces vives de la nation.» L'admirable Fénélon l'a dit voilà bien longtemps: «C'est la force du peuple et l'abondance des aliments qui fait la vraie force et la vraie richesse d'un royaume.» Ne faisons pas comme les Irlandais qui, pour fuir la misère, se sont répandus dans tout l'univers. «En nous faisant naître sur le sol chéri du Canada, dans l'Empire britannique, Dieu nous a marqué pour toujours notre place dans notre beau pays et non ailleurs. C'est chez nous qu'il faut nous établir et pas ailleurs!» (Labelle, 1880: 18-19). En peuplant les Laurentides, on établira ce qui sera peut-être un jour le boulevard de la race française au Canada. «En avant donc vers le Nord, Canadiens français, la patrie vous y convie, le bien-être vous y attend» (Anonyme, 1883: 21).

Pourtant, comme dans les autres colonies britanniques, c'est avec tiédeur qu'on répond à l'appel. Au contraire, c'est par vagues de plus en plus massives que la population rurale du Québec répond à l'attrait américain, sans compter tous ceux qui se dirigent vers la ville et le travail en usines. Comparé à l'espace central (la vallée du Saint-Laurent), l'espace nordique offre trop peu et trop tard, et ce qu'il offre est trop difficile pour ceux qui sont déjà entrés dans la nouvelle ère de croissance. Certes, il y aura bien un mouvement en faveur des plateaux et des groupes entiers de populations s'y établiront, mais, sauf dans certains secteurs géographiques bien précis, au Saguenay par exemple, plus avantagés par les conditions géographiques régionales, la plupart de ces tentatives se solderont par des échecs. Vu leur pauvreté intrinsèque, les sols s'épuisent après seulement quelques années de mise en valeur. Ajouté aux caprices du climat, à l'éloignement et au manque de marchés, ce facteur conduira au développement d'une agriculture marginale, dont l'orientation sera bien loin de celle qui avait été prônée par les élites du temps qui auraient voulu en faire le pivot de toute l'économie. Enfin, le colon des Laurentides n'est pas un vrai cultivateur mais un touche-à-tout, qui cherche ses revenus ailleurs que dans l'agriculture, notamment dans les chantiers, dont il est sous la constante dépendance. Aussi, le mouvement de colonisation s'essouffle-t-il assez tôt, compromis à la fois par les orientations de l'économie globale et par l'attitude même de la population, dont le curé François-Xavier-Antoine Labelle avait d'ailleurs anticipé les réactions, en écrivant: « Tout le territoire qui ne ressemble pas à la plaine du Saint-Laurent, selon un grand nombre, est très défavorable pour la culture. C'est encore une illusion. On vit aussi bien dans les montagnes que dans la plaine qui n'est que l'exception, puisque le globe est presque tout couvert de montagnes » (Labelle, 1880: 21).

3.2 Les monographies de colonisation et les monographies locales

Parallèlement à cette documentation, un autre genre se développe, qui vise plus directement encore à favoriser le peuplement des nouveaux espaces en formation. C'est la monographie, représentée par les monographies de colonisation, bien étudiée par Gilles Sénécal (1992), et les monographies locales, rédigées surtout par le clergé. Elles aussi font de l'attachement à la terre un fondement identitaire.

Comme les *Guides du colon*, qui se multiplient au tournant du XXe siècle, les monographies de colonisation ont une saveur de propagande, orientées vers la connaissance et le savoir nécessaire à l'organisation du processus de colonisation. Les histoires et les monographies locales sont un rappel des étapes qui ont conduit à l'origine de l'établissement, avec, bien en vue, le rôle des élites locales qui prennent figure de héros. Comme les précédentes, elles proposent une vision idéalisée du territoire et de la société québécoise, qui est à peine différente de celle des peintres ou des romanciers, et qui deviendra bientôt celle de toute une génération de géographes, de littéraires et d'historiens locaux, dont l'originalité sera de raconter le territoire à travers les différents temps de sa genèse.

Parmi ceux qui ont contribué le plus au développement de la monographie de colonisation au Québec, l'abbé François Pilote, avec son ouvrage sur le Saguenay (1852), fait figure de pionnier. Mais il y en aura aussi beaucoup d'autres, qui, à travers leur prose, leurs appels, leurs rapports ou leurs guides en favoriseront l'expansion. Parmi eux, l'abbé Jean-Baptiste Chartier sur les Cantons de l'Est (1871), Joseph Tassé sur l'Outaouais (1873), l'abbé Jean-Baptiste Proulx sur Nominingue (1882), l'abbé Théophile-Stanislas Provost sur Saint-Jean-de-Matha (1888), A. Pelland sur la Mattawinie (1908), Eugène Rouillard (1911) sur la Côte-Nord, L.-E. Carufel (sans date), sur la région de Labelle, sans oublier les contributions d'Ivanhoë Caron, de Stanislas Drapeau, de Clément Deschamps, de l'abbé Hormisdas Magnan et bien sûr du curé Labelle. Le plus illustre d'entre eux, cependant, reste Arthur Buies, dont la rencontre avec le curé Labelle marque le début d'une longue collaboration de propagandiste à l'œuvre colonisatrice du bouillant curé. Son talent est indéniable et sa plume reste l'une des meilleures de l'époque. Connu déjà pour ses *Chroniques*, parues en 1873, il publiera plusieurs ouvrages, dont un sur l'Outaouais supérieur (1889), un sur les Laurentides au nord de Montréal (1891), un sur le chemin de fer du lac Saint-Jean (1895) et un autre sur la vallée de la Matapédia (1895).

Parallèlement, et dès la fin du XIXe siècle, début du XXe, les monographies locales se multiplient, nourries d'envolées littéraires sur la mission providentielle des Canadiens français. Rédigées le plus souvent par le clergé, elles se donnent comme des œuvres destinées à rappeler les origines nobles du milieu. Et, comme ces origines sont généralement catholiques et françaises, leur contenu est très orienté, réduit le plus souvent à des listes ou à des biographies de curés ou de représentants des élites locales, qui y sont présentés comme des héros vertueux, respectueux des commandements de l'Église et de ses traditions. Peu de place y est faite à l'histoire économique locale, qui n'est évoquée ici qu'à de rares occasions. Quant aux difficultés qui ont jalonné l'histoire de la paroisse, notamment celles qui ont opposé la population aux décisions de l'évêque, elles sont pour ainsi dire marginalisées sinon occultées, et toujours présentées, quand elles le sont, de façon à cautionner les décisions de l'évêque.

Toutes ces histoires ne sont évidemment pas aussi pauvres en contenu, mais rares sont celles qui proposent une autre perspective. Écrites pour la plus grande gloire de Dieu et de son Église, elles se veulent un moyen de contribuer à l'objectif de survie des élites dominantes. D'où la recherche de héros locaux, dont la vie apparaît comme un exemple de vertu et de fidélité aux valeurs traditionnelles. Destinées surtout aux bibliothèques des maisons d'enseignement dont le clergé a la charge, elles sont en outre un moyen d'instruire les jeunes générations de leurs racines catholiques et françaises, pour qu'à leur tour elles deviennent des relais dans la transmission de cette connaissance.

4. LES AUTRES VÉHICULES IDÉOLOGIQUES[79]

C'est un lieu commun de rappeler les liens très étroits qui unissent la littérature précédente aux autres productions littéraires ou artistiques de la période. La première en importance reste l'histoire nationale, qui fournit ses thèmes au roman du terroir. Une autre est la peinture et l'aquarelle, qui ajoutent aux images romantiques des littéraires une vision particulière du territoire et du genre de vie paysan, qui paraît ici bien à l'abri des changements menaçants de la période.

4.1 L'histoire nationale

Au milieu du XIXe siècle, paraît le premier tome d'une œuvre qui allait donner ses premiers vrais fondements à l'histoire et à la littérature « nationales », l'*Histoire du Canada* de François-Xavier Garneau (1845-1852). Pour se former à son métier, Garneau a parcouru les premiers annalistes : le père Pierre-François-Xavier de Charlevoix (1744), les *Relations des Jésuites* (Thwaites [1896] 1972), les récits des découvreurs, etc. Il connaît bien, également, les luttes que livrent, depuis l'introduction du parlementarisme, les politiciens francophones à l'administration coloniale. Surtout, il est bien au fait des enjeux du Rapport Durham (Gallichan, Landry et Saint-Jacques, 1998).

Particulièrement bien écrite, cette histoire est en fait une géopolitique. Elle met en lumière la tension politique qui traverse la société bas-canadienne. En plus d'exalter l'origine française du peuple canadien, elle montre sa fragilité au sein de l'immense mer anglophone du continent nord-américain. Sa motivation, à la fois politique et patriotique, est de montrer la résistance et les luttes politiques de ceux qui ont choisi de survivre. Elle dit peu de choses, cependant, du peuple, qui est maintenu loin « des fluctuations politiques » (Dumont, 1993 : 290). Cependant, comme Garneau est aussi

79. Ce texte reprend plusieurs des thèmes abordés dans Courville, 1996.

influencé par le libéralisme, il sait bien qu'à côté de l'affirmation nationale il faut aussi une adaptation lente aux réalités nouvelles. Pour lui, « c'est aux grands peuples à essayer les nouvelles théories [...]. Pour nous, une partie de notre force vient de nos traditions ; ne nous en éloignons pas et ne les changeons que graduellement » (Dumont, 1993 : 292).

L'histoire de Garneau connaîtra un vif succès, en dépit de ses affirmations parfois dures et toutes voltairiennes contre l'Église catholique de la Nouvelle-France. Elle influencera grandement les historiens subséquents, qui en reprendront les mêmes thèmes. Avec eux, cependant, l'orientation deviendra plus franchement patriotique.

L'un des plus connus, François-Edmé Rameau (qui signera plus tard Rameau de Saint-Père ; 1859), est d'origine française. Son œuvre s'adresse surtout au public français. Elle a pour but de faire connaître le passé colonial de la France en Amérique et de la détourner de son courant migratoire vers l'Amérique latine. Elle entend également rétablir la « vérité » de l'histoire sur le Canada. Ayant entendu parler des efforts des Canadiens français pour survivre, il entreprend un long témoignage sur la lutte de ce petit peuple, qui rappelle à la France sa grandeur d'antan. Catholique libéral et disciple de Frédéric Le Play, il croît à l'intervention divine dans l'histoire et voit dans la colonisation agricole un moyen pour les Canadiens français « de se développer en paix, avec leur langue, leur caractère propre et toutes leurs habitudes ». La colonisation les prémunira en outre contre ce péril qu'est l'émigration aux États-Unis (Rameau, 1859: 233-235, 237). Exposés avec vigueur, ces thèmes ne pouvaient que rassurer et enthousiasmer l'élite bas-canadienne, qui voit dans ce témoignage une contribution importante pour la compréhension des aspirations canadiennes-françaises. Louis-Joseph Papineau lui-même en dira qu'il est « sous tous les rapports un des meilleurs, un des mieux remplis de faits intéressants [...], des plus propres à faire chérir les vertus, à faire respecter l'énergie de nos pères » (Morissonneau, 1978b : 151).

Pour écrire son histoire, Rameau consulte les archives et les ouvrages parus sur le Canada, où il n'est cependant jamais venu. Il correspond également avec certains représentants de l'élite intellectuelle du pays (Garneau, Joseph-Charles Taché, Étienne Parent...), qui l'informe des menaces qui pèsent sur les Canadiens français. Il ne vient au Canada que six mois après la parution de son ouvrage. Il en profite pour élargir le cercle de ses connaissances (auprès, notamment, des abbés Jean-Baptiste-Antoine

Ferland et Henri Raymond Casgrain, de Pierre-Joseph-Olivier Chauveau, de Denis-Benjamin Viger et de bien d'autres), et pour donner des conférences engagées aux instituts canadiens de Québec et de Montréal. Rappelant que la plus grande menace qui pèse sur les Canadiens français est l'émigration aux États-Unis, ils les exhorte à rester au pays et à y créer une nouvelle patrie où ils pourront s'épanouir et surtout s'affranchir de la position géographique trop exposée du Canada français du sud (la vallée du Saint-Laurent). En cela, les Canadiens français disposent d'un don spécial (la « revanche des berceaux »), que vantent l'Église et les élites intellectuelles de l'époque, et qui finira bien par faire triompher la cause de ce petit peuple.

Plusieurs autres auteurs reprendront les mêmes thèmes, inspirés par ces deux œuvres. Et beaucoup les porteront par leurs talents à la fois d'historien et de littéraire. Pour eux comme pour tous ceux qui s'inquiéteront de l'avenir des Canadiens français, la seule stratégie possible pour ce fleuron de l'ancienne France passe par une réaction dynamique et optimiste aux défis posés par les changements politiques et économiques de la période. Qu'il s'agisse de l'abbé Casgrain, dont Rameau disait qu'il était « un prêtre très érudit », ou de l'abbé Ferland, de Benjamin Sulte ou d'Emmanuel Salone, et quels que soient la période ou le thème étudiés, tous partagent le même message, le même espoir, confortés par une autre littérature, que l'on pourrait volontiers qualifier de terrain, et qui apparaît tout aussi engagée voire plus que celle-ci.

4.2 Le roman paysan

Ce qu'on appelle le roman paysan dans la littérature québécoise est né au milieu du XIXe siècle, préparé par le roman nationaliste de Patrice Lacombe, *La terre paternelle*, paru en 1846 et qui en a inauguré le genre, et par celui, moins rigide, de Pierre-Joseph-Olivier Chauveau, *Charles Guérin*, paru en 1853. Issus tous deux d'une famille de marchands, l'un du Lac-des-Deux-Montagnes, au nord-ouest de Montréal, et l'autre de Charlesbourg, au nord de Québec, ils se veulent imperméables à l'influence de la France, qu'ils condamnent pour ses excès littéraires. Ils prêcheront tous deux le retour à la terre, par une description « honnête et juste » des mœurs canadiennes. Toutefois, contrairement à Patrice Lacombe, qui eut une existence terne au service du séminaire de Saint-Sulpice de Montréal, dont il était le notaire de confiance, Chauveau est un avocat et un politicien, qui publie des choses « gentiment érudites et littéraires ». Elles le font percevoir comme un bourgeois éclairé, à l'aise dans le monde anglophone, qu'il connaît bien puisqu'il a complété son doctorat en droit à l'université McGill, et qui l'impressionne par son « modernisme », notamment en agriculture (Boucher, 1973 : XII et s.).

Rappelant qu'ils écrivent dans un pays qui n'a pas encore perdu sa pureté initiale, il serait invraisemblable et même ridicule de donner, comme en France, un dénouement tragique à leurs romans. Aux histoires ensanglantées importées des vieux pays, ils préfèrent celles qui peignent « l'enfant du sol, tel qu'il est, religieux, honnête, paisible de mœurs et de caractère, jouissant de l'aisance et de la fortune, sans orgueil sans ostentation, supportant avec résignation et patience les plus grandes adversités » (Lacombe), c'est-à-dire, ceux « qui vivent, depuis deux ou trois générations, une vie assez paisible et dénuée d'aventures, auprès de l'église de leur paroisse, au bord du grand fleuve ou de quelqu'un de ses nombreux et pittoresques tributaires » (Vanasse, 1972 : 13-14, 17 et s.).

Dans ce rejet du roman français, il y a donc aussi une condamnation, ambiguë certes, mais néanmoins implicite, de la France, qui autorise des goûts et des libertés littéraires incompatibles avec les mœurs de la société canadienne. Contraire à la société française, celle-ci paraît en effet non seulement « plus pure » (ici, on ne tue, ni empoisonne, ni se suicide aussi souvent qu'en France !), mais plus respectueuse de l'ordre social établi. Ce sera le rôle du roman paysan de la décrire, sans l'enthousiasme frénétique du roman français et sans son cortège d'aventures extraordinaires et invraisemblables.

Structuré autour des mêmes thèmes (terre perdue aux mains des Anglais à cause des idées de grandeur du héros, ruine de la famille qui doit s'exiler à la ville où elle connaît la misère, reconquête du vieux bien grâce à un événement heureux), le roman paysan est tout entier dominé par le rejet de l'Ailleurs. À quoi bon « risquer les profits toujours certains de l'agriculture contre les chances incertaines du commerce », il ne peut en résulter que du malheur. Le vrai bonheur est là où se trouvent la charrue et le bœuf! Celui qui cherche ailleurs ne trouvera que déchéance ! La forêt tue, la ville rapetisse l'existence ! Même l'Église en subit les effets : en ville, elle devient vite mercantile ; à la campagne, elle respecte encore les valeurs chrétiennes. Quant à l'Anglais, c'est l'usurier, le fourbe, le mauvais personnage, à l'affût de tout ce qui lui permet de s'emparer de nos terres. Bref, si la « race » canadienne-française veut survivre et éviter d'être dépossédée de son sol, il lui faut rester sur la terre, fidèle à l'agriculture et à la religion catholique, en sachant supporter « avec résignation et patience les plus grandes adversités ».

Très nette chez Lacombe, cette triple affirmation se retrouve aussi chez Chauveau, dont le roman, cependant, est moins moraliste. Son histoire est d'abord celle d'un drame financier, doublé d'un désir d'ascension sociale. Devant son impossibilité de réussir sur place (par la faute de l'Anglais Wagnaër, qui n'en fait pas cependant une affaire d'ethnie mais d'intérêt financier), le héros, se sentant investi d'une véritable mission (il s'oppose au désir de ses compatriotes d'émigrer aux États-Unis), part fonder une nouvelle paroisse dont il devient le chef respecté. Dans ce cas, le succès est possible et peut même être consacré, pourvu qu'il soit lié à la colonisation agricole (donc que le lien avec la terre soit maintenu). Quant au rapport avec l'Anglais, il n'est pas posé dans les mêmes termes : tout en demeurant un personnage rusé et dur en affaires, il n'appartient pas à la « race » de ceux qui viennent s'emparer de nos terres. Sa femme est morte catholique et il élève ses enfants dans cette religion. Sa fille Clorinde est même l'amie de la famille Guérin et amoureuse de Charles. Contestant son père et ses amis, elle préférera prendre le voile plutôt que d'épouser un autre homme, l'ambitieux Henri Voisin, avocat et arriviste, qui prêche l'anglicisation et à qui Wagnaër veut la marier.

D'une portée idéologique incontestable, ces deux romans marqueront pendant longtemps la conscience des élites, en faisant oublier que dans ce genre littéraire naissant, il y aura aussi une part de rêve américain (Major, 1991), teinté des thèmes du rêve colonial (Courville, 1998). Car là, et pour peu qu'on s'y consacre, le succès est possible. Et c'est ainsi que, fasciné par le mythe formulé par une classe dirigeante largement urbaine et coupée de la réalité concrète des campagnes, on a fini par donner de la société québécoise une image proche de celle que les premiers administrateurs coloniaux[80] et le Rapport Durham ont véhiculée, et que s'empresseront de populariser bien d'autres auteurs, venus parfois de très loin décrire cette société sociologiquement particulière (Warwick, 1972). Le Français, Louis Hémon (1883-1913), qui ne passera que 18 mois au Canada, sera de ceux-là. Tout en se défendant bien d'avoir voulu décrire « toute » la tradition paysanne canadienne-française, dans son roman *Maria Chapdelaine*, il dira avoir voulu en donner un exemple « assez représentatif », fondé sur ses

80. Pour eux, le piètre état de l'agriculture canadienne, « la plus mauvaise qui se pratique chez aucun peuple civilisé », selon Murray, s'explique par les techniques routinières de l'habitant qui, une fois établi, « demeure stationnaire, content de son sort, disposé à vivre et à mourir exactement comme ses ancêtres ont vécu et sont morts avant lui ». À ce sujet, voir la Proclamation de Murray du 1er mars 1765 (Canada, 1917-1918 : 3) ; voir aussi W. Kennedy et A. Thom, « General Report of the Assistant Commissioners of Municipal Inquiry, nov. 14th 1838 », dans Lucas (édit.) 1912 : 143.

observations faites à l'occasion de son séjour comme garçon de ferme à Péribonka. Il ne sera pas le seul à s'orienter dans cette voie. Plus près de nous, Mgr Félix-Antoine Savard, Ringuet (le docteur Philippe Panneton) et bien d'autres, en partageront la vision, convaincus comme lui de l'intérêt d'observer et surtout d'écouter « les gens du peuple ». Et, comme celle de Louis Hémon, leurs œuvres connaîtront un succès sans équivoque.

4.3 La peinture

L'un des grands constats autorisés par l'analyse de la peinture au XIXe siècle concerne la manière avec laquelle on a décrit la campagne. Plutôt que d'en révéler les dynamismes, on en a résolument montré le versant paisible, comme si ce monde était resté en marge de l'univers environnant. Bien sûr, on reconnaît ici l'influence du romantisme victorien et des maîtres européens qui, de longue date, ont défini les critères de représentation de la campagne. Pourtant, si l'on ne peut pas encore parler d'école distincte, des particularités s'affirment qui témoignent de la vision sociologique particulière qu'on a du territoire et de la société québécoise, notamment chez les peintres francophones (Courville, 1996 ; Lynda Villeneuve, 1996 ; 1998).

Un premier indice de cette orientation concerne le choix des lieux représentés ; un deuxième, le contenu des scènes. Fait notable, contrairement aux anglophones, qui s'intéressent surtout aux environs des villes et aux campagnes établies, exception faite des marges extrêmes du territoire que tout voyageur peut admirer à son arrivée dans le golfe du Saint-Laurent, les artistes francophones s'intéressent surtout aux secteurs en voie d'établissement, les fameux pays de colonisation, où se crée l'écoumène (Figure 40).

On trouve le même écart dans le contenu des illustrations, qui paraissent presque toujours plus marquées par la ville, la fabrication, le commerce et le transport chez les peintres anglophones, et par la nature et l'habitat rural chez les artistes francophones. Cependant, comme chez les peintres anglophones l'agriculture est aussi un thème recherché, il est difficile de ne pas y voir d'idéal terrien. À comparer, cependant, avec les contenus francophones, cet idéal semble moins lié à la réalité du travail agricole qu'à la recherche du beau et de l'équilibre des formes. Et c'est bien ce que laisse entendre l'un d'entre eux à la fin de ses jours, en rappelant qu'il a passé la majeure partie de sa vie « à tenter de peindre la poésie, les joies simples, le dur travail quotidien de la ferme, la beauté sylvestre au

FIGURE 40

Principaux lieux peints par les artistes du XIXe siècle

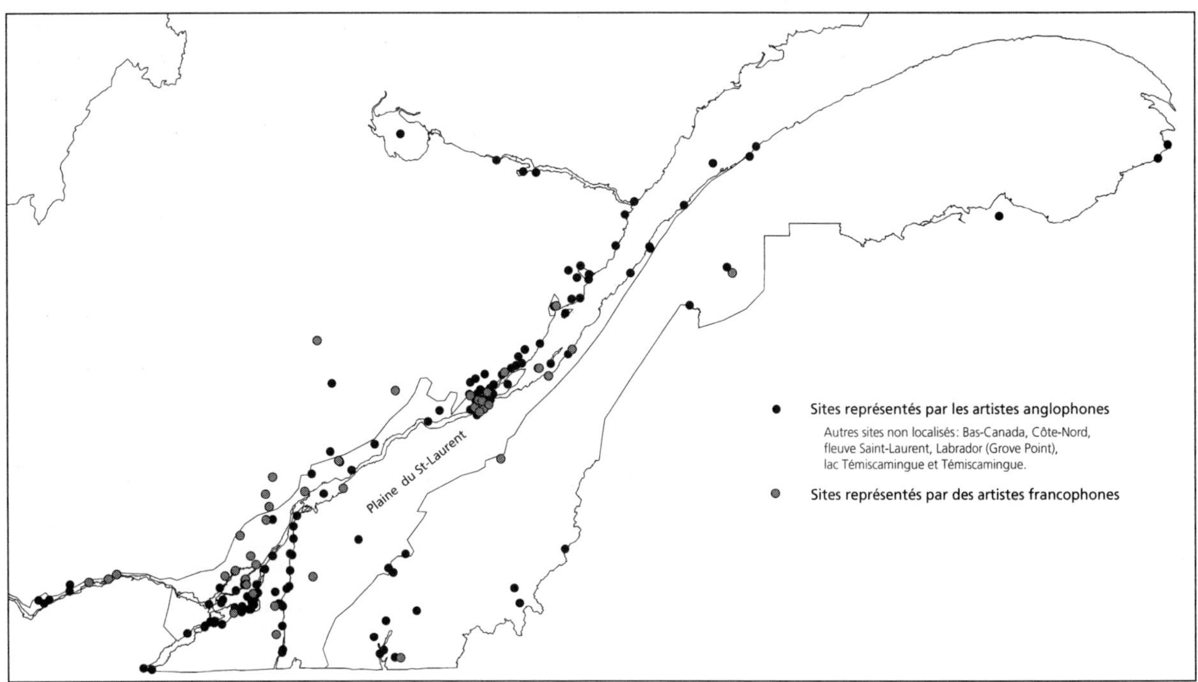

Source: Laboratoire de géographie historique, Université Laval.

milieu de laquelle l'habitant passe sa vie paisible... » (Propos d'Horatio Walker, recueillis par Mgr Albert Tessier; cité dans Linteau *et al.*, 1989: 392).

Des soucis similaires caractérisent l'œuvre des artistes francophones, mais ils sont exprimés à une autre échelle, plus intime, plus familiale, plus en rapport avec la notion d'implantation humaine. La maison rurale, l'église, le village, les personnes, les bâtiments de ferme, etc., sont autant d'éléments recherchés, comme si ces composantes du monde rural traduisaient mieux la société. Même le paysage prend chez eux une autre teinte, pleine d'espoir, de convictions et de projets (Figure 41). Quant à l'agriculture, elle paraît moins commerciale et plus tournée vers la satisfaction des besoins domestiques. Cependant, ils ne voient pas ce que ce littéraire croira saisir 100 ans plus tard, en écrivant que contrairement à la maison française, qui lui paraît bien recroquevillée sur elle-même, « La maison canadienne se dresse au bord de la route. Elle tourne le dos à la nature. Ce qui intéresse l'habitant presque uniquement, c'est le passant... » (Baillargeon, 1969: 90).

Plus qu'un simple choix d'artiste, c'est une véritable idéologie qui s'exprime, qui ne rejoint pas que l'idéologie agriculturiste, même l'idéologie libérale s'y retrouve. Bien sûr, ce sont moins les paysans ici qu'on dépeint que leurs vertus présumées: ardeur au travail, joies simples, vie

FIGURE 41

Quelques exemples de scènes campagnardes

Vue de Montréal, 1784

Source : James Peachy, Archives nationales du Canada, C-2002.

Baie-Saint-Paul « Going to the market »

Source : Rhodes, Archives nationales du Québec, Québec, fonds Magella Bureau, album 29 (2).

stable, réglée selon les rythmes de la nature. Et, si cet idéal vertueux correspond aux aspirations des entrepreneurs capitalistes, il correspond aussi très bien à celles des élites nationalistes, pour qui le rapport avec la terre ne doit pas être, comme chez les anglophones, un rapport commercial, mais un rapport d'usage, qui consacre l'idéal d'une société rurale stable, appelée par son histoire et ses traumatismes à occuper le seul champ qui lui reste vraiment, l'agriculture, et à rester fidèle à ses traditions, guidée par son élite civile et religieuse.

Baie-Saint-Paul

Source : Philip John Bainbridge, (1841), Archives nationales du Canada, C-11833.

4.4 Les journaux, la radio et le cinéma

Aux véhicules précédents, il faudrait ajouter aussi les journaux que l'Église et les agronomes utilisent pour promouvoir l'agriculture et le genre de vie rural (Hamelin et Roby, 1971). Certains ne font que rapporter les discours et les projets mis en œuvre pour favoriser la colonisation des terres neuves. D'autres, plus spécialisés, font de leur objectif de diffuser les idées nouvelles en agriculture une occasion de vanter les régions de colonisation. Fondés par des agronomes, des professeurs d'agriculture ou des propriétaires de journaux, ils trouvent auprès du monde rural un important public, qu'ils tiennent informé de ces projets.

Aux journaux fondés par le précurseur William Evans, un Irlandais installé au Bas-Canada depuis 1819 et auteur d'un traité d'agriculture publié en 1835 que le gouvernement fait traduire, s'ajoute bientôt le *Journal de l'agriculteur* de Joseph-Xavier Perrault, un propagandiste actif, qui exerce son influence surtout dans les années 1857-1870. Les plus célèbres, toutefois, restent à venir. L'un est le *Journal d'agriculture*, dont le rédacteur sera pendant un temps Édouard-André Barnard, le plus prestigieux agronome du XIXe siècle. Un autre est la *Gazette des campagnes*, fondée en 1861 par un professeur de l'École d'agriculture de Sainte-Anne-de-la-Pocatière et qui durera jusqu'en 1895.

À ces initiatives, s'ajoutent aussi celles des journaux existants. C'est le cas, notamment, du *Family Herald*, publié à partir de 1870 par le *Montreal Star*, du journal *Le Cultivateur*, publié en 1874 par le journal *Le Canadien* et auquel collabore Léon Provancher, puis du *Journal des campagnes*, publié vers 1882 par *Le Courrier* du Canada, qui disparaît en 1902, quatre ans avant ne cesse à son tour la publication du journal *Le Cultivateur*.

En dépit de leurs déficiences, liées surtout aux difficultés d'adapter leur contenu aux réalités locales et régionales, ces journaux sont de puissants instruments de propagande qu'utilisent les élites locales pour animer leur milieu. Mais c'est par la propagande orale, surtout, que sont transmis leurs messages, à l'occasion des causeries ou des conférences offertes dans les cercles des sociétés d'agriculture, qui se multiplient à l'époque. L'apparition de nouveaux moyens de communication au XXe siècle allait offrir d'autres moyens aux propagandistes.

L'un de ces moyens est la radio, bien étudiée par Elzéar Lavoie (1971). La première station au Québec diffuse à partir de Montréal en 1920, grâce à un don de Guglielmo Marconi. Deux ans plus tard, un permis commercial est accordé à la station CKAC qui, dès la même année, diffuse une émission religieuse, *L'heure catholique*, destinée à adapter l'enseignement religieux. Essentiellement urbain, le nouveau média ne pénètre toutefois que très lentement la campagne. Au milieu des années 1930, cependant, c'est chose faite : la radio est devenue un important moyen de communication, qu'utilise même l'Église catholique du Québec pour prôner le retour à la terre et inciter les chômeurs urbains à se diriger vers les régions de colonisation. Cependant, si elle sert d'instrument de propagande, la radio sert surtout à diffuser la culture urbaine et à folkloriser la société rurale, par des émissions de divertissements qui font revivre les airs d'autrefois et les chansons folkloriques, telle *La bonne chanson* de l'abbé Charles-Émile Gadbois (1937), le futur fondateur de la station CJMS à Montréal, ou qui mettent en ondes le roman du terroir, comme ce fut le cas avec *Le curé de campagne* (1935) et *Un homme et son péché* (1939). Enfin, comme la radio peut aussi servir de tribune aux intellectuels, nombreux sont ceux qui s'en prévalent, à commencer par le chanoine Lionel Groulx, qui vient y présenter plusieurs de ses thèses.

Comme la radio, le cinéma est d'abord un phénomène urbain, qui ne gagne la campagne qu'assez tard (Lamonde et Hébert, 1981 ; Linteau *et al.*, 1989). À la ferveur des années 1920, avait succédé un certain recul entraîné par la Crise des années 1930. Avec l'apparition du cinéma parlant, cependant, en 1928, et l'arrivée de toute une nouvelle cinémathèque, française notamment, il retrouve toute sa popularité. Sa véritable expansion cependant ne viendra qu'après la guerre, alors que le nombre de salles de cinéma augmente considérablement, notamment à la campagne. Quant aux orientations de ce nouveau média, elles visent le divertissement, tout en faisant place au documentaire et au film de propagande qui puisent également dans les œuvres du terroir, pour vanter la nature, l'agriculture et la colonisation.

Dès 1934, par exemple, on découvre le cinéma de langue française, grâce au film *Maria Chapdelaine*, qui fait plus de 70 000 entrées. En même temps, le cinéma de propagande se répand, grâce, entre autres films, aux documentaires de l'abbé Maurice Proulx sur les régions de colonisation et de l'abbé Albert Tessier sur la nature, l'artisanat et l'éducation des jeunes filles. Enfin, après la guerre, on porte à l'écran les radio-romans les plus populaires et on imagine de nouvelles émissions qui s'inspirent des mêmes thèmes, par exemple : *Un homme et son péché* (1948), *Le curé de village* (1949), *Séraphin* (1949) et *La petite Aurore l'enfant martyre* (1951).

Comme les autres véhicules idéologiques, ceux-ci confortent l'image entretenue à l'égard de la campagne. En même temps, ils contribuent à la fixer dans des traits qui ne reproduisent qu'à demi ceux du monde rural. Enfin, témoins de leur époque, ils projettent une vision particulière du territoire, qu'ils ne présentent souvent qu'à travers ses composantes les plus récentes, les régions neuves de peuplement, sans égard aux réalités vécues dans les basses terres.

5. LA LÉGITIMITÉ SCIENTIFIQUE

Dès la fin du XIXe siècle, divers auteurs tentent de donner une légitimité « scientifique » à cette vision ruraliste du Québec, à commencer par les folkloristes et les généalogistes qui, dès cette époque et jusqu'aux années 1950, colligent les signes de la société « traditionnelle » (filiations avec les origines françaises, contes, chansons, légendes, objets matériels, etc.). Toutefois, la première œuvre à donner sa véritable crédibilité à cette perception du développement québécois a été celle du géographe français Raoul Blanchard, dont les travaux ont beaucoup contribué à la connaissance du territoire québécois, mais qui en ont aussi occulté bien des aspects. L'un des principaux apports de ce géographe a été de montrer l'importance du temps dans l'explication du Québec. Faisant de la géographie et de l'histoire des sciences connexes et partageant le Québec en régions, il s'est préoccupé de tracer l'origine des paysages régionaux, qu'il a voulu saisir à partir d'enquêtes directes sur le terrain destinées à compléter l'information disponibles dans la documentation qui lui était alors accessible (Blanchard, 1947 ; 1949 ; 1950 ; 1953 ; 1960).

C'est ainsi, par exemple, qu'il a pu reconstituer les pulsions colonisatrices de la population, qu'il a présentées dans ses ouvrages par des chapitres entiers sur la marche du peuplement. C'est ainsi, également, qu'il a pu tracer la genèse industrielle du Québec, à partir d'histoires orales, non encore colligées par ses contemporains. Cependant, comme il recherchait un principe d'organisation territoriale semblable à celui de l'Europe, où les conditions naturelles avaient déterminé des compartiments sur lesquels étaient venus se calquer des régions rurales homogènes, il a laissé du Québec une image semblable, caractéristique d'un type de civilisation qui n'avait déjà plus cours à son époque.

Ses trois principaux ouvrages sont significatifs à cet égard. Après avoir décrit les traits physiques du territoire et présenté les grandes étapes de peuplement, il en brosse le découpage.

Dans *L'est du Canada français* (1947), par exemple, Blanchard distingue cinq grands ensembles, dont deux sont subdivisés en sous-régions :

La presqu'île de Gaspé;

Le rebord sud de l'estuaire du Saint-Laurent (de Matane à Québec)

Les vieilles paroisses de la région littorale

Les paroisses de colonisation;

Le rebord nord de l'estuaire et du golfe du Saint-Laurent (des abords de Québec au détroit de Belle-Isle)

La Côte-Nord

La région Québec-Saguenay;

Le Saguenay–Lac-Saint-Jean;

La ville de Québec.

Dans *Le centre du Canada français* ([1935] 1947), il identifie trois grands ensembles, dont l'un est partagé en quatre sous-régions:

La région du fleuve Saint-Laurent entre Québec et Montréal

La région du lac Saint-Pierre

La haute plate-forme

Les paroisses du bord de l'eau

Trois-Rivières et ses environs;

Les Cantons de l'Est;

Les Laurentides.

Dans *L'ouest du Canada français* (1953), il reconnaît:

La plaine de Montréal;

La ville de Montréal;

Les pays de l'Ottawa;

L'Abitibi-Témiscamingue.

Seules échappent à son regard les régions les plus nordiques: celle de la baie de James et du grand Nord. Quant à l'appellation Mauricie, demandée par Mgr Tessier (Verrette, 1999), elle n'apparaîtra que quelques années plus tard, en 1950. Dans l'ensemble, le découpage régional du Québec est arrêté (Figure 42).

Si les propositions de Blanchard ont eu tant de succès, c'est qu'elles s'articulaient parfaitement aux idées nationalistes de l'élite québécoise (Bouchard, 1987: 208), auxquelles elles donnaient à la fois une profondeur historique et une assise spatiale. De plus, elles s'offraient comme une réponse attendue à ceux qui, depuis longtemps, cherchaient un nouveau genre historique:

FIGURE 42

Les régions du Québec selon Raoul Blanchard

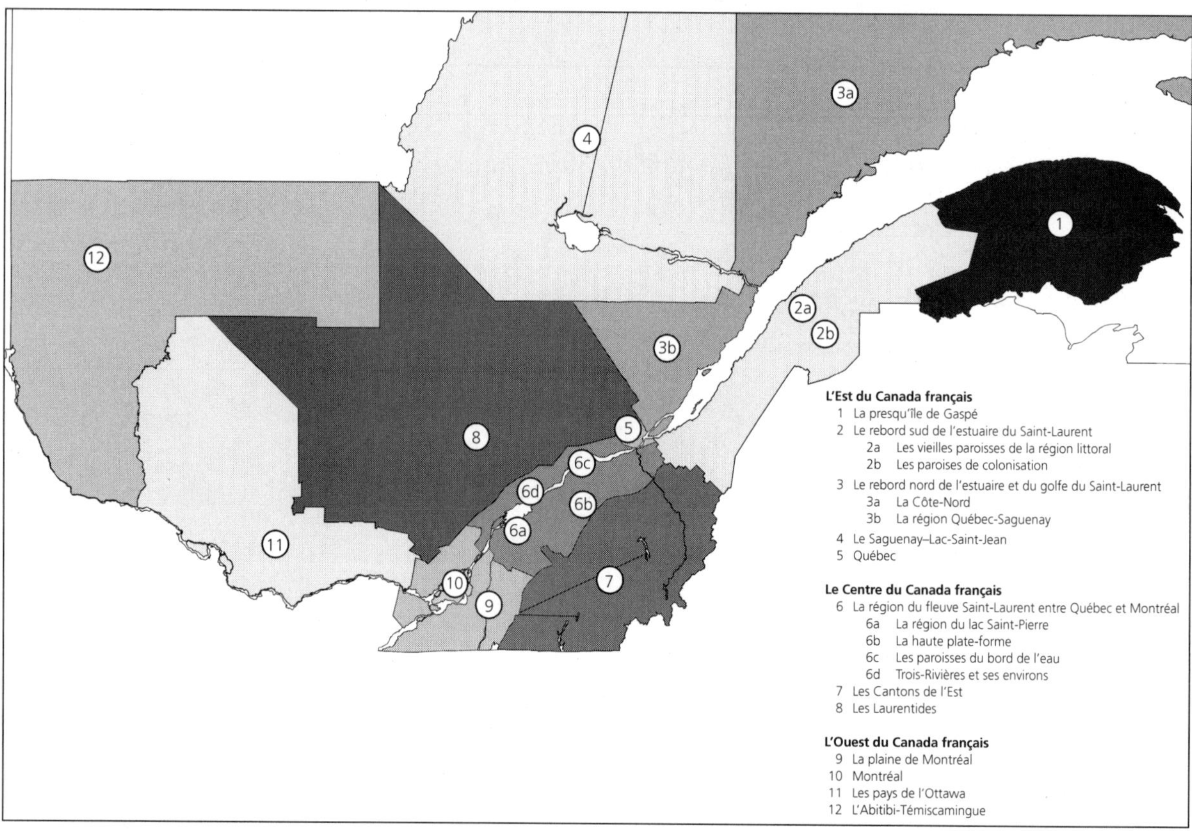

Source : Laboratoire de géographie historique.

Pendant ce même demi siècle [la seconde moitié du XIX*e siècle], comme réplique au mot de Durham : « Ils sont un peuple sans histoire… », le genre historique a subitement fleuri au Canada français, mais pour produire d'abord des œuvres d'intérêt général [et] quelques bonnes monographies paroissiales […]. Mais la véritable histoire régionale, qui tient le milieu entre ces deux extrêmes, qui offre à la fois un intérêt général au lecteur étranger et un intérêt de famille à l'habitant de la région, tarde encore à paraître… L'heure n'est-elle pas venue de combler ce vide, de donner au défricheur du lac Saint-Jean, du Saint-Maurice, de l'Ottawa, à l'ouvrier des mines de Thetford, au fermier de la Beauce ou de la vallée du Richelieu, le livre véridique, clair et concluant, c'est-à-dire français, qu'il placera dans sa petite bibliothèque de famille, à côté des romans canadiens dont la quantité, sion [sic] la qualité, marque de sensibles progrès* (Bernard, 1926 : 285-286) ?

Blanchard allait leur offrir tout cela et bien plus encore, alliant finesse d'observation et talents littéraires pour chanter l'agriculture et le mode de vie paysan, et dédramatiser l'industrie, présentée comme un phénomène normal, inscrit dans le processus de formation des régions par essence même rurales. Fidèle aux attentes de son public, il endossera parfaitement ce mot du frère Antoine Bernard, inspiré lui-même de la tradition française, selon lequel :

> *La mission de l'historien régional sera de tracer le portrait physique du pays qui l'intéresse, de raconter sa vie, de mettre en lumière les aspects particuliers de son caractère, de son âme populaire, pour marquer enfin le rôle de ce petit peuple au sein de la nation dont il fait partie* (Bernard, 1926 : 273).

Pourtant, ce qui était déjà déterminant à l'époque de Blanchard, c'étaient moins les aptitudes physiques du milieu que ce à quoi elles étaient subordonnées, c'est-à-dire le grand axe urbain du Saint-Laurent autour duquel étaient organisés les espaces politiques, économiques et culturels du Québec. Pour en saisir les effets sur la géographie et la culture, il aurait fallu qu'il adopte une vision d'ensemble du territoire, qui puisse rendre compte de la pertinence d'une telle organisation « régionale ». En procédant à l'inverse, Blanchard ne pouvait faire ressortir que des particularités, c'est-à-dire des phénomènes limités dans l'espace. Autrement dit, même si, dans son œuvre, Blanchard a fait place aux villes, il a laissé dans l'ombre toute la vie de relation engendrée par la ville, en plus d'attribuer à des espaces encore en formation des traits de régions déjà constituées et dotées d'une forte personnalité historique (Courville et Séguin, 1986).

Ce n'est qu'après 1960, en fait, qu'on a pris conscience de l'importance du fait urbain au Québec et de son importance dans l'organisation des espaces régionaux, avec, en corollaire, une nouvelle orientation intellectuelle plus sensible à la notion de société globale introduite par le sociologue Fernand Dumont et au rôle des idéologies dans l'histoire du Québec (Dumont et Martin, 1962 ; Dumont *et al.*, 1971 ; Rioux et Martin, 1971 ; Monière, 1976, Roy, 1988 ; 1993 ; Sénécal, 1992). De la notion de région humaine homogène, on est passé alors à celle de région polarisée, qui a montré toute la place prise désormais par la ville dans l'explication du Québec. Toutefois, il faudra attendre les travaux du Bureau d'aménagement de l'Est du Québec (BAEQ) pour constater les limites d'une démarche centrée sur la monographie et l'inventaire régional.

Tout cela a fini par poser le problème de la représentation du Québec et de son évolution à travers le temps. Perçu pendant longtemps comme une société « traditionnelle », qui n'entrera dans la modernité qu'assez tard

FIGURE 43

L'espace québécois

REPÈRES	1630	1840	1960
PHASES	**RURALE PRÉINDUSTRIELLE**	**URBAINE ET INDUSTRIELLE**	**POSTINDUSTRIELLE**
FAITS DE CROISSANCE	—— (Berceau laurentien) ► difficultés émigration ► **transition** (Pluriactivité, co-intégration, proto-industrialisation)	► (Espaces polarisés) ► **transition** (Éclatement des systèmes de référence traditionnels)	(Grands Espaces)
CONSCIENCE COLLECTIVE	RURALE		URBAINE (Avec retours nostalgiques au passé)
MODE DE CONNAISSANCE	GÉOGRAPHIE CLASSIQUE (Accent mis sur un type d'organisation à base de régions humaines homogènes calquées sur les découpages naturels)		NOUVELLE GÉOGRAPHIE (Accent mis sur un type d'organisation à base de grands espaces superposés à une trame d'espaces plus intimement vécus)

au XXe siècle, il est longtemps apparu comme un monde à part, formé de régions très typées, qui ont contribué à définir l'identité collective. Cette vision a été renforcée par l'action administrative de l'État qui, dès les années 1960, partageait le territoire en grandes régions administratives, et par le courant d'histoire régionale, qui a aussi vu dans cette forme de découpage une façon de mieux appréhender les expériences humaines du passé. De la région administrative, on est donc passé à la notion de région historique, puis, de là, à celle de région culturelle, comme si les clés de compréhension du Québec et de la culture québécoise résidaient toujours dans des rapports premiers à l'espace, c'est-à-dire dans une organisation de type préindustrielle qui n'a eu cours au Québec que dans un espace-temps donné, bien antérieur à celui qu'on pouvait observer dans les années 1930.

Cette nécessité ressentie d'orienter l'étude historique du Québec sur des contenus régionaux n'est pas à condamner. Trop souvent, en effet, l'expérience vécue des Québécois a été occultée par des études trop générales qui ont fait fi des expériences locales. Toutefois, et même si elles sont légitimes, les études régionales ne peuvent contribuer qu'en partie à la connaissance du Québec. Cela tient, d'une part, au rôle que la ville a joué dans leur mise en place et qui n'est pas toujours visible depuis le pôle régional et, d'autre part, aux décalages qui, au Québec, ont longtemps séparé les faits de croissance des représentations collectives. Ils ont rendu difficile la saisie de l'expérience historique québécoise, qui s'est souvent confondue dans des problématiques élaborées pour d'autres contextes que ceux auxquels ils étaient destinés (Figure 43).

Ainsi, jusqu'au tournant des années 1960, c'est par la ruralité qu'est abordé le Québec. Par la suite, les questions urbaines retiennent plus l'attention, au détriment cette fois des études rurales qui ne sont pas abandonnées pour autant, mais qui prennent deux voies plus ou moins opposées : l'une à caractère économétrique et l'autre à caractère culturel. Elles ont permis, l'une comme l'autre, de nouvelles approches du territoire québécois, qui est apparu tout à la fois plus diversifié et aussi plus intégré autour du grand axe urbain du Saint-Laurent. Elles ont permis également une appréciation plus juste du mythe nordique et de la colonisation, comme phénomène démographique et social.

6. DES RÉSULTATS MITIGÉS[81]

Une des premières difficultés posées par l'interprétation et l'évaluation du mouvement de colonisation au Québec en est une de définition. Contrairement à ceux qui l'ont vu comme un mouvement très large, englobant l'ensemble des activités inhérentes à la mise en valeur des terres neuves (Morissonneau, 1978c), d'autres ont rappelé qu'au Québec le terme de colonisation a eu une acception non équivoque, qu'est venu limiter un régime juridique particulier. Pour l'historien Normand Séguin (1980 : 26-27), par exemple : « être colon, c'est très explicitement s'être porté acquéreur d'une terre agricole publique, selon des conditions déterminées et résolutoires d'établissement », ce qui, en contexte québécois, intègre la problématique du développement. Cette position, contestée par Robert Major[82], rejoint celle d'Esdras Minville qui, en 1943 (p. 296), écrivait : « Pour nous [les Québécois], coloniser veut dire vouer à l'agriculture une parcelle de terre jusque-là inoccupée, inculte et d'une façon généralement boisée.

81. Ce texte reprend la présentation faite dans Courville, 1991a.

82. Dans son étude du roman d'Antoine Gérin-Lajoie, *Jean Rivard*, Robert Major (1991) fait plutôt ressortir l'ironie subtile d'une œuvre qui montre que ce mouvement fut plutôt une forme originale d'américanité, nourrie des mêmes utopies que celles qui animent le rêve américain. L'auteur s'oppose également aux thèses soutenant que le discours de colonisation au Québec fut un discours profondément réactionnaire qui, malgré ses rationalités issues des idéologies libérales et démocratiques, ne visait qu'à implanter dans les plateaux une société féodale et théocratique isolée de l'Amérique capitaliste.

Coloniser, c'est faire de la terre neuve.» Si le mouvement a pu adopter plusieurs formes, il est toujours resté dominé par des objectifs de mise en valeur agricole, donnant naissance à un régime agraire original, qui s'est appuyé tantôt sur la seule agriculture, tantôt sur des activités parallèles: mines, pêche, coupe forestière ou industries rurales.

À l'échelle du colon, cependant, il faudrait nuancer, car pour plusieurs, l'agriculture n'a été souvent qu'une activité secondaire destinée à leur fournir leurs subsistances. En certains cas, elle est même devenue une activité prétexte, destinée à permettre l'acquisition d'un lot exploité à d'autres fins, forestières notamment, et ce, en dépit des règles qui interdisaient aux colons de faire eux-mêmes le commerce du bois (Jean Martin, 1990, 1992; St-Hilaire, 1996: 104-109). Ce fut le cas, notamment, de bien des jeunes gens qui n'ont satisfait à leurs obligations de défrichement, de résidence et de mise en culture, que pour mieux exploiter les ressources de leurs lots. Cependant, pour la plupart de ceux qui ont tenté cette aventure, l'expérience a été un échec. Les uns ont fini par se fixer dans l'agriculture, les autres, par l'abandonner, après s'être absorbés pendant un temps dans un mouvement plus ou moins cyclique de migration à la recherche de nouveaux lots à exploiter.

Les véritables cultivateurs ont eu plus de succès. Toutefois, il leur a fallu aussi un certain temps pour faire de l'agriculture une activité principale. Attirés par les chantiers, qui constituaient souvent leur seule source de revenus, du moins au début, plusieurs s'y rendaient l'hiver pour amasser de quoi financer leur exploitation. Aux plus démunis, les chefs de chantiers offraient même de la nourriture, des semences et des outils, pour s'assurer de leur retour la saison suivante. Dans certaines régions, au Saguenay par exemple, les entrepreneurs sont même allés jusqu'à rémunérer leurs hommes en nature, au moyen de «pitons» à échanger contre des denrées à leur comptoir. Les marchés étant rares, c'était souvent le seul moyen pour les colons de subsister, d'autant plus qu'en pays de colonisation le travail de la terre souffre de mauvaises conditions qui rendent ses résultats aléatoires (Blanchard, 1947, vol. II; Boileau, 1977).

Là où l'agriculture a réussi à s'implanter, elle a pris aussitôt les directions suggérées par les sociétés et les cercles agricoles. Aux cultures traditionnelles (blé, orge, seigle), pratiquées surtout pour les besoins domestiques, se sont ajoutés les cultures fourragères et l'élevage, comme dans le reste de la province. Et, comme l'agriculture québécoise passait alors du blé au lait, celle des pays de colonisation a effectué le même passage, en restant elle aussi une entreprise familiale. Quant au paysage, il a recréé celui des basses terres, sauf au plan de l'habitat, plus uniforme et aussi moins ornementé que dans les vieilles paroisses seigneuriales.

Amorcée dès les années 1840, cette conquête s'est poursuivie par vagues successives tout au long du XIXe siècle et jusqu'au milieu du XXe siècle, la période la plus fébrile à cet égard demeurant celle de 1880 à 1950. Le premier mouvement a été spontané. Il est né du débordement naturel des basses terres. Des paroisses riveraines, le peuplement a gagné le contrefort des Laurentides et des Appalaches, puis les vallées intérieures des plateaux, depuis l'ouest jusqu'à l'est du territoire. Le mouvement qui a suivi a été plus encadré. Il s'est amorcé dès la fin des années 1840 et s'est poursuivi jusque dans la première moitié du XXe siècle. Le troisième mouvement a été plus tardif et ponctuel dans le temps. Dirigé par l'État, désireux de résoudre les problèmes posés par l'exode rural et la grande dépression, il a été stimulé par divers programmes d'aide à la colonisation dont l'impact s'est surtout fait sentir sur les marges de l'écoumène.

6.1 La colonisation spontanée

Depuis le tout début de la période historique au Québec, coloniser signifie « faire de la terre ». Du lieu initial d'établissement des premiers colons, on migre de proche en proche en direction des côtes ou des paroisses voisines, dans le but de s'établir à son tour sur une terre. Cette mobilité explique en grande partie l'extension de l'écoumène, qui est aussi tributaire du processus de reproduction familiale. Et, comme ce dernier repose sur la consommation de terres neuves, il contribue à repousser toujours plus loin les frontières de l'écoumène, en plus d'accréditer l'image d'une colonisation faite en tache d'huile, depuis les paroisses riveraines jusqu'à celles du bouclier.

Important, ce processus n'est pourtant responsable qu'en partie de la progression des défrichements qui obéissent également à d'autres facteurs. Le commerce du bois, la hausse des prix agricoles, les crises économiques et le chômage l'expliquent tout autant. Comme l'ont montré divers auteurs, les forces qui commandent et ordonnent ce mouvement sont nombreuses et complexes, autant certainement que les motivations personnelles et familiales (Hamelin et Roby, 1971, Séguin, 1977; Séguin *et al.*, 1980; Pouyez et Lavoie, 1983; Bouchard, 1983; 1986; 1987; 1996; Bouchard *et al.*, 1985; Jean, 1985; Bouchard et Courville, 1993; St-Hilaire, 1996). La recherche de nouvelles terres, l'extension des superficies exploitées, l'attrait du travail salarié au moulin ou au chantier, l'espoir de participer soi-même aux bénéfices du bois et le besoin en services, sont autant de raisons qui guident les colons. Loin de le fixer, elles le conduisent toujours plus loin, à la conquête de territoires jugés jusque-là trop éloignés des zones habitées pour être occupés.

Pour le colon qui désire s'établir sur une ferme, c'est à l'automne que commencent les travaux. Après avoir abattu quelques arbres, il construit un premier abri pour sa famille au printemps. Puis il amorce les premiers défrichements : deux ou trois acres de forêt dont il tire ses premiers revenus, souvent sous forme de cendres qu'il écoulera chez le marchand pour la potasse. Elles lui permettront de se procurer des provisions, des semences et des outils. Au printemps, il ira chercher sa famille, avec qui il lui faudra encore nettoyer la terre et la herser. Les premières semailles sont effectuées à la volée, entre les souches, pendant que l'épouse prépare le potager. L'été sera consacré à l'essouchage et à la poursuite des défrichements. Souvent, il faudra aussi épierrer. Puis, c'est la première récolte, souvent abondante sur les terres neuves, mais qui est toujours à la merci d'une gelée prématurée ou de pluies trop abondantes. D'où la nécessité de revenus d'appoint, qui pourront toujours pallier, en partie tout au moins, les caprices de la nature. Bien des années passeront, cependant, avant que ce genre de colon ne devienne un cultivateur établi. La transition sera d'autant plus facile que celui-ci disposera d'une bonne terre. Or, dans les plateaux, seuls les sols alluvionnaires des vallées sont propices à l'agriculture, et encore, puisque ceux-ci sont très souvent acides et pierreux. Aussi est-ce plutôt à la forêt que bien des colons s'intéressent, ne réservant à l'agriculture qu'une place de second rang destinée à satisfaire les besoins de base du ménage (Hamelin et Roby, 1971 : 180 et s. ; Séguin, 1977 ; Séguin *et al.*, 1980 ; St-Hilaire, 1996).

La recherche récente a montré ce qu'il en était, par exemple, de certains colons, notamment au Saguenay, pour qui « faire du bois » devenait un véritable genre de vie (Jean Martin, 1990 ; 1992). Pour eux, la terre représentait un capital forestier à exploiter en vue d'un profit. L'agriculture n'y était pratiquée qu'à titre d'activité secondaire et elle était surtout orientée vers la production de fourrages, pour les chevaux de chantiers. Toutefois, comme ils ne disposaient pas de capitaux, plusieurs d'entre eux finirent par abandonner leur activité première pour se consacrer à l'agriculture ou migrer vers un autre canton.

La colonisation spontanée contribua pour beaucoup à l'humanisation des rebords du Bouclier et de ses basses vallées intérieures. Toutefois, dès le milieu du XIXe siècle, elle cède le pas à un autre genre de colonisation, plus encadrée celle-là (Hamelin et Roby, 1971 : 168 et s.). En effet, l'intensité croissante de l'émigration à destination de l'étranger, conjuguée au coût du sol dans les cantons[83], incite le clergé à intervenir, tant auprès des pouvoirs publics que des colons. À la fin des années 1840, il sera devenu un groupe de pression très actif. Sensible à la misère des colons, il dénonce la spéculation des grands propriétaires et l'incurie du gouvernement. Son but est d'accaparer, à des fins de colonisation, les terres de la couronne non concédées. En Chambre, Papineau menace. Et, en 1848, l'Assemblée finit par voter la création de sociétés de colonisation, dont le leadership reviendra au clergé, qui les réclame depuis longtemps.

6.2 Les curés colonisateurs

Quand s'amorce le grand mouvement de colonisation de la seconde moitié du XIXe siècle au Québec, tout est à faire. Il faut obtenir des terres, organiser les sociétés, les financer, recruter des membres, préparer le départ, l'orchestrer et finalement s'installer, en continuant de guider et de soutenir les colons. C'est au clergé que ces tâches incombent, l'État se contentant plutôt d'en définir les paramètres[84].

L'action de l'Église dans le processus de colonisation est ancienne. Aussi loin qu'on remonte dans le temps, on en trouve la trace à travers la vie du prêtre missionnaire et cette image du bon pasteur vivant au milieu de ses ouailles. Toutefois, ce n'est qu'au XIXe siècle que l'entreprise de l'Église

83. Dans les cantons, la terre est vendue à des prix variant de 0,20 cents à 0,80 cents l'acre de 1850 à 1917, année où il est porté au taux uniforme de 0,60 cents l'acre, avant d'être fixé à 0,30 cents l'acre en 1933 (Séguin, 1977 : 75). Ce qui frappe, cependant, dans les nouveaux espaces de colonisation, c'est l'extrême mobilité du marché foncier. En outre, c'est le prix que peuvent commander les ventes de terres, une fois celles-ci acquises par un propriétaire. Dans le canton de Laterrière, par exemple, au Saguenay, où Normand Séguin en a relevé les prix jusqu'en 1960, la valeur moyenne des terres de 10 acres et plus, au cours de la période 1867 à 1900, varie de 3,69 $ à 12,17 $ l'acre si elles ne portent aucun bâtiment et à de 12,47 $ à 55,71 $ si elles comportent des constructions. Quant aux emplacements de moins d'une acre, leur prix varie, pour la période 1871-1900, de 133,93 $ à 638,10 $ s'ils sont non construits, et de 1308,26 $ à 3 567,31 $ s'ils portent des bâtiments (Courville et Séguin, 1996 : 140 et s.). C'est dire le coût que représente l'acquisition du sol dans cette région. Au sujet des conditions d'établissement dans les cantons, voir aussi John Irvine Little (1991) et Marc St-Hilaire (1992 ; 1996).

84. En vertu des règlements qui sont alors adoptés, le colon qui désire une terre, par exemple, doit en payer le 1/5 du prix de vente comptant et le solde en versements annuels égaux, avec un taux d'intérêt de 6 %. Il ne peut couper de bois que pour défricher, construire, chauffer et clôturer. À son premier versement, il obtient un billet de location. Au cours des cinq ans qui suivent, il doit se construire une maison, l'habiter et défricher 5 % de sa terre annuellement. Après cinq ans, il obtient ses titres de propriété (lettres patentes) qui le rendent propriétaire de son lot. En 1859, le système est modifié : il lui faudra construire sa maison dans les six mois, y résider deux ans de suite et défricher et cultiver au moins 1/10 de son lot durant quatre ans (Hamelin et Roby, 1971 : 175).

catholique du Québec devient plus visible. Déjà, elle avait pris part à l'établissement de communautés irlandaises sur le rebord du Bouclier[85]. Cette fois, le mouvement est plus ample et s'étend à toutes les régions où l'on trouve des terres cultivables. En moins d'un demi-siècle, par exemple, le Saguenay–Lac-Saint-Jean, l'arrière-pays du Saint-Maurice, les Laurentides du nord de Montréal sont ouverts à la colonisation. Jusqu'au Témiscamingue qui est atteint; il mettra toutefois plus de temps à être développé, en raison des obstacles créés par les compagnies de bois qui, en 1883, y obtiennent d'importantes réserves forestières.

L'agent clé de cette entreprise est le curé colonisateur. Comme l'ont montré les historiens Jean Hamelin et Yves Roby (1971), ses tâches sont multiples : mû par des considérations autant spirituelles que temporelles, il prend sur lui de canaliser le mouvement, en organisant l'établissement et en voyant à l'installation matérielle des colons. En plus de voir à la construction de l'église et du presbytère et à l'amélioration des terres de la fabrique, il organise des rencontres avec les colons, donne des conseils, met sur pied des projets à caractère économique et contribue à l'implantation des services.

Le principal allié du curé à cet égard reste la société de colonisation. On en distingue deux types : les sociétés de secours et les sociétés à forme coopérative. Les sociétés de secours agissent surtout comme groupes de pression auprès du gouvernement pour la construction de routes et d'écoles[86]. Elles utilisent les fonds recueillis auprès de leurs membres pour fournir aux colons miséreux une assistance en grains, en provisions et en argent, quelle que soit leur région. Les sociétés à forme coopérative sont plus courantes. Elles sont dirigées par un comité composé généralement d'un curé, de commerçants et de membres des professions libérales, et son capital est formé d'un nombre indéterminé d'actions à prix fixe, payables en cinq ans, qui servent à acheter et défricher des terres et à y construire une petite maison si les moyens le permettent. Chaque action représente un lot de 100 acres et aucun actionnaire ne peut en détenir plus de trois. Au

85. C'est le cas, notamment, dans la région de Montréal où les sulpiciens leur concèdent des terres dans le nord de leur seigneurie du Lac-des-Deux-Montagnes (paroisse de Saint-Colomban). Dans la région de Québec, les immigrants irlandais seront dirigés vers la seigneurie de Fossambault et les cantons unis de Stoneham et Tewksbury. Mais on en trouve aussi sur la rive sud du fleuve, autour de Saint-Gilles et de Saint-Sylvestre notamment, ainsi que dans l'Outaouais, l'Etchemin et les Cantons de l'Est. Pour une présentation de ce groupe ethnique et de ses rapports avec les Canadiens français, voir Aidan McQuillan (1999).

86. Les plus importantes, celle de Québec et de Montréal, apparurent respectiment en 1863 et en 1879. Deux ans après sa création, la Société de colonisation de Québec comptait plus de 1100 membres, qui lui versaient chacun 0,25 $ par année. Celle de Montréal fut fondée par le curé Labelle et placée sous le patronage de Mgr Fabre et de Mgr Duhamel (Hamelin et Roby, 1971 : 170).

terme des cinq ans, la société est dissoute et les lots sont tirés au sort. Chaque actionnaire devient alors propriétaire d'un lot en partie établi.

La plus connue de ces sociétés reste celle de l'Association des comtés de L'Islet et de Kamouraska fondée en février 1849 par un groupe de prêtres qui en confient l'exécution au curé de Saint-Pascal, Nicolas-Tolentin Hébert. Intéressée par les terres du Saguenay et du Lac-Saint-Jean, elle s'établira dans le canton Labarre en attendant de pouvoir s'installer plus loin au Lac-Saint-Jean. Les premiers défrichements commencent dès l'été, mais ils sont vite en butte aux ambitions des entrepreneurs forestiers locaux, Peter McLeod notamment, et des associations voisines, celle de Baie-Saint-Paul, entre autres, qui prétendait avoir des intérêts dans le canton voisin de Signay. Les débuts furent donc difficiles, d'autant plus que l'aide gouvernementale se fait attendre. Il faudra plusieurs décennies avant que la société ne se libère de ses dettes (Séguin, 1977: 99 et s.). En 1851, néanmoins, elle comptait 296 actionnaires, qui se partageaient 351 actions. De ce nombre, 83 étaient des prêtres et des notables (112 actions), 121 des cultivateurs à l'aise qui avaient pris des lots pour leurs enfants (143 actions) et 92 seulement des colons, ouvriers et journaliers (96 actions), qui gagnèrent eux-mêmes leurs lots. Comme l'a fait remarquer Normand Séguin (1977: 98), c'était là un déséquilibre qui pèsera lourd sur l'œuvre de la société.

Une des principales difficultés rencontrées par les sociétés de colonisation fut la timidité avec laquelle l'État a soutenu le mouvement. Déjà, en 1859, il avait aboli les droits des *squatters* sous la pression des commerçants de bois; pourtant, plus de la moitié des cultivateurs dans certaines régions (l'Outaouais notamment) étaient des *squatters*. De plus, en dépit des pressions dont il fait l'objet, son action se limite à l'arpentage des cantons et à l'octroi des terres, qui ne seront souvent desservies par aucun chemin. Ce n'est qu'après la Confédération que l'État intervient plus directement. Dès 1868, une loi est votée pour protéger le colon contre les saisies pour dettes contractées avant la cession du lot. En 1869, on décide même de soutenir les sociétés de colonisation (*Loi des sociétés de colonisation*). Toutefois, si ces lois sont bienvenues, elles restent bien en deçà de l'effort qu'il aurait fallu consentir pour soutenir l'établissement des colons. Celle de 1868 ne protège pas les *squatters*, dont les droits restent abolis et celle de 1869 ne prévoit qu'un subside annuel d'au plus 300$ aux associations coopératives, en plus d'un lot gratuit par dix terres établies. C'est donc au clergé qu'il reviendra de poursuivre l'œuvre entreprise. En 1873, il n'y aura plus que quelques sociétés actives sur les 72 créées depuis la fin des années 1840, et plusieurs seront alors aux prises avec des problèmes de spéculation.

Au strict plan de la colonisation agricole, l'œuvre des sociétés de colonisation a eu des succès mitigés. Là où les conditions géographiques étaient favorables, des terres ont pu être mises en valeur ce qui a contribué à l'extension des terroirs agricoles. Dans l'ensemble, toutefois, l'effort n'a pas eu les résultats escomptés. Si de nouveaux territoires ont été humanisés, nombreuses sont les communautés locales qui se sont trouvées captives d'une économie limitée à l'horizon forestier, ne lui fournissant tout au plus que sa main-d'œuvre. Ce n'est que plus tard qu'elles s'en libéreront, et encore, avec la grande industrie. Mais, là où celle-ci ne pourra prendre racine, la solution n'aura été que temporaire, permettant sans doute aux francophones de croître numériquement, mais en les condamnant souvent à l'isolement et à des activités de simple subsistance. C'est le bilan qu'il faut dresser également de la colonisation dirigée, dont la mise en place ne pouvait être, elle aussi, qu'une solution à court terme aux problèmes posés par les difficultés de l'économie.

6.3 La colonisation dirigée

Le dernier grand moment de la colonisation au Québec a lieu au XXe siècle et voit la prise en main du mouvement par l'État qui, en 1887, s'est doté d'un département de l'Agriculture et de la Colonisation. Dès 1902, on inaugure une politique de réserves de lots sous le contrôle exclusif de l'État. En 1921, on crée un ministère de la Colonisation chargé de la gestion et la vente des terres publiques propres à la culture. Celui-ci s'en acquitte par la mise en place d'un programme de classification des terres destinées exclusivement à la colonisation. La même année, on crée un service d'inspection dont le mandat est de veiller à la bonne marche de la colonisation et d'éliminer les mauvais colons, par la révocation de leurs titres. Mais ce n'est qu'en 1923 que l'État intervient de manière plus directe, en instaurant un système de primes au travail de la terre. Son effort fait suite aux recommandations des élites régionales qui, depuis 1898, organisent de grands congrès régionaux dans le but d'améliorer les lois existantes. Au total, on en compte neuf de 1898 à 1944, dont quatre sont tenus en contexte de crise : ceux de Rimouski (1929), de Québec (1934), de Valleyfield (1939) et de Montréal (1944). Tous prônent une colonisation rationnelle, sous la direction de l'État et des sociétés diocésaines. Jusqu'au début des années 1930, l'État ne fera qu'assister et encourager la colonisation. Ce n'est qu'après la Crise qu'il prend une action plus directe (Caron, 1940; Minville, 1943; Biays, 1964; Linteau *et al.*, 1989; Bédard, 1987).

Les premières primes vont au défrichement, pour lequel on accorde d'abord 4$ l'acre, puis 6$ en 1924 et 8$ en 1925. En 1927, s'ajoute une prime de labour de 10$ l'acre. Puis, de 1933 à 1939, toute une série de nouveaux règlements sont mis en place, qui distinguent entre différents types de colons (les colons résidents, regroupés selon qu'ils sont célibataires, mariés ou pères de famille, et les colons non résidents), différents types de primes (prime de 10$ à l'abatis, augmentée à 15$ en 1939, prime de 5$ à l'ensemencement, prime de 10$ au labour, cette dernière n'étant réservée toutefois qu'aux colons résidents), et différents types de travaux (abatis ensemencé ou essouché mais non semé, labour non ensemencé, ensemencement du labour, etc.), pour lesquels des dates limites sont fixées. Pareil système de réglementation entraînera une surveillance accrue des colons par les inspecteurs du ministère. Cependant, comme la colonisation n'est encore commandée par aucun mécanisme étatique, ce système de primes correspond davantage à des mesures d'assistance que d'incitation. D'ailleurs, comment pourrait-il en être autrement: depuis la fin de la Première Guerre mondiale, le Québec a connu une phase d'industrialisation accélérée qui a fait de l'industrie manufacturière le secteur dominant de l'économie, et ceci, au détriment de la campagne où l'exode rural s'accentue.

Il en va différemment après la Crise, qui met fin à cette période de prospérité relative. Tous les secteurs de la production sont touchés, entraînant une hausse du taux de chômage qui atteint, en 1933, plus du quart de la main-d'œuvre québécoise. C'est dans ce contexte que s'amorce la colonisation dirigée, comme solution aux problèmes engendrés par la Crise. Cette solution s'enracine dans l'idéologie agriculturiste du XIXe siècle, qui avait fait de la colonisation un projet messianique fondé sur l'agriculture. Antipathique à la ville et à l'industrie, qui détourne la population de ses idéaux, le clergé en appuie très rapidement l'idée et presse les hommes politiques d'intervenir. Ils le feront dans le cadre d'un vaste programme de colonisation agricole auquel le gouvernement fédéral et le gouvernement du Québec participent.

Inspirés par l'exemple du *Regional Planning* américain, dont la première intervention d'envergure fascine les preneurs de décision occidentaux (la *Tennessee Valley Authorithy*), ils mettent alors en place trois plans successifs de colonisation: les plans Gordon, Vautrin et Rogers-Auger. La politique cette fois est globale et s'applique à tous les secteurs géographiques du Québec. Elle s'appuie sur des règles précises et régit non seulement l'établissement des colons mais également l'habitat. De plus, comme tout ici est médiatisé par le discours des élites, c'est jusqu'à des valeurs et une forme d'organisation sociale qu'on impose, avec en plus des directives quant aux techniques agricoles.

6.3.1 Le plan Gordon

La construction du chemin de fer Transcontinental entre Québec et Winnipeg dans les années 1908-1913 a rendu accessible une vaste plaine isolée derrière l'épaisse forêt des Laurentides, la plaine abitibienne, qui n'a connu encore aucun développement agricole. C'est au gouvernement fédéral qu'il reviendra d'y diriger d'abord des colons, grâce à l'adoption, en 1932, d'un programme de colonisation destiné aux chômeurs urbains qui peuvent faire la preuve d'une certaine expérience en agriculture. Ce programme, connu sous le nom de plan Gordon, associe le gouvernement fédéral, le gouvernement provincial et les municipalités, et met à la disposition des colons une allocation initiale de 600$, à laquelle pourront s'ajouter diverses autres allocations mensuelles, selon leurs charges familiales. L'administration en est confiée à une commission provinciale, la Commission du retour à la terre, composée d'un représentant de chacun des deux gouvernements ainsi que d'un représentant des compagnies de chemin de fer qui desservent les territoires périphériques. Elle a pour mandat de choisir les candidats dont les noms lui sont soumis par les municipalités.

Selon les rapports du ministre de la Colonisation du Québec, le plan Gordon permet l'établissement d'un millier de familles, dont plus du quart toutefois regagne la ville après seulement quelques mois. Au total, près de 6000 personnes sont touchées et dirigées majoritairement (5440) vers le Témiscamingue et l'Abitibi. Parce que trop onéreux pour les municipalités et parce qu'il exclut le clergé du processus de décision, il ne connaîtra qu'un succès relatif, encore compromis par l'éloignement des zones de colonisation. Il sera remplacé par le plan Vautrin, d'inspiration provinciale, adopté en 1935 sous les pressions conjuguées de l'élite et du clergé.

6.3.2 Le plan Vautrin

Mis en place par le gouvernement Taschereau, à qui l'on reproche sa sympathie pour le développement industriel (Barrette, 1975 : 111), le plan Vautrin est plus, en fait, qu'un simple programme d'aide à la colonisation. Comme l'indique le préambule de la loi qui le sanctionne, il prend l'allure d'un véritable projet de société, appuyé par diverses autres lois qui viennent le compléter :

> *La colonisation et le retour à la terre doivent être considérés comme des entreprises nationales;* [elles sont] *une solution efficace et d'une nature permanente aux problèmes qui sont nés du chômage;* [...] *il y a entre le nombre de la population urbaine et rurale, un déséquilibre qu'il importe de rectifier;* [...] *la colonisation et le retour à la terre offrent un moyen pratique pour rétablir un équilibre désirable*[87].

Contrairement au plan précédent, celui-ci dispose d'une somme de 10 millions $ et prévoit l'établissement de 10 000 fils de cultivateurs, de 10 000 colons, de 2 000 cultivateurs sur des terres libres et de 3 000 aides-fermiers. Destiné autant aux cultivateurs de métier qu'aux colons des villes, il distingue entre deux types d'établissements, groupés ou non, et commande une restructuration complète des services du ministère de la Colonisation. Au service d'établissement des fils de cultivateurs créé en 1933, se greffent diverses directions dont le service d'établissement des colons, qui a pour mission de coordonner l'ensemble des activités gouvernementales.

En trois ans, de 1935 à 1937, le plan Vautrin déplace 18 200 familles, pour un total de quelque 55 500 personnes, tant dans les espaces périphériques qu'à l'intérieur même des basses terres où la colonisation du XIXe siècle avait laissé d'immenses secteurs vides à cause de la piètre qualité des sols. L'accent est mis cette fois sur l'établissement des fils de cultivateurs (plus de 7 850 chefs de ménage) et sur la création de colonies où les colons pourront bénéficier de services qui faciliteront leur établissement, notamment des chevaux et du matériel pour faciliter leur établissement. Au total, quelque 7 400 chefs de ménage participent au mouvement, dont 4 100 en établissements groupés, contre 3 300 en établissements non groupés. Le reste va à l'établissement sur des terres libres (environ 1 400) et au placement d'aides-fermiers (environ 1 500).

87. *Loi pour promouvoir la colonisation et le retour à la terre, Statuts du Québec*, 25-26, Geo V, chap. 35.

De concert avec les sociétés diocésaines de colonisation, l'État prend à ses frais la construction des routes et des églises, aidés des colons qui, pendant deux mois, doivent travailler sous la direction des employés du ministère, moyennant une allocation journalière de 1,60 $. Après ce délai, ceux-ci peuvent faire venir leur famille et bénéficier des primes rattachées à toutes les phases de leur établissement: défrichement, construction de la maison et des bâtiments, mise en culture, etc. Enfin, pour éviter leur éparpillement dans le territoire et diminuer les dépenses d'infrastructures, le plan vise la récupération de toutes les terres disponibles à proximité des centres organisés, en élargissant la politique de rachat des terres adoptée en 1932.

Le recrutement touche 78 comtés, dont principalement ceux de Montréal, de Gaspé-Nord et de Gaspé-Sud, de Chicoutimi et de Matane, et se fait au profit de l'Abitibi et du Témiscamingue qui recueillent respectivement 49,5 % et 21,4 % des colons groupés. Quant aux colons non groupés, ils se fixent, pour 40 % d'entre eux, en Abitibi (Tableau 10). Encore là, pourtant, les retours sont nombreux et touchent plus du quart des effectifs (Barrette, 1975: 139 et s.).

TABLEAU 10

Le mouvement de colonisation des années 1935-1937 au Québec

Comtés	Provenance des colons		Lieux d'établissement	
	groupés	non groupés	groupés	non groupés
Abitibi	25	920	2031	1310
Argenteuil	10	9		8
Arthabasca	36	9		3
Bagot	6			
Beauce	151	98		81
Beauharnois	36	1		
Bellechasse	105	126		60
Berthier	11	4		5
Bonaventure	151	54	185	59
Brome	17			2
Chambly	4			
Champlain	62	12		
Charlevoix-Saguenay		81	35	78
Chicoutimi	254	96		82
Compton	57	21	59	14

Comtés	Provenance des colons		Lieux d'établissement	
	groupés	non groupés	groupés	non groupés
Deux-Montagnes	3			
Dorchester	80	101		69
Drummond	18	1		1
Frontenac	43	133		141
Gaspé-Nord et Sud	306			
Gaspé-Nord		70	167	76
Gaspé-Sud		88	188	85
Gatineau	73	15		21
Hochelaga	1			
Hull	26	2		
Huntingdon	2			
Iberville	4			
Îles-de-la-Madeleine				1
Joliette	71	7		4
Jacques-Cartier	6			
Kamouraska	121	34		2
Labelle	131	69		64
Lac-Saint-Jean	47	45		
Laprairie	2			
L'Assomption	8			
Laval	2			
Laviolette	91	16		11
Lévis	55	5		2
L'Islet	32	23		24
Lotbinière	19	45		26
Maskinongé	32	1		
Matane	227	70	217	49
Matapédia	33	211		206
Mégantic	34	33		23
Missisquoi	3	4		
Montcalm	15	9		13
Montmagny	31	150		157
Montmorency	32	10		
Montréal	389	42		
Montréal-Nord	2			
Montréal-Sud	1			
Napierville	3			
Nicolet	76	20	22	11
Papineau	75	13		9
Pontiac	33	2		1

Comtés	Provenance des colons		Lieux d'établissement	
	groupés	non groupés	groupés	non groupés
Portneuf	72	10		6
Québec	151	71		2
Richelieu	4			
Richmond	17	7		
Rimouski	153	141	242	189
Rivière-du-Loup	58	7		23
Roberval	31	29	27	86
Rouville	4			
Saint-Hyacinthe	13	1		
Saint-Jean	7			
Saint-Maurice	72	2		
Shefford	21	5		
Sherbrooke	34	10		1
Stanstead	56	6		
Témiscamingue	120	62	876	92
Témiscouata	95	201	59	145
Terrebonne	26	19		9
Trois-Rivières	77	7		
Vaudreuil	1			
Verchères	2	2		
Verdun	4			
Wolfe	23	72		60
Yamaska	12	3		
Imprécis	3			
TOTAL :	4108	3311	4108	3311

Source : Rapports du ministre de la Colonisation du Québec (1936-1937).

6.3.3 Le plan Rogers-Auger

En 1936, un nouveau plan fédéral-provincial est adopté, qui améliore le plan Gordon, mais qui ne s'adresse cette fois qu'aux gens mariés, sans travail, qui possèdent des connaissances au moins rudimentaires en agriculture et dont l'épouse est qualifiée pour le travail de la ferme. La prime d'établissement est portée à 1000 $ et le colon bénéficie d'une terre de 100 acres, au prix de 0,30 $ l'acre, payables en cinq versements annuels retenus par le ministère, en plus du transport et du logement temporaire gratuits sur les lieux d'établissement et des autres avantages offerts par le ministère de la Colonisation. À ces derniers s'ajoutent une prime de 200$ pour la construction d'une maison et une allocation mensuelle selon le nombre de personnes à charge. Quant à l'administration du plan, elle est confiée à la Commission du retour à la terre, dont les directives se font cependant plus strictes. Par exemple, quiconque veut bénéficier du plan doit renoncer à apporter *chesterfield*, radio, piano, laveuse électrique, balayeuse électrique, poêle électrique ou à gaz dans les zones d'établissements; de même, quiconque «aux idées avancées et qui a déjà fait partie d'une organisation communiste ou socialiste» ne saurait y venir (*Le Soleil*, 24 février 1935: 5). D'août 1936 à juin 1937, le plan permettra à 3600 familles d'obtenir un lot et à environ 7700 colons de recevoir des primes statutaires. Mais les abandons oscillent cette fois entre 30% et 40%.

6.3.4 Les dernières mesures

En 1937-1938, l'État ajoute de nouvelles mesures incitatives qui ajoutent aux primes statutaires pour le travail de la terre, divers autres octrois pour l'achat d'animaux, d'instruments aratoires, de matériaux de construction, la production de miel ou de sucre d'érable, l'aménagement d'un four à pain, d'un poulailler, d'un jardin ou d'une cave à légumes, des projets d'embellissement, etc. (Québec, 1938). Même le mariage des célibataires mérite une aide, ce qui rappelle étrangement les mesures natalistes de Talon sous le Régime français. Et lorsque, après la guerre, on adopte le plan Bégin, on tente de consolider les acquis, en cherchant à trouver des solutions au conflit permanent entre les activités forestières et l'agriculture. Si bien qu'en 1961, la valeur des octrois disponibles pour la colonisation représentent jusqu'à 10000$ par ménage, toutes primes incluses (Biays, 1964: 622).

Tous ces programmes stimulent la colonisation du Nord et plus particulièrement celle de l'Abitibi où s'installent bientôt plusieurs dizaines de milliers de nouveaux colons, sur des terres divisées en cantons et arpentées à la manière des basses terres. De 1932 à la Seconde Guerre mondiale, on y crée une soixantaine de nouvelles paroisses, qui s'ajoutent à la vingtaine de paroisses existantes. Plusieurs sont établies avant même souvent que la population n'y arrive. En quelques années, la forêt est défrichée et un nouvel habitat apparaît, basé sur la structure du canton (Figure 44) et qui repousse d'autant les frontières du territoire agricole.

FIGURE 44

Les cantons abitibiens

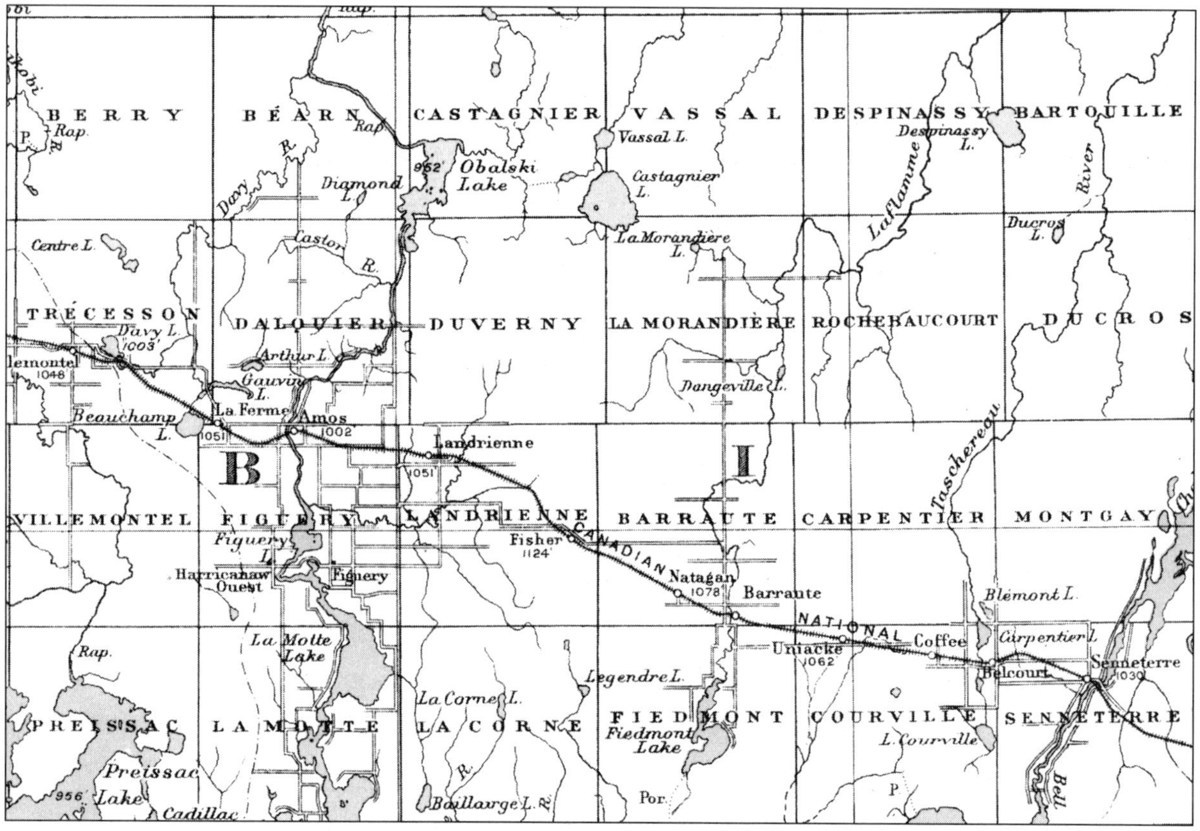

Source : Extrait de la carte au 1 : 500,000, « Ontario and Quebec, Harricanaw Sheet », Canada Department of Mines and Ressources, Surveys and Engineering Branch, Hydrographic and Map Service, Ottawa (1936).

Pourtant, cette colonisation est précaire et nombreux sont ceux qui abandonnent leur terre quelques années seulement après leur arrivée. Selon Raoul Blanchard, c'est jusqu'aux 2/3 des colons qui reviennent ainsi vers les villes ou qui se trouvent un emploi dans les mines ou la forêt. Conçue pour résoudre le problème du chômage, cette solution ne pouvait être que transitoire, d'autant plus qu'on y manque des services essentiels, médicaux notamment (Daigle et Rousseau, 1998). De tous, seuls les fils de cultivateurs réussirent à s'établir sur une ferme, et encore. Cependant, comme ils bénéficiaient d'une meilleure expérience, ils ont pu mieux mettre à profit l'aide gouvernementale.

6.4 Une campagne ordonnée mais déjà condamnée

L'une des principales conséquences de cette humanisation forcée des espaces périphériques fut d'entraîner une relative uniformisation du paysage des campagnes, sensible surtout dans l'architecture des maisons et des bâtiments de ferme. Même l'agriculture, autrefois plus diversifiée, accentue ce trait, en s'orientant surtout vers l'industrie laitière et les cultures fourragères (Hamelin et Roby, 1971 ; Perron, 1980 ; Bouchard, 1991).

FIGURE 45

La maison de colonisation

Source : Extrait de l'affiche du Concours d'architecture du gouvernement provincial (1942), Archives nationales du Québec, P225#184-7.

Cependant, comme le contexte ici est bien différent de celui qui caractérise les basses terres laurentiennes, elle n'en sera souvent qu'un pâle reflet, sauf dans les espaces mieux nantis sur le plan des sols et du climat.

6.4.1 L'habitat rural

En contrepartie des octrois que lui consent le gouvernement, le colon doit se conformer à des règles précises pour la construction de sa maison et de ses bâtiments de ferme, qui prendront bientôt tous la même forme et le même aspect, surtout après 1935.

En effet, jusqu'au plan Vautrin, l'État a peu d'exigences quant aux maisons de colons et aux bâtiments de ferme. Les seules réglementations concernent la dimension des bâtiments, qui doivent être de 16 pi sur 20 pour la maison, de 20 pi sur 25 pour la grange et de 15 pi sur 20 pour l'étable. À partir de 1935, toutefois, leur construction est sujette à des règles beaucoup plus précises, qui concernent autant les fondations, la hauteur et le volume des bâtiments que leurs ouvertures et leurs matériaux de construction. À l'appui de cette réglementation, l'État produit plans et devis, auxquels le colon qui désire un octroi est tenu de se conformer. Ils visent des standards de construction que l'on veut en tous points conformes aux besoins des colons (Dubé, 1987).

Cette réglementation conduira à un type particulier d'habitat sur l'ensemble du territoire, qui rompt avec l'architecture québécoise traditionnelle. À l'ancienne maison d'habitant, sur haut solage, entourée d'un perron-galerie et surmontée d'un toit à larmier, succède ici un type de maison sans artifice, qui n'en reproduit ni les traits, ni le volume, ni la richesse des matériaux et de l'ornementation (Figure 45). De même, la grange-étable, autrefois caractérisée par son toit à deux eaux surmonté de clochetons, se trouve remplacée par un bâtiment massif, à toit brisé, dont la seule originalité tient aux conditions particulières du terrain où elle s'élève.

D'inspiration américaine, cette architecture sera partout la même, indissociable d'un contexte de colonisation dominé par l'action de l'État. Née d'une normalisation excessive, elle traduit toute la puissance des idéologies qui traversent alors la société québécoise. Pourtant, la maison de colons ne présentait pas que des avantages. Petite, elle était mal isolée et mal conçue pour les innovations technologiques à venir. Aussi, nombreux furent ceux qui durent lui apporter assez tôt des améliorations (Dubé, 1987: 49 et s.), se condamnant ainsi à des dépenses non prévues initialement. Mais, pour une génération au moins, elle restera la même, projetant l'image d'une société que l'on veut tout entière consacrée à sa vocation.

Quant à la disposition de l'habitat, il obéit aux règles des basses terres seigneuriales: le siège de l'exploitation est localisé à proximité de la route, pendant que de distance en distance s'élèvent un hameau ou un village dominés par l'église et le presbytère. Les champs s'étalent à l'arrière, délimités par des clôtures de bois ou de fils de fer barbelés. Et, comme ici il faudra souvent épierrer, ils sont parsemés de tas de pierres empilées qui témoignent de l'effort qu'il aura fallu consentir pour procéder à la mise en valeur agricole.

6.4.2 La mise en valeur agricole

La région la plus favorisée sur le plan de l'agriculture reste celle du Saguenay–Lac-Saint-Jean, où l'on assiste entre 1850 et 1900 à une nette progression de l'agriculture, suivie toutefois d'une période de relative stagnation jusque dans les années 1940 (Girard et Perron, 1989). Une rapide analyse des données de recensements montrent qu'entre 1850 et 1900 la production de céréales et de légumineuses s'accroît, tout comme celle du foin et de l'avoine, qui connaissent à partir de 1880 une hausse notable, consécutive à l'augmentation du cheptel laitier et de la demande sur les chantiers. Aux conquêtes du début succède alors une époque d'effervescence, stimulée par des activités de plus en plus nombreuses d'animation et d'encadrement. Toutefois, comme l'ont montré les travaux de Gérard Bouchard (1991 ; 1996 ; Bouchard et Thibeault, 1992), ce changement s'effectue sans modifier la structure sociale. La famille reste à la base de l'unité de production et, sauf pour les fermes mieux situées à proximité des agglomérations, la plupart d'entre elles demeurent de petites entreprises, à l'outillage et aux techniques rudimentaires et qui ne réussissent à s'articuler au marché extrarégional qu'après l'arrivée du chemin de fer dans les années 1880-1890.

Parmi les productions agricoles, le lait s'affiche alors comme le moteur de l'économie agraire. Jusqu'aux dernières décennies su XIXe siècle, il est consommé à l'état nature ou transformé en beurre, la multiplication des fromageries industrielles ne s'amorçant qu'après la Confédération et même à la fin des années 1870 (Hamelin et Roby, 1971). Mais l'éloignement et les difficultés de mise en marché rendent les débuts difficiles. Par ailleurs, l'industrie beurrière souffre d'un marché fromagier trop facile, ce qui entraîne une baisse des revenus. Enfin, si le nombre total de vaches augmente, leur nombre par ferme reste faible, ce qui indique plus une tendance à commercialiser le lait qu'à constituer de véritables troupeaux laitiers.

Parallèlement, on élève des porcs et des moutons, pour la consommation domestique, mais aussi pour le marché. La production de laine permet l'ouverture de petites filatures, qui cardent et filent la laine des producteurs et en transforment les surplus. Enfin, de Saint-Félicien à l'Anse-Saint-Jean, on s'adonne à la cueillette du bleuet, la « manne bleue », destinée à la conserverie de Saint-Alphonse et bientôt aux marchés extrarégionaux, après l'arrivée du chemin de fer.

À la fin du XIXe siècle, l'agriculture saguenayenne présente des traits semblables à celle du Québec, ni meilleure ni pire, orientée vers un début d'industrie laitière qui a peine à s'organiser. Si ses performances déçoivent en regard des promesses des propagandistes, l'éloignement, les conditions climatiques variables et l'arrivée tardive du chemin de fer obligent à nuancer. Et, si elle paraît routinière aux yeux des élites, il ne faut pas perdre de vue qu'elle souffre d'une absence chronique de marchés et qu'elle répond avant tout aux préoccupations d'une société terrienne soucieuse de se reproduire, à travers tout un système de dépendances qui l'empêchent de prendre des voies plus rentables (Bouchard et Thibeault, 1992; Bouchard, 1996). Aussi assiste-t-on, entre 1910 et 1930, à une relative stagnation de l'agriculture saguenayenne, dont les gains reposent plus sur l'extension des grandes cultures que sur le troupeau laitier qui, lui, reste stable. Ce n'est qu'avec l'industrialisation et l'urbanisation de l'après-guerre que la situation s'améliore, entraînant un accroissement significatif de la productivité et aussi de nouveaux problèmes liés aux exigences accrues du marché et de la commercialisation à tout prix.

Dans les autres régions, le bilan fut beaucoup plus négatif. En Mauricie, par exemple, la poussée de colonisation est vive jusqu'en 1875-1880, par la suite elle ralentit beaucoup et ne connaît de succès relatif qu'à Saint-Michel-des-Saints et à Saint-Zénon (Hamelin et Roby, 1971: 170; Hardy et Séguin, 1984: 138). Dans les Laurentides, au nord de Montréal, où l'action du curé Labelle a favorisé l'apparition d'une longue traînée de paroisses, les sols s'épuisent après seulement quelques années de mise en valeur, en raison de leur pauvreté intrinsèque et de mauvaises méthodes culturales. Ajouté aux caprices du climat, ce facteur conduira au développement d'une agriculture marginale, dont l'orientation sera bien loin de celle que les élites du temps qui auraient voulu en faire le pivot de toute l'économie prônaient (Laurin, 1990). Même l'orientation laitière végète, en dépit des discours sur les vertus d'une telle agriculture. Celle-ci viendra, mais uniquement après l'arrivée du chemin de fer, et encore, ses succès resteront mitigés. De toutes, seule la région de Mont-Laurier connaîtra à ce titre un certain succès, mais sans que l'agriculture laitière ne devienne une activité motrice. C'est que, contrairement aux espaces mieux nantis, le colon des Laurentides n'est pas un véritable agriculteur. C'est un touche-à-tout qui cherche ses revenus ailleurs, notamment dans les chantiers dont il est sous la constante dépendance. Aussi dès la fin des années 1920, bon nombre de localités voient-elles leur population rurale diminuer, sans que la Crise, puis la guerre, ne réussissent vraiment à inverser le mouvement. Il faudra attendre, en fait, les années 1950-1960 avant qu'elles ne connaissent une nouvelle croissance, mais celle-ci sera due alors à la villégiature et non à l'agriculture. Quant à la situation dans le nord de l'Outaouais, où l'industrie forestière concurrence aussi durement l'agriculture, elle est plus nuancée, se rapprochant tantôt de la réussite saguenayenne, tantôt de l'échec laurentidien.

Enfin, on observe les mêmes difficultés dans le Nord-Ouest québécois, où les campagnes s'orientent très tôt vers l'élevage laitier. Favorisés par une meilleure qualité de sols, l'Abitibi et le Témiscamingue sont désavantagés par le climat et l'éloignement, en plus de l'être par l'origine même des colons dont plusieurs n'ont aucune connaissance de l'agriculture. Aussitôt amorçé, le mouvement de colonisation s'essouffle, accéléré par la reprise économique d'après-guerre et plus profondément par les conditions d'une urbanisation qui tend à étendre ses effets à tout le territoire québécois. Car c'est bien là le drame de la colonisation au Québec : conçue comme une solution à l'émigration, elle privilégiait un type de développement qui allait à l'encontre du développement économique ambiant. Aussi sera-t-elle souvent un échec.

6.4.3 Le dépeuplement rural

Dès la fin de la Seconde Guerre mondiale, s'amorce au Québec un mouvement de dépeuplement rural qui, ajouté aux changements de toutes sortes qui se manifestent alors dans la province, finira par conduire à la désintégration des anciens milieux de vie. Accru par la disjonction des fonctions agricole et forestière, et précipité par la montée de la grande industrie, il s'accompagne d'une régression notable de l'agriculture, qui ne subsiste plus que sur les meilleurs sols. Il en résulte des organisations nouvelles qui font des anciens espaces de colonisation des mondes dépendants, dont l'avenir sera de plus en plus déterminé par le développement de l'économie nord-américaine et, en certains cas, mondiale.

Difficiles à mesurer en raison de tous les changements qu'ont connu les subdivisions de recensement depuis 1941, cette désertion des plateaux atteint des seuils impressionnants, comme l'indiquent l'évolution de la population rurale et agricole dans les quelques localités retenues pour fins d'illustration (Tableau 11). En cinq ans, de 1961 à 1966, des paroisses qu'on colonisait encore en 1935 ont vu jusqu'à 40 %, parfois plus, de leur population quitter les terres durement défrichées et épierrées par la génération précédente. Après être montée à l'assaut des plateaux, la population en est redescendue, quittant à la fois l'agriculture et un genre de vie.

TABLEAU 11

Quelques exemples de dépeuplement (1961-1966)

Comté	Subdivision de recensement	% de dépeuplement rural (1961=100)	agricole
Abitibi	Val Saint-Gilles	98,7	28,4
Argenteuil	Huberdeau	69,0	72,6
Berthier	Saint-Charles-de-Mandeville	99,0	80,9
	Saint-Michel-des-Saints	98,6	27,0
	Saint-Zénon	91,4	45,0
Champlain	Saint-Jean-des-Piles	94,7	77,0
	Saint-Roch-de-Mékinac	96,8	57,0
Charlevoix-Ouest	Les Éboulements	88,9	79,0
	Saint-François	95,0	59,6
Chicoutimi	Saint-Ambroise	97,0	83,0
	Saint-Fulgence	95,0	85,2
	Saint-Honoré	94,0	79,0
	Sainte-Rose-du-Nord	96,2	64,2
Gatineau	Aumond	95,0	85,4
	Blue Sea	94,0	75,0
	Bois Franc	78,4	69,0
	Eardlev	96,8	84,9
	Hincks	83,0	82,3
	Low	90,7	80,8
	Sicotte	96,8	57,9
Joliette	Saint-Côme	95,0	24,8
	Sainte-Béatrix	94,6	67,0
Labelle	Chute-Saint-Pilippe	94,0	32,0
	Lac-des-Écorces	92,0	68,9
	Lac-du-Cerf	97,0	57,0
	Lac-Saint-Paul	79,0	67,0
	L'Ascension	96,0	76,0
	Notre-Dame-de-Pontmain	91,0	85,0
	Notre-Dame-du-Laus	94,0	43,0
Lac-Saint-Jean-Est	Sainte-Monique	94,0	68,0
Lac-Saint-Jean-Ouest	Saint-François-de-Sales	80,9	80,3
	Saint-Ludger-de-Milot	81,0	35,0

	Saint-Thomas-d'Aquin	92,0	63,0
	Saint-Thomas-Didyme	95,0	84,0
Maskinongé	Saint-Alexis	98,9	45,0
	Saint-Ignace-du-Lac	68,0	26,0
Montcalm	Saint-Agricole	73,0	0,0
Papineau	Montpellier	98,0	67,0
	Mulgrave & Derry	93,0	52,0
	Suffolk & Addington	43,0	29,0
	Vinoy	67,0	71,0
Pontiac	Aldfield	81,0	43,0
	Dorion	84,0	43,0
	Grand-Calumet	92,0	81,0
	Leslie	99,5	71,0
	Sheen, Esher &...	81,0	65,0
	Thorne	83,0	71,0
Portneuf	Rivière-à-Pierre	90,0	69,0
	Saint-Raymond	99,0	76,0
Québec	Saint-Gabriel-de-Valcartier Ouest	91,0	80,0
Saguenay	Bergeronnes	96,8	75,0
	Colombier	96,0	9,0
Saint-Maurice	Saint-Élie	96,0	48,8

Source : Claire McNicoll-Robert (1971).

Cette évolution était prévisible. En effet, à l'inverse de la croissance urbaine de la seconde moitié du XIXe siècle et de la première moitié du XXe au Québec, qui a eu tendance à répartir la population le long du Saint-Laurent et de ses principaux affluents[88], la colonisation du Nord s'est faite dans des espaces de plus en plus éloignés de cet axe, mais rattachés à celui-ci par la ville et la grande industrie. Contemporaine de la révolution industrielle, cette expansion n'a pas été qu'agricole. Au contraire, elle a été constamment liée à la forêt, qui lui a fourni ses appuis (McNicoll-Robert, 1971).

Au peuplement des plateaux a donc été associé très tôt un genre de vie dont la logique était celle « d'un compromis entre un établissement rural, une activité agricole simultanément destinée à l'autoconsommation et à la commercialisation et une exploitation forestière génératrice de revenus » (Bélanger, 1972 : 38). Dans l'espace, cela s'est traduit par des établissements qui ont pris la forme de paroisses « agroforestières », aujourd'hui

88. À ce sujet, voir Trotier (1968), Saint-Yves (1982), ainsi que les planches parues dans l'*Atlas historique du Canada*, volume II (Gentilcore (dir.), 1993) et volume III (Kerr et Holdsworth (dir.), 1990).

presque toutes disparues, mais qui ont défini pendant près d'un siècle, un genre de vie et même de société dont la complexité reflétait « la situation singulière d'une aire culturelle partagée entre des tendances contraires » (Bélanger, 1972 : 38).

Cette situation a été l'origine d'écarts de plus en plus grands dans les niveaux de vie entre les zones centrales et les zones périphériques. Déjà sensibles au XIXe siècle, ceux-ci ne pouvaient que s'accentuer avec le temps et entraîner à terme une reprise de l'exode rural. Il sera intense, posant tout le problème des déséquilibres régionaux au Québec et partant, du mode de développement qui sera celui de ces régions.

Perçus dès le départ comme des colonies du Québec de base, les espaces périphériques resteront subordonnés à l'espace central. Liés à ce dernier par le grand capital, ils le seront aussi aux espaces économiques et culturels plus vastes auquel le Québec tout entier se verra à son tour rattaché. Aussi perdront-ils rapidement leurs traits d'origine, pour devenir des aires d'expression de l'économie montante et, plus tard, des espaces récréatifs pour les populations urbaines.

De l'ancienne trame agricole, il ne reste plus aujourd'hui que des vestiges accrochés aux meilleures terres. Cela ne veut pas dire qu'il ne s'y est pas développé de sociétés ou de cultures originales, qui ont souvent su composer avec les apports extérieurs. Mais cela signifie que, l'économie de ces régions ayant été liée dès le départ à l'exploitation des ressources naturelles, elles se sont vite retrouvées captives du mode de développement imposé par les grandes entreprises capitalistes et sensibles à la conjoncture nationale et internationale.

Posée en ces termes, la colonisation des plateaux ne pouvait être qu'un échec. Ce dernier sera d'autant plus ressenti que c'est par une décentralisation administrative plus que par l'octroi de véritables pouvoirs que le gouvernement québécois répondra à leurs demandes répétées d'une plus grande autonomie, notamment sur le plan budgétaire. Pourtant, pour lui, comme pour bien des Québécois, c'est toujours là que résident les traits de base de la culture collective !

CHAPITRE 9

L'AUTRE FRONTIÈRE

En dépit du discours qui, pendant plus d'un siècle, vante l'agriculture et la colonisation agricole, le Québec entre, après les années 1840, dans une nouvelle phase de croissance, inaugurée par tout un train de réformes inspirées des institutions britanniques et destinées à moderniser les cadres administratifs de la province. La population continue d'augmenter et le mouvement d'expansion vers les plateaux prend de l'ampleur, mais s'il reste comme phénomène démographique, il perd beaucoup de sa signification antérieure. C'est une autre frontière plutôt qui attire, et qui s'avérera à la fin beaucoup plus importante que la précédente.

En effet, aux innovations observées dans le domaine des transports, correspond une place accrue de la ville et de l'industrie dans le paysage économique et social de la province. L'agriculture se tranforme et de nouveaux secteurs d'activités apparaissent, qui font ressortir le poids de la grande région de Montréal dans l'ensemble québécois. En même temps, le rapport au territoire se renverse. Autant le contexte précédent avait-il été caractérisé par une dispersion de la population sur une ressource elle-même concentrée dans l'espace, les sols et plus particulièrement les sols laurentiens, autant celui-ci a-t-il tendance à l'être par une concentration de la population dans les villages et dans les villes, et une dispersion des ressources dans des espaces de plus en plus éloignés, riches en matières premières et en sources d'énergie.

Toute la géographie des années 1950 tient dans cette évolution. Aux faits d'implantation humaine, qui caractérisent encore la campagne, s'ajoutent désormais les faits de rattachement des anciennes aires de vie aux aires d'influence des villes et de leurs principaux satellites, ainsi qu'aux ensembles de plus en plus vastes auxquels le Québec tout entier se trouve associé sur les plans politique, économique et culturel. Il en résulte des tensions entre les phénomènes de croissance, qui marquent les limites ultimes de ce développement.

1. LA GÉOGRAPHIE DES ANNÉES 1950

Quand, en 1960, le géographe français Raoul Blanchard publie sa synthèse sur le Québec, il donne une image saisissante de sa géographie, qui lui paraît cependant bien différente de ses descriptions antérieures. Son premier grand constat est d'ordre démographique. L'accroissement de la population depuis le début du siècle est non seulement très contrasté et à l'avantage des francophones, mais marqué par d'importants mouvements de population qui se concentre de plus en plus dans l'espace, abaissant ainsi les densités humaines de la campagne.

> *Débordantes d'excédents de naissance, note-t-il, celles-ci n'en gardent qu'une part restreinte et dirigent généreusement le reste vers les villes. [En même temps, la Province prend un visage plus français]. Sauf quelques taches déjà pâlies dans l'Ottawa, le Sud de la plaine de Montréal et des Cantons, l'Est de la Gaspésie [...], les francophones dominent partout, dans des proportions qui excèdent souvent 95 % de la population locale. Il n'y a qu'une exception, mais qui compte et qui regaillardit un peu le pourcentage anglais dans la Province, c'est Montréal. L'île de Montréal héberge en effet 59,6% des Britanniques vivant dans la Province en 1951 et 84,1 % des « étrangers » [...]. N'oublions pas pourtant l'énorme majorité française, ramassant 63,8 % de la population dans l'ensemble de l'île et 67,6 % de celle de la ville proprement dite (Blanchard, 1960: 112 et 115).*

L'un des premiers effets de cet exode des ruraux a été d'entraîner une contraction du domaine agricole et le repli de l'agriculture vers les meilleurs sols, ceux des basses terres notamment, là où s'était amorcée, plus de trois siècles auparavant, la colonisation française. Certes, dans les plateaux, l'agriculture demeure, et au mouvement d'abandon des terres correspond, comme ailleurs, un mouvement de remembrement foncier au profit des plus gros cultivateurs. Cependant, l'essoufflement de la colonisation, ajouté à l'attrait qu'exerce de plus en plus la ville et le travail salarié sur les populations rurales accentuent la désaffection envers cette activité. Le véritable domaine agricole, lui, est ailleurs, proche du marché et de plus en plus restreint aux meilleures terres. Au milieu du XXe siècle, il se limite à la plaine de Montréal et à son prolongement autour du lac Saint-Pierre, là où les mers du Quaternaire ont laissé de riches dépôts d'argile. S'y adjoignent quelques franges le long du fleuve et de la rive sud de l'estuaire, la cuvette du lac Saint-Jean, et une partie des Cantons de l'Est. Le reste n'est que médiocrement exploité. Quant aux orientations de cette agriculture, elle est partout semblable, tournée surtout vers l'élevage bovin, laitier notamment, et les cultures fourragères. C'est une activité mécanisée, aux procédés améliorés, et qui devient de plus en plus compétitive et spécialisée.

Les mêmes tendances caractérisent l'industrie de la pêche. À la croissance du XIXe siècle et du premier tiers du XXe, qui avait vu la montée du nombre de pêcheurs, dont plusieurs étaient employés par de grandes entreprises (Bélanger *et al.*, 1981 ; Samson, 1984), succède une diminution du nombre de pêcheurs professionnels (il n'en reste que 5000 au milieu des années 1950, contre environ 12000 au milieu des années 1930), mais une hausse des rendements et de la valeur des prises. Cette évolution est surtout due à l'intervention gouvernementale, qui a voulu pallier les difficultés d'après-guerre par une amélioration des moyens et des techniques de pêche, de préparation et de conservation du poisson et de sa mise en marché. La batellerie a été modernisée, de nouvelles fabriques ont été créées et des coopératives ont vu le jour, qui ont permis de rationaliser les achats et les ventes. Il en a résulté une industrie revigorée, qui a vu son domaine lui aussi se restreindre aux lieux les plus avantageux : les Îles-de-la-Madeleine, avec près du quart des pêcheurs, mais 42 % de la valeur des prises; la Gaspésie, avec 51 % de l'effectif et 45 % des bénéfices ; et la Côte-Nord, avec 20 % de la main-d'œuvre et 11 % des profits. Quant à l'estuaire, il ne réunit que 5 % de l'effectif qui ne contribue que pour 2 % à la valeur des prises.

En même temps que se produisent ces transformations, l'exploitation de la forêt prend de l'ampleur. À elle seule, la coupe de bois de pulpe compte pour près des deux tiers de la récolte, contre un peu plus de 20 % pour le bois sciage et 12 % pour le bois de chauffage. Au milieu des années 1950, le Québec est devenu le premier producteur mondial de bois de pulpe (la fameuse « pitoune »), qu'il dirige surtout vers le marché américain. Les principaux lieux de coupe sont les terres publiques (les terres de la couronne). Ils font éclater l'écrasante supériorité du plateau laurentidien. Les secteurs les plus actifs à cet égard restent les bassins tributaires de l'Outaouais, qui fournissent près de 24% de la récolte en bois. Le second en importance est le bassin du Saguenay–Lac-Saint-Jean, suivi d'assez près par celui de la Côte-Nord. Puis vient le bassin du Saint-Maurice et, loin derrière, l'Abitibi, la Gaspésie, la frange méridionale des Laurentides entre le Saint-Maurice et le Saguenay, et les Cantons de l'Est.

Les principaux responsables de cette expansion, selon Blanchard, sont les compagnies forestières, qui, en 1956-1957, raflent 81 % de la production, soit sur leurs concessions, soit sur leurs propriétés privées. Les plus importantes sont la Canadian International Paper (CIP), qui en ramasse près du quart ; la Consolidated Paper, un peu plus de 13 %, la Price Brothers, 7,6 %, la St. Lawrence Corporation, 7 %, et l'Anglo Pulp, 6,3 %. Elles exercent leurs activités par l'intermédiaire de chantiers dont l'activité s'est singulièrement accrue depuis la fin de la Seconde Guerre mondiale, grâce à l'introduction de la scie mécanique, à l'allongement des périodes de coupe et à l'ouverture de nouvelles routes forestières. Par contre, du fait des innovations technologiques, leur effectif est en nette diminution. Au milieu des années 1950, celui-ci n'est plus que de 50 000 travailleurs, contre plus du double dans le premier quart du XXe siècle.

Une quantité non négligeable de bois vient aussi des réserves forestières attribuées aux syndicats forestiers, des chantiers coopératifs et des cultivateurs individuels, qui en tirent ainsi jusqu'à 7 % de leurs ventes agricoles. Contrairement au syndicat forestier, qui regroupe les hommes d'une municipalité à qui l'État a consenti gratuitement une concession et qui l'exploitent à leur profit, en vendant le bois à une compagnie forestière, le chantier coopératif est une association de bûcherons (généralement des cultivateurs) qui vend ses services à une compagnie et se partage les bénéfices. Pratiquées surtout en Gaspésie et en Abitibi, ces formules ingénieuses restent cependant limitées et ne contribuent que pour moins de 1 % du volume de bois récolté dans le domaine public. L'essentiel vient donc des cultivateurs individuels, qui contribuent ainsi pour environ le dixième de la production (Bélanger *et al.*, 1981 ; Vincent, 1995).

Importantes, ces activités ne contribuent toutefois que pour 12% de la valeur de la production. L'essentiel vient d'ailleurs, de l'industrie plus particulièrement, qui a vu sa part augmenter considérablement dans le bilan de la province. On en distingue de plusieurs sortes : les industries de matières premières, qui sont souvent localisées à proximité des sites de production énergétique et des aires d'approvisonnement en bois ou en produits miniers (industrie des pâtes et papier, de la transformation des métaux, telles acieries ou alumineries, industrie chimique et pétrochimique, raffineries, etc.), les industries alimentaires, les industries du bois, les industries de la confection (cuir, textile, etc.), qu'on trouve plutôt près du marché. Toutes ne contribuent pas de la même manière au produit intérieur brut, mais ensemble elles représentent plus de 85 % de la valeur totale de la production.

Sans charbon ni pétrole, ni même suffisamment de gaz pour satisfaire de façon rentable les marchés locaux, le Québec a vite fait de s'orienter vers la production d'hydroélectricité, qui fut d'ailleurs, au début, un important facteur de localisation industrielle. À la quasi-absence de centrales qui caractérise encore la rive sud du Saint-Laurent et la Gaspésie en 1950, s'oppose la hardiesse des installations du Saint-Laurent lui-même et de l'Outaouais, au sud et à l'ouest de Montréal, et celles de la rive nord, depuis la Mauricie, où la Shawinigan Water and Power opère huit centrales produisant chacune plus de 100 000 kW, jusqu'au Saguenay, où la puissance installée des centrales représente jusqu'à 30 % de celle de la province (les plus grosses sont sur le Saguenay, avec celles de Shipshaw, de l'île Maligne et de la chute à Caron, et sur la rivière Péribonka, avec celles de la chute à la Savane et de la chute du Diable, auxquelles s'ajoutera bientôt celle de la chute des Passes). Au-delà, s'ajoutent les puissantes centrales de la rivière Bersimis, qui irriguent la Gaspésie grâce à un câble sous-marin de 50 km de long, et celles, encore en construction, de la Manicouagan. La production est à la mesure de ces installations : à la fin des années 1950, elle dépasse les 9 millions de kW, soit la plus élevée du Canada, ce qui représente quelque 8 100 kWh par habitant, soit le plus fort rapport au monde à l'époque.

Parallèlement, le domaine minier s'est étendu. Moins sur la rive sud, où l'on compte cependant d'importants gisements d'amiante et de cuivre (région de Thetford, sur la fameuse *Serpentine Belt*; centre de la Gaspésie, dans le haut bassin de la rivière York), que dans les Laurentides. Là résident les véritables richesses minéralières du Québec, depuis l'Outaouais (riche en mica, feldspath, kaolin, plomb, zinc et calcaire magnésien), jusqu'en Abitibi-Témiscamingue (où abondent les gisements de cuivre, d'or, d'argent, de molybdène, de sélénium et de lithium), et de là, en direction de

FIGURE 46

Un exemple de création minière

Source : Port-Cartier où se fait le chargement du minerai de fer, Co. Saguenay. Archives nationales du Québec, EC57P 659-65.

l'est, le long d'une longue bande métallifère riche en cuivre, or, fer, plomb, zinc, cobalt, vers Chibougameau, le lac Mistassini, le lac Allard, les monts Reed et Wright, et la fosse du Labrador, dont l'exploitation cependant ne fait que s'amorcer. Mais quels débuts ! Là, ce sont de véritables complexes qui ont été créés, avec des villes, des routes, des lignes de chemin de fer et des installations portuaires pour faciliter l'exploitation et le transport du minerai vers les marchés (Figure 46). Enfin, s'ajoute encore, après 1957, la découverte de riches gisements de nickel dans l'extrême nord du Québec, ce qui enrichit d'autant le potentiel de la province.

Cette mise en valeur énergétique et minière a favorisé l'industrie, dont la localisation paraît à la fois concentrée et dispersée. Le grand foyer reste Montréal, qui est en tête pour la plupart des spécialités industrielles de la province et qui réunit plus de la moitié des emplois enregistrés dans l'industrie. Le reste se répartit dans les différentes régions, selon un gradient qui avantage cependant la partie méridionale de la province. L'empreinte la plus prononcée se situe dans la plaine de Montréal, disposée en auréole autour de la ville du même nom et ancrée dans tout un semis de petites villes satellites de Montréal caractérisées par l'importance de leurs activités de fabrication. C'est le cas, notamment, de Saint-Jean, Saint-Hyacinthe, Beauharnois, Valleyfield, Sorel, Varennes, Contrecœur, Joliette, Sainte-Thérèse, etc. La deuxième région industrielle est formée par les Cantons de l'Est. Elle aussi dispose de centres animés, tels: Sherbrooke, Thetford, Asbestos, Magog, Coaticook, Granby, Drummonville, Victoriaville, etc. Viennent ensuite les régions du fleuve, celle de Trois-Rivières, sur la rive nord notamment, où s'imposent des centres comme Grand-Mère, Shawinigan et La Tuque, nés de la construction de barrages hydroélectriques et de l'exploitation forestière, et celle de Québec, où l'industrie se partage de façon plus équilibrée entre la rive nord et la rive sud. Au-delà, le semis devient moins dense, mais sans jamais disparaître : alumineries, pulperies et papeteries au Saguenay–Lac-Saint-Jean et sur la Côte-Nord, industries minières et forestières dans le nord-ouest et industries minières au cœur de l'Ungava, où des villes entièrement nouvelles sont même apparues. Shefferville est de celles-là, entièrement tournée vers l'exploitation des riches gisements de fer de la fosse du Labrador.

Au milieu des années 1950, l'industrie est donc devenue le moteur économique de la province, un rôle qu'elle partage avec les activités commerciales. Et, comme elle est aussi une activité bien souvent urbaine, c'est dire la place qu'occupe désormais la ville dans le paysage physique et humain du Québec. Lieu de résidence de plus de 70 % de la population, elle est en elle-même un fait de civilisation, qui commande au développement de l'économie autant que de la société.

C'est en des traits particuliers pourtant que se présente le réseau urbain du Québec. Bicéphale, il est dominé par Montréal, qui s'affirme depuis longtemps comme le plus grand centre du Québec, et par la ville de Québec, la capitale de la province. Il se présente sous la forme d'un long fuseau greffé d'axes secondaires le long desquels s'égrènent des centres de tailles beaucoup plus modestes. Eux-mêmes sont situés dans l'aire d'influence de capitales régionales de tailles souvent à peine plus respectables, et qui rappellent plus celles de la ville européenne que de la ville américaine. Pour Raoul Blanchard (1947, t. 1 : 184), il y a là un mélange des genres, car si « les villes ont toujours des traits de village, l'agglomération rurale présente régulièrement des caractéristiques urbaines ».

C'est ce qu'on a appelé l'urbanisation à la québécoise, qui fait beaucoup de place aux gros villages et aux petites villes, un peu moins aux villes moyennes et beaucoup moins aux grandes villes, dont les seules vraies représentantes sont Montréal et Québec. Mais laissons Blanchard nous les décrire :

> *La Province regorge de petites villes, c'est-à-dire de localités dont la population en 1956 est inférieure à 50 000 habitants : une soixantaine, en négligeant celles qui sont des banlieues de Montréal et de Québec* [...]. *Toutes ces petites villes ont un trait commun : elles évoquent encore, de très près, le gros village* [...]. *Ce qui est gênant, c'est qu'elles se ressemblent un peu trop* [...], *elles n'ont pas eu le temps de mûrir* [...]. [Celles] *dont la naissance est due au trafic* [commerce] *n'ont vraiment grandi qu'en devenant industrielle (ex. Amos, Berthierville, Lachute, Montmagny, Mont-Laurier, Nicolet, Rouyn, Sainte-Agathe, Rivière-du-Loup, Rimouski, etc.) et que celles qu'a engendré l'industrie ont dû accueillir chez elles le commerce (ex. Arvida, Asbestos, Dolbeau, Gatineau, Grand-Mère, Joliette, Kénogami-Jonquière* [sic], *Murdochville, Noranda, Shawinigan, Valleyfield, Thetford, Val d'Or, Windsor, etc.).*
>
> *Trois villes, comprises entre 50 000 et 100 000 âmes, se détachent de cet essaim des petites cités* [...]. *Comme on pouvait s'y attendre, c'est l'industrie qui est responsable, pour l'essentiel, de* [leur] *croissance* [...]. *Mais le rôle de centre régional n'est pas à Hull ce qu'il est à Sherbrooke et à Trois Rivières* [...].
>
> *Si cependant nous faisons nos comptes, il faut reconnaître que toutes ces villes, petites et moyennes, font une figure modeste dans le total de la population urbaine : juste 40 %. Ainsi, deux millions d'âmes sont à mettre au compte des deux grandes agglomérations : Québec et Montréal. La disproportion est éclatante* (Blanchard 1960 : 254 et s.).

Mais que de distance aussi entre les deux villes ! Au total, et même en incluant à la population de Québec celle de municipalités déjà éloignées, le total de ce groupe urbain ne dépasse pas 300 000 habitants. Montréal :

> *Énorme métropole invertébrée, vaste comme une province, débordant sur l'île Jésus et le comté de Chambly, grosse en 1956 de 1 621 000 habitants. Il y a là quelque chose d'un peu monstrueux,*

une agglomération qui compte exactement 50 % de la population urbaine de la Province et confisque 35 %, donc plus du tiers de sa population totale; Montréal est beaucoup plus tentaculaire que ne le sont Paris et Londres dans leurs nations respectives (Blanchard, 1960 : 274).

Qui plus est, aux yeux de l'observateur extérieur, Québec apparaît comme l'une des villes les plus plaisantes de la province, alors qu'à Montréal, « ni le relief ni les eaux ne donnent aux paysages de la ville la fierté ni la majesté de ceux de Québec ». Autre distinction, également, Montréal est une ville où apparaissent de nettes tensions internes, sanctionnées par une forte ségrégation spatiale et de forts clivages sociaux : à l'est, les quartiers français, plus entassés et plus pauvres, à l'ouest, les quartiers anglais nettement plus dégagés et opulents, et au centre le quartier juif, tous habités par des nationalités sans doute condamnées à vivre ensemble, mais bien décidées à garder leur culture. « Ainsi, la rivalité des races qui peuplent la Province s'exprime avec force dans l'aspect et la disposition des quartiers de la grande ville. C'est là un des grands attraits de l'étude de Montréal, par ailleurs énorme cité un peu banale de type américain » (Blanchard, 1960 : 278, 283).

Concentrations nouvelles de population dans l'espace, dispersion accrue des ressources, extension des infrastructures de communication, contraction du domaine agricole, apparition d'activités nouvelles qui stimulent le développement de l'économie, profil ethnique plus diversifié, tels sont les grands traits de la géographie québécoise à la fin des années 1950. Aboutissement de tous les changements survenus depuis un siècle, elle marque l'apogée d'un type de civilisation qui a ajouté de nouveaux principes aux modes traditionnels de création du territoire.

2. UN SIÈCLE DE MUTATIONS

Ce qui frappe avant tout dans les changements géographiques de la seconde moitié du XIXe siècle et de la première moitié du XXe, c'est la rapidité avec laquelle ils s'amorcent et se poursuivent. Inaugurés par tout un train de réformes inspirées des institutions britanniques, ils atteignent bientôt tous les domaines de la vie économique et sociale, stimulés par la révolution des transports et soutenus par le capital et la technologie étrangers. Aux mouvements de population entraînés par la conquête et l'exploitation des plateaux s'ajoutent désormais ceux qui sont provoqués par l'urbanisation et l'industrialisation de la province. Il en résulte un renversement du rapport démographique, qui avantage cette fois plus la ville que la campagne.

2.1 Les réformes institutionnelles et la montée de l'encadrement social

Au lendemain du Rapport Durham et de l'Union législative du Bas et du Haut-Canada, un esprit de réforme s'empare de la province, qui transforme en profondeur le paysage institutionnel antérieur. À l'implantation du régime municipal, qui confie diverses responsabilités aux élus locaux, dont celle des chemins qu'ils auront à charge maintenant d'entretenir, succède l'abolition du régime seigneurial, qui libère, du moins en partie, l'habitant de ses obligations envers le seigneur, et l'apparition d'un nouveau système de gestion des terres, qui impose la publicité des droits fonciers (Wallot, 1969; Courville et Séguin, 1989; Saint-Pierre, 1994). Un véritable système scolaire est implanté, la formation des maîtres s'améliore et le réseau de collèges classiques s'étend (Audet, 1971; Galarneau, 1978; Hamel, 1995; Dufour, 1996). Enfin, l'autorité morale de l'Église s'accroît et son implantation devient plus visible dans le territoire (Voisine *et al.*, 1971; Savard, 1980; Voisine (dir.), 1989; 1991; Rousseau et Rémiggi (dir.), 1998). Ajoutés aux actions modernistes des premiers conseils municipaux, ces changements contribuent au renouvellement des mentalités, en plus de modifier les rapports économiques et sociaux.

2.1.1 L'implantation du régime municipal et l'abolition du régime seigneurial

Dès décembre 1840, deux ordonnances sont émises pour instituer des municipalités locales (de paroisses et de *townships*) et des districts municipaux. La première ne crée pas de divisions territoriales particulières. Plutôt, elle forme en corporation municipale le territoire de toute paroisse ou de tout *township* existant, pourvu qu'il compte au moins 300 habitants, à défaut de quoi le territoire sera réuni à une paroisse ou à un *township* adjacent. Administrées par l'Assemblée des habitants, ces corporations n'ont que des pouvoirs restreints. Sans conseil élu, elles sont sous le contrôle presque total du gouverneur.

La seconde ordonnance crée une division territoriale nouvelle, le district municipal, et le forme en corporation municipale. Introduits en 1841 et encore en 1842, ces districts sont administrés par un conseil formé d'un gardien nommé par le gouverneur et de conseillers élus par les assemblées locales pour trois ans. Comme les municipalités locales, cependant, ils n'ont aussi que des pouvoirs limités, relatifs surtout à la construction et à l'entretien des routes et des édifices publics. C'est à eux également qu'il revient de créer des arrondissements scolaires, de distribuer les subventions et de construire et d'entretenir les écoles (Saint-Pierre, 1994).

Parce qu'elles imposent des cadres nouveaux, ces institutions sont très mal reçues de la population, qui les accusent en outre d'être des « machines à taxer ». Aussi leur implantation est-elle rapidement boycottée, à tel point qu'en 1845 le gouvernement révoque les ordonnances de 1840 et adopte une nouvelle loi qui prévoit la création des municipalités locales (de paroisse, de *township* et de village) administrées par des conseils élus, et de municipalités urbaines, dont les pouvoirs sont plus étendus qu'à la campagne.

Le 8 juin, 319 municipalités locales sont proclamées, dont les limites épousent encore souvent celles de la paroisse religieuse, non seulement quand celle-ci est reconnue civilement, mais même quand cette reconnaissance fait défaut (Courville *et al.*, 1988; 1989; Roy et Robert, 1993). Encore là, l'opposition est vive, si bien qu'en 1847, les municipalités locales sont dissoutes, remplacées par des municipalités de comté sauf pour les fins scolaires et dans le cas des municipalités de villages, de cités et de villes déjà existantes.

Ce n'est qu'en 1855, finalement, que le régime municipal est définitivement remis en place, par l'*Acte des municipalités et des chemins du Bas-Canada*, qui prévoit aussi la création de conseils élus et la transformation des circonscriptions électorales en municipalités de comtés. Cette fois, la loi répond mieux aux exigences de la population, qui a eu aussi tout le loisir de se familiariser avec la nouvelle institution. Elle survivra jusqu'à aujourd'hui, confirmée par des législations qui pourront en préciser voire en modifier des aspects, mais qui en conserveront l'essentiel.

Quant à l'abolition du régime seigneurial, elle survient en 1854, après bien des tergiversations. Nécessitée par les transformations de l'économie, elle sera précipitée par l'apparition du chemin de fer, dont l'expansion aurait été compromise par les sommes à payer aux seigneurs pour le passage des voies ferrées (les droits de lods et ventes, payable par l'acheteur au seigneur chaque fois qu'une terre ou une portion de terre sont vendues). Cependant, contrairement aux seigneurs, qui profiteront d'une politique de rachat de leurs droits par l'État, les censitaires verront leurs obligations transformées en rentes constituées. Elles ne représentent plus, il est vrai, qu'une fraction de ce qu'il fallait payer autrefois en cens et rentes, soit l'intérêt du capital, évalué selon la valeur de la terre, mais on ne pourra s'en défaire qu'à condition de racheter ce capital.

Très peu de censitaires se prévaudront de cette disposition, moins parce qu'ils sont trop pauvres comme on l'a souvent allégué, que parce que les montants à payer sont minimes. En outre, ils répugnent de devoir ainsi racheter ce qu'ils considèrent leur propriété. Et puis, pourquoi payer pour des améliorations faites par la famille? Ils ne seront d'ailleurs pas les seuls à avoir cette réaction: on la retrouve dans les cantons et même dans l'Île-du-Prince-Édouard, où les tenanciers, *squatters* bien souvent, répugnent à de tels rachats (Little,1991; Robertson, 1996). Finalement, ce n'est qu'au XXe siècle que cette obligation disparaît, grâce à des législations (lois de 1936 et de 1940) qui prévoient le rachat de ces droits par l'État et leur remboursement aux seigneurs, à charge pour les municipalités de les percevoir dans leur compte de taxes municipales.

Pour établir le montant de ces rentes et les compensations à payer aux seigneurs, il fallait connaître l'état réel de la propriété. Or, contrairement au domaine public où la concession des terres avait été prise en charge par l'État, dans le domaine privé, elle avait été une prérogative des seigneurs, qui s'en étaient acquittés selon des modalités variables d'une seigneurie à l'autre. Aussi a-t-il fallu constituer un cadastre. Effectué par une commission spécialement mandatée à cette fin, le travail a surtout mis à profit les plans, les cartes et les documents conservés par les seigneurs, tels les papiers terriers, sans opération systématique d'arpentage, mais avec parfois des visites sur le terrain. Il en a résulté un livre de renvoi, dont une copie abrégée est parue en huit volumes sous le titre *Cadastres abrégés des fiefs et seigneuries et fiefs de la Province de Québec*. On y trouve, pour chaque seigneurie, diverses informations sur les propriétaires de lots ou d'emplacements, la quantité de terre détenue, le montant de la rente à payer aux seigneurs, la valeur de la seigneurie et des droits qui lui sont attachés, ainsi que certaines décisions de cour relatives aux prétentions des seigneurs. Par contre, il ne semble pas que ce cadastre ait été accompagné de plans illustrant l'état de la géographie seigneuriale, ce qui en fait surtout un cadastre documentaire. Utile sans doute pour établir les droits et obligations de chacun, ce type de cadastre l'est beaucoup moins pour servir les autres fins du législateur, notamment à l'égard de la gestion des terres. L'un des outils clés de cette gestion sera le cadastre officiel, rendu nécessaire par l'obligation d'enregistrer les immeubles.

2.1.2 L'enregistrement des titres et la confection du cadastre officiel

Dès le milieu du XIXe siècle, on instaure en effet un régime public d'enregistrement des titres fonciers, dans le but d'éliminer les entraves faites au commerce par la pratique des hypothèques secrètes. Sous le Régime français, l'enregistrement des titres se faisait par insinuation au Conseil souverain, une procédure qui consistait à transcrire les transactions dans les registres du Conseil. Après la conquête, Murray tente mais en vain d'implanter des bureaux d'enregistrement. Chez les francophones, c'est vers le notaire surtout qu'on se tourne pour enregistrer les titres, qui peuvent l'être également dans les papiers terriers de seigneuries, mais sous d'autres formes et pour d'autres fonctions.

Ce changement de contexte favorise la pratique des hypothèques secrètes, maintes fois décriée par les milieux d'affaires anglophones. Au tournant des années 1830, une loi est adoptée pour résoudre le problème. Elle conduit à la création de quelques bureaux d'enregistrement où doivent être consignées les transactions sur les immeubles. Toutefois, ce n'est qu'en 1841 qu'un régime universel de connaissance de ces droits est instauré, par l'établissement de bureaux d'enregistrement dans chaque district judiciaire. En fait, on les établira d'abord dans les districts municipaux, puisque la réforme judiciaire alors anticipée ne surviendra qu'en 1857, puis, après 1843, dans les comtés électoraux. Désormais, toute transaction devra être connue, ce qui allait simplifier à la fois le commerce et la constitution des rôles d'évaluation pour fin de taxation municipale.

Tant que les transactions sont peu nombreuses, le système peut s'accommoder d'une identification sommaire, comme dans les actes notariés qui localisent souvent la propriété par rapport aux voisins. Mais il devient vite évident qu'avec leur accroissement, il faudra un système plus performant, fondé sur une numérotation des propriétés, accompagnée d'une description pertinente. D'où l'idée d'un cadastre cartographique, qui complètera le cadastre documentaire.

Contrairement au domaine public, où les terres ont fait l'objet d'un arpentage (dit arpentage primitif) et parfois d'une cartographie, dans le domaine privé, le seul cadastre disponible est celui levé en vertu de la l'*Acte seigneurial* de 1854. Or, comme les commissaires ne se sont pas conformés à la loi de conserver les numéros de référence des seigneurs, et qu'ils n'ont pas fait de concordance entre leur numérotation et celle des papiers terriers, il a fallu clarifier définitivement la question pour faciliter l'enregistrement officiel. Elle le sera par la loi de 1860, qui oblige le commissaire des terres de la couronne à préparer un plan « correct » de chaque localité avec un livre de renvoi approprié. Il faudra plus de 20 ans pour y parvenir. L'ouvrage prendra un aspect calqué sur le *Doomsday-Book* anglais, du nom du grand cadastre d'Angleterre effectué par Guillaume le Conquérant au XIe siècle. Toutefois, s'il contribue, comme le livre de renvoi, à mieux décrire la propriété, il n'établit aucun droit de propriété, qui ne peut être interprété qu'en regard des titres.

Plus qu'un outil au service de l'enregistrement, le cadastre cartographique servira à déterminer les divisions territoriales de la province, à établir les rôles d'évaluation des municipalités et les répartitions de fabriques. Il deviendra aussi l'instrument de base des arpenteurs et de tous ceux qui, bientôt, se préoccuperont de développement et d'aménagement.

2.1.3 La gestion des ressources

Bien que l'*Acte seigneurial* de 1854 ne comporte pas de dispositions à l'égard des ressources, la question a été au cœur des débats qui ont entouré les droits des seigneurs, notamment sur la propriété des cours d'eau. Contrairement au fleuve et aux rivières navigables et flottables, qui sont du domaine public[89], les cours d'eau non navigables et non flottables sont du domaine privé. En réponse à la question 28 de la Cour seigneuriale, qui voulait connaître les droits des seigneurs sur les cours d'eau non navigables, les juges ont en effet statué en faveur des seigneurs et des censitaires, une décision qui, par la suite, sera même étendue aux cantons (Bouffard, [1921] 1977 : 103 et s.).

En avantageant ainsi les propriétaires riverains, l'État se trouvait privé des droits rattachés à la propriété des rivières, les droits de pêche notamment. En outre, comme sur ces cours d'eau existent parfois des chutes pouvant servir les fins industrielles, il devenait impensable que cette ressource lui échappe. Aussi intervint-il pour limiter ces droits, par des réserves appropriées, appliquées aux lots non encore concédés du domaine public.

89. Par l'expression domaine public, il faut entendre que l'usage de ces cours d'eau est public bien que la propriété en soit à l'État. Sa juridiction, cependant, est partagée. Ainsi, si les provinces détiennent le lit des rivières, le gouvernement fédéral peut légiférer sur ce qui fait obstacle à la navigation. À ce sujet, voir Bouffard, [1921] 1977.

C'est ce qu'on a appelé la réserve des trois chaînes (198 pi), qui consiste à soustraire des lots riverains la partie qui touche aux lacs et aux rivières situées dans les terres de la couronne et dans les cantons nouvellement ouverts à la colonisation. Votée en juin 1884, la loi prend effet immédiatement. Toutefois, ce n'est qu'en 1899 qu'elle est plus systématiquement appliquée, par une nouvelle loi qui impose d'inscrire la réserve dans les billets de location et les lettres patentes données aux colons, et en la rendant rétroactive au 1er juin 1884. Enfin, pour éviter toute ambiguïté quant aux droits de la couronne, une nouvelle loi est votée en 1919, dans laquelle l'expression « pour des fins de pêche » est remplacée par les mots « en pleine propriété en faveur de la Couronne » (Bouffard, [1921] 1977; Lluelles, 1980).

On aura les mêmes préoccupations à l'égard de la forêt. Bien que le système de licences de coupe sur les terres de la couronne s'amorce en 1826, ce n'est qu'en 1849 que la première loi sur l'administration de la forêt est votée, permettant aux commissaires des terres d'accorder des licences aux prix, conditions et restrictions établis par le gouverneur en conseil. Aux règlements qui suivent et qui introduisent l'idée d'une rente foncière annuelle à payer à l'État, s'ajoutent bientôt d'autres lois et d'autres règlements qui affinent les règles de la tenure forestière et qui confirment la juridiction et les prérogatives de l'État.

Quant aux mines, jusqu'en 1880, on s'en rapporte au droit français, qui fait des mines et des droits de mines des prérogatives royales, sauf mention contraire. Mais que faut-il entendre par mines ou minerais? Le droit est assez clair à ce sujet: seules sont concernées ici les roches, pierres, terres alluviales où il se rencontre des matériaux nobles, c'est-à-dire de l'or, de l'argent, de l'étain, du cuivre, du fer, du phosphate de chaux, de l'amiante, du manganèse, du feldspath, du kaolin ou toute autre substance susceptible d'être tirée du sol avec profit, à l'exception du sable, du gravier, des pierres à bâtir et autres matériaux du genre, qui pouvaient être exploitées par les seigneurs ou les censitaires. Quant aux réserves faites par les seigneurs, et qui auraient eu pour effet de priver les censitaires de leurs droits, la Cour seigneuriale les a considérées comme nulles et non avenues, en rappelant qu'en vertu de leurs concessions les seigneurs étaient tenus de se départir du domaine utile en faveur des censitaires.

Les mêmes dispositions sont maintenues sous le Régime britannique. Toutefois, ce n'est qu'en 1880 qu'une loi générale sur les mines est votée, qui consacre le système de la domanialité du sous-sol. Quant à savoir si le propriétaire d'une terre conservait le privilège d'acquérir de la couronne les mines pouvant se trouver sur sa propriété, la question est résolue par des lois subséquentes, qui, à partir de 1884, décrètent que le sol et le sous-sol sont des propriétés distinctes, et que la couronne peut en confier l'exploitation à un tiers, pourvu qu'il en obtienne la concession selon les modalités prévues par le législateur (Bouffard, [1921] 1977 : 146-150).

2.1.4 Le système scolaire

Parallèlement à toutes ces réformes, d'autres transformations surviennent qui contribuent également à accélérer le passage vers le nouvel âge qui s'annonce. L'une découle de l'implantation d'un système scolaire qui étend à toute les localités de la province les infrastructures d'éducation et qui favorise la venue de plusieurs communautés religieuses vouées à l'enseignement primaire et secondaire. Une autre vient de la vigueur accrue de l'Église catholique du Québec dans son implantation territoriale et sociale. Ajoutées aux actions modernistes des premiers conseils municipaux, elles aussi seront de puissants facteurs de renouvellement du cadre de vie aussi bien que des mentalités, notamment dans les localités déjà bien établies ou qu'on souhaite mieux nantir.

Bien que l'idée d'implanter un système public d'éducation au Québec date de l'ère préindustrielle, c'est au début de l'Âge urbain et industriel qu'il est mis en place et développé, par une série de lois, près d'une vingtaine de 1830 à 1850, soutenu par tout le vent de réforme qui traverse alors la province. Dès 1840, des districts municipaux sont créés et, en 1841, un projet de loi est déposé qui prévoit confier à des commissaires élus le soin d'établir et de soutenir les écoles publiques créées à l'intérieur de ces nouveaux districts. Quant à la haute direction du réseau scolaire, elle est confiée à un Bureau (ou Commission) d'éducation dirigé par un surintendant, chargé de définir les orientations de l'État en matière d'éducation, de distribuer les fonds gouvernementaux, dont une large part doit provenir des biens des jésuites, de choisir les manuels scolaires et d'arrêter les heures d'école. Quant au financement local, il reviendra aux nouvelles municipalités de l'assumer, par le prélèvement d'une taxe à cet effet (Audet, 1971).

Devant l'opposition des Églises, tant catholiques que protestantes, qui dénoncent leur mise à l'écart du système d'éducation et le peu de respect des différences religieuses, le projet est amendé. Désormais, les commissaires seront responsables de la régie et de la surveillance des écoles, et les conseils de district, de la levée des taxes. Quant aux Églises, elles obtiennent que, dans les paroisses ou les *townships* où existe une majorité d'habitants d'une croyance religieuse différente de celle de la majorité, on puisse élire des syndics dissidents et recevoir néanmoins des allocations gouvernementales. En outre, en joignant ses efforts à ceux de l'élite politique francophone, l'Église catholique du Québec obtiendra la création d'un surintendant adjoint pour le Bas-Canada, le docteur Jean-Baptiste Meilleur.

Un nouveau pas est franchi en 1845, avec la création de systèmes d'écoles séparées pour chaque province, et la création, au Québec, de municipalités locales, dont ce n'est plus le mandat de créer des arrondissements scolaires ni de leur distribuer leur part de subvention gouvernementale, qui deviennent plutôt la responsabilité des commissions scolaires. Quant aux membres du clergé, ils font désormais partie des visiteurs d'écoles, ce qui leur donne au moins un siège au conseil des commissaires. Pour l'État, c'était s'assurer de la présence d'au moins un commissaire instruit sur le Conseil.

Importante, la loi de 1845 constitue la véritable base du système public d'éducation, tel qu'on le connaît aujourd'hui. Elle consacre les principes d'une responsabilité partagée de l'État et des communautés locales dans le financement scolaire et de la confessionnalité des écoles. Bien qu'amendée maintes fois par la suite, pour résoudre notamment les problèmes suscités par les débats autour du financement ou de la fréquentation scolaires (Courville, 1990), dont la Guerre des éteignoirs fut l'un des épisodes les plus turbulents, elle restera la pierre angulaire de tout le système d'éducation primaire au Québec.

Enfin, au moment même où l'on s'apprête à créer un Conseil d'instruction publique, tel qu'il fut suggéré par un comité d'enquête sur l'éducation en 1853, et où l'on commence à financer les écoles secondaires à même les revenus des biens des jésuites, on amorce des négociations avec Londres et avec Rome pour obtenir les chartes nécessaires à la création de la première université de langue française au Québec, à la suggestion du concile tenu à Québec en 1851. Londres donne aussitôt son accord et, deux ans plus tard, Rome accorde à son tour le bref apostolique permettant de conférer des grades en théologie. L'Université Laval est fondée (Hamelin, 1995). Cette fois, le système est complet et confirme le rôle accru de l'Église catholique en éducation. Il le sera d'autant plus qu'aux écoles publiques s'ajoute bientôt tout un réseau de collèges où l'Église catholique du Québec est aussi très active.

2.1.5 Les collèges classiques

Au lendemain de l'échec insurrectionnel de 1837-1838, la province est traversée par diverses offensives religieuses et culturelles qui favorisent la montée de la ferveur religieuse en même temps que la diffusion du livre. L'une est polarisée autour de deux personnalités françaises : Mgr de Forbin-Janson, qui vient consacrer l'institution des retraites et de la tempérance au Québec (Galarneau, 1984), et Nicolas-Marie-Alexandre Vattemare, ventriloque et philanthrope qui prône l'échange de livres et de biens culturels au pays, en même temps que la création d'un institut qui regrouperait les différentes sociétés culturelles. Une autre vient de la contre-offensive protestante qui lance dans la paroisse un bataillon de prédicateurs, d'instituteurs et de colporteurs de livres qui parlent français et dont la mission est de convertir la population au protestantisme (Galarneau, 1978 : 27 ; Hardy, 1999).

Devant cet effort affirmé des protestants, l'Église réagit vigoureusement, en appelant à la rescousse des communautés religieuses de France, qu'elle charge des œuvres sociales et d'éducation, et en favorisant la création de communautés de femmes (Laperrière, 1996). En outre, comme il faut recruter des prêtres, elle stimule la création de collèges, qui enrichissent le réseau existant.

En quelques années, trois nouveaux établissements sont fondés : Joliette (1846), confié aux clercs Saint-Viateur en 1847, le collège de Terrebonne (1847), victime d'un incendie en 1867, et le collège Sainte-Marie (1848) à Montréal. Puis, tout s'accélère : à ceux de Lévis (1853), de Sainte-Marie-de-Monnoir, qui sera déplacé à Saint-Jean en 1909 après avoir été incendié deux ans plus tôt, et de Sherbrooke (1857), qui restera collège industriel jusqu'en 1875, s'ajoutent bientôt ceux de Trois-Rivières (1860), de Rimouski (1855-1863), de Sorel (1863), de Valleyfield (1893), de Chicoutimi (1873), de Saint-Victor en Beauce (1905) et de Gatineau (1911), en plus des collèges de filles (par exemple, ceux de la Congrégation Notre-Dame) et des séminaires ouverts par des communautés religieuses pour la formation de leurs membres (par exemple les rédemptoristes, les franciscains, les pères du Saint-Sacrement, ceux de l'Immaculée-Conception, les Montfortins, etc.).

Toutefois, comme l'a rappelé l'historien Claude Galarneau (1978: 53 et s.), les années les plus productives restent à venir. La fin de la Première Guerre mondiale amorce une période de grande effervescence intellectuelle au Québec. De nouveaux journaux apparaissent, de nouvelles revues sont lancées et des sociétés nouvelles sont mise en place, qui créent tout un contexte nouveau d'expression culturelle dont l'écho se fait sentir jusque dans le monde de l'éducation, qui connaît alors une période intense d'animation et d'innovation. Ajouté à l'urbanisation croissante de la population, ce renouveau entraîne la création de 29 nouveaux établissements, dont 18 dans les villes. De ce nombre, 15 sont destinés aux filles. Cette montée en masse de l'éducation féminine ne va pas sans susciter d'amères réactions, notamment de la part de certains membres du clergé et des étudiants des collèges de garçons. Toutefois, le mouvement est bien lancé et se maintiendra même durant les années de crise, alors que 14 collèges de filles sont créés, en dépit des difficultés financières de la période. Il est vrai que ces collèges n'exigent aucune construction, les religieuses faisant appel aux prêtres ou aux religieux du voisinage pour l'enseignement. Vu le rôle qu'elles ont joué historiquement dans l'éducation des jeunes filles et plus généralement dans l'histoire des femmes au Québec, il était dans la logique des choses d'en arriver là (Dumont-Johnson, 1986; 1990; Dumont-Johnson *et al.*, 1992; Juteau et Laurin, 1991; 1997).

Quant à la direction de ce système privilégié d'éducation, elle demeure l'apanage du clergé. Elle le restera jusqu'au début des années 1960, alors que le nombre de collèges se multiplie à un rythme jamais vu auparavant. De 1940 à 1965, en effet, 135 nouveaux établissements privés voient le jour, auxquels s'ajoutent 58 sections classiques dans le secteur public. Cette fois, la couverture géographique s'étend à toutes les régions du Québec et même au-delà, puisqu'on en trouve aussi en Acadie, en Ontario, dans l'ouest du pays et aux États-Unis, où certains datent d'aussi loin que le milieu du XIXe siècle (Galarneau, 1978).

Destinés au départ au recrutement des prêtres (une mission qu'ils remplissent à des taux variant de 40% à 45% de l'effectif étudiant jusqu'en 1930, mais autour de 30% à 35% par la suite), les collèges classiques ont surtout contribué à former les représentants des professions libérales (25%

de l'effectif au collège de Lévis en 1955, selon le relevé de Claude Galarneau) et de la fonction publique (10%).

Quant à l'origine géographique des étudiants, elle a été largement locale et régionale, un phénomène qui s'accentue au XXe siècle avec la multiplication des collèges. De même, si le monde rural représente un bassin de recrutement important pour ces établissements – plus à la campagne cependant que dans les villes – le reste se partage à parts sensiblement égales entre celui des professions libérales et des marchands et celui des artisans et des ouvriers spécialisés.

Ce n'est qu'à la fin des années 1950 que le collège classique devient plus démocratique, et encore, puisque les enfants d'ouvriers et d'employés des villes n'y ont pas toujours eu un accès facile. Toutefois, s'il fut élitique dans sa conception, ce type d'établissement fut tout de même un facteur important d'ascension et de reproduction sociale, qui a permis l'apparition et le grossissement d'une classe moyenne importante formée aux valeurs de l'honnête homme et du catholicisme du XIXe siècle. Lieu de « décrassage social », selon l'expression de Claude Galarneau, qui inculque tout un ensemble de règles de valeur et de vérités consacrées, il aura été aussi un lieu d'acculturation pour des générations d'étudiants, qui ont trouvé là un bagage culturel original, mais différent de celui de la majorité de la population. En ce sens, le collège classique aura rempli son rôle en devenant un instrument autant de formation que de contrôle social. Et quand finalement sonnera le glas de cette institution, c'est encore à ceux qu'elle aura formés qu'il reviendra de démocratiser l'enseignement. Ils le feront avec une conviction avouée envers les modèles étrangers, mais sans y réinvestir ce qu'il y avait de positif dans l'ancien système, et à un moment où s'amorce une crise mondiale dans le domaine de l'éducation.

2.1.6 La place de l'Église

Dès le début des années 1830, l'Église avait obtenu la reconnaissance civile des paroisses érigées canoniquement. Un instant ébranlée par les Troubles de 1837-1838, qui l'avait amenée à prendre partie pour les autorités coloniales, elle n'aura de cesse par la suite de chercher à s'imposer comme une institution garante à la fois de l'ordre spirituel et de l'ordre temporel. Aussi cherche-t-elle à renforcer son autorité, par une amélioration de ses programmes de formation des prêtres, dont le nombre augmente considérablement à l'époque ; la création de deux nouveaux diocèses au début des années 1850, ceux de Saint-Hyacinthe et de Trois-Rivières, à la suite de la transformation de celui de Québec en archevêché ; et une expansion sans précédent du nombre de ses paroisses, non seulement à la campagne, où l'on a pu mesurer son influence (Rousseau et Rémiggi (dir.), 1998), mais même dans les villes où elle s'efforce de mieux encadrer les fidèles (Ferretti, 1992). En même temps, elle clarifie ses directives aux prêtres et aux fidèles, elle encourage les manifestations extérieures de la piété et elle met en place de nouveaux moyens d'encadrement qui visent à lui permettre de poursuivre ses objectifs spirituels tout en la rendant plus présente dans la vie communautaire (Hudon, 1996). Enfin, elle accroît son action dans les domaines de l'éducation, de la santé, des loisirs et de la politique municipale, ce qui lui permet aussi de mieux collecter et diffuser son information.

Il en résulte une transformation de la pratique religieuse, qui devient plus démonstrative et plus nourrie de dévotions susceptibles de satisfaire le souci comptable de l'institution. C'est ce qu'on a appelé le « réveil religieux », dont les causes suscitent encore bien des débats, mais qui semble résulter autant de l'attitude nouvelle du clergé, qui s'éloigne de plus en plus de l'idéal d'austérité antérieur, que du climat d'incertitude créé par l'échec insurrectionnel de 1837-1838 (Hardy, 1994 ; 1999 ; Rousseau, 1995). Ce regain de ferveur accroît le rôle social de l'Église et l'incite à intervenir même dans les projets de développement collectif.

Ainsi, sans nier le modernisme exprimé par ceux qui jugent le progrès bénéfique pour la société (essentiellement les agronomes, les journalistes et certains politiciens, en qui elle trouve même de nombreux alliés), l'Église se montre préoccupée de l'exode de plus en plus massif de la population vers la ville et l'extérieur de la province et elle prône une forme de société qui valorise les valeurs profondes et aux façons d'être de la paysannerie. La terre, la famille, la langue et la religion en sont les fondements (Courville et Séguin, 1989). Et l'on sait qu'elle sera un agent actif de la colonisation des plateaux, ce qui fera dire à plus d'un qu'elle avait contribué pour beaucoup au retard économique des Canadiens français.

En fait, il faudrait nuancer et rappeler que cette institution a été porteuse aussi de réformes sociales, qui sont venues pallier les difficultés posées par les excès du progressisme urbain et du capitalisme. En outre, malgré son ambition de s'imposer dans toutes les sphères de la vie politique, économique et sociale, et même jusque dans le jeu électoral, elle a dû se faire plus conciliante. D'abord, parce qu'elle ne pouvait prétendre limiter le pouvoir de l'État, ce qui aurait compromis son existence matérielle, ensuite parce qu'elle ne pouvait pas, par sa seule force de persuasion, enrayer les mutations économiques et sociales du Québec, d'autant plus qu'elle-même n'était pas un corps monolithique.

En effet, tout au long de la seconde moitié du XIXe siècle, des tensions existent au sein de l'épiscopat, entre les modérés, regroupés autour de l'évêque de Québec, et les radicaux, fidèles à l'évêque de Montréal et à son collègue de Trois-Rivières, qui ont pour contexte la montée de l'ultramontanisme (Fahmy-Eid, 1978). Contrairement à ces derniers, qui voudraient soumettre l'ensemble de la vie économique et sociale à l'autorité de l'Église, l'évêque de Québec se montre plus réaliste. La querelle s'étend, par journalistes interposés, dans toutes les directions, depuis l'engagement clérical en politique et aux textes à faire lire dans les collèges classiques, jusqu'à l'orientation idéologique de l'Université Laval, au syndicalisme ouvrier, à l'acception d'étudiants en médecine de l'Université Laval à Montréal à l'Hôtel-Dieu de Montréal, à la disposition des biens des jésuites et à la subdivision de la paroisse Notre-Dame de Montréal. Les débats deviennent si vifs que même des évêques ontariens et américains interviennent. Il faudra finalement l'autorité du pape et l'arrivée de Léon XIII qui se montre plus ouvert à certains aspects du libéralisme pour que les esprits s'apaisent, ce qui n'empêchera pas le maintien de l'ultramontanisme (Voisine et Hamelin (dir.), 1985 ; Linteau, Durocher, Robert, 1989 ; Rouillard, 1989).

Cela dit, ces tensions n'enlèvent rien à l'autorité morale de l'Église. Au contraire, comme il n'existe pas ici de coupure sociale importante entre le haut et le bas clergé, et que son assise première est locale, elle reste très proche de ses fidèles. Et c'est d'ailleurs à cet échelon local, celui du village notamment, qui tend à se constituer de plus en plus comme le centre du monde rural, que cette influence se fait le mieux sentir. Elle s'exprime par diverses interventions qui visent toutes à renforcer l'institution paroissiale et à donner au clergé un rôle social accru (Hardy, 1999). Dès le milieu du XIXe siècle, académies, collèges, couvents passent sous le contrôle de communautés religieuses, pendant qu'on multiplie les bonnes œuvres, les associations de laïcs et les manifestations publiques de la foi. On agit sur tous les plans, incluant celui de la moralité publique. C'est l'époque des grandes campagnes de tolérance, animées par des prêtres formés à l'école de Mgr de

Forbin-Janson (Galarneau, 1984; Rousseau, 1986; Hardy, 1999). C'est l'époque aussi de la multiplication des congrégations religieuses. Plusieurs viennent de France, mais d'autres aussi naissent au Québec (Voisine *et al.*, 1971; Voisine (dir.), 1989; Laperrière, 1996). Enfin, quand, plus tard au XXe siècle, s'amorcera le mouvement de création des Caisses populaires Desjardins, l'Église sera aussi très présente, en contribuant à leur donner leur assise paroissiale (Rousseau et Levasseur, 1995).

Ce rôle, l'Église le joue en association avec les élites locales, qui sont aussi préoccupées de baliser et d'encadrer les changements économiques et sociaux. Leur action s'exprime surtout dans la mise en place de projets qui ont pour but d'améliorer le cadre de vie. Sensibles au vent de réforme qui traverse alors la province et fascinées par les conditions de vie en milieu urbain, elles appellent les initiatives capitalistes, qu'elles proposent même de financer par des contributions publiques ou des réductions de taxes pouvant s'étaler jusque sur une décennie (Figure 47). En même temps, elles prônent l'amélioration des rues, des trottoirs, de l'éclairage public, des services d'adduction d'eau et des services d'hygiène et elles favorisent l'achat de pompes à incendies. De plus, comme elles font leurs les préoccupations de l'État pour l'ordre et la sécurité publics, elles votent des règlements qui fixent les comportements dans le village et adoptent diverses mesures de police destinées à les faire respecter. Enfin, comme elles sont sensibles aussi aux prescriptions de l'Église, elles font la promotion des maisons de tempérance, dont la présence dans le village est perçue comme un signe de qualité, non seulement du bourg et de ses habitants, mais de ceux qui les dirigent.

Beaucoup de ces projets ne verront le jour qu'après les années 1870-1880. Toutefois, on en trouve les traces dès le milieu du siècle et même avant, dans les premiers règlements municipaux notamment (Courville, 1990). Ils sont un signe de l'attrait qu'exercera bientôt la petite élite locale sur le monde rural, en association avec le clergé, dont l'influence ne cesse de croître au cours de la seconde moitié du siècle, et avec la presse régionale, bien étudiée par René Verrette dans sa thèse sur la Mauricie (1999). Et la situation est la même au Saguenay, où Gérard Bouchard a aussi montré comment toute une génération d'hommes d'affaires et de professionnels canadiens-français ont voulu faire de la région une province, sinon un pays, développé à l'enseigne du progrès, de l'esprit d'entreprise et du modèle américain, tout en s'inspirant aussi de références françaises (Bouchard, 1997).

FIGURE 47

L'appel aux capitalistes

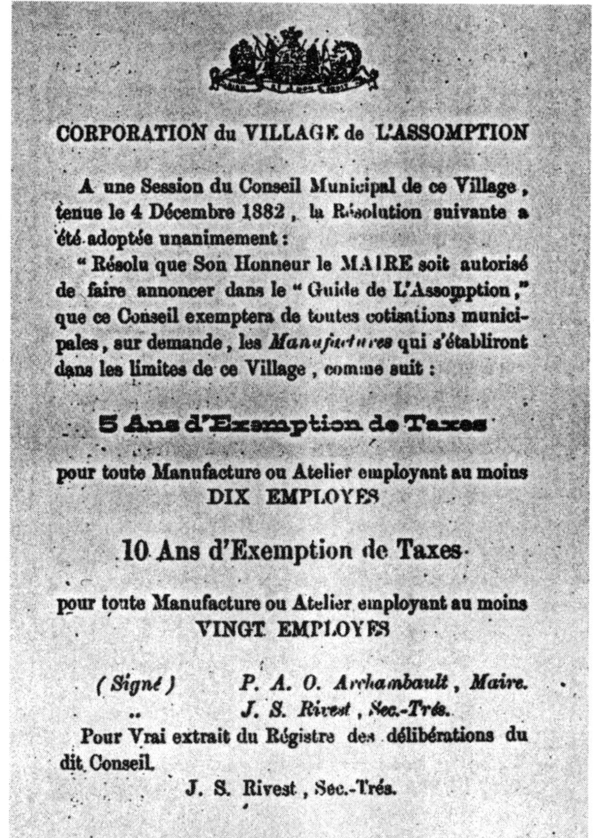

CORPORATION du VILLAGE de L'ASSOMPTION

A une Session du Conseil Municipal de ce Village, tenue le 4 Décembre 1882, la Résolution suivante a été adoptée unanimement :

« Résolu que Son Honneur le MAIRE soit autorisé de faire annoncer dans le « Guide de L'Assomption, » que ce Conseil exemptera de toutes cotisations municipales, sur demande, les *Manufactures* qui s'établiront dans les limites de ce Village, comme suit :

5 Ans d'Exemption de Taxes

pour toute Manufacture ou Atelier employant au moins DIX EMPLOYES

10 Ans d'Exemption de Taxes

pour toute Manufacture ou Atelier employant au moins VINGT EMPLOYES

(Signé) *P. A. O. Archambault, Maire.*
" *J. S. Rivest, Sec.-Trés.*

Pour Vrai extrait du Régistre des délibérations du dit Conseil.

J. S. Rivest, Sec.-Trés.

Source : Martel (1883).

Toutefois, si ces notables ont des projets, ils n'en ont pas forcément les moyens et les banques leur en offrent peu, même parmi les institutions canadiennes-françaises (Rudin, 1988). Aussi est-ce souvent aux capitaux et aux associés étrangers qu'il faudra s'adresser pour les entreprendre (Verrette, 1999).

2.1.7 Les réserves amérindiennes

Jusqu'en 1840, l'administration des affaires indiennes au Bas-Canada reste comme dans les autres colonies britanniques de l'Amérique du Nord, la prérogative du gouvernement de Londres qui l'exerce par l'intermédiaire du secrétaire des forces armées. Cet arrangement dure jusqu'en 1845, alors que s'achève la réorganisation de l'administration publique suscitée par l'Acte d'Union. En réalité, les autorités coloniales prêtent peu d'attention aux autochtones, d'autant plus qu'ils sont pour la plupart sédentarisés, du moins dans la partie sud de la province où ils vivent en villages, et qu'ils ne présentent aucune menace pour la sécurité des colonies.

Ces villages ne sont pas comme tels des réserves, un terme qui n'apparaît qu'après la Conquête pour désigner les terres mises de côté pour les autochtones, en échange des portions de territoire cédées aux Blancs. Fondés sous le Régime français, ce sont des missions, placées par la Proclamation royale de 1763 sous la protection d'un roi désormais britannique, mais dont la gestion est encore assurée par l'Église. On en compte plusieurs: Odanak (Bécancour), Caughnawaga (Sault-Saint-Louis, aujourd'hui Kahnawake), Saint-Régis (Akwesasne), Oka (Lac-des-Deux-Montagnes, Kanesatake) et L'Ancienne Lorette (Wendake). De tous, seul Caughnawaga jouit d'un statut particulier[90]. Octroyé par Thomas Gage au début des années 1760, à la demande des Iroquois, opposés aux projets des jésuites de vendre une partie de leurs terres, il prive ces derniers de leurs droits sur le territoire, qui est alors remis aux Amérindiens. Elle sera ratifiée par Murray en 1764,

De cette date et jusqu'aux années 1830, peu de changements sont apportés à cette situation. Pour les Britanniques, c'est à l'Européen qu'il revient d'assurer le bien-être des populations autochtones. Aussi admet-on facilement les titres du séminaire de Montréal, quand, à la fin du XVIIIe siècle, ceux-ci sont contestés par les Iroquois d'Oka. Plus tard, on ira même jusqu'à les accroître, pour résoudre la tension entre le séminaire et leurs protégés (Ordonnance spéciale de 1841; Dickason, 1996). En échange, on demande au séminaire d'assurer l'installation des autochtones à Maniwaki et en Ontario, puis, plus tard, dans le canton de Gibson. En vain, cependant, puisque, aujourd'hui encore, le problème d'Oka reste entier, comme l'a montré la crise de l'« été indien » de 1990.

Cette connivence entre l'Église et l'administration coloniale s'explique par l'attitude entretenue envers les populations autochtones, qu'on considère comme des primitifs inaptes à gérer les choses financières et qu'il faut à tout prix civiliser. Non seulement condamne-t-on leur genre de vie « sauvage », qu'on croit en grande partie responsable de leur disparition[91], mais on souhaite en faire des citoyens autonomes, qui pourraient éventuellement prendre leur place dans la société coloniale.

---

90. À l'exception de Sillery, fondé en 1637, par les jésuites, dont le titre avait été transporté temporairement aux autochtones en 1651 pour s'assurer de la loyauté des Hurons dans les guerres coloniales, mais qui était resté sous l'administration des jésuites (Dickason, 1996: 229).

91. En 1824, les autorités estiment à 18000 la population autochtone du Haut et du Bas-Canada, contre 12000 seulement en 1844, sans compter les populations de la forêt boréale, ce qui accrédite la thèse que l'« Homme rouge » est en disparition (Dickason, 1996: 228).

En ce sens, le modèle français est intéressant, puisqu'en sédentarisant les Amérindiens, il sera plus facile de les civiliser. Aussi est-il rapidement adopté, autant que le discours de civilisation qui l'accompagne. L'un de ses plus ardents défenseurs sera d'ailleurs sir John Colborne, alors lieutenant-gouverneur du Haut-Canada, qui fait sienne la recommandation du surintendant en chef du département des Affaires indiennes en 1828, à l'effet de créer des fermes et des villages modèles – en fait, un système de « réserves » – comme le meilleur moyen de civiliser les Amérindiens. Le gouverneur du Bas-Canada, sir James Kempt, partage aussi cette opinion, et préconise l'établissement de villages, inspirés du modèle bas-canadien (Dickason, 1996).

Certes, l'idée de concéder des terres aux autochtones n'était pas nouvelle. Retenue déjà dans le Haut-Canada, pour favoriser l'établissement des Loyalistes, elle avait même été confirmée par l'interdiction faite aux particuliers, en 1839, de traiter de question financière avec les autochtones. Toutefois, ce n'est qu'après 1840 que celle des villages modèles se répand, grâce à une série de lois découlant des recommandations de la Commission Bagot sur les affaires indiennes (1842-1844).

Constatant le manque de direction dans la conduite des affaires amérindiennes, la Commission avait préconisé une centralisation de l'administration étendue à l'ensemble des colonies britanniques d'Amérique du Nord et elle avait réaffirmé l'existence de certains droits autochtones sur les terres, y compris un droit de compensation pour les cessions territoriales. En outre, elle avait recommandé d'arpenter les réserves et d'en faire connaître les limites précises au public. De plus, elle avait suggéré d'instituer un système d'autorisation de coupes, que les titres soient déclarés et considérés comme obligatoires, et qu'on enseigne aux Amérindiens les techniques européennes de gestion des terres. Enfin, pour leur donner les moyens de participer à la civilisation des Blancs, elle avait suggéré de remplacer la technique du cadeau par du bétail et de l'équipement agricole, en vue de rendre les populations des réserves autosuffisantes ; d'autoriser la vente et l'achat de terres, afin de favoriser la propriété individuelle plutôt que la propriété commune (jugée barbare) ; et de créer des banques et des écoles supplémentaires pour les autochtones en collaboration avec les communautés religieuses.

L'une des premières conséquences du Rapport Bagot fut d'entraîner la réorganisation et la centralisation de l'administration sous l'autorité d'un secrétaire civil, le surintendant général des Affaires indiennes. Une autre fut de prendre des mesures pour accroître le territoire réservé aux Amérindiens et de protéger les terres qui leur seraient octroyées.

Dès 1850 et 1851, deux lois sont adoptées qui donnent ses fondements au système actuel de réserves. La première, celle de 1850, crée le poste de commissaire aux Affaires indiennes. La deuxième met de côté plus de 142 000 acres de terres pour la distribution aux autochtones. En même temps, on définit les critères d'identification des « Indiens ». Enfin, on prévoit la distribution annuelle de sommes pouvant aller jusqu'à 1 000 livres.

Au Québec seulement, près d'une dizaine de réserves seront créées en vertu de la loi de 1851. Toutefois, si elles sont bien intentionnées, ces lois ne produiront que de maigres résultats, d'abord parce que la définition de l'« Indien » est trop large, ensuite parce que le régime foncier dans lequel les Amérindiens doivent vivre n'est pas décrit. Aussi, faudra-t-il réviser ces législations, sans que les Amérindiens toutefois ne soient consultés.

Préoccupé de résoudre ces difficultés, le gouvernement de sir John A. Macdonald fait adopter une loi pour « encourager la civilisation graduelle des tribus sauvages ». Elle propose l'émancipation des Amérindiens. En vertu de cette loi, et moyennant le respect de certains critères relatifs à l'instruction et à la moralité des candidats, ces derniers pourront recevoir 20 hectares de terres réservées dont ils deviendront propriétaires et pour lesquelles ils jouiront d'un titre. Ces dispositions seront largement contestées par les autochtones, qui refusent de voir leurs réserves démembrées lots par lots.

Par la suite, diverses lois sont adoptées qui modifient cette orientation. La législation la plus importante, cependant, reste l'*Acte de l'Amérique du Nord britannique* de 1867, dont un article attribue au Parlement canadien une autorité exclusive en matière législative à l'endroit des Amérindiens et des terres qui leur sont réservées. Cet article conduira à une intégration des diverses législations, par une loi dite *Loi des Indiens* (1876), qui vise toujours l'assimilation des autochtones, mais qui en plus de favoriser l'élection des chefs définit enfin la réserve. Aux termes du texte, sont considérés « Indiens » tous ceux qui sont inscrits comme tels ou qui ont le droit de l'être. Quant à la réserve, elle devient une portion de terre dont le titre appartient à la couronne, mais qui est mise de côté pour le profit et l'usage d'une bande.

Amendée maintes fois par la suite (on compte au moins neuf amendements de 1914 à 1950) par des dispositions qui durcissent le rapport avec les autochtones (par exemple, on interdit les fêtes, on refuse les droits civils, etc.), mais reconduite dans son essence première, cette loi dominera la politique canadienne jusqu'au début des années 1950, alors qu'on adopte tout un train de nouvelles mesures qui constituent un premier pas en direction de l'autonomie. Ce changement d'attitude fait suite aux transformations suscitées par la Seconde Guerre mondiale, à laquelle les autochtones ont participé dans des proportions similaires à celles des autres Canadiens. Révoltés par les différences de comportement qui sépare la vie civile de la vie militaire et ressentant plus vivement encore les restrictions et les inégalités qui les frappent dans les réserves, ils obtiennent la création d'un comité mixte du Sénat et des Communes chargé d'étudier la *Loi des Indiens*. Il en résultera une nouvelle loi, qui vise toujours l'assimilation, mais qui veut y arriver cette fois, comme en 1876, par l'encouragement plutôt que par la contrainte. Tout en conservant son droit de *veto*, le ministre des Affaires indiennes voit son pouvoir plus limité. En outre, on autorise la constitution de municipalités, donc un pouvoir local, et les femmes sont autorisées à participer à l'élection du Conseil de bande. Enfin, la gestion des terres réservées ou cédées font partie des domaines relevant des bandes, on lève les interdits sur les fêtes et on supprime les dispositions sur l'émancipation obligatoire (Dussault et Borgeat, 1984 ; Dickason, 1996).

Pour ceux qui revendiquent une entière souveraineté, la loi ne va pas assez loin. Dans l'ensemble, toutefois, elle deviendra un outil dans la conquête de programmes d'éducation, de protection de l'enfance et, en certains cas, d'aide sociale. Surtout, elle deviendra la base des revendications territoriales du début des années 1960.

Quant aux autochtones du nord du Québec, ils ne seront sédentarisés que beaucoup plus tard et, pour certains d'entre eux, pas avant 1950. Leur situation éloignée en rend la gestion plus difficile. Vivant en petits groupes disséminés sur le territoire, ils ne connaîtront pas le régime des réserves. Leur territoire sera seulement considéré comme « occupé ». Ce n'est qu'en 1924 qu'on les inclus, par amendement, à la *Loi des Indiens*. Ils en seront exclus en 1951.

2.2 La croissance démographique et le redéploiement spatial de la population

Du début des années 1840 à 1901, la population du Québec passe de quelque 690000 habitants à près de 1,6 million, une expansion davantage soutenue par les dynamismes démographiques internes que par l'immigration, qui ajoute peu aux effectifs déjà en place, mais qui donne de plus en plus ses traits aux paysages humains du Québec. En 1951, elle atteindra un peu plus de 4 millions d'habitants, contre 5,2 en 1961, croissance plus marquée cette fois par l'arrivée de nouveaux immigrants.

2.2.1 Une poussée ralentie par les crises et l'émigration

La plus forte poussée se produit de 1844 à 1850, alors que le taux de croissance annuel moyen s'élève à 3,77%. Par la suite, ce taux s'affaiblit, pour se stabiliser autour de 1% au tournant du XXe siècle, après avoir connu des hauts et des bas. De cette date et jusqu'au début des années 1950, la progression reprend, mais à des rythmes cette fois qui ne dépassent guère 2%. Cependant, s'ils s'abaissent au lendemain de la Première Guerre mondiale et de la Crise économique des années 1930, ils s'élèvent après la Seconde Guerre (Tableau 12).

TABLEAU 12

La croissance démographique

Année	Population totale	Taux annuel moyen de croissance
1844	687084	
1851	890261	3,77
1861	1111566	2,24
1871	1191426	0,70
1881	1359027	1,32
1891	1488535	0,91
1901	1648898	1,03
1911	2005776	1,98
1921	2360510	1,64
1931	2874660	1,99
1941	3331882	1,49
1951	4055681	1,99

Source: Recensements du Canada.

Le ralentissement observé dans la seconde moitié du XIXe siècle s'explique en partie par les changements survenus dans le régime démographique de la population et plus particulièrement de la population catholique et francophone. Comme l'ont montré déjà les travaux de Jacques Henripin et de Yves Peron (Charbonneau (dir.), 1973), jusqu'au milieu du XIXe siècle, le taux de natalité est supérieur à 50 pour 1000. Après 1850, il devient décroissant, une tendance qui se maintient par la suite. La chute est d'autant plus notable qu'elle s'accompagne d'une chute similaire du taux de mortalité, due notamment aux progrès et à la meilleure organisation de la médecine. Par contre, le taux de nuptialité reste élevé, mais avec des variations parfois importantes d'une période à l'autre (Tableau 13).

Même si le taux de fécondité reste élevé au cours de la période (la famille moyenne compte autour de 7 ou 8 enfants à la campagne, mais autour de 5 ou 6 à la ville, à la fin du XIXe siècle, une proportion qui diminue légèrement par la suite), il ne compensera qu'en partie les effets de l'émigration, qui s'accroît considérablement au cours de la période (Paquet, 1964; Lavoie, 1972; 1973; Roby, 1990; 1996).

De 1840 à 1870, le Québec perd plusieurs dizaines de milliers d'habitants, qui prennent la route des États-Unis et des autres provinces canadiennes, où ils espèrent trouver de l'emploi. Comparé au mouvement qui, depuis le début du siècle, draine son contingent de main-d'œuvre à l'extérieur de la province – on en fait état dès 1809, notamment dans la correspondance des curés (Rodrigue, 1996) –, celui-ci est nettement plus important et se traduit par des pertes significatives de main-d'œuvre. Après la Confédération, il deviendra plus massif encore: de 1870 à 1900, près de un demi-million de Canadiens français prennent la route des États-Unis. De cette date et jusqu'en 1930, il s'en ajoutera encore plus de 300000, si bien qu'à la veille de la Seconde Guerre mondiale on estime qu'au total, depuis 1840, près de un million de personnes auront quitté le Québec pour les États-Unis, sans compter ceux qui auront émigré ailleurs au Canada. Cela représente près du tiers de l'ensemble des émigrants canadiens (Tableau 14).

TABLEAU 13

Le régime démographique au Québec (1841-1961)

	Taux par 1000 habitants		
Années, décennies	Natalité[1]	Nuptialité[2]	Mortalité[3]
1841-1845	50,8	8,7	22,3
1846-1850	51,7	8,3	23,6
1851-1855	49,0	8,2	21,8
1856-1860	48,7	7,6	20,2
1861-1865	49,5	8,0	22,4
1866-1870	44,5	7,3	21,5
1871-1875	45,4	8,2	24,6
1876-1880	46,6	7,1	24,3
1881-1883	44,1	8,1	23,0
1884-1885	41,1	6,6	22,3
1886-1890	42,0	6,7	21,9
1891-1895	41,9	6,6	21,9
1896-1900	43,3	7,0	21,6
1901-1905	39,9	6,8	18,7
1906-1910	40,0	7,0	18,5
1911-1915	41,7	7,9	17,4
1916-1920	39,9	8,1	18,0
1921-1925	37,9	6,8	12,9
1926-1930	...	6,9	13,5
1926-1930	33,9	6,7	14,2
1931-1935	29,2	5,5	11,4
1936-1940	26,9	8,3	10,6
1941-1945	31,2	9,4	10,0
1946-1950	32,3	8,9	8,6
1951	29,8	8,8	8,6
1961	26,1	6,8	7,0

1. Calculé à partir des naissances enregistrées dans la population catholique jusqu'en 1925, dans la population canadienne-française jusqu'en 1954 et dans l'ensemble du Québec en 1961.

2. Calculé à partir des mariages enregistrés dans la population totale jusqu'en 1930, dans la population catholique de 1926 à 1954 et dans l'ensemble du Québec en 1961.

3. Calculé à partir des décès enregistrés dans la population totale jusqu'en 1930, dans la population d'origine française de 1926 à 1954 et dans l'ensemble du Québec en 1961.

Source : Charbonneau (dir.) (1973).

Tableau 14

L'émigration aux États-Unis

Période	Émigration (en milliers)	En pourcentage des émigrants canadiens
1840-1850	35	46,67
1850-1860	70	46,67
1860-1870	100e	33,33 e
1870-1880	120	32,00
1880-1890	150	33,33
1890-1900	140	32,94
1900-1910	100	30,77
1910-1920	80	30,89
1920-1930	130	28,89
1930-1940	-	-
1840-1940	925	33,04

e : estimé

Source : Yolande Lavoie (1973).

Centrale pour expliquer le ralentissement de la croissance démographique de la période, l'émigration vers les États-Unis n'est pourtant pas le seul facteur en cause. La Première Guerre mondiale, la Crise des années 1930 et la Seconde Guerre mondiale en sont aussi responsables. En effet, en calculant l'accroissement brut de la population entre les différents recensements, on constate des chutes importantes d'effectifs liées à ces différents événements. Il est vrai que, comparés à ceux qu'entraînent les grandes vagues migratoires de 1860-1930, leurs effets paraissent plus ponctuels dans le temps. Par la suite, cependant, la courbe se redresse, en raison d'un accroissement notable du nombre de naissances qui profite aussi des progrès de la médecine. C'est ce qu'on a appelé le *baby-boom* d'après-guerre. L'augmentation brute de la population entre les différents recensements permet d'apprécier cette évolution (Figure 48).

En même temps que se poursuit cet exode rural, d'autres phénomènes se produisent qui transforment le paysage humain du Québec. L'un est l'immigration, qui compense à peine cependant les pertes liées à l'émigration. Un autre est la redistribution spatiale de la population à l'intérieur même des frontières du Québec.

FIGURE 48

Variation de l'accroissement total la population entre les différents recensements (1844-1961)

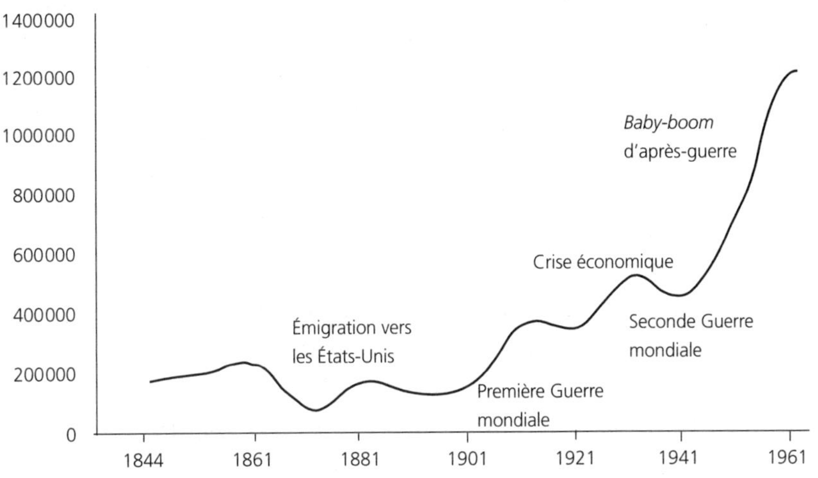

Source : Recensements du Canada.

2.2.2 L'immigration

En 1851, on estime à environ 10,4 % la part de la population québécoise née à l'étranger. En 1901, cette proportion n'est plus que de 5,5 %, et ce, malgré les efforts déployés par le gouvernement pour attirer les immigrants, notamment les Français et des Belges, et rapatrier les Canadiens français des États-Unis. Les seuls groupes d'importance à venir alors s'établir dans la province sont les Juifs et les Italiens.

À vrai dire, le contexte n'est pas très favorable, en raison de la longue dépression économique qui sévit dans le dernier quart du XIXe siècle. Pourtant, c'est plus de 1,5 million de personnes qui entrent alors au Canada, attirées par les programmes d'aide du gouvernement fédéral et des compagnies de chemin de fer pour peupler l'Ouest canadien. Cependant, parmi les nouveaux venus, nombreux sont ceux qui se servent du Canada comme lieu de transit vers les États-Unis ou qui retournent dans leur pays d'origine.

La situation change avec la reprise économique du XXe siècle et les difficultés politiques en Europe. De 1901 à 1931, plus de 684 500 immigrants entrent à Québec, dont 42,7 % entre 1910 et 1915. La plupart viennent d'Europe centrale et méridionale. Parmi eux figurent de forts contingents de Juifs et d'Italiens, dont le nombre augmente alors considérablement dans les recensements. L'afflux est tel que, en 1931, 8,7 % de la population se dit née à l'étranger. En 1940, cette part ne sera plus que de 6,7 %, amoindrie par la Crise économique des années 1930 et le début de la Seconde

Guerre mondiale, qui entraînent le tarissement de l'immigration. Le mouvement ne reprend qu'après la fin du conflit, mais en 1951, la part des personnes nées à l'extérieur du Québec n'est plus que de 5,6 %, un seuil qui n'augmentera que dans la décennie suivante (Linteau *et al.*, 1989).

Même faibles, ces apports contribuent à modeler le paysage humain du Québec, en se conjuguant aux populations déjà en place pour créer une diversité qu'expriment bien les différents recensements. Relevées pour quelques années clés (1871, 1901, 1921 et 1941) et les principaux groupes ethniques, et cartographiées par comtés, les données laissent voir non seulement le poids des principaux groupes ethniques dans la population locale, mais son évolution dans le temps. Ainsi, considérée dans le temps long, la présence francophone s'étend et s'accroît dans le territoire. Par contre, celle des anglophones diminue, en dépit des gains enregistrés en chiffres absolus par les Anglais et les Écossais, qui, de 1871 à 1941, passent respectivement d'un peu plus de 70 100 à 252 000, et de 49 400 à 90 800. De tous, seuls les Irlandais connaissent une certaine diminution, du moins jusqu'aux années 1920, date à partir de laquelle leur part s'accroît de nouveau. Quant aux autochtones, leur nombre augmente, mais, comme ils sont peu nombreux, leur part relative dans la population totale diminue.

La Figure 49 illustre cette évolution. Elle indique également qu'il n'existe pas un Québec mais plusieurs, qui ne forment pas de mosaïques culturelles semblables à celle de l'ouest du Canada, mais qui donnent leurs couleurs aux paysages locaux et régionaux. Le plus important, le Québec francophone, s'étend à toute la partie densément habitée de la province, qu'il occupe de plus en plus majoritairement, sauf dans certains secteurs géographiques bien précis. Le Québec anglophone est moins vaste et se concentre surtout dans les villes et leur périphérie, et dans certaines régions rurales historiquement peuplées par des ressortissants d'origine britannique, Irlandais bien souvent, ou américaine. Les Cantons de l'Est, les cantons unis de Stoneham et de Tewkesbury au nord de Québec, la région de Saint-Gilles dans Lotbinière en sont des exemples. Pour sa part, le Québec allophone se trouve surtout dans les villes, qu'il occupe parfois par quartiers complets, comme c'est le cas de Saint-Léonard à Montréal. Quant au Québec autochtone, il est plus diffus dans l'espace, arrimé, comme chez les Amérindiens, aux missions et aux réserves établies du XVIIe au XIXe siècles, ou, comme chez les Cris et les Inuits, aux terres et aux aires soumises à leur contrôle dans les territoires nordiques.

2.2.3 Le redéploiement spatial de la population

Parallèlement au mouvement de conquête des plateaux, qui se poursuit durant presque toute la période, se dessine un autre mouvement, autrement plus ferme celui-là, à destination des aires fortement urbanisées. L'une de ces destinations est Montréal, où l'on a pu en évaluer l'impact, non seulement dans la population, mais dans le paysage urbain (Robert, 1982; Olson et Thornton, 1991; Olson, 1996; 1998).

Pour beaucoup de ruraux, en effet, c'est la ville désormais qui attire et avec elle, le travail salarié. On en a une première confirmation dans l'évolution des taux de croissance annuel moyen de la population régionale. Jusqu'au début du XXe siècle, la plupart des territoires constitutifs aujourd'hui des régions administratives du Québec connaissent des augmentations importantes de population qui étendent d'autant les frontières de l'écoumène, agricole notamment. Par la suite, cependant, ce rythme ralentit, sauf dans les régions fortement urbanisées de la vallée du Saint-Laurent, où la population continue d'augmenter, du moins jusqu'à la Crise des années 1930 (Tableau 15).

En effet, sauf dans la région de Québec où le taux d'accroissement de la population augmente tout au long de la période, dans l'île de Montréal et la région de Trois-Rivières, il connaît un certain ralentissement, qui ne sera cependant que de courte durée puisque dès la décennie suivante son rythme s'accélère, lié à la reprise économique d'après-guerre.

La seule région périphérique qui connaisse, en fait, une croissance supérieure à toutes les autres est la Côte-Nord, où le taux de croissance annuel moyen de la population dépasse les 6,7 % de 1951 à 1961. Dans ce cas, l'augmentation est directement liée à l'exploitation des riches gisements de fer de la fosse du Labrador, laquelle a entraîné la création de nouvelles infrastructures urbaines et industrielles.

Quant à l'Abitibi-Témiscamingue, qui bénéficiera beaucoup des programmes mis de l'avant pour favoriser la colonisation, elle verra ses taux de croissance légèrement fléchir jusqu'au début des années 1950, puis chuter brusquement dans la décennie suivante. Là, il n'aura fallu qu'une génération pour que s'essouffle le mouvement de colonisation dirigée des années 1930. Destiné en partie aux chômeurs urbains, il n'aura pas eu le succès escompté.

FIGURE 49

Répartition des principaux groupes ethniques au Québec (1871-1941)

en % de la population locale

- 75,0 à 100,0
- 50,0 à 74,9
- 25,0 à 49,9
- 5,0 à 24,9
- 0,0 à 4,9

1871 | **1901**

Amérindienne

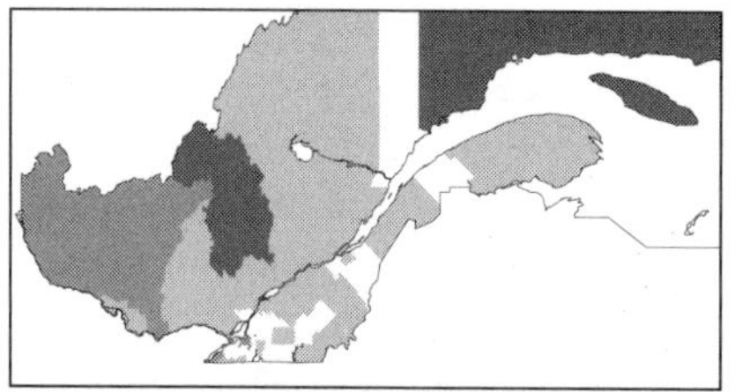

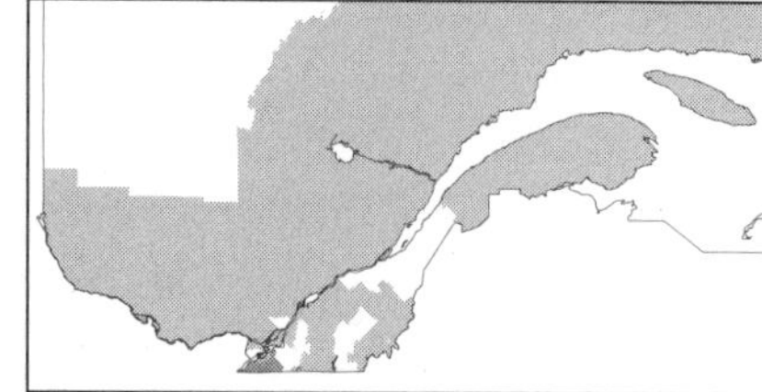

Française

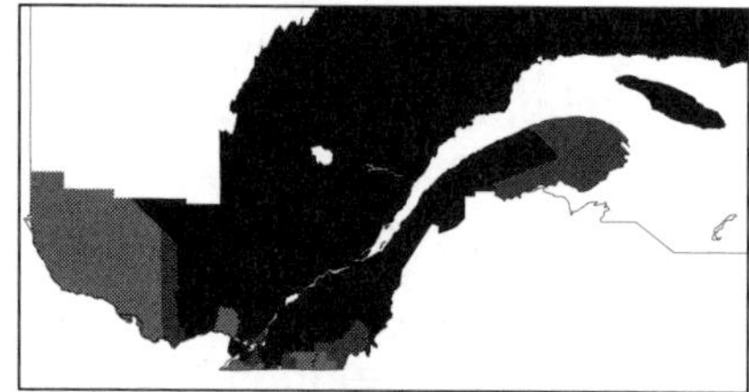

Anglaise (comprend aussi la population d'origine américaine).

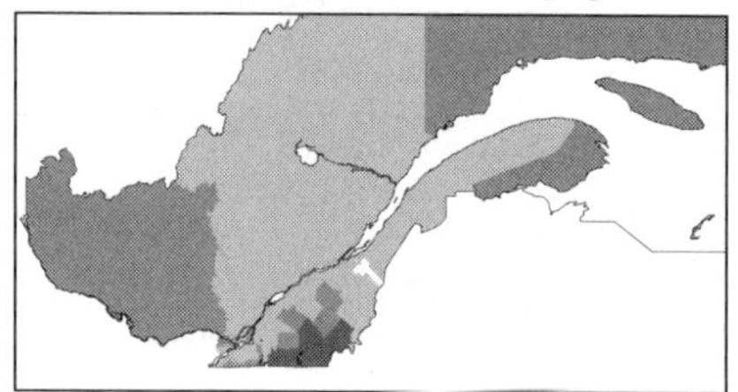

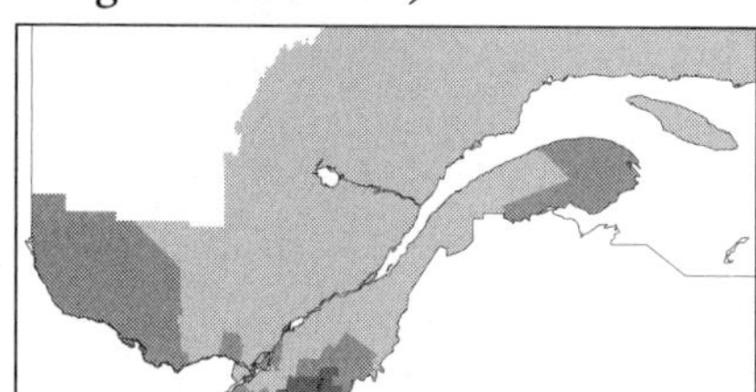

Écossaise

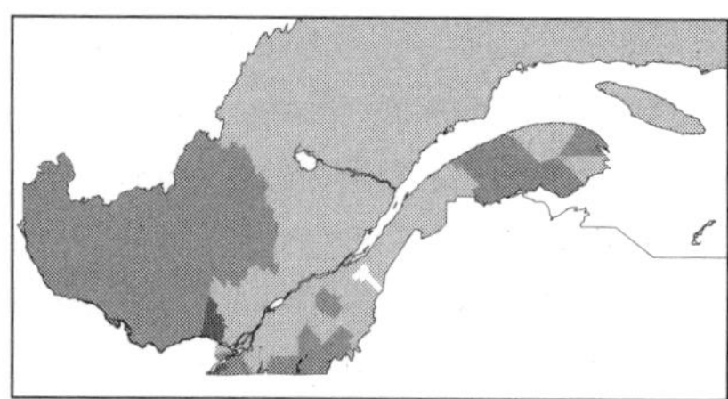

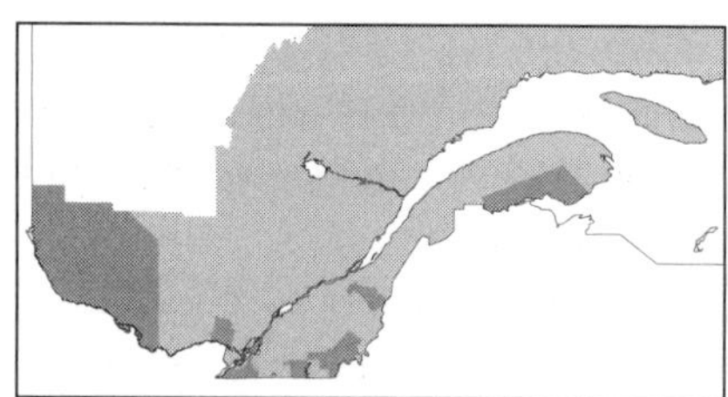

Irlandaise

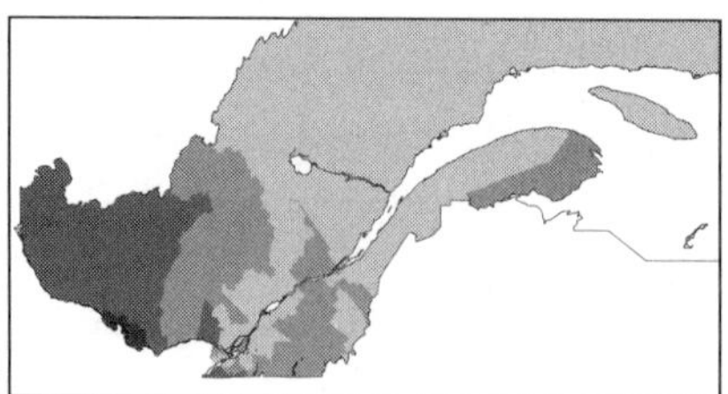

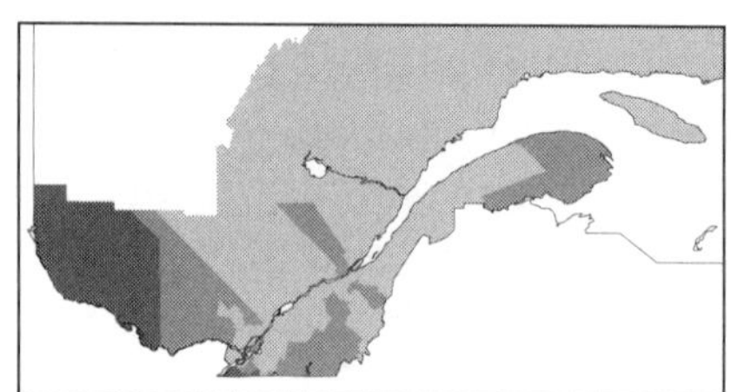

1921

1941

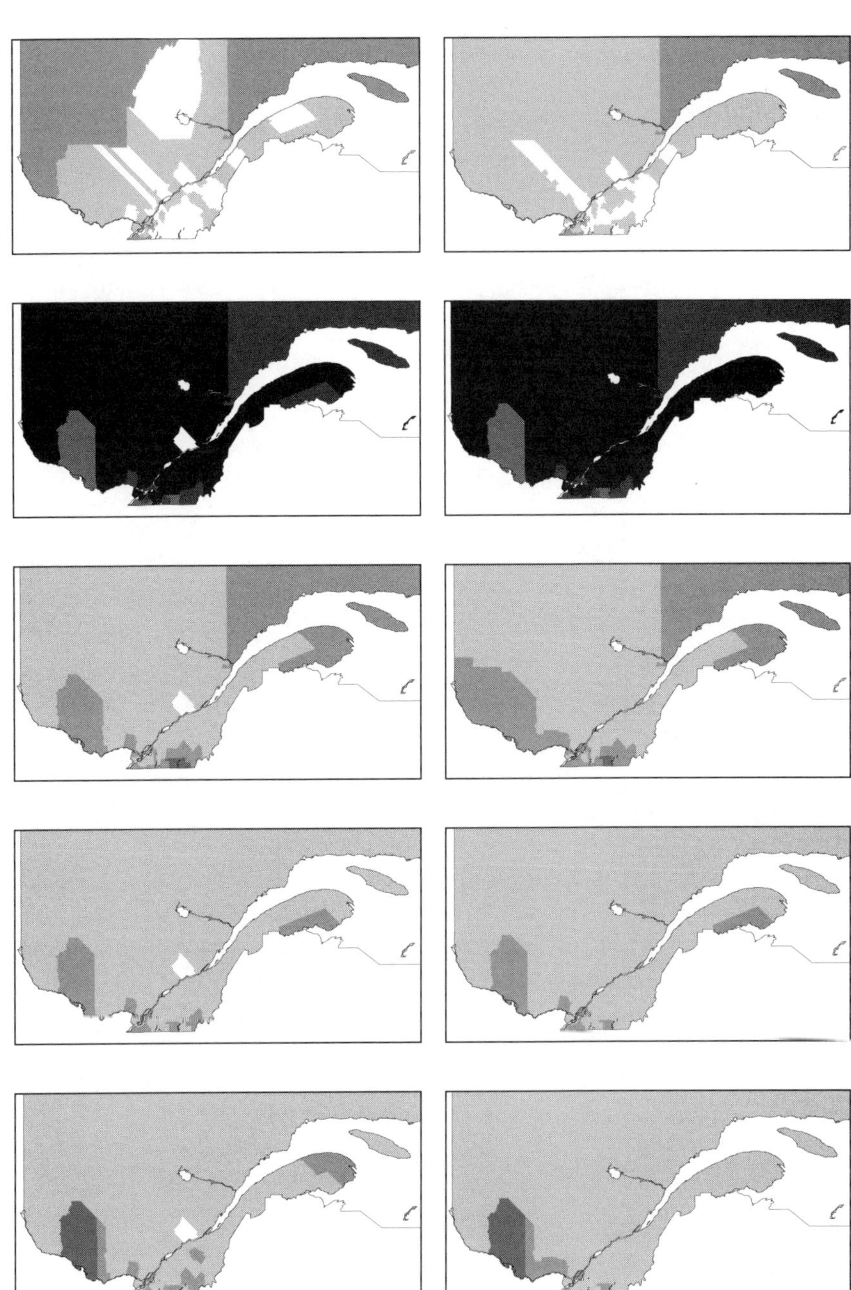

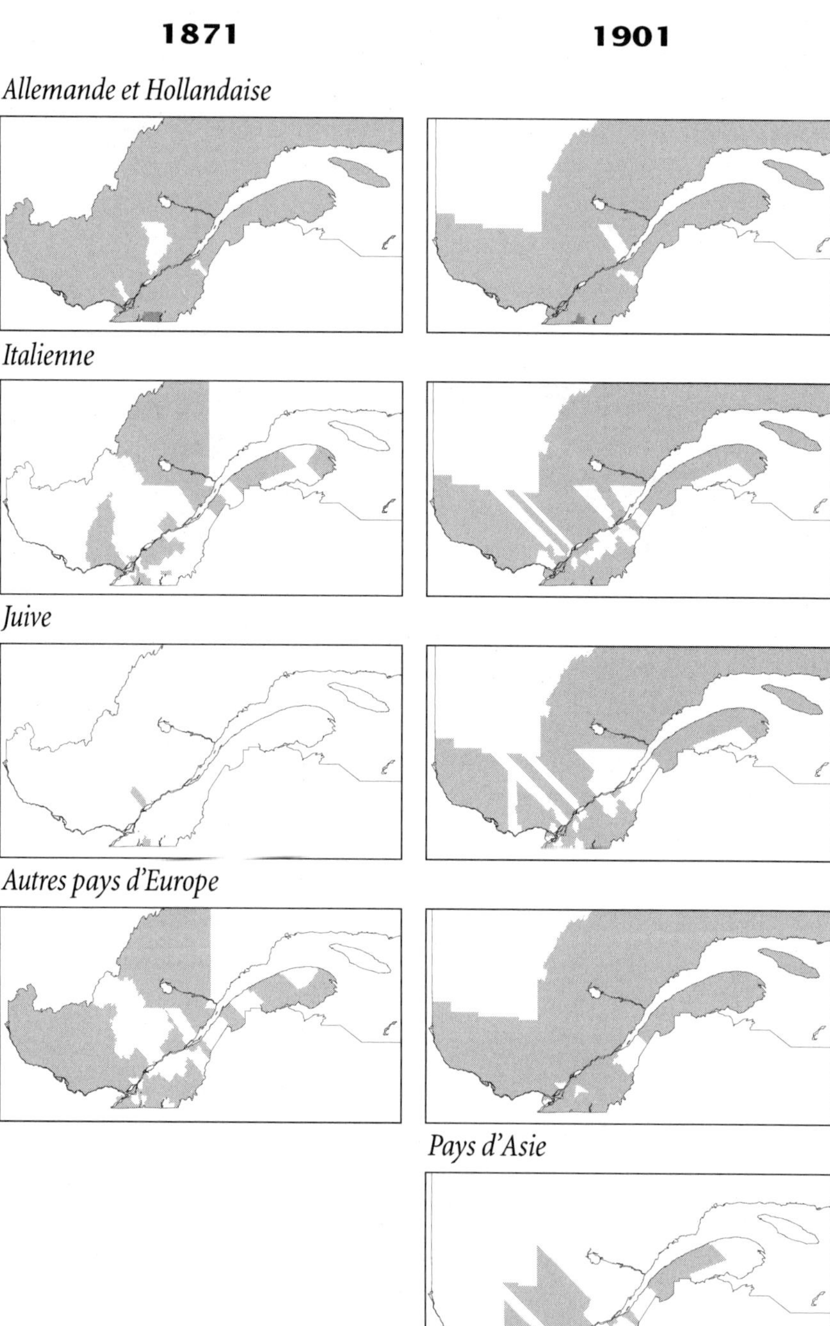
en % de la population locale
75,0 à 100,0
50,0 à 74,9
25,0 à 49,9
5,0 à 24,9
0,0 à 4,9
1871
1901
Allemande et Hollandaise
Italienne
Juive
Autres pays d'Europe
Pays d'Asie

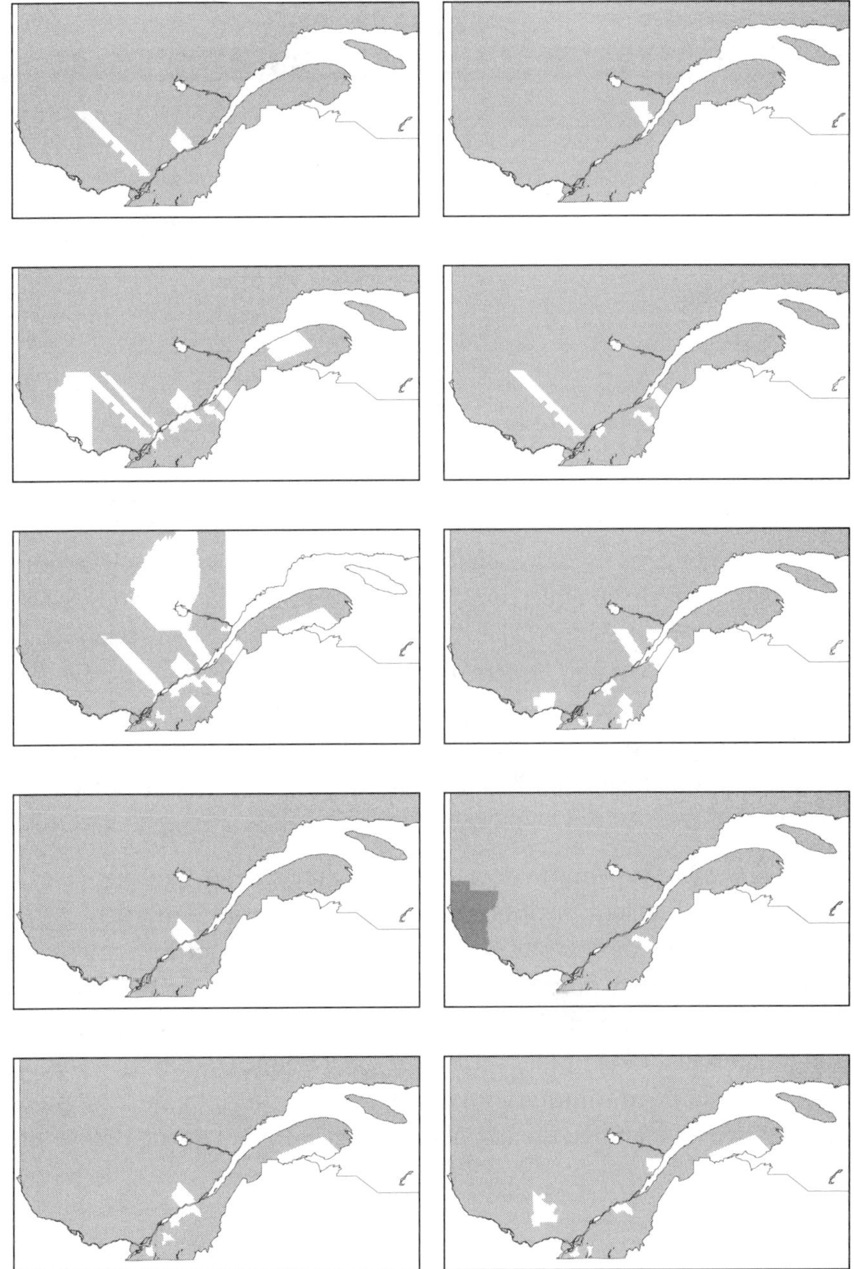

Source : Recensements du Canada.

TABLEAU 15

Taux de croissance annuel moyen de la population par régions (en pourcentage)

Régions administratives	1871-1901	1901-1931	1931-1951	1951-1961
Gaspésie et Bas-Saint-Laurent	0,85	1,50	1,46	1,06
Saguenay et Lac-Saint-Jean	1,60	3,57	3,17	2,86
Région et ville de Québec	0,42	1,34	1,42	1,95
Trois-Rivières et Mauricie	0,79	1,48	1,38	1,72
Cantons de l'Est	1,36	1,01	1,73	1,54
Région de Montréal (sans l'île de Montréal)	0,06	0,55	1,35	2,93
Île de Montréal	2,99	3,43	1,72	3,47
Outaouais	1,69	0,80	1,11	2,45
Abitibi-Témiscamingue		6,51	5,98	1,77
Côte-Nord et Nouveau-Québec		2,28	3,33	6,74
Province	1,09	1,87	1,74	2,63

Source : Annuaires statistiques du Québec.

Au-delà de ces tendances à long terme, il reste que, dans le panorama démographique du Québec, certaines régions continuent de voir leur poids relatif augmenter. C'est le cas, notamment, de la Côte-Nord et du Nouveau-Québec, où d'importants projets d'exploitation minière, forestière et industrielle sont en cours, sans compter tous les projets de développements hydroélectriques, qui se multiplient après la Seconde Guerre mondiale. Ils expliquent pour beaucoup l'augmentation puis le maintien sur place des effectifs.

Ailleurs, ce panorama devient plus nuancé. Si les Cantons de l'Est et l'Outaouais voient leur position relative régresser puis réaugmenter, l'île de Montréal voit la sienne augmenter jusqu'à la Crise, diminuer jusqu'en 1950, puis croître de nouveau de 1950 à 1960. Cela confirme le rôle croissant de l'attrait montréalais et plus généralement des villes dans la répartition territoriale de la population. Et c'est bien ce que traduisent les données de recensement, en indiquant une progression continue de la population urbaine depuis le milieu du XIXe siècle jusqu'au milieu du XXe (Tableau 16).

Tableau 16

Répartition territoriale de la population (en pourcentage du total)

Régions administratives	1871	1901	1931	1951
Gaspésie et Bas-Saint-Laurent	11,25	10,48	9,41	8,90
Saguenay et Lac-Saint-Jean	1,93	2,25	3,69	4,88
Région et ville de Québec	19,86	16,29	13,92	13,09
Trois-Rivières et Mauricie	8,25	7,54	6,72	6,27
Cantons de l'Est	11,66	12,62	9,79	9,78
Région de Montréal (sans l'île de Montréal)	29,60	21,77	14,70	13,62
Île de Montréal	12,89	22,51	35,48	35,41
Outaouais	4,57	5,46	3,98	3,52
Abitibi-Témiscamingue		0,41	1,54	3,49
Côte-Nord et Nouveau-Québec		0,68	0,77	1,05
Total	100,00	100,00	100,00	100,00

Source : Annuaires statistiques du Québec. NB. À cause des fractions, le total peut excéder 100,00.

En 1851, la population urbaine ne représente encore que 15 % environ de la population totale du Québec. Mais, dès 1871, un Québécois sur cinq vit dans les villes contre un sur quatre en 1881. Puis, tout s'accélère : dès 1901, plus du tiers de la population vit dans les villes contre 44,5 % en 1911. En 1921, un autre cap est franchi : à cette date plus de la moitié de la population est urbaine. En 1931, cette proportion atteindra près de 60 % de l'effectif. Ralentie par la Crise et la Seconde Guerre mondiale, la progression reprend dès la fin des hostilités, si bien qu'en 1961 près de huit Québécois sur dix sont urbains (Figure 50).

L'une des principales conséquences de cette évolution sera d'accroître considérablement le poids de la ville dans le processus d'organisation du territoire. Aux besoins énergétiques s'ajoutent les besoins en biens et en services, qui stimulent à leur tour la production et les échanges.

Figure 50

La population urbaine (1851-1961)

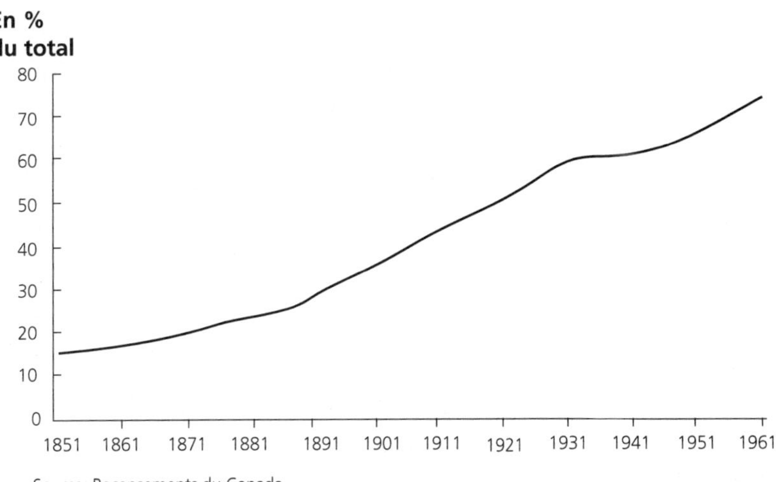

Source: Recensements du Canada.

2.3 Le phénomène urbain

Bien avant 1840, un mouvement de migration s'était dessiné vers la ville, ce qui en avait accru l'effectif. Après cette date, ce mouvement devient nettement plus imposant, favorisé par toute une série de facteurs qui contribuent à l'amplifier, un phénomène qui s'accentue au fil du siècle. Les uns sont d'ordres économique et social et dérivent des pratiques mêmes du monde rural ; les autres, tout aussi importants, sont d'ordre culturel et découlent de l'attrait exercé auprès de la population rurale par les conditions de la vie urbaine. Pour elle, la ville est synonyme non seulement d'emploi, mais de modernité et de confort, assurés par des revenus plus stables que sur la ferme.

Bien sûr, il y a là tout un imaginaire qui ne correspond pas forcément aux conditions de la vie dans les villes. Mais c'est aussi une expression du rêve américain, car en cette ère de progrès technologique et d'apparente facilité, qui marque également le début de la consommation de masse, il y a là toute la magie d'un monde et d'une époque, qui semble en outre favoriser la mobilité sociale. Au modernisme des services publics (éclairage, adduction d'eau, macadam des rues, originalité des moyens de transport, etc.) s'ajoutent les fêtes, les grands magasins et le loisir urbain. Si la musique et le théâtre restent l'apanage des classes aisées, les parades, les feux d'artifice, les inaugurations de monuments, les funérailles civiques, l'arrivée d'un bâtiment princier et les visites officielles attirent leurs contingents de curieux, qui en feront du reste leur sujet favori de conversation, non seulement lors de ces occasions, mais plus tard dans l'année, quand ils rencontreront les parents demeurés à la campagne.

Montréal, surtout, bénéficie de cet engouement, ce qui explique sa faveur auprès de la population régionale. L'afflux de population ne sera pourtant pas limité à cette seule ville. Il atteint aussi Québec et de nombreuses autres agglomérations, incluant les agglomérations villageoises, dont plusieurs accèdent alors au rang de ville. On y vient à la manière des ruraux, soutenu généralement par le milieu d'origine et tout un réseau de parentèle et d'amis déjà établis, chez qui parfois on a même placé un membre de la famille pour son apprentissage d'un métier (Olson, 1996 ; 1998). Cela correspond aux façons de faire de la campagne, quand vient le temps d'établir les enfants. Et nombreux sont ceux qui trouvent là leurs moyens de s'intégrer à la ville et de se trouver un emploi. Cependant, pour tous ceux qui ne peuvent bénéficier d'un tel soutien, ou qui n'ont accès qu'à des emplois subalternes obtenus au hasard des demandes, l'expérience pourra être plus difficile, ponctuée de périodes de travail et de chômage.

On ne sait pas encore très bien apprécier l'importance ni les rythmes de cette migration, qui, selon certains auteurs, entraîne un doublement de la main-d'œuvre urbaine à chaque génération (Olson, 1998, note 10). Toutefois, on peut en mesurer les effets, à partir notamment des informations fournies par certains recensements. C'est ainsi, par exemple, que l'historien Jean-Claude Robert (1982) a pu apprécier l'importance de la migration régionale dans certains quartiers de Montréal. C'est ainsi, également que France Gagnon (1988) et Sherry Olson (1996; 1998) ont pu établir certains réseaux de migration.

Quant à l'ampleur de la croissance urbaine, elle est révélée par les recensements, qui permettent également de saisir l'évolution générale du réseau urbain[92]. Ce qui frappe avant tout dans cette évolution, c'est l'ampleur toute relative du phénomène, quand celui-ci est comparé à d'autres régions, l'Ontario par exemple (McCallum, 1980). Par contre, c'est aussi la vigueur avec laquelle il se manifeste, quand on tient compte du contexte et des conditions dans lesquels il s'exprime (Courville, 1987).

On peut distinguer diverses phases à cette évolution. En ne retenant comme échantillon que les cités, villes et villages incorporés établis entre 1871 et 1951, on constate que le nombre d'agglomérations officiellement constituées au cours de la période fait plus que sextupler, passant de 76 à 489 entre les deux dates. Par contre, si leur nombre augmente, le rythme annuel moyen de cette augmentation varie considérablement dans le temps. D'abord supérieur à 4,3 % par année en moyenne, le taux annuel de croissance chute à moins de 3% et même de 2 % entre 1881 et 1911, pour de nouveau s'élever à plus de 4,3 % au cours de la décennie suivante et enfin s'affaisser à 1,5 %, puis à moins de 1 % par la suite (Figure 51).

Plus significative encore est la structure de cette croissance, qui révèle l'un des traits particuliers de l'urbanisation au Québec. En 1871, selon l'échantillon, on ne compte toujours que deux grands centres, dominant un

92. Rappelons toutefois que la recherche sur la montée du fait urbain au Québec est encore embryonnaire. Depuis la synthèse de Louis Trotier en 1968, les seuls travaux d'envergure réalisés sur le sujet ne concernent que la première moitié du XIXe siècle. Effectués à partir des informations contenues dans les listes nominatives de recensements, ils ont révélé beaucoup plus d'agglomérations que celles des copies publiées de recensements, et davantage que les seules cités, villes et villages reconnus juridiquement (Courville, 1990). Cependant, s'ils ont montré les causes économiques de cette croissance, ils n'ont pas beaucoup fait ressortir ses causes culturelles.

FIGURE 51

LA CROISSANCE URBAINE (1871-1951)

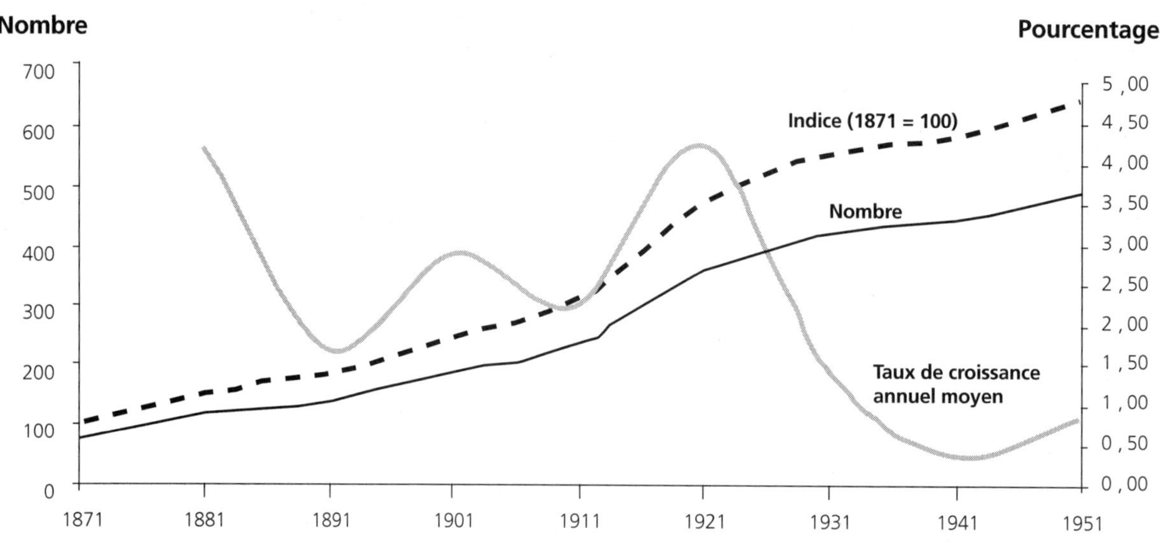

Source : Recensements du Canada.

réseau de petites agglomérations dont seules quelques-unes ont la taille de centres intermédiaires. En 1951, l'échantillon compte deux agglomérations de plus de 100 000 habitants, deux de 50 000 à 100 000 et six de 25 000 à 50 000. Les autres ont un poids nettement inférieur : 12,7 % d'entre elles se répartissent dans la tranche des 5 000 à 25 000 habitants, 38,2 % dans celle de 1 000 à 5 000 habitants, et 47 % dans celle de moins de 1 000 habitants (Tableau 17).

TABLEAU 17

La taille des agglomérations urbaines (1871-1951) (selon l'échantillon)

Nombre d'habitants	1871	1881	1891	1901	1911	1921	1931	1941	1951
Plus de 100 000	1	1	1	1	1	1	2	2	2
50 000-100 000	1	1	1	1	1	1	1	1	2
25 000-50 000						1	4	5	6
5 000- 25 000	3	8	9	12	16	22	26	33	62
1000-5000	27	41	50	65	85	112	135	159	187
Moins de 1000	44	65	78	108	133	224	254	244	230
Total	76	116	139	187	236	361	422	444	489

Source : Recensements du Canada.

Plusieurs de ces agglomérations ne sont que des hameaux, dont les fonctions de services ou de transformation favorisent cependant de petits rassemblements de populations d'où émergeront plus tard des villages ou des banlieues dortoirs. D'autres sont d'anciens villages que la proximité de la grande ville ou que les fonctions industrielles et commerciales ont hissés au rang de petites villes ou de villes moyennes. D'autres encore sont des villes entièrement nouvelles, nées de la présence de main-d'œuvre bon marché ou qui ont fleuri sur les sites de production énergétique ou d'extraction ou d'expédition des matières premières. Les villes textiles de la plaine de Montréal, la conurbation du Saguenay, Shawinigan, les villes minères de l'Abitibi, des Appalaches ou de la Côte-Nord, en sont des exemples. Enfin, quelques-unes, telles Rouyn-Noranda ou Jonquière-Kénogami, sont des regroupements de plusieurs agglomérations, dont le développement s'est trouvé lié à la présence de diverses entreprises agglutinées en grappe autour des lieux riches en ressources, énergétiques notamment. Elles rappellent avec éloquence le rôle joué par les ressources naturelles dans le passé urbain du Québec.

Contrairement aux tailles atteintes par les villes américaines et même ontariennes, les agglomérations urbaines québécoises font figure de petites villes européennes. Seules Montréal et Québec se distinguent. Mais, contrairement à la première qui compte déjà plus de 100000 habitants en 1871, la seconde ne franchit ce seuil que 60 ans plus tard, en raison de la faiblesse de sa fonction industrielle. Pour parer à la défaillance des chantiers maritimes, la ville n'a pu accueillir qu'une petite industrie œuvrant sur le cuir, le bois, la mécanique et la confection, qui n'offre cependant qu'à peine plus de 10000 emplois à la fin du XIXe siècle (Blanchard, 1949). En outre, la ville a perdu plusieurs de ses fonctions structurantes. Jadis grand port d'exportation du blé puis du bois vers la Grande-Bretagne, la ville a perdu son rôle de forteresse, avec le départ des troupes britanniques en 1871. Même son rôle de capitale « nationale » lui a été ravi, d'abord par Kingston, où fut établi temporairement le gouvernement du Canada-Uni après l'Union, puis par Montréal, qui remplit cette fonction jusqu'à l'incendie du Parlement en 1849. Elle ne le retrouve qu'après cette date, en alternance avec Toronto, et jusqu'en 1857, alors qu'il est transporté à Ottawa. Québec restera cependant la capitale de la province, une fonction historique pour la ville et qu'elle assume toujours aujourd'hui.

En 1951, la population de Québec ne représente encore qu'environ 16% de la population de Montréal, où résident cette fois plus de un million d'habitants. À cette époque, Verdun compte déjà plus de 77 000 habitants et Sherbrooke, 50 500. Trois-Rivières n'en accueille que 46 000, soit à peine quelques milliers de plus que Hull. Dans ce dernier cas, cependant, comme dans celui de Verdun, la progression s'explique par un avantage de situation, près d'Ottawa pour Hull et de Montréal pour Verdun.

Dans l'espace, cette progression se traduit par l'apparition rapide de nouveaux quartiers, comme ce fut le cas, notamment, de Maisonneuve dans l'est de Montréal, bien étudié par Paul-André Linteau (1981). Elle se traduit aussi par l'apparition de tout un ensemble d'îlots urbains, dont la forme rappelle celle du rang. Construits souvent à même d'anciennes terres agricoles, ils sont en effet composés d'emplacements plus longs que larges, aboutés sur une rue centrale et enserrés de rues latérales, qui donnent accès aux rues parallèles. Ils conféreront aux quartiers urbains un caractère rural, que reproduit aussi l'aménagement interne des lots.

En effet, l'un des traits les plus frappants du paysage urbain au Québec réside dans l'aménagement des emplacements urbains, qui reproduit souvent, mais en atrophié, le mode d'organisation de la ferme. Devant la maison, à deux ou trois étages, construite d'abord près de la rue ou du trottoir puis de plus en plus en retrait, s'étale une petite bande de verdure, parfois délimitée par une clôture. À l'arrière, s'étend une portion plus vaste de terrain, délimitée elle aussi par une clôture, où l'on trouve parfois un potager et, en position plus éloignée, une remise ou un hangar entouré d'arbustes. Ils ne sont pas sans rappeler les champs, les bâtiments et le boisé de ferme.

Quant aux caractéristiques internes des villes, elles varient selon les agglomérations. Aux distinctions entre les quartiers, s'ajoute l'inégale étendue de ces derniers ainsi que la qualité variable du tissu construit. Cependant, si dans les grandes villes la variété est la règle, dans les petites celle-ci paraît moins tranchée, parce que plus marquée encore par leurs origines rurales. Toutefois, comme leurs facteurs de croissance sont souvent les mêmes, elles présentent aussi beaucoup de similitudes. Ces facteurs sont nombreux. Les plus importants résident dans la révolution des transports et le développement industriel, qui ajoutent des fonctions et des équipements nouveaux aux activités d'échange et de services des villes.

2.4 La révolution des transports

L'un des traits les plus marquants du début de l'Âge urbain et industriel au Québec réside en effet dans l'amélioration générale des infrastructures et des moyens de transport, ce qui a toutes sortes d'incidence dans la vie économique et sociale du Québec. Au réseau routier, qui s'étend et se densifie considérablement au cours du siècle, s'ajoutent bientôt le chemin de fer et cette forme première de télécommunication qu'est le sémaphore, remplacé dans les années 1840 par le télégraphe et, dans les années 1880, par le téléphone. En même temps, on creuse des canaux et on entreprend le dragage du fleuve, pendant qu'on aménage de nouvelles installations portuaires à Montréal, à Québec, à Trois-Rivières et à Sorel. Enfin, tout en demeurant très présente, la voile cède de plus en plus le pas à la vapeur comme moyen de propulsion des navires.

Contrepartie de cette évolution, des compétitions nouvelles apparaissent, entre la voie d'eau et le chemin de fer notamment, et entre ces derniers et la route. Toutefois, à y regarder de plus près, on se rend vite compte aussi de leurs complémentarités. Elles sont liées aux fonctions même de ces différents moyens de transport et aux particularités des espaces à desservir. Ainsi, si le chemin de fer soustrait des passagers au trafic fluvial, en revanche c'est par lui, souvent, qu'ils sont acheminés vers les ports d'embarquement. De même, si la voie d'eau reste un moyen de transport privilégié pour les pondéreux, ils lui sont souvent acheminés par le chemin de fer. On en a un exemple avec les entreprises de Barthélemy Joliette, étudiées par l'historien Jean-Claude Robert (1972). Pour acheminer son bois coupé dans la région de L'Industrie (Joliette), celui-ci fait construire à ses frais une ligne de chemin de fer vers le fleuve, où le bois pourra être transbordé ou réuni en radeaux pour être acheminé vers le marché. Quant à la route, elle sert de voie de liaison aussi bien avec le chemin de fer qu'avec la voie d'eau, ce qui en accroît la polyvalence. Mais, contrairement à ces derniers, elle achemine et distribue sur de plus courtes distances, du moins jusque dans la seconde moitié du XXe siècle, alors qu'elle deviendra l'un de leurs plus sérieux concurrents.

Aussi est-ce à l'émergence d'un tout nouveau « système » de transport que l'on assiste à l'époque, qui n'est pas encore tout à fait intégré, mais dont on sent néanmoins les effets dans la socioéconomie québécoise. Comme ailleurs, ceux-ci sont à la fois directs et indirects et favorisent autant l'urbanisation que l'industrialisation (Taylor, 1968). Le modèle suivant en donne

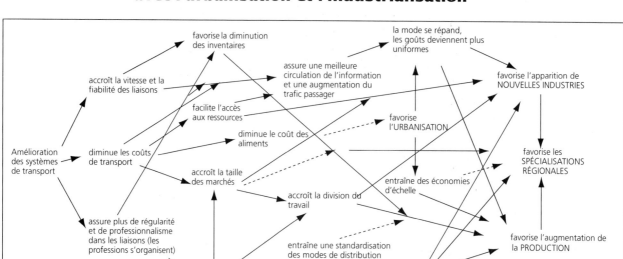

FIGURE 52

La révolution des transports et ses liens avec l'urbanisation et l'industrialisation

Source : Adapté d'après Rick Szostak (1991 : 29).

un aperçu, en montrant comment l'amélioration des transports contribue également à l'émergence de nouveaux comportements (Figure 52).

Au tournant du XXe siècle, la transition est complétée et déjà se mettent en place les processus qui entraîneront l'apparition d'un nouveau système de transport qui fera plus de place cette fois à l'automobile et éventuellement à l'avion. En moins d'un demi-siècle, ceux-ci auront acquis une place enviable, bien en deçà de ce qu'elle deviendra cependant après les années 1960.

2.4.1 Le transport fluvial

Dès 1809, John Molson lance son *Accomodation*, le premier bateau à vapeur à naviguer sur le Saint-Laurent. L'événement fait sensation, mais, s'il inaugure une technologie nouvelle, il faudra un certain temps et surtout beaucoup d'investissements avant que celle-ci ne se répande. Quelques compagnies pourtant sont formées, qui desservent des lignes régulières. Toutefois, ce n'est que dans la seconde moitié du siècle, et même dans le dernier quart du XIXe siècle, que les navires à vapeur se multiplient, tout en conservant leurs voiles et leur coque de bois.

Au début, les navires sont mus par des roues à aube, ce qui en réduit d'autant la vitesse et le tonnage. Il faudra l'apparition de l'hélice et des coques en fer pour que ceux-ci puissent augmenter (Normand, 1995; 1997). Au tournant du siècle, c'est chose faite et déjà plusieurs de ces nouveaux navires sillonnent le fleuve. La plupart sont des navires de haute mer, dont la taille est nettement plus imposante qu'autrefois. Elle tranche avec celle de la batellerie locale, de laquelle dépend le cabotage. Ses plus illustres représentants sont les goélettes, que l'on construit de manière artisanale et de qui dépend l'approvisionnement des villages éloignés, notamment dans l'estuaire du Saint-Laurent. Toutefois, on en trouve aussi plus à l'ouest, jusqu'à la hauteur du lac Saint-Pierre, où elles assurent le commerce local et le transport du bois.

La Première Guerre mondiale et l'entre-deux guerres favorisent le renouvellement de la flotte, qui le sera à plusieurs reprises par la suite, en raison bien sûr des innovations technologiques, mais aussi et surtout de l'amélioration de la voie d'eau, que les marchands urbains réclament à grand cri, mais qui est aussi rendu nécessaire par les conditions mêmes de la navigation sur le fleuve. Présenté souvent comme un chemin qui marche, celui-ci n'est en effet navigable que pendant sept ou huit mois de l'année, en plus d'être doté de hauts-fonds qui ralentissent et même interdisent sa remontée par les navires à trop forts tirants d'eau.

De toutes les villes de la vallée du Saint-Laurent, Montréal paraît la plus désavantagée, car pour l'atteindre depuis Québec ou la haute mer, il faut d'abord transborder les marchandises à Trois-Rivières, les acheminer à Sorel et les rembarquer pour Montréal. Et le même processus vaut pour les marchandises en provenance des Grands Lacs: une fois parvenues à Montréal, après avoir contourné les rapides de Lachine, elles doivent être embarquées pour Sorel et Trois-Rivières et, de là, transbordées dans des navires pour Québec. Cette position au point de rupture de charge du fleuve est pourtant un avantage pour Montréal, qui aimerait bien cependant offrir un accès plus direct aux navires de haute mer, ce qui leur éviterait de faire halte à Québec (Laserre, 1980; Camu, 1996; Linteau, Durocher, Robert, 1989).

Posé d'abord pour les liaisons avec l'ouest, le problème avait été partiellement résolu à la fin du XVIIIe siècle par le creusement, par les militaires britanniques, de deux canaux latéraux à Soulanges et à Beauharnois, puis par l'ouverture du canal de Lachine en 1825. Pour Montréal, cela avait représenté des gains d'importance, encore accrus par l'aménagement d'installations portuaires, la reconstruction des canaux militaires et la création, en 1832, d'une Maison de la Trinité, devenue permanente en 1839 et dont la juridiction s'étendait maintenant de la frontière avec le Haut-Canada jusqu'au bassin de Portneuf. Mais cela n'avait en rien résolu les difficultés d'aval, qui exigeaient, elles, le creusement d'un chenal pour traverser les vasières du lac Saint-Pierre.

Amorcés en 1844, les travaux ne sont complétés qu'en 1850. Montréal peut enfin accueillir des navires de 4,20 m de tirant d'eau. Mais, au milieu de la décennie, le chenal ne fait encore que 4,80 m de profondeur et 45 m de largeur. À la fin du siècle, il aura été porté à 8,25 m de profondeur, bientôt 9, et à 135 m de largeur (Laserre, 1980). La ville sera alors devenue un important port de mer, dont les activités supplantent même celles du port de Québec. Elle le restera jusqu'à l'ouverture de la voie maritime du Saint-Laurent en 1959, qui lui fait perdre les avantages de sa situation.

En effet, en donnant accès aux navires de mer aux ports des Grands Lacs, la voie maritime permet à ces derniers d'y charger des cargaisons qui n'auront pas à être transbordées dans les ports laurentiens. En outre, avec l'apparition d'une nouvelle batellerie, les *lakers*, longs navires étroits dont la taille correspond aux dimensions des écluses, il est possible d'effectuer des navettes sur toute la voie d'eau. Cela avantagera les ports de Québec et surtout de la Côte-Nord, puisqu'en retour de leur livraison de minerais de fer vers les Grands Lacs ceux-ci pourront en rapporter des cargaisons de grains que les navires de haute mer chargeront ensuite sur place, sans avoir à remonter plus avant le Saint-Laurent. Toutefois, comme Montréal sera aussi devenue alors un important nœud routier et ferroviaire, elle restera le plus grand port du Saint-Laurent.

2.4.2 Le réseau routier

Le XIXe siècle inaugure une période favorable à l'expansion du réseau routier qui profite alors des progrès du peuplement et de la croissance urbaine et villageoise. Aux anciens chemins du roi, qui longent depuis plus d'un siècle les rives du fleuve, s'ajoutent depuis le tournant du siècle, de grandes bretelles transversales qui mènent des basses terres aux plateaux et même vers l'extérieur de la province, aux États-Unis notamment, où de plus en plus de Canadiens français vont travailler. Le chemin du Portage, dans le Témiscouata, le chemin Craig, vers Saint-Gilles à l'arrière de la seigneurie de Lotbinière, la route Kempt, de l'embouchure de la rivière Mitis jusqu'à

Restigouche, la route Kennebec vers le Maine sont de celles-là. Ouvertes à des fins militaires, elles sont aussi un lieu d'établissement pour les immigrants en provenance des Îles britanniques, ainsi que pour plusieurs familles canadiennes-françaises, en quête comme eux d'un endroit pour s'établir. En même temps, le réseau de rangs continue de s'étendre et de se densifier, donnant de plus en plus un aspect de terroirs pleins aux vieilles campagnes seigneuriales.

La principale difficulté du réseau routier au XIXe siècle et encore au XXe siècle en est un d'entretien. Soumis pendant près de six moins aux rigueurs de l'hiver, il doit encore composer avec le dégel printanier et les précipitations de l'automne. Il suffit d'ailleurs d'une bonne pluie pour que les routes prennent immédiatement l'aspect d'un bourbier, et nombreux sont ceux qui s'en plaignent. L'État a beau multiplier les enquêtes et les subventions, cela ne suffit pas : aussitôt refaites, les routes continuent de subir les rigueurs du climat. Il faudra l'implantation du régime municipal pour qu'enfin on puisse espérer un meilleur entretien (Caron, 1940).

Dès le milieu du XIXe siècle, celui-ci est donc confié aux municipalités, qui s'en acquittent cependant différemment, selon leurs moyens et aussi la perception qu'elles ont de leurs obligations. Autour des villes, à Montréal notamment, on multiplie les ponts et les routes à péage, les fameux *turnpikes* (Willis, 1995 ; Robert, 1998), tandis qu'à la campagne, la variété est de règle. Les municipalités les mieux nanties, celles de villages, ne ménagent habituellement pas leurs efforts pour en faire un lieu aisé de circulation, qui confirmera aussi son rang dans la hiérarchie des campagnes. Trottoirs de bois, macadam, éclairage des rues, systèmes d'aqueducs et d'égouts, tout est bientôt mis en œuvre pour en faire des lieux agréables de vie, qui tranchent souvent considérablement avec les campagnes environnantes.

Les municipalités de paroisses n'ont pas la même priorité ni les mêmes moyens. Aussi l'état du réseau routier s'en ressent-il, et aussi continue-t-on de s'en plaindre. En fait, ce n'est qu'assez tard au XIXe siècle et surtout au XXe siècle qu'on parviendra à résoudre en partie le problème, avec le soutien massif de l'État, qui favorise le gravelage puis l'asphaltage des principaux axes routiers. Il faudra attendre plus longtemps pour améliorer la qualité des chemins de rang.

Loin de fléchir, la création de nouvelles routes se poursuit tout au long du XIXe siècle et de la première moitié du XXe siècle, favorisée par la croissance du parc automobile et l'expansion vers les plateaux. De moins de 800 en 1910, le nombre de véhicules automobiles passe à près de 36000 en 1920, puis à 147821 en 1930 et à 180556 en 1940. Au même moment, la colonisation agricole gagne les limites nordiques de l'espace agraire, pendant que par endroits des espaces restés jusque-là ignorés des cultivateurs se trouvent tout à coup sillonnés de nouvelles routes qui aboutissent à des rangs aux noms évocateurs et même à des villages entiers, qu'on dit parfois avoir été fondés par des populations qui ont voulu se soustraire à la conscription. Le rang du Petit Montréal, dans Lotbinière, et le village Desroches, à Sainte-Véronique, dans le comté de Labelle, en sont des exemples.

À la fin des années 1950, cette expansion aura atteint un sommet, et déjà on s'apprête à mettre en place un tout nouveau réseau, celui des autoroutes. Amorcé dans la région de Montréal avec l'autoroute des Laurentides, il inaugure une nouvelle ère de croissance qui s'accompagne, dans les régions périphériques, d'un abandon de plus en plus massif des terroirs pauvres. Des rangs entiers se vident, au profit parfois d'une nouvelle population, celle des estivants, qui aura bien d'autres moyens de faire respecter ses exigences quant à l'entretien des chemins.

2.4.3 Le chemin de fer

Au XIXe siècle, un nouveau moyen de transport apparaît, qui jouit immédiatement de la faveur populaire: le chemin de fer. Moins sensible aux aléas du climat, il peut assurer des liaisons plus régulières, ce qui en fait un moyen sûr de déplacement et aussi d'approvisionnement et de livraison. Surtout, il peut assurer un lien plus direct avec la mer, et Montréal s'en fera la principale propagandiste. Car loin d'être limité à la province, le réseau ferroviaire devient vite national et international. En plus d'être rapidement articulé aux lignes qui sillonnent l'ouest du pays, il le sera à celles qui, de la côte est des États-Unis, donnent accès aux ressources du *Mid-West* américain (Meinig, 1993: 329-330).

La première ligne est créée en 1836, sur rail de bois, entre Laprairie et Saint-Jean. Toutefois, ce n'est pas avant le milieu du siècle que s'amorce la véritable expansion, avec la création, en 1853, de la Compagnie du Grand-Tronc. En 1860, ses principaux tronçons sont complétés et s'étendent de

Sarnia en Ontario jusqu'à Rivière-du-Loup au Québec, avec un important embranchement vers Sherbrooke et Portland dans le Maine, et un autre qui relie Arthabasca à la rive sud de Trois-Rivières. Bientôt, plusieurs petites lignes y sont greffées, qui relient Montréal à la frontière américaine, où elles se raccordent aux lignes en provenance de New York et de Boston. Mais, comme l'ont rappelé déjà les historiens Linteau, Durocher et Robert (1989), seule la métropole est vraiment avantagée dans ce système, les autres villes en sont tenues à l'écart.

Ce n'est qu'à la fin du XIXe siècle que le réseau devient plus complet, grâce à la construction de nouvelles lignes principales et régionales. Les premières en importance sont celles de l'Intercoloniale, qui relie Rivière-du-Loup à Halifax par la vallée de la Matapédia, et celle du Canadien Pacifique, qui joint le Québec à la côte ouest. En même temps, deux autres projets sont mis en chantier, pour relier Montréal à Saint-Jérôme (c'est le fameux chemin de fer du curé Labelle) et, par la rive nord, Montréal à Ottawa, Trois-Rivières et Québec, une liaison qui sera plus tard intégrée au réseau du Canadien Pacifique. Enfin, d'autres lignes sont aménagées pour soutenir l'effort de colonisation. Les plus connues sont celles du Québec–Lac-Saint-Jean, qui va de Québec à Roberval, avec un embranchement vers Chicoutimi, et le Québec Central, qui unit Québec à la Beauce et aux Cantons de l'Est. Cependant, on en crée aussi beaucoup d'autres, plus locales, qui seront aussi intégrées aux réseaux principaux. C'est le cas des lignes de banlieues, qui joueront un rôle dans l'étalement urbain, notamment à Montréal (Hanna, 1998).

Ces efforts portent leurs fruits, puisqu'au début du XXe siècle, le Québec compte près de 5 600 km de voies ferrées, dont le coût a été estimé par les historiens Hamelin et Roby (1971), à presque 105 millions de dollars de l'époque. Toutefois, c'est encore Montréal qui en bénéficie, puisqu'elles la relient au reste du pays. Québec devra attendre jusqu'aux années précédant la Première Guerre mondiale pour l'être à son tour, grâce à l'ouverture du Transcontinental, qui donnera bientôt accès à l'Abitibi, et du Canadien Nord, qui dessert diverses régions de l'ouest québécois. Cependant, l'étatisation des grands réseaux dans les années 1920 et la localisation à Montréal de la société chargée de les administrer aux côtés du Canadien Pacifique confirmeront le rôle de la ville comme capitale du chemin de fer. Elle le restera encore pendant près d'un demi-siècle, jusqu'à ce que le transport ferroviaire ne finisse à son tour par s'effondrer.

2.4.4 Les liaisons aériennes

Au XXe siècle, un autre moyen de communication apparaît, l'avion. Son impact dans le paysage sera plus localisé, mais néanmoins important. Avec le développement de l'aviation, en effet, des aéroports sont créés qui unissent les différents centres entre eux et avec l'extérieur. Au début, il ne s'agit encore que de simples équipements construits en périphérie immédiate des villes. C'est le cas notamment à Montréal et à Québec, où les plaines d'Abraham servent même de pistes d'atterrissage pendant un temps. Cependant, dès la fin des années 1950, de nouveaux ensembles sont aménagés. Beaucoup plus imposants, ils annoncent le rôle que prendront bientôt les liaisons aériennes dans le transport de masse.

L'aéroport le plus connu et aussi le plus imposant, celui de Dorval, se compare avantageusement à ceux des grandes villes canadiennes et américaines. Bénéficiant d'une position géographique favorable à l'extrémité ouest de l'île de Montréal, dont il est éloigné cependant d'une vingtaine de kilomètres, son site laisse déjà entrevoir ses difficultés futures de croissance, quand le développement résidentiel viendra l'entourer.

Le deuxième en importance est celui de L'Ancienne-Lorette à Québec. De création récente, il a une fonction plus régionale. Aménagé au nord-ouest de Sainte-Foy, dans un secteur encore agricole, il n'est pas soumis aux mêmes pressions de croissance, puisque la population y est moins nombreuse.

D'autres villes sont également pourvues de telles infrastructures, au Saguenay et en Gaspésie notamment, mais aussi sur la Côte-Nord et dans le nord-ouest québécois. Aucune, cependant, n'a l'ampleur des précédentes. Leurs fonctions étant plus régionales, elles sont à la mesure des populations qu'elles desservent. Quant aux liaisons plus nordiques, elles ne déterminent que des aménagements de fortune. Toutefois, elles joueront aussi un grand rôle dans le désenclavement du Nord, trop loin et aux conditions climatiques trop difficiles pour être intégré au réseau routier.

2.5 Le développement industriel

Jusqu'au XIXe siècle, les seules vraies industries de la province sont liées à l'agriculture et à l'exploitation forestière, auxquelles s'ajoute également une petite production sidérurgique concentrée dans la région de Trois-Rivières (Samson, 1986; Hardy, 1996). Orientée surtout vers la transformation des ressources, cette phase industrielle se traduit dans le paysage par divers équipements qui, sans être de très grande capacité, fournissent tout de même quantité d'emplois à la population rurale, qui fait là l'expérience du travail rémunéré. Ce sont les moulins à grains, les moulins à scie, les brasseries, les distilleries, les tanneries, les moulins à fouler et à carder, les fabriques de potasse et de perlasse, et toutes ces autres fabriques dont font état les recensements et les descriptions topographiques de l'époque, et dont chaque localité est plus ou moins pourvue, selon son ancienneté, la taille de sa population et la nature de ses activités (Courville, 1987, 1988).

La grande industrie viendra plus tard, favorisée par les développements technologiques de la seconde moitié du XIXe siècle et par l'évolution de la demande sur le marché extérieur. Elle aura souvent pour site les plateaux, où se concentrent les grandes réserves de ressources naturelles. Cependant, comme on n'y accède qu'à partir des années 1840, ce développement s'amorce seulement à ce moment. Plusieurs facteurs alors y contribuent, qui deviendront de plus en plus importants dans le temps : les possibilités énergétiques de la province, l'abondance des matières premières, les facilités de transport, la disponibilité de capital en provenance de l'Angleterre puis des États-Unis et la présence sur place d'une main-d'œuvre bon marché, avide de travail rémunéré. Ensemble, ces facteurs fourniront ses conditions et ses orientations au développement industriel de la province, qui sera pendant longtemps tributaire des ressources.

2.5.1 La production énergétique

Jusqu'au milieu du siècle et même des années 1870, le développement industriel repose sur le pouvoir d'eau, dont on capte l'énergie motrice par le harnachement des petits cours d'eau au débit stable et abondant pour faire tourner les turbines. Aux travaux de retenue (barrages, bassins), s'ajoute la construction de canaux de dérivation, qui permettent l'érection de moulins (à grains, à scie, à carder et à fouler, etc.), où se concentrent les activités de transformation. On les trouve égrenés le long des cours d'eau ou regroupés autour des mêmes seuils, comme à l'embouchure de la rivière Trois-Saumons près de Saint-Jean-Port-Joli, ou le long de la rivière du Nord ou de la rivière Ouareau au nord de Montréal. C'est l'ère des industries rurales, dont le pendant urbain ne se trouve encore qu'à Montréal, le long du canal Lachine. Là se concentre, dès les années 1840, le plus grand regroupement d'établissements manufacturiers au Canada.

Avec le temps et les exigences accrues de la grande industrie, forestière surtout où se développent bientôt de nouveaux secteurs tel celui des pâtes à papier, les moulins verront la taille de leur machinerie et leur puissance augmenter. Peu d'entre eux, cependant, sont mus par la vapeur, en raison des coûts élevés du combustible. Cependant, parce qu'elle affranchit l'industrie des contraintes de localisation, la machine à vapeur commence à se répandre et à déplacer l'industrie vers la ville, où se concentre de plus en plus la main-d'œuvre. À la fin du XIXe siècle, une autre innovation accélère ce mouvement, l'apparition de l'électricité, qui marquera elle aussi ce développement, en plus de concurrencer la vapeur.

Sans pétrole ni charbon, avec tout juste quelques réserves en gaz naturel, mais abondamment pourvu de ressources hydrauliques, il était donc naturel que le Québec s'oriente vers la production d'énergie hydroélectrique. Dès le tournant du XXe siècle, il devient évident que cette forme d'énergie deviendra un outil privilégié de développement, d'autant plus qu'une série d'innovations dans le domaine de la production et du transport viennent de lever les contraintes de localisation des premières techniques. Déjà des entrepreneurs convoitent quelques sites prometteurs, mais ils sont encore plus disposés à spéculer sur la valeur de leur propriété qu'à investir les capitaux nécessaires à leur exploitation. Quelques sites isolés sont néanmoins exploités, qui localisent l'industrie, mais très vite on entreprend la construction de grandes centrales et on adopte des mesures destinées à favoriser la gestion d'ensemble des grands bassins hydrographiques (Bellavance, 1997).

Ce développement s'amorce au tournant du siècle, avec la construction de la centrale de Shawinigan, qui nécessite l'apport de capital étranger. Suivent l'aménagement de Shawinigan 2 et de Grand-Mère en Mauricie, celui des Cèdres près de Montréal et, après la Première Guerre mondiale, ceux de La Gabelle près de Trois-Rivières, de Paugan et de Farmers en Outaouais, de l'île Maligne et de la chute à Caron au Saguenay. En même temps, on entreprend de régulariser le débit du Saint-Maurice, par l'aménagement du réservoir Gouin en Haute-Mauricie, pendant que, dans les années 1930, on complète la construction de divers autres ouvrages tels ceux de Rapide-Blanc et de La Tuque en Mauricie, et de Beauharnois près de Montréal. Enfin, en 1942, on inaugure Shipshaw au Saguenay, et déjà on s'apprête à mettre en forme des projets plus vastes encore, qui ne verront le jour cependant que dans les décennies suivantes (Dales, 1957; Bolduc, Hogue et Larouche, [1979] 1984; Bellavance, 1994; 1995; 1997).

Quant aux compagnies d'électricité, qui voient le jour dès la fin du XIXe siècle, elles se transforment rapidement en entreprises régionales, dont le marché est beaucoup plus vaste. À la Montreal Light Heat and Power, apparue dans les années 1910, s'ajoutent bientôt la Southern Canada Power en Estrie; la Shawinigan Water and Power en Mauricie, dans les Bois-Francs et dans la région de Québec ; la Gatineau Power dans l'Outaouais et la Saguenay Electric ou Compagnie de pouvoir du Bas-Saint-Laurent. En 1930, la plupart des villes et des villages du Québec méridional sont électrifiés. Toutefois, il faudra attendre encore un certain temps avant que les campagnes ne le soient également. Au tournant des années 1950, cependant, c'est chose faite, grâce aux programmes d'électrification rurale du gouvernement de Maurice Duplessis.

L'un des impacts les plus importants de ce développement énergétique a été d'ordre industriel. Favorisé par la diffusion rapide du moteur électrique et l'adoption de nouveaux procédés de fabrication qui mettent à profit les propriétés de l'énergie électrique, il transformera radicalement le panorama industriel du Québec, particulièrement dans les villes et les régions de forte production hydroélectrique. C'est le cas, notamment, à Montréal, où toute une floraison de petites et de grandes entreprises se développent, qui valorisent l'électricité dans leurs opérations. C'est le cas aussi en Mauricie et au Saguenay, où d'importantes concentrations industrielles apparaissent, autour de l'électrochimie et de l'aluminerie notamment, qui en font bientôt des fers de lance de la production industrielle. Elles seront l'un des signes les plus évidents du rôle que jouera désormais l'électricité dans l'économie du Québec.

2.5.2 L'exploitation forestière

La première activité à bénéficier de cet essor a été l'exploitation forestière. Favorisée par les guerres napoléonniennes qui privent l'Angleterre de ses sources traditionnelles d'approvisionnement, elle est d'abord limitée à l'industrie du sciage et à l'exportation de bois équarri puis scié vers l'Angleterre et plus tard vers les États-Unis, qui en viendront vite à supplanter le marché britannique comme lieu principal de destination des produits forestiers. Par la suite, vers les années 1880, elle s'orientera vers la production de papier à journal, en forte demande sur le marché américain. Il faudra toutefois un certain temps avant que le Québec ne prenne solidement pied dans cette industrie, se contentant d'exporter son bois à pâte (Hamelin et Roby, 1971). Pourtant, quelques usines sont implantées et, dès

1910, une série de mesures sont mises en place, comme en Ontario dix ans plus tôt, pour favoriser puis obliger la fabrication du papier sur place. Elles stimuleront les investissements et en quelques décennies la fabrication du papier à journal reléguera au second plan l'exportation du bois d'œuvre.

Contrairement à l'industrie du bois d'œuvre qui valorisait surtout les essences de qualité, chêne et pin blanc surtout, ce qui obligeait à déplacer constamment le site des opérations vers l'intérieur des grands bassins hydrographiques, l'industrie de la pâte est moins exigeante. Elle se contente d'essences de moindre qualité, formées principalement de conifères, sans égard à la taille des arbres. Or, c'est le propre de la forêt boréale de produire de tels types d'arbres. Aussi offre-t-elle des réserves abondantes, qui pourront toujours être exploitées une fois les essences de qualité épuisées. L'un des premiers effets de cette course au bois de pâte sera de modifier radicalement la géographie des lieux de coupe. De l'Outaouais, jadis au premier rang des régions forestières, l'exploitation se déplace vers l'est, en Mauricie notamment, qui, dès les années 1940, fournit le tiers des droits de coupe prélevés au Québec.

Introduits en 1824, ces droits de coupe frappent l'ensemble du bois extrait des forêts publiques. Ils s'inscrivent dans le cadre d'un régime d'affermage introduit au XIXe siècle qui prévoit que, pour exploiter la forêt, il faudra un permis appliqué à une superficie déterminée, la concession de 65 km^2 ou de 130 km^2, selon les périodes. Ce mode de gestion soumet les concessionnaires à certaines prescriptions, mais favorise aussi la concentration de l'exploitation forestière dans les mains d'un nombre restreint de grands concessionnaires qui se partagent ainsi l'espace forestier des grands bassins hydrographiques. Les plus grandes concessions peuvent atteindre et même excéder 1000 km^2, que les entreprises concessionnaires exploiteront elles-mêmes ou, comme c'est le cas le plus souvent, avec des sous-traitants engagés à contrat qui les exécuteront en ayant recours à ses propres employés ou à la main-d'œuvre locale. Car, au Québec, il a toujours existé une relation étroite entre l'agriculture et la forêt, et nombre de cultivateurs et fils de cultivateurs y ont trouvé une grande partie de leurs revenus (Boudreau, Courville et Séguin, 1997).

Quant à l'impact industriel de cette exploitation, il a été considérable. Au XIXe siècle, et encore au XXe, on ne rencontre aucun village digne de ce nom qui n'ait sa scierie, et nombreux sont ceux qui en alignent plusieurs.

Même les villes en sont pourvues et l'on sait leur place dans le paysage urbain de Hull et le pourtour de centres tels Trois-Rivières et Québec. Là, on dénombre plusieurs gros établissements, qui alimentent un important trafic portuaire. Ils marqueront pendant longtemps le paysage de ces villes.

Au tournant du XXe siècle, les scieries ont de plus en plus tendance à se déplacer vers les régions d'approvisionnement en bois, et, grâce aux énergies nouvelles, à s'affranchir de leur localisation sur l'eau. Toutefois, elles ne sont plus la composante majeure de l'industrie du bois, remplacées de plus en plus par l'usine papetière, qui s'accapare aussi de leur zones d'abattage. L'essor de ces usines est d'ailleurs remarquable : d'une dizaine seulement à la fin du siècle, leur nombre passe à une cinquantaine à l'époque de la Crise, dont 40 % sont en Mauricie et 25 % au Saguenay. De tailles impressionnantes, ces entreprises emploient des milliers de travailleurs et stimulent la croissance urbaine. D'abord, autour des barrages où elles s'installent, puis, avec les progrès techniques reliés au transport de l'électricité, sur des sites plus éloignés, en Abitibi par exemple, ou qui bénéficient de meilleurs avantages quant au marché. C'est ainsi, par exemple, que dans plusieurs villes du fleuve et de l'Outaouais les papeteries finissent par prendre la relève des anciennes scieries, favorisant comme elles l'apparition, dans le voisinage, d'établissements spécialisés.

Certaines, telle la pulperie de Chicoutimi, n'auront qu'une existence éphémère, d'autres auront plus de succès et survivront jusqu'à aujourd'hui. Mais, comme leur création est liée au capital étranger, elles donneront un caractère particulier à l'habitat, en y insérant des noyaux de population anglophone dont les goûts architecturaux tranchent avec l'habitat environnant.

2.5.3 Le développement minier

Parallèlement, on développe l'industrie minière (Vallières, 1989). Liée au départ à la sidérurgie primaire alimentée par du charbon de bois et le fer des marais, elle marquera longtemps les paysages ruraux du Québec. C'est le cas en Mauricie, où elle emploie une importante main-d'œuvre, tant dans les activités d'extraction que de production, sans compter tous ceux qui, à l'amont, s'activent à couper le bois qui servira à la fabrication du combustible (Hardy et Séguin, 1984). Elle jouera un rôle central dans la sidérurgie québécoise, du moins jusqu'à la fin du XIXe siècle, date à partir de laquelle sa production décline sensiblement.

À côté de cette vieille industrie du fer, d'autres développements se produisent qui accélèrent la recherche minière et stimulent sa production. La création de Commission géologique du Canada en 1842 en est un aspect. Un autre vient de l'amélioration des procédés industriels, qui, grâce à la vapeur, deviennent plus mécanisés et transforment les manières de faire jusque sur les sites miniers. Aux conditions manuelles initiales de travail succède alors tout un nouveau contexte de production qui met à profit les nouvelles techniques de forage, de broyage et d'aération des mines. Il en résulte un accroissement des rendements et une extension importante de la période d'extraction. Enfin, il faut compter avec l'amélioration des moyens de transport, le chemin de fer notamment, qui en plus de désenclaver les sites permet de les articuler aux marchés étrangers. Ils feront l'objet d'enjeux de contrôle importants, notamment de la part des Britanniques et plus tard des Américains, en raison même de leur rôle sur le marché international (Linteau, Durocher, Robert, 1989; Boudreau, Courville et Séguin, 1997).

Ces changements donnent un élan nouveau aux activités minières. Dès le milieu du XIXe siècle, on cherche de l'or en Beauce et du cuivre dans les Cantons de l'Est. Ailleurs, en Outaouais par exemple, on s'apprête à exploiter du mica, du graphite et du phosphate. Mais le grand développement de cette période reste l'amiante, dont l'exploitation commence en 1876 dans les Cantons de l'Est. En 1900, sa production s'élève à quelque 750 000 $, contre moitié moins pour le cuivre. Trente ans plus tard, elle sera plus importante encore, avant que la Crise ne la frappe durement. Par la suite, elle reprendra son essor, pour atteindre des seuils inégalés. Au début des années 1950, elle occupera plus de 5 000 travailleurs et aura fait germer plusieurs villes, dont Thetford, Asbestos, Black Lake et East Broughton.

En même temps, l'exploitation de l'or et du cuivre se poursuit, non plus en Beauce et dans les Cantons de l'Est comme autrefois, mais dans une région encore très peu pleuplée, l'Abitibi, où elle déborde depuis le nord de l'Ontario, le long de la faille de Cadillac, riche en cuivre, or, zinc, argent, fer, sélénium, pyrite, plomb, arsenic et molybdène. Les premières prospections s'amorcent dans les années 1910, stimulées par l'ouverture, cinq ans plus tard, du Transcontinental, qui relie Québec au Pacifique. En quelques années, c'est la ruée. D'abord dans le secteur de Rouyn, où l'on découvre de riches gisements de cuivre et d'or, puis dans ceux de Val-d'Or et de Malartic, dont les réserves d'or paraissent fabuleuses. Ils seront exploités par des groupes de financiers d'origine américaine et ontarienne et donneront naissance à plusieurs centres urbains dont les fonctions seront tout entières marquées par l'extraction minière et les industries associées.

Cet essor aura un impact important sur l'organisation du territoire, qui ne sera raccordé par route à la région de Montréal qu'en 1939. À la ligne d'écoumène suscitée par l'exploitation minière se superposera bientôt une autre ligne, plus nordique celle-là, suscitée par l'exploitation forestière. Entre les deux, le domaine agricole, né des grands programmes de colonisation qui ont suivi la Crise des années 1930. Ces développements donneront son aspect à la région, qui offrira de plus en plus l'image d'un long corridor traversé de lignes de chemin de fer et de routes unissant entre eux les centres miniers et les paroisses rurales. Quant au paysage humain, il est on ne peut plus composite, formé majoritairement de francophones issus des différentes vagues de colonisation, d'autochtones, de descendants d'anglophones venus des centres miniers de l'Ontario, et d'immigrants, que les deux guerres mondiales ont chassés d'Europe: Polonais, Ukrainiens, Italiens et Allemands, principalement (Vincent (dir.), 1995; Boudreau, Courville et Séguin, 1997).

2.5.4 L'industrie manufacturière

Après 1840, le passage de l'artisanat à l'industrie s'accélère, attesté par la multiplication du nombre de manufactures et bientôt des usines. Toutefois, ce n'est pas avant la seconde moitié du siècle qu'on en voit les effets.

2.5.4.1 Les faits de croissance

En 1850, peu d'entreprises encore ont plus de 25 employés. Les plus importantes sont les forges du Saint-Maurice et les grands chantiers navals de la région de Québec. S'y ajoutent également quelques grosses scieries, qui emploient plusieurs centaines de personnes, et le noyau grandissant d'entreprises le long du canal Lachine, ouvert depuis le premier tiers du XIXe siècle.

Tout change dans la seconde moitié du siècle. De 1850 à 1900, la valeur de la production passe de 2 millions $ à plus de 153,5 millions $. Rapide pendant dix ans, de 1850 à 1860 (+650 %), en raison notamment du Traité de réciprocité de 1854 avec les États-Unis, qui ouvre l'accès au marché américain, la croissance se maintient tout au long de la décennie suivante. Mais dès que prend fin ce Traité, le rythme diminue (+413 %). Au cours des années 1870-1880, la production chute à 35 % seulement, pour n'augmenter de nouveau de 46 % puis de 50 % au cours des deux dernières décennies du siècle (Hamelin et Roby, 1971).

La contraction de longue durée qui frappe le Québec à partir de 1874 est due à la grande crise économique qui s'abat sur le monde atlantique en 1873. Le Québec en sent durement les effets. Les faillites se multiplient, le chômage s'accroît et l'exode vers les États-Unis s'accélère. Même les compagnies de chemin de fer n'arrivent plus à trouver les capitaux nécessaires à leurs investissements (Linteau, Durocher, Robert, 1989). L'État doit intervenir, d'autant plus que la crise favorise aussi le *dumping* américain. Il entraînera la ruine de plusieurs entreprises, mais suscitera aussi une prise de conscience des milieux d'affaires quant aux nécessités de protéger le marché canadien. L'aboutissement en sera l'adoption par le gouvernement Macdonald en 1879 d'une politique tarifaire, dite Politique nationale, qui, en augmentant les droits d'entrée sur les produits de luxe et les produits ouvrés et semi-ouvrés stimulera le secteur secondaire et en particulier le secteur manufacturier.

L'un des effets les plus directs de ce protectionnisme sera de sauver plusieurs entreprises canadiennes de la faillite et nombreuses sont celles qui entreprennent alors de fusionner et de se restructurer. Un autre sera d'accroître les investissements américains au Canada et plus particulièrement au Québec, où dès le tournant du siècle apparaissent plusieurs succursales d'entreprises américaines, notamment dans les domaines de la parfumerie et des produits pharmaceutiques. Enfin, comme elles sont protégées par les tarifs douaniers, les industries locales connaissent une croissance considérable, notamment dans les domaines du vêtement, de la chaussure et du textile.

Bien qu'important, le protectionnisme canadien n'est pas le seul facteur responsable de cette croissance. D'autres l'expliquent également. À l'amélioration des moyens de transport, qui facilite l'approvisionnement en matières premières et l'expédition des produits finis, s'ajoute aussi l'adoption de nouveaux procédés techniques qui permettent la mécanisation des opérations et la production de masse. S'ajoute également la présence sur place d'une main-d'œuvre bon marché et surtout d'entrepreneurs capables, comme dans les années 1850 et 1860, de tirer parti des possibilités offertes par le déblocage conjoncturel des années 1880. Plusieurs sont des francophones, qui, à force de débrouillardise ou d'associations diverses avec les anglophones, finissent par réussir. D'autres sont des anglophones, qui, parce qu'ils peuvent s'appuyer sur des capitaux et des techniques en provenance de leur pays d'origine, le Royaume-Uni ou les États-Unis, finissent par construire de véritables empires. Cependant, dans l'ensemble, c'est aux anglophones surtout qu'il revient d'industrialiser le Québec, du moins au sens de la grande entreprise, qui nécessite pour sa mise en place et son développement non seulement d'importants capitaux, mais, comme l'ont rappelé les historiens Hamelin et Roby (1971 : 281) de cette capacité de percevoir les transformations structurelles introduites par les changements de la technologie et des transports, ainsi que par le marché à l'échelle nord-américaine. Aussi les francophones restent-ils surtout confinés aux petites entreprises, familiales souvent, à l'exception de quelques-uns d'entre eux, qui réussissent mieux à s'ajuster aux demandes et à l'évolution des marchés.

Quant à l'orientation de ce développement, elle est révélée par la valeur de la production industrielle. En classant les principaux secteurs d'activités selon leur importance relative, on constate des changements structurels importants entre la seconde moitié du XIXe siècle et la première moitié du XXe siècle. En effet, alors qu'au milieu du XIXe siècle deux secteurs se partagent la première place, celui des produits du bois et de l'alimentation, au tournant du XXe siècle, le secteur du bois n'occupe plus que la quatrième place, derrière l'industrie alimentaire, les produits du cuir et les vêtements. De même, l'industrie du fer, au deuxième rang en 1851, tombe au cinquième rang en 1901, suivie de près par l'industrie des transports, du textile et du tabac (Tableau 18).

Principal pôle de croissance jusqu'en 1861, l'industrie du bois se ressent durement des changements survenus dans la politique commerciale britannique depuis les années 1840. En évoluant vers le libre-échange (*Free Trade Policy*), la Grande-Bretagne a aboli ses tarifs préférentiels et opte désormais pour le bois scandinave au lieu du bois canadien. Aussi, les exportations de bois équarri déclinent-elles. Le bois de sciage prendra éventuellement la relève, suivi de l'industrie du papier. Mais c'est avec les États-Unis surtout que se feront les échanges, d'autant plus que les hommes d'affaires américains sont de plus en plus nombreux à investir dans les scieries et bientôt, dans les usines à papier. Toutefois, ce n'est qu'à la fin du XIXe siècle et dans les premières décennies du XXe qu'on en sent les effets.

En même temps, les chantiers navals déclinent, en raison des changements que connaît la batellerie de haute mer. Aux voiliers, on préfère désormais les navires à vapeur et aux coques de bois, les coques en fer. Les premiers à en souffrir seront ceux de Québec, qui subissent durement la concurrence des chantiers de Liverpool. En désespoir de cause, on se tourne vers la France. En échange d'un abaissement des tarifs sur l'importation de brandy, celle-ci consent à diminuer le coût d'enregistrement des navires, dont quelques-uns sont alors vendus à des armateurs français. Mais la guerre franco-allemande met fin à la relance, ce qui entraîne l'effondrement de l'industrie.

Les gains les plus substantiels viennent plutôt d'autres secteurs. À partir de 1871, par exemple, l'industrie alimentaire prend la première place. Elle la gardera jusqu'à la fin de la période industrielle au Québec, favorisée d'abord par l'industrie de la farine, qui domine jusqu'en 1880, puis l'industrie du sucre raffiné, qui s'élance après 1850 pour plafonner dans les années 1890, et enfin par l'industrie laitière, qui devient dominante au tournant du XXe siècle avec la fabrication de beurre et de fromage.

L'industrie du cuir connaît une croissance similaire. Apparue dans le premier tiers du XIXe siècle à Montréal, son démarrage a surtout lieu dans les années 1850. En 1871, elle est déjà au deuxième rang. Elle le restera jusqu'au début du XXe siècle, entraînée par la floraison de manufactures et d'entreprises associées qui se multiplient après 1871. De même, l'industrie du vêtement, qui avait beaucoup souffert du protectionnisme britannique, connaît une croissance accélérée après 1871. Du quatrième rang jusqu'en 1881, elle se hisse bientôt au troisième rang, supplantant même l'industrie du bois dans la valeur de la production.

De son côté, l'industrie des transports bénéficie du développement des chemins de fer, qui s'accélère après 1860. Toutefois, c'est à Montréal, principalement, qu'elle se concentre, grâce aux ateliers du Granc Tronc et bientôt du Canadien Pacifique. Il en résulte un accroissement du nombre de fonderies (on en compte 12 en 1869), qui font de la ville et des environs un important lieu de production sidérurgique.

Quant à l'industrie du tabac, elle se répand rapidement, favorisée par la guerre civile américaine. Montréal surtout en bénéficie. Elle deviendra le plus grand centre canadien de production du tabac manufacturé, avec une suprématie évidente dans l'industrie du cigare. En 1879, les établissements de la métropole produisent les cinq huitièmes du tabac manufacturé au pays. De son côté, Québec se spécialise plutôt dans le monde de l'impression et de l'édition, dont la valeur de la production n'est qu'au 11e rang en 1901, mais qui reste une activité importante dans la capitale.

TABLEAU 18

Rang des principaux secteurs d'activités, selon la valeur brute de la production manufacturière (1851-1901)

	1851	1861	1871	1881	1891	1901
Aliments et boissons	1	2	1	1	1	1
Tabac et produits du tabac	7	8	9	8	7	
Articles en caoutchouc					16	
Articles en cuir	2	4	2	2	2	2
Textiles	2	5	9	8	7	6
Vêtements	13	4	4	4	3	
Produits du bois	1	1	3	3	3	4
Produits du papier	8	11	10	9	9	
Impression, édition, industries connexes		10	9	9	11	
Produits du fer et de l'acier	2	3	5	5	6	5
Matériel de transport	6	6	6	5	8	
Métaux non ferreux					14	
Appareils et fournitures électriques	10	n.d.	n.d.	10	12	
Produits des métaux non métalliques	9	n.d.	n.d.	n.d.	13	
Dérivés du pétrole et du charbon	17					
Produits chimiques et pharmaceutiques	11	n.d.	n.d.	n.d.	10	
Industries diverses	12	7	7	7	15	

Sources : Hamelin et Roby (1971) ; Saint-Yves (1982).

Après 1901, la structure industrielle change considérablement. Si le secteur alimentaire continue de dominer la valeur de la production, l'industrie des pâtes et papier connaît des gains substantiels qui en font bientôt le deuxième secteur en importance, avant l'industrie du vêtement et des textiles. Tout en restant de bon rapport, du moins jusqu'en 1911, la valeur relative de l'industrie du cuir diminue, tout comme celle du tabac après 1931, qui devient même moins importante que l'édition et l'impression. Par contre, la valeur de la sidérurgique se maintient, mieux que celle du matériel de transport, qui connaît de plus en plus de concurrences intrasectorielles. Enfin, d'autres secteurs font leur apparition, qui annoncent déjà les orientations futures de l'économie québécoise. L'un d'eux est celui de la production de métaux non ferreux, qui connaît une croissance fulgurante avec l'implantation d'une importante aluminerie par l'Alcoa au Saguenay–Lac-Saint-Jean dans les années 1920. Un autre est celui de la production chimique et pharmaceutique; un troisième, celui de la pétrochimie.

En 1959, dix secteurs d'activités dominent le paysage industriel du Québec: l'alimentation, les pâtes et papier, la production de métaux non ferreux, le vêtement, la sidérurgie, le textile, les produits chimiques et pharmaceutiques, la pétrochimie, le matériel de transport et le bois (Tableau 19). Plusieurs de ces activités sont anciennes et s'apparentent aux activités traditionnelles de la campagne. D'autres sont des entreprises plus récentes, et nécessitent pour leur développement une capitalisation nettement plus importante, en plus d'une main-d'œuvre bien différente, souvent moins nombreuse mais plus qualifiée.

L'une des conséquences les plus directes de cette poussée industrielle au Québec est de favoriser la montée du syndicalisme et des revendications ouvrières (Hamelin, 1973; Linteau, Durocher, Robert, 1989: 233 et s.). Jusqu'aux années 1860, seules quelques associations de travailleurs voient le jour. Fondées surtout par des artisans qui sentent leur avenir menacé par l'organisation capitaliste de la production, ils s'apparentent plus cependant à des confréries ou à des sociétés de bienfaisance qu'à de véritables syndicats. On en trouve aussi dans le secteur de la construction, chez les débardeurs et chez les mécaniciens de locomotive. Cependant, sans reconnaissance légale et en butte aux oppositions farouches des patrons, ces associations ont souvent une existence éphémère.

Parallèlement, on assiste à l'implantation d'organisations syndicales étrangères. Certaines, telles l'Amalgamated Society of Engineers viennent de Grande-Bretagne, d'autres, telles l'Union nationale des mouleurs, viennent des États-Unis. Toutefois, ce n'est qu'après 1872 qu'elle se répandent, avec l'adoption d'une loi, par le gouvernement Macdonald, qui reconnaît que la formation d'un syndicat ne constitue pas un acte de conspiration. Il faudra encore attendre plusieurs années avant que les tribunaux ne reconnaissent la légalité des syndicats, mais l'élan est donné et bientôt toute une série d'associations nouvelles se répandent, modelées sur le modèle américain, dont elles sont souvent des prolongements, mais déchirées aussi entre les pratiques syndicales et la doctrine sociale de l'Église. Ce n'est qu'avec la Seconde Guerre mondiale, finalement, que l'État légifère pour mieux préciser les conditions de la syndicalisation.

TABLEAU 19

Rang des principaux secteurs d'activités, selon la valeur brute de la production manufacturière (1911-1959)

	1911	1921	1931	1941	1951	1959
Aliments et boissons	1	1	1	1	1	1
Tabac et produits du tabac	8	2	4	12	13	14
Articles en caoutchouc	16	8	16	16	17	17
Articles en cuir	4	n.d.	11	11	15	16
Textiles	7	n.d.	5	5	3	6
Vêtements	3	n.d.	3	4	4	4
Produits du bois	2	n.d.	9	9	8	10
Produits du papier	9	n.d.	2	3	2	2
Impression, édition, industries connexes	14	n.d.	12	15	12	12
Produits du fer et de l'acier	5	3	6	6	6	5
Matériel de transport	6	n.d.	8	7	10	9
Métaux non ferreux	10	9	7	2	5	3
Appareils et fournitures électriques	12	7	15	13	11	11
Produits des métaux non métalliques	13	5	14	14	14	13
Dérivés du pétrole et du charbon	17	6	13	10	7	8
Produits chimiques et pharmaceutiques	11	4	10	8	9	7
Industries diverses	15	n.d.	17	17	16	15

Sources : Hamelin et Roby (1971) ; Saint-Yves (1982).

Quant aux revendications ouvrières, elles s'expriment surtout lors de grèves spontanées ou organisées et visent surtout l'amélioration des salaires et des conditions de travail (adoption de la journée de travail de huit heures ; interdiction d'employer des enfants de moins de 15 ans, salaire hebdomadaire, etc.). D'autres visent la reconnaissance syndicale, afin que les patrons n'emploient que des travailleurs syndiqués. Au total, on a pu relever 167 grèves de 1850 et 1896, dont certaines, telles les grèves de septembre 1867 et de juin 1878 à Québec sont très violentes (Hamelin et Roby, 1971). Elles se solderont par l'adoption de la *Loi des manufactures* en 1885, qui introduit certaines balises, mais qui reste bien en deçà des demandes des travailleurs (Harvey, 1978). Inspirée d'une loi ontarienne votée deux ans plus tôt, elle fixe à 60 heures la semaine de travail pour les femmes et les enfants, et à 72,5 heures celle des hommes. En outre, si elle interdit l'emploi de garçons de moins de 12 ans et de fillettes de moins de 14 ans, elle permet aux parents d'en décider autrement. En fait, jusqu'à la Première Guerre mondiale, l'action de l'État québécois restera bien timide. Ce n'est qu'après la guerre et surtout dans les années 1930 que des législations plus appropriées sont adoptées, telle la *Loi du salaire raisonnable* du gouvernement Duplessis en 1937, qui jettent les bases des législations actuelles.

2.5.4.2 De l'artisanat à l'industrie

L'un des signes les plus tangibles de la montée de l'industrialisation au Québec reste la montée des industries rurales. La plupart de ces entreprises ne sont encore, en 1840, que de petits établissements, avec tout au plus deux ou trois employés. Quelques-uns, cependant, sont de taille plus respectable et peuvent compter jusqu'à plusieurs dizaines d'employés, occupés à diverses fonctions reliées aux types d'équipements considérés et qui se trouvent souvent dans le même bâtiment. C'est le cas, notamment, des moulins, où l'on peut non seulement moudre le grain, mais aussi scier le bois, produire l'huile, carder et fouler la laine, etc. Et, là où il y a un moulin, il y a souvent aussi des ateliers ou des fabriques, où l'on répare ou produit des biens de consommation courante, reliés au textile notamment (Boisvert, 1995; 1996).

Identifiés parfois comme manufactures (de chaises, de tabac, etc.) dans les descriptions topographiques de la première moitié du XIXe siècle, ces entreprises ne sont encore que de petits établissements, où s'activent quelques employés sous la supervision immédiate du patron. D'autres se confondent avec l'habitat résidentiel, comme c'est le cas des ateliers de filage et de tissage, ou des boutiques de modistes, particulièrement nombreuses au milieu du XIXe siècle. Là, les employées sont le plus souvent des femmes, qui viennent chaque jour travailler dans la salle commune d'une résidence. Comme à l'époque l'artisanat est aussi très répandu, le paysage le plus habituel reste celui de l'échoppe, où travaille un maître artisan (ferblantier, menuisier, charron, forgeron), assisté de un ou de deux employés, des apprentis bien souvent. Étant souvent intégrées à l'habitat résidentiel – elles occupent généralement le sous-sol des maisons, qui est alors surélevé pour accueillir cette fonction –, elles ne déterminent pas d'équipements particuliers, si ce n'est une cour d'entreposage située à proximité du bâtiment.

Cette quasi-absence de grands établissements dans les villages a pu laisser croire en une faiblesse de l'industrialisation au Québec. En fait, c'est à une floraison d'équipements très divers qu'on assiste, qui ira croissante dans le siècle et qui finira par se traduire par des équipements beaucoup plus imposants, qui stimuleront le développement des petites villes. Jocelyn Morneau (1995; 1998) en a donné des exemples saisissants, notamment dans son étude sur Louiseville. De simple village, apparu à l'embouchure de la rivière du Loup, l'agglomération se transforme bientôt en une véritable petite ville aux fonctions industrielles importantes, qui procurent de l'emploi à une part importante de ruraux.

Cette forme de croissance se maintient jusqu'à la Première Guerre mondiale, favorisée par l'abondance de la main-d'œuvre et les changements technologiques de la période, qui accélèrent la mécanisation de la production. Cependant, comme ces changements valorisent aussi le charbon et l'acier, au détriment de l'eau et du bois comme source d'énergie et matière première, la croissance manufacturière continue de reposer sur les secteurs dérivés de l'artisanat, tels ceux de la chaussure et du textile, qui emploieront bientôt plusieurs milliers de travailleurs. Certes, la machine à vapeur se répand et de nouvelles entreprises font leur apparition, dans les villes notamment, où les chemins de fer commandent même la création de fonderies et d'ateliers de fabrication et de réparation de matériel roulant. Toutefois, comme le développement de ces entreprises exige beaucoup de capitaux et dépend des subventions offertes par le gouvernement fédéral pour le transport du charbon de l'Atlantique, leur nombre reste bien en deçà des autres secteurs d'activité.

Comme en Ontario, l'industrie de la chaussure et du textile ont besoin pour leur croissance de protection tarifaire. La politique tarifaire du gouvernement fédéral leur permettra de croître à des seuils sans précédents. Apparue dès la première moitié du XIXe siècle, à une époque où le cordonnier est un des artisans les plus répandus de la campagne, l'industrie de la chaussure deviendra bientôt une des industries les plus importantes de la province, avec plusieurs dizaines de milliers d'employés (Hamelin et Roby, 1971; Burgess, 1977). On la trouve non seulement à Montréal et dans les villes avoisinantes, à Saint-Hyacinthe notamment, mais même à Québec, où elle occupe, à la fin du siècle, plus de 3000 personnes, sans compter le nombre de cordonniers dénombrés dans les villages voisins, à Loretteville entre autres, reconnue aussi comme l'un des hauts lieux du travail du cuir (Blanchard, 1947).

L'industrie textile progresse elle aussi très rapidement. Dès le milieu des années 1840, un premier moulin apparaît à Sherbrooke, bientôt suivi d'un deuxième en 1852, puis d'un autre à Dundas en 1859. En 1874 apparaît la Dominion Cotton Mills à Hochelaga, qui marque le véritable début de l'industrie cotonnière au Québec. Puis, c'est l'explosion. Des filatures sont établies à Lachute, à Chambly, à Saint-Henri, à Magog, à Valleyfield, à Montréal, à Coaticook et à Beauport, sur les chutes Montmorency. Mais tant d'entreprises mènent à la surproduction. Aussi faut-il fusionner. Ce sera chose faite au tournant du siècle, avec la formation de la Dominion Textile Company, qui devient alors l'entreprise dominante. En 1907, la Whitehead s'établit à Trois-Rivières et, deux ans plus tard, à Shawinigan Falls. La poussée est telle qu'à la veille de la Première Guerre mondiale l'industrie textile compte plusieurs milliers d'ouvriers dans la province, sans compter ceux qui sont employés dans l'industrie du vêtement (Rouillard, 1970). Ajoutée à tous ceux qui travaillent dans les autres secteurs d'activité, c'est à plusieurs dizaines de milliers d'employés que se chiffre la main-d'œuvre industrielle.

Au tournant du siècle, pourtant, l'industrie manufacturière ne contribue que pour 4 % de la production totale du Québec, contre 65 % pour l'agriculture et 25 % pour l'exploitation forestière. En outre, elle utilise surtout des matières premières d'origine animale ou végétale, et encore très peu d'origine minière, ce qui la place au deuxième rang des provinces canadiennes, loin derrière l'Ontario qui, par sa plus grande proximité avec les États-Unis, paraît mieux profiter des impulsions de l'économie américaine. Des changements pourtant se préparent, qui valoriseront mieux les ressources naturelles du Québec et qui l'intégreront plus complètement à l'économie nord-américaine (Faucher et Lamontagne, [1953] 1971 ; Faucher, 1973 ; Bélanger et Fournier, 1987).

2.5.4.3 La grande entreprise

Parmi les facteurs qui expliquent ces changements, certains sont d'ordre géopolitique, d'autres d'ordres technologique et économique (Hamelin et Roby, 1971 ; Linteau, Durocher, Robert, 1989). Le protectionnisme américain, conjugué à l'épuisement de certaines ressources aux États-Unis, favorise la protection des réserves nationales et font du Québec un bassin naturel d'approvisionnement pour l'industrie américaine, notamment dans le domaine du bois de pâte, du cuivre et du fer. Par ailleurs, tout en conservant sa prééminence, l'acier perd de son importance relative au profit d'autres métaux, plus polyvalents et plus souples d'utilisation dans la nouvelle industrie. Et l'on sait le rôle que jouera à cet égard l'aluminium, qui sera à l'avion ce que l'acier avait été aux chemins de fer. Enfin, à la suite des innovations dans le domaine de la production et du transport de l'énergie électrique, le charbon perd son titre de principale source d'énergie et il est remplacé par l'énergie hydroélectrique, qui coûte moins cher à produire une fois les investissements de base consentis.

Latente depuis la fin du XIXe siècle, cette évolution allait entraîner des changements profonds dans la structure et la localisation industrielles au Québec. Avantagée par l'abondance des cours d'eau, et riche de réserves minières imposantes, la province paraissait cette fois mieux placée pour affronter les défis de l'Âge industriel. D'abord lent, en raison des difficultés de relier les entreprises axées sur les matières premières aux complexes hydroélectriques, le mouvement bientôt s'accélère, stimulé par la Première Guerre mondiale et le bond économique consécutif à la récession d'après-guerre.

L'un des premiers secteurs à s'arrimer ainsi aux complexes hydroélectriques a été l'industrie des pâtes et papiers, de plus en plus perçue comme une industrie jumelle. Puis, comme l'électricité ici est bon marché, ce fut au tour de l'industrie de l'aluminium, par des compagnies d'origine américaine. Enfin, vinrent les industries minières, les industries chimiques et l'aéronautique, où le capital américain est aussi très présent. En 1900, on estime à 1,2 milliards $ le total des investissements étrangers au Québec; en 1930, il s'élève à 7,6 milliards $.

Quant à l'emploi, il devient de plus en plus lié à l'industrie manufacturière. Dès 1920, ce secteur d'activité compte pour 38 % de la production totale du Québec, soit plus que l'agriculture et les autres secteurs réunis (37 %). En 1941, il comptera pour 64 %, et l'agriculture, pour 10 %. En comparaison, l'industrie minière passe de 3 % à 9 % entre les deux dates ; et l'industrie forestière, de 15 % à 11 %.

Cette transformation de la structure économique du Québec se poursuit au cours de la décennie suivante, mais elle est due, pour l'essentiel, aux nouvelles entreprises. En effet, de 1939 à 1950, la main-d'œuvre manufacturière double et le taux d'industrialisation au Québec dépasse celui de l'ensemble canadien. En chiffres absolus, cela représente plus que le nombre total d'emplois créés au cours du siècle précédent. Bien plus, et même si l'Ontario conserve son avance, la production industrielle au

Québec augmente de 92 %, contre 88 % dans le reste du Canada, et les investissements y progressent de 181 %, contre 154 % dans le reste du Canada. Quant aux secteurs qui ont contribué le plus à cette expansion, ce sont ceux des pâtes et papiers, de l'aluminium, des appareils électriques, du matériel de transport, des produits du bois, du fer, de l'acier et du textile (Linteau *et al.*, 1989). C'est dire le changement des décennies d'après-crise, et le rôle finalement qu'ont joué le Nord et ses ressources dans le développement économique du Québec. Toutefois, comme cette croissance est aussi très liée aux investissements étrangers, elle créera d'autres difficultés, que les groupes nationalistes signalent tôt (Roby, 1976), mais qui ne s'exprimeront avec force que dans les années 1960, alors que les investissements étrangers dépassent les 22,2 milliards $, dont les trois quarts sont d'origine américaine (Linteau *et al.*, 1989 : 231).

De tels investissements ne sont pas nouveaux au Québec. On les observe tout au long du XIXe siècle, dominés d'abord par les Britanniques puis de plus en plus par les Américains, qui en prennent la relève, et même les Ontariens, dans le développement des richesses de l'Abitibi notamment. Déjà, dans le premier tiers du XIXe siècle, les capitaux américains sont présents, et l'on sait le rôle qu'ils ont joué dans le développement de l'industrie forestière. Même la famille Papineau y a eu recours, pour la mise en valeur de sa seigneurie, la Petite-Nation. Jusqu'en 1900, on estime qu'au moins 20 compagnies américaines ont créé des filiales sur le territoire du Québec. De cette date et jusqu'à la Première Guerre mondiale, elles seront responsables de 43 % des investissements industriels. Loin de s'atténuer, cette tendance s'accentue au cours des décennies suivantes. Et quand finalement on s'apprête à exploiter les riches gisements de fer et de titane de la fosse du Labrador, c'est encore au capital américain qu'on a recours pour cette exploitation, sans compter toutes ses participations dans la mise en œuvre des grands projets hydroélectriques (Linteau *et al.*, 1989 ; Bellavance, 1994 ; 1995 ; 1997).

2.5.4.4 Les paysages industriels

De toute cette évolution résultent des paysages extrêmement diversifiés, qui intègrent toutes les phases du développement industriel de la province. Ainsi, quand s'amorce l'industrialisation au Québec, un des premiers phénomènes à se manifester est celui des grappes de moulins, d'ateliers et de fabriques qui s'égrènent le long des cours d'eau facilement harnachables. Limitée d'abord aux établissements eux-mêmes, qu'on élève autour du seuil endigué et qui donne souvent naissance à un hameau ou à un village, cette tendance s'accroît avec le temps pour faire place cette fois à la grande entreprise et s'étendre aux agglomérations elles-mêmes, dont le nombre aussi bien que la taille finit par donner sa fonction dominante à de vastes portions de l'espace régional.

Notable au Saguenay et dans les Cantons de l'Est, où se développe ainsi tout un réseau de petites villes industrielles, le phénomène l'est également dans l'Outaouais, sur le contrefort des Laurentides au nord de Montréal, autour du lac Saint-Pierre, en Beauce, autour de Thetford Mines, sur la Côte-du-Sud et même sur la Côte-Nord, où se multiplient les villes nouvelles planifiées. Nés souvent autour d'un équipement hydroélectrique ou d'une installation minière, ces complexes donnent un visage particulier aux paysages de ces régions, qui prennent de plus en plus un aspect industriel (Fortier (dir.), 1996; Igartua, 1996).

Ailleurs, comme en Abitibi, l'industrie est greffée aux axes dominants d'exploitation des ressources. Aux alignements géologiques du sud, correspond tout un chapelet de petits centres miniers, polarisés aux extrêmes par deux agglomérations d'importance, Amos et Rouyn-Noranda. Au nord, le long de l'axe forestier, s'élève un semis de villages et de petites villes dominés par les scieries et les brûleurs à copeaux, que domine à l'est Amos, la capitale diocésaine, et à l'ouest, La Sarre, qui ouvre aussi l'accès aux territoires du nord, grâce à sa route vers la baie de James.

Mais c'est peut-être dans la plaine de Montréal que s'exprime avec le plus d'éclat la montée industrielle des XIXe et XXe siècles. Amorcée dès les années 1815, elle a laissé une poussière d'ateliers et de fabriques, d'où émergent parfois des manufactures et des usines, qui ont cependant tendance à plus se concentrer dans l'espace, autour des bourgs industriels. La ville elle-même en est le foyer, avec ses axes multiples en direction des anciens villages riverains et, tout autour, une ceinture de petites villes satellites étalée de Saint-Jérôme au nord, jusqu'à Berthier et Sorel au nord-ouest, et à Sherbrooke au sud. Elles témoignent avec éloquence du passé industriel de la région, qui sera une des premières à s'orienter aussi franchement dans cette direction de développement. Tout cela aura des influences directes sur l'agriculture qui, tout en restant très marquée par son évolution antérieure, prend de nouvelles orientations.

2.6 Les transformations de l'agriculture

Après 1840, l'agriculture québécoise connaît d'importantes transformations qui modifient considérablement son orientation. Tout en restant une activité familiale, elle se tourne de plus en plus vers l'élevage, laitier notamment, stimulée par les agronomes, les journaux agricoles et la multiplication des écoles d'agriculture (Séguin, 1980). La taille des exploitations augmente, les façons culturales s'améliorent et le machinisme se répand. La productivité du travail s'accroît et le nombre de petites fermes diminue avec, en contrepartie, une augmentation du nombre des grandes exploitations. Enfin, on assiste à une importante libération de main-d'œuvre, composée surtout d'exclus de l'agriculture qui finissent par abandonner définitivement ce secteur d'activité.

L'accès aux grands marchés est en grande partie responsable de cette évolution : le marché américain d'abord, et en particulier celui de la Nouvelle-Angleterre, qui s'ouvre avec le Traité de réciprocité et la Guerre civile américaine. Ce marché aura des effets stimulants à la fois sur les cultures et sur l'élevage, d'autant plus que son ouverture coïncide avec la mise en service en 1850 d'un chemin de fer entre Montréal et la vallée de l'Hudson par Plattsburg et, en 1851, d'une ligne qui relie Montréal à New York et à Portland, par le Vermont central (Hamelin et Roby, 1971 : 192 et s.). Quand ce marché se referme après la guerre, le relais est pris par celui de la Grande-Bretagne dont la demande en beurre et en fromage stimule les activités laitières et la montée des beurreries et des fromageries, mais seulement après 1873-1879. Enfin, s'ajoute également la demande locale, celle des villages notamment, dont le nombre continue d'augmenter, puis celle des villes, dont la population s'accroît considérablement à l'époque, et enfin celle des industries rurales dont l'essor également se poursuit, tant sur les fronts pionniers, où elles sont reliées à l'exploitation de la forêt et parfois de la pierre, comme à Saint-Dominique dans la plaine sud de Montréal, que dans les zones plus anciennement occupées où elles fleurissent sous des formes diverses. Tous ces marchés favorisent l'agriculture qui trouve là de nouveaux débouchés.

En moyenne, la ferme compte encore de 88 à 90 arpents, davantage dans les cantons, et aux céréales et aux fourrages, s'ajoutent les fruits, les légumes, le sucre d'érable, parfois le miel, et les produits de l'élevage. Très tôt, cependant, une nouvelle orientation se dessine, que sanctionne cette fois l'importance accrue des fourrages. Sauf le blé qui, après avoir connu une certaine recrudescence en début de période, régresse presque partout dans le territoire pour se concentrer surtout dans la plaine de Montréal et chez les gros exploitants, toutes les autres récoltes connaissent des tendances à la hausse (Courville, Robert et Séguin, 1995). Le sarrasin et la pomme de terre affichent une importance accrue, pendant que le foin et l'avoine deviennent des cultures commerciales et accaparent une portion de plus en plus importante de l'espace cultivé. Quant à l'élevage, il progresse également : au milieu du XIXe siècle, on compte en moyenne 6 bêtes à cornes par occupant de terre – dont plusieurs, cependant, ne sont pas des cultivateurs de métier –, 3 vaches laitières, un peu moins de 2 chevaux, moins de 3 porcs et environ 7 moutons. En 1871, les proportions s'élèvent à près de 7 bêtes à cornes, dont 3,5 vaches laitières, plus de 2 chevaux, 8,5 moutons et 3,5 porcs. Mais ce ne sont là que des moyennes et nombreux sont les véritables exploitants dont les productions et les élevages impressionnent, même en 1851. Que de contrastes aussi entre les régions et les sous-régions et, à l'intérieur de celles-ci, entre les différents secteurs géographiques, comme l'indiquent les données de recensement, rapportées cette fois uniquement aux déclarants d'un cheptel (Tableaux 20) ou d'une production fourragère (Tableaux 21).

TABLEAU 20

L'élevage (1851, 1871)
L'exemple des basses terres

	Moutons				Vaches			
	1851		1871		1851		1871	
	Moyenne par déclarant	Maximum déclaré	Moyenne par déclarant	Maximum déclaré	Moyenne par déclarant	Maximum déclaré	Moyenne par déclarant	Maximum déclaré
Île Jésus	10,03	73	5,1	25	3,63	25	3,2	28
Île de Montréal et île Bizard	9,21	100	6,3	82	4,32	82	3,5	73
Vaudreuil-Soulanges et île Perrot	9,91	72	6,3	25	3,41	25	3,1	27
Rive nord de Montréal	9,95	129	5,7	34	3,52	34	3,6	111
Rive sud de Montréal	9,77	190	7,5	37	3,52	37	3,4	61
Ville de Montréal			29,7				2,0	40
Île d'Orléans	11,79	36	5,8	17	4,34	17	3,8	13
Rive nord de Québec	10,15	115	5,6	40	3,15	40	3,1	74
Rive sud de Québec	10,65	174	5,8	98	3,73	98	3,5	90
Ville de Québec			37,0				3,6	208
Rive nord de Trois-Rivières	9,63	71	5,5	27	3,45	27	3,1	28
Rive sud de Trois-Rivières	9,69	105	5,9	24	3,68	24	3,1	45
Ville de Trois-Rivières	9,16	50	14,1	10	2,30	10	2,0	54

Source : Recensements du Canada.

TABLEAU 21

Les cultures fourragères (1851, 1871)

L'exemple des basses terres

	Avoines en bushel				Foin en bottes			
	1851		1871		1851		1871	
	Moyenne par déclarant	Maximum déclaré	Moyenne par déclarant	Maximum déclaré	Moyenne par déclarant	Maximum déclaré	Moyenne par déclarant	Maximum déclaré
Île Jésus	243,61	1439	227,56	1439,17	1331,12	32000	1221,66	20000
Île de Montréal et île Bizard	215,39	2103	219,40	2214,10	2344,46	80000	2133,84	140000
Vaudreuil-Soulanges et île Perrot	155,56	4439	169,96	1771,28	1075,90	54000	1004,41	93750
Rive nord de Montréal	183,36	8303	229,23	8856,42	1287,24	36000	1503,88	65600
Rive sud de Montréal	133,31	3000	205,60	3874,68	1864,87	72000	2001,80	68750
Ville de Montréal			313,13	1328,46			1333,64	12000
Île d'Orléans	244,07	1107	233,57	719,58	1860,69	8000	1638,61	18000
Rive nord de Québec	120,85	1439	183,22	12232,92	1305,03	45000	1281,98	42000
Rive sud de Québec	135,38	1661	155,71	2546,22	1471,40	100000	1521,98	250000
Ville de Québec			288,76	885,64			2950,00	8000
Rive nord de Trois-Rivières	226,31	3985	247,50	8856,42	1360,90	31500	1255,31	30000
Rive sud de Trois-Rivières	125,18	4429	171,98	1992,69	1402,11	40000	1475,14	45000
Ville de Trois-Rivières	356,27	2768	398,94	3321,16	3452,33	25000	7071,96	60000

Source : Recensements du Canada.

Pourtant, si les changements sont notables, attestés également par l'expansion de la machinerie, les cas de figures restent nombreux (Blouin, 1980 ; Otis, 1985 ; Wampach, 1988 ; Courville et Séguin, 1989). En outre, diverses difficultés continuent de peser sur le développement de l'agriculture. Ainsi, quand prend fin le Traité de réciprocité avec les États-Unis, le marché de la Nouvelle-Angleterre devient plus difficile, en raison d'une intensification de ses échanges avec l'ouest. En même temps, un autre producteur apparaît, l'Ouest canadien, dont la culture extensive des céréales s'amorce. Enfin, les producteurs ontariens, privés eux aussi du marché américain, se tournent vers le Québec. Aussi faudra-t-il un certain temps avant qu'on puisse réagir et s'adapter aux nouveaux marchés, par une orientation plus tournée vers l'élevage, laitier notamment. En 1867, on ne compte encore que 17 fabriques de fromage au Québec, d'une capacité de un million et demi de livres. À la même époque, on en compte 180 en Ontario, d'une capacité de douze millions de livres (Hamelin et Roby, 1971 : 197 ; McCallum, 1980).

Par ailleurs, sauf dans certaines régions, comme dans les Cantons de l'Est, ou dans certains comtés de la plaine de Montréal, les cultivateurs cherchent moins à améliorer leur productivité qu'à augmenter leurs superficies. De plus, si les techniques d'assolement s'améliorent, en beaucoup d'endroits la rotation est trop longue et la charge animale trop faible pour assurer une fumaison convenable des terres. En outre, si certaines techniques d'amendement se répandent, tels le chaulage ou le glaisage des sols sablonneux, les revenus agricoles sont trop bas pour autoriser leur usage régulier et extensif. Enfin, aux problèmes d'égouttement posés par les sols lourds, s'ajoute la médiocre qualité du cheptel, dont le rendement ne s'améliore que plus tard au XXe siècle.

Tout cela crée des difficultés qui accentuent les contrastes dans l'espace. Aux régions plus excentriques, qui privilégient surtout les céréales pauvres[93] et où la mise en valeur agricole souffre autant de l'éloignement que de la jeunesse du peuplement, s'oppose la grande région de Montréal qui continue de s'affirmer comme le véritable cœur de l'espace agraire québécois. Mieux nantie sur le plan du climat et des sols, elle est aussi la mieux desservie en villes et en villages et la plus sensible aux manifestations du marché. L'agriculture y est plus intensive, plus mécanisée et surtout mieux organisée. Dès 1850, la région de Montréal cumule plus de la moitié de l'espace cultivé de la province, près de 45 % des exploitations, et elle assure de 50 % à 65 % des récoltes, sauf pour la pomme de terre plus répandue dans l'est du Québec. De plus, elle retient environ la moitié des porcs et des vaches laitières. Seul l'élevage du bœuf y semble moins répandu, en raison de son abandon comme animal de trait. Par contre, elle retient plus de 60 % des chevaux, ce qui apparaît comme l'indice d'une plus grande aisance.

Cette importance de l'élevage, et plus particulièrement de l'élevage laitier, traduit tous les changements que connaît alors l'agriculture des basses terres. En effet, loin d'être limitée aux Cantons de l'Est, l'élevage laitier s'étend aux localités riveraines du fleuve et de ses principaux affluents (Figure 53). Ce tournant va de pair avec les transformations que connaît la campagne, notamment dans la plaine de Montréal et sur le pourtour du lac Saint-Pierre où les villes et les villages créent un marché pour les produits laitiers. Ces changements se reflètent dans la géographie, qui s'ordonne désormais en une série d'espaces imbriqués les uns aux autres et répartis

93. C'est le cas, notamment, du sarrasin, qui progresse surtout dans les régions de colonisation, entre autres en Gaspésie et dans le Bas-Saint-Laurent, mais aussi dans plusieurs localités de la rive sud de Québec.

FIGURE 53

Le troupeau laitier (1851, 1871)

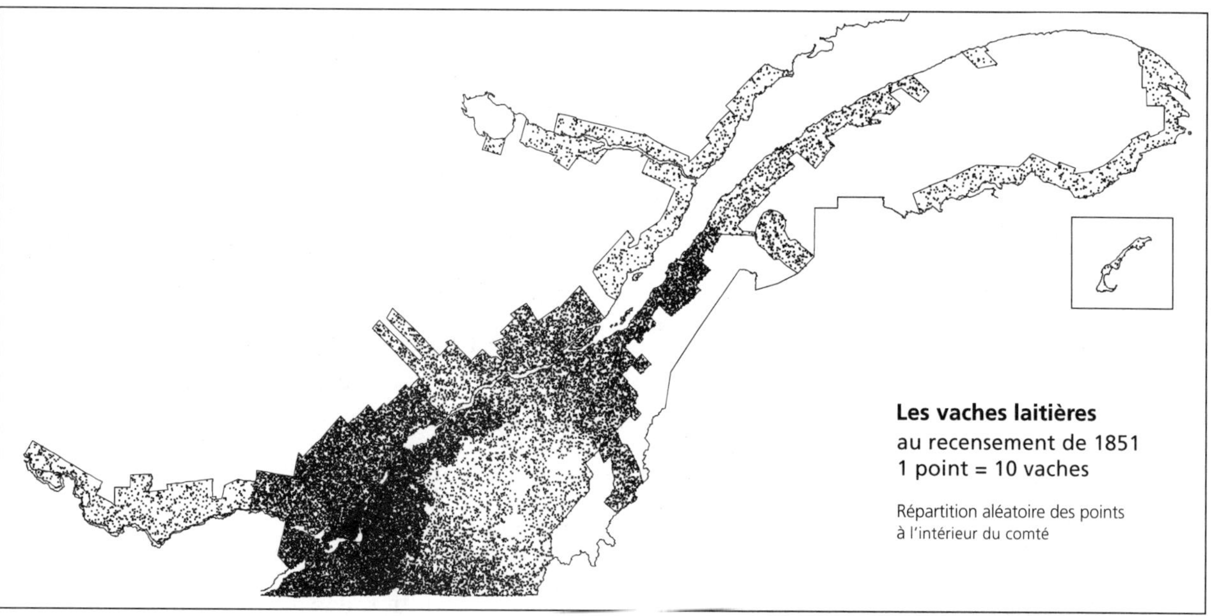

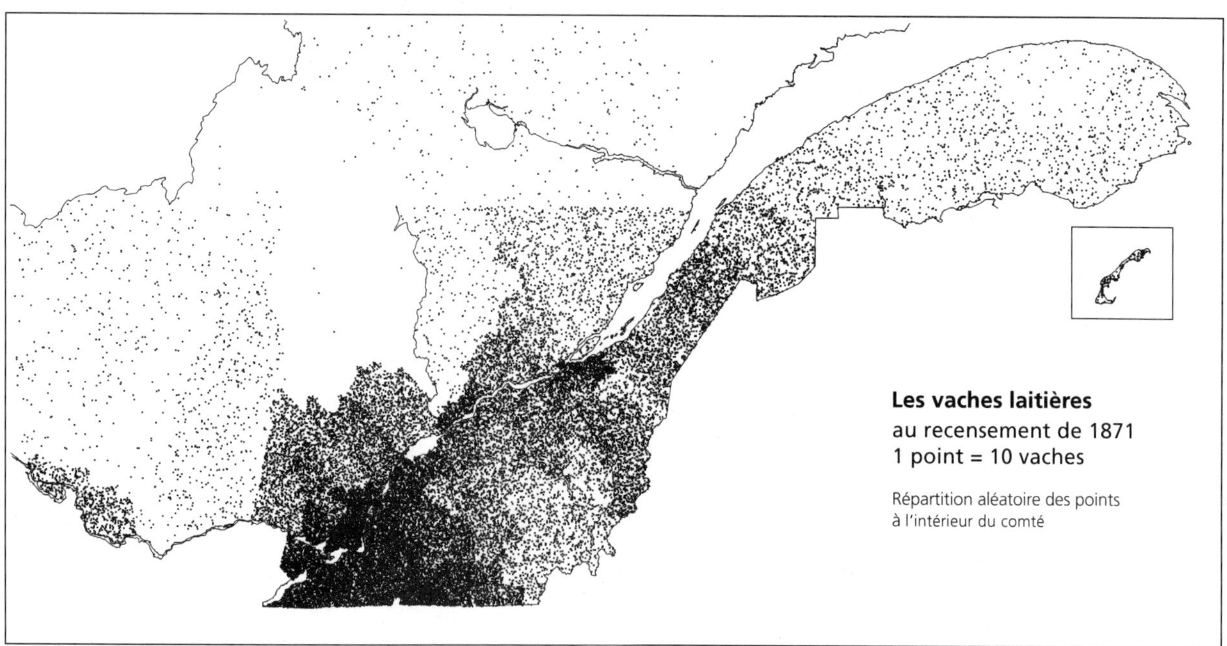

Source : Recensements du Canada.

en auréoles autour des grands centres urbains et, d'une manière plus générale, autour de l'axe laurentien.

Pourtant, que de contrastes à l'intérieur même de ce territoire, entre la rive nord et la rive sud de Montréal notamment, où de plus en plus d'exploitants se tournent vers cet élevage. Alors que la première voit diminuer progressivement le nombre de ses exploitants, la seconde les voit augmenter en raison d'une plus grande surface argileuse et d'une plus grande disponibilité de terres sur les fronts pionniers. Que d'écarts aussi entre les localités et les rangs d'une même localité, malgré le remembrement des terres et l'extension des cultures fourragères. Ils traduisent autant les inégales potentialités des terroirs que leurs inégales temporalités. C'est pourquoi l'éventail de situations reste large, autant certainement que les fortunes, toujours très variables au sein de la paysannerie.

La fin du siècle ralentit cette évolution et introduit un autre cycle dans la vie des campagnes. En effet, une des conséquences de l'expansion de l'élevage a été d'entraîner un accroissement notable des cultures fourragères. Or, il n'y a pas que l'agriculture qui en est la cause, les villes le sont également. En effet, comme le transport y est assuré par le cheval, le parc hippique est en pleine croissance, ce qui augmente d'autant la demande en fourrages, non seulement dans les villes et les chantiers du Québec, mais aux États-Unis et dans les autres provinces canadiennes. Le foin, surtout, profite de cette croissance, au point de devenir la grande denrée d'exportation des campagnes, un rôle qui n'est pas sans rappeler d'ailleurs celui du blé autrefois. Tout y est subordonné, tant l'acquisition de terres et d'équipement que le défrichement. Amorcée dès les années 1870 (Figure 54), cette « ère » du foin ne s'estompera qu'avec la Crise des années 1930 et l'affaissement du marché américain, consécutif à la multiplication des véhicules automobiles. Il en résultera un accroissement considérable des superficies cultivées en foin et aussi de l'endettement des fermes.

Raoul Blanchard a bien décrit cette frénésie, en rappelant que :

> *Le foin de la plaine pousse avec une magnifique abondance et fournit des rendements inégalés : jusqu'à 2 tonnes l'arpent (40 ares), sans le moindre engrais. La demande était considérable, vers les villes, les chantiers de bois, surtout les États-Unis. Il était bien tentant de mettre le plus possible de terre en foin, pour produire en masse cette précieuse denrée qu'on a vendue jusqu'à 30 dollars la*

FIGURE 54
La culture du foin en 1871

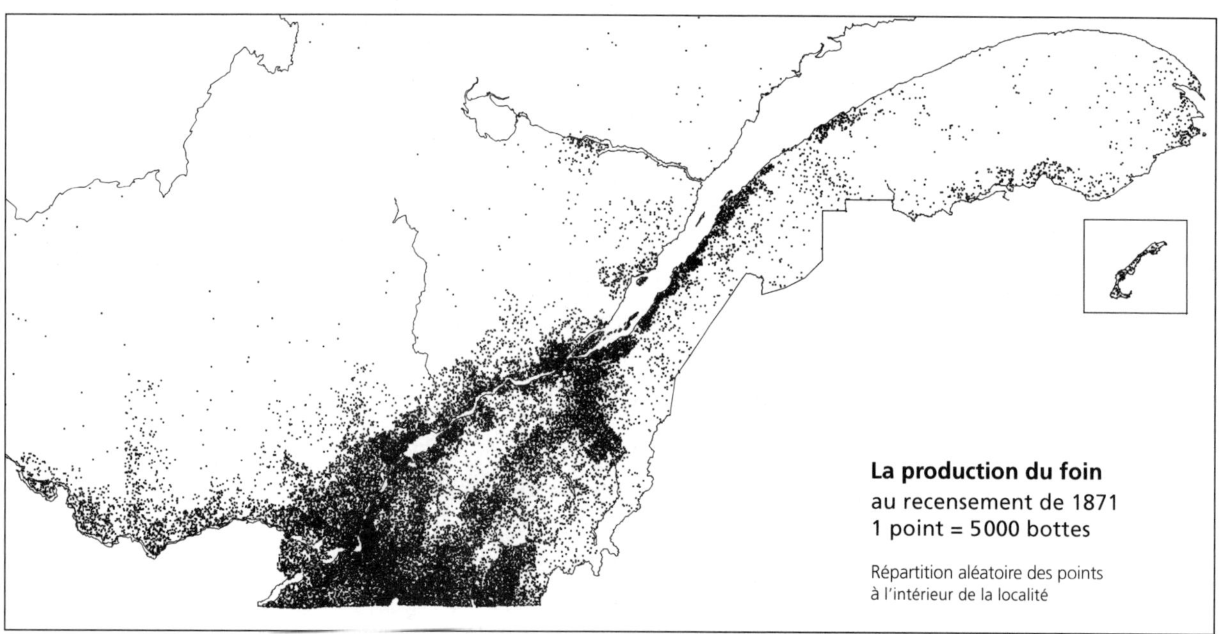

Source : Recensement du Canada.

tonne, en s'épargnant ainsi les soucis et les aléas de la culture, comme de l'entretien du cheptel bovin. Partout on réduisit le bétail comme la superficie des champs ; on se laissa aller à l'agréable existence qui, après le coup de feu de la fauchaison, laissait le cultivateur en paix, les poches bien garnies, uniquement préoccupé d'arrondir son domaine de nouveaux prés [...].

Les méfaits de cette épidémie ont été graves. Le premier est que la disparition, quasi soudaine de cette ressource a laissé les cultivateurs désemparés [...] et en même temps endettés [...]. Les paysans s'étaient lancés dans une orgie d'achats (de machines agricoles, de meubles, d'automobiles, construction et réparation de bâtiments) enfin achat de terres à des prix ruineux et à crédit. Il semblait avantageux de s'assurer la plus vaste étendue possible de prairies, puisque les magnifiques profits de la vente du foin paraissaient garantir les spéculations les plus extravagantes. De là l'endettement qui ronge comme un chancre un grand nombre de propriétés [...]. De là aussi le dépeuplement : le fermier aisé qui réussissait à acquérir trois ou quatre terres pour y faire du foin mettait aussi dehors trois ou quatre familles rurales qui n'avaient plus qu'à prendre le chemin de Montréal. La fièvre du foin a été un agent actif d'émigration (Blanchard, 1953, t. 1 : 92-94).

Le propos est le même chez le géographe Ludger Beauregard, dans ses travaux sur le Richelieu. « À la veille de la crise économique de 1929, note-t-il, le Richelieu se présente comme un vaste champ de foin... [Sa] vente assure plus de revenus aux cultivateurs que celle du lait ou de la viande. [Celui-ci] trouve preneur dans les villes, surtout Montréal, mais aussi aux États-Unis (Vermont et New York), en Ontario et parfois dans la Prairie. C'est le « staple » qui a vraiment succédé au blé de l'époque précédente, à la suite des avatars de la pomme de terre et de l'avoine. Il a non seulement rapporté de l'argent aux cultivateurs, mais il a aussi conditionné l'élevage » (Beauregard, 1970 : 199). Là aussi, l'endettement des fermes est élevé.

Au milieu des années 1930, la situation est telle que l'État doit intervenir. Inspiré par l'*Agriculture Adjustment Act* américain (1933), il crée l'Office du crédit agricole (1936), afin d'aider à résoudre le problème de l'endettement rural et d'offrir aux jeunes cultivateurs le moyen de se procurer le capital nécessaire à leur établissement sur une ferme. Cependant, comme ces derniers rachètent souvent la terre paternelle, cette législation sera aussi une manière de soutenir les aînés, qui pourront ainsi bénéficier d'une retraite confortable. C'était transférer à l'État les obligations rattachées aux donations entre vifs, si populaires au XIXe siècle, quand, à la fin de leur vie active, les parents « se donnaient » aux enfants, à charge pour eux de les entretenir leur vie durant (Courville, 1980).

Conjuguée à l'effondrement du marché du foin, cette mesure relance l'industrie laitière, qui peut maintenant bénéficier plus franchement de la demande sur le marché urbain. En 1911, par exemple, Montréal et ses faubourgs comptent environ 520 000 habitants. En 1931, l'île en compte plus de un million. Voilà un énorme marché situé à proximité, qui demande non plus du foin, mais des produits laitiers, des produits maraîchers et de la viande. En outre, le monde agricole est sorti si meurtri de la crise du foin qu'il est plus enclin au changement d'orientation prôné par les agronomes, les écoles d'agriculture et l'Union catholique des cultivateurs (UCC), qui entreprend même d'offrir des cours à domicile (Séguin, 1980 ; Hamel *et al.*, 1994a, 1994b ; Brodeur, 1996). Aussi le virage s'effectue-t-il rapidement,

FIGURE 55

Le troupeau laitier (1931, 1951)

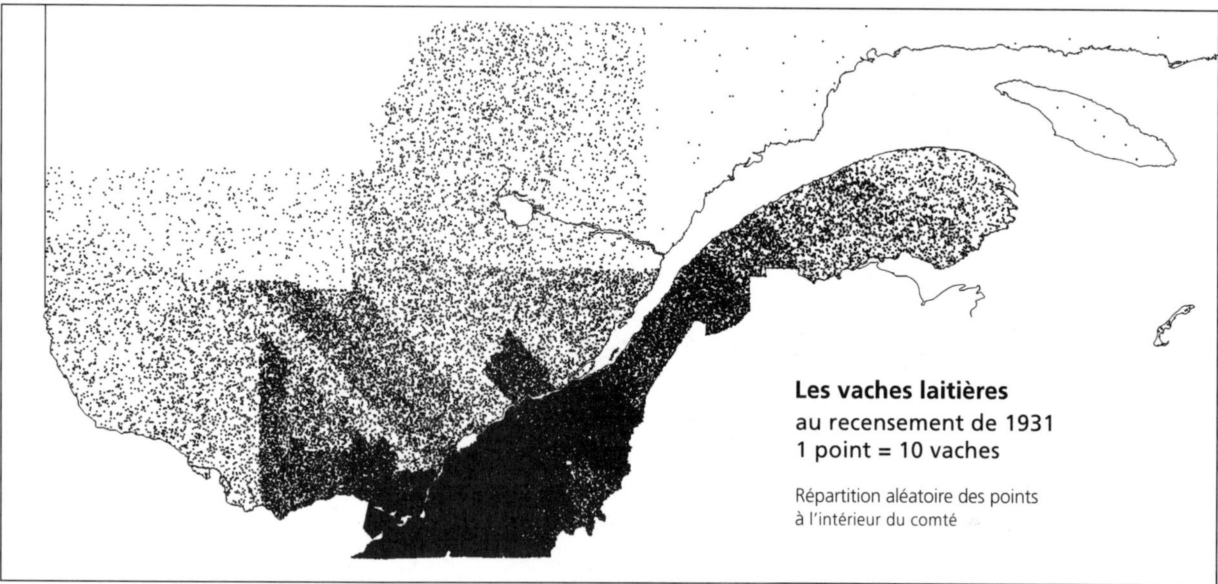

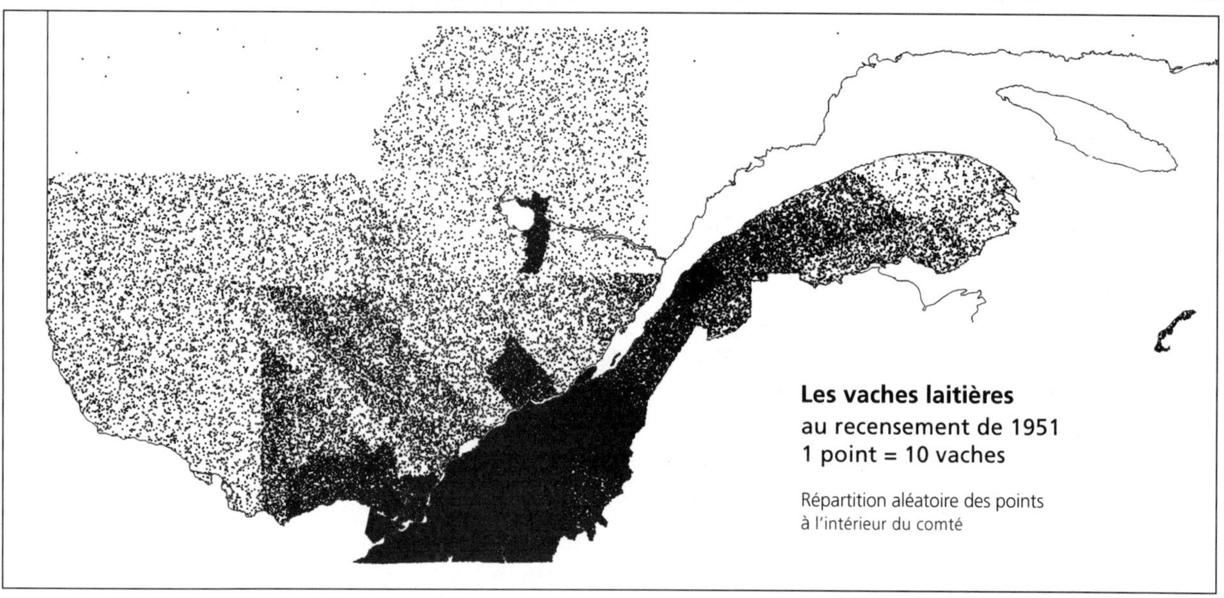

Source : Recensements du Canada.

accompagné de réels progrès agronomiques. L'égouttement des terres s'améliore, on adopte de meilleurs systèmes d'assolement, les engrais chimiques se répandent et les soins au bétail s'améliorent, ce qui accroît les rendements. En même temps, le troupeau laitier augmente (Figure 55).

Toutefois, en contrepartie de ces transformations, l'agriculture reste aux prises avec la routine et surtout l'endettement et la concentration foncière hérités de l'ère du foin. Pour Blanchard, c'est là une situation on ne peut plus grave, car l'agriculture devrait pouvoir se montrer capable de faire vivre deux, et même trois fois plus d'habitants ruraux qu'elle n'en héberge (Blanchard, 1953, t. 1 : 103). Largement répandu partout dans la province, le problème revêt une acuité particulière dans la plaine de Montréal, où, selon Blanchard, on ne sait plus depuis longtemps retenir les excédents ruraux.

En fait, ce qu'observe cet auteur, en le déplorant, est le virage « capitaliste » de cette agriculture, qui était déjà présent au XIXe siècle, dans l'industrie laitière notamment, où la taille de certains troupeaux pouvaient atteindre jusqu'à 30, 50 et même 100 têtes, alors que la moyenne ne dépassait pas 3 ou 4 (Courville, Robert et Séguin, 1995), mais qui prend cette fois une vigueur nouvelle (Figure 56). Pour un observateur européen, il y avait là un gâchis évident, qui menaçait en outre les valeurs et le genre de vie traditionnels. En cela, Blanchard avait vu juste. Une ère s'achevait, compromise de surcroît par la guerre et les changements d'après-guerre.

2.7 Le tourisme

Tout au long du XIXe siècle et jusqu'au milieu du XXe, des formes nouvelles de déplacement se mettent en place, qui profitent du développement des transports et qui stimulent l'économie de certains endroits privilégiés par leurs attraits naturels. Roger Brière (1967) a bien résumé cette évolution en rappelant que ce n'est pas avant la Conquête ni même au XIXe siècle que commence à se manifester ce qu'on peut appeler le tourisme. Jusque-là, les déplacements étaient surtout le fait de citadins amateurs de promenades à la campagne ou de voyageurs de passage qui, tel Pehr Kalm, venaient visiter la colonie.

Après la Conquête, le nombre de voyageurs augmente et la villégiature apparaît. Toutefois, ce n'est qu'avec l'amélioration des moyens de transport et la montée des classes aisées et des loisirs que ces deux formes

FIGURE 56

Une agriculture tournée vers l'élevage et les cultures fourragères (1851-1951)

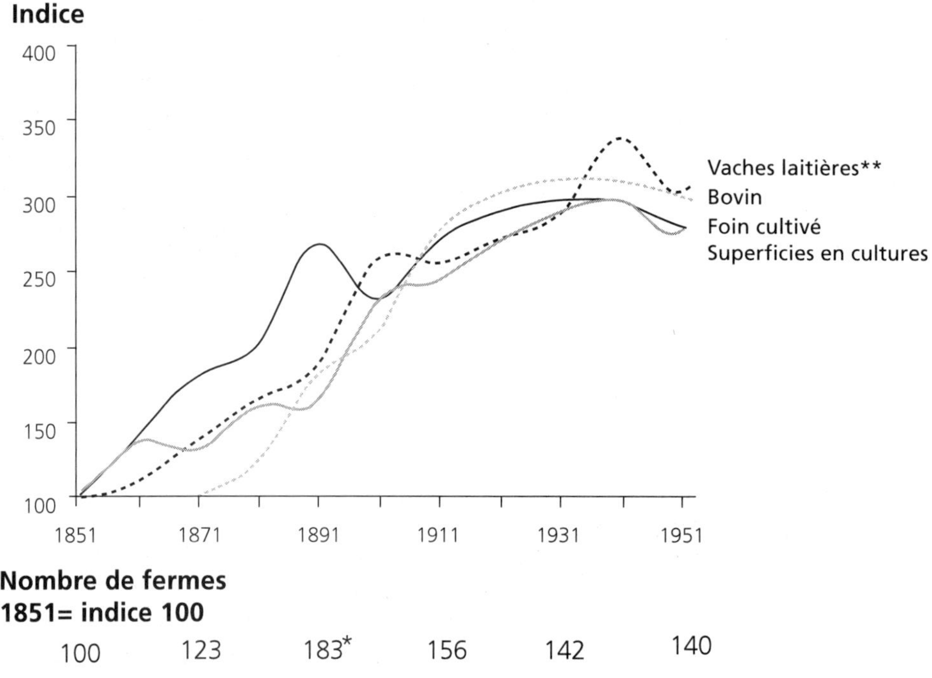

* Comprend les lopins de moins de 0,4 hectares.

** Pour 1871, 1881 et 1891, les données concernent les vaches de deux ans et plus, élevées pour la production laitière.

Source : Recensements du Canada.

de tourisme se répandent. L'un des signes les plus évidents de cette expansion réside dans le développement des croisières, qui profitent des facilités offertes par le navire à vapeur pour offrir aux voyageurs les scènes décrites par les Romantiques dans leurs écrits ou leurs tableaux. Les circuits privilégiés sont le fleuve Saint-Laurent, jusqu'au golfe et aux côtes de la Gaspésie, et le fjord du Saguenay, qu'on remonte jusqu'à la baie des Ha ! Ha ! Un deuxième signe réside dans l'extension des itinéraires d'agrément encouragée par l'expansion du chemin de fer, qui déclasse alors la diligence comme moyen de transport par terre. En 1852, le réseau ferroviaire ne compte encore que 205 milles de voies, dix ans plus tard, il en compte dix fois plus. Il modifiera complètement la géographie de la circulation, en plus de réorienter les itinéraires d'agrément et de favoriser la villégiature, dans des endroits restés jusque-là inexploités à des fins touristiques. Enfin, on assiste tout au long du XIXe siècle à la publication de guides touristiques qui vantent les attraits du Bas-Canada, culturels notamment.

Déjà, certains auteurs avaient donné un avant-goût de ces attraits, en rappelant avec quelle rapidité le touriste américain pouvait se retrouver ici dans un univers totalement différent, à la fois sur le plan du climat, de la langue, de la religion et du gouvernement (Samsom, [1817] 1820: 49). Des motifs similaires animeront plus tard Charles-Alexis-Henri Clérel de Tocqueville et Henry David Thoreau (1866) quand ils viendront à leur tour visiter le Bas-Canada, l'un en 1831 et l'autre au milieu du siècle. Cependant, si ces voyageurs se disent fascinés par le pays, ils se montrent aussi très critiques face à l'habitant, qu'ils perçoivent comme d'un autre âge. Les guides touristiques reprendront cette perception (Cazelais, Nadeau et Beaudet (dir.), 1999). Au nombre des attraits les plus souvent signalés figurent la richesse des paysages naturels, les ressources, faunique notamment, et le caractère français du Québec, dont on signale aussi le « cachet » traditionnel. Destinés surtout aux classes aisées, ils rejoignent autant les touristes que les voyageurs de passage, à qui ils offrent une description commentée du Québec.

C'est le cas, par exemple, du *Hunter's Panoramic Guide from Niagara to Quebec*, publié aux États-Unis en 1857. Destiné aux voyageurs qui prennent chaque année le bateau à vapeur pour descendre le fleuve jusqu'au Saguenay, il se propose d'offrir au touriste une vue panoramique des endroits les plus célèbres et les plus pittoresques du Saint-Laurent. La présentation est faite au fil de l'eau et comme le guide est accompagné d'une longue carte itinéraire que le voyageur peut déplier à loisir, il se donne comme un outil de repérage des lieux rencontrés le long des rives.

Parmi les attraits signalés dans la partie québécoise du voyage, plus du tiers sont des sites naturels, reliés surtout à l'hydrographie (lacs : Saint-François, Saint-Pierre ; chutes : de la Chaudière, Montmorency, Sainte-Anne) ; près de la moitié, des villages et le reste des villes ou des îles. Et chaque fois, on insiste sur le caractère français du pays, en grossissant ses traits agricoles et forestiers et l'omniprésence des églises. Ainsi :

FIGURE 57

Visiter le Bas-Canada

The villages and hamlets are decidedly French in character and are generally made up of small buildings, the better class of which are painted white or whitewashed, with red roofs. Prominent in the distance appear the tile-covered spires of the Catholic churches, which are all constructed in that unique of architecture so peculiar to that church (Hunter, 1857 : 53-53).

Et, à l'appui de sa description, l'auteur offre à ses lecteurs différents dessins illustrant l'habitant canadien et son épouse, une ferme type, un prêtre, une église, un groupe de sœurs et un canotier. L'image qui s'en dégage est bien celle d'une société à part, semblable à celle qui est décrite par les artistes de l'époque (Figure 57).

À côté de ces touristes itinérants, nombreux sont ceux, aussi, qui profitent de leur loisir pour se rendre dans des endroits de villégiature. L'un des plus fréquentés reste Kamouraska, dont la célébrité date des seigneurs Taché et des fêtes resplendissantes qu'ils y donnaient. On s'y rend de Montréal et de Québec, à la fois pour des raisons de cure et de prestige, car, comme l'a rappelé Joseph Bouchette :

Source : Hunter (1867).

> *Kamouraska [...] is celebrated in the province for the remarkable salubrity of its atmosphere which enjoys the invigorating properties of sea air, rising from the breath of the Saint. Lawrence [...]. Kamouraska is now the chief watering place in Lower Canada, and as such, is the resort of numerous visitors of the first rank and respectability during the summer months* (Bouchette, 1832, t. 1 : 317).

Avec le temps, d'autres endroits deviennent également à la mode. La plupart sont situés à l'aval de Québec. Les villages de Cacouna, Métis, Tadoussac, La Malbaie, Pointe-au-Pic, Cap-à-l'Aigle sont de ceux-là, sans oublier Sainte-Anne-de-Beaupré, qui n'est pas à proprement parler un lieu de villégiature, mais qui attire beaucoup de pèlerins[94]. Les régions de Trois-Rivières et de Montréal ne sont pas en reste. Là aussi les rives sont fréquentées, en direction notamment de Louiseville, de Saint-Léon, de Berthier, de Verchères, de Sorel, de l'île Jésus, où Sainte-Rose est déjà bien connue, de la

94. Dans sa synthèse sur le culte de Sainte-Anne, l'abbé Paul-Victor Charland (1921 : 216), par exemple, donne les chiffres suivants, confirmés par les relevés des *Annales de la bonne Sainte-Anne de Beaupré* : 79 000 pèlerins en 1885 (contre 27 000 dix ans plus tôt), en ne tenant compte que de ceux qui communient ; 85 000 en 1886 ; 106 000 en 1890 ; 117 000 en 1894 ; 193 000 en 1907 ; et 241 000 en 1913.

rive nord de la rivières des Milles-Îles et autour de lac des Deux-Montagnes, l'endroit le plus achalandé restant l'île Sainte-Hélène, à cause de sa proximité de Montréal. Avec le chemin de fer, cependant, la villégiature se porte vers l'intérieur des terres, d'abord en direction des Cantons de l'Est, puis, vers la fin du XIXe siècle, en direction des Laurentides. Dès 1880, toutes les rives du lac Memphrémagog entre Magog et Georgeville sont occupées par les estivants et dès le tournant du XXe siècle Sainte-Adèle et Sainte-Agathe sont atteintes.

Quant aux villes, elles aussi font partie des circuits touristiques. Si Montréal attire pour sa diversité, Québec fascine par sa beauté et nombreux sont les touristes qui, chaque année, viennent la visiter, attirés par le charme tout romantique de la ville, surtout depuis l'aménagement de la fameuse terrasse par Lord Dufferin. On y vient par bateau ou par chemin de fer, et, tout au long du XIXe siècle, nombreux sont les guides touristiques qui en vantent la destination. La construction du Château Frontenac au tournant du XXe siècle ajoutera encore à sa renommée.

Enfin, comme le Québec est riche en forêts et en lacs, les clubs privés de chasse et de pêche se répandent, sollicités par l'élite financière et industrielle, qui voit là non seulement des moyens de pratiquer ses sports favoris, mais des symboles d'aisance et de réussite sociales (P.-L. Martin, 1990; 1997: 49). De 1885, année de la mise en place d'un régime de location des terres publiques, à 1896, 50 clubs de chasse sont fondés. Vingt ans plus tard, on en compte plus de 300, réparties dans presque toutes les régions du Québec, depuis l'Outaouais, les Laurentides et la Mauricie, réputée pour sa richesse faunique, jusqu'au Saguenay–Lac-Saint-Jean et en Gaspésie.

Jusqu'à la Première Guerre mondiale cependant, seules les classes aisées ont accès à cette forme d'activité, comme au tourisme en général. Les raisons principales en sont surtout le coût des activités et le peu de temps de loisirs dont dispose la masse de la population, notamment chez les francophones. Les changements de tous ordres entraînés par le conflit et surtout l'expansion de l'automobile entraîneront une démocratisation du tourisme, qui rejoint cette fois toutes les classes de la société. Cette fois l'élan est donné. À la notion de station de villégiature se substitue celle de région touristique, qui fait perdre à la répartition spatiale du fait touristique son caractère ponctuel (Brière, 1967: 94). Et comme ce tourisme fait une grande place aux voyages de fins de semaine en famille, des formes nouvelles d'hébergement apparaissent, la cabine et plus tard le motel, construits le long des principaux axes routiers et qu'on utilise même l'hiver, pour les vacances de neige. En même temps, plus facile d'accès, la maison de plaisance se répand et avec elle les plages dont tout lac de quelque importance est pourvu.

De son côté, le tourisme de l'extérieur connaît une croissance sans précédent. Ainsi, de 1930 à 1958, on estime à plus de 7,5 million le nombre de véhicules automobiles qui ont passé les frontières pour une journée seulement en ne tenant compte que du trafic de voyageurs en provenance des États-Unis (Québec, *Annuaire statistique du Québec*, 1971 : 687). Un million de plus y sont restés une nuit ou plus. Quant au nombre de voyageurs venus par rail, il se chiffre à 3,6 millions, contre un peu plus de 99 700 par la voie d'eau, 619 100 par autobus et 815 500 par avion. Un instant ralenti par la guerre, le mouvement reprend dès la fin des hostilités, alors que l'auto remplace de plus en plus le chemin de fer dans les liaisons avec les États-Unis. Tous ces voyageurs ne sont évidemment pas des touristes, au sens actuel du terme[95], mais parmi eux nombreux sont ceux qui le sont ou qui profitent de leur voyage pour visiter le Québec.

Pour les hommes d'affaires québécois, c'est là une manne à protéger et même à stimuler. Aussi continue-t-on de produire des guides, plus élaborés sans doute qu'au XIXe siècle, mais qui s'alimentent de thèmes semblables à ceux qui avaient été popularisés à l'époque des croisières. On en trouve un exemple dans l'ouvrage paru en 1956 sous le titre : *Province de Québec, Paradis du touriste*.

Réalisé par la Société nouvelle de publicité à Montréal, grâce à diverses souscriptions provenant surtout du monde des affaires, il a pour but de « mieux faire connaître l'histoire des dix régions de la Province de Québec et de mettre en relief la beauté et l'intérêt de chacune d'elle » (Québec, 1956 : 6). Après une entrée en matière consacrée à l'histoire du drapeau et à une photographie pleine page de Maurice Duplessis, alors premier ministre de la province, suivent les renseignements d'usage sur les conditions de séjour et d'hébergement, les points d'entrée au Québec, le réseau routier, les limites de vitesse, les itinéraires suggérés et les localités à visiter. Puis, vient une présentation du capital naturel de la province, organisée autour de la chasse, de la pêche et des parcs provinciaux, avec diverses informations relatives aux règlements et aux équipements de la

95. Par exemple, en 1997-1998, on estimait à 2,6 millions le nombre de touristes venus de l'étranger, tous pays confondus.

province. Enfin, on expose les traits culturels du Québec, en mettant l'accent sur le caractère français et exceptionnel des lieux qu'on suggère de visiter, en leur accolant divers attributs afin d'en mieux promouvoir les charmes. De Montréal, par exemple, la « Métropole du Canada », on pourra se rendre à Québec, le « Gibraltar canadien », et, de là, visiter l'île d'Orléans et l'île aux Coudres. Mais on pourra aussi se diriger vers le Richelieu, le « Jardin du Québec » ; l'Outaouais, ce « Lieu de repos et d'amusement » ; la Mauricie, ce « Paradis de vacances » ; l'Estrie (Cantons de l'Est), « La réussite de la Nouvelle-France » ! ; la Chaudière, cette « Terre où l'érable est roi » ; le royaume du Saguenay, « L'empire du progrès » ; le Bas-Saint-Laurent, cette « Riviera laurentienne » ; ou la Gaspésie, ce « Pays des splendeurs ».

Pour les promoteurs, il est clair que ces randonnées doivent se faire en auto. Aussi réclame-t-on une amélioration du réseau routier, par l'élargissement des voies existantes et la création d'autoroutes capables d'attirer et d'accueillir le voyageur. Les axes les plus fréquentés étant le corridor du Saint-laurent, entre Québec et Montréal, et les Laurentides au nord de Montréal, c'est là que se concentreront d'abord les efforts. Mais ce n'est pas avant la fin des années 1950 et surtout 1960 qu'on en verra l'aboutissement.

3. LA FIN D'UN CONTEXTE

Toute cette évolution se concrétise dans le paysage décrit par Raoul Blanchard à la fin des années 1950. Contrairement à ses œuvres antérieures, celle-ci intègre mieux les diverses facettes de la réalité québécoise. En fin observateur, il avait saisi les tendances séculaires de la population et il avait bien vu son rôle dans la création du territoire. Il avait compris également la place occupée désormais par la ville et l'industrie dans le devenir de la province. Surtout, il avait perçu qu'une ère s'achevait, compromise à la fois par les changements d'après-guerre et le caractère suranné de certaines institutions, qui ne paraissent plus correspondre aux exigences du monde contemporain. En cela, Blanchard se faisait le porte-parole de bien des intellectuels québécois, qui avaient déjà entrepris de contester les excès du contrôle politicoreligieux. Il offrait également des perspectives nouvelles de lecture du paysage québécois, plus attentive aux cohérences et aux pouvoirs du passé.

L'une de ces perspectives est langagière. Elle trouve son application dans la toponymie historique. Encore peu développée au Québec, cette science permet d'éclairer les étapes et les enjeux de conquête du sol au Québec et offre une vue originale de la montée des pouvoirs traditionnels dans la province. En cela, Raoul Blanchard a fourni un matériau précieux, moins sous l'angle toponymique, qu'il n'a pour ainsi dire pas traité, que sous celui de ses synthèses de peuplement qui, avec ses chapitres consacrés au milieu physique, forment l'entrée en matière de ses ouvrages.

Tout au long du XIXe siècle, en effet, et pendant encore un demi-siècle, il y a création de nouveaux terroirs. Toutefois, à la différence des vieilles paroisses riveraines, où les noms de lieux ont souvent été fixés par l'État ou les seigneurs, ces endroits paraissent plus chargés de vocables populaires, qui renvoient à une nouvelle forme de rapport au territoire. Aux noms en usage sur les fronts de seigneuries (par exemple, Premier-Rang, Deuxième-Rang, Grande-Côte, Chemin du Roy...), et qui attestent du rôle initial de l'État et des seigneurs dans le développement colonial, succède toute une série de désignations inspiré du vécu local de la population (Rang-du-Bois-de-l'Ail) ou qui rappellent le nom des défricheurs (Rang-des-Carons) ou les événements malheureux de la communauté (Rang-du-Pendu).

Notable dès le tournant du XIXe siècle, quand s'amorce le mouvement de migration vers l'intérieur des terres, ce phénomène s'accentue avec le temps et l'abolition du régime seigneurial. Il se prolonge jusqu'aux années 1870, alors qu'une troisième toponymie apparaît. Aux noms du terroir succèdent alors des noms de saints, qui n'étaient pas absents de l'ancienne dénomination, mais qui s'étendent cette fois à des territoires de plus en plus vastes situés à l'arrière des anciennes zones d'établissement. Il faudra attendre la colonisation de l'Abitibi avant que les noms de lieux ne redeviennent plus profanes, inspirés cette fois du Régime français, en reconnaissance du rôle joué par la France dans la mise en place de la société québécoise. C'est ainsi, par exemple, qu'ont été immortalisés les noms des régiments de Montcalm, dans la nomenclature des cantons.

Ces changements dans la pratique toponymique reflète toute la place prise par les institutions et plus particulièrement par l'Église catholique du Québec dans la construction du référentiel territorial au Québec. Très différente de l'Église missionnaire et mystique des débuts, elle est devenue, après 1840, une institution omniprésente, dont les ambitions s'expriment jusque dans les sphères politique et sociale. Cet affermissement du pouvoir clérical est central dans la compréhension du Québec des années 1880-1950. Il s'explique par la facilité avec laquelle est venu se nicher ici tout un courant catholique d'origine européenne, qui a beaucoup contribué au changement de perspective théologique mis de l'avant par la papauté (accorder plus facilement le pardon pour favoriser l'accès aux autres sacrements), mais qui a aussi servi d'assise à une pensée rigide, dont on sent les effets dans tous les domaines de la vie privée et publique.

À la fin du XIXe siècle, la transition est complétée, non sans heurts cependant, et l'Église peut prétendre être devenue une institution centrale dans la vie de la population. Les inquiétudes provoquées par la Première Guerre mondiale puis la Crise économique des années 1930 viendront encore accroître son autorité, menacée cependant par le relâchement d'après-guerre. Cependant, quand survient le gouvernement Duplessis à la veille de la Seconde Guerre mondiale, tout est en place pour que le pouvoir clérical se cristallise dans la sphère laïque. Défait, puis réélu, Duplessis incarne un type bien particulier de pouvoir, celui de la territorialité, dans ce qu'elle peut avoir de plus contraignant. Formé aux valeurs du catholicisme et bourré des préjugés de son époque, il s'impose vite comme le chef de file de toute une génération qui voit dans la promotion de la foi, de la famille et de la patrie des garanties d'ordre et d'autorité. Avec lui s'affirme également une forme étendue de paternalisme, qui met l'État au service des traditions et des amis du régime. Enfin, comme le capitalisme est perçu comme un système garant de bonheur et de prospérité, et les syndicats comme des organisations susceptibles de favoriser le désordre et même le communisme, il réprime durement les mouvements de contestation ouvriers, comme ce fut le cas, par exemple, avec la grève de l'amiante en 1949 (Linteau *et al.*, 1989; Dickinson et Young, 1992), ce qui ne l'empêche pas d'entreprendre la modernisation des infrastructures matérielles de la province. Pour lui, cependant, le Québec a une vocation agricole. L'industrie est pour les Anglais! Quant aux domaines de la santé, de l'éducation et des services sociaux, ils sont l'affaire de l'Église, et non de l'État. Aussi n'entreprend-il pas de réformes, jugés incompatibles avec son objectif d'équilibre budgétaire.

Dans ce contexte, le rapport au monde extérieur n'est pas exclu, mais tout doit passer par le filtre politicoclérical. Même le milieu intellectuel y est contraint et nombreux sont ceux qui en deviennent un rouage. Pour tous ceux qui, bien que laïcs convaincus, accepteront de s'y soumettre, l'institution pèsera lourd, ce qui expliquera plus tard son essoufflement.

Jusqu'à la fin des années 1950, pourtant, celle-ci reste bien en place, nourrie de convictions arrêtées quant aux valeurs de base la société québécoise, mais lézardée aussi par tous les changements d'après-guerre et les grèves qui les accompagnent, tant à Montréal qu'ailleurs dans la province, à Louiseville et à Murdochville notamment. Ils la feront paraître de plus en plus comme une entrave au progrès économique et social, un point de vue que partagent même certains membres du clergé.

L'un de ces changements réside dans l'accroissement du nombre de jeunes, qui introduit des besoins nouveaux sur le plan économique et social; un autre, à l'expansion de l'automobile comme moyen de transport et de loisir; un troisième, à la pénétration accrue de la culture américaine, grâce à la télévision et au cinéma. Ils feront ressortir la situation précaire des Canadiens français au sein de la province et de l'ensemble canadien.

Autant les menaces de guerre puis la conscription obligatoire avaient-elles favorisé le mariage des jeunes gens, autant la fin du conflit accélère-t-elle la natalité, tout en maintenant élevé le taux de nuptialité. En même temps, conséquence des progrès de la médecine, le taux de mortalité diminue et, avec lui, le taux de mortalité infantile, qui reste cependant plus élevé chez les francophones que chez les anglophones.

De 1951 à 1961, la population du Québec passe d'un peu plus de quatre millions d'habitants à un peu plus de cinq, soit une progression de 26,7 %. Le gros de cette augmentation est dû à l'accroissement naturel. Une partie, non négligeable, est due au solde migratoire, qui est de l'ordre de 15000 personnes par année, avec parfois des pointes allant jusqu'à 30000 et même 33000 personnes (Québec, *Annuaires statistiques du Québec*).

Cette croissance aura des répercussions considérables sur le plan économique et social. Plus de population, de plus en plus jeune, nécessite une gamme élargie de services, tant dans le domaine de l'éducation que dans ceux de la santé et des loisirs. En même temps, on cède à la magie du genre de vie américain: l'automobile se répand, de nouvelles zones de villégiature apparaissent, et les banlieues commencent à s'étendre, ce qui accroît d'autant la pression sur le réseau routier. Ce dernier est rapidement amélioré et une première autoroute est construite, celle des Laurentides, qui facilite l'accès au « Nord », comme le disent familièrement les Montréalais. Toutefois, c'est peut-être dans le domaine de l'emploi que ces répercussions sont les plus ressenties. L'offre de main-d'œuvre est telle que l'industrie ne suffit plus à l'absorber, en dépit d'une croissance indéniable, encore accrue par la mise en œuvre des grands chantiers miniers et hydroélectriques. Le problème est particulièrement net dans les villes et dans les industries de main-d'œuvre, où les emplois offerts restent peu rémunérateurs. Aussi y retrouve-t-on des comportements semblables à ceux qui ont été observés dans la vieille pluriactivité rurale: double métier, travail de la femme et des enfants, etc. (Bradbury, 1995).

En effet, chez beaucoup de ménages urbains, les sources de revenus sont plurielles. Dès qu'ils sont en âge de travailler (généralement à partir de 14 ans), les enfants partent à la recherche d'un emploi dont le produit sera remis aux parents afin de subvenir aux besoins du ménage. C'est ce qu'on appelle « payer pension ». En échange, ils sont logés, nourris, blanchis et habillés, et obtiennent une « allocation » grâce à laquelle ils défrayent leurs frais de transport, leurs collations au travail et leurs loisirs.

Très répandue, cette pratique vaut autant pour les filles que pour les garçons et dure jusqu'à leur mariage, auquel cas elle cesse au cours de quelques semaines ou quelques mois précédant l'événement, afin de permettre aux enfants d'amasser un petit pécule « pour leur départ dans la vie ». Autrement, elle n'est suspendue qu'en cas de coup dur, tel une mise à pied ou une maladie prolongée.

Il est difficile d'évaluer le produit total de ces revenus. D'abord, parce qu'ils dépendent du nombre de personnes en âge de travailler, ensuite parce qu'ils peuvent être très variables selon les emplois et leur durée dans le temps. Toutefois, au tournant des années 1960, on peut estimer que pour une famille de dix personnes, dont le père et quatre enfants travaillent, ils peuvent atteindre de 200 $ à 300 $ par semaine, ce qui représente un revenu annuel de 10000 $ à 15000 $. Les changements ultérieurs dans le domaine de l'éducation et de l'économie viendront graduellement mettre fin à cette pratique. Mais, à l'aube des années 1960, elle est encore très présente, soutenue par tout un discours inspiré des pratiques d'autrefois.

Aussi est-ce par un renversement de tendances que s'achèvent les années 1960. Autant la population fait-elle siens les mythes du passé, autant les milieux intellectuels en perçoivent-ils mieux les limites. Victimes d'un système devenu trop envahissant et plus sensibles qu'avant aux réalités urbaines, ils réclameront de plus en plus de changements, rompant ainsi avec le discours qui, pendant plus d'un siècle, avait favorisé une vision rurale de développement.

V. L'HORIZON ACTUEL

Chapitre 10

De la croissance à la crise

Au tournant des années 1960, le Québec entre dans une nouvelle ère de transition, caractérisée par une série de changements extrêmement rapides observés tant sur le plan démographique que dans tous les domaines de la vie civile et religieuse. Favorisés par la croissance d'après-guerre et stimulés par tout le débat autour du retard économique du Québec, ces changements coïncident dans le temps avec la fin de l'ère duplessiste et l'arrivée au pouvoir d'un nouveau gouvernement, celui de Jean Lesage, qui entend mettre en œuvre une série de réformes destinées à rajeunir les institutions économiques et sociales. Elles donneront l'impression que le Québec est entré dans une véritable révolution, qualifiée cependant de « tranquille » par les observateurs de l'extérieur[96].

Le rôle de l'État s'accroît et de nouvelles infrastructures sont mises en place, qui transforment en profondeur les paysages physiques et humains du Québec. Au même moment, on assiste à des transformations majeures sur le plan de l'habitat, qui devient de plus en plus dominé par un principe urbain d'aménagement. Enfin, corollaire de cette croissance, l'espace fréquenté s'étend, entraînant un quadrillage nouveau du territoire à des fins d'exploitation et de loisirs. Le tourisme prend de l'ampleur et de nouveaux équipements apparaissent, qui confirment la vocation récréative de certaines régions.

96. L'expression « Révolution tranquille » serait, en effet, la traduction de *Quiet Revolution*, une expression utilisée pour la première fois par un journaliste du *Globe and Mail* pour décrire les changements amorcés au Québec après 1960. Vite reprise par les leaders politiques et intellectuels du Québec, elle se chargera d'un contenu symbolique considérable, qui fera croire que le Québec n'entre dans la modernité qu'à cette date. Les auteurs ne s'entendent pas toutefois sur sa signification véritable ni sur la période de temps précise à laquelle elle s'appliquerait (Linteau *et al.*, 1989 : 421).

Notable pendant près de 20 ans, cette poussée connaît un premier ralentissement au début des années 1980. Une décennie plus tard, les difficultés deviennent plus importantes encore et menacent les acquis de la Révolution tranquille. La dette publique connaît des sommets sans précédents, pendant que de nouvelles règles de marché durcissent les rapports commerciaux. Cette évolution se produit dans un contexte politique difficile, qui ajoute aux incertitudes des référendums celles qui sont suscitées par les compressions budgétaires et les réorganisations du monde de la santé, de l'aide sociale et de l'éducation. Une ère se clôt, pendant qu'une nouvelle se dessine, dont on saisit mal encore cependant les contours.

1. LE GRAND DÉBAT AUTOUR DU RETARD ÉCONOMIQUE DES CANADIENS FRANÇAIS

L'un des thèmes les plus récurrents du discours politico-intellectuel au Québec a été pendant longtemps celui du retard économique de la société canadienne-française. D'aucuns l'ont même associé avec un certain état d'infériorité économique, une confusion qui resurgit avec une acuité nouvelle au tournant des années 1960. Historiquement, le mot remonte au premier tiers du XIXe siècle et trouve l'une de ses principales expressions dans les textes du journaliste Étienne Parent. Dénonçant les lacunes du Régime français et l'apathie des Canadiens français, il fait de leur individualisme et de leur manque d'instruction des facteurs menaçants pour la survie du fait français en Amérique.

L'émigration massive des Canadiens français vers les États-Unis dans la seconde moitié du XIXe siècle relance le débat. Convaincus des effets néfastes de cette « hémorragie », historiens et littéraires dénoncent la mainmise étrangère sur l'économie du Québec et la prolétarisation croissante des Canadiens français, notamment dans les domaines de l'industrie manufacturière, de l'industrie papetière et de la production hydroélectrique.

Enfin, quand, plus tard, les scientifiques tentent eux aussi de trouver une explication à ce retard, ils font appel tour à tour à la géographie, aux facteurs sociaux et culturels, et aux facteurs politiques et psychologiques. Pour Albert Faucher et Maurice Lamontagne, par exemple, ce retard n'est qu'une « manifestation régionale de l'évolution économique générale du continent nord-américain », qui dépend du « caractère favorable ou défavorable entre la nature et l'évolution de la demande mondiale d'un côté et le « pattern » domestique des ressources de l'autre » (Durocher et Linteau,

1971 : 12). Pour d'autres auteurs, il ne peut s'expliquer que par les attitudes et les institutions canadiennes-françaises, qui limitent les performances de l'économie québécoise. On en trouverait des exemples dans la recherche de sécurité, le caractère familial de l'entreprise, le faible goût du risque, le peu de propension à consommer ou à se déplacer, la pensée sociale de l'Église, son influence sur la population et son idéologie ruraliste.

Raoul Blanchard, par exemple, en attribue la cause au système d'éducation, qu'il rend responsable du peu d'attrait qu'exercent les carrières scientifiques chez les jeunes. Formulée sur le tard, cette hypothèse découle du rôle que l'Église catholique a toujours joué dans ce domaine. Plus favorable à l'agriculture et à la vie rurale qu'à la ville et l'industrie, elle se fera le porteur de tout un courant de pensée ruraliste, auquel Blanchard lui-même aura cependant longtemps participé, en vantant le genre de vie rural et la colonisation agricole. Selon Maurice Séguin, le mal viendrait plutôt de la Conquête britannique de 1759-1760. Pour lui, comme pour Michel Brunet et François-Albert Angers plus tard, les facteurs socioculturels ne sont pas des causes, mais des résultats de la domination économique des Canadiens français par les Britanniques. Forcés de se replier dans l'agriculture, ils n'en sortiront qu'en prolétaires au service des étrangers, d'autant plus que leur exclusion des affaires les empêche d'accumuler le capital nécessaire à leur industrialisation. Quant à l'historien Fernand Ouellet et à l'économiste Pierre Harvey (et bien d'autres, tels John Dales et Norman Taylor), ils en font un problème d'ordre psychologique. C'est par l'étude des mentalités, disent-ils, qu'on peut le mieux saisir les causes de ce retard. Pour Ouellet, par exemple, il serait attribuable au conservatisme des Canadiens français et à leur peur du risque, qui les empêchent de s'adapter aux transformations des structures économiques. Pour Harvey, il s'expliquerait par l'attitude de rejet des Canadiens français du capitalisme, perçu comme essentiellement anglo-saxon. Conquis, ceux-ci auraient été amenés à rejeter le système de valeurs du conquérant pour surévaluer les leurs, se repliant du coup sur eux-mêmes à la suite de l'insécurité suscitée par la domination anglaise. Et, dans les deux cas, il y a confusion entre la notion de retard et celle de sous-développement, comme si les deux étaient intimement liées.

C'est à l'économiste André Raynauld qu'il revient finalement d'avoir distingué les deux notions, en rappelant que le terme de retard utilisé dans le cas du Québec renvoie aux différences régionales qui peuvent se manifester dans le degré de développement du Canada. Pour lui, en effet, le problème du Québec « n'est pas celui d'un retard de croissance mais celui d'une croissance dont les caractéristiques structurelles et démographiques sont différentes de celles de certaines autres provinces du pays », l'Ontario notamment, qui paraît en avance à la fois sur le plan de l'emploi, des revenus et des investissements (Raynauld, 1961 : 53). Comme l'objet d'analyse ici est celui d'un territoire (ou d'une région économique), c'est là un problème bien différent de celui qui est posé par l'hypothèse de l'infériorité économique.

La Commission royale d'enquête sur le bilinguisme et le biculturalisme (Canada, 1969) viendra bientôt circonscrire cet état d'infériorité, en faisant ressortir le classement toujours plus bas des Canadiens français dans l'échelle socioéconomique. Emplois moins rémunérés, scolarisation moins poussée, peu de représentation dans les postes d'influence et d'autorité, tels en sont les principaux paramètres. Il ne faut donc pas confondre les deux problématiques, qui relèvent chacune de logiques différentes. Ce sont là deux situations distinctes, qui s'influencent sans doute, mais qui incitent à revoir d'un autre œil le discours sur le développement économique du Québec.

Comme l'ont montré Albert Faucher et Maurice Lamontagne, c'est à l'époque où le charbon et l'acier sont devenus les moteurs de l'économie que le Québec a été distancé économiquement par l'Ontario. Bénéficiant de cours d'eau abondants et d'une longue tradition artisanale et donc de fabrication de produits finis, il n'a pas éprouvé les mêmes besoins que les régions voisines. L'industrie s'y est développée, mais autour d'une structure industrielle différente, constituée surtout de petites et de moyennes entreprises. Sans être tout à fait absente, l'industrie lourde s'est limitée ici à quelques entreprises, qui n'ont pas eu l'effet d'entraînement observé en Ontario. Par contre, comme cette petite industrialisation a fait appel à une importante main-d'œuvre, elle a largement compensé cette absence. Cependant, si elle a procuré de l'emploi, elle a aussi offert des salaires nettement moins importants que la grande entreprise.

Avec le développement de l'hydroélectricité, au tournant du XXe siècle, et l'apparition ultérieure de nouvelles industries grandes consommatrices de cette forme d'énergie, la distance avec l'Ontario s'amenuise. Stimulée par l'intrusion massive du capital américain, la grande industrie se répand, enrichissant d'autant la structure industrielle. La Crise puis la Seconde Guerre mondiale préparent d'autres changements, qui s'accélèrent avec la reprise économique d'après-guerre. Cette fois, la croissance est bien réelle et dépasse même celle de l'ensemble canadien. Elle fera du Québec une province fortement industrialisée, où la faiblesse observée dans le domaine de la fabrication de l'acier sera compensée par la production de nouveaux métaux, l'aluminium notamment, dont la demande augmente sans cesse sur les marchés mondiaux. Par contre, elle fera aussi ressortir la sous-représentation des Canadiens français, non seulement dans la hiérarchie industrielle, mais aussi dans celle de la finance et des affaires.

Aussi est-ce par un appel au rattrapage que s'achèvent les années 1950. Rattrapage économique, bien sûr, mais aussi éducatif, puisqu'il s'agit aussi d'être mieux préparé à détenir les postes de commande. Dès 1946, Gérard Filion, le nouveau rédacteur du journal *Le Devoir*, commence à faire état des problèmes économiques et sociaux, bientôt relayé par la revue *Cité Libre*, fondée en 1950. L'attitude est la même dans l'Église, où de nouveaux courants de pensée entreprennent aussi de dénoncer la rigidité de l'institution ; la fondation de l'Action catholique en est un exemple. Mais c'est sans doute l'apparition de la télévision, en 1952, qui marquera le tournant décisif, en devenant rapidement un facteur de transformation et d'uniformisation des valeurs, déjà ébranlées par la Seconde Guerre mondiale. Mais, jusqu'à la fin des années 1950, le gouvernement de Maurice Duplessis reste en place. Autoritaire, conservateur et reconnu pour son antisyndicalisme, il saura résister.

2. MAÎTRE CHEZ-NOUS !

C'est par ce slogan électoral de 1962 que s'amorce ce qu'on appellera bientôt la Révolution tranquille, préparée par le « Désormais ! » de Paul Sauvé, le successeur de Maurice Duplessis, qui décédera lui aussi quelques mois plus tard, et les premières mesures de Jean Lesage, à la suite de sa victoire de 1960 (le slogan en était : « Le temps que ça change ! »). Appliquée surtout à la réforme des institutions, elle a laissé l'impression que, dans son essence même, elle fut le seul fait d'une population anxieuse de rompre avec son passé, pour entrer plus franchement dans la modernité, comme si le Québec avait attendu cette époque pour effectuer ce passage. Outre son raccourci historique, cette perception laisse dans l'ombre le rôle de bien d'autres facteurs, dont celui des circonstances elles-mêmes, qui ont sans doute été aussi importantes sinon plus que cette volonté populaire. C'est l'un des aspects les moins dits de ce virage, qui ne trouva d'ailleurs souvent de réel assentiment que chez les intellectuels et la jeune génération.

Certes, on ne saurait nier que cette « révolution » commença bien avant ni qu'elle fut une conséquence directe du *baby-boom* d'après-guerre, en même temps qu'une réaction très vive à tout un contexte idéologique et institutionnel hérité de l'époque duplessiste. Toutefois, comme phénomène social, elle a aussi trouvé son appui dans l'afflux massif du capital américain dans les secteurs primaire et secondaire. Grands projets miniers, mégaprojets hydroélectriques, agrandissement des anciens ensembles industriels et création de nouveaux, tout ici est venu se conjuguer pour donner à l'économie du Québec un élan qui se maintiendra jusqu'au début des années 1980, entraînant une excroissance du tertiaire dans les domaines de l'éducation, de la santé et de la fonction publique et parapublique.

2.1 Une évolution rapide

Cette évolution se fait rapidement et s'accompagne d'un sentiment de fierté qui relance les thèses nationalistes. En moins de deux décennies, on se dote d'institutions entièrement nouvelles, imprégnées d'une laïcité semblable à celle de la France et des États-Unis et qui doivent permettre le rattrapage et le développement. En même temps, les mentalités se transforment et on assiste à une véritable conversion idéologique qui, d'un côté, fait de l'État un des principaux leviers de croissance de cette économie nouvelle et, de l'autre, de la participation publique une condition essentielle de cette croissance. Enfin, sous l'influence des modèles de consommation américains et en intégrant les valeurs de la jeunesse américaine et européenne, on adopte de nouveaux comportements qui placent au premier rang des aspirations individuelles et collectives l'aisance matérielle et le bonheur personnel.

En corollaire, on rejette tout ce qui rappelle les anciennes obligations de l'Église, incluant celles de la continence sexuelle et de l'indissolubilité du mariage, mais en maintenant plus ou moins intact le vieux fond de valeurs catholiques, notamment en matière d'équité et de justice sociale, et de croyance à l'existence probable d'un au-delà. Le nombre de séparations et de divorces augmentent, les pratiques marginales se répandent et de nouvelles sectes apparaissent, qui favorisent la vie en commun et la recherche de nouveaux guides spirituels jugés plus aptes à répondre aux angoisses spirituelles. En même temps, on remplace l'ancien clergé par toute une bureaucratie étatique qui devient aussi normative sinon plus que l'ancien clergé et on réclame de meilleurs salaires. Enfin, on exige une meilleure protection sociale, tout en pressant les gouvernements de venir en aide aux plus démunis, sans qu'il en résulte toutefois de véritable consensus quant aux coûts.

L'humoriste Yvon Deschamps a bien décrit cette nouvelle façon d'être des Québécois, en les qualifiant de socialistes de tête, de communistes de cœur et de capitalistes de poche! Certes, il faudrait nuancer et distinguer selon les générations, les plus vieilles ne montrant pas toujours le même empressement devant le changement que les plus jeunes. Il faudrait en outre rappeler qu'il y a eu des étapes dans ce renouveau, entrecoupées d'allées et de retours dans les appuis aux partis politiques. Ainsi, en dépit des gains initiaux de l'équipe libérale, c'est aux troupes conservatrices de Daniel Johnson qu'il revient, en 1966, de former le nouveau gouvernement. On pourrait croire en un temps d'arrêt, d'ailleurs souhaité par une population essoufflée par les réformes. La dette publique s'est considérablement alourdie et la capacité d'emprunt du gouvernement s'est amenuisée, faisant paraître inévitable un rythme moins rapide.

Pourtant, dès 1967, le Québec est propulsé sur la scène internationale, grâce à l'Exposition internationale de Montréal, qui attirera des centaines de milliers de visiteurs au Québec (plus d'un million d'automobiles seront alors enregistrées aux frontières avec les États-Unis) et qui marque aussi un jalon important dans la montée du nationalisme québécois. La population participe avec enthousiasme aux festivités. Jamais n'a-t-elle vu autant de nouveautés ni d'aménagements aussi grandioses. Quant aux souverainistes, ils sont emportés par le cri du général de Gaulle lancé en juillet du balcon de l'hôtel de ville de Montréal: « Vive le Québec libre! ». Et, dès l'automne, le Parti québécois est créé, sous la direction de René Lévesque, ancien ministre démissionnaire du gouvernement Lesage. L'année suivante, Daniel Johnson décède. Jean-Jacques Bertrand prend alors la direction du parti, mais son leadership est mal assuré. Aux prises avec des difficultés internes, il doit aussi faire face à un contexte politique et économique difficile, qui n'a pas l'effervescence des événements de Mai 1968 en France, mais qui le rend impopulaire auprès de la population et plus particulièrement de la jeunesse québécoise.

En 1970, les Libéraux reprennent le pouvoir, avec à leur tête un nouveau chef, Robert Bourassa. Sa victoire coïncide avec un redressement de l'économie nord-américaine, mise à mal par la hausse des taux d'intérêt et l'augmentation trop rapide des salaires. Aussitôt élu, pourtant, le nouveau premier ministre doit faire face à la crise provoquée par le Front de libération du Québec (FLQ), qui prend en otage l'attaché commercial de Grande-Bretagne et le ministre québécois du Travail. Elle amènera l'armée au Québec et se soldera par l'assassinat de Pierre Laporte.

Aussitôt la crise terminée, une autre éclate, cette fois sur le plan constitutionnel. Pressé par l'opinion publique qui réclame la reconnaissance formelle de la nation québécoise, Robert Bourassa se voit contraint de rejeter la Charte de Victoria (1971), qui accorde un droit de *veto* au Québec, mais lui reconnaît de nouveaux pouvoirs dans ses domaines de compétence. C'est surtout sur le front de la langue que les difficultés sont les plus sérieuses. Elles modifieront complètement le paysage linguistique de la province. Menacés par la chute des naissances, les francophones craignent en effet une fragilisation fatale du français, ce qui entraîne dès les années 1960 l'adoption de diverses mesures destinées à promouvoir la langue française dans les endroits publics et qui appellent à la collaboration « honnête » des anglophones. Attisée par le conflit scolaire de Saint-Léonard (1967), qui oppose la communauté italienne au reste de la population au sujet du libre choix de la langue d'enseignement, et la bataille des gens de l'air (1976), qui réclament la francisation de l'espace aérien québécois, la situation conduit bientôt à deux nouvelles lois : la *Loi sur la langue officielle*, adoptée par le gouvernement de Robert Bourassa en 1974, et la *Charte de la langue française*, adoptée par le gouvernement du Parti québécois en 1977. Contestée à la fois par les anglophones et les francophones, la première ne résout qu'en partie les problèmes. La seconde, plus contraignante, sera combattue énergiquement par les anglophones et les allophones, qui réussiront même à en faire invalider des aspects, notamment en matière d'affichage. Plusieurs anglophones décident même alors de quitter la province. En 1988, le gouvernement Bourassa fait alors adopter une nouvelle loi qui autorise l'affichage bilingue, mais à l'intérieur seulement des petits établissements. L'affichage extérieur restera français, une contrainte qui ne sera modifiée qu'en 1993, alors qu'on autorise l'affichage dans les deux langues, pourvu que le français soit dominant.

À bout de souffle dès 1965, la Révolution tranquille poursuit néanmoins sur sa lancée au moins jusqu'au milieu des années 1970, mais à un rythme nettement moins rapide. Les dernières grandes batailles sont celles des syndicats, qui prennent au pied de la lettre le slogan libéral de 1966 :

« Pour un Québec prospère », pour multiplier les appels à la grève, tant dans le secteur public que privé. Profitant de l'insatisfaction de la population pour un gouvernement de plus en plus technocratique, ils cherchent à améliorer les conditions de travail de leurs membres et à mettre un frein aux ambitions de contrôle de l'État. Avec le temps, cependant, et l'accroissement de leur poids politique, ils deviendront eux-mêmes un facteur de bureaucratisation accrue des services et du travail.

L'un des premiers secteurs à connaître cette évolution a été celui de la fonction publique. Au début des années 1960, l'État québécois employait à lui seul quelque 29 000 personnes. Une décennie plus tard, l'effectif est monté à 53 000 personnes, dont 10 000 ont été engagées entre 1966 et 1968. L'accent, alors, est mis sur le rajeunissement et la qualification de la main-d'œuvre. Plus compétente, celle-ci est aussi plus efficace et de plus en plus présente dans le processus de décision, même politique. Cette présence ira croissante, du moins jusqu'au milieu des années 1980, alors que commencent à se faire sentir les effets des restrictions budgétaires. À cette époque, la fonction publique compte quelque 65 000 personnes. Au début des années 1990, elle aura chuté sous les 60 000, sans compter les 14 000 employés des fonds spéciaux. Toutefois, et même si elle éprouve des difficultés de croissance similaires à celles des autres secteurs, elle continue de peser lourd dans l'administration publique et nombreux sont ceux qui lui reprochent son rôle trop normatif.

Le monde de l'éducation connaît une évolution similaire. Électrisé par la parution des *Insolences du Frère Untel* de Jean-Paul Desbiens au début des années 1960, il paraît d'abord favorisé par la réforme des institutions, qui ouvre toute grande la porte de l'emploi, notamment dans les nouvelles commissions scolaires régionales et les nouveaux collèges d'enseignement collégial et professionnel (Cégeps). Très tôt, cependant, les enseignants réclament des hausses de salaire et une définition plus stricte de leurs conditions de travail. Aux grèves qui ponctuent ces revendications s'ajoutent des alliances diverses avec les autres groupes syndicaux. Il en résulte des conventions collectives de plus en plus lourdes, auxquelles fait écho une perception nouvelle du métier d'éducateur. Le mot lui-même en vient à disparaître, soufflé par les nouvelles solidarités idéologiques que tendent à développer les centrales syndicales, en présentant les enseignants comme des « travailleurs ». Même le milieu universitaire est en ébullition, stimulé par la démocratisation de l'enseignement et l'arrivée massive de jeunes en âge d'entreprendre des études supérieures. Le nombre de professeurs s'accroît et une bureaucratie nouvelle fait son apparition, favorisée par les modes nouveaux de financement offerts par l'État. Au même moment, les grandes grèves des années 1970 à Montréal et à Québec sonnent le glas des anciens systèmes administratifs, au profit d'une gestion plus collégiale, mais dont la contrepartie est de diluer le processus de décision dans un ensemble croissant de commissions et de comités. Enfin, conséquence de la bureaucratisation accrue des établissements, la gestion s'alourdit. Et, comme à l'université l'administration académique repose sur un système électif, il en résulte une politisation accrue de la vie universitaire.

Le scénario est le même dans le domaine de la santé. Au nombre croissant de professionnels de toutes sortes, favorisé par les progrès de la médecine et l'implantation d'un système universel de soins de santé, s'ajoute une bureaucratisation nouvelle des établissements, à laquelle correspondent des processus alourdis de gestion. En même temps, la syndicalisation des travailleurs progresse et les conventions de travail s'épaississent.

Aussi est-ce sur un paradoxe que s'achève la Révolution tranquille. Autant l'idéologie de participation a-t-elle suscité de nouvelles formes d'encadrement, appelées à favoriser l'expression de l'idéal démocratique, autant celles-ci sont-elles devenues rapidement très lourdes, compromettant par là même l'exercice de cet idéal. Car, à cette lourdeur, a fini par correspondre la montée d'une nouvelle culture, plus technocratique, et plus tournée vers ses tâches de gestion que vers la poursuite de ses objectifs initiaux.

2.2 L'intervention étatique

L'un des grands traits de la Révolution tranquille a été l'intrusion massive de l'État dans toutes les sphères de la vie collective. Déjà, dans les années 1915-1920, le gouvernement libéral avait entrepris de doter la province de certains services qui avait accru la présence étatique (création d'un Bureau de la statistique, mise en place d'un système d'assistance publique, etc.). Cette fois, l'échelle est différente et s'étend aux domaines de la finance, de la santé, des affaires sociales, de l'éducation, de la langue, de la culture, de l'énergie et des ressources. De nouvelles institutions sont créées, et pendant qu'on consacre une réforme administrative qui s'étend jusqu'au territoire, partagé désormais en grandes régions administratives, on favorise les fusions de municipalités et la création de communautés urbaines, afin de résoudre les problèmes posés par la fragmentation municipale issue du XIXe siècle. Faites au nom du rattrapage et favorisées par la montée d'une nouvelle élite intellectuelle qui souhaite rompre avec les années sombres du régime Duplessis, ces réformes prennent appui sur la volonté de changement de la population et le sentiment de fierté que stimulent les grands projets de développement hydroélectrique.

Le « Maître chez-nous ! » de Jean Lesage est d'ailleurs, à cet égard, plus qu'un slogan de campagne électorale. C'est un véritable projet de développement économique, auquel adhère une grande partie de la société québécoise. En quelques années, l'orientation est donnée. Un premier jalon est posé avec la création du Conseil économique du Québec (1961), du nom d'un organisme éphémère apparu en 1943, mais dont l'idée n'avait survécu que dans les associations locales. Son mandat est on ne peut plus ambitieux : en plus de conseiller le gouvernement sur les questions d'ordre économique, il devra préparer un plan d'aménagement « global » du Québec. Un deuxième est la création de la Société générale de financement (SGF; 1962), bientôt suivie de la nationalisation de l'électricité (1962), qui doit donner aux Québécois leurs moyens de développement. Enfin, on unifie les services et les organismes reliés à l'agriculture et on met en route un vaste plan de modernisation de cette activité, qui profitera d'ententes de frais partagés avec le gouvernement fédéral. Le programme ARDA-Québec est né et, avec lui, le premier vrai grand projet d'aménagement régional (Québec, *Annuaires statistiques du Québec*).

Aussitôt après avoir accepté de participer au programme fédéral pour l'aménagement rural et le développement agricole (ARDA), et sur l'initiative du Conseil d'orientation économique du Bas-Saint-Laurent, le gouvernement québécois met sur pied le Bureau d'aménagement de l'Est du Québec (BAEQ, 1963), de qui dépendra l'une des expériences les plus poussées de planification régionale qu'ait connues la province. Son mandat est de préparer, pour 1966, un plan directeur d'aménagement qui doit permettre le rattrapage régional. Il s'en acquittera par une stratégie de participation qui mettra à contribution les populations locales et les acquis des sciences humaines et sociales. Au plus fort des travaux, une soixantaine de chercheurs et une vingtaine d'animateurs sociaux s'affairent au projet. Tout est répertorié et analysé et, en 1966, un rapport de 10 volumes est déposé. Mais à l'euphorie du début succède une profonde déception, liée aux délais qui entourent la signature d'une entente par les deux gouvernements et au refus de certains projets pourtant populaires, tels la réorganisation du réseau routier et l'industrialisation du territoire. Elle deviendra plus vive encore quand on décide de relocaliser des populations et de fermer des villages. Et, quand finalement on apprend que d'autres paroisses sont menacées et qu'en outre on veut diriger vers l'extérieur de la région la transformation des produits de la forêt, la colère éclate. À la fin, rien n'est réglé. Les décalages entre la région et le reste du Québec subsistent, et si les écarts de revenus se sont amenuisés, c'est surtout grâce aux paiements de transferts, plus qu'au développement économique régional.

Au même moment, d'autres réformes se poursuivent, qui jettent les bases de plusieurs autres changement. Dès 1961, on crée le ministère des Affaires culturelles et, à la suite du Rapport Parent, l'année 1964 voit la création du ministère de l'Éducation, en remplacement de l'ancien département de l'Instruction publique, du Conseil supérieur de l'éducation et du Conseil supérieur de la famille, et annonce une réforme en profondeur du système scolaire et des services sociaux. L'année suivante, on crée la Caisse de dépôt et de placement et la Société québécoise d'exploitation minière (SOQUEM). Enfin, en 1966, ayant recours à l'une des rares prérogatives royales, on partage, par Arrêté en Conseil, le Québec en 10 régions administratives dotées chacune de Conseils régionaux de développement, qui deviendront bientôt les interlocuteurs privilégiés de l'Office de planification et de développement du Québec (OPDQ). Créé en 1968, cet organisme remplace le Conseil économique du Québec de 1961.

Par la suite, l'effort sera surtout mis sur les ressources et l'industrie, avec la création, dès 1968, de la Société du parc industriel du centre du Québec et, en 1969, de la Société de récupération et d'exploitation forestière du Québec (REXFOR), du Centre de recherche industrielle du Québec (CRIQ) et de la Société québécoise d'initiative pétrolière (SOQUIP). C'est aussi à cette époque que sont créés l'Université du Québec, les Archives nationales du Québec et Loto Québec.

Quant aux années 1970 et au début des années 1980, elles connaîtront d'autres changements, liés aux problèmes de la croissance urbaine, aux difficultés linguistiques, aux inégalités entre les sexes, aux problèmes d'environnement et d'aménagement du territoire. Elles donneront lieu à diverses législations, qui auront pour but de protéger la langue et la culture, de reconnaître le statut de la femme, de protéger l'environnement et de mieux réglementer l'utilisation du patrimoine agricole et le devenir de l'habitat rural et urbain. Ce sera l'un des traits marquants de cette période, dont provient l'organisation territoriale actuelle du Québec (Bérubé, 1993). Un autre sera le changement d'échelle des phénomènes, non seulement sur le plan géographique, mais sur les plans économiques et sociaux.

2.3 De nouveaux ordres de grandeur

La création de l'Iron Ore, au tournant des années 1950, de même que l'ouverture de la voie maritime du Saint-Laurent en 1959 et la mise en chantier des grandes centrales hydroélectriques de la Côte-Nord avaient déjà donné un avant-goût de ce gigantisme. Cette fois, il s'étend à de larges pans du territoire, visible autant dans les projets d'exploitation des ressources que dans les projets d'aménagement urbain et de transport.

Aux énormes chantiers hydroélectriques ouverts dans les années 1960 et 1970 (Manic-Outardes, en 1960; les chutes Churchill au Labrador, en 1967; le début d'aménagement des rivières de la baie de James, en 1972), qui font connaître le génie conseil québécois, s'ajoute une professionnalisation accrue des secteurs plus traditionnels d'activités. En même temps, on assiste à une extension significative du réseau autoroutier, ce qui a pour effet d'entraîner l'apparition, dans le voisinage des grands centres urbains, de nouvelles banlieues, dont certaines sont des entités créées de toutes pièces, dans des secteurs jusque-là privés d'agglomérations villageoises.

Ailleurs, cette influence se fait plutôt sentir dans le domaine industriel. Aux vieilles usines des villes, qui se sentent de plus en plus à l'étroit dans leurs vieux bâtiments, succèdent des bâtiments beaucoup plus modernes et mieux adaptés aux exigences de la concurrence. Voués à d'autres vocations, ils ont tendance à s'établir dans les longs corridors industriels créés par les voies rapides. L'axe Montréal-Dorval, dans le prolongement du boulevard Métropolitain, en offre un exemple.

En même temps, on assiste à une multiplication des « Places » dans les centres-villes. À Montréal, elles seront même réunies par tout un réseau de corridors souterrains qui donnent accès également au nouveau métro et aux gares de chemin de fer et d'autobus (Beauregard, 1972). Le mot lui-même est mal choisi, puisqu'il renvoie non plus aux espaces ouverts qui servaient aussi de lieu de rencontre ou de manège (par exemple, la Place d'Armes à Montréal), mais aux constructions en hauteur qu'inaugure la Place Ville-Marie à Montréal. Nés du souci de conserver au centre-ville la fonction d'affaires, elles n'empêcheront toutefois pas la migration des places d'affaires et de services, qui chercheront des localisations moins onéreuses, soit dans les quartiers voisins, soit en périphérie des villes, le long des nouvelles voies de communication.

Même les lieux traditionnels d'échanges se transforment, par la fermeture de grands magasins (par exemple, Dupuis et Frères à Montréal, Paquet à Québec) ou la création de succursales dans les nouveaux centres commerciaux des banlieues. En plus de porter un dur coup aux petits commerces, qui ont été remplacés par des supermarchés et toute une floraison de boutiques spécialisées, ces « centres d'achat », comme on les appelle familièrement, serviront souvent de point d'appui aux nouveaux projets domiciliaires, contribuant par là même à l'étalement accru des villes. Et c'est ainsi qu'à l'ère de l'épicerie, de la boucherie ou de la boulangerie du coin, qui sont les pendants urbains du marchand général des campagnes, finit par succéder celle du « dépanneur », du magasin à chaîne et des petits centres commerciaux, qui ne réunissent bien souvent que la banque ou la caisse populaire et quelques commerces.

Enfin, pendant qu'on redessine la carte administrative du territoire (Figure 58) et qu'on crée les Municipalités régionales de comtés (MRC) (Figure 59), apparaissent, en région, de nouvelles zones de villégiature, qui ajoutent d'autres nouveaux espaces récréatifs aux parcs et réserves de la province, les Zones d'aménagement contrôlé (ZEC). Nées du souci de donner à la population l'accès aux ressources fauniques, ces zones résultent de l'abolition des anciens clubs privés, fiefs du milieu des affaires et des clientèles étrangères. Elles sont administrées par des corporations locales en collaboration avec les services gouvernementaux et font place à de nombreuses pourvoiries. Présentées comme les auberges de la forêt par les organismes de tourisme, elles sont fréquentées par toutes les couches de la société et témoignent des changements de mentalité survenus depuis les années 1960, notamment à l'égard de l'environnement et des activités de plein air.

L'un des derniers parcs à être créé dans cette perspective reste le parc marin du Saguenay. Fruit d'une collaboration entre le gouvernement fédéral, le gouvernement provincial et les MRC locales, il sanctionne la sensibilité nouvelle de la population devant les ressources des espaces marins. Et, comme l'observation des baleines au large de Tadoussac est devenue une activité lucrative, recherchée par le tourisme international, c'est dire l'intérêt porté à l'aménagement de ce parc.

FIGURE 58

Les régions administratives du Québec

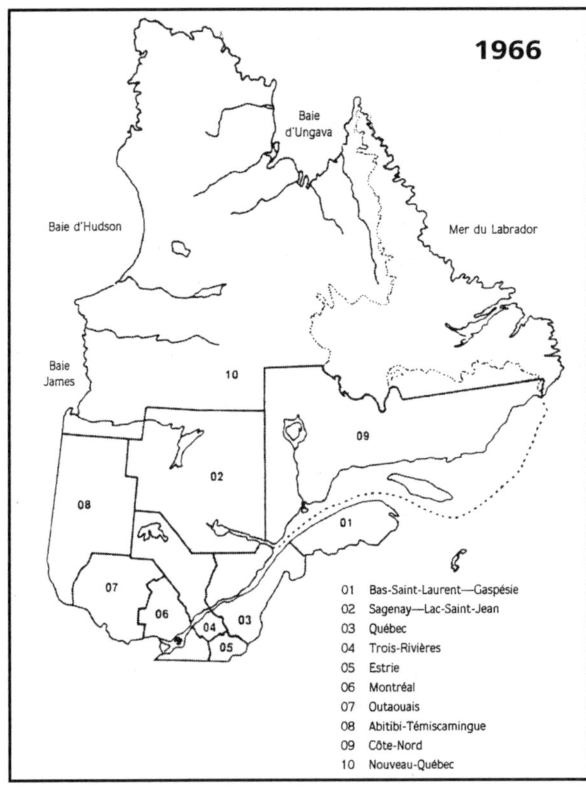

Source : Le Québec statistique (1995).

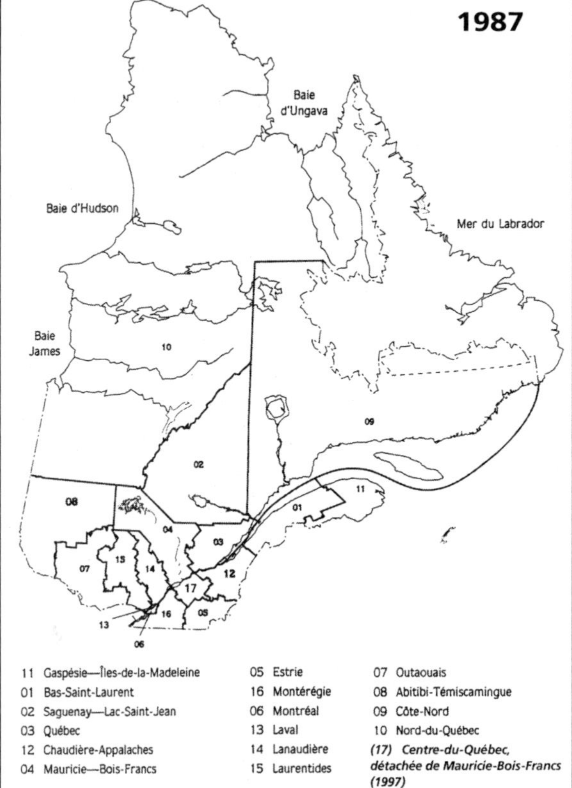

Le même gigantisme peut être observé également dans les équipements d'éducation et de santé. À l'école de quartier succède l'énorme polyvalente et, aux collèges classiques, les Cégeps, aménagés souvent à partir des anciens édifices, mais auxquels on joint toute une série de pavillons nouveaux, construits selon les règles de l'architecture nouvelle, sans l'ornementation antérieure ni les fenêtres ouvrantes, remplacées ici par des systèmes de ventilation intérieure. Les campus universitaires connaissent la même évolution. Transformés en véritables petites villes, ils occupent des espaces de plus en plus imposants, sans compter ceux qui sont mobilisés par leurs instituts et leurs écoles affiliés, mais localisés ailleurs dans la ville. L'Université Laval et l'Université de Montréal en sont des exemples éloquents. Quant aux hôpitaux, ils sont eux aussi agrandis et assortis de nombreux pavillons nouveaux qui accroissent leur emprise dans l'espace.

FIGURE 59
Les municipalités régionales de comté

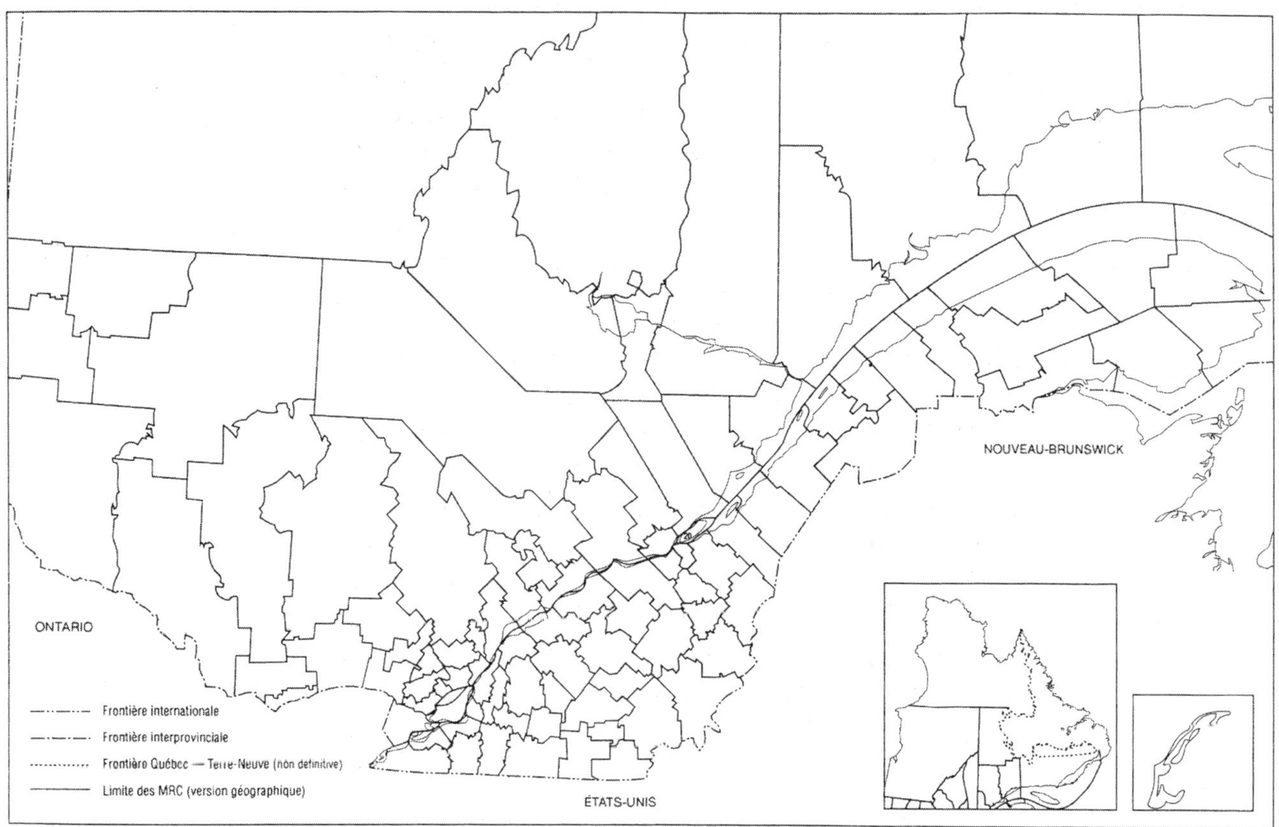

Source : Québec, *Le Québec statistique* (1995).

Nécessités par l'afflux du nombre de jeunes en âge d'entreprendre des études supérieures et par les changements radicaux de la médecine, ces équipements traduisent aussi tout le virage idéologique des années 1960. Au titulaire de classse, qui assurait jadis les divers enseignements, succèdent les « spécialistes », qui viennent aussi remplacer, dans le monde de la santé, le médecin de famille, rendu célèbre par ses visites à domicile. C'est par la concentration des services qu'évoluent désormais ces univers, favorisés par un enseignement universitaire de plus en plus spécialisé et qui fait de moins en moins de place à la formation générale. Il en a résulté un corporatisme accru qui a aussi entraîné un hermétisme plus grand du monde du travail.

Gigantisme aussi dans les spectacles. Grisé par la montée du nationalisme et l'essor de la chanson québécoise, on profite de la Saint-Jean-Baptiste (le 24 juin) pour organiser d'immenses fêtes populaires, dont l'événement central est le grand spectacle offert la veille au soir par les chansonniers. En plus de soulever les spectateurs, ils donnent l'impression qu'au Québec « on sait faire ». Montréal surtout en est le site, mais Québec n'est pas en reste, d'autant plus que la capitale devient pour plusieurs le lieu tout désigné du retour aux sources. Et comme la ville fait partie des circuits identitaires, lesquels passent de plus en plus par Charlevoix et l'île d'Orléans, c'est dire la faveur qu'on lui réserve quand vient le temps des festivités.

Cette fascination pour Québec n'est pas nouvelle. De tout temps la ville a attiré les touristes. Ce qui est nouveau cette fois c'est l'ampleur et la démocratisation de cette fréquentation, qui fait de plus en plus place au tourisme de masse. On y vient seul, en famille ou en groupe, et non seulement l'été mais l'hiver, pour participer aux activités du carnaval, aller skier ou simplement magasiner dans les nouveaux et immenses centres commerciaux du boulevard Laurier. D'autres villes aussi ont leur carnaval, Chicoutimi par exemple, mais aucun n'égale celui de Québec, rendu célèbre par son palais de glace, son concours de sculpture sur glace et ses duchesses, aujourd'hui disparues. On vient de partout, du Québec et de l'étranger, souvent à la manière d'autrefois, quand les touristes valorisaient le chemin de fer et les navires de croisière. Et, comme la capitale est une ville chargée d'histoire et encore à l'échelle humaine, c'est dire l'attrait qu'elle exerce, ce qui lui vaudra d'ailleurs d'être bientôt reconnue comme ville du patrimoine mondial.

Gigantisme enfin dans les systèmes de protection sociale. Éducation gratuite, du moins jusqu'au collégial, assurance santé, régime de rentes, assurance automobile, tout ici est venu se conjuguer pour doter la population d'un énorme filet social, sans équivalent sur le continent nord-américain. Définies dès la fin des années 1960, ces réformes s'accélèrent au cours des années 1970, avec l'arrivée du gouvernement de René Lévesque. Ajoutées à celles qu'entreprend également le gouvernement fédéral, elles traduisent la vigueur avec laquelle s'est effectuée la transition vers un nouveau type de société, très différente de celles qui l'ont précédée.

2.4 Une génération atypique

En effet, l'un des traits les plus frappants de la société québécoise au sortir de la Révolution tranquille réside dans l'ampleur des services offerts à la population. Ils feront de la génération des *baby-boomers* d'après-guerre une génération atypique sur le plan historique.

Contrairement aux générations précédentes, et sans doute aussi à celles qui suivront, celle-ci a bénéficié de tout un ensemble de programmes économiques et sociaux qui ont coûté très cher à implanter, mais qui ont aussi permis de procurer de l'emploi à une tranche croissante de la population. Les secteurs les plus favorisés à cet égard ont été ceux de la fonction publique et parapublique. Là, c'est par milliers et même dizaines de milliers que l'effectif a augmenté, stimulé par la construction de routes et de barrages, les transformations consécutives à la réorganisation du système scolaire et du système de santé, la construction d'écoles, d'hôpitaux, de collèges et d'universités.

L'une des contreparties de cette croissance a été d'ordre social. L'État devenant omniprésent, les anciennes formes d'entraide se sont peu à peu émoussées et, pendant que les rangs des communautés religieuses s'élaguaient, une importante classe moyenne faisait son apparition, qui en a progressivement assumé les rôles sociaux. Composée d'enseignants, de fonctionnaires, du personnel médical et paramédical, de cadres, de professionnels de toutes sortes, elle a grandement bénéficié des largesses de l'État, tout en contribuant aussi largement au façonnement récent du Québec.

Entrée de plain-pied dans la société de consommation, cette génération sera aussi la première à souffrir des déficits encourus par la mise en œuvre de tous ces programmes. Et, de fait, autant les années 1960 ont été marquées par une croissance, soutenue par tout un discours prônant la nécessité du rattrapage, autant les années 1980 et surtout 1990 le seront par des phénomènes croissants d'exclusion économique, faite au nom de la rationalisation et de la performance sur les marchés internationaux.

3. LA RUPTURE DÉMOGRAPHIQUE ET LE REDÉPLOIEMENT SPATIAL DE LA POPULATION

L'un des phénomènes à avoir le plus d'impact dans le paysage a été paradoxalement la rupture démographique des années 1960. En effet, loin d'alléger le rapport au territoire, elle l'a au contraire alourdi, car à la diminution de croissance entraînée par la baisse de la natalité et le fléchissement de l'immigration est venu correspondre un redéploiement spatial de la population, favorisé par la vigueur de l'économie et les changements de valeurs de la société québécoise. Il en a résulté une consommation accrue d'espace, notamment autour des grandes villes et dans leur prolongement de villégiature.

3.1 Le ralentissement démographique

Les années 1960 introduisent une réelle rupture dans le comportement démographique des Québécois. Certes, la masse de jeunes est énorme, ce qui oblige à mettre l'accent sur la création de services. Cependant, plus la décennie avance, plus le calendrier des naissances s'étale. En outre, on se marie plus tard, ce qui a aussi pour effet de diminuer le nombre de naissances. De 1957 à 1969, selon les démographes Jacques Henripin et Yves Peron, le taux de natalité passe de 29,7 pour 1000 à 15,3 pour 1 000; quant au taux de fécondité, il diminue presque de moitié, passant de 4,0 à 2,09 pour 1 000 (Charbonneau, 1973: 65). Tout en continuant de progresser, la population voit donc son rythme d'augmentation diminuer, au point de susciter des inquiétudes quant à son renouvellement.

L'immigration compense à peine cette diminution. De 1946 à 1966, on estime qu'environ 620 500 personnes ont immigré au Québec, ce qui représente un taux d'attraction de 20 % à 25 %. Or, en 1966, seulement 55 % d'entre elles sont restés dans la province, les autres l'ont quittée, à destination soit des autres provinces canadiennes, des États-Unis ou d'ailleurs (Charbonneau, 1973: 105). Jusqu'en 1967, pourtant, le solde migratoire est positif, ajoutant de 15 000 à 30 000 personnes par année à la population de la province. Après cette date, il devient négatif, avec un déficit de 5 000 personnes en 1968, de 13 000 en 1969 et de 34 000 en 1970. Par la suite, il restera négatif, sauf en 1974-1975, où il ne s'élève toutefois qu'à 4 123 personnes. (Québec, *Annuaire statistique du Québec*, 1985-1986: 109). Le taux d'attraction du Québec passe cette fois de 15 % à 17 %. Au cours des années

FIGURE 60

Augmentation de la population entre les différents recensements (1844-1991)

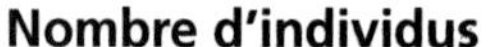

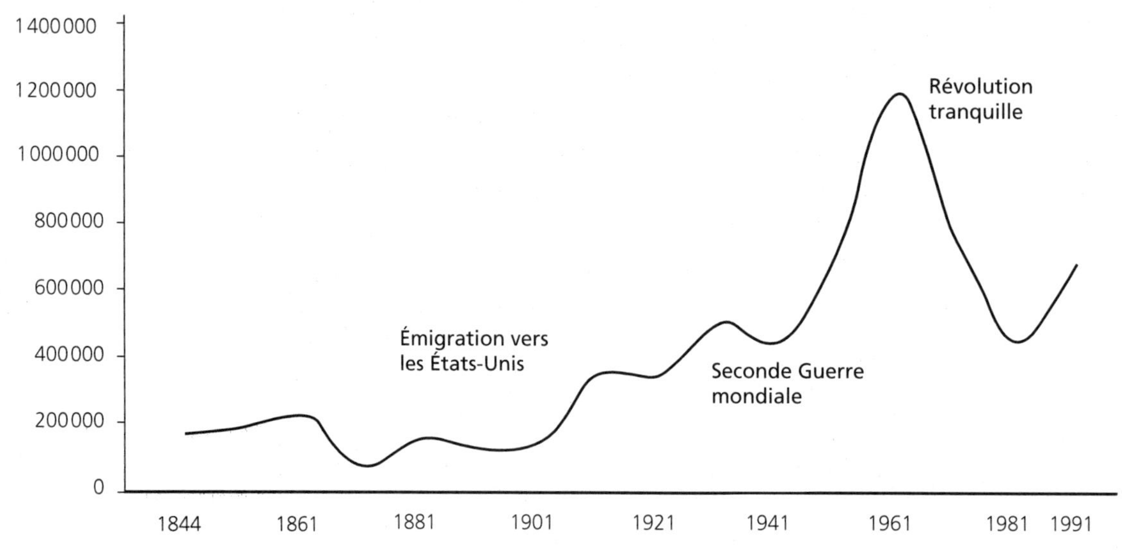

Source : Recensements du Canada.

1980, le Québec perdra encore 25 555 personnes dans ses échanges avec les autres provinces. Par contre, il accueillera 141 855 immigrants, dont l'origine géographique est cependant très différente des populations précédentes (Québec, *Annuaire statistique du Québec*, 1995 : 194).

Ces variations ont des conséquences directes sur l'augmentation de la population. De 1971 à 1981, celle-ci ne progresse que de 400 000 habitants contre 1 200 000 de 1951 à 1961. Vue dans le temps long, soit depuis les années 1840, la transition est plus évidente encore et confirme bien l'apparition d'un nouveau contexte. En chute libre depuis 1951, la courbe ne se redressera qu'après 1980, mais à un rythme qui reste bien en deçà de la croissance d'après-guerre (Figure 60).

3.2 Une société plus composite

Même si l'immigration contribue peu à l'augmentation de la population, encore qu'en 1981 on compte 8,8 % de Québécois nés à l'étranger, contre 7,4 % en 1961, elle modifie pourtant le paysage ethnique du Québec. Ainsi, de 1961 à 1991, la population d'origine française dans la province passe de 80,7 % à 74,6 %. De son côté, la population d'origine britannique chute de 10,8 % à 4,2 %, tandis que la population autochtone voit la sienne tripler au cours de la période, pour atteindre environ 1 % de la population totale en 1991. C'est encore peu comparés aux sept millions d'habitants qu'accueille le Québec (7,3 millions en 1998), mais comme les Premières Nations (71415 en 1996, dont 8 300 Inuits et 16075 Métis) bénéficient du statut de premier occupant, elles détiennent un pouvoir réel, qui s'est considérablement accru depuis 1970 et qui a entraîné, chez les Blancs, une prise de conscience plus grande des stéréotypes entretenus à leur endroit, notamment dans les manuels scolaires (Vincent et Arcand, 1979). Quant aux autres groupes ethniques, ils sont de plus en plus nombreux, favorisés par la levée des exclusions faites à l'immigration internationale par le gouvernement fédéral. Cependant, si certaines communautés voient leur importance relative augmenter, d'autres la voient progressivement diminuer.

En ne tenant compte que des groupes pour lesquels on dispose de relevés comparables entre les différents recensements, on constate en effet un changement structurel important dans la composition ethnique de la population au Québec. Contrairement aux ressortissants d'origine française, britannique, italienne et juive, qui forment toujours, par le nombre, les cinq principaux groupes ethniques au Québec (Anctil et Caldwell (dir.), 1984; Anctil (dir.), 1986; Ramirez, 1986; 1989; Rudin, 1986), on observe une diminution de la population d'origine européenne, sauf pour la population ibérique, au profit d'un accroissement de la population d'origine indo-pakistanaise et asiatique, ainsi que de la population noire, antillaise, africaine et haïtienne.

Autant les années 1960 furent marquées par une augmentation du nombre de Chinois et d'Espagnols, une tendance qui se maintient au cours des années 1970, autant les années 1970 le sont par un accroissement du nombre d'Indochinois, d'Haïtiens et d'Indo-Pakistanais. Quant aux années 1980, elles verront les communautés arabe, grecque et africaine progresser, suivies des communautés portugaise, chinoise, indochinoise, indo-pakistanaise et latino-américaine. Aujourd'hui, ceux qu'on appelle les minorités visibles comptent quelque 432000 personnes. Les plus représentées sont les Noirs, les Arabes, les Latino-Américains, les Chinois et les Asiatiques. L'échantillon suivant donne un aperçu de ces gains et pertes (Figure 61).

L'un des principaux lieux d'établissement des nouveaux immigrants reste très largement la région de Montréal (île de Montréal et île Jésus), qui accueille de 80 % à 85 % des répondants selon les décennies (McNicoll, 1993). La deuxième en importance est la rive sud de Montréal (la Montérégie), où s'installent de 9 % à 14 % des néo-Québécois. Enfin, loin derrière, vient la région de Québec, qui n'en reçoit que de 3,7 % à 7,4 %.

Figure 61

Évolution de la composition ethnique de la population (1961-1991) Quelques exemples

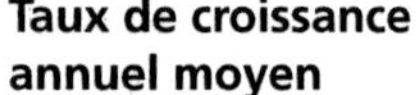

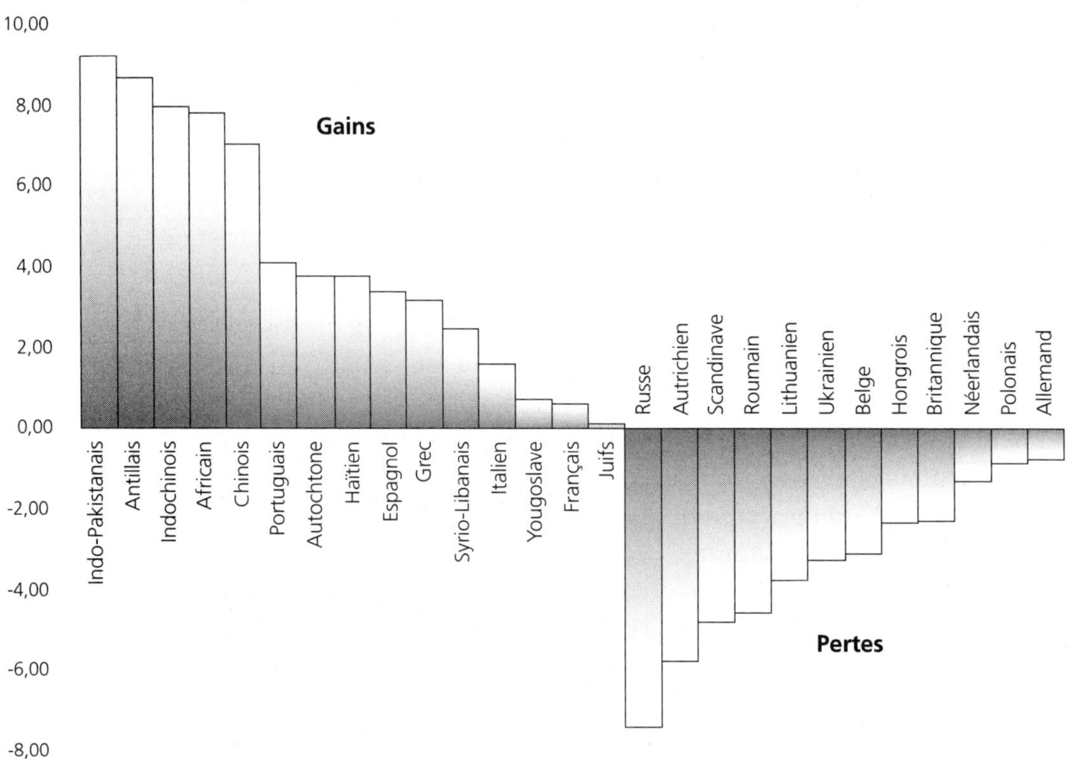

Source : Québec, *Annuaires statistiques du Québec*.

Dans le paysage local, l'arrivée des nouveaux immigrants se traduit par l'ethnicisation accrue de certains quartiers, dont plusieurs prennent l'aspect d'une véritable mosaïque culturelle. En même temps, sur le plan social, l'éventail des situations s'accroît, lié aux différences d'origine, d'âge et de formation des nouveaux arrivés. En outre, contrairement aux groupes plus anciennement établis, qui ont réussi leur établissement, les nouveaux vivent dans des situations souvent plus précaires et doivent s'en remettre à l'aide sociale pour subsister.

C'est à Montréal, surtout, que ces différences sont les plus notables. À l'aisance de certains quartiers, que des générations d'immigrants ont mis à construire ou à s'approprier grâce à des stratégies économiques fondées sur la solidarité familiale et la mise en commun des revenus, s'oppose la pauvreté de certains autres, plus centraux, où les conditions de vie sont nettement plus difficiles. Pour les nouveaux venus, c'est souvent là le seul lieu de résidence accessible, vu leurs maigres moyens (Linteau *et al.*, 1989).

Contrepartie de cette pluralité, Montréal deviendra vite le théâtre d'un enjeu majeur sur le plan linguistique. La question n'est pas nouvelle. En effet, dès le début du siècle, les milieux nationalistes dénoncent la politique fédérale en matière d'immigration, qui leur paraît trop peu préoccupée de maintenir l'équilibre traditionnel entre les deux grands groupes ethniques. L'immigration d'après-guerre relance le débat, sans qu'il n'en résulte toutefois de changement majeur dans le processus de sélection des immigrants qui fait souvent fi du caractère français du Québec. Or, comme les nouveaux arrivés s'anglicisent rapidement, il en résulte une tension qui débouche bientôt sur une véritable crise linguistique. Préparé par tout le mouvenent d'opinon qui réclame un meilleur contrôle de l'immigration (Léger, 1956) et précipitée par les émeutes de Saint-Léonard (1969), elle entraînera la création de plusieurs organismes chargés de définir les modalités d'intégration des immigrants. Au Service de l'immigration, apparu en 1965, succède bientôt un ministère de l'Immigration, créé en 1968. En même temps, on met sur pied des Centres d'orientation et de formation des immigrants (COFI), pendant qu'à la Commission des écoles catholiques de Montréal (CECM, aujourd'hui la Commission scolaire de Montréal), on crée des classes d'accueil pour les enfants d'immigrants. Enfin, de 1971 à 1978, le gouvernement fédéral accepte par étapes de laisser le Québec intervenir dans la sélection même des immigrants.

Quant au français, qu'on avait voulu valorisé par la création de l'Office de la langue française en 1961, il finira par être proclamé langue de travail et langue principale d'affichage, au terme de diverses législations qui, d'une fois à l'autre, élargiront son champ d'application. Maintes fois contestées devant les tribunaux et maintes fois amendées, elles réussiront, du moins jusqu'à maintenant, à survivre aux débats qui les ont entourées et qu'elles continuent toujours de susciter. C'est qu'à la question linguistique comme telle s'ajoute aussi celle de l'avenir politique du Québec, que trois référendums (deux au Québec, en 1980 et en 1995, et un canadien, en 1993, autour de la proposition de Charlottetown) n'ont pu clarifier, et que certains groupes, tel le Parti égalité, créé en 1989, continuent d'obscurcir en menaçant le Québec de partition si ce dernier décidait un jour de se séparer.

Toutefois, et même si la question linguistique reste toujours d'actualité au Québec, notamment à Montréal, où 67 % seulement de la population parle français (55 % sur l'île de Montréal), il semble qu'un équilibre relatif ait été atteint. Aussi peut-on s'attendre maintenant à des aménagements de circonstances, qui continueront de faire respecter le caractère français du Québec, mais qui tiendront compte également de certaines situations plus particulières.

3.3 Le retour vers les basses terres

Au moment même où se transforme le paysage ethnique du Québec, on assiste à un redéploiement spatial de la population (Dugas, 1981 ; 1983 ; 1996). Des régions périphériques, celle-ci migre de plus en plus vers les régions urbaines des basses terres, tandis que, dans ces dernières, on observe un mouvement contraire de redéploiement depuis les centres-villes vers les banlieues.

La première décennie de la période est significative à cet égard. De 1961 à 1969, la plupart des régions dites périphériques affichent des pertes de population, dont certaines substantielles. La seule qui semble échapper à ce mouvement est le Saguenay–Lac-Saint-Jean, où l'on enregistre encore des gains de quelque 27 500 habitants (Tableau 22).

TABLEAU 22

Les mouvements démographiques régionaux (1961-1969)

	Pertes/Gains	Taux de croissance annuel moyen
Gaspésie/Rive sud	-159 448	-6,14
Saguenay et Lac-Saint-Jean	27 554	1,26
Région et ville de Québec	299 709	4,89
Trois-Rivières et Mauricie	131 647	4,64
Cantons de l'Est	-237 751	-8,65
Région de Montréal	1 094 904	4,27
Outaouais	-20 569	-1,49
Abitibi-Témiscamingue	-69 328	-6,41
Côte-Nord et Nouveau-Québec	-70 955	-22,24
Province	995 763	2,19

Source : Québec, *Annuaires statistiques du Québec*.

Par contre, dans les régions urbaines, la population augmente, mais au profit surtout de la banlieue, une tendance qui devient de plus en plus nette avec le temps (Tableau 23).

TABLEAU 23

Les mouvements démographiques régionaux (1986-1992)

Régions	Pertes/Gains	Taux de croissance annuel moyen
Gaspésie–Îles-de-la-Madeleine	-6432	-0,95
Bas-Saint-Laurent	-5036	-0,39
Saguenay et Lac-Saint-Jean	1600	0,09
Québec	39108	1,06
Chaudières-Appalaches	14758	0,66
Mauricie-Bois-Francs	17872	0,63
Estrie	12817	0,79
Montérégie	131272	1,86
Montréal	-13989	-0,13
Laval	37087	2,01
Lanaudière	71532	3,80
Laurentides	75809	3,52
Outaouais	35793	2,15
Abitibi-Témiscamingue	5373	0,59
Côte-Nord	-765	-0,12
Nord du Québec	102	0,05
Province	416901	1,01

Source : Québec, *Annuaires statistiques du Québec*.

La région de Montréal offre un exemple de cette évolution. Au cours des années 1960, la population de l'île Jésus progresse 8,5 fois plus vite que celle de l'île de Montréal. Là, des quartiers entiers apparaissent, greffés à d'anciens villages ou, comme à Duvernay, en prolongement des anciens axes de circulation et de transport. Il en résulte une dissociation accrue des lieux de résidence et de travail, qui accentue le besoin en infrastructures de services et de circulation. Et avec elle s'affirme de plus en plus la montée d'un nouveau genre de vie, axé, comme l'a rappelé le géographe Paul Villeneuve, « sur la maison unifamiliale comme forme d'habitat, la voiture privée comme moyen de transport, le « centre d'achat » comme lieu de rassemblement et l'autoroute comme équipement essentiel » (Villeneuve, 1996 : 145-146).

Certes, la ville reste une destination recherchée et les statistiques montrent qu'elle occupe toujours une place importante dans le panorama géographique du Québec. Mais le concept clé ici est plutôt celui de région urbaine (ou métropolitaine dans le cas des grands centres), car c'est moins la ville cette fois qui attire que sa périphérie. Le mouvement est d'autant plus net qu'il s'accompagne d'une reconfiguration des centres-villes, où la multiplication des édifices à bureaux expulse des populations entières de leurs anciens milieux de vie. Les premières à partir sont surtout les populations aisées, qui n'y reviendront que dans les années 1990, avec le mouvement *yuppie*.

Montréal offre un bon exemple de cette évolution. De 1951 à 1971, la région métropolitaine connaît deux grandes vagues d'expansion, qu'ont bien présentées les géographes Marcel Bélanger et Yves Brunet (1972). Observant 450 municipalités regroupées en 251 unités d'analyse, ces auteurs ont montré que le mouvement corrrespond au type de développement concentrique observé ailleurs autour des grandes métropoles (Figure 62).

Ce redéploiement de la population urbaine est lié autant à la croissance économique qu'aux idéologies nouvelles qui traversent la société québécoise. En effet, le grossissement de la fonction publique et parapublique ainsi que l'augmentation des salaires ont permis l'apparition d'une nouvelle classe moyenne, dont les revenus ont favorisé la recherche d'un habitat plus conforme à ses aspirations. Imitant en cela la classe moyenne américaine et même la bourgeoisie victorienne quand, poussée par le mouvement hygiéniste, celle-ci se propulsait loin du tumulte et de la laideur des villes industrielles (Fishman, 1987), on a fini par croire que cet idéal était à la portée de tous. Aussi a-t-on rapidement assisté à une prolifération des banlieues, soutenue par les programmes gouvernementaux d'accès à la propriété et les politiques expansionnistes de l'industrie automobile et pétrolière (Paul Villeneuve, 1996).

Les conséquences de cette expansion se sont fait sentir à la fois sur le plan spatial, économique et social. Soumis à une intense spéculation foncière, le patrimoine agricole périurbain s'est rapidement désintégré et c'est par lots voire par quartiers entiers que les terres ont été loties, après avoir été souvent laissées en friche pendant plusieurs années. En même temps, il a fallu assumer des charges accrues pour le logement et le transport, ce qui a favorisé le travail des deux conjoints. Et, comme les distances à parcourir

FIGURE 62

Un exemple de périurbanisation : la région de Montréal

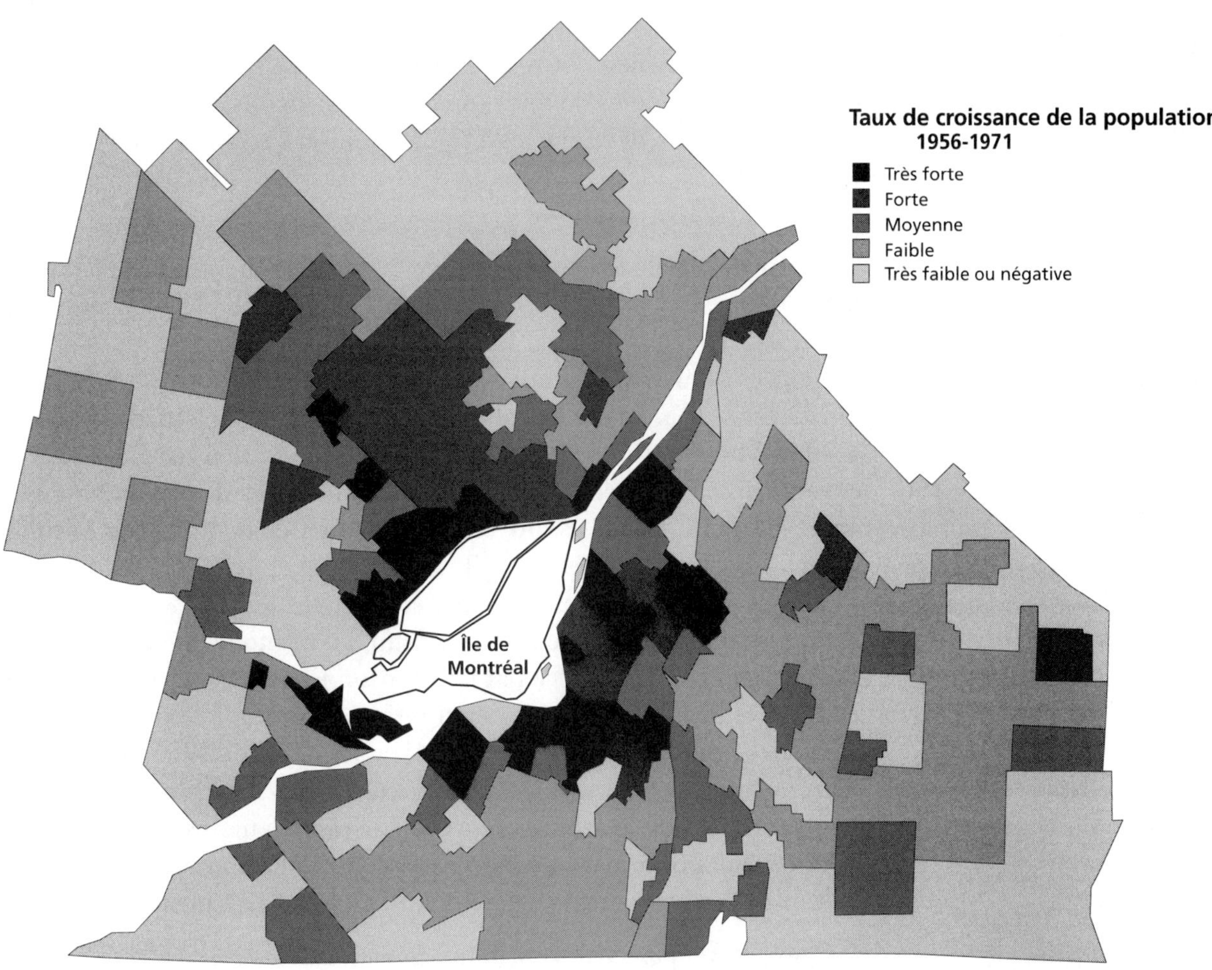

Source : Bélanger *et al.* (1972).

pour se rendre au travail ont elles aussi augmenté, cela a exigé l'acquisition d'une deuxième voiture, ce qui a accru le parc automobile et les besoins en infrastructures routières. Pour Paul Villeneuve (1996: 146), ce fut à la fois coûteux, énergivore et néfaste à l'environnement.

Cette suburbanisation représente un des traits les plus marquants de la géographie québécoise des derniers 30 ans. Non seulement la ville a-t-elle accru son emprise, mais elle s'est étalée dans toutes les directions, en un mouvement certes différencié selon la classe sociale, mais dont l'expansion n'est plus limitée que par le rythme de développement des systèmes de transport. À une première auréole, constituée surtout de la zone de villégiature d'après-guerre, de plus en plus transformée en habitat permanent, s'ajoute bientôt une deuxième voire une troisième frange d'espaces résidentiels, greffée souvent à d'anciens noyaux villageois, mais dont les fonctions, essentiellement résidentielles, s'articulent plutôt aux axes de communication qui les doublent ou les contournent. Ce sont les fameuses banlieues dortoirs, développées à l'américaine et à même le territoire agricole, dont toute la vie gravite autour des boulevards et des centres commerciaux créés pour les desservir.

Au-delà s'étale la campagne, que le redéploiement industriel récent contribue aussi à « urbaniser » par endroits, et les zones de villégiature, qui prennent souvent l'aspect de longs corridors de développement flanqués de bretelles donnant accès aux secteurs d'habitat secondaire. Là, l'aménagement est plus aréolaire, constitué de chalets élevés le long des rives des lacs (Clibbon, 1967 ; 1968). Fréquentées par les nouvelles classes moyennes, ces aires sont principalement des aires de loisirs pour une population qui n'y vient souvent que les fins de semaine ou pour les vacances estivales. Il n'y a d'ailleurs qu'à se rappeler la rapidité avec laquelle se sont multipliés les petits commerces le long des axes touristiques fréquentés pour prendre la mesure de ce mouvement, qui a aussi bénéficié de l'euphorie créée par les chansonniers. L'un des hauts lieux de cette nouvelle culture a été les Laurentides au nord de Montréal. Dès le milieu des années 1950, les vieilles paroisses de colonisation du nord de Sainte-Agathe sont envahies par le tourisme. Quinze ans plus tard, on aura atteint et développé les abords de Mont-Laurier, un mouvement qui continuera de s'amplifier par la suite, grâce, notamment, au prolongement de l'autoroute des Laurentides, qui rejoindra bientôt Saint-Jovite.

Avec le temps, certains secteurs en viendront même à être fréquentés toute l'année, grâce à la montée des sports d'hiver et aux aménagements qui en résultent. Les cas les plus connus à cet égard restent les Laurentides au nord de Montréal et la région du mont Orford dans les Cantons de l'Est. Là, c'est par dizaines qu'apparaissent les nouvelles stations de ski, dans un paysage de basses collines unique en son genre. On en construit aussi au nord, à l'est et au sud de Québec, où existent également de riches possibilités à cette fin. Et, comme avec ces aménagements viennent aussi généralement des services, il en résulte une densité qui finit par fixer une certaine population. C'est le cas, notamment, dans les Laurentides du nord de Montréal, où les formes les plus achevées de ce développement restent sans contredit celles de Saint-Sauveur et de Mont-Tremblant. En moins d'une génération, de véritables stations de sports d'hiver sont apparues, piquées de condominiums et de centres commerciaux.

Enfin, parallèlement se poursuit un autre mouvement, qualifié souvent d'écologique ou inspiré du mouvement *hippie* américain, mais qui accueille des populations très diverses, désireuses de s'établir loin de la ville et de ses banlieues. Bien étudiées par Yves Brunet (1980), qui les a observées dans les Cantons de l'Est, il semble que ces populations ne soient pas à considérer comme de véritables ex-urbains, encore qu'il y en eut, mais comme des groupes qui, tout en fuyant la ville, restent en rapport avec cette dernière. Dans son étude, Brunet en distingue trois : le groupe des fermiers écologiques, constitué surtout d'urbains instruits, dont les pratiques agricoles (souvent à temps partiel) ont beaucoup influencé les idées en matière d'alimentation et d'agriculture ; celui, plus nombreux, des réfugiés qui, faute de moyens, n'ont d'autres alternatives que de s'installer à la campagne ; et celui des pseudo-banlieusards, qui affectionnent le genre de vie rural, mais qui restent en rapport étroit avec la ville pour leur travail et leurs loisirs. On pourrait ajouter aussi celui des jeunes retraités, qui profitent de leur connaissance des lieux pour élire leur dernier domicile. Pour plusieurs, l'ancien chalet suffira. Sinon, on achètera une petite ferme, à moins qu'on ne s'installe au village, proche des services.

4. LA RESTRUCTURATION DE L'ÉCONOMIE ET SES CONSÉQUENCES TERRITORIALES

C'est par une volonté plus poussée de contrôle des ressources naturelles que s'inaugurent les années 1960. En même temps, on renforce les institutions financières et on multiplie les programmes d'aide à l'entreprise. Enfin, on cherche à hausser le niveau de formation de la main-d'œuvre. Ces politiques ont une incidence directe dans le paysage, qui prend de plus en plus ses traits actuels.

4.1 La consolidation du réseau de transport

Bien que la voie d'eau reste toujours le moyen le plus économique de transport, elle doit affronter, à partir de 1960, des difficultés nouvelles et importantes de croissance, liées aussi bien à l'apparition de nouveaux concurrents qu'aux difficultés économiques de la période, qui freinent le développement urbain et régional. L'un de ces concurrents est le transport routier, qui s'accroît considérablement au cours des derniers 30 ans. Ajoutés aux préoccupations nouvelles de la population en matière de protection des environnements aquatiques, ces facteurs rendront difficile la relance du trafic fluvial. Aussi songe-t-on assez tôt à d'autres fonctions et à des modes d'aménagement et de gestion plus intégrés (Courville, 1997). Toutefois, en dépit des projets que proposent certains écologistes, tel le projet Archipel dans la région de Montréal, les résultats se font attendre. Seuls les projets de dépollution du fleuve et de création d'aires protégées connaîtront un certain succès, et encore, vu l'ampleur des problèmes et la complexité des processus de décision.

L'un des grands changements de la période viendra plutôt de l'extension des infrastructures de transport routier et aérien, qui sonne aussi le glas du transport ferroviaire. De plus en plus sollicitées par la population, les nouvelles autoroutes se multiplient, ajoutant aux tronçons déjà en place plusieurs centaines de kilomètres de nouvelles voies reliant, par la rive sud, Québec, Montréal et Sherbrooke. En même temps, on prolonge l'autoroute 20 vers l'est. Enfin, on construit l'autoroute 40, reliant Québec et Montréal par la rive nord et Trois-Rivières.

Au même moment, on assiste à l'accroissement du trafic aérien et surtout de la taille des transporteurs, qui nécessitent eux aussi la construction de nouveaux aéroports, beaucoup plus imposants que les précédents. Le plus vaste a pour site la région de Montréal où, dès les années 1970, apparaît un deuxième aéroport international, celui de Mirabel. Construit au cœur du bassin laitier du nord de Montréal, il entraînera la disparition de tout un vaste espace agricole réputé pour son opulence. En même temps, on agrandit et modernise les aéroports existants et on améliore leur accès. Enfin, on crée de nouvelles lignes aériennes, qui étendent cette fois les liaisons à l'ensemble du territoire québécois et les articulent aux réseaux internationaux.

L'une des raisons qui expliquent cette expansion du trafic aérien vient de la croissance du tourisme international, auquel les Québécois participent avec enthousiasme. Chaque année, des milliers d'entre eux se dirigent vers les États-Unis, la Floride surtout, les Caraïbes et l'Europe. Avec le temps, s'ajoutent des destinations plus exotiques encore, asiatiques et nord-africaines notamment. Les agences de voyage prolifèrent et avec elles les organisations de toutes sortes qui n'aspirent qu'à vendre du dépaysement. Il faudra les crises économiques des années 1980 et 1990, et surtout la chute du dollar, pour ralentir cette croissance, et encore, puisque les destinations canadiennes suppléent en partie au besoin maintenant bien inscrit dans les mœurs de « partir en vacances ». Aussi ce moyen de transport reste-t-il, avec l'auto, un moyen privilégié de déplacement. En 1982, c'est à près de 6,2 millions de passagers que se chiffrait la part de l'avion, tout type de vols confondus. En 1992, il dépassera les 9 millions (Québec, *Annuaire statistique du Québec*, 1995).

Toutefois, contrepartie des crises qui ébranlent l'économie mondiale, les transporteurs fusionnent, ce qui entraîne la disparition de plusieurs compagnies aériennes et une modification des circuits. Les régions les plus touchées sont les régions périphériques, qui voient leurs services diminuer. Ajoutée à la fermeture de plusieurs villes minières, sur la Côte-Nord et en Abitibi notamment, cette évolution nuit aux économies locales et régionales, en plus de poser des difficultés aux grands centres qui doivent également composer avec les fusions de compagnies et le déménagement de certains services. La situation est particulièrement difficile à Montréal, où l'on finira même par redéfinir la vocation de l'aéroport de Mirabel au profit de Dorval.

4.2 Les mégaprojets hydroélectriques et le partage du domaine nordique

Dès la fin des années 1950, on entreprend la construction de nouvelles centrales hydroélectriques qui s'imposent par leur gigantisme et leur impact croissant sur l'environnement. Le premier endroit à connaître ce développement est la Côte-Nord, réputée pour son énorme potentiel hydroélectrique. L'endroit n'est pas tout à fait inconnu, puisque depuis 1937 une papetière exploite une petite centrale sur la rivière des Outardes. Cependant, ce n'est vraiment qu'au début des années 1950 que l'exploitation à grande échelle commence, avec l'inauguration de la centrale McCormick sur la Manicouagan en 1952, puis le lancement du projet Manic-Outardes au début des années 1960. Restée jusque-là le fief des compagnies privées, la Côte-Nord devient, avec la nationalisation de l'électricité, celui de l'entreprise d'État. C'est à Hydro-Québec qu'il reviendra désormais d'être le seul maître-d'œuvre des chantiers, non seulement dans cette région, mais sur l'ensemble du territoire québécois.

Stimulé par l'absence d'autres sources d'énergie et une demande d'électricité qui double tous les 10 ou 12 ans, l'effort est intense et conduit à la construction d'équipements toujours plus puissants, qui mobilisent l'apport de milliers de travailleurs. Au projet Manic-Outarde, s'ajoutent bientôt ceux des chutes Churchill au Labrador à la fin des années 1960 et de la baie de James au début des années 1970, qui conduiront à l'inauguration de plusieurs nouvelles centrales de 1984 à 1996 (Figure 63). Elles fourniront plus de la moitié de la puissance disponible au Québec. Toutefois, parce qu'ils modifient aussi radicalement les environnements naturels, ces projets auront des répercussions majeures pour les populations autochtones. Et c'est dans le nord, surtout, que les difficultés seront le plus durement ressenties.

Bien que les espaces nordiques fassent partie intégrante du territoire québécois depuis le tournant du XXe siècle, le Québec n'a pas pris immédiatement conscience de leur importance, laissant plutôt à l'initiative du gouvernement fédéral le soin d'y implanter les services qu'il jugeait à propos pour les populations locales. Il n'y prend pied qu'au début des années 1960, avec la création, en 1963, d'une Direction générale du Nouveau-Québec au sein du ministère des Richesses naturelles. Huit ans plus tard, la première structure municipale apparaît, la municipalité de la Baie-James, créée par la loi qui confie à la Société de développement de la Baie-James l'exploitation des ressources naturelles. Sa filiale, la Société d'énergie de la Baie-James, entreprend alors des études pour équiper la rivière La Grande de centrales qui accroîtront le potentiel énergétique du Québec. C'était poser d'emblée le problème des droits autochtones à une époque de tensions croissantes entre le gouvernement fédéral et le gouvernement provincial (Dussault et Borgeat, 1984).

Après de difficiles négociations ponctuées de débats judiciaires, un accord est finalement signé avec les communautés cries et inuites, la Convention de la Baie-James et du Nord québécois (1975), qui sera bientôt étendue aux Naskapis de Shefferville (1978). En échange de leurs droits ancestraux, les autochtones obtiennent de riches compensations financières et la reconnaissance de leurs droits d'occupation et d'usages sur de larges portions du territoire, ainsi que de leurs droits de gestion de leurs affaires municipales et de leur développement économique. Seuls quelques villages inuits résistent encore, continuant de réclamer leur autonomie politique. Le projet n'aura pas de suite, du moins pas encore, mais il influencera beaucoup les revendications ultérieures des Inuits qui, lors d'un référendum tenu en 1986, rebaptisent leur territoire du nom de Nunavik, une demande agréée deux ans plus tard par le gouvernement québécois.

FIGURE 63

Le réseau de lignes à haute tension au Québec

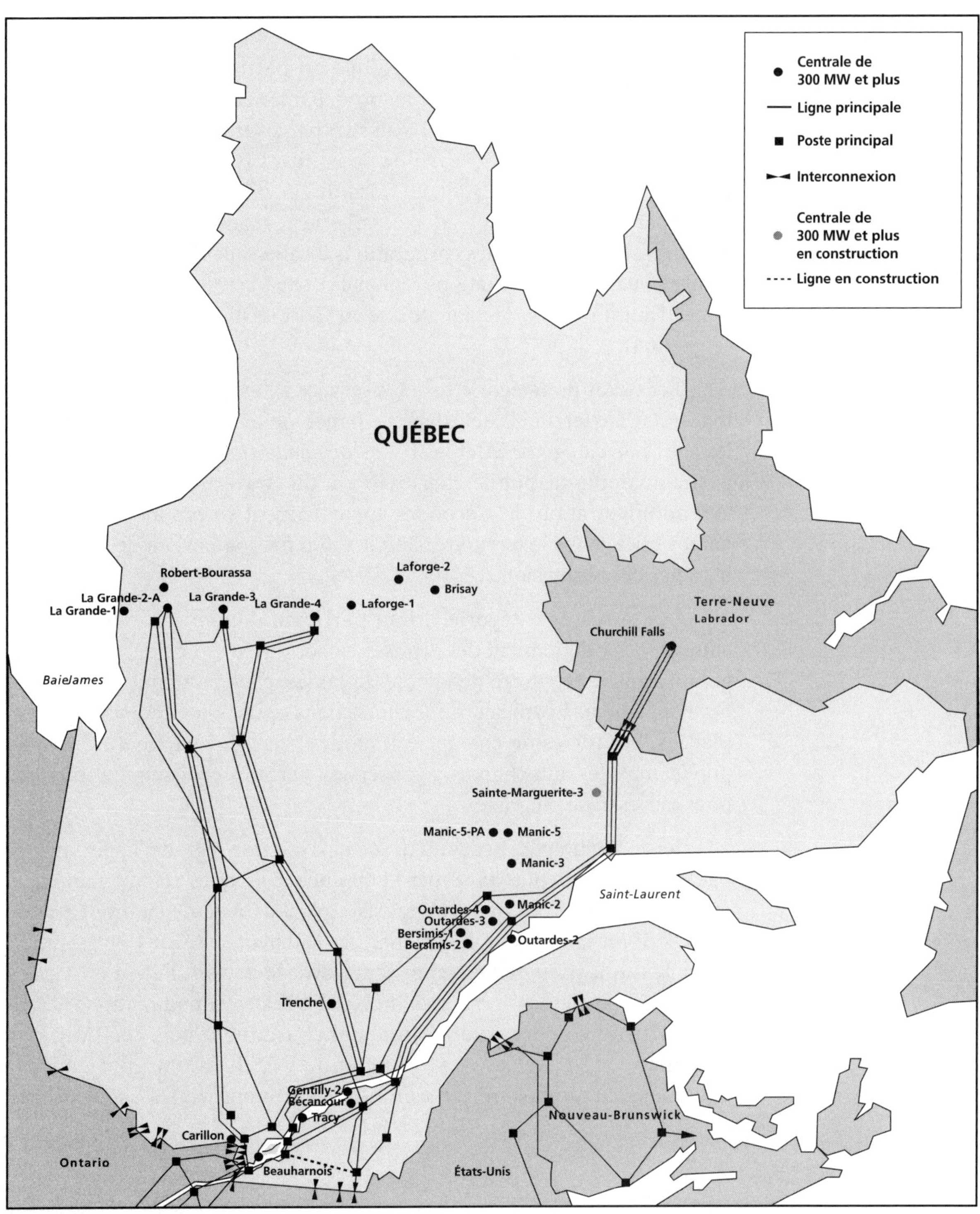

Source : Adapté d'après le Rapport annuel 1998, Hydro-Québec p. 97.

Aujourd'hui, le domaine nordique est partagé en deux territoires : celui de la baie de James, habité, au nord, par les communautés cries et les travailleurs de l'électricité et, plus au sud, par les travailleurs des chantiers forestiers et les habitants des villes constituées (Chibougamau, Chapais, Lebel-sur-Quévillon, etc.) ; et, au nord du 55e parallèle, celui du Kativik, habité par les Inuits. Dans les deux cas, les terres sont divisées en catégories et administrées soit par des corporations locales, telles les municipalités de villages, ou des administrations régionales, telles la municipalité de la Baie-James, l'administration régionale crie ou l'administration régionale Kativik (Figure 64).

Les terres de catégorie I sont réservées à l'usage exclusif des autochtones. Dans le territoire de la baie de James, on en compte de deux sortes, les terres de catégorie IA et les terres de catégorie IB. Les premières font partie du domaine public, mais relèvent du gouvernement fédéral pour leur administration ; les secondes appartiennent en propre aux communautés cries. Dans le territoire Kativik, où il n'y a jamais eu de réserves, il n'y a pas de subdivision.

Les terres de catégorie II font partie du domaine public, mais les autochtones y détiennent des droits exclusifs de chasse, de pêche et de piégeage. Dans le territoire de la baie de James, elles pourront servir à des développements hydroélectriques, mais dans ce cas, elles devront être remplacées. Les terres de catégorie III font également partie du domaine public, mais les autochtones y conservent certains droits, notamment de pourvoiries et de piégeage.

Reste le Nunavik. Reconnu désormais comme région d'appartenance par les Inuits et, depuis 1988, par l'État québécois, qui y réfère maintenant formellement dans sa publicité touristique, il dépend de l'administration Kativik. Il est le pendant, au Québec, du Nunavut, créé en 1999, sept ans après la ratification de l'entente signée avec le gouvernement en 1992, à même une partie des Territoires du Nord-Ouest. Quant aux rapports que les Inuits du Québec et du Canada entretiennent avec les Inuits du Groenland, de l'Alaska et de l'ancienne URSS, ils ont pour cadre la Conférence circumpolaire, créée en 1977 et reconnue par les Nations Unies.

FIGURE 64

Le partage du domaine nordique au Québec

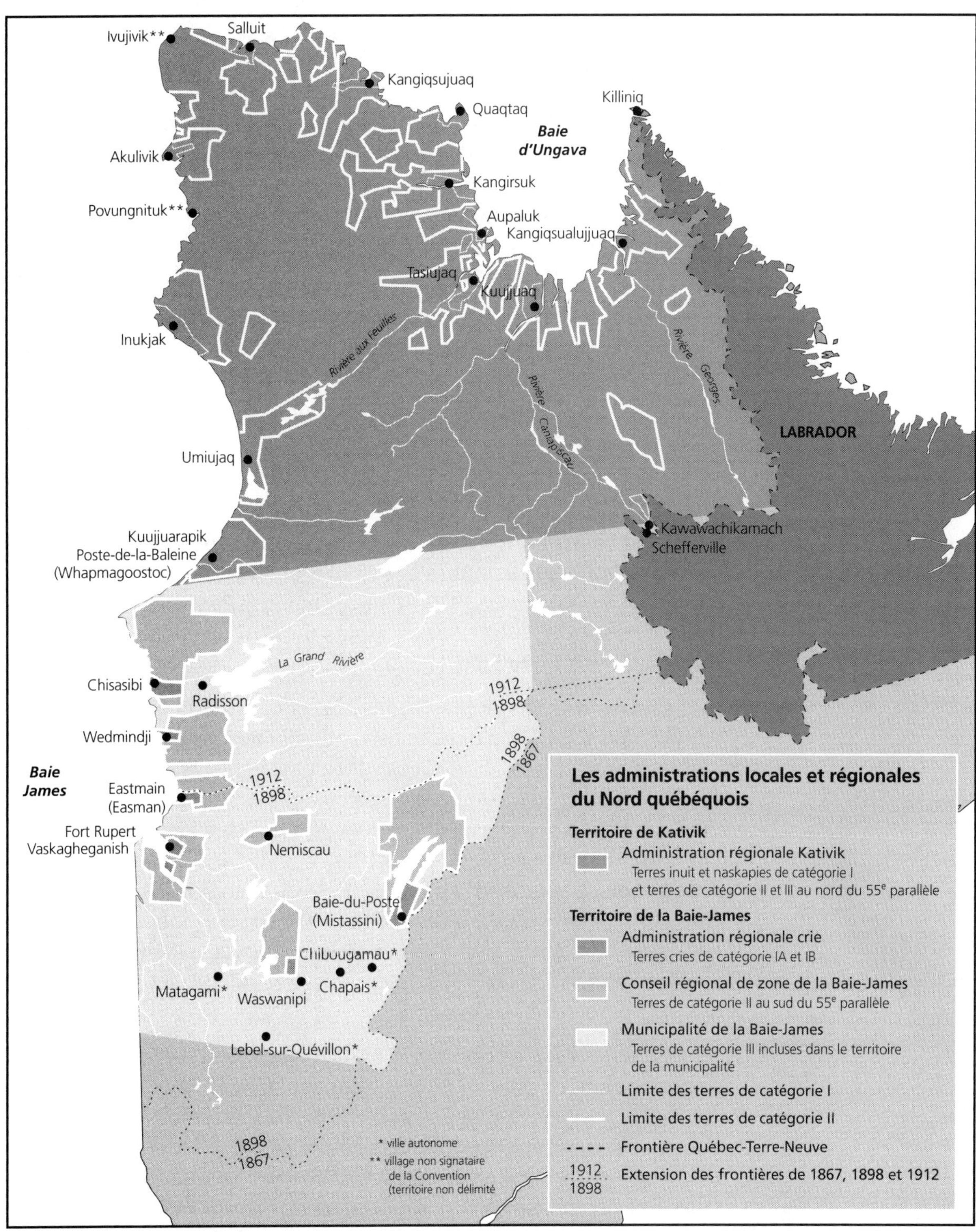
Ivujivik**
Salluit
Kangiqsujuaq
Quaqtaq
Killiniq
Baie d'Ungava
Akulivik
Kangirsuk
Povungnituk**
Aupaluk
Kangiqsualujjuaq
Tasiujaq
Kuujjuaq
Inukjak
Rivière aux Feuilles
Rivière Caniapiscau
Rivière George
LABRADOR
Umiujaq
Kawawachikamach
Schefferville
Kuujjuarapik
Poste-de-la-Baleine
(Whapmagoostoc)
La Grand Rivière
Chisasibi
Radisson
1912
1898
Wedmindji
1898
1867
Baie James
Eastmain
(Easman)
Fort Rupert
Vaskagheganish
Nemiscau
Baie-du-Poste
(Mistassini)
Chibougamau*
Chapais*
Matagami*
Waswanipi
Lebel-sur-Quévillon*
* ville autonome
** village non signataire de la Convention (territoire non délimité
Les administrations locales et régionales du Nord québéquois
Territoire de Kativik
Administration régionale Kativik
Terres inuit et naskapies de catégorie I et terres de catégorie II et III au nord du 55e parallèle
Territoire de la Baie-James
Administration régionale crie
Terres cries de catégorie IA et IB
Conseil régional de zone de la Baie-James
Terres de catégorie II au sud du 55e parallèle
Municipalité de la Baie-James
Terres de catégorie III incluses dans le territoire de la municipalité
Limite des terres de catégorie I
Limite des terres de catégorie II
Frontière Québec-Terre-Neuve
Extension des frontières de 1867, 1898 et 1912

Source : Adapté d'après Dussault et Borgeat (1984).

4.3 L'exploitation minière

Après la Seconde Guerre mondiale, l'activité minière entre dans une période faste qui laissera des traces profondes sur le territoire québécois. Les volumes de production augmentent, l'espace minier s'élargit et de nouvelles villes apparaissent, qui accueillent bientôt des dizaines de milliers d'habitants. En même temps, on crée de nouvelles infrastructures qui désenclavent l'arrière-pays et l'unissent au reste du Québec habité (Boudreau, Courville, Séguin, 1997).

Trois régions, surtout, bénéficient de cette croissance : la Côte-Nord qui, grâce aux énormes réserves de la fosse du Labrador, assure bientôt la totalité de la production de fer ; l'Abitibi-Témiscamingue, d'où proviennent 70 % de la production de cuivre et 99 % de la production d'or ; et les Cantons de l'Est, qui produisent la quasi-totalité de l'amiante.

Contrairement à la production d'or qui décline après 1965, la production de fer connaît une hausse sans précédent, qui porte les volumes extraits de 8 millions de tonnes à la fin des années 1950 à 20 millions de tonnes à la fin des années 1970. Au même moment, la production de cuivre passe de près de 70 000 000 kg à plus de 170 000 000 kg ; et celle de l'amiante, de 1 à 1,5 million de tonnes.

L'un des impacts les plus visibles de cette évolution reste l'apparition de villes nouvelles. Les plus connues sont Chibougamau, Matagami, Joutel, Murdochville, Sept-Îles, Port-Cartier, Pointe-Noire, Schefferville, Gagnon et Fermont. Visibles dans toutes les régions minières, c'est pourtant sur la Côte-Nord que les changements sont les plus spectaculaires. La création de l'Iron Ore, au tournant des années 1950, y avait fait apparaître toute une série de nouvelles infrastructures : centres urbains, chemins de fer, usines, entrepôts et autres. Les années 1960 et 1970 en verront la consolidation, favorisée par le vent d'optimisme qui traverse alors la politique québécoise, qui rêve de doter le Québec d'un mégacomplexe sidérurgique à Bécancour, alimenté par le fer du Labrador.

L'une des villes à bénéficier le plus de cette évolution est Sept-Îles, qui s'affirme alors de plus en plus comme une plaque tournante pour les échanges. Lieu d'entreposage et d'expédition du minerai reçu de l'intérieur, elle devient aussi un lieu de redistribution des denrées reçues de l'extérieur. En 1950, ce n'est encore qu'un petit village de moins de 2 000 habitants. Une décennie plus tard, il en compte 14 000. En 1973, on y construit une usine de bouletage. Et, en 1975, elle est déjà forte de plus de 30000 habitants, qui représentent près du tiers de l'effectif régional (Québec, *Annuaires statistiques du Québec*).

Par la suite, la production minière s'essouffle, victime à la fois de la concurrence sur les marchés internationaux, de la chute des prix des matières premières et, dans le cas de l'amiante, des débats qui entourent la nocivité de ce produit pour la santé publique. Dans ce contexte, et malgré une intervention directe de l'État pour maintenir certaines productions, celle de l'amiante notamment, qu'on va même jusqu'à nationaliser, les volumes déclinent entraînant partout la diminution de la main-d'œuvre minière. En 1990, celle-ci ne sera plus que de quelque 15000 travailleurs environ, contre environ 22000 du début de la période.

L'une des régions les plus touchées est la Côte-Nord, où l'on annonce bientôt la fermeture de Schefferville. Du coup, les activités côtières dépriment et Sept-Îles perd près du tiers de sa population. Quant aux villes de l'amiante, elle n'ont d'autres choix que d'envisager leur reconversion économique.

4.4 La montée du tertiaire

Comme dans l'ensemble des pays industrialisés, le Québec connaît, à partir des années 1950, un processus de tertiarisation qui s'accélère au cours de la décennie suivante. En 1961, la part de la population active engagée dans ce secteur représente déjà plus de 52% de la population active. En 1981, elle en mobilise près de 63%. En même temps, la part du tertiaire dans le produit intérieur brut (PIB) passe de 57% en 1961 à plus de 68% en 1981. En 1991, elle aura atteint presque les 74%, une part qui continue de s'accroître depuis (Recensements du Canada).

Cette progression est supérieure non seulement à la moyenne canadienne, mais même à celle d'autres pays industrialisés. Toutefois, elle traduit moins une maturation accrue de l'économie que la montée fulgurante de l'administration publique et des services (Linteau *et al.*, 1989: 501 et s.). En outre, elle indique une faiblesse accrue des secteurs primaires et secondaires. En 1961, le premier réunit encore plus de 5% de la main-d'œuvre, depuis 1991, il n'en compte plus que 3,6% environ. Le second passe du tiers à un peu plus du quart, puis à 22,5% au cours de la même période.

L'un des premiers secteurs d'activités à bénéficier de cette croissance reste celui des services, dont le nombre d'employés croît de 350800 en 1961 à plus de 876300 en 1981, contre plus d'un million en 1998. Pendant ce temps, le secteur commercial progresse de 248000 à 472100, puis à 507300 employés, celui de la finance et des assurances, de 62100 à 146300, puis à 154300, et celui l'administration publique de 195000 à 243000, pour ensuite chuter à 167000. Par contre, dans le secteur des transports et des communications, la progression est moins accentuée. En dépit d'un nombre accru d'employés, la part de ce secteur dans la population active passe de 9,1 % en 1961 à 7,6 % en 1981, puis à 7,2 % en 1998.

Longtemps caractérisé par une faible productivité de la main-d'œuvre et le peu d'impact de la technologie, le secteur tertiaire connaît des changements importants au cours de la période. Ainsi, la main-d'œuvre devient de plus en plus qualifiée et mieux rémunérée, du moins dans certains domaines d'activités tels les soins de santé, l'ingénierie, l'éducation, la finance, les communications et l'administration publique. De même, les conditions de travail se transforment grâce à l'introduction de l'ordinateur et des systèmes de communication rapide, qui réduisent aussi considérablement les besoins en personnel, notamment dans les administrations. Toutefois, comme la majorité des emplois exige encore peu de qualifications, ils restent faiblement rémunérés, ce qui est le cas notamment du personnel de bureau, de la restauration et de l'entretien ménager, où la main-d'œuvre féminine est aussi abondante.

L'une des conséquences les plus directes de cette surcroissance du tertiaire sera d'accélérer la reconfiguration des centres-villes. En effet, tout au long des années 1960 et 1970, on assiste à une multiplication des édifices à bureaux et des galeries commerciales, qu'accélère la réorganisation du commerce de détail et la concurrence des centres commerciaux de la banlieue. Intégrées aux édifices en hauteur, ces galeries couvertes ont pour modèle la Place Ville-Marie et plusieurs sont bientôt dotées de fonctions culturelles importantes.

Ailleurs, en périphérie des grandes villes et dans les villes moyennes, la place est plutôt prise par les centres commerciaux dont le nombre se multiplie singulièrement de 1961 à 1975 : de 55 à 223 entre les deux dates. Abritant toutes sortes de boutiques, elles accueillent aussi les magasins à chaîne, dont l'essor est également fulgurant au cours de la période. En 1961, ils accaparent moins de 20 % du marché de l'alimentation ; en 1975, plus du tiers.

Enfin, les équipements culturels se multiplient et avec eux les équipements hôteliers. Ils deviendront vite des symboles d'identité culturelle et de la nouvelle aisance économique des Québécois, en plus de contribuer à la revitalisation de certains quartiers. La Place des Arts à Montréal et le Grand Théâtre à Québec en sont des exemples. Quant aux équipements hôteliers, ils traduisent certes la place nouvelle des grandes villes dans les circuits touristiques internationaux, mais aussi la montée de toute une nouvelle clientèle formée de gens d'affaires et de fonctionnaires, de plus en plus nombreux à les fréquenter.

4.5 La professionnalisation des secteurs traditionnels

En même temps que se poursuit cette poussée du tertiaire, on assiste à des transformations non moins importantes dans les secteurs plus traditionnels d'activité. L'un des secteurs les plus touchés reste bien sûr l'agriculture, qui continue sur sa lancée d'après-guerre. L'exploitation forestière également se transforme, comme la pêche, qui devient elle aussi une véritable industrie.

4.5.1 L'agriculture

De 1951 à 1956, la population agricole de la province avait chuté de 24%. De 1961 à 1981, le nombre d'emplois dans ce secteur d'activité passe de quelque 140000 à environ 77000. Cette fois, le phénomène est majeur et il s'alimente moins du reflux de population en provenance des plateaux que de l'abandon par les jeunes du travail de la terre. Plus sensibles qu'auparavant aux disparités de revenus qui séparent le monde rural du monde urbain, ceux-ci aspirent à un meilleur niveau de vie. C'est donc de plus en plus massivement qu'ils quittent l'agriculture, pour s'orienter vers d'autres secteurs d'activités, et cela, au moment même où le syndicalisme agricole se répand (Kesteman, Boisclair et Kirouac, 1984).

L'une des conséquences les plus immédiates de cet abandon est de transformer la structure même de la ferme. Privée de sa main-d'œuvre familiale, donc non rémunérée ou très peu, celle-ci devient plus mécanisée. En même temps, le nombre de fermes diminue et l'exploitation moyenne s'agrandit. De près de 96000 fermes en 1961, on n'en compte plus que 38076 en 1991, tandis que la superficie moyenne des exploitations passe de 148,2 acres à 222,6 acres entre les deux dates. En 1996, on ne comptera plus que 33906 fermes commerciales au Québec. Quant à la production agricole, elle continue de se concentrer dans cinq domaines clés:

les produits laitiers, la volaille, le porc, les bêtes à cornes et les œufs. En 1961, ils assuraient déjà 80% du revenu agricole. En 1991, ils en assurent plus de 85% (Québec, *Annuaires statistiques du Québec*).

Cette évolution se fait sentir également dans les rendements, qui s'améliorent considérablement au cours de la période. Plus spécialisée, la ferme utilise aussi plus d'engrais. En outre, elle profite des plans gouvernementaux pour le drainage des terres. Et, comme l'État intervient de plus en plus pour améliorer les conditions générales de l'agriculture, celle-ci en profite pour rationaliser davantage ses activités et s'ouvrir encore plus aux marchés extérieurs.

Dans le paysage, cette évolution se traduit par une consolidation et une intégration accrue de la ferme, qui, tout en restant familiale (Morisset, 1987), prend de plus en plus l'allure d'une véritable entreprise. On en trouve un écho dans les recensements canadiens, où l'on commence à distinguer les fermes commerciales des fermes dites de subsistance. En 1961, par exemple, les fermes commerciales représentent déjà plus de 40,6% du nombre total de fermes; en 1991, elle comptent pour 93,5 %.

De toutes les régions du Québec, celles du sud-ouest québécois enregistrent le plus fort taux de revenus. En ne retenant que les fermes ayant vendu pour 5000$ de produits agricoles en 1961, soit le double du montant requis en 1966 pour être classées commerciales, on a constaté que, dans la plaine de Montréal, plusieurs comtés comptaient plus de 75% de fermes dans cette catégorie, suivis des comtés des Cantons de l'Est, de la plaine du lac Saint-Pierre et de Québec et de la vallée de l'Outaouais. En région, seuls le Saguenay–Lac-Saint-Jean et les Laurentides centrales affichaient de tels seuils. Ailleurs, l'agriculture paraissait beaucoup moins prospère: dans les comtés gaspésiens, par exemple, seulement 39% des fermes cumulaient de telles ventes, contre environ 3,6% dans le nord-ouest québécois (Abitibi-Témiscamingue) et une ferme seulement sur 222 aux Îles-de-la-Madeleine (Morrissette, 1972: 46 et s.).

En 1991, le panorama est devenu le suivant: la première grande région à déclarer les plus forts revenus de l'agriculture est celle de Richelieu-Saint-Hyacinthe (608,2 millions$) suivie de celles de Québec (513,8 millions$), du sud-ouest de Montréal (490,8 millions$), des Bois-Francs (472,1 millions$), du nord de Montréal (410,7 millions$), de Beauce-Appalaches (358,4 millions$) et de l'Estrie (360,1 millions$). Les autres viennent loin derrière. Pourtant, c'est toujours sur un faible nombre d'entreprises rentables que repose l'approvisionnement des Québécois en denrées alimentaires. En 1991, on estime que seulement le quart des fermes est rentable, mobilisant près de 70 % des ventes totales, les trois quarts restants n'en assument que 30 %.

Cette évolution confirme la tendance de plus en plus marquée au développement de deux types d'agriculture, l'une spécialisée, très compétitive et capable de s'adapter à la globalisation des marchés, et l'autre plus extensive, mais moins rentable, vouée surtout à l'occupation du territoire et au maintien du tissu social en région (Québec, *Annuaire statistique du Québec*, 1995 : 308). Aussi, quand Gérald Fortin publie *La fin d'un règne*, en 1971, le rêve d'un Québec agricole est-il bel et bien épuisé. Caressé par une élite qui avait voulu en faire le fondement de toute une société, celui-ci se sera évanoui, victime à la fois des changements d'après-guerre et des rêves de renouveau suscités par la « Révolution tranquille ». Désormais, le regard du Québec se portera vers d'autres horizons et le discours d'autosuffisance des années 1970 n'y pourra rien changer. Seule une partie des agriculteurs pourront le faire leur, en dénonçant par ailleurs les politiques et les normes gouvernementales, jugées trop peu préoccupées du devenir de cette activité et trop onéreuses pour soutenir la véritable concurrence.

4.5.2 La forêt

Aux images classiques du bûcheron, du cultivateur ou du fils de cultivateur, qui se rendent dans les chantiers l'hiver, accompagnés de leur hache et de leur cheval succède, dès le tournant des années 1960, celle d'un professionnel de la coupe forestière, équipé de tout un nouvel appareillage allant de la scie mécanique aux équipements plus spécialisés. En même temps, les moyens de transport se transforment, faisant de plus en plus place au camion et de moins en moins au flottage. Enfin, la période de coupe s'allonge et la productivité s'améliore, ce qui entraîne une exploitation accrue de la forêt, mais aussi une diminution de la main-d'œuvre, qui chute de moitié (Boudreau, Courville, Séguin, 1997).

Pour plusieurs, c'est la fin d'une longue tradition, qui se confirme tout au long des décennies suivantes, alors qu'on assiste à une professionnalisation accrue du travail en forêt, soutenue désormais par le nouveau système scolaire, et à un découplage croissant des activités agricoles et forestières. Même les activités prennent une autre intensité, depuis l'abattage, réalisé mécaniquement, jusqu'au transport, effectué principalement par camion depuis les sites de production jusqu'aux sites de transformation ou d'entreposage de matériaux de construction.

Par son énorme flexibilité, le camion s'affirme de plus en plus comme l'un des plus sérieux concurrent du chemin de fer qui n'assure plus que l'approvisionnement de certaines usines. La voie d'eau, elle, a pratiquement perdu cette fonction, et c'est avec nostalgie que les plus vieux riverains du fleuve se souviennent du temps où le transport du bois faisait la fortune des villages côtiers et du transport par goélettes.

Contrepartie de cette croissance, dès la fin des années 1970, l'industrie forestière est menacée d'essoufflement, par suite d'une surexploitation de la ressource et de l'insuffisance du reboisement. En outre, comme elle est soumise aux caprices de la conjoncture, elle connaît des hauts et des bas, entrecoupés de périodes plus ou moins prolongées de stagnation ou de redressement. De plus, il lui faut composer avec la réforme de 1974 qui abolit le système des concessions forestières existant depuis la seconde moitié du XIXe siècle et les initiatives des sociétés d'État (REXFOR et SGF) qui, en sauvant des entreprises de la faillite ou en en créant d'autres, introduisent de nouvelles concurrences. Enfin, elle devra contribuer plus massivement encore aux efforts de reboisement amorcés au début des années 1960, mais qui ne prendront leur véritable élan qu'au tournant des années 1970, favorisé par une plus grande sensibilité à l'égard du patrimoine forestier (Boudreau, Courville et Séguin, 1997).

Préparée depuis plusieurs années, la réforme de 1974 amène la prise en charge par l'État de la gestion des forêts publiques. Elle contribuera à rationaliser la répartition de la ressource à l'intérieur de plans régionaux prévoyant des allocations de bois pour les différentes usines et contribuera à favoriser l'accès aux terres publiques, en plus d'accélérer les efforts de reboisement et de réhabilitation des cours d'eau.

4.5.3 La pêche

Favorisée par les investissements des années 1950, la pêche continue elle aussi sur sa lancée, rognant, comme l'agriculture et l'industrie forestière, sur ses effectifs pour accroître sa productivité et son rendement. En 1961, la valeur des prises atteignait 4,2 millions $. Vingt ans plus tard, elle est multipliée par dix, pour dépasser les 125 millions $ en 1987. En 1991, elle ne sera plus que de 86 millions $, en raison d'une baisse importante de la ressource (Blanchard, 1960; Québec, *Annuaires statistiques du Québec*).

Cette évolution de la valeur des prises reflète en partie l'évolution du volume total des captures, qui connaît cependant nettement plus de variations. En effet, vue de 1970 à 1993, la courbe connaît d'abord un affaissement général jusqu'en 1976, puis une lente remontée jusqu'en 1981-1982; suit une relative stabilisation autour de 75000 tonnes en 1983-1984 et une remontée à près de 90000 tonnes en 1986; enfin, au seuil de 73800 tonnes enregistré en 1991, succède celui de 70500 tonnes en fin de période.

Divers facteurs expliquent cette évolution. Au problème de surcapitalisation dont souffre le secteur de la pêche à partir du tournant des années 1980, s'ajoute le plafonnement et même la diminution de la ressource, due autant à des causes naturelles qu'à la surexploitation, non seulement par les pêcheurs canadiens, mais par les pêcheurs étrangers. Aussi met-on en place, dès 1987, un programme de rationalisation de la transformation des produits de la pêche, afin de réduire la trop forte capacité des usines. Quelques années plus tard, alarmé par la baisse importante des prises, notamment des espèces de fonds, le gouvernement fédéral déclenche toute une série d'interventions visant une meilleure gestion de la ressource et une réforme en profondeur du secteur des pêches et des programmes de soutien aux travailleurs.

Cette fois, le problème est sérieux et concerne non seulement le Québec, mais les autres provinces maritimes. Il montre toutes les limites d'une croissance fondée uniquement sur des objectifs économiques.

4.6 Le redéploiement industriel

Au mouvement de suburbanisation amorcé dans les années 1950 et qui s'accélère au cours des années 1960 et 1970 correspond un redéploiement de l'industrie qui prolonge par taches les fonctions industrielles des villes (Girard, 1970). Il donnera à la campagne des traits particuliers. L'un est d'insérer dans le tissu rural des équipements qui n'en sont manifestement pas issus, ni par la taille ni par les fonctions. Un autre est d'encourager la venue de services, qui favoriseront eux aussi la reprise résidentielle. Et c'est ainsi que, de l'étalement urbain initial, naissent de nouvelles aires de développement, plus ou moins autonomes par rapport à la ville, ou qui pourront le devenir, et qui représentent des aires privilégiées d'interpénétration du rural et de l'urbain. Déployées à distance parfois respectable des villes, ces aires reposent généralement sur des industries de nouvelle génération, dont les besoins en espace sont déterminants dans leur localisation. Cependant, comme elles créent aussi des conditions favorables à la sous-traitance, elles stimulent l'activité industrielle de la campagne et nombreux sont les villages et les petites villes qui en bénéficient (Paul Villeneuve, 1996).

Ce redéploiement industriel des dernières décennies n'est cependant pas le seul à expliquer l'industrialisation de la campagne. De tout temps, celle-ci a été le site d'une petite industrie rurale, dont la floraison, manifeste au XIXe siècle, s'appuyait autant sur la disponibilité de main-d'œuvre et de ressources que sur l'existence d'une source d'énergie peu coûteuse, l'eau, que la technologie de l'époque avait su mettre à profit. L'un des plus célèbres et des plus anciens représentants de cette époque reste l'industrie agroalimentaire. D'autres sont les moulins à scie et les ateliers associés, de fabrication de portes et fenêtres notamment, dont la présence rappelle le rôle de la forêt dans l'économie québécoise. Ce qui est nouveau, cependant, à partir des années 1960, c'est cette montée parallèle de petites et moyennes entreprises (les PME), dont la production s'oriente vers la fabrication de produits complexes à intrants multiples et complémentaires, tels le plastique ou le matériel de transport.

Développées sur le modèle historique de l'industrie rurale, ces entreprises sont souvent familiales, fortement insérées dans les sociétés locales et imbriquées dans un réseau dense de sous-traitance. Leur succès repose autant sur le potentiel entrepreneurial de leurs propriétaires que sur l'habileté et le faible coût de la main-d'œuvre. En outre, comme elles affichent aussi une solidarité régionale, qui les amènent à se procurer sur place des biens et des services, elles contribuent au développement local, ce qui crée en retour les conditions d'une rurbanisation. Et c'est ainsi que le modèle de la banlieue des grandes villes se retrouve à la campagne, en traînées le long des rangs où se localisent ces nouvelles entreprises ou greffé aux vieux quartiers des villages et des petites villes.

Visible dès la fin des années 1960, ce mouvement prendra rapidement de l'ampleur. Toutefois, s'il atteint les régions proches des villes, la Beauce par exemple ou la rive sud de Montréal, il tarde dans les plateaux, où l'économie et le paysage restent souvent mono-industriels. Ce n'est qu'autour des villes ou des grands axes ou équipements de transport, tels les aéroports, qu'on en sent les effets. Quant à ses prolongements plus nordiques, ils sont pour ainsi dire inexistants, car là, c'est moins l'industrie qui stimule le flux de population que les grands chantiers hydroélectriques, où s'anime toute une masse de travailleurs qui n'y resteront que le temps de compléter les travaux. Au tournant des années 1980, cette ère aussi s'achève, victime à la fois du coût des projets et de l'opposition grandissante des populations autochtones et des groupes écologistes aux mégaprojets hydroélectriques d'Hydro-Québec.

Cette évolution se produit dans un contexte d'accélération et de libéralisation des échanges, qui favorise la restructuration globale du commerce et de l'industrie. Amorcé avec l'Accord général sur les tarifs douaniers et le commerce (le Gatt) signé au lendemain de la Seconde Guerre mondiale (1947), le processus s'est poursuivi avec l'Uruguay Round (1986) et a conduit à la formation de grandes zones économiques dont le Québec fait aujourd'hui partie à travers l'Accord de libre-échange nord-américain (Alena), entré en vigueur en janvier 1994. Ce qui est nouveau, toutefois, depuis les années 1980 et surtout 1990, c'est que ce phénomène d'accélération et de libéralisation des échanges profite surtout aux entreprises multinationales, qui en sont maintenant devenues les agents principaux, grâce aux développements technologiques survenus dans les domaines des communications et de l'automation. Il en résulte une ouverture et une spécialisation plus grande des économies qui échappent aussi de plus en plus aux contrôles des états. Aussi est-ce dans des conditions budgétaires difficiles, minées par l'inflation des années 1980 et les déficits gouvernementaux, que ces derniers doivent évoluer, incapables souvent de résoudre les difficultés posées par les exigences de performance de la nouvelle économie (rationalisations fondées sur des mises à pied massives d'employés, qui créent des pressions énormes sur les programmes d'assurance emploi et d'assurances sociales ; déréglementations successives, dont on espère des économies d'échelle, mais qui entraînent une détérioration généralisée des services et des infrastructures, comme c'est le cas notamment dans le domaine des transports, etc.).

Loin de marquer l'apogée du système économique et social mis en place par la Révolution tranquille, les années 1980 marquent le début d'une période de grande inquiétude pour la population québécoise. Alertée déjà par la crise du pétrole des années 1970 puis par la récession économique de 1981-1984, celle-ci découvre avec stupeur que ses acquis sociaux sont menacés, et que, derrière l'agitation de surface, ce sont toutes les couches sociales qui sont atteintes, sous l'impact des mutations économiques entraînées par la montée du néolibéralisme. La société juste, peinte aux couleurs dorées de ses premiers idéologues, prend soudain un visage de catastrophe. Partagés entre la crainte et l'espoir, les Québécois vivent désormais au gré de la conjoncture heurtée du chômage et de l'emploi précaire, dans un contexte politique trouble, suscité par l'échec référendaire de 1980 et le refus du Québec de reconnaître la nouvelle loi constitutionnelle canadienne de 1982.

5. LA COMMOTION DES ANNÉES 1990

Avec les années 1990, la menace cesse d'être épisodique. Elle devient structurelle, aggravée par une nouvelle récession économique, celle de 1989-1992, qui n'atteint plus seulement les groupes marginaux ou mal intégrés, mais toutes les couches de la société. Étudiant, ouvrier, col blanc, boutiquier, professionnel, tous vivent dans la crainte de perdre leur emploi, et ce, malgré les gains de productivité observés. Ces gains proviennent, pour l'essentiel, des opérations de rationalisation des entreprises, tant publiques que privées. Faites au nom d'un objectif de compétitivité internationale, celles-ci cherchent à réduire leurs coûts de production et donc aussi leur personnel, bien servies par les progrès de l'informatique et les nouveaux langages de la société « postmoderne ». Tout devenant relatif, tout devient équivalent, autorisant ainsi le glissement vers des critères absolus de rentabilité, appliqués même aux domaines de l'éducation, de la culture et des soins de santé. De plus, comme la société n'est pas homogène, le « pluralisme » et la « rectitude politique » deviennent les référents essentiels, au détriment parfois de la véritable démocratie.

Très vite, le moyen devient ivre de lui-même. C'est par milliers voire dizaines de milliers que se chiffrent bientôt les mises à pied, et c'est par cohortes entières qu'on invite ceux qui restent à prendre leur retraite, moins pour faire place aux jeunes que pour diminuer les masses salariales. Faite au nom de la concurrence internationale, cette rationalisation atteint jusqu'à la sphère institutionnelle, où elle est commandée par tout un appareil de gestion de moins en moins familier avec les exigences des domaines concernés et qui éprouve de plus en plus de difficultés à concilier la mission sociale des établissements avec celles de la nouvelle économie. Même le Mouvement Desjardins, le fleuron de la coopération au Québec, est atteint. Cependant, si elle entraîne certains bénéfices, cette rationalisation ébranle le corps social. Les groupes les plus atteints restent les jeunes, les femmes, dont plusieurs sont à la tête de ménages monoparentaux, et les classes moyennes. Les uns voient leur avenir compromis et les autres, leur pouvoir d'achat diminuer. Quant aux autres effets de ce changement, ils se manifestent dans l'accroissement du travail à domicile et le retour à la ville (Paul Villeneuve, 1996 : 152), dans la gentrification accrue de la population et des emplois urbains, dont les plus mal rémunérés sont de plus en plus occupés par des femmes, des immigrants et des jeunes, ainsi que dans l'augmentation du nombre d'itinérants, particulièrement manifeste dans les centres-villes, et du nombre d'emplois précaires.

L'évolution du taux de chômage depuis dix ans est un indicateur de cette évolution. En 1989, il s'élevait à 9,3 %, en 1991, à 11,9 %, et en 1993, à 13,1 %. Dix ans plus tard, il gravite autour de 10,4 %, mais de 22,2 % en Gaspésie et dans les Îles-de-la-Madeleine, de 15,1 % en Abitibi-Témiscamingue, de 14,5 % au Saguenay – Lac Saint-Jean, de 13,6 % dans le Bas-Saint-Laurent, de 12,3 % en Mauricie, de 10,9 % dans l'Outaouais et de 10,8 % dans Lanaudière. De toutes les autres régions du Québec, seules celles de Chaudière-Appalaches et de la Montérégie affichent des taux nettement au-dessous de la moyenne, avec respectivement 6,6 % et 7,7 %. À Montréal, il est de 11,6 %, en dépit de tous les efforts consentis pour y attirer de nouveaux investissements.

Bien sûr, tout n'est pas négatif dans cette mutation et bien des entrepreneurs québécois connaissent aujourd'hui de réels succès sur les marchés internationaux. En outre, les dernières années ont vu une création importante d'emplois, qui a réduit le taux de chômage (autour de 9 % à l'automne 1999) et redonné son élan à Montréal. Toutefois, en plus de coûter très cher aux fonds publics, ces gains n'ont assuré qu'une partie des salaires obtenus par les générations précédentes. Aux clauses orphelins, qu'on tente d'abolir, mais qui continuent d'imposer aux jeunes des réductions parfois substantielles de traitement par rapport à leurs collègues plus aînés, s'ajoute le fait que beaucoup de ces nouveaux emplois sont dans des secteurs ou précaires ou trop nouveaux pour qu'on puisse en connaître l'évolution à long terme. Aussi est-ce sur les mises à la retraite des aînés que compte la jeune génération pour se construire un avenir, et encore, puisque dans certains secteurs clés, celui de l'éducation notamment, on souffre déjà d'une perte importante de clientèle due à la chute de natalité des derniers 30 ans.

L'une des conséquences les plus directes de tous ces changements est d'accroître la distance entre les petits et les nantis, entre les jeunes et les adultes établis, et entre ces derniers et les aînés. Et, comme ces groupes ne sont pas homogènes, on est confronté à des situations beaucoup plus complexes dans les faits, que traduisent les mouvements périodiques de contestation sociale. Suscités par les compressions budgétaires de l'État, qu'on ressent comme de véritables agressions, mal réfléchies, mal planifiées et pleines de conséquences désastreuses pour les plus démunis, ils sont plus que l'expression d'un malaise. Ils traduisent la nécessité grandissante d'une réforme en profondeur des institutions économiques et sociales, qu'on aimerait plus équitables et surtout plus respectueuses de la personne.

Exprimé autrement, c'est un peu comme si l'on sentait que l'État devenait lui-même un relais de l'économie marchande, en ne sachant plus distinguer sa mission de celle des entreprises et en accordant trop de place au principe d'optimisation (qui postule la prééminence de la rationalité économique sur le social) et pas assez au principe de satisfaction (qui pose que le profit n'est pas une fin en soi, mais un moyen d'assurer la vie collective). Et, comme l'appareil étatique est désormais bien au centre de la vie économique et sociale, c'est dire l'ampleur de la crise, qui est aussi accentuée par les ambiguïtés qui entourent le discours sur l'économie sociale – un concept qui mise beaucoup sur les solidarités communautaires, mais que plusieurs perçoivent comme une démission devant les exigences du néolibéralisme –, et les comportements mêmes des Québécois, qui avouent un engouement nouveau pour les placements boursiers.

À cette dérive, qui accorde plus de place à la finance qu'à l'économie, s'ajoute celle des institutions démocratiques. Déjà court-circuitées par la multiplication des groupes d'appartenance et la montée fulgurante du lobbyisme, elles voient leur représentativité compromise par le recours trop fréquent au pouvoir judiciaire, à la surveillance duquel les gouvernements se soumettent de plus en plus. Le débat social étant jugé impossible ou trop difficile, on le remplace par une discussion technique entre spécialistes, en laissant le soin aux cours de justice d'établir la légitimité de certaines règles ou de certains droits (Bourque et Duchastel, 1996).

Il faut dire, à cet égard, que le Québec est allé beaucoup moins loin que le gouvernement fédéral, qui aura même recours à la Cour suprême du Canada pour contester l'option souverainiste. Le gouvernement québécois refusera de s'y faire représenter, en réaffirmant bien haut la liberté des peuples de disposer d'eux-mêmes. Toutefois, s'il a pu se montrer beau joueur à cet égard, et rechercher souvent des solutions démocratiques aux problèmes (son attitude durant les récentes crises autochtones - celles d'Oka et de Restigouche notamment – et dans les négociations avec les populations cries, en témoigne), il aura lui aussi recours à cette pratique pour faire respecter ses législations ou défendre ses intérêts.

Quant au monde rural, il tente désespérément de conserver sa personnalité, voire son identité, mises à mal par le virage productiviste des derniers 30 ans (Bélanger, 1991). Tous les secteurs d'activités en ont subi les effets, à commencer par l'agriculture, qui résiste mal en outre à la globalisation des marchés. En plus d'être surspécialisée et surréglementée, elle continue de perdre ses effectifs, ce qui réduit considérablement ses possibilités de relève. En outre, comme elle est très dépendante des marchés, elle peut plus difficilement réorienter sa production. Et, comme aujourd'hui la plupart des cultivateurs, même parmi les jeunes, se perçoivent comme des entrepreneurs, des industriels de la terre (Brodeur, 1996), c'est dire les difficultés posées au virage écologique réclamé par la population et les groupes environnementalistes, notamment quand surviennent les projets d'établissement de porcheries. La campagne s'étant urbanisée, on tolère moins les odeurs reliées à ce genre d'entreprises, d'autant plus qu'il s'agit souvent de mégafermes d'élevage qui n'ont rien à voir avec l'agriculture traditionnelle ou l'image qu'on s'en fait.

Aussi est-ce dans un contexte de morosité générale que s'achèvent les années 1990. Loin de se résorber, la crise s'amplifie, accentuée par les effets de la lutte fédérale au déficit qui ont privé la province, de façon récurrente, d'importantes rentrées de fonds. Cette fois, le Québec n'a plus le choix. Lui aussi s'engage dans cette lutte, en coupant massivement dans les services sociaux, les services de santé et l'éducation, et en proposant des réformes nourries du discours d'excellence apparu dans les années 1980, mais qui placent l'efficacité et l'économie budgétaire aux premiers rangs des priorités. En même temps, on resserre les règles de gestion, on restructure les sociétés d'État (SOQUEM et SOQUIP notamment) et on transfère aux municipalités et aux commissions scolaires des obligations accrues, sans pour autant leur donner les moyens de les assumer, sinon par un accroissement de leurs taxes foncières. Enfin, on propose de nouvelles façons de faire qui remettent en question jusqu'aux bases mêmes des institutions, mais en suscitant des difficultés nouvelles qui ne peuvent être résolues aux mêmes rythmes.

Ce revirement est particulièrement net dans le monde de la santé et de l'éducation. Ainsi, au concept classique d'hôpital, né de la médecine du passé (Séguin (dir.), 1998), on oppose de plus en plus l'idée d'un système souple de soins spécialisés ou de première ligne, que la population reconnaît comme nécessaire et que la réforme de la santé favorise, mais dont l'implantation nécessite des ajustements beaucoup plus longs et difficiles que prévus. De même, pour faire suite aux directives de 1971, qui avaient voulu humaniser l'école et en faire un véritable « milieu de vie », et à la hausse imposante du décrochage scolaire, succède une nouvelle vision de l'éducation, plus centrée sur l'apprentissage des matières de base, mais qui ne parvient qu'à demi à résoudre les difficultés posées par les ratés du système scolaire. Même l'institution est transformée : à peine les écoles étaient-elles dotées de conseils d'établissement et les commissions scolaires réorganisées sur une base linguistique, que déjà on lançait un nouveau débat, autour cette fois de l'enseignement confessionnel de la religion, que certains voudraient voir remplacé par un enseignement « culturel » de la religion, afin de mieux respecter les diverses croyances religieuses. Ce vent de réforme souffle aussi sur le niveau collégial, où des interventions visent la réduction de la durée des études et le resserrement des programmes. Quant au secteur universitaire, il est pour ainsi dire laissé-pour-compte. Aux prises avec des compressions budgétaires imposantes et un déficit structurel lié à l'évolution des derniers 30 ans, qui a considérablement accru le poids des services administratifs, il lui faut réduire ses services et restreindre l'engagement de nouveaux professeurs. L'expérience acquise est banalisée et des secteurs entiers sont déstructurés, sans qu'il en résulte toutefois de gains sensibles de productivité.

Le scénario est le même dans le domaine de la recherche : victime des compressions budgétaires et de plus en plus soumise aux pressions politiques, elle souffre d'un sous-financement récurrent que ne parviennent plus à résoudre les investissements ponctuels des différents paliers de gouvernements, ni les comités de polissage mis en place dans certaines universités pour tenter d'améliorer la qualité des demandes de subvention et les mieux faire correspondre aux critères de qualité des organismes subventionnaires. De toutes, les sciences humaines sont les plus atteintes, en raison de leur caractère plus spéculatif, qui les fait percevoir comme moins « utiles » par la société. Et comme elles-mêmes sont constituées d'une gamme assez large de disciplines qui n'ont pas toutes les mêmes traditions de recherche ni les mêmes attitudes devant les modes lancées par les médias, télévisés notamment, c'est dire l'ampleur des difficultés. Elles sont d'autant plus grandes qu'il faut aussi composer avec les corporatismes disciplinaires, les simplismes qui traversent la société quant au rôle des universités, de plus en plus confondu avec celui des écoles techniques, et les raccourcis d'un système d'évaluation qui, en devenant plus « interdisciplinaire » – donc moins coûteux – a perdu de ses régulations antérieures. Au jugement par les pairs a succédé une forme plus distante et plus technocratique d'évaluation, qui ne sait plus toujours distinguer la véritable valeur des projets. Et comme la mémoire institutionnelle est devenue plus silencieuse et que les critères adoptés forcent le regard vers les signes apparents de performance, c'est dire le sort parfois réservé aux demandes qui stimulent moins l'imaginaire ou qui manient moins bien les langages du moment.

La culture n'échappe pas à ce processus. Comme d'autres secteurs ébranlés par la révolution de l'information et de l'informatique, celui-ci doit se mouler aux règles nouvelles de l'économie. Plus que le loisir ou le passe-temps, qui assuraient pourtant la fidélité des consommateurs, ce sont les industries culturelles désormais qui importent et avec elles les industries de communication qui valorisent les produits de vulgarisation scientifique et les véhicules neufs de communication. L'« Internet » étant synonyme de modernité – et symbole de la nouvelle économie –, on exhorte les Québécois à « se brancher », et on investit dans l'industrie du multimédia. En même temps, on déplore le marasme de l'industrie du livre, dont on soutient surtout les initiatives publiques, tant au Québec qu'à l'étranger. Quant aux médias, ils deviennent de plus en plus superficiels et sensationnalistes, et préfèrent les cotes de fréquentation aux réalisations bien faites, mais dont le succès reste trop limité pour assurer les revenus nécessités par les compressions budgétaires. En même temps, ils recherchent l'argent vite fait (augmentation des réclames publicitaires, vente de temps d'antenne, rediffusion de vieilles séries télévisées, dont les droits sont moins élevés, etc.), et multiplient les chambardements internes, en confiant à des spécialistes d'un secteur un domaine qui leur est souvent étranger, généralement celui de la culture. Même les émissions d'information deviennent un spectacle, centré sur la personnalité du journaliste ou sur des propos qui n'ont rien à voir avec l'information. Les capsules d'astrologie intégrées aux bulletins de nouvelles destinés aux enfants en sont un exemple. Et tout cela, sans compter le nombre d'heures consacrées aux grandes peurs de l'an 2000, cristallisées autour du « bogue » informatique.

Enfin, conséquence du désarroi qui traverse la société québécoise, on assiste à une dérive des valeurs, observable autant dans la vie privée que publique. Ainsi, au vide laissé par la désaffection religieuse des années 1960, correspond une croissance sans précédent des sectes religieuses, qui recrutent leurs membres dans toutes les couches de la société et jusque dans les milieux de la fonction publique et parapublique. De même, au stress qui empoisonne la vie quotidienne, correspond une montée de l'industrie du mieux-être, qui tente d'y répondre par des équipements ou des services de détente souvent intégrés aux fonctions des établissements touristiques existants, mais qui peuvent aussi en générer de nouveaux, généralement plus spécialisés. Même des activités aussi banales que l'épicerie ou l'entretien de la maison contribuent à son expansion, en plus de stimuler celle qui est née de l'entretien des bureaux et qui pénètre maintenant largement la sphère domestique, sous la forme de « compagnies de ménage ».

Les problèmes sont les mêmes dans la sphère institutionnelle. Ainsi, pendant qu'on multiplie les chartres de droits, mais sans les assortir d'énoncés quant aux obligations ou responsabilités qu'entraînent l'exercice de ces droits, on se dote de codes d'éthique qui ne sont souvent qu'une réponse aux scandales rapportés par les médias, rédigée à partir de modèles empruntés à d'autres organisations.

Conjugués entre eux, ces facteurs contribuent à l'érosion des rapports qui, il n'y a pas si longtemps, donnaient encore son sens à l'expérience humaine québécoise. Au monde apparemment plus simple d'autrefois a succédé un monde rempli de contradictions, qui s'est complexifié jusqu'au désordre (Bélanger, 1996). Le dérèglement peut n'être que circonstanciel, mais comme il n'est pas limité au Québec et qu'il est porté par tout un discours qui sacrifie tout au capital – même les paysages, de plus en plus enlaidis par les panneaux publicitaires –, il semble qu'il faudra composer encore longtemps avec les difficultés actuelles.

Certes, il faudrait nuancer et reconnaître que des efforts ont été faits pour minimiser les impacts de ce glissement et maintenir un certain humanisme dans les services offerts à la population. Toutefois, à côté de ceux qui, institutionnellement ou privément, dans les médias ou ailleurs, ont lutté souvent âprement pour pallier les effets d'un discours qui plaçait l'économie comptable au premier rang des priorités, il y a tous ceux qui, sans réels moyens de la combattre, ont fini par faire droit à ses exigences. Aussi le contexte s'est-il rapidement détérioré, ponctué de mouvements de grèves et de manifestations spontanées, dont l'une des plus revendicatrices a été celles des infirmières à l'été de 1999.

6. LES DÉFIS ACTUELS

Aujourd'hui, le Québec est plus que jamais à un tournant de son histoire. Non seulement est-il aux prises avec les problèmes démographiques issus des années 1960 : diminution du nombre de mariages, en dépit d'une stabilisation du taux de divorces ; faible taux de natalité qui freine le renouvellement des générations (en 1997-1998, il était de 10,55 pour 1 000, contre 12,71 en 1993-1994 ; et aujourd'hui, plus d'un enfant sur deux est né de couples non mariés) ; vieillissement accru de la population, qui stimule la demande en services ; émigration qui se maintient, alors que le taux d'assimilation des francophones hors Québec s'accroît ; entrée limitée d'immigrants, dont certains craignent par ailleurs qu'ils « diluent » le fait français, etc., mais avec les difficultés qu'ont entraîné les changements structurels des dernières décennies. Le vieux fond rural s'est effrité et, à force de se reposer sur l'État, la société est devenue de moins en moins responsable d'elle-même. En outre, bien que le Québec soit devenu un état aussi développé que ses voisins, il reste en position fragile au sein du grand ensemble nord-américain, une situation que n'atténue pas vraiment son allégeance aux regroupements – plus politiques et culturels qu'économiques – que suscite ce qu'on appelle la « Francophonie ». Enfin, il reste une province canadienne, ce qui lui pose diverses difficultés quand vient le temps de définir ses priorités.

L'un des premiers défis que devra affronter le Québec à cet égard est d'ordre politique et dérive précisément de cette position. Longtemps séduit par le rêve souverainiste, mais incapable de réunir le nombre de voix nécessaires à ce projet, il lui faudra redéfinir sa position au sein de la fédération canadienne –peut-être par la négociation d'un statut particulier –, ce qui suppose toutefois une volonté similaire dans le reste du Canada. Or, rien n'est moins acquis, car si l'on veut bien reconnaître le caractère « unique » du Québec, ce dernier doit être une province comme les autres, une position que partagent bien des Québécois, tant anglophones que francophones. Par ailleurs, comment prétendre aux privilèges de l'histoire quand on lui conteste même son rôle dans le processus identitaire actuel ? Inspirée par le discours postmoderne, cette position fait fi non seulement de l'expérience historique de la société québécoise, mais des traces qu'elle a laissées dans le paysage !

Le problème est d'autant plus complexe qu'il renvoie aussi aux différences de perspectives qui animent les deux paliers de gouvernement dans leur effort de construction identitaire. En effet, pour l'état central, qui prend appui sur la diversité humaine du pays, l'effort va à la construction d'un État-Nation multiethnique et multiculturel[97], un concept né dans les années 1920-1930 et qui associe l'idée de progrès à l'existence d'un gouvernement fédéral fort, responsable du devenir de la nation (Owram, 1986; Balthazar, 1998). Pour l'État québécois, qui se fonde sur le passé et le poids numérique des francophones pour affirmer le caractère distinct de la société québécoise, l'effort va à la construction d'une Nation-État dominée par le «peuple québécois», une notion qui se rapproche de la réalité vécue dans d'autres contrées du monde, le pays de Galles, notamment, ou la Catalogne, mais qui ne peut toutefois pas être englobante de toutes les réalités culturelles du Québec. Et à ces deux visions correspondent deux perceptions géographiques différentes du pays: vu d'Ottawa, qui considère chaque province comme une région, le Québec n'est qu'un sous-ensemble de la fédération canadienne; vu de Québec, qui considère le territoire québécois comme un tout, malgré ses régions, la province est une entité complète en elle-même. C'est dire le chemin qu'il faudra parcourir pour se développer des références et un vocabulaire communs!

À ce défi, s'ajoute celui non moins complexe de l'économie et du rôle que l'État doit continuer à jouer dans la régulation de celle-ci. Ainsi, à la fonction classique de l'État comme pourvoyeur de services, plusieurs substituent aujourd'hui l'idée d'un double système, privé et public, où les acquis pourraient être conservés. Pour d'autres, qui font de la présence étatique une nécessité devant les aléas de l'économie, l'État doit conserver son rôle, tout en sachant se dégager des contraintes imposées par les récents virages idéologiques. Ce sont là des orientations à clarifier, car si le marché a un rôle à jouer, l'État en a un également, tout comme la société civile, dont seules, pour l'instant, les couches les plus fragiles semblent retrouver un peu de ces solidarités d'autrefois. De cette recherche d'équilibre entre les trois pôles dépendront la nature et les coûts des services offerts aux futures générations. D'elle dépendra aussi le sens à donner à cette «économie du savoir», dont on attend beaucoup, mais au détriment parfois de la véritable mission des universités.

---

97. Ce concept est généralement traduit par celui de *Nation State* dans la documentation historique et les médias. Toutefois, comme il fait dériver dériver la nation du rôle de l'État, il paraît plus juste de le traduire par celui de *State Nation*.

Encore là, cependant, le Québec est captif du monde dans lequel il évolue. N'étant pas un état politiquement souverain, il ne peut imposer ses vues, d'autant plus qu'il doit aussi composer avec les restrictions budgétaires du gouvernement central. Serait-il un état souverain qu'il ne serait pas plus capable de faire infléchir les règles du marché, puisque même les grandes puissances y sont soumises. Les solutions dans ce cas paraissent liées à la capacité des gouvernements d'éviter les déficits et de réduire la dette publique. Elles reposeront également sur sa capacité de réduire le travail au noir et de diversifier son économie, qui devra aussi être moins tributaire, pour sa croissance, de l'exploitation des ressources naturelles. Certes, le Québec en tirera toujours de bons bénéfices, mais, outre ses difficultés d'accroître et de diversifier son potentiel énergétique, il devra composer avec les variations des prix des matières premières et la concurrence internationale, notamment dans le domaine des industries de pointe. De plus, il lui faudra éviter l'hypertrophie du tertiaire, dont la lourdeur bureaucratique actuelle est un reflet. Il lui faudra également accepter de réintroduire certains mécanismes de régulation économique, relâchés lors de la déréglementation des années 1970 et 1980, mais dont l'abandon a entraîné une augmentation substantielle des coûts sociaux. Surtout, il lui faudra redéfinir son rapport avec les régions, pour que leur économie puisse s'affranchir de cette forme de gouvernement à distance issue du XIXe siècle, quand les régions de colonisation étaient perçues comme des colonies du Québec de base. Car ce qu'on a appelé la « décentralisation » au Québec n'a été bien souvent qu'une « déconcentration » (le plus souvent de services), qui a certes enrichi le panorama institutionnel régional, mais sans vraiment l'investir de nouveaux pouvoirs économiques.

Un autre défi est d'ordre social et culturel. Aujourd'hui plus que jamais les Québécois se sentent des Nord-Américains, mais c'est avec beaucoup d'amertume qu'ils constatent leurs faibles moyens comparés à leurs voisins du sud. Moins parce qu'ils savent leur filet social diminué que parce qu'ils doutent de pouvoir le refaire. En même temps – mais c'est le fait des francophones surtout –, ils se sentent de plus en plus différents, plus par leurs manières d'être, cependant, que par leurs origines, qui se perdent dans un passé trop lointain pour avoir maintenu le souvenir de cultures partagées. Certes, ils en connaissent des brides, apprises à l'école ou par les médias, télévisés notamment, mais celles-ci se limitent souvent à la grande histoire ou à l'anecdote. Car, entre les grands événements de la vie collective, qu'affectionnent les politiciens, et ceux de la vie quotidienne, que chérissent les érudits locaux, il reste peu de place pour l'histoire des processus socioculturels et encore moins pour l'histoire du territoire, que le discours identitaire actuel continue de présenter comme un espace menacé, mais sans lui consentir beaucoup plus de place dans les programmes d'enseignement.

L'un des plus grands défis à cet égard sera de faire de l'histoire et du rapport au territoire moins des véhicules politiques que des moyens d'intégration. Sachant le rôle joué par les populations autochtone et anglophone dans le passé du Québec et celui que prend de plus en plus la population allophone dans le devenir des Québécois, il faudra maintenir et accroître les ouvertures actuelles, pour mieux faire saisir les faits de cohabitation culturelle. Eux aussi font partie de l'expérience historique québécoise, qui n'a pas été faite que de tensions entre les groupes. En même temps, il faudra faire de la culture québécoise un lieu « désirable » d'intégration culturelle, respectueux de la diversité imposée par l'internationalisation des rapports humains, mais aussi de la réalité historique.

La question, on le sait, est intimement liée aux débats qui entourent le devenir de la « nation québécoise » depuis le dernier échec référendaire. Historiquement, la notion a longtemps reposé sur la reconnaissance du fait français comme élément dominant de la culture. À l'encontre de cette définition jugée trop étroite de la nation, certains ont proposé de l'élargir à toute la réalité ethnique et culturelle du Québec, en faisant de la culture québécoise un « lieu de convergence », comme le proposait le gouvernement québécois vers la fin des années 1970, ou le lieu d'expression d'une « culture publique commune » fondée sur le respect des droits et libertés et sur les croyances universelles qui les soustendent (Caldwell et Harvey, 1994). D'autres, plus sensibles à l'« américanité » des Québécois, ont suggéré de substituer à la notion de nation québécoise celle de « francophonie nord-américaine », où la « culture québécoise » deviendrait un lieu d'intégration cimenté par la langue (Bouchard, 1999).

Il ne nous appartient pas ici de juger du bien-fondé de ces propositions. Rappelons seulement qu'il existe plusieurs définitions de la culture et qu'au-delà de ses divers modes d'expression, celle-ci est avant tout une manière d'être, d'agir et de sentir, nourrie de valeurs et de références partagées. En outre, comme la culture dérive de la nature et de l'intensité des rapports de tous ordres qui s'établissent entre les membres d'une collectivité et entre eux et l'environnement, tout espace culturel comporte nécessairement un foyer, aux frontières sans cesse changeantes dans le temps et dans l'espace, mais au-delà desquelles ne subsistent souvent que des réseaux. Enfin, comme tout processus d'intégration culturelle se traduit par une acculturation, à la fois de la culture d'accueil et de l'autre culture, le choix d'intégrer ou d'être intégré doit reposer sur un assentiment réciproque, sans quoi le rapport interculturel devient vite asymétrique et source de tensions. La question, par conséquent, n'est pas simple. D'où la nécessité de la bien poser, pour s'assurer d'un réel pacte interculturel, qui soit fondé sur le respect à la fois des uns et des autres.

Quant aux défis environnementaux, ils sont tout aussi complexes. En effet, contrairement aux difficultés économiques et sociales, qui peuvent toujours bénéficier d'interventions à court terme, les problèmes environnementaux nécessitent des actions dont les effets ne se feront sentir qu'à long terme, souvent dans une ou deux générations. D'où les difficultés de les résoudre, malgré toute la bonne volonté de la sphère politique qui doit aussi composer avec des exigences à court terme, économiques notamment. Et l'on sait, à cet égard, quelles pressions les entreprises polluantes peuvent placer sur les gouvernements pour éviter un resserrement trop rapide des normes environnementales. Le récent sommet de Kyoto au Japon en témoigne.

Ce n'est là cependant qu'un aspect du problème, car aux difficultés que posent ces entreprises et qui ont des répercussions à l'échelle mondiale, s'ajoutent celles d'une civilisation dont la croissance repose sur une consommation effrénée de l'espace. Les banlieues en sont un exemple. Jamais dans l'histoire de l'humanité n'a-t-on observé de telles extensions du tissu construit. Jamais non plus a-t-on observé de tels niveaux de consommation d'énergie et de ressources, qui ont fait dire à plusieurs qu'ils seront le principal problème du XXIe siècle. Conséquence des changements observés depuis la fin de la Seconde Guerre mondiale, cette surconsommation introduit des tensions nouvelles dans le rapport avec l'espace. Aux géographies issues des périodes précédentes et qu'on avait su plus ou moins intégrer, se substitue maintenant d'autres géographies, faites d'équipements et d'organisations aux allures modernistes, mais qui évacuent jusqu'au concept même de la campagne, en plus de la subordonner aux règles du nouvel urbanisme. Il en résulte des ensembles composites, souvent vides d'expression, qui tranchent avec les formes plus anciennes d'établissement. Et c'est bien là le paradoxe : au moment même où les Québécois s'avouent sensibles à l'environnement – leur attitude face à la récupération et à la protection des espaces verts en témoigne –, ils adoptent des comportements qui, en certains cas, le nient.

Ce paradoxe ne vaut pas que pour l'espace, il vaut aussi pour les saisons. L'hiver en offre un exemple : s'il en est pour l'apprécier, plusieurs le rejettent en adoptant des comportements de moins en mois adaptés aux exigences de la saison. Ainsi, en dépit des avancées de l'industrie textile dans la confection des tissus nouveaux, nombreux sont ceux qui préfèrent des tenues moins adaptées, misant plutôt sur le confort de leur auto ou du métro pour se prémunir du froid ou de la neige. Même les automobilistes en ignorent les contraintes, en préférant souvent les pneus dits « quatre saisons » aux traditionnels pneus à neige. Et qui n'a pas entendu le ton alarmiste des bulletins de météo, quand ils annoncent quelques centimètres de neige ou une température de quelques degrés seulement sous la barre du zéro ? Et c'est ainsi que, de saisons en saisons, on finit par rejeter l'un des aspects les plus originaux de la culture québécoise : l'adaptation à l'hiver (Deffontaines, 1957 ; Hamelin, 1975 ; Lamontagne, 1983 ; Arcand, 1999).

Ces refus révèlent des rapports changés avec l'environnement. Ils indiquent également une transformation accrue de la culture qui, en devenant plus sensible aux modes extérieurs de développement et d'aménagement, devient aussi de moins en moins « distincte ». Pourtant, et c'est là tout le paradoxe, c'est précisément dans ses caractères distincts que le Québec a toujours dit trouver son originalité. Peut-on penser que les récentes prises de conscience suscitées par *L'Erreur boréale* de Richard Desjardins et la contestation qui a entraîné l'échec de la conférence de Seattle sur la mondialisation favoriseront une réflexion nouvelle sur nos rapports futurs avec le territoire ?

CONCLUSION

Historique, l'expérience québécoise a été aussi éminemment géographique, faite de grandes phases d'expansion et de mise en valeur du territoire soumises à des forces tantôt territorialisantes, tantôt déterritorialisantes, et entrecoupées de périodes plus difficiles de transition au cours desquelles des équilibres se sont défaits et de nouveaux se sont mis en place, qui ont transformés en profondeur les paysages humanisés. Aux faits de mobilité géographique qui ont accompagné chacune de ces phases ont correspondu des faits non moins géographiques d'organisation du territoire, d'implantation humaine, d'adaptation au milieu, de création d'habitat, d'exploitation des ressources et d'expansion des échanges, qui se sont exprimés à des échelles différentes et par des phénomènes différents de concentration et de dispersion dans l'espace.

Le territoire lui-même a été un témoin important de cette évolution. Espace physique, resté longtemps isolé du continent européen, il est devenu avec le temps un espace historique et juridique, une construction culturelle investie de symboles, dont la géographie, sans cesse changeante, a été constituée de formes très diverses qui se sont tantôt emboîtées, tantôt superposées dans le temps. L'image qui en ressort est celle d'un sol, constitué de couches historiques différentes, d'où émergent des matériaux eux-mêmes d'âges différents, dégagés au hasard des fouilles archéologiques ou des aménagements récents. Certains sont très anciens et sont présents autant dans le sud que dans le nord du territoire. Ils témoignent de l'ancienneté de l'occupation humaine, dans un espace encore rude, marqué par les suites de la dernière grande glaciation.

En effet, bien avant que ne s'amorce la colonisation européenne au tournant du XVIIe siècle de notre ère, des populations issues des régions limitrophes sont venues explorer et occuper cette partie du continent nord-américain. De cette mince couche humaine initiale sont nées deux grandes aires d'établissement, caractérisées chacune par des cultures et des genres de vie différents. Au sud s'étale le monde amérindien, au nord, le domaine inuit. Tous deux sont caractérisés par un habitat précaire et des populations vivant d'activités de prédation. Plus au sud, s'ajoute aussi par endroits une petite agriculture itinérante, qui se déplace avec l'épuisement des sols. La géographie qui en résulte laisse l'impression d'un monde mouvant, égrené le long d'axes privilégiés, en quête constante de ressources elles-mêmes très dispersées. Constituée de points, de lignes et de circuits, elle définit plus une aire de parcours qu'un territoire, faite à l'image d'un monde mobile, caractérisé par de faibles densités humaines et ouvert aux échanges.

Après une période assez longue d'isolement, ce monde est à son tour envahi par une population techniquement beaucoup plus évoluée, qui y vient d'abord furtivement puis avec plus de régularité jusqu'à ce qu'elle finisse par prendre pied dans la vallée du Saint-laurent. Dès le début du XVIIe siècle, une colonie est fondée, qui deviendra bientôt le corridor d'accès de la France vers l'intérieur du continent. Après des débuts hésitants, les colons se répandent le long des rives du Saint-Laurent, favorisés par l'abondance et la qualité des terres neuves et un mode de partage des terres en seigneuries et en censives qui donne ses cadres à l'établissement rural. Dans ce processus, les faits d'implantation humaine dominent, stimulés par une colonisation essentiellement familiale et caractérisés par une dispersion de la population sur la ressource, les sols, laquelle est elle-même concentrée dans les basses terres laurentiennes. Les seuls lieux de rassemblement de la population sont les villes coloniales, auxquelles s'ajoutent encore quelques villages. Au-delà, s'étend le Domaine du roi. Réservé à la traite des fourrures, il reste un espace inaccessible. Aussi, la colonisation se limite-t-elle aux basses terres, que le processus de reproduction sociale transforme en une mosaïque d'aires domestiques modelées à même la matrice cadastrale initiale. Il en résulte une aire culturelle dense, façonnée par l'usage et la coutume, qui survivra à la Conquête britannique de 1759-1760.

Le changement de métropole a peu d'effets dans la vie quotidienne de l'ancienne colonie française, qui devient cependant le principal pied à terre de l'Angleterre en Amérique. Toutefois, avec la Révolution américaine et l'arrivée de nouveaux immigrants qui réclament des institutions et des lois civiles anglaises, des changements surviennent qui annoncent des transformations plus importantes encore. Les uns sont d'ordre politique et se traduisent par l'implantation du parlementarisme britannique. D'autres sont d'ordre géographique et entraînent le découpage des terres de la couronne en cantons. D'autres encore sont d'ordre économique et social et liés à l'immigration d'origine britannique et au rôle nouveau que joue la Grande-Bretagne dans le marché nord-atlantique.

Décelables déjà à la fin du XVIIIe siècle, ces transformations s'accélèrent après 1815, annonçant le passage vers une nouvelle ère de croissance. Amorcée dans les années 1840, celle-ci se poursuit jusqu'au milieu du XXe siècle, alors que deux grands mouvements de population traversent le Québec, l'un en direction des plateaux, l'autre en direction des villes et l'extérieur de la province. Le premier est un prolongement du mouvement de colonisation agricole amorcé sous le Régime français. S'il reste comme phénomène démographique important, soutenu par tout un discours qui fait de l'agriculture une activité centrale dans le devenir de la société canadienne-française, il perd cependant beaucoup de sa signification antérieure. Le second s'articule sur les vieilles villes coloniales et sur le réseau de hameaux et de villages apparu au cours du XVIIIe siècle et de la première moitié du XIXe siècle. Stimulé par la montée de l'économie de marché et la révolution des transports, il se nourrit de mouvements migratoires complexes, issus de plus en plus de la campagne. Aussi, si à l'échelle régionale la population continue son mouvement centrifuge, à l'échelle locale, elle a de plus en plus tendance à se concentrer dans le territoire. Quant à l'exploitation des ressources, elle devient plus dispersée dans l'espace.

Au cours des années 1950 et plus encore après 1960, s'amorce une période de transformations rapides qui modifient en profondeur le rapport au territoire. Le rôle de l'État s'accroît et aux phénomènes de concentration régionale qui caractérisent de plus en plus les grandes régions urbaines du Québec, correspond un phénomène d'étalement périurbain qui étend à de vastes portions de territoire les modes de développement et d'aménagement des villes. L'exode rural se poursuit, l'agriculture régresse vers les meilleures terres et les anciennes zones pionnières se transforment en aires de villégiature. En même temps, les besoins en matières premières et en énergie augmentent, et des mégaprojets miniers et hydroélectriques sont mis en œuvre, qui repoussent toujours plus loin les lieux d'exploitation et d'influence du Québec de base. Cependant, en contrepartie de cette croissance, des difficultés nouvelles surgissent, qui remettent en cause les acquis de la Révolution tranquille, en plus d'accroître les tensions économiques et sociales.

La Figure 65 résume cette évolution, en faisant voir les rapports qui, de période en période, se sont établis au Québec entre la population et les ressources. Il montre aussi l'évolution de l'habitat, caractérisée par celle des densités humaines.

FIGURE 65

L'évolution du rapport population-ressources au Québec

	Trame autochtone	Horizon agraire	*Couche urbaine et industrielle*	*Horizon actuel*
Population	Dispersée	Dispersée	Dispersée Concentrée	Concentrée Dispersée
Ressources	Dispersées	Concentrées	Concentrées Dispersées	Dispersées
Forces dominantes	Déterritorialisantes	Territorialisantes	Territorialisantes Déterritorialisantes	Déterritorialisantes
Densités humaines	Faibles, sauf dans les lieux d'établissement des villages.	Faibles, mais en croissance rapide dans les basses terres.	Élevées dans les basses terres et croissantes dans les régions nouvelles de peuplement.	Très élevées dans les régions urbaines et périurbaines ; décroissantes dans les régions, sauf autour des lieux de villégiature.

Terre de passage, le Québec fut donc aussi une terre d'établissement, que les autochtones, les Français et les Anglais furent les premiers à se partager, avant que d'autres groupes ne viennent à leur tour s'y établir. Pour le conquérant européen, ce fut aussi une terre prétexte, une terre imaginée, dont la fonction sur l'échiquier nord-américain a été de garantir l'accès aux richesses de l'intérieur du continent ou, comme ce fut le cas plus tard pour l'Angleterre, de permettre l'organisation de l'Empire britannique du nord de l'Amérique. Appliquée d'abord aux basses terres, cette vocation a été celle aussi des plateaux. C'est ainsi par exemple qu'ont été peuplés les Cantons de l'Est, pour faire obstacle aux ambitions américaines. C'est ainsi également que les vallées laurentidiennes ont été colonisées, pour freiner l'émigration vers les États-Unis et se doter d'un lieu de recommencement capable de préserver l'identité.

Le Québec est né de ces représentations, autant que des pulsions qui l'ont historiquement étendu jusqu'à la plaine abitibienne et plus tard jusqu'à l'Ungava. Car s'il est aujourd'hui le résultat de ces conquêtes successives, il est aussi celui des mythes qui les ont entourées et qui ont nourri tout un imaginaire dont on sent aujourd'hui encore les effets. Formulés dès le début de l'aventure française, ils ont laissé croire en des richesses qu'on mettra plus de trois siècles à découvrir, et en des vocations que nuance de plus en plus la recherche actuelle.

Faux comme or et diamants du Canada ! C'est par cette phrase lapidaire que s'achève la phase initiale d'exploration. Relative aux espoirs qu'avaient fait naître la découverte de pyrite de fer et de quartz dans les environs de Québec puis à ceux qu'avaient fait miroiter les rumeurs à propos du fabuleux royaume du Saguenay, elle rappelle avec éloquence l'épuisement du mythe qui, pendant près d'un siècle dominera la conquête du territoire. Des richesses, on en trouvera, mais sous la forme de fourrures, dont l'exploitation connaîtra des hauts et des bas. Elle favorisera l'apparition d'un nouveau type culturel, le coureur des bois, dont le genre de vie peut paraître attrayant, mais qui n'attirera finalement que peu de colons, vu le coût et surtout les risques de la course. Ce n'est que plus tard qu'il deviendra un symbole de liberté, vite décrié cependant par toute une littérature qui lui opposera une autre figure symbolique, celle de l'habitant, fier de ses origines françaises.

Même l'Amérindien aura droit à ses symboles. Ne participant pas de la modernité du conquérant européen, il sera perçu tantôt comme un enfant de la forêt qu'il faut élever à la dignité d'homme, tantôt comme une bête féroce qu'il faut combattre et même anéantir pour protéger la colonie. Aux « bons » Amérindiens (Hurons, Algonquins, Montagnais, Atticamègues, Abénakis...), alliés des Français et auxquels on a recours pour la traite des fourrures, s'opposent donc assez tôt les « mauvais » (du nom générique d'Iroquois), amis des Anglais. Âprement combattus, ils finiront par se soumettre. Quant aux prisonniers, surtout des femmes et des enfants, ou à ceux qu'ils auront eux-mêmes décimés, ils seront amenés dans la colonie, où ils seront établis dans les missions aménagées pour eux par les missionnaires. Vivant en marge de la société, ils seront vite oubliés de la majorité blanche, à laquelle cependant plusieurs s'intégreront, notamment par le travail. Il faudra les revendications des récentes décennies pour qu'ils ne redeviennent plus présents dans la vie publique, mais par un discours qui en fait plus des victimes que des acteurs importants de l'histoire.

Les colons aussi découvriront assez vite les limites du rêve colonial. Sous le Régime français, moins de 10 000 immigrants font souche en Nouvelle-France. Ignorant les promesses qui leur sont faites, ils répugnent à venir s'établir dans une colonie si lointaine et aux conditions beaucoup plus rudes qu'en France. C'est donc par sa croissance naturelle plus que par l'immigration que la population laurentienne augmentera. Cependant, quand prend forme le discours qui, au XIXe siècle réitère ces promesses, ils ne répondront qu'à demi aux incitatifs de l'Église et de l'État, préférant la ville et l'industrie à la création de terres neuves. Certes, il s'en trouvera plusieurs pour souscrire au discours de ceux qui font des plateaux un lieu d'établissement pour les surplus démographiques des basses terres, mais c'est auprès de ceux qui l'énoncent, surtout, que celui-ci aura du succès.

Formulé au lendemain de l'échec insurrectionnel de 1837-1838, comme réponse aux menaces d'assimilation du Rapport Durham puis, plus tard, au grand exode vers les États-Unis, il a donné ses formes au mythe qui, jusqu'au milieu du XXe siècle, dominera le discours de colonisation au Québec. Empruntant ses thèmes au rêve colonial britannique, qu'il médiatise par ceux du rêve américain, il se nourrit d'une vision ruraliste de la société et du devenir québécois, soutenu par toute une littérature vouée à la grandeur des origines françaises et à la recherche de héros destinés à servir de modèles au nouveau citoyen (Martin, 1988).

Les premiers de ces héros ont été les découvreurs et les explorateurs, auxquels sont venus s'ajouter ceux qui ont organisé ou défendu la colonie (Cartier, Champlain, Talon, Frontenac…). Une grande place a été faite également aux missionnaires et aux héros plus populaires, dont on a vanté le courage et l'abnégation (le père Gabriel Lalemant, Isaac Jogues, Étienne Brûlé, Radisson, Des Groseillers, d'Iberville, Dollard Des Ormeaux, Madeleine de Verchères…). Quant aux colons qui ont bâti le pays, ils ont aussi eu droit eux à la reconnaissance de l'histoire, mais à travers l'apothicaire Louis Hébert, présenté comme leur ancêtre commun. Plus que des noms, ces personnes sont devenues des figures de proue dans la formulation des mythes fondateurs. C'est le cas, notamment, de Jacques Cartier. Presque oublié du XVIIIe siècle, il ne devient une figure légendaire qu'au cours des années 1830, quand, pour affirmer les origines françaises de la colonie maintenant britannique, on décide d'ériger un monument à sa mémoire. Ne disposant pas de portrait authentique, on confie au peintre Théophile Hamel la tâche de recopier la peinture réalisée en 1839 pour l'hôtel de ville de Saint-Malo (Mathieu, 1991 : 232). Son œuvre inspirera toutes les représentations à venir.

La seconde moitié du XIXe siècle est particulièrement fertile à cet égard. En réaction aux initiatives commémoratives du nouveau Canada et plus particulièrement de sa composante anglophone, les groupes nationalistes multiplient les références françaises, pour en faire des symboles d'unité et d'identité. Loin de ralentir, le mouvement s'accélère au XXe siècle, stimulé par la Première Guerre mondiale et la conscription. Aux monuments historiques, s'ajoutent de grandes cérémonies commémoratives, empreintes de nostalgie. C'est cependant avec le manuel scolaire, surtout, que cette construction identitaire prend ses formes les plus définitives. Rédigé par des communautés religieuses, il deviendra l'un des plus puissants véhicules de l'idéologie ruraliste, en présentant le Québec comme une société prédestinée où la foi, la langue et l'agriculture apparaissent comme des gardiennes de la race.

Puissantes, ces représentations dominent le gouvernement de Maurice Duplessis, qui en fait la base de son régime politique. Elles perdurent jusqu'aux années 1960, alors que s'amorce la Révolution tranquille. Bien que le Québec ne soit pas la seule contrée du monde à expérimenter les changements de la période, la perception qu'on en a est qu'ils constituent un passage brusque à la modernité. Certes, les changements sont importants et sont accompagnés de modifications profondes sur le plan des valeurs et des comportements, démographiques notamment. Mais, comme ils sont préparés depuis longtemps et qu'ils atteignent aussi plusieurs autres sociétés, on aurait tort de croire qu'ils furent particuliers au Québec, d'autant plus que la notion de modernité renvoie plus à un processus qu'à un état (Courville, 1993b). L'image prête donc à confusion et fait fi de toutes les transformations observées depuis le XIXe siècle.

Dans l'univers mental, cependant, les changements sont bien réels et se traduisent par une attitude nouvelle face à l'Autre, pourvu qu'il ne menace ni la langue ni la culture. Plus que jamais, les Québécois deviennent des Nord-Américains, sensibles aussi bien à l'argent qu'à l'environnement, et subjugués par les magies de la technique, des voyages et de la consommation de masse. Même les héros ont changé. Aux figures historiques se substituent maintenant les grands noms du sport et des affaires, tels Maurice Richard, Guy Lafleur, Joseph-Armand Bombardier, Alphonse

Desjardins ou Rose-Anna Vachon. Pourtant, s'ils ressemblent de plus en plus à leurs voisins du sud, les Québécois restent convaincus de leurs différences autant que de leurs ressemblances. Et c'est bien ce que traduit leur géographie, avec son habitat et ses grands axes de communication à l'américaine et ses espaces de vie et de loisirs plus vernaculaires. Cependant, comme elle est faite aussi d'équipements vieillis ou mal adaptés aux besoins de l'ère nouvelle, elle indique des difficultés de croissance qui tranchent avec la prospérité antérieure.

Comme d'autres sociétés, le Québec doit relever aujourd'hui des défis qui le condamnent au changement. À ceux que lui imposent la globalisation des marchés et le maintien de ses acquis sociaux s'ajoute celui de préserver sa culture, dans un contexte où tout concourt à l'uniformisation des valeurs et des pratiques. Également, il doit redéfinir ses rapports avec les autochtones et les groupes minoritaires, dans un contexte de tensions accrues avec le gouvernement fédéral. Pour ceux qui prônent la souveraineté du Québec, la solution ne peut venir que de l'abandon du lien fédéral, qui donnerait enfin au Québec ses moyens de survie et de croissance. Pour d'autres, qui rejettent le projet souverainiste, la solution réside dans le maintien du lien fédératif, deux positions en apparence contradictoires, mais que pourrait rapprocher une redéfinition des pouvoirs entre les deux paliers de gouvernement. Pour d'autres encore, la solution doit être plus radicale : celle d'une totale indépendance ou d'une nécessaire partition, advenant un vote positif à un éventuel référendum. Et cela, sans compter ceux qui se désintéressent complètement de la question, laissant à d'autres le soin d'en décider.

La question est d'autant plus complexe qu'il existe non pas un Québec mais plusieurs, et qu'à cette réalité s'ajoutent des visions différentes de l'expérience historique québécoise et de son devenir politique. Aussi est-ce dans un climat d'incertitude que s'achève le XXe siècle, en dépit des promesses faites par tous ceux qui voient dans l'assainissement des finances publiques un moyen de préserver les acquis de la culture et de la société québécoises.

BIBLIOGRAPHIE

ALLAIRE, Gratien (1980), « Officiers et marchands : les sociétés de commerce des fourrures », *Revue d'histoire de l'Amérique française*, vol. 34, n° 1, p. 3-26.

ANCTIL, Pierre (dir.) (1986), *Le pluralisme au Québec*, Montréal, Études ethniques au Canada, vol. 18, n° 2.

ANCTIL, Pierre, et Gary Caldwell (dir.) (1984), *Juifs et réalités juives au Québec*, Québec, Institut québécois de recherche sur la culture.

ANNALES DE LA BONNE SAINTE-ANNE DE BEAUPRÉ, Sainte-Anne de Beaupré (période 1874-1900).

ANOMYME (1883), *Au nord* (brochure accompagnée d'une carte géographique des cantons à coloniser dans les vallées de la rivière Rouge et du Lièvre, et dans une partie des vallées de la Mattawin et de la Gatineau. Publiée sous les auspices des Sociétés de colonisation des diocèses de Montréal et d'Ottawa), Saint-Jérôme.

ARCAND, Bernard (1999), *Abolissons l'hiver,* Montréal, Boréal.

ARCHIVES NATIONALES DU CANADA, série C 11 A, II et série C 11 A, M.G. 1, Vol. 2-2.

ARMSTRONG, Robert (1984), *Structure and Change : an Economic History of Quebec*, Toronto, Gage Publishing Limited.

ARTIBISE, Alan F., et Gilbert A. Setler (1979), « Cities in the Wilderness - Canadian Urban History before 1850 », *The Canadian City, Essays in Urban History*, Toronto, McMillan.

AUDET, Louis-Philippe (1971), *Histoire de l'enseignement au Québec*, Montréal et Toronto, Holt, Rinehart & Winston, 2 volumes.

BAILLARGEON, Pierre (1969), « Souvenirs de Normandie », *Le Choix, Essais*, Montréal, Hurtubise HMH.

BALTHAZAR, Louis (1998), « The Liberal Idea of the Canadian Nation State », dans Leen d'Haenens (dir.), *Images of Canadianess. Visions on Canada's Politics, Culture, Economics*, Ottawa, Presses de l'Université d'Ottawa.

BARIBEAU, Claude (1983), *La seigneurie de la Petite Nation, 1801-1854. Le rôle économique et social du seigneur*, Hull, Les Éditions Asticou.

BARRETTE, Roger (1975), « Le plan Vautrin et l'Abitibi-Témiscamingue, 1934-1936 », dans Maurice Asselin et Benoit Beaudry Gourd, *L'Abitibi et le Témiscamingue, hier et aujourd'hui*, Rouyn, Collège du Nord-Ouest.

BEAULIEU, Alain (1990), *Convertir les fils de Caïn. Jésuites et Amérindiens en Nouvelle-France, 1632-1642*, Québec, Nuit Blanche.

BEAUREGARD, Ludger (1970), « Les étapes de la mise en valeur agricole de la vallée du Richelieu », *Cahiers de géographie de Québec*, vol. 14, n° 32, p. 171-214.

BEAUREGARD, Ludger (dir.) (1972), *Montréal, guide d'excursions. 22e Congrès international de géographie*, Montréal, Presses de l'Université de Montréal.

BÉDARD, Hélène (1987), « La colonisation dirigée », dans Claude Dubé, *La maison de colonisation : éléments d'architecture populaire québécoise*, Québec, Université Laval, CRAD.

BÉDARD, Marc-André (1984), *Les protestants en Nouvelle-France*, Québec, Société historique de Québec.

BÉLANGER, Jules, *et al.* (1981), *Histoire de la Gaspésie*, Montréal et Québec, Boréal Express et Institut québécois de recherche sur la culture.

BÉLANGER, Marcel (1996), « Spatialités fondatrices », dans Serge Courville (dir.), *Population et territoire*, Sainte-Foy, Presses de l'Université Laval, « Atlas historique du Québec », p. 163-166.

BÉLANGER, Marcel (1991), « Que sont devenues les campagnes ? », dans Bernard Vachon (dir.), *Québec rural dans tous ses états*, Montréal, Boréal, p. 55-63.

BÉLANGER, Marcel (1972), « *Le Québec rural* ». *Études sur la géographie du Canada*, Montréal et Toronto, Presses de l'Université de Montréal et University of Toronto Press.

BÉLANGER, Marcel, *et al.* (1972), « Le complexe périmétropolitain montréalais : une analyse de l'évolution des populations totales », *Revue de géographie de Montréal*, vol. XXVI, n° 3, p. 241-249.

BÉLANGER, Yves, et Pierre Fournier (1987), *L'entreprise québécoise. Développements historiques et dynamisme contemporain*, Montréal, Hurtubise HMH.

BELL, Kenneth, et W.P. Morrell (1928), *Select Documents on British Colonial Policy, 1830-1860*, Oxford, Clarendon Press.

BELLAVANCE Claude (1997), « La puissance de l'eau », dans Claude Boudreau, Serge Courville et Normand Séguin, *Le territoire*, Sainte-Foy, Presses de l'Université Laval, « Atlas historique du Québec », p. 85-93.

BELLAVANCE Claude (1995), « Réseaux, territoires et électricité : la dynamique spatiale du processus d'électrification du Québec méridional », dans Serge Courville et Normand Séguin (dir.), *Espace et culture/Space and Culture*, Sainte-Foy, Presses de l'Université Laval, « Géographie historique », p. 393-404.

BELLAVANCE, Claude (1994), *Shawinigan Water and Power, 1898-1963. Formation et déclin d'un groupe industriel au Québec*, Montréal, Boréal.

BERGER, Carl (1983), *Science, God and Nature in Victorian Canada*, Toronto, University of Toronto Press.

BERMAN, Morris (1978), *Social Change and Scientific Organisation*, Ithaca, Cornell University Press.

BERNARD, Antoine (1926), « L'histoire régionale », *Semaine d'histoire du Canada*, Montréal, Société historique de Montréal.

BERNARD, Jean-Paul (1983), *Les Rébellions de 1837-1838 dans le Bas-Canada*, Ottawa, Société historique du Canada, « Brochure historique », n° 55.

BERNARD, Jean-Paul (dir.) (1983), *Les Rébellions de 1837-1838 : les Patriotes du Bas-Canada dans la mémoire collective et chez les historiens*, Montréal, Boréal Express.

BERNARD, Jean-Paul (1971), *Les Rouges: libéralisme, nationalisme et anticléricalisme au milieu du XIXe siècle*, Montréal, Presses de l'Université du Québec.

BERNARD, Jean-Paul, Paul-André Linteau et Jean-Claude Robert (1976), « La structure professionnelle de Montréal en 1825 », *Revue d'histoire de l'Amérique française*, vol. 30, n° 3, p. 383-407.

BÉRUBÉ, Pierre (1993), *L'organisation territoriale du Québec*, Québec, Les Publications du Québec.

BERVIN, George (1991), *Les marchands-négociants et la diversité de leurs activités économiques à Québec entre 1800 et 1825*, Sillery, Septentrion.

BEUTLER, Corinne (1990), « La modernisation de l'équipement agricole dans la région de Montréal. Recherches sur l'origine des nouveaux modèles de charrue d'après les inventaires après décès, 1792-1835 », dans Gérard Bouchard et Joseph Goy (dir.), *Famille, économie et société rurale en contexte d'urbanisation, 17e-20e siècle*, Chicoutimi et Paris, Centre interuniversitaire SOREP et École des hautes études en sciences sociales, p. 273-284.

BEUTLER, Corinne (1987), « L'outillage agricole dans les inventaires paysans de la région de Montréal reflète-t-il une transformation de l'agriculture entre 1792 et 1835 ? », dans François Lebrun et Normand Séguin (dir.), *Sociétés villageoises et rapports villes-campagnes au Québec et dans la France de l'Ouest, XVIIe-XXe siècles*, Trois-Rivières, Centre de recherche en études québécoises, p. 121-130

BIAYS, Pierre (1964), *Les marges de l'œkoumène dans l'est du Canada*, Québec, Presses de l'Université Laval, Centre d'études nordiques.

BIGGAR, Henry Percival (dir.) ([1922-1936] 1971), *The works of Samuel de Champlain*, Toronto, University of Toronto Press, 7 volumes.

BLANCHARD, Raoul (1960), *Le Canada français. Province de Québec*, Montréal, Librairie Arthème Fayard (Canada).

BLANCHARD, Raoul (1953), *L'ouest du Canada français, « Province de Québec »*, Montréal, Beauchemin.

BLANCHARD, Raoul (1950), *La Mauricie*, Trois-Rivières, Bien public.

BLANCHARD, Raoul (1949), *Le Québec par l'image*, Montréal, Beauchemin.

BLANCHARD, Raoul (1947), *L'est du Canada français, « Province de Québec »*, Montréal, Beauchemin, 2 volumes.

BLANCHARD, Raoul ([1947] 1992), *Montréal, esquisse de géographie urbaine*, Grenoble, Allier ; réédité par Gilles Sénécal, Montréal, VLB.

BLANCHARD, Raoul ([1935], 1947), *Le centre du Canada français, « Province de Québec »*, Montréal, Beauchemin.

BLANCHETTE-LESSARD, Lucie, et Nicole Daigneault-Saint-Denis (1983), « La participation des groupes sociaux aux rébellions dans les comtés de Laprairie et de Deux-Montagnes », dans Jean-Paul Bernard (dir.), *Les Rébellions de 1837-1838 ; les Patriotes du Bas-Canada dans la mémoire collective et chez les historiens*, Montréal, Boréal Express, p. 327-337.

BLOUIN, Claude (1980), « La mécanisation de l'agriculture entre 1830 et 1890 », dans Normand Séguin *et al.*, *Agriculture et colonisation au Québec. Aspects historiques*, Montréal, Boréal Express, « Études d'histoire du Québec », p. 93-111.

BOILEAU, Gilles (1977), *Le Saguenay-Lac Saint-Jean, Québec*, Québec, Éditeur officiel du Québec, « La documentation québécoise ».

BOISVERT, Michel (1996), « La production textile au Bas-Canada. L'exemple laurentien », *Cahiers de géographie du Québec*, vol. 40, n° 111, p. 421-437.

BOISVERT, Michel (1995), « Les paramètres socioculturels de l'industrie textile au Bas-Canada au XIXe siècle », dans Serge Courville et Normand Séguin, *Espace et culture*, Sainte-Foy, Presses de l'Université Laval, « Géographie historique », p. 305-319.

BOLDUC, André, Clarence Hogue et Daniel Larouche ([1979]1984), *Québec, un siècle d'électricité*, Montréal, Libre Expression.

BOUCHARD, Gérard (1999), *La nation québécoise au futur et au passé*, Montréal, VLB éditeur.

BOUCHARD, Gérard (1997), « Élites, entrepreneurship et conflits de pouvoir au Saguenay (1890-1920) », *Histoire sociale/Social History*, vol. XXX, n° 60, p. 267-299.

BOUCHARD, Gérard (1996), *Quelques arpents d'Amérique. Population, économie, famille au Saguenay, 1838-1971*, Montréal, Boréal.

BOUCHARD, Gérard (1991), « Sur un démarrage raté : industriue laitière et co-intégration au Saguenay (1880-1940) », *Revue d'histoire de l'Amérique française*, vol. 45, n° 1, p. 73-100.

BOUCHARD, Gérard (1990), « L'historiographie du Québec rural et la problématique nord-américaine avant la révolution tranquille. Étude d'un refus », *Revue d'histoire de l'Amérique française*, vol. 44, n° 2, p. 199-222.

BOUCHARD, Gérard (1988), « Co-intégration et reproduction de la société rurale. Pour un modèle saguenayen de la marginalité », *Recherches sociographiques*, vol. XXIX, n°s 2-3, p. 283-310.

BOUCHARD, Gérard (1987), « Sur la reproduction familiale en milieu rural : systèmes ouverts et systèmes clos », *Recherches sociographiques*, vol. XXVIII, n°s 2-3, p. 229-251.

BOUCHARD, Gérard (1986), « La dynamique communautaire et l'évolution des sociétés rurales québécoises aux 19e et 20e siècles. Construction d'un modèle », *Revue d'histoire de l'Amérique française*, vol. 40, n° 1, p. 51-71.

BOUCHARD, Gérard (1983), « Les systèmes de transmission des avoirs familiaux et le cycle de la société rurale au Québec, du XVIIe au XXe siècles : nouvelles propositions », *Histoire sociale/Social History*, vol. XVI, n° 31, p. 35-60.

BOUCHARD, Gérard, *et al.* (1985), « Les notables du Saguenay au 20e siècle à travers deux corpus biographiques », *Revue d'histoire de l'Amérique française*, vol. 39, n° 1, p. 3-23.

BOUCHARD, Gérard, en coll. avec Serge Courville (1993), *La construction d'une culture, le Québec et l'Amérique française*, Québec, Presses de l'Université Laval, « Culture française d'Amérique ».

BOUCHARD, Gérard, et Yvan Lamonde (dir.) (1997), *La nation dans tous ses états. Le Québec en comparaison*, Montréal, Harmattan.

BOUCHARD, Gérard, et Régis Thibeault (1992), « Change and Continuity in the Saguenay Agriculture : the Evolution of Productions and Yields (1852-1971) », dans D.H. Akenson (dir.), *Canadian Papers in Rural History*, vol. VIII, p. 231-259.

BOUCHER, Yvon (1973), « Fonctions et séquences dans Charles Guérin », dans la réédition du roman de P.-J.-O. Chauveau, *Charles Guérin*, Montréal, Marc-Aimé Guérin.

BOUCHETTE, Joseph (1832), *A topographical dictionary of the province of the Lower Canada*, Londres, Longman, Rees, Orme, Brown, Green and Longman.

BOUCHETTE, Joseph (1815), *Description topographique de la province du Bas-Canada, avec des remarques sur le Haut-Canada, et sur les relations des deux provinces avec les États-Unis de l'Amérique*, Londres, William Faden.

BOUDREAU, Claude (1994), *La cartographie au Québec, 1760-1840*, Québec, Presses de l'Université Laval, « Géographie historique ».

BOUDREAU, Claude (1986), *L'analyse de la carte ancienne, essai méthodologique : la carte du Bas-Canada de 1831, de Joseph Bouchette*, Québec, Centre d'études sur la langue, les arts et les traditions populaires des francophones en Amérique du Nord, « Rapports et mémoires de recherche du CELAT ».

BOUDREAU, Claude, Serge Courville et Normand Séguin (1997), *Le territoire*, Sainte-Foy, Presses de l'Université Laval, « Atlas historique du Québec ».

BOUFFARD, Jean ([1921] 1977), *Traité du Domaine*, Québec, Presses de l'Université Laval.

BOURQUE, Gilles, et Jules Duchastel (1996), *L'identité fragmentée*, Montréal, Fides.

BRADBURY, Bettina (1995), *Familles ouvrières à Montréal : âge, genre et survie quotidienne pendant la phase d'industrialisation*, Montréal, Boréal.

BRIÈRE, Jean-François (1990), *La pêche française en Amérique du Nord au XVIIIe siècle*, Montréal, Fides.

BRIÈRE, Roger (1967), « Les grands traits de l'évolution du tourisme au Québec », *Bulletin de l'Association des géographes de l'Amérique française*, n° 11, p. 83-95.

BRISSON, Réal (1983), *La charpenterie navale à Québec*, Québec, Institut québécois de recherche sur la culture.

BRODEUR, Jacques (1996), « Du cultivateur religieux au producteur gestionnaire : rupture ou mutation ? Les cours à domicile de l'Union Catholique des Cultivateurs (UCC), 1929-1968 », thèse de Ph. D. (théologie), Université de Montréal.

BRODEUR, Raymond, *et al.* (1990), *Le catéchisme au Québec, 1702-1963*, Québec, Presses de l'Université Laval.

BROSSARD, Jacques, *et al.* (1970), *Le territoire québécois*, Montréal, Les Presses de l'Université de Montréal.

BROUILLETTE, Sylvie (1991), « Les marchés publics à Montréal, 1840-1860 », mémoire de maîtrise (études québécoises), Université du Québec à Trois-Rivières.

BROWN, George W. (dir.) (1967), *Dictionnaire biographique du Canada.* Volume premier. *De l'an 1000 à 1700*, Sainte-Foy et Toronto, Les Presses de l'Université Laval et University of Toronto Press.

BRUN, Henri (1992), « Le territoire du Québec : à la jonction de l'histoire et du droit constitutionnel », *Les Cahiers de droit*, vol. 33, n° 3, p. 927-943.

BRUN, Henri (1974), *Le territoire du Québec, six études juridiques*, Québec, Presses de l'Université Laval.

BRUNET, Yves (1980), « L'exode urbain, essai de classification de la population exurbaine des Cantons de l'Est », *Le géographe canadien*, vol. 24, n° 4, p. 384-405.

BURGESS, Joanne (1977), « L'industrie de la chaussure à Montréal, 1840-1870 – le passage de l'artisanat à la fabrique », *Revue d'histoire de l'Amérique française*, vol. 31, n° 2, p. 187-210.

CALDWELL, Gary, et Julien Harvey (1994), « Immigration et nécessité d'une culture publique commune », *L'Action nationale*, vol. 84, n° 6, p. 786-794.

CAMU, Pierre (1996), *Le Saint-Laurent et les Grands Lacs au temps de la voile, 1608-1850*, Montréal, Hurtubise HMH.

CANADA (1969), *Rapport de la Commission royale d'enquête sur le bilinguisme et le biculturalisme (Rapport Laurendeau-Dunton)*, Ottawa, Imprimerie de la Reine.

CANADA (1917-1918), *Rapport des Archives publiques du Canada*, Ottawa, « Proclamation de Murray du 1er mars 1765 ».

CANADA (1871), *Recensement de 1871*, Ottawa, vol. IV.

CARON, Ivanhoë (1940), *Histoire de la colonisation dans la province de Québec de 1825 à 1940*, Québec, 5e éd., 136 p.

CAULIER, Brigitte (1994), « Les confréries de dévotion à Montréal, 17e-19e siècles », thèse de Ph.D. (histoire), Université de Montréal.

CAULIER, Brigitte (1989), « Les confréries de dévotion et l'éducation à la foi », Société canadienne d'histoire de l'Église catholique, *Sessions d'étude*, vol. 56.

CAZELAIS, Normand, Roger Nadeau et Gérard Beaudet (dir.) (1999), *L'espace touristique*, Sainte-Foy, Les Presses de l'Université du Québec.

CHARBONNEAU, André, Yvon Desloges et Marc Lafrance (1982), *Québec ville fortifiée, du XVIIe au XIXe siècle*, Québec, Éditions du Pélican et Parcs Canada.

CHARBONNEAU, Hubert (1975), *Vie et mort de nos ancêtres. Étude démographique*, Montréal, Presses de l'Université de Montréal.

CHARBONNEAU, Hubert (dir.) (1987), *Naissance d'une population. Les Français établis au Canada au XVIIe siècle*, Paris et Montréal, Institut national d'études démographiques, Presses de l'Université de Montréal et Presses universitaires de France.

CHARBONNEAU, Hubert (dir.) (1973), *La population du Québec: études rétrospectives*, Trois-Rivières, Éditions du Boréal Express.

CHARBONNEAU, Hubert, *et al.* (1996), « La population française de la vallée du Saint-Laurent avant 1760 », dans Serge Courville (dir.), *Population et territoire*, Sainte-Foy, Presses de l'Université Laval, « Atlas historique du Québec », p. 31-43.

CHARLAND, Paul-Victor (1921), *Le culte de Sainte-Anne en occident, de 1400 à nos jours*, Québec, Imprimerie Franciscaine Missionnaire.

CHARLEVOIX, Pierre-François-Xavier (1744), *Histoire et description générale de la Nouvelle-France, avec le journal historique d'un voyage fait dans l'Amérique septentrionnale*, Paris, Nyon fils, 3 volumes.

CHÉNIER, Rémi (1991), *Québec, ville coloniale française en Amérique: 1600 à 1690*, Ottawa, Environnement Canada, Service des Parcs.

CLERMONT, Norman, et Claude Chapdelaine (1987), *Préhistoire des Amérindiens, archéologie au Québec*, Montréal, Les Presses Solidaires Inc.

CLIBBON, Peter Brooke (1968), « Land Use Patterns in the Laurentides between the Saint-Maurice and Rouge Valleys », thèse de Ph. D., Université Laval.

CLIBBON, Peter Brooke (1967), « Le « Nord de Montréal »; commentaire de carte d'utilisation du sol », *Bulletin de l'Association des géographes de l'Amérique française*, n° 11, p. 107-111.

CLICHE, Marie-Aimée (1988), *Les pratiques de dévotion en Nouvelle-France: comportements populaires et encadrement ecclésial dans le gouvernement de Québec*, Québec, Presses de l'Université Laval.

CÔTÉ, Marc (1995), « Une présence plus que millénaire », dans Odette Vincent (dir.), *Histoire de l'Abitibi Témiscamingue*, Québec, Institut québécois de recherche sur la culture, p. 67-95.

COURCHESNE, A.E.B. (1928), *Manuel des fiefs, seigneuries, arrière-fiefs de la province de Québec*, Québec, Ministère des Terres et Forêts

COURVILLE, Serge (1999), « Rêves d'Empire. Le Québec et le rêve colonial », communication présentée à l'Université d'Ottawa, dans la série *Conférence Charles R. Bronfman en études canadiennes* (à paraître).

COURVILLE, Serge (1998), « The Colonial Dream. Empire, Quebec and Colonial Discourse in the 19th Century », communication présentée à l'Université de Cambrige (G.-B.).

COURVILLE, Serge (1997), « Peut-on parler de crise pour les fleuves ? », *Fleuve et Patrimoine*, Neuvièmes entretiens du Centre Jacques Cartier, Québec, p. 51-54.

COURVILLE, Serge (1996), « Histoire mythique et paysage symbolique : la campagne laurentienne au XIXe siècle/Mythical History and Symbolic Landscape : the Laurentian Countryside in the 19th Century », communication présentée à l'Association of Canadian Studies in Ireland, Eighth Biennal Conference, *Ireland-Canada a European perspective*, Dublin ; parue sous le titre « Histoire mythique et paysage symbolique : la campagne laurentienne au 19e siècle », *British Journal of Canadian Studies*, vol. 12, n° 1, 1997, p. 9-23.

COURVILLE, Serge (1993a), « Tradition or Modernity ? The Canadian Seigniory in the Durham Era : another perspective », dans Patricia Galloway (édit.), *Proceedings of the Seventeenth Meeting of the French Colonial Historical Society, Chicago, May 1991*, Lanham, New York, Londres, University Press of America, p. 44-66.

COURVILLE, Serge (1993b), « Tradition et modernité, les significations spatiales », *Recherches sociographiques*, vol. XXXIV, n° 2, p. 211-231.

COURVILLE, Serge (1991a), « Des campagnes inachevées : l'exemple du nord québécois », à paraître dans Brian Osborne (édit.), *Canada's Countryside.*

COURVILLE, Serge (1991b), « Enracinement et mutations : la campagne québécoise aux XVIIIe et XIXe siècles », à paraître dans Brian Osborne (édit.), *Canada's Countryside.*

COURVILLE, Serge (1990), *Entre ville et campagne. L'essor du village dans les seigneuries du Bas-Canada*, Sainte-Foy, Presses de l'Université Laval.

COURVILLE, Serge (1988) « Le marché des subsistances. L'agriculture de la plaine de Montréal au début des années 1830 : une perspective géographique », *Revue d'histoire de l'Amérique française*, vol. 42, n° 2, p. 193-239.

COURVILLE, Serge (1987), « Un monde rural en mutation : le Bas-Canada dans la première moitié du XIXe siècle », *Histoire sociale/Social History*, vol. XX, n° 40, p. 237-258.

COURVILLE, Serge (1986), « Villages and Agriculture in the Seigneuries of Lower Canada. Conditions of a Comprehensive Study of Rural Quebec in the First Half of the Nineteenth Century », *Canadian Papers in Rural History*, vol. V, p. 121-149.

COURVILLE, Serge (1985-1986), « Le développement québécois : de l'ère pionnière aux conquêtes post-industrielles », *Le Québec statistique, édition 1985-1986*, Québec, Les Publications du Québec, p. 37-55.

COURVILLE, Serge (1985), « Bruneau, François-Pierre », *Dictionnaire biographique du Canada*, Québec, Presses de l'Université Laval, vol. VIII, p. 120-122.

COURVILLE, Serge (1983a), « Rente déclarée payée sur la censive de 90 arpents au recensement nominatif de 1831, méthodologie d'une recherche », *Cahiers de géographie du Québec*, 27, n° 70, p. 43-61.

COURVILLE, Serge (1983b), « Espace, territoire et culture en Nouvelle-France : une vision géographique », *Revue d'histoire de l'Amérique française*, vol. 37, n° 3, p. 417-429.

COURVILLE, Serge ([1982] 1985), « L'origine du rang au Québec : la politique territoriale de la France dans la première moitié du 17e siècle », dans E. Peter Fitzgerald (dir.), *Proceedings of the Eighth Annual Meeting of the French Colonial Historical Society, 1982*, Lanham, New York, London, University Press of America, 1985, p. 201-223.

COURVILLE, Serge (1981), « Contribution à l'étude de l'origine du rang au Québec : la politique spatiale des Cent-Associés », *Cahiers de géographie du Québec*, vol. 25, n° 65, p. 197-236.

COURVILLE, Serge (1980), « La crise agricole du Bas-Canada, éléments d'une réflexion géographique », *Cahiers de géographie du Québec*, vol. 24, n° 62, p. 193-224 ; vol. 24, n° 63, p. 385-428.

COURVILLE, Serge (dir.) (1996), *Population et territoire*, Sainte-Foy, Presses de l'Université Laval, « Atlas historique du Québec ».

COURVILLE, Serge (dir.) (1984), « Rangs et villages du Québec : perspectives géohistoriques », *Cahiers de géographie du Québec*, vol. 28, nos 73-74.

COURVILLE, Serge, *et al.* (1989), « Les découpages administratifs anciens de la région de Montréal au XIXe siècle (1825-1861). Méthodologie d'une recherche », *The Canadian Geographer/Le géographe canadien*, vol. 33, n° 4, p. 342-353.

COURVILLE, Serge (dir.), *et al.* (1988), *Paroisses et municipalités de la région de Montréal au XIXe siècle (1825-1861)*, Québec, Presses de l'Université Laval.

COURVILLE, Serge, et Serge Labrecque (1988), *Seigneuries et fiefs du Québec. Nomenclature et cartographie*, Québec, Centre d'études sur la langue, les arts et les traditions populaires des francophones en Amérique du Nord, « Outils de recherche », n° 3.

COURVILLE, Serge, et Normand Séguin (1996), *Le coût du sol au Québec, deux études de géographie historique*, Sainte-Foy, Presses de l'Université Laval, « Géographie historique ».

COURVILLE, Serge, et Normand Séguin (1989), « Le monde rural québécois au XIXe siècle », Ottawa, Société historique du Canada, « Brochure historique », n° 47.

COURVILLE, Serge, et Normand Séguin (1986), « Spatialité et temporalité chez Blanchard : propos d'heuristique », *Cahiers de géographie du Québec*, numéro spécial : « La géographie du Québec cinquante ans après Raoul Blanchard », vol. 30, n° 80, p. 293-298.

COURVILLE, Serge, Jean-Claude Robert et Normand Séguin (1995), *Le pays laurentien au XIXe siècle : les morphologies de base*, Sainte-Foy, Presses de l'Université Laval, « Atlas historique du Québec ».

COURVILLE, Serge, Jean-Claude Robert et Normand Séguin (1992), « The Spread of Rural Industry in Lower Canada, 1831-1851 », *Journal of the CHA/Revue de la SHC, Nouvelle série*, Ottawa, Société historique du Canada, vol. 2, p. 43-70.

COURVILLE, Serge, Jean-Claude Robert et Normand Séguin (1990a), « Population et espace rural au Bas-Canada : l'exemple de l'axe laurentien dans la première moitié du XIXe siècle », *Revue d'histoire de l'Amérique française*, vol. 44, n° 2, p. 243-262.

COURVILLE, Serge, Jean-Claude Robert et Normand Séguin (1990b), « La vallée du Saint-Laurent à l'époque du rapport Durham : économie et société », *Revue d'études canadiennes/Journal of Canadian Studies*, vol. 25, n° 1, 78-95.

COURVILLE, Serge, Jean-Claude Robert et Normand Séguin (1990c), « Le Saint-Laurent, artère de vie. Réseau routier et métiers de la navigation au XIXe siècle », *Cahiers de géographie du Québec*, vol. 34, n° 92, p. 181-196.

COURVILLE, Serge, Jean-Claude Robert et Normand Séguin (1988), « La vie de relation dans l'axe laurentien au XIXe siècle : l'exemple du lac Saint-Pierre », *Annales de Bretagne et des pays de l'ouest*, vol. 95, n° 4, p. 347-359.

COWAN, Helen I. (1961), *British Emigration to British North America. The First Hundred Years*, Toronto, University of Toronto Press.

CRONON, S.F. (1978), *Science in Culture*, New York, Norton.

CRONON, William (1991), *Nature's Metropolis*, New York, Norton.

CRONON, William (1983), *Changes in the Land*, New York, Norton.

D'ALLAIRE, Micheline (1997), *Les communautés religieuses de Montréal*, Volume 1, *Les communautés religieuses et l'assistance sociale à Montréal, 1659-1900*, Montréal, Méridien.

DAIGLE, Johanne, et Nicole Rousseau (1998), « Le service médical aux colons. Gestation et implantation d'un service infirmier au Québec (1932-1943) », *Revue d'histoire de l'Amérique française*, vol. 52, n° 1, p. 47-72.

DALES, J. H. (1957), *Hydroelectricity and Industrial Development in Quebec, 1898-1940*, Cambridge, Harvard Univiversity Press.

DAWSON, Nelson-Martin (1996), *Lendemains de conquête au Royaume du Saguenay. Le Domaine du roi dans la politique impériale britannique (1760-1767)*, Québec, Nuit Blanche.

DECHÊNE, Louise (1994), *Le partage des subsistances sous le Régime français*, Montréal, Boréal.

DECHÊNE, Louise (1986), « Observations sur l'agriculture du Bas-Canada au début du XIXe siècle », dans Joseph Goy et Jean-Pierre Wallot, *Évolution et éclatement du monde rural*, Paris et Montréal, Éditions de l'École des hautes études en sciences sociales et Presses de l'Université de Montréal, p. 189-202.

DECHÊNE, Louise (1984), « Quelques aspects de la ville de Québec au XVIIIe siècle d'après les dénombrements paroissiaux », *Cahiers de géographie du Québec*, vol. 28, n° 75, p. 485-506

DECHÊNE, Louise (1981), « La rente du faubourg Saint-Roch à Québec, 1750-1850 », *Revue d'histoire de l'Amérique française*, vol. 34, n° 4, p. 569-596.

DECHÊNE, Louise (1974), *Habitants et marchands de Montréal au XVIIe siècle*, Paris, Plon.

DECHÊNE, Louise (1973), « La croissance de Montréal, XVIIIe siècle », *Revue d'histoire de l'Amérique française*, vol. 27, n° 2, p.163-179

DECHÊNE, Louise, et Jean-Claude Robert (1979), « Le choléra de 1832 dans le Bas-Canada : mesure des inégalités devant la mort », dans Hubert Charbonneau et André Larose (dir.), *Les grandes mortalités : étude méthodologique des crises démographiques du passé*, Liège, Ordina Éditions, p. 220-256.

DEFFONTAINES, Pierre (1957), *L'homme et l'hiver au Canada*, Paris, Gallimard.

DEFFONTAINES, Pierre (1953), « Le rang, type de peuplement du Canada français », *Cahiers de géographie*, n° 5.

DELÂGE, Denys (1991), *Le pays renversé : Amérindiens et Européens en Amérique du Nord-Est, 1600-1664*, Montréal, Boréal.

DÉPATIE, Sylvie, Mario Lalancette et Christian Dessureault (1987), *Contribution à l'étude du régime seigneurial canadien*, Montréal, Hurtubise HMH, « Cahiers du Québec/Histoire », n° 88.

DERRUAU, Max (1956), « À l'origine du « rang canadien », *Cahiers de géographie de Québec*, nouvelle série, n° 1, p. 39-47.

DESLOGES, Yvon (1991), *Une ville de locataires*, Ottawa, Environnement Canada, Service des Parcs.

DESSUREAULT, Christian (1989), « Crise ou modernisation. La société rurale maskoutaine durant le premier tiers du XIXe siècle », *Revue d'histoire de l'Amérique française*, vol. 42, n° 3, p. 359-387.

DESSUREAULT, Christian (1985), « Les fondements de la hiérarchie sociale au sein de la paysannerie : le cas de Saint-Hyacinthe, 1760-1815 », thèse de doctorat (histoire), Université de Montréal.

DIAMOND, S. (1961), *An Experiment in « Feodalism » : French Canada in the Seventeenth Century*, Bobbs-Merrill Reprint series in History, H 56.

DICKASON, Olive P. (1996), *Les premières nations du Canada*, Sillery, Septentrion. Traduction de la version anglaise *Canada's First Nations* parue à Norman, University of Oklahoma Press, 1992.

DICKINSON, John, et Brian Young (1992), *Brève histoire socio-économique du Québec*, Québec, Septentrion.

DORION, Henri (1963), *La frontière Québec-Terre-Neuve. Contribution à l'étude systématique des frontières*, Québec, Presses de l'Université Laval.

DROUIN, François (1983), « Québec, 1791-1821 : une place centrale ? », mémoire de maîtrise (histoire), Université Laval.

DUBÉ, Claude (1987), *La maison de colonisation : éléments d'architecture populaire québécoise*, Québec, Université Laval, CRAD.

DUFOUR, Andrée (1996), *Tous à l'école*, Montréal, HMH.

DUGAS, Clermont (1996), « Le dépeuplement régional », dans Serge Courville (dir.), *Population et territoire*, Sainte-Foy, Presses de l'Université Laval, « Atlas historique du Québec », p. 111-119.

DUGAS, Clermont (1983), *Les régions périphériques : défi au développement du Québec*, Sillery, Presses de l'Université du Québec.

DUGAS, Clermont (1981), *Un pays de distance et de dispersion*, Québec, Presses de l'Université du Québec.

DUMONT, Fernand (1993), *Genèse de la société québécoise*, Montréal, Boréal.

DUMONT, Fernand, *et al.* (1971), *Idéologies au Canada français, 1850-1900*, Québec, Presses de l'Université Laval.

DUMONT, Fernand, et Yves Martin (1962), *Situation de la recherche sur le Canada français*, Québec, Presses de l'Université Laval.

DUMONT-JOHNSON, Micheline (1990), *L'instruction des filles au Québec (1639-1960)*, Ottawa, Société historique du Canada, « Brochure historique », n° 49.

DUMONT-JOHNSON, Micheline (1986), *Les couventines : l'éducation des filles au Québec dans les congrégations religieuses enseignantes, 1840-1960*, Montréal, Boréal Express.

DUMONT-JOHNSON, Micheline, *et al.* (1992), *L'histoire des femmes au Québec depuis quatre siècles*, Montréal, Le Jour.

DUSSAULT, Gabriel (1983), *Le curé Labelle : messianisme, utopie et colonisation au Québec, 1850-1900*, Montréal, Hurtubise HMH.

DUSSAULT, René, et Louis Borgeat (1984), *Traité de droit administratif*, 2e édition, tome 1, Montréal, Les Presses de l'Université de Montréal.

ECCLES, William John (1973), *France in America*, Vancouver, Fitzhenry & Whiteside.

FAHMY-EID, Nadia (1978), *Le clergé et le pouvoir politique au Québec. Une analyse de l'idéologie ultramontaine au milieu du XIXe siècle*, Montréal, Hurtubise HMH.

FAUCHER, Albert (1973), *Québec en Amérique. Essai sur les caractères économiques de la Laurentie*, Montréal, Fides.

FAUCHER, Albert, et Maurice Lamontagne ([1953] 1971), « Histoire de l'industrialisation », dans René Durocher et Paul-André Linteau, *Le « retard » du Québec et l'infériorité économique des Canadiens français*, Trois-Rivières, Boréal Express, p. 27-42.

FECTEAU, Jean-Marie (1983), « La pauvreté, le crime, l'État. Essai sur l'économie politique du contrôle social au Québec, 1791-1840 », thèse de doctorat (géographie), Université de Paris VII.

FERRETTI, Lucia (1992), *Entre voisins. La société paroissiale en milieu urbain : Saint-Pierre-Apôtre de Montréal, 1848-1930*, Montréal, Boréal.

FERRIÈRE, Claude de (1779), *Dictionnaire de droit et de pratique*, Toulouse, tome 1.

FILION, Louise (1987), « Le cadre climatique au Québec pendant la période historique », dans Serge Courville et Philip P. Boucher (édit.), *Actes du onzième colloque de la French Colonial Historical Society, Québec, mai 1985*, Lanham, New York, London, University Press of America, p. 73-84.

FISHMAN, Robert (1987), *Bourgeois Utopias. The Rise and Fall of Suburbia*, New York, Basic Book.

FORTIER, Normand (1984), « Les recensements canadiens et l'étude de l'agriculture québécoise, 1852-1901 », *Histoire sociale/Social History*, vol. XVII, n° 34, p. 257-286.

FORTIER, Robert (dir.) (1996), *Villes industrielles planifiées*, Montréal, Boréal.

FORTIN, Gérald (1971), *La fin d'un règne*, Montréal, Hurtubise HMH.

FRÉGAULT, Guy (1968), *Le XVIIIe siècle canadien*, Montréal, Hurtubise HMH.

FRÉGAULT, Guy (1954), *La société canadienne sous le Régime français*, Ottawa, Société historique du Canada, « Brochure historique », n° 3.

FRÉGAULT, Guy, et Marcel Trudel (1963), *Histoire du Canada par les textes*, Tome 1 *(1534-1854)*, Montréal, Fides, « Le régime seigneurial », p. 41-43.

GADOURY, Lorraine (1991), *La noblesse de Nouvelle-France : familles et alliances*, Montréal, Hurtubise HMH.

GAFFIELD, Chad, *et al.* (1994), *Histoire de l'Outaouais*, Québec, Institut québécois de recherche sur la culture.

GAFFIELD, Chad, et Pam Gaffield (édit.) (1995), *Consuming Canada : Readings in Environmental History*, Toronto, University of Toronto Press.

GAGNON, France (1988), « Parenté et migration : le cas des Canadiens français à Montréal entre 1845 et 1875 », *Historical Papers/Communications historiques*, Société historique du Canada, Windsor, Ottawa, Bonanza Press, p. 63-85.

GALARNEAU, Claude (1984), « Mgr de Forbin-Janson au Québec en 1840-1841 », dans Jean Hamelin et Nive Voisine (édit.), *Les ultramontains canadiens-français. Études d'histoire religieuse présentées en l'honneur du professeur Philippe Sylvain*, Montréal, Boréal Express, p. 121-142

GALARNEAU, Claude (1978), *Les collèges classiques au Canada français*, Montréal, Fides.

GALLICHAN, Gilles, Kenneth Landry et Denis Saint-Jacques (1998), *François-Xavier Garneau, une figure nationale*, Québec, Nota Bene.

GAMELIN, Alain, *et al.* (1984), *Trois-Rivières illustrée*, Trois-Rivières, La Corporation des fêtes du trois cent cinquantième anniversaire de Trois-Rivières.

GARNEAU, François-Xavier (1845-1852), *Histoire du Canada depuis sa découverte jusqu'à nos jours*, Québec, Napoléon Aubin et Fréchette et Frères, Montréal, John Lovell, 4 volumes.

GAUVREAU, Danielle (1991), *Québec : une ville et sa population au temps de la Nouvelle-France*, Québec, Presses de l'Université du Québec.

GEN-HISTO Inc., Groupe d'études (1977), *Montréal en 1825 d'après le recensement fait par Jacques Viger et Louis Guy*, Montréal, p.162-163.

GENTILCORE, Louis (dir.) (1993), *Atlas historique du Canada*, volume II, *La transformation du territoire, 1800-1891*, Montréal, Les Presses de l'Université de Montréal.

GIRARD, Camil, et Normand Perron (1989), *Histoire du Saguenay–Lac-Saint-Jean*, Québec, Institut québécois de recherche sur la culture.

GIRARD, Jacques (1970), *Géographie de l'industrie manufacturière du Québec*, Québec, Ministère de l'Industrie et du Commerce.

GLAZEBROOK, Georges P. de T. (1938), *A History of Transportation in Canada*. Volume 1, *Continental Strategy to 1867*, Toronto, McClelland and Stewart.

GREER, Allan (1997a), *The People of New France*, Toronto, University of Toronto Press.

GREER, Allan (1997b), *Habitants et Patriotes. La Rébellion de 1837 dans les campagnes du Bas-Canada*, Montréal, Boréal.

GREER, Allan (1985), *Peasant, Lord and Merchant: Rural Society in Three Quebec Parishes, 1740-1840*, Toronto, University of Toronto Press.

GREER, Allan, et Léon Robichaud (1989), « La Rébellion de 1837-1838 au Bas-Canada, une approche géographique », *Cahiers de géographie du Québec*, vol. 33, p. 345-377.

HÄGERSTRAND, T. (1952), « The propagation of innovation waves », *Lund studies in Geography*, Série B, *Human Géography*, n° 4, p. 3-19.

HAMEL, Thérèse (1995), *Un siècle de formation des maîtres au Québec, 1836-1939*, Lasalle, Hurtubise HMH.

HAMEL, Thérèse, *et al.* (1994a), « Stratégies des Clercs de St-Viateur dans la création d'écoles d'agriculture au Québec : 1932-1940 », *Études d'histoire religieuse*, vol. 60, p. 85-105 ;

HAMEL, Thérèse, *et al.* (1994b), « Évolution et typologie des écoles d'agriculture au Québec, 1926-1969 », *Revue d'histoire de l'éducation/Historical Studies in Education*, vol. 6, n° 1, p. 45-71.

HAMELIN, Jean (1995), *Histoire de l'Université Laval, les péripéties d'une idée*, Sainte-Foy, Presses de l'Université Laval.

HAMELIN, Jean (1973), *Les travailleurs québécois, 1851-1896*, Montréal, Presses de l'Université du Québec.

HAMELIN, Jean (1960), *Économie et société en Nouvelle-France*, Québec, Presses de l'Université Laval.

HAMELIN, Jean (dir.) (1995), *Les catholiques d'expression française en Amérique du Nord*, Belgique, Brepols.

HAMELIN, Jean (dir.) ([1976] 1977), *Histoire du Québec*, Saint-Hyacinthe et Toulouse, Edisem et Privat.

HAMELIN, Jean, et Yves Roby (1971), *Histoire économique du Québec, 1851-1896*, Montréal, Fides.

HAMELIN, Louis-Edmond (1993), *Le rang d'habitat: le réel et l'imaginaire*, Montréal, Hurtubise HMH.

HAMELIN, Louis-Edmond (1989), « Rang, côte et concession au sens de « peuplement aligné » au Québec depuis le XVIIe siècle », *Revue d'histoire de l'Amérique française*, vol. 42, n° 4, p. 519-543.

HAMELIN, Louis-Edmond ([1975] 1980), *Nordicité canadienne*, Montréal, Hurtubise HMH.

HANNA, David B. (1998), « Les réseaux de transport et leur rôle dans l'étalement urbain de Montréal », dans Horacio Capel et Paul-André Linteau, *Barcelona-Montréal, développement urbain comparé*, Barcelone, Université de Barcelone, p. 117-132.

HARDY, René (1999), *Contrôle social et mutation de la culture religieuse au Québec, 1830-1930*, Montréal, Boréal.

HARDY, René (1996), *La sidérurgie dans le monde rural. Les hauts fourneaux du Québec au XIXe siècle*, Sainte-Foy, Presses de l'Université Laval, « Géographie historique ».

HARDY, René (1994), « À propos du « réveil religieux » dans le Québec du XIXe siècle: le recours aux tribunaux dans les rapports entre le clergé et les fidèles (district de Trois-Rivières) », *Revue d'histoire de l'Amérique française*, vol. 48, n° 2, p. 187-212.

HARDY, René (1990), « Le charivari dans la sociabilité rurale québécoise au XIXe siècle », dans Roger Levasseur (dir.), *De la sociabilité. Spécificité et mutations*. Actes du colloque sur la sociabilité organisé par le Centre de recherche en études québécoises de l'Université du Québec à Trois-Rivières, 1988, Trois-Rivières, Boréal, p. 59-72.

HARDY, René, Pierre Lanthier et Normand Séguin (1987), « Les industries rurales et l'extension du réseau villageois dans la Mauricie pré-industrielle », dans François Lebrun et Normand Séguin, *Sociétés villageoises et rapports villes-campagnes au Québec et dans la France de l'Ouest, XVIIe-XXe siècles*, Trois-Rivières, Centre de recherche en études québécoises, p. 239-253.

HARDY, René, et Normand Séguin (1984), *Forêt et société en Mauricie: la formation de la région de Trois-Rivières, 1830-1930*, Montréal, Boréal Express.

HARE, John (1974), « La population de la ville de Québec, 1795-1805 », *Histoire sociale/Social History*, vol. 7, n° 13, p. 23-47.

HARE, John, Marc Lafrance et David-Thierry Ruddell (1987), *Histoire de la ville de Québec, 1608-1871*, Montréal, Boréal et Musée canadien des civilisations.

HARPER, Marjory (1988), *Emigration from North-East Scotland*, volume 1, Aberdeen, Aberdeen University Press.

HARRIS, Richard Colebrook (1977), « The Simplification of Europe Overseas », *Annals of the Association of American Geographers*, vol. 67, n° 4, p. 469-483.

HARRIS, Richard Colebrook (1976), *Two Societies, Life in Mid-Nineteenth Century Quebec*, Toronto, McClelland and Stewart.

HARRIS, Richard Colebrook (1971), « Of Poverty and Helplessness in Petite-Nation », *Canadian Historical Review*, vol. LII, n° 1, p. 23-50

HARRIS, Richard Colebrook (1968), *The Seigneurial System in Early Canada. A Geographical Study*, Québec et Madison, Presses de l'Université Laval et University of Wisconsin Press, 2e édition.

HARRIS, Richard Colebrook (dir.) (1987), *Atlas historique du Canada*, volume I *: Des origines à 1800*, Montréal, Les Presses de l'Université du Montréal.

HARRIS, Richard Colebrook, et John Warkentin (1974), *Canada Before Confederation, a Study in Historical Geography*, New York, Londres, Toronto, Oxford University Press.

HARVEY, Fernand (1978), *Révolution industrielle et travailleurs*, Montréal, Boréal Express.

HATVANY, Matthew G. (1997), « Un paysage agraire original, les aboiteaux de Kamouraska », dans Claude Boudreau, Serge Courville et Normand Séguin, *Le territoire*, Sainte-Foy, Presses de l'Université Laval, « Atlas historique du Québec », p. 64-65.

HENEKER, Dorothy A. (1927), *The Seigneurial Regime in Canada*, Québec, Proulx.

HENRIPIN, Jacques (1954), *La population canadienne au début du XVIIIe siècle : natalité, fécondité, mortalité infantile*, Paris, Presses universitaires de France.

HENRIPIN, Jacques, et Yves Perron (1973), « La transition démographique de la Province de Québec », dans Hubert Charbonneau (dir.), *La population du Québec : études rétrospectives*, Trois-Rivières, Éditions du Boréal Express, p. 23-44.

HÉROUX, Andrée (1988), « Caldwell, sir John », *Dictionnaire biographique du Canada*, Québec, Presses de l'Université Laval, vol. VII, p. 145-149.

HEYCK, T.W. (1982), *The Transformation of Intellectual Life in Victorian England*, Londres, Croom Helm.

HUDON, Christine (1996), *Prêtres et fidèles dans le diocèse de Saint-Hyacinthe, 1820-1875*, Québec, Septentrion.

HUNTER, W.S. (1857), *Hunter's Panoramic Guide from Niagara to Quebec*, Boston et Cleveland, Jewett.

IGARTUA, José Eduardo (1996), *Arvida au Saguenay : naissance d'une ville industrielle*, Montréal, McGill-Queen's University Press.

INNIS, Harold A. (1962), *The Fur Trade in Canada : an Introduction to Canadian Economic History*, Toronto, University of Toronto Press.

JEAN, Bruno (1985), *Agriculture et développement dans l'est du Québec*, Québec, Les Presses de l'Université du Québec.

JEANEN, Cornélius (1985), *Le rôle de l'Église en Nouvelle-France*, Ottawa, Société historique du Canada, « Brochure historique », n° 40.

JEANEN, Cornélius (1976), *Friends and Foe, Aspects of French-Amerindian Culture Contact in the Sixteenth and Seventeenth Century*, Toronto, McClelland and Stewart.

JOHNSON, Stanley C. (1913), *A History of Emigration From the United Kingdom to North America, 1763-1912*, Londres, George Routledge and Sons.

JOHNSTON, R.J., Derek Gregory et David Smith (1994), *The Dictionary of Human Geography*, Cambridge and Oxford, Blackwell, 3e édition.

JUTEAU, Danielle, et Nicole Laurin (1997), *Un métier et une vocation. Le travail des religieuses au Québec de 1901 à 1971*, Montréal, Les Presses de l'Université de Montréal.

JUTEAU, Danielle, et Nicole Laurin (1991), *À la recherche d'un monde oublié. Les commnautés religieuses de femmes au Québec de 1900 à 1970*, Montréal, Le Jour.

KERR, Donald, et Deryck W. Holdsworth (dir.) (1990), *Atlas historique du Canada*, volume III : *Jusqu'au cœur du* XXe *siècle, 1891-1961*, Montréal, Les Presses de l'Université de Montréal.

KERR, K. G. (1979), *Atlas historique du Canada*, Toronto, Neilson.

KESTEMAN, Jean-Pierre (1985), *Une bourgeoisie et son espace: industrialisation et développement du capitalisme dans le district de Saint-François (Québec), 1823-1879*, thèse de doctorat (histoire), Université du Québec à Montréal.

KESTEMAN, Jean-Pierre, avec la collaboration de Guy Boisclair et Jean-Marc Kirouac (1984), *Histoire du syndicalisme agricole au Québec, UCC-UPA, 1924-1984*, Montréal, Boréal Express.

KOLISH, Evelyn (1987), « Imprisonment for Debt », *McGill Law Journal*, vol. 32, p. 603-635.

KRIEDTKE, Peter, Hans Medick et Jürgen Schlumbohm (1981), *Industrialization before Industrialization*, Cambridge et Paris, Cambridge University Press et Éditions de la Maison des sciences de l'Homme.

LABELLE, Antoine (1880), *Pamphlet sur la colonisation dans la vallée d'Ottawa au nord de Montréal, et règlements et avantages de la Société de colonisation du diocèse de Montréal*, Montréal, John Lovell & Fils.

LACHANCE, André (1987), *La vie urbaine en Nouvelle-France*, Montréal, Boréal.

LACOURSIÈRE, Jacques (1995), *Histoire populaire du Québec*, Sillery, Éditions du Septentrion.

LAMONDE, Yvan (1997), « Le lion, le coq et la fleur de lys : l'Angleterre et la France dans la culture politique du Québec (1760-1920) », dans Gérard Bouchard et Yvan Lamonde (dir.), *La nation dans tous ses états. Le Québec en comparaison*, Montréal, Harmattan, p. 161-182.

LAMONDE, Yvan (1996), *Ni avec eux ni sans eux*, Saint-Laurent, Nuit Blanche éditeur.

LAMONDE, Yvan, et Pierre-François Hébert (1981), *Le cinéma au Québec, essai de statistique historique (1896 à nos jours)*, Québec, Institut québécois de la recherche sur la culture.

LAMONTAGNE, R. (1965), *L'administration du Canada*, Montréal, Leméac

LAMONTAGNE, Sophie-Laurence (1983), L'hiver dans la culture québécoise (XVIIe – XIXe siècles), Québec, Institut québécois de recherche sur la culture.

LANDRY, Yves (1992), *Les filles du roi au* XVIIe *siècle*, Montréal, Leméac.

LANTHIER, Pierre (1987), « Compte rendu de l'ouvrage de Brian Young, *In its corporate capacity, the Seminary of Montréal as a business institution, 1816-1876*, Kingston et Montréal, McGill-Queen's University Press », *Revue d'histoire de l'Amérique française*, vol. 41, n° 2, p. 258-261.

LAPERRIÈRE, Guy (1996), *Les congrégations religieuses. De la France au Québec, 1880-1914*, Sainte-Foy, Presses de l'Université Laval.

LAPORTE, Yolaine (1997), *Marie de l'Incarnation. Mystique et femme d'action*, Montréal, XYZ éditeur.

LASERRE, Jean-Claude (1980), *Le Saint-Laurent, grande porte de l'Amérique*, Montréal, Hurtubise HMH.

LAROSE, André (1987), « La seigneurie de Beauharnois, 1729-1867 : les seigneurs, l'espace et l'argent », thèse de doctorat (histoire), Université d'Ottawa.

LAURIN, Serge (1990), *Histoire des Laurentides*, Québec, Institut québécois de recherche sur la culture.

LAVALLÉE, Louis (1979), « La famille et les stratégies matrimoniales dans le gouvernement de Montréal au XVIIIe siècle », dans *Société rurale dans la France de l'Ouest et au Québec. Actes des colloques de 1979 et 1980*, Montréal et Paris, Université de Montréal et École des hautes études en sciences sociales, p. 141-147.

LAVOIE, Elzéar (1971), « L'évolution de la radio au Canada français avant 1940 », *Recherches sociographiques*, vol. XII, n° 1, p. 17-49.

LAVOIE, Yolande (1973), « Les mouvements migratoires des Canadiens entre leur pays et les États-Unis au XIXe et au XXe siècles : étude quantitative », dans Hubert Charbonneau (dir.), *La population du Québec : études rétrospectives*, Trois-Rivières, Éditions du Boréal Express, p. 73-88.

LAVOIE, Yolande (1972), *L'émigration des Canadiens aux États-Unis avant 1930. Mesure du phénomène*, Montréal, Les Presses de l'Université de Montréal.

LEBLANC, Gérard (1984), « Sur les traces des Basques », *Québec-Science*, vol. 22, n° 11, p. 35-38.

LÉGER, Jean-Marc (1956), *Le Canada français face à l'immigration*, Montréal, Les Éditions Bellarmin, « L'Institut social populaire ».

LE GOFF, T.J.A. (1974), « The Agricultural Crisis in Lower Canada, 1802-1812 : a Review of a Controversy », *Canadian Historical Review*, vol. 55, n° 1, p. 1-31.

LÉON, Pierre (1978), *Histoire économique et sociale du monde. La domination du capitalisme, 1840-1914*, Paris, Armand Colin.

LESSARD, Raynald (1989), *Se soigner au Canada, aux XVIIe et XVIIIe siècles*, Hull, Musée canadien des civilisations.

LEWIS, F.D., et R.M. McInnis (1980), « The Efficiency of the French-Canadian Farmer in the Nineteenth Century », *Journal of Economic History*, vol. 40, p. 497-514.

LINTEAU, Paul-André (1992), *Histoire de Montréal depuis la Confédération*, Montréal, Boréal.

LINTEAU, Paul-André (1981), *Maisonneuve ou comment des promoteurs fabriquent une ville, 1883-1918*, Montréal, Boréal Express.

LINTEAU, Paul-André, *et al.* (1989), *Histoire du Québec contemporain. Le Québec depuis 1930*, Montréal, Boréal Compact, volume 2.

LINTEAU, Paul-André, René Durocher et Jean-Claude Robert (1989), *Histoire du Québec contemporain. De la Confédération à la Crise*, Montréal, Boréal Compact, volume 1.

LINTEAU, Paul-André, et Jean-Claude Robert (1985), « Montréal au 19e siècle : bilan d'une recherche », *Urban History/Revue d'histoire urbaine*, vol. XIII, n° 3 p. 207-223.

LITALIEN, Raymonde (1993), *Les explorateurs de l'Amérique du Nord, 1492-1795*, Québec, Septentrion.

LITTLE, John Irvine (1991), *Crofters and Habitants. Settlers, Society, Economy, and Culture in a Quebec Township, 1848-1881*, Montréal et Kingston, McGill-Queen's University Press.

LITTLE, John Irvine (1989), *Nationalism, Capitalism, and Colonization in Nineteenth Century Quebec. The Upper St. Francis District*, Kingston, Montréal, London, McGill-Queens University Press.

LITTLE, John Irvine (1985), « Agricultural Progress in Canada East/Quebec : Problems in Measuring Relative Productivity during the Grain-Dairy Transition Period », *Histoire sociale/Social History*, vol. XVIII, n° 36, p. 425-431.

LIVINGSTONE, David (1992), *The Geographical Tradition*, Cambridge and Oxford, Blackwell.

LLUELLES, Didier (1980), « La réserve légale des trois chaînes de 1884 à 1919 : plaidoyer pour la vraisemblance », *Revue du Barreau canadien*, vol. LVIII, p. 545-581.

LOUDER, Dean, Christian Morissonneau et Eric Waddell (dir.) (1979), « Du continent perdu à l'archipel retrouvé: le Québec et l'Amérique française », *Cahiers de géographie du Québec*, vol. 23, n° 58.

LUCAS, Charles P. (édit.) (1912), *Lord Durham's Report on the Affairs of British North America*, Oxford, Clarendon Press, volume III.

MAJOR, Robert (1991), *Jean Rivard ou l'art de réussir. Idéologies et utopie dans l'œuvre d'Antoine Gérin-Lajoie*, Sainte-Foy, Presses de l'Université Laval, « Vie des lettres québécoises », n° 30.

MARSAN, Jean-Claude (1974), *Montréal en évolution*, Montréal, Fides.

MARTEL, J. Zébédée (1883), « Guide de l'Assomption en 1883 », réédition de Réjean Olivier, Joliette, édition privée.

MARTIN, Denis (1988), *Portraits des héros de la Nouvelle-France. Images d'un culte historique*, Montréal, Hurtubise HMH.

MARTIN, Jean (1995), « Scieurs et scieries au Bas-Canada, 1830-1870 », thèse de doctorat (géographie), Université Laval.

MARTIN, Jean (1992), « Colonisation et commerce des produits forestiers: l'exemple du canton Bagot au Saguenay au milieu du XIXe siècle », *Histoire sociale/Social History*, vol. XXV, n° 50, p. 359-377.

MARTIN, Jean (1990), « De l'agriculture à l'industrie: les scieurs artisans au Saguenay, 1840-1880 », mémoire de maîtrise (géographie), Université Laval.

MARTIN, Jean-Paul (1975), *Villes et régions du Québec au XIXe siècle. Approche géographique*, thèse de doctorat (géographie), Université de Strasbourg.

MARTIN, Napoléon (1995), *Des Vikings dans le Saint-Laurent (en l'an 1005)*, Napoléon Martin, Le courant du Labrador.

MARTIN, Paul-Louis (1997), « La chasse », dans Claude Boudreau, Serge Courville et Normand Séguin, *Le territoire*, Sainte-Foy, Presses de l'Université Laval, « Atlas historique du Québec », p. 47-50.

MARTIN, Paul-Louis (1990), *La chasse au Québec*, Montréal, Boréal.

MASSICOTTE, É.-Z. (1926), « Le charivari au Canada », *Bulletin des recherches historiques*, vol. XXXII, décembre, p. 712-725.

MASSON, Henri (1972), *Joseph Masson, dernier seigneur de Terrebonne*, Montréal, Henri Masson, p. 109.

MATHIEU, Jacques (1991), *La Nouvelle-France, Paris et Québec*, Éditions Belin et Presses de l'Université Laval.

MATHIEU, Jacques (1987), « Mobilité et sédentarité en Nouvelle-France », *Recherches sociographiques*, vol. XXVIII, n°s 2-3, p. 211-227.

MATHIEU, Jacques (1981), *Le commerce entre la Nouvelle-France et les Antilles*, Montréal, Fides.

MATHIEU, Jacques (1971), « La construction navale royale à Québec, 1739-1759 », *Société d'histoire de Québec*, vol. XVI, n° 23.

MATHIEU, Jacques (1970). « Un négociant de Québec à l'époque de la Conquête, Jacques Perreault l'aîné », *Rapport des Archives nationales du Québec*, tome 48, p. 29-82.

MATHIEU, Jacques (dir.) (1984), *La remontée du Saint-Laurent: témoignages de voyageurs (1500-1763)*, Québec, Centre d'études sur la langue, les arts et les traditions populaires des francophones en Amérique du Nord, « Rapports et mémoires de recherche du CELAT ».

MATHIEU, Jacques, *et al.* (1984), « Peuplement colonisateur au XVIIIe siècle dans le gouvernement de Québec », *L'homme et la nature. Actes de la société canadienne d'étude du XVIIIe siècle*, Montréal, Société canadienne d'étude du XVIIIe siècle, p. 127-138.

MATHIEU, Jacques, *et al.* (1981), « Les alliances matrimoniales dans le Gouvernement de Québec, 1700-1760 », *Revue d'histoire de l'Amérique française*, vol. 35, n° 1, p. 3-32.

MATHIEU, Jacques, et Réal Brisson (1984), « La vallée laurentienne au XVIIIe siècle : un paysage à connaître », *Cahiers de géographie du Québec*, vol. 28, n°s 73-74, p. 107-124.

MATHIEU, Jacques, et Serge Courville (dir.) (1987), *Peuplement colonisateur aux XVIIe et XVIIIe siècles*, Québec, Université Laval, Centre d'études sur la langue, les arts et les traditions populaires des francophones en Amérique du Nord, « Cahiers du CÉLAT », n° 8.

MATHIEU, Jacques, avec la collaboration d'André Daviault (1998), *Le premier livre de plantes du Canada*, Sainte-Foy, Presses de l'Université Laval.

MATHIEU, Jacques, et Alain Laberge (1991), *L'occupation des terres dans la vallée du Saint-laurent. Les aveux et dénombrements, 1723-1745*, Sillery, Septentrion.

McCALLUM, John (1980), *Unequal Beginnings : Agriculture and Economic Development in Quebec and Ontario until 1870*, Toronto, University of Toronto Press.

McGHEE, Robert (1991), *Le Canada au temps des aventuriers*, Ottawa, Musée canadien des civilisations.

McGUIGAN, Gerald F. (1963), « Administration of Land Policy and the Growth of Corporate Economic Organization in Lower Canada, 1791-1809 », *Canadian Historical Association Annual Report*, p. 65-73.

McGUIGAN, Gerald F. (1963), « La concession des terres dans les Cantons de l'Est au Bas-Canada, 1763-1809 », *Recherches sociographiques*, vol. IV, n° 1, p. 71-90.

McGUIGAN, Gerald F. (1962), « Land Policy and Land Disposal under Tenure of Free and Common Socage : Quebec and Lower Canada, 1763-1809 », thèse de doctorat (histoire), Université Laval.

McINNIS, R. Marvin (1987), « Some Pitfalls in the 1851-1852 Census of Agriculture of Lower Canada », *Histoire sociale/Social History*, vol. XIV, n° 27, p. 219-231

McINNIS, R. Marvin (1982), « A Reconsideration of the State of Agriculture in Lower Canada in the First Half of the Nineteenth Century », *Canadian Papers in Rural History*, vol. III, p. 9-49.

McNEIL, Kent (1982), *Native Rights and the Boundaries of Rupert's Land and the North-Western Territory*, Saskatoon, University of Saskatchewan Native Law Center, Studies in Aboriginal rights, n° 4.

McNICOLL, Claire (1993), *Montréal. Une société multiculturelle*, Paris, Bélin.

McNICOLL, Claire (1971), « L'évolution récente des paroisses agro-forestières du Québec, 1961-1969 », mémoire de maîtrise (géographie), Université de Montréal.

McQUILLAN, Aidan (1999), « Des chemins divergents : les Irlandais et les Canadiens français au XIXe siècle », dans Eric Waddell (dir.), *Le dialogue avec les cultures minoritaires*, Sainte-Foy, Les Presses de l'Université Laval, p. 133-166.

MEINIG, D.W. (1993), *The Shaping of America : Continental America, 1800-1867*, volume 2, New Haven et Londres, Yale University Press.

MEINIG, D.W. (1986), *The Shaping of America: Atlantic America, 1492-1800*, volume 1, New Haven et Londres, Yale University Press.

MENDELS, Franklin F. (1981), *Industrialization and Population Pressure in Eighteenth-Century Flanders*, New York, Arno Press.

MENDELS, Franklin F. (1972), « Proto-Industrialization: the First Phase of the Industrialization Process », *The Journal of Economic History*, vol. 32, p. 241-261.

MILLION FARMS CAMPAIGN ASSOCIATION (1922), *A Great National Purpose for Australia and How to Achieve it. A Million Farmers on a Million Farms*. Proposed joint British-Australian Fund of £ 30,000,000. Five Addresses by Hon. Sir Joseph Carruthers, ex-premier of New South Wales, Sidney, Boylan & Co. Ltd.

MINVILLE, Esdras (1943), *L'agriculture*, Montréal, Fides.

MONIÈRE, Denis (1976), *Le développement des idéologies au Québec: des origines à nos jours*, Montréal, Québec-Amérique.

MORIN, Victor (1941), *Seigneurs et censitaires, cartes disparues*, Montréal, Les Éditions des Dix.

MORISSET, Michel (1987), *L'agriculture familiale au Québec*, Paris, L'Harmattan.

MORISSONNEAU, Christian (1978a), *Le langage géographique de Cartier et de Champlain: choronymie, vocabulaire et perception*, Québec, Presses de l'Université Laval.

MORISSONNEAU, Christian (1978b), *La terre promise: le mythe du Nord québécois*, Montréal, Hurtubise HMH.

MORISSONNEAU, Christian (1978c), « La colonisation équivoque: agriculture et développement », *Recherches sociographiques*, vol. XIXe, n° 1, 1978, p. 33-54.

MORRISSETTE Hugues (1972), *Les conditions du développement agricole au Québec*, Québec, Presses de l'Université Laval.

MORNEAU, Jocelyn (1998), « Petits pays et grands ensembles: les articulations du monde rural au XIXe siècle. L'exemple de Berthierville et de Louiseville », thèse de doctorat (études québécoises), Université du Québec à Trois-Rivières.

MORNEAU, Jocelyn (1995), « Aspects de la vie de relation de deux entités de la région du lac Saint-Pierre au XIXe siècle: Berthierville et Louiseville », dans Serge Courville et Normand Séguin, *Espace et culture*, Sainte-Foy, Presses de l'Université Laval, « Géographie historique », p. 319-331.

NISH, Cameron (1968), *Les bourgeois-gentilhommes de la Nouvelle-France, 1729-1748*, Montréal, Fides.

NOËL, Françoise (1992), *The Christie Seigneuries: Estate Management and Settlement in the Upper Richelieu Valley, 1760-1854*, Montréal, McGill-Queen's University Press.

NORMAND, France (1997), *Naviguer le Saint-Laurent à la fin du XIXe siècle. Une étude de la batellerie du port de Québec*, Sainte-Foy, Presses de l'Université Laval, « Géographie historique ».

NORMAND, France (1995), « Batellerie fluviale et espace relationnel: le cas du port de Québec à la fin du XIXe siècle », dans Serge Courville et Normand Séguin, *Espace et culture*, Sainte-Foy, Presses de l'Université Laval, « Géographie historique », p. 331-343.

OLSON, Sherry (1998), « « Pour se crééer un avenir », Stratégies de couples montréalais au XIXe siècle », *Revue d'histoire de l'Amérique française*, vol. 51, n° 3, p. 357-389.

OLSON, Sherry (1996), « Le peuplement de Montréal », dans Serge Courville (dir.), *Population et territoire*, Sainte-Foy, Presses de l'Université Laval, « Atlas historique du Québec », p. 81-94 et 104-107.

OLSON, Sherry, et Patricia Thornton (1991), « Familles montréalaises du XIXe siècle : trois cultures, trois trajectoires », *Cahiers québécois de démographie*, vol. 21, n° 2, p. 51-75.

OTIS, Yves (1985), « Familles et exploitations agricoles : quatre paroisses de la rive sud de Montréal, 1852-1871 », mémoire de maîtrise (histoire), Université du Québec à Montréal.

OTTAWA, Archives nationales du Canada, *Archives des Colonies*, série C 11 A.

OTTAWA, Archives nationales du Canada, *Proclamations, Lower Canada and Canada East*, série RG4, B3.

OTTAWA, *Recensements du Canada*.

OUELLET, Fernand (1991), *Economy, Class, & Nation in Quebec. Interpretative Essays*, Toronto, Copp Clark Pitman Ltd.

OUELLET, Fernand (1980), *Le Bas-Canada, 1791-1840, changements structuraux et crise*, Ottawa, Éditions de l'Université d'Ottawa.

OUELLET, Fernand (1972), *Éléments d'histoire sociale du Bas-Canada*, Montréal, Hurtubise HMH.

OUELLET, Fernand (1971), *Histoire économique et sociale du Québec, 1760-1860*, Montréal, Fides, 2 volumes.

OUELLET, Fernand (1966), « Le régime seigneurial dans le Québec, 1760-1854. France et Canada français du XVIe au XXe siècle », dans Claude Galarneau et Elzéar Lavoie (édit.), *Les Cahiers de l'Institut d'histoire*, n° 7, Québec, Presses de l'Université Laval.

OWRAM, Douglas (1986), *The Government Generation: Canadian Intellectuals and the State (1900-1945)*, Toronto, University of Toronto Press.

PALMER, Bryan D. (1978), « Discordant Music: Charivaris and Whitecapping in Nineteenth-Century North America », *Labor/Le Travailleur*, 3, p. 5-62.

PAQUET, Gilles (1964), « L'émigration des Canadiens français vers la Nouvelle-Angleterre, 1870-1910 : prises de vue quantitatives », *Recherches sociographiques*, vol. V, n° 3, p. 319-370.

PAQUET, Gilles et Jean-Pierre Wallot (1998), « Some Price Indexes for Quebec and Montreal (1760-1913) », Histoire sociale / Social History, vol. XXXI, n° 62, p. 281-320.

PAQUET, Gilles, et Jean-Pierre Wallot (1988), *Le Bas-Canada au tournant du XIXe siècle : restructuration et modernisation*, Ottawa, Société historique du Canada, « Brochure historique », n° 45.

PAQUET, Gilles, et Jean-Pierre Wallot (1982), « Sur quelques discontinuités dans l'expérience socio-économique du Québec : une hypothèse », *Revue d'histoire de l'Amérique française*, vol. 35, n° 4, p. 483-521.

PAQUET, Gilles, et Jean-Pierre Wallot (1972), « Crise agricole et tensions socio-ethniques dans le Bas-Canada 1802-1812 : éléments pour une réinterprétation », *Revue d'histoire de l'Amérique française*, vol. 26, n° 2, p. 185-207.

PAQUET, Gilles, et Jean-Pierre Wallot (1971), « Le Bas-Canada au début du XIXe siècle : une hypothèse », *Revue d'histoire de l'Amérique française*, vol. 25, n° 1, p. 39-61.

PAQUET, Gilles, et Jean-Pierre Wallot (1969 ; 1970), « La liste civile du Bas-Canada (1794-1812) : un essai d'économie historique », *Revue d'histoire de l'Amérique française*, vol. 23, n° 2, p. 209-230 ; n° 3, p. 361-392 ; vol 24, n° 1, p. 3-43 ; n° 2, p. 251-286.

PARENT, Michel, *et al.* (1985), « Paléographie du Québec méridional entre 12 500 et 8 000 ans BP », *Recherches amérindiennes au Québec*, vol. XV, n°s 1-2, p. 17-37.

PARENT, Raynald (1985), « Histoire des Amérindiens du Saint-Maurice jusqu'au Labrador : de la préhistoire à 1760 », thèse de doctoreat (histoire), Université Laval.

PARENT, Raynald (1978), « Inventaire des nations amérindiennes au début du XVIIe siècle », *Recherches amérindiennes au Québec,* vol VII, n°s 3-4.

PARKER, W. H. Parker (1968), « The Towns of Lower Canada in the 1830's », dans R. P. Beckinsale et J. M. Houston (édit.), *Urbanization and its Problems*, Oxford, Basil Blackwell.

PATON, Walter B. (1885), *State-Aided Emigration*, Londres, Spottinswoode.

PERRON, Normand (1980), « Genèse des activités laitières, 1850-1960 », dans Normand Séguin (dir.), *Agriculture et colonisation au Québec. Aspects historiques*, Montréal, Boréal Express, p. 113-140.

PLAMONDON, François (1995), « Les seigneurs et l'espace : les conditions de la censive au tournant du XIXe siècle (1788-1843) », mémoire de maîtrise (géographie), Université Laval.

POUDRIER, Maryse (1990), « Les transformations de l'agriculture au Bas-Canada dans la première moitié du XIXe siècle : l'exemple de Sainte-Thérèse-de-Blainville », mémoire de maîtrise (géographie), Université Laval.

POULIN, Pierre (1995), « Les journaliers dans la vallée laurentienne : l'exemple de la paroisse de Saint-Jean-Chrysostôme entre 1831 et 1842 », mémoire de maîtrise (géographie), Université Laval.

POUYEZ, Christian, et Yolande Lavoie (1983), *Les Saguenayens*, Québec, Presses de l'Université du Québec.

PRONOVOST, Claude (1997), *La bourgeoisie marchande en milieu rural (1720-1840)*, Sainte-Foy, Presses de l'Université Laval, « Géographie historique ».

QUÉBEC, *Annuaires statistiques du Québec.*

QUÉBEC (1971), *Zones agroclimatiques du Québec méridional*, Québec, Ministère des Richesses naturelles.

QUÉBEC (1967), *Rapport de la Commission d'étude sur l'intégrité du territoire du Québec (Rapport Dorion)*, Québec, La Commission.

QUÉBEC (1956), *Province de Québec, paradis du touriste*, Montréal, Société nouvelle de publicité.

QUÉBEC (1938), *Rapport général du ministère de la Colonisation pour l'année finissant le 30 juin 1938*, Québec.

QUÉBEC (1919), *Inventaire des ordonnances des intendants de la Nouvelle-France conservées aux Archives provinciales de Québec*, Beauceville, L'Éclaireur, 4 volumes.

QUÉBEC (1870), *The Province of Quebec and European Emigration*, Québec, L'Événement.

QUÉBEC (1855), *Arrêts et règlements du Conseil supérieur de Québec, et ordonnances et jugements des intendants du Canada*, Québec, E.R. Fréchette.

QUÉBEC (1854-1856), *Édits, ordonnances royaux, déclarations et arrêts du conseil du roi concernant le Canada*, Québec, E.R. Fréchette, 3 volumes.

QUÉBEC (1838-1841), *Ordonnances faites et passées par Son Excellence le Gouverneur Général et le Conseil Spécial pour les Affaires de la Province du Bas-Canada*, Québec, John Charlton Fisher et William Kemble, 4 volumes.

QUÉBEC (1795-1836), *Statuts provinciaux du Bas-Canada*, Québec, Vandenvelden, 14 volumes.

RAMEAU de SAINT-PÈRE, Edmé (1859), *La France aux colonies - Études sur le développement de la race française hors de l'Europe - Les Français en Amérique: Acadiens et Canadiens*, Paris, Jouby.

RAMIREZ, Bruno (1989), *Les Italiens au Canada*, Ottawa, Société historique du Canada, «Groupes ethniques du Canada», n° 14.

RAMIREZ, Bruno (1984), *Les premiers Italiens de Montréal: l'origine de la petite Italie du Québec*, Montréal, Boréal Express.

RAWSON & de CHAIR (1864), *The Advantages of the Eastern Townships for Emigrants of All Classes*, Sherbrooke.

RAYNAULD, André (1961), *Croissance et structures économiques de la province de Québec*, Québec, Ministère de l'Industrie et du Commerce.

RECHERCHES AMÉRINDIENNES AU QUÉBEC (1990), *Le temps des grands changements: le sylvicole au Québec méridional*, vol. XX, n° 1.

RECHERCHES AMÉRINDIENNES AU QUÉBEC (1989), vol. XIX, n°s 2-3.

RECHERCHES AMÉRINDIENNES AU QUÉBEC (1987), *Le sacré*, vol. XVII, n°s 1-2.

RECHERCHES AMÉRINDIENNES AU QUÉBEC (1985), *Des éléphants, des caribous… et des hommes. La période paléoindienne*, vol. XV, n°s 1-2.

RECHERCHES AMÉRINDIENNES AU QUÉBEC (1978), vol. VII, n°s 1-2.

RICHARD, Marc (1990), «L'environnement-mémoire: considérations sur le transitoire et le transhistorique», thèse de doctorat (géographie), Université Laval.

RICHARD, Pierre J.-H. (1987), *Le couvert végétal au Québec-Labrador et son histoire postglaciaire*, Montréal, Département de géographie, «Notes et documents», n° 87-01.

RICHARD, Pierre J.-H. (1985), «Couvert végétal et paléoenvironnements du Québec entre 12000 et 8000 ans BP. L'habitabilité dans un milieu changeant», *Recherches amérindiennes au Québec*, vol. XV, n°s 1-2, p. 39-56.

RICHARDSON, A.J.H., *et al.* (1984), *Quebec City: Architects, Artisans, and Builders*, Ottawa, National Museum of Man, Parks Canada.

RINAUDO, Yves (1987), «Un travail en plus: les paysans d'un métier à l'autre (vers 1830-vers 1950)», *Annales* ESC, n° 2, p. 283-302.

RIOUX, Marcel, et Yves Martin (1971), *La société canadienne-française*, Montréal, Hurtubise HMH.

RITCHOT, Gilles (1999), *Québec, forme d'établissement*, Paris, L'Harmattan.

ROBERT, Jean-Claude (1998), «Réseau routier et développement urbain dans l'île de Montréal au XIXe siéle», dans Horacio Capel et Paul-André Linteau, *Barcelona-Montréal, développement urbain comparé*, Barcelone, Université de Barcelone, p. 99-115.

ROBERT, Jean-Claude (1994), *Atlas historique de Montréal*, Montréal, Art Global et Libre Expression.

ROBERT, Jean-Claude (1992), «L'histoire», dans Jean-Pierre Duquette (dir.), *Montréal, 1642-1992*, Montréal, HMH, p. 11-59.

ROBERT, Jean-Claude (1987), «Activités agricoles et urbanisation dans la paroisse de Montréal, 1820-1840», dans François Lebrun et Normand Séguin, *Sociétés villageoises et rapports villes-campagnes au Québec et dans la*

France de l'Ouest: actes du colloque franco-québécois de Québec, 1985, Trois-Rivières, Centre de recherche en études québécoises et Presses universitaires de Rennes 2, p. 91-100.

ROBERT, Jean-Claude (1982), « Urbanisation et population: le cas de Montréal en 1861 », *Revue d'histoire de l'Amérique française*, vol. 35, n° 4, p. 523-535.

ROBERT, Jean-Claude (1977), « Montréal 1821-1871, aspects de l'urbanisation », thèse de doctorat (histoire), Paris, École des hautes études en sciences sociales.

ROBERT, Jean-Claude (1972), « Un seigneur entrepreneur, Barthélemy Joliette et la fondation du village d'Industrie (Joliette) 1822-1850 », *Revue d'histoire de l'Amérique française*, vol. 26, n° 3, p. 375-395.

ROBERTSON, Ian Ross (1996), *The tenant league of Prince Edward Island 1864-1867. Leasehold tenure in the New World*, Toronto, Buffalo, London, University of Toronto Press.

ROBITAILLE, Benoît (1989), « Évolution cartographique de la rive sud du détroit d'Hudson, du XVIIe au XXe siècle: le fjord de Salluit », *Hommes et Terre du Nord*, n° 3, p. 125-130.

ROBY, Yves (1996), « Partir pour les États », dans Serge Courville (dir.), *Population et territoire*, Sainte-Foy, Presses de l'Université Laval, « Atlas historique du Québec », p. 121-131.

ROBY, Yves (1990), *Les Franco-Américains de la Nouvelle-Angleterre, 1776-1930*, Québec, Septentrion.

ROBY, Yves (1976), *Les Québécois et les investissements américains, 1918-1929*, Québec, Presses de l'Université Laval.

RODRIGUE, Barry (1996), « Migrations par la route Chaudière-Kennebec, 1810-1860 », dans Serge Courville (dir.), *Population et territoire*, Sainte-Foy, Presses de l'Université Laval, « Atlas historique du Québec », p. 134-135.

ROUILLARD, Jacques (1989), *Histoire du syndicalisme québécois*, Montréal, Boréal.

ROUILLARD, Jacques (1970), « Les filatures de coton au Québec, 1900-1915 », mémoire de maîtrise (histoire), Université de Montréal.

ROUSSEAU, Jacques, et Guy Béthune (1977), *Voyage de Pehr Kalm au Canada en 1749*, Montréal, Pierre Tisseyre.

ROUSSEAU, Louis (1995), « À propos du « réveil religieux » dans le Québec du XIXe siècle: où se loge le vrai débat? », *Revue d'histoire de l'Amérique française*, vol. 49, n° 2, p. 223-245.

ROUSSEAU, Louis (1986), « Les missions populaires de 1840-1842: acteurs principaux et conséquences », Société canadienne d'histoire de l'Église catholique, *Sessions d'études*, vol. 53, p. 7-21.

ROUSSEAU, Louis, et Frank Remiggi (dir.) (1998), *Atlas historique des pratiques religieuses: le sud-ouest du Québec au XIXe siècle*, Ottawa, Presses de l'Université d'Ottawa.

ROUSSEAU, Yvan, et Roger Levasseur (1995), *Du comptoir au réseau financier*, Montréal, Boréal.

ROY, Fernande (1993), *Histoire des idéologies au Québec aux XIXe et XXe siècles*, Montréal, Boréal.

ROY, Fernande (1988), *Progrès, harmonie, liberté: le libéralisme des milieux d'affaires francophones de Montréal au tournant du siècle*, Montréal, Boréal.

ROY, Jean, et Daniel Robert (1993), *Le diocèse de Nicolet. Populations et territoires, 1851-1991*, Trois-Rivières, Centre d'études québécoises, Université du Québec à Trois-Rivières.

ROY, J. Edmond (1895), « La cartographie et l'arpentage sous le Régime français », *Bulletin des recherches historiques*, vol. 1, p. 17-20, 30-40, 49-56.

ROY, Pierre-Georges (1927), *Inventaire des ordonnances des intendants de la Nouvelle-France conservées aux Archives provinciales de Québec*, Beauceville, volume III.

RUDDELL, David-Thierry (1981), *Quebec City, 1765-1831 : the evolution of a Colonial Town*, Québec, thèse de doctorat (histoire), Université Laval.

RUDIN, Ronald (1988), *Banking en français, les banques canadiennes-françaises, 1835-1925*, Montréal, Boréal.

RUDIN, Ronald (1986), *Histoire du Québec anglophone, 1759-1980*, Québec, Institut québécois de recherche sur la culture.

SAGARD, Gabriel ([1632] 1976), *Le grand voyage au pays des Hurons*, Montréal, Hurtubise HMH.

ST-HILAIRE, Marc (1996), *Peuplement et dynamique migratoire au Saguenay, 1840-1960*, Québec, Presses de l'Université Laval.

ST-HILAIRE, Marc (1992), « Marché foncier et transmission familiale dans un terroir neuf : St-Fulgence, 1840-1920 », dans Rolande Bonnain, Gérard Bouchard et Joseph Goy (dir.), *Transmettre, hériter, succéder : la reproduction familiale en milieu rural, France-Québec, XVIIIe-XXe siècle*, Paris, École des hautes études en sciences sociales, Lyon et Villeurbanne, Presses universitaires de Lyon, Programme pluriannuel en sciences humaines Rhônes-Alpes, p. 101-113.

SAINT-PIERRE, Diane (1994), *L'évolution municipale du Québec des régions. Un bilan historique*, Sainte-Foy, Union des municipalités régionales de comté et des municipalités locales du Québec.

SAINT-YVES, Maurice (1982), *Atlas de géographie historique du Canada*, Boucherville, Les Éditions françaises.

SAMSOM, Joseph ([1817] 1820), *Travels in Lower Canada, with the Author's Recollection of the Soil, and Aspect ; the Morals, Habits, and Religious Institutions, of that Country*, Londres, printed for Sir Richard Phillips and co.

SAMSON, Roch (1986), « Une industrie avant l'industrialisation : le cas des Forges du Saint-Maurice », *Anthropologie et sociétés*, vol. 10, no 1, p. 85-107.

SAMSON, Roch (1984), *Pêcheurs et marchands de la baie de Gaspé au XIXe siècle*, Ottawa, Parcs Canada.

SAVARD, Pierre (1980), *Aspects du catholicisme canadien-français au XIXe siècle*, Montréal, Fides.

SÉGUIN, Maurice ([1947] 1970), *La nation « canadienne » et l'agriculture (1760-1850)*, Trois-Rivières, le Boréal Express.

SÉGUIN, Normand (1982), « L'agriculture de la Mauricie et du Québec, 1850-1950 », *Revue d'histoire de l'Amérique française*, vol. 35, no 4, p. 537-562.

SÉGUIN, Normand (1977), *La conquête du sol au 19e siècle*, Montréal, Boréal Express.

SÉGUIN, Normand (dir.) (1998), *L'Institution médicale*, Sainte-Foy, Presses de l'Université Laval, « Atlas historique du Québec ».

SÉGUIN, Normand, *et al.* (1980), *Agriculture et colonisation au Québec. Aspects historiques*, Montréal, Boréal Express, « Études d'histoire du Québec ».

SÉNÉCAL, Gilles (1992), « Les idéologies territoriales au Canada français, entre le continentalisme et l'idée du Québec », *Revue d'études canadiennes*, no 32.

SÉVIGNY, Paul-André (1984), « Le commerce du blé et la navigation dans le Bas-Richelieu avant 1849 », *Revue d'histoire de l'Amérique française*, vol. 38, no 1, p. 5-21.

SÉVIGNY, Paul-André (1983), *Commerce et navigation sur le canal Chambly: aperçu historique*, Ottawa, Parcs Canada.

SHARP, J.J. (1991), *Discovery in the North Atlantic, Halifax,* Nymbus Publishing.

SHORTT, Adam, et A.G. Doughty, ([1907] 1921), *Documents Relating to the Constitutional History of Canada, 1759-1791*, Ottawa, King's Printer.

SIMPSON, Patricia (1997), *Marguerite Bourgeois and Montreal, 1640-1665*, Montréal, McGill/Queen's University Press.

STANLEY, George, F.G. (1975), *L'Invasion du Canada, 1775-1776*, Québec, La Société historique de Québec, « Cahier d'histoire », n° 28.

SWEENY, Robert C.H., Grace Laing Hoog et Richard Rice (1988), *Les relations ville / campagne: le cas du bois de chauffage*, Montréal, Université McGill, Groupe de recherche sur l'histoire des milieux d'affaires de Montréal.

SZOSTAK, Rick (1991), *The role of transportation in the Industrial Revolution*, Montréal, McGill-Queen's.

TACHÉ, Joseph C. (1876), « Introduction », *Recensements du Canada, 1665-1871*, Ottawa, I.B. Taylor, 1876, vol. 4, p. LII, LXXXIII.

TANGUAY, Cyprien (1887), *Dictionnaire généalogique des familles canadiennes: depuis la fondation de la colonie jusqu'à nos jours*, Montréal, E. Senécal.

TAYLOR, George R. (1968), *The Transportation Revolution 1815-1860*, réimpression, New York, Harper & Row.

THOMSON, Don W. (1966), *L'homme et les méridiens, histoire de l'arpentage et de la cartographie au Canada*, Ottawa, Imprimeur de la Reine, 2 volumes.

THOREAU, Henry-David (1866), *A Yankee in Canada*, Boston, Ticknor and Fields.

THWAITES, Reuben Gold ([1896] 1972), *The Jesuit Relation and Allied Documents: Travels and Explorations of the Jesuit Missionnaries in New-France (1610-1791)*, Cleveland, Burrows, 73 volumes; nouv. éd., Montréal, Éditions du Jour, 4 volumes.

TOUSIGNANT, Pierre (1971), « La genèse et l'avènement de la constitution de 1791 », thèse de doctorat (histoire), Université de Montréal.

TRIGGER, Bruce G. (1991), *Les enfants d'Aataentsic*, Montréal, Libre Expression.

TRIGGER, Bruce G. (1990), *Les Indiens, la fourrure et les Blancs. Français et Amérindiens en Amérique du Nord*, Montréal, Boréal et Seuil.

TROTIER, Louis (1968), « La genèse du réseau urbain du Québec », *Recherches sociographiques*, vol. IX, n°s 1-2, p. 23-32.

TRUDEL, Marcel (1997), *La seigneurie de la Compagnie des Indes occidentales, 1663-1674*, Saint-Laurent, Fides.

TRUDEL, Marcel (1996), *La population du Canada en 1666*, Québec, Septentrion.

TRUDEL, Marcel (1991), « Le village en étoile, innovation des Jésuites et non de Talon », *Revue d'histoire de l'Amérique française*, vol. 44, n° 3, p. 397-406.

TRUDEL, Marcel (1979), *Histoire de la Nouvelle-France. La seigneurie des Cent-Associés, 1627-1663*, Montréal, Fides, 2 volumes.

TRUDEL, Marcel (1974), *Les débuts du régime seigneurial au Canada*, Montréal, Fides, « Fleur de Lys ».

TRUDEL, Marcel (1973a), *La population du Canada en 1663*, Montréal, Fides.

TRUDEL, Marcel (1973b), *Le terrier du Saint-Laurent en 1663*, Ottawa, Éditions de l'Université d'Ottawa, « Cahiers du Centre de recherche en civilisation canadienne-française », n° 6.

TRUDEL, Marcel (1971), *Initiation à la Nouvelle-France*, Montréal, Toronto, Holt, Rinehart et Winston.

TRUDEL, Marcel (1968a), *Champlain*, Montréal et Paris, Fides.

TRUDEL, Marcel (1968b), *Atlas de la Nouvelle-France*, Québec, Presses de l'Université Laval.

TRUDEL, Marcel (1967), *Le régime seigneurial*, Ottawa, Société historique du Canada, « Brochure historique », n° 6.

TRUDEL, Marcel (1966), *Histoire de la Nouvelle-France. Le comptoir, 1604-1627*, Montréal, Fides.

TRUDEL, Marcel (1963), *Histoire de la Nouvelle-France. Les vaines tentatives*, Montréal, Fides.

TRUDEL, Marcel (1960), *L'esclavage au Canada français : histoire et conditions de l'esclavage*, Québec, Presses de l'Université Laval.

TULCHINSKY, Gerald J.J. (1977), *The River Barons : Montreal Businessmen and the Growth of Industry and Transportation, 1837-1853*, Toronto, University of Toronto Press.

TURGEON, Laurier (1986), « Pour redécouvrir notre XVIe siècle : les pêches à Terre-Neuve d'après les archives notariales de Bordeaux », *Revue d'histoire de l'Amérique française*, vol. 39, n° 4, p. 523-549.

TURGEON, Laurier, Réginald Auger et William Fitzgerald (1992), « Des Basques dans le Saint-Laurent », *Cap-aux-Diamants*, 29, p. 62-67.

VALLIÈRES, Marc (1989), *Des mines et des hommes. Histoire de l'industrie minérale québécoise des origines au début des années 1980*, Québec, Les publications du Québec.

VANASSE, André (1972), dans sa présentation de la réédition du roman de Patrice Lacombe, *La terre paternelle*, Montréal, HMH, p. 11-35.

VAUGEOIS, Denis (1995), *La fin des alliances franco-indiennes. Enquête sur un sauf-conduit de 1760 devenu un traité en 1990*, Montréal et Québec, Boréal et Septentrion.

VAUGEOIS, Denis (1992), *Québec 1792, les acteurs, les institutions et les frontières*, Montréal, Fides.

VERRETTE, René (1999), *Les idéologies de développement régional. Le cas de la Mauricie, 1850-1950*, Sainte-Foy, Presses de l'Université Laval, « Géographie historique ».

VIAU, Roland (1997), *Enfants du néant et mangeurs d'âmes*, Montréal, Boréal.

VICERO, Ralph (1968), *Immigration of French Canadians to New England, 1840-1900 : a Geographical Analysis*. Ph.D. dissertation (géographie), University of Wisconsin.

VILLENEUVE, Lynda (1999), *Paysage, mythe et territorialité: Charlevoix au XIXe siècle : pour une nouvelle approche du paysage*, Sainte-Foy, Presses de l'Université Laval, « Géographie historique ».

VILLENEUVE, Lynda (1996), « Mythe et vécu territorial : Charlevoix à travers l'art du paysage au XIXe siècle », *Cahiers de géographie du Québec*, vol. 40, n° 111, p. 341-362.

VILLENEUVE, Lynda (1992), « La socio-économie de Charlevoix au début des années 1830 », mémoire de maîtrise (géographie), Université Laval.

VILLENEUVE, Paul (1996), « Les phénomènes récents », dans Serge Courville (dir.), *Population et territoire*, Sainte-Foy, Presses de l'Université Laval, « Atlas historique du Québec », p. 145-153.

VINCENT, Odette (dir.) (1995), *Histoire de l'Abitibi-Témiscamingue*, Québec, Institut québécois de recherche sur la culture.

VINCENT, Sylvie, et Bernard Arcand (1979), *L'image de l'Amérindien dans les manuels scolaires du Québec*, Montréal, Hurtubise.

VOISINE, Nive (dir.) (1989-1991), *Histoire du catholicisme québécois*, Montréal, Boréal, 2 volumes.

VOISINE, Nive, *et al.* (1971), *Histoire de l'Église catholique au Québec, 1608-1970*, Montréal, Fides.

VOISINE, Nive, et Jean Hamelin (dir.) (1985), *Les ultramontains canadiens-français*, Montréal, Boréal Express.

WALLOT, Jean-Pierre (1981), « L'impact du marché sur les campagnes canadiennes au début du XIXe siècle », dans *Société rurale dans la France de l'Ouest et au Québec, XVII-XXe siècles*, actes des colloques de 1979 et 1980, Montréal et Paris, Université de Montréal, École des hautes études en sciences sociales p. 226-250.

WALLOT, Jean-Pierre (1973), *Un Québec qui bougeait, trame socio-politique du Québec au tournant du XIXe siècle*, Québec, Boréal Express.

WALLOT, Jean-Pierre (1969), « Le régime seigneurial et son abolition au Canada », *Canadian Historical Review*, vol. L, n° 4, p. 367-393.

WALLOT, Jean-Pierre (1963), « Sewell et son projet d'asservir le clergé canadien (1801) », *Revue d'histoire de l'Amérique française*, vol. XVI, n° 4, p. 549-566.

WALLOT, Jean-Pierre, *et al.* (1983), « Civilisation matérielle au Bas-Canada : les inventaires après décès », numéro spécial du *Bulletin d'histoire de la culture matérielle / Material History Bulletin*, 17.

WAMPACH, Jean-Pierre (1988), « Deux siècles de croissance agricole au Québec, 1760-1985 », dans *Recherches sociographiques*, vol. XXIX, n°s 2-3, p. 181-199.

WARKENTIN, John, et Richard I. Ruggles (1970), *Historical Atlas of Manitoba*, Winnipeg, Historical and Scientific Society of Manitoba.

WARWICK, Jack (1972), *L'appel du Nord dans la littérature canadienne-française*, Montréal Hurtubise HMH.

WEIL, François (1989), *Les Franco-Américains, 1860-1980*, Paris, Bélin.

WIEN, Thomas (1990), « « Les travaux pressants » ». Calendrier agricole, assolement et productivité au Canada au XVIIIe siècle », *Revue d'histoire de l'Amérique française*, vol. 43, n° 4, p. 535-558.

WIEN, Thomas (1987), « Visites paroissiales et production agricole au Canada vers la fin du XVIIIe siècle », dans François Lebrun et Normand Séguin (dir.), *Sociétés villageoises et rapports villes-campagnes au Québec et dans la France de l'Ouest, XVIIe-XXe siècles*, Trois-Rivières, Centre de recherche en études québécoises, p. 183-194.

WILLIS, John (1995), « On and Off the Islands of Montréal, 1815-1867 : the Transport Background of Town-Country Relations in the *plat pays* of Montréal », dans Serge Courville et Normand Séguin, *Espace et culture*, Sainte-Foy, Presses de l'Université Laval, « Géographie historique », p. 343-355.

WILLIS, John (1987), *The Process of Hydraulic Industrialization on the Lachine Canal 1840-1880: Origins, Rise and Fall*, Environnement Canada, Parcs, 2 volumes.

WOOD, J. S. (1984), « Elaboration of a Settlement System : the New England Village in the Federal Period », *Journal of Historical Geography*, vol. 10, n° 4, p. 331-356.

WRIGHT, J. V. (1980) *La préhistoire du Québec*, Montréal, Fides, Musée nationaux du Canada.

YOUNG, Brian (1986), *In its corporate capacity, the Seminary of Montréal as a business institution, 1816-1876*, Kingston et Montréal, McGill-Queen's University Press.

ZELLER, Suzanne (1987), *Inventing Canada: Early Victorian Science and the Idea of a Transcontinental Nation*, Toronto, University of Toronto Press.

ZOLTVANY, Y.F. (1971), « Esquisse de la Coutume de Paris », *Revue d'histoire de l'Amérique française*, vol. 25, n° 3, p. 365-384.

LISTE DES FIGURES

LISTE DES TABLEAUX

INDEX ONOMASTIQUE

INDEX TOPONYMIQUE

INDEX THÉMATIQUE